上海市重点图书
上海高校服务国家重大战略出版工程资助出版

西部美术考古丛书

西部美术考古史

罗宏才 著

上海大学出版社

图书在版编目(CIP)数据

西部美术考古史/罗宏才著.—上海：上海大学出版社，2015.9

（西部美术考古丛书）

ISBN 978-7-5671-1840-9

Ⅰ.①西… Ⅱ.①罗… Ⅲ.①美术考古-考古学史-研究-西北地区②美术考古-考古学史-研究-西南地区 Ⅳ.①K879-09

中国版本图书馆CIP数据核字（2015）第203811号

责任编辑　傅玉芳
封面设计　柯国富
技术编辑　金　鑫　章　斐

西部美术考古史

罗宏才　著

上海大学出版社出版发行
（上海市上大路99号　邮政编码200444）
（http://www.press.shu.edu.cn　发行热线021-66135112）
出版人：郭纯生

*

南京展望文化发展有限公司排版
江苏句容市排印厂　各地新华书店经销
开本787×960　1/16　印张35.5　字数600
2015年10月第1版　2015年10月第1次印刷

ISBN 978-7-5671-1840-9/K·135　定价：72.00元

序

上海大学美术学院罗宏才教授主编的"西部美术考古丛书"即将问世，要我写一篇总序，尽管我近日非常忙碌，身体还有些不适，还是答应下来，这固然是因为罗宏才教授出身西北大学，与我颇有渊源，但更主要的是我深觉这部丛书的立意甚好，符合当前学术发展的趋向。至于我能否体会丛书的宗旨，也就在所不计了。

我想分三个层次来说，首先是西部考古，然后是美术考古，最后再试谈西部美术考古作为学术前沿的地位。

现代意义的考古学开始传到中国，是在19世纪末、20世纪初，那时不少外国学者及所谓探险家曾进入中国西部。在此刺激之下，中国有关学术界也对西部地区的历史文化给予特殊的关切。然而在中国自己的考古学工作开展之后，更多的注意是集中在作为古代王朝核心的中原一带，对广大西部的探究相对说来要少些，有大量没有解决的课题存留至今。

实际上，西部在中国悠久历史上的重要性是用不着说的，周秦汉唐的发展过程，已充分说明了这一点。以长达八百年的周朝而论，其早年的兴起，正是背靠西北，继之而来的秦人也走着类似的道路。不深入考索西部的文化，便谈不上认识中国古代历史的全貌，而由于传世文献内容的限制，这方面研究不得不更多地依靠于考古学。

美术考古则是当前中国考古学急待进一步促进发展的部分。从学科的过去历史来看，中国的考古学和西方的考古学本来有着先天的一些差异。如很多考古学史的专家所指出的，发轫于19世纪早期的西方考古学，原系自欧洲传统的古物学演变而成，而后者从来是和美术的鉴赏和论析相结合的。作为中国考古学的基础的，则是源远流长的金石学，其成形为一门学问，至少可追溯到北宋，而金石学的特点是以"证经补史"为职志，最重视有

文字的遗物,以至同专研文字的所谓小学密不可分。因此,中国的考古学始终与研究文献的历史学彼此配合,恰如夏鼐先生所形容,似车之两轮、鸟之双翼,成为认识古代的必要途径,是我们今后仍然要继续的。

然而,我们想有更大的进步,还应该学习西方考古学较我们优长之处,其中很有价值的一点,就是要重视与美术史的结合。比如我们自己是研究古代青铜器的,常说考察青铜器当有五个方面,即:形制、纹饰、文字、功能和工艺,现在想来一定要加上一点:青铜器的美术性质,这样我们的研究便更臻于全面。这个例子不一定妥当,但似足以例其他。

近年,已有一些学者在推广美术考古方向做了有益的工作,这使我回忆起山东大学已故的刘敦愿先生。刘先生一生为振兴中国的美术考古反复呼吁,功绩卓著。收录1998年出版的《刘敦愿先生纪念文集》的他的《传略》说:美术考古是一个跨学科性质的科研领域,要搞美术考古的研究,必须既具备考古专业知识与技能,又具备美术专业知识与技能。刘敦愿先生对此寄以厚望,他如果得知今天这方面的进展,是一定会感到欣慰的罢。

中国西部的历史条件与中原等地区不同,不仅保存着地下地上大量的美术品,而且是与境外文化交流沟通的必经通道,从而美术考古,特别是强调跨文化比较研究方法的美术考古,在此有着十分广阔的用武之地。需要强调的是,中国的古代文化有其自己的起源和独立的发展,然而其进程从来不是完全封闭的。中国古代文化与境外文化的接触,主要的路径是通过西部,包括西北和西南。所谓"丝绸之路"的原始,很可能应大为上溯,其间蕴藏着许多奥秘,有待大家来开发。

"丝绸之路"的研究,现在已经从根本观点上拓展了,这个观点是把欧亚大陆看做一个整体。以这样的观点作为基础,形成了20世纪后期逐渐推广的欧亚学。欧亚学的刊物和著述,在外国已有不少,国内如《欧亚学刊》也已经出版了好几年。假如我们把中国的西部考古,尤其是西部美术考古,同欧亚学的探究适当地配合起来,我认为肯定会产生非常重要的新成果。

翻阅"西部美术考古丛书"第一种《从中亚到长安》所收论文,已可看到各位学者都在努力拓广自己的眼界,采用最新的方法,再看丛书今后各种拟议中的目录,更足见主编罗宏才教授的志向。谨趁此机会,祝愿这部富于学术价值的丛书取得预期的成功。

李学勤

2011年9月19日
于北京清华园

目 录

第一章　西部美术考古发展史述论

第一节　19世纪末至20世纪初期的西部美术考古　　　　8

第二节　1919—1928年的西部美术考古　　　　35

第三节　1928—1949年的西部美术考古　　　　55

第四节　区域美术考古历史的观察结论　　　　155

第二章　途径与方法

第一节　收藏著述与西部美术考古　　　　161

第二节　美术考古元素的提取与利用　　　　200

第三章　区域与主题

第一节　唐昭陵六骏位序、蓝本、仿绘、仿刻、拓本与模制　　　　241

第二节　唐会王墓志引发的几个问题　　　　303

第三节　美术考古实践案例　　　　327

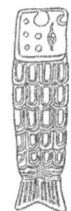

第四章　自由与规制

第一节　大夏石马的若干问题　　　　　　　　　　　375

第二节　唐景云钟的规制与衍化　　　　　　　　　　426

第三节　唐"石台孝经碑"相关问题的观察与讨论　　469

第五章　流传与递变

第一节　乾元庵石刻调查保护史略　　　　　　　　　505

第二节　西安东岳庙调查保护史略　　　　　　　　　514

第三节　1936年前延安清凉山石窟调查保护史略　　　533

第一章 西部美术考古发展史述论

根基中国考古学发展历史，美术考古学在复杂历史进程中不断兼容并蓄其他相关学科的人文精华，戮力碰撞衍生并持续施行一系列有意味的融会贯通，完成了诸多具有探索意义的工作实践，开拓出广阔的研究领域，磨砺出不少值得思考的途径与方法，展现出独特的学术魅力。随着学术进步、社会革新趋势的进一步增强，相信其鲜明工作特色与丰富工作内涵，还将进一步得到扩充与提升。

　　追寻美术考古学发展历史，考究德国学者阿道夫·米海里斯（Adolf Michaelis, 1835—1910）发端"美术考古学"[1]名词的内涵与初衷，检讨中国美术考古的缘起及发展历史，评述其发展变化过程中不同语境下名词转换之正误、得失，聚焦其学科义理之辨析与校正，探索其发展路径与时代背景，观察、评判其学科属性，分析其研究对象、研究目的，总结其理念、方法，指出其客观存在的诸多不足与缺陷，探索其未来发展的趋势与前景……以往的研究者辛勤耕耘，先后有不少的论述与争议，做出了卓有成效的贡献[2]。

　　本章的讨论，无意涉及此前已至的研究境界，根基曾长期工作于陕西一

---

[1] [德]阿道夫米海里斯著，郭沫若译：《美术考古一世纪》，上海书店出版社1998年版。1929年郭沫若据[日]滨田耕作日译本译为中文本，并在同年7月5日由上海乐群出版社出版，称《美术考古学发现史》。郭氏中译本1948年由上海群益出版社再版时易名《美术考古一世纪》，上海书店出版社1998年再版此书时，即依此本。

[2] 有关这一方面的研究颇多，主要有：杨泓的《美术考古半世纪——中国美术考古发现史》（文物出版社1997年版）及《汉唐美术考古和佛教艺术》（科学出版社2000年版）；张朋川的《美术考古与美术史研究》（《装饰》2001年第5期）；刘凤君的《美术考古学导论》（山东大学出版社2002年版）；熊永强的《试谈中国美术考古学——兼与中国艺术考古学的奠基者商榷》（《四川文物》2005年第1期）；倪志云的《美术考古与美术史研究文集》（齐鲁书社2006年版）；刘敦愿的《美术考古与古代文明》（人民美术出版社2007年版）；邵学海的《"美术考古学"之名辨》（《美术研究》2008年第1期）；郑岩的《论美术考古学一词的由来》（《美术研究》2010年第1期）；刘允东的《美术考古学与美术史——兼论美术史边界的泛化》（《南京艺术学院学报》2010年第1期）；邵学海的《"天下之是非"焉能混同"人人之是非"——为"美术考古学"定义与郑岩先生商榷》（《美术研究》2010年第4期）等。

隅的考古工作经历，笔者颇有兴趣关注19世纪后半叶以来这个"充满活力的发展"[1]时期，期望考察由此开始至少近百年来西部地区相关美术考古历史的发展、变化轨迹，搜集整理经久湮没的相关文献与实物资料，探索其内在的发展规律与相应的方法与理念，总结其正反两面的经验与教训，汲取其客观存储的智慧成果因子，使之能够有效裨益学科历史的相对完整集结与充分展现。

需要说明的是，现今学理意义上的西部地区分野，对位亚欧大陆东部，包括中国整个西南与西北地区。而本章的研究主题，设定为"西部美术考古发展史述论"，但涉及区域却主要是以陕西为中心的西北地区及其他相关地区。资料的搜集时限，暂定在2015年6月以前；讨论的时代区间，肇始于鸦片战争发生后的19世纪后半叶，终结于1949年10月新中国的建立。考虑到一些讨论主题的特殊需求，部分时段与研究区间将适当予以提前或延伸。

历史视阈里，上述设定的主体研究区域，被称之为"丝绸之路"。是"一个"被英籍德裔东方学家霍恩勒（Augustus Freder-is Rudolf Hoernle，1841—1918）视作"充满着考古学奇迹的地区"[2]（图1-1），承载过漫长的历史风华，蕴藏着丰富的人文资源。总体来说，其"文化流布的途程，站在西陲方面来看"，存在着"从西南向东北进展"[3]的规律（图1-2、图1-3）。作为代表性资源中心之敦煌莫高窟，尤为英国探险家马克·奥莱尔·斯坦因（Marc Aurel Stein，1862—1943）艳羡，称其"洞中壁画雕刻之富，冠绝东方"[4]。因之也就成为美术考古萌芽与初创阶段的重要温床及实践场所。而在美术考古学研究视域，19世纪后半叶至20世纪20~40年代，又是其充分融合中西学术精华，有效集约发展，不断鼎新的重要历史时期。

因此，从这一视角出发，该设定非但不影响从广义、狭义两种维度对"西部地区美术考古发展史"概念的理解与认定，反而会使相关研究具有更集中、更准确的观察区域，获取更直接、更生动的观察案例，从而得到更真实、更完整的学术感受（图1-4）。这对于深入了解美术考古学渊源、背景及

---

[1] 引自德国亚洲艺术史研究专家、欧金尼奥·巴尔赞奖获得者雷德侯（Lothar l.edderose）教授对万青力《并非衰落的百年：19世纪中国绘画史》（广西师范大学出版社2008年版）一书评语。
[2] A. F. R. Hoemle, 'Annual Address, 1898', Proceedings of the Asiatic Society of Bengal, pp. 62—70. 参见王冀青：《霍恩勒与中亚考古学》，载《敦煌学辑刊》2011年第3期。
[3] 滕固：《西陲的艺术》，原载《西陲宣化使公署月刊》，1936年，第1卷，第7~8期；收入《蔡柳二先生寿辰纪念集》，中华书局1936年版，另见滕固著、沈宁编：《中国美术小史·唐宋绘画史》，吉林出版集团有限责任公司2010年版，第526页。
[4] 王国维：《海宁王忠悫公遗书》，1927年石印本。

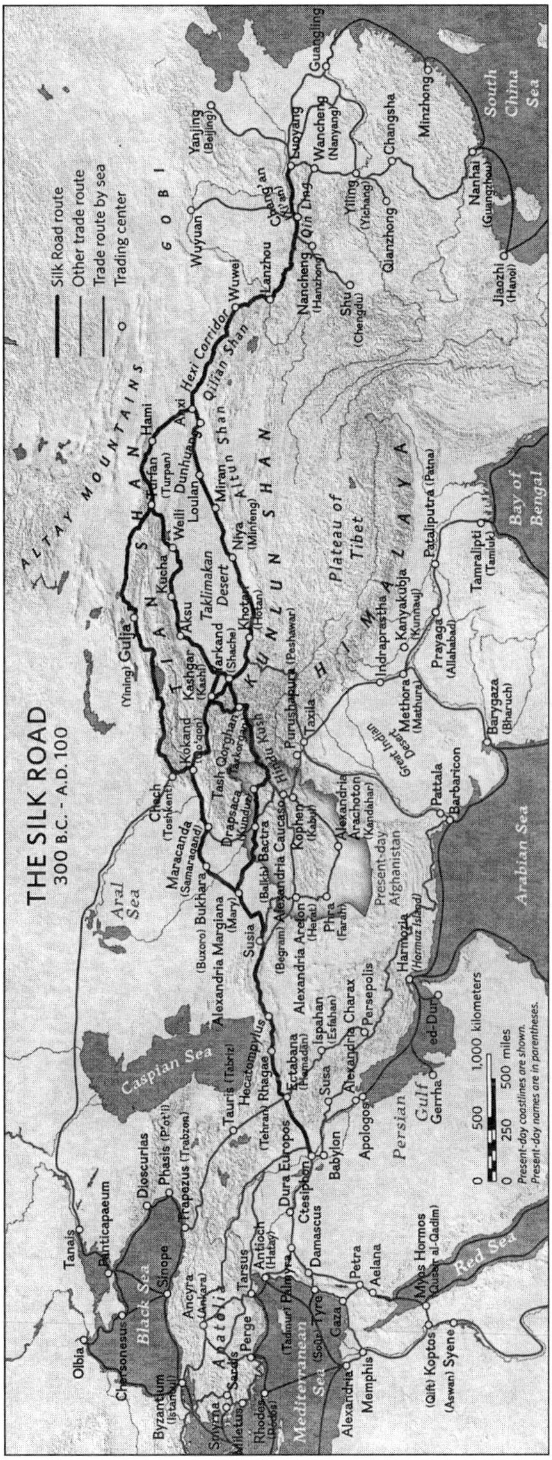

图 1-1 丝绸之路主要区段地图

图1-2 懿德太子墓阙楼图壁画局部
陕西乾县唐懿德太子墓出土
陕西历史博物馆藏
采自天木（数字）歷史博物馆

图1-3 ［英］斯坦因（1862—1943）
采自1998年版《敦煌学大辞典》

图1-4 撒马尔罕发现约七世纪时期大唐公主荡舟图 乌兹别克斯坦撒马尔罕博物馆藏

发展演变轨迹,裨益当今学术需求,应该具有一定的意义。

当然,聚焦主题与历史,19世纪后半叶至20世纪初发生在西南地区的一些重要事件与重要实践,以及其他时段相关西部美术考古发展历史的一些史实、文献,本章在叙述中也将适当予以穿插、补充及局部考述。

由是,对位"西部美术考古发展史述论"研究主题,本章将围绕以下工作阶次进行叙述:

(1)19世纪末至20世纪初期的西部美术考古;

(2)1919—1928年的西部美术考古;

(3)1928—1949年的西部美术考古。

诚恳而言,限于学力、资料、视阈、场域及研究基础的空白,本章的讨论,仅只是初阶意义上的梳理与探索,系统建构,困难较大。目前的收获,仅呈现大致的轮廓,一些议论层面与金石学、古器物学、考古学、美术学等相关学科之间,还存一定的模糊混接与史实杂糅,遽然之间,难以有效分离。至于学科的有效区隔、资料的科学分类以及推进的秩序性史线勾勒,尚显粗糙并时见破碎、跳跃。初步构结的所谓"发展史",根基浅显,难免出现这样那样的谬误;求取系统完整与准确、科学,尚待新资料、新理论以及更多有志此一课题研究者新成果的不断参入来逐步予以净化、提升。

第一节 19世纪末至20世纪初期的西部美术考古

中国近代史纲要阐明,19世纪后半叶,随着中国以及世界局势的急剧改变,发生在文化体系方面的革新、裂变亦随之加剧。

裂变的具体标志,可以选取1859年《中英天津条约》(图1-1-1)、1860年《中法北京条约》以及1876年《中英烟台条约》相继签订这三个历史槛限。

资料显示,《中英天津条约》、《中法北京条约》签订后,西方人士在中国内地的"游历及传教"[1],由是成为一种事实与特权。至《中英烟台条约》

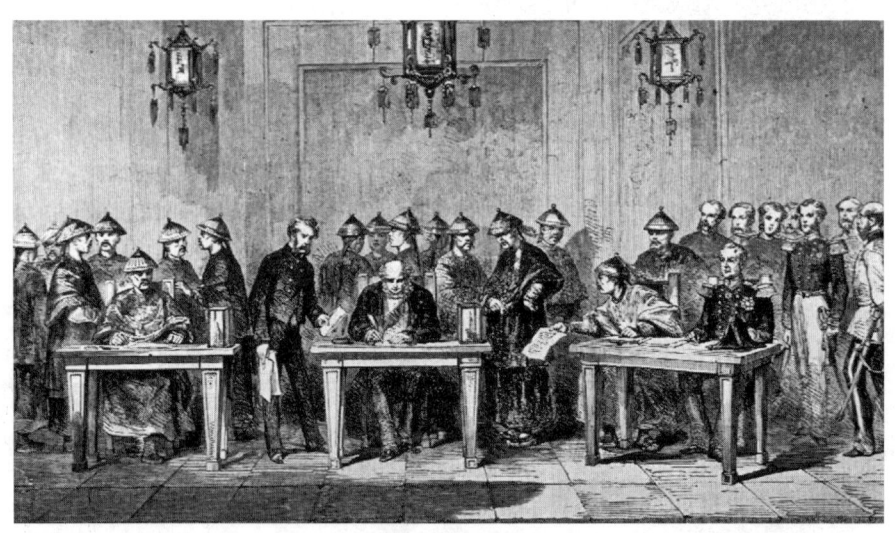

图1-1-1 《中英天津条约》签约现场
采自《伦敦新闻画报》1858年10月22日

---

[1] 如1859年《中英天津条约》:"英法人士可在内地游历及传教。"1860年《中法北京条约》:"中文条约第七款明定法国传教士在各省租买田地及建造自便。"

"另议专条"[1]签订,英国更从此获得派遣探险队自北京经甘、青、川等地入藏,或由印度直接进藏的所谓"条约权利"[2]。及此,中国主权遍体鳞伤,西部地区门户随之洞开。

毋庸置疑,一系列不平等条约的强制注入,造成对中国国家主权与民族权益的伤害与破坏,同时并直接伤及中国西部地区文化资源构体本身,导致文物艺术品原在环境和原有形态的错位与改变,带来大量珍贵文化艺术品的凄然流散与学理层面意义上的组群破裂及链条闪断,甚至还影响到中国传统文化体系的动摇与变更。

这样的野蛮举动以及由此带来的巨大危害,连跻身欧洲人考察西部地区之列、姗姗来迟的日本学者野村荣三郎也愤愤不平。在1908年12月1日的考察日记中,野村荣三郎以复杂心态,不无埋怨地记道:"这些自命为文明国家学者的欧洲人,把世界至宝作为私有物的心理可以说比盗贼还要卑劣。"[3](图1-1-2)

图1-1-2　有野村荣三郎参加、满载于西部地区考察中所获文物的日本大谷考察队行进在沙漠中
采自"人民艺术网"2015年8月6日

---

[1]《中英烟台条约》又称《滇案条约》、《中英会议条款》,分三部分16款,并附"另议专条"。
[2] 参见"凤凰网"《中英烟台条约》。
[3] [日] 野村荣三郎著,董炳月译:《西域探险考察大系:蒙古新疆旅行日记》,新疆人民出版社2013年版。

痛定思痛，这一时期的所谓"游历"，带给我们的集中思考与鲜明视点，至少有如下三个：

一是随着时间推移与历史背景的变幻，"游历"一项快速上升至名称各异、目的却大致相同的"考察"、"探险"等活动。

二是考察、探险的主体区域，由初期的散漫、局促，快速转向文化资源蕴藏丰富、地域辽阔的西部地区。

三是考察、探险的直接目标与最终"成果"，主要是对西部地区文化资源的疯狂掠夺与肆意破坏。

契合三个关键视点，具有初阶美术考古意味的探索实践亦在特殊历史背景下悄然萌动。

对位西部地区，这种探索实践大致集中表现在以下四个方面：

（1）探索实践群体以欧洲人为主、日本人为辅。欧洲人系列中，包括英、法、俄、德诸国，其中又以英、俄两国目的基本相同的"大角逐"（big game）[1]争夺为著。考察的区域，主要集中在当时被列强称之为"未知地区"的新疆地区。相应涉及陕西、甘肃、宁夏、青海、四川、云南等其他地区。考察的对象，主要是石窟寺、古城遗址、古墓葬、古建筑、古民居以及考察可能目及的青铜器、陶瓷、石刻、雕塑、书画等相关文物艺术品。基本囊括了这一区域的全部文化资源内涵。

其中新疆地区主要考察对象是石窟寺、古城遗址，西南地区则主要是汉代崖墓、石阙及佛教文化遗迹。

前文提示，与其他国家考察者区别，英、俄两国在新疆地区的"大角逐"，源自其殖民地扩张的野心驱使[2]，争夺劫掠的文物艺术品主题，是以"古文书"为主体的古文献实物资料，尤以俄国最为活跃。不过稍逊一筹的英国并不甘示弱，声称"大不列颠将不会落后于其他国家，将会分享这些奇迹中的应得到的份额"[3]。

诸种考察中，以1907年开始的英国探险家斯坦因、法国汉学家保罗·伯希和（Paul Pelliot，1878—1945）（图1-1-3）等人对1900年敦煌莫高窟下寺道

---

[1] 贾建飞：《清人视野中的英俄中亚"大角逐"》，载《北方民族大学学报》2008年第5期。
[2] 潘志平：《新疆的地缘政治与国家安全——历史与现状的考察》，参见《中国边疆史地研究》2003年第3期。
[3] A. F. R. Hoemle, 'Annual Address, 1898', Proceedings of the Asiatic Society of Bengal, pp. 62—70. 参见王冀青：《霍恩勒与中亚考古学》，载《敦煌学辑刊》2011年第3期。

士王圆箓（图1-1-4）发现储存4—11世纪总数在5万余件佛教经卷、法器、供养人绣品、社会文书及佛教绢画等珍贵文物艺术品的敦煌藏经洞（图1-1-5）的大量劫掠，以及1901年瑞典考古学家斯文赫定（Sven Anders, Hedi, 1865—1952)（图1-1-6）在新疆罗布泊西部楼兰古城遗址考察中，对遗址出土大量魏

图1-1-3　伯希和（1878—1945）在敦煌藏经洞中挑选藏品
采自2001年版《伯希和西域探险记》21页

图1-1-4　发现敦煌藏经洞的敦煌莫高窟下寺道士王圆箓（约1850—1931）
采自2001年版《伯希和西域探险记》265页

图1-1-5　被劫掠一空、称之为"藏经洞"的敦煌莫高窟第17号窟

图1-1-6　［瑞典］斯文赫定（1865—1952）

图1-1-7 [瑞典]喜龙仁（1879—1966）

晋木简与大批汉魏、罗马时代钱币、木雕、丝织品等其他古文物艺术品的掠取最为瞩目。

此外，法国艺术史学家色伽兰（Victor Segalen, 1878—1919）[1]和被著名史学家冯承钧称之为"寻究史源勘对版本"[2]唯一一人的法国汉学家沙畹（Emmanuel Edouard Chavannes, 1865—1918），以及德国建筑师恩斯特·柏石曼（Ernst Boerschmann, 1873—1949）、瑞典艺术史学者喜龙仁（Osvald Sirun, 1879—1966）（图1-1-7）等人对西部地区古代建筑与四川汉代崖墓、汉代石阙、广元千佛崖及皇泽寺等佛教文化遗迹的考察，亦不容忽视。

（2）考察资金多来自考察者所属国家政府、博物馆及相关科研机构的赞助，考察成员大多受到良好的高等教育，有着良好的师承体系，并有著名大学、博物馆以及资质研究机构的工作经历。

如：1868—1869年，英国海华德（G.S.W.Hayward）在新疆的游历获得了英国皇家地理学会的资金支持；1902—1903年，德国勒考克在新疆吐鲁番考察经费的25%，则来自人种学博物馆公共基金的支持；1904—1905、1906—1907、1913—1914年，数次德国吐鲁番探险队则系依靠德国柏林民俗学博物馆在本国皇家与军火大王克房勃等人的资助下工作的；1906—1908年，法国汉学家伯希和考察队在新疆等地的考察，使用了法国碑铭与美文学院和法国中亚考察委员会的资金赞助。

分析这些考察者的师承体系与教育、工作背景，如：斯坦因先后在奥地利维也那大学（University of Vienna）、德国莱比锡大学（University of Leipzig）和蒂宾根大学（University of Tybingen）研习东方学，获博士学位，后在牛津大学（Oxford University）、剑桥大学（Cambridge University）、大英博物馆（British Museum）从事博士后研究工作，主攻方向是东方语言学和考古学[3]。其师承关系主要有两个支点：一是土蒂宾根大学精通印欧语言、宗教史、梵语写本研究的著名教授鲁道尔夫·冯·罗特（Rudolph von

---

[1] 一作"谢阁兰"。
[2] [法]伯希和著、冯承钧译：《郑和下西洋考》冯氏序言，商务印书馆1935年版。
[3] 李玉珉：《中国佛教美术研究之回顾与省思》，载《佛学研究中心学报》1996年第1期。

Roth);二是维也那大学印度哲学与文物学教授乔治·比累尔（Ceorg Buhler）。伯希和先后在巴黎大学、法国汉学中心、国立东方语言学校学习，师从法国汉学家沙畹。1909—1910年、1914—1915年两次组织俄国东突厥斯坦考察队在新疆吐鲁番、敦煌等地考察的谢尔盖·奥多诺维奇·奥登堡（Ольденбург, Сергей Фёдорович, 1863—1934）（图1-1-8）毕业于彼得堡大学东方语言系梵文波斯文专业，师承米纳耶夫（И. П. Минаев）与瓦西里·巴甫洛维奇·瓦西里耶夫，有俄国科学院院士的头衔。1908年在

图1-1-8 ［俄］奥登堡
（1863—1934）

陕北肤施（延安）清凉山万佛寺石窟考察的美国探险家罗伯特·斯特林·克拉克（Robert Sterling Clark, 1877—1956），毕业于耶鲁大学（Yale University），主攻土木工程专业。瑞典艺术史学者喜龙仁则毕业于赫尔辛基大学，曾任瑞典斯德哥尔摩国家博物馆助理、斯德哥尔摩大学美术史教授。

（3）掌握摄影、测量、绘图等诸多考察技艺，具有多样的专业技能及一定的艺术修养与审美资质。使用当时国际最先进的摄影、测量设备，具备当时最高的田野调查技术，获得当时最高水准的调查成果。部分考察者还从考古、收藏视角及西方流行"风格学"理念出发，涉及对一些重要文物造型风格的观察。

如：1908年伯希和进入敦煌后，除挑选藏经洞文书、佛画外，还在测量师瓦扬（Louis Vaillant）、摄影师努瓦特（Charles Nouette）等人的配合下，对全部石窟进行了编号，抄录了部分石窟题记，并对部分石窟进行了测绘，拍摄了大部分洞窟壁画。

这种具有初阶美术考古意味的方法、理念，对20世纪40年代初国民政府教育部艺术文物考察团在敦煌、安西、龙门等地的石窟寺考察、临摹，产生了一定的影响。甚至，20世纪50年代初陕西省文物管理委员会考古发掘队在咸阳底张湾清理发掘北周壁画墓时，尚从斯坦因切割敦煌壁画的方法中获得揭取壁画的灵感与启示[1]。

---

[1] 引自笔者1995年采访当时参与发掘工作者茹士安、张浩如、何汉南等人记录。

与伯希和进入敦煌时间相同,1908年美国探险家罗伯特·斯特林·克拉克在考察队成员配合下,利用当时最先进的胶卷摄影术[1]和最流行的人文主义(humanism)纪实摄影手法,至少拍摄了陕北肤施(延安)1号窟主体造像全景图式及1号窟自在观音造像[2]。无论是构图视角设定,还是画意诠释表达,都堪称精致准确,为清凉山万佛寺石窟留下最早的摄影定格图像,具有重要的时代坐标意义。以之对比不同时期同类图像摄取理念与作品风格,克拉克考察队在当时条件下所取得的艺术高度,直至今日仍期待后来者跨步超越。

图1-1-9 [德]恩斯特·柏石曼(1873—1949)

类同美国探险家罗伯特·斯特林·克拉克,具有建筑学背景的德国工程师恩斯特·柏石曼(Ernst Boerschmann, 1873—1949)(图1-1-9)于1906—1909年横穿中国12省份,拍摄数千幅中国古代建筑、民居建筑,其远景、特写运用自如,平面、立面、剖面建筑绘图准确精细,建筑彩绘与构件细部特征尤注入强烈的摄影关怀[3]。

柏石曼的成果,集结于1923年出版、称之为《如诗如画的中国建筑和景观》的一本德文版图文集内。就中陕西留坝张良庙建筑风貌留真(图1-1-10),以及四川广元千佛崖摄影时留下那一时期的龛窟结构样态与风化状貌记录,对于迄今正在深入进行的生态化文物保护工程来说,可资汲取的借鉴意义是显而易见的[4]。

1905年11月至1906年12月,德国考古学家、东亚艺术家Adolf Fischer(1856—1914,中文译名"费舍")夫妇(图1-1-11)对直隶、山西、陕西等地进行了游历性考察。其考察成果,收录于题作《中国日记》一书

---

[1] 徐景毅:《十九世纪摄影技术发展与图像观念变化》,黑龙江大学硕士论文,2007年。徐文认为:"19世纪摄影技术的发展,分别经历了以达盖尔法摄影术(1839—1851)、火棉胶摄影术(1851—1871)和明胶干版与胶卷摄影术(1871—1900)。"

[2] [美]克拉克、索尔比合著:《穿越陕甘》(Through Shen-Kan),1912年伦敦出版;另见[美]克拉克、索尔比合著,史红帅译:《穿越陕甘(1908—1909年克拉克考察队华北行纪)》,上海科学技术文献出版社2010年版。

[3] [德]恩斯特·柏石曼著,沈弘译:《西人眼中的晚清建筑》,百花文艺出版社2005年版。

[4] 王洪燕:《近代外国人考察广元千佛崖摩崖造像研究》,载《青年文学家》2013年第18期。

图1-1-10　陕西留坝张良庙建筑风貌留真
　　　　　采自1923年出版德文版图文集《如诗如画的中国建筑和景观》

图1-1-11　［德］考古学家、东亚艺术家费舍（右）(Adolf Fischer 1856—1914)夫妇
　　　　　采自1942年慕尼黑出版 Frieda Fischer 著 *Chinesisches Tagebuch*

图1-1-12 [德]费舍《中国日记》收录的大秦景教碑图片

图1-1-13 [德]费舍《中国日记》收录的战国错金银车马器图片

里,包括对上述地区耳闻目见大量古建筑、青铜器、佛造像、石刻、陶俑、珐琅彩、景泰蓝、陶瓷、碑帖等文物艺术品的客观记录与摄影留真。

关乎西部地区者,以西安一带考察中拍摄的崇圣寺大秦景教碑(图1-1-12)、西安碑林名碑等珍贵碑石以及发现并记录的西周及春秋战国青铜器、错金银车马器(图1-1-13)、汉唐陶器、北朝佛教造像、唐金银器、唐三彩、明清书画、古籍版本、青花瓷等重要实物,最为瞩目。

此外,费舍夫妇在考察途中,还相机对已为端方收藏、出土于宝鸡斗鸡台的西周青铜禁拓本进行了收藏与拍照,并在当时西方流行审美理念的指引下,要求西安拓工搥拓长期被中国金石考古学界轻易扬弃的唐碑边侧蔓草装饰图案[1](图1-1-14、图1-1-15)。这一发端与视角,对传统金石考古理念、方法来说,无疑具有强烈的冲击与影响。

图1-1-14 景教碑碑侧蔓草图案 [德]费舍摄

图1-1-15 景教碑碑侧蔓草图案(局部) [德]费舍摄

---

[1] [德]费舍(Frieda Fischer):《中国日记》(Chinesisches Tagebuch),1942年慕尼黑出版。

1906—1910年，日本学者足立喜六（1871—1949）利用其任教陕西高等学堂之便，暇中对长安附近文物遗迹进行了实地考察，并依靠大量历史文献的支持与对应，对汉唐帝陵、长安附近名胜古迹、寺观、石刻等进行了较为深入系统的研究，其成果集结于昭和八年（1933）出版的《长安史迹研究》（图1-1-16）一书中。就中大量测绘图（图1-1-17）、摄影图的参入，使该书成为首部利用现代学术理念对故都长安文物古迹进行考察、研究的著述，填补了近代"对长安历史遗迹作记述和研究"的一段"空白"[1]。虽研究主题设定旨在长安之史迹，但测绘、摄影及规制描述与思维方法，却对后来围绕长安一地的美术考古研究产生了一定的启迪与影响。

　　1948年冬西安曹仲谦《陕西省历史博物馆概况说明书》"梦英大师篆千字文序碑额"条更称："此碑正面系刻陶毂序文，额之雕刻艺术冠绝，全林中龛三佛态度庄严，两旁螭龙剔透玲珑，蟠拏雄劲活泼如生，下排七佛，

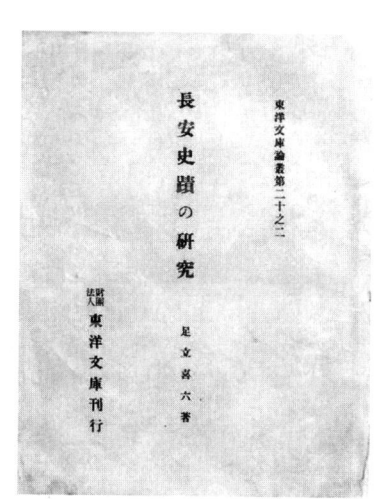

图1-1-16　昭和八年（1933）出版的《长安史迹研究》

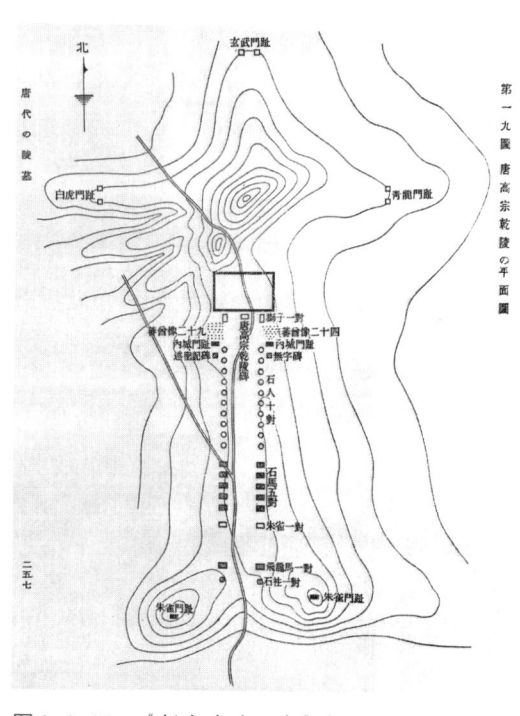

图1-1-17　《长安史迹研究》中的"唐高宗乾陵平面图"

---

［1］黄永年：《"长安史迹研究"新译本序》，见［日］足立喜六著、王双怀译：《长安史迹研究》，三秦出版社2003年版。

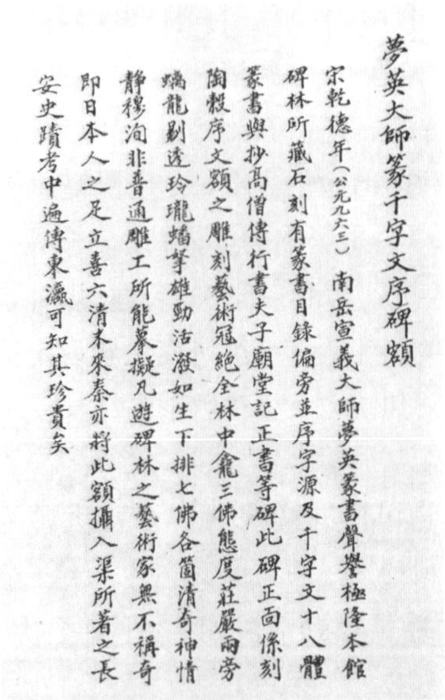
夢英大師篆千字文序碑額

宋乾德年（公元九六三） 南岳宣義大師夢英篆書聲譽極隆本館碑林所藏石刻有篆書目錄偏旁並序字源及千字文十八體篆書與抄高僧傳行書夫子廟堂記正書等碑此碑正面係刻陶穀序文額之雕刻藝術冠絕全林中龕三佛態度莊嚴兩旁螭龍剔透玲瓏蟠拏雄勁活潑如生下排七佛各箇清奇神情靜穆洵非普通雕工所能摹擬凡遊碑林之藝術家無不稱奇即日本人之足立喜六清末來秦亦將此額攝入渠所著之長安史蹟考中遍傳東瀛可知其珍貴矣

图1-1-18 1948年曹仲谦《陕西省历史博物馆概况说明书》“梦英大师篆千字文序碑额”条文字说明（手稿）

各个清奇，神情静穆，洵非普通雕工所能摹拟，凡游碑林之艺术家无不称奇。即日本人之足立喜六清末来秦，亦将此额摄入渠所著之《长安史迹考》中，遍传东瀛，可知其珍贵矣。”（图1-1-18）

1907年，沙畹对四川、陕西等地的文物古迹进行了调查、摄影，使得一大批珍贵文物古迹尤其是关中部分汉唐陵墓石刻（如昭陵六骏及保存环境）留真得以保存传留下来，成为迄今我们修复还原当时文物生态环境的重要参考依据（图1-1-19、图1-1-20）。

1914年3月，色伽兰、拉狄格（Jean Lartigue）[1]等人调查了陕西的汉唐陵墓石刻、四川的汉代崖墓、石阙及广元千佛崖与皇泽寺佛教文化遗迹。其中对霍去病墓石刻造型风格的考察思考，（图1-1-21）

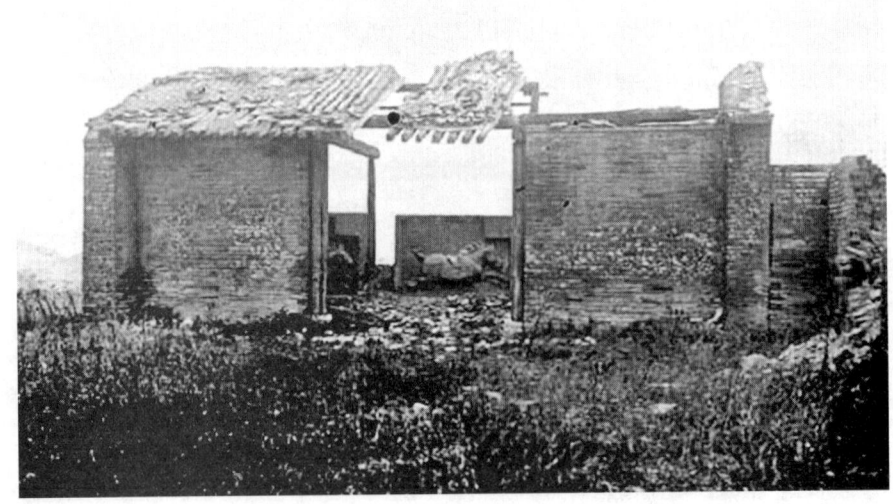

图1-1-19 1907年沙畹拍摄唐太宗昭陵北祭坛外（司马门遗址）廊庑破败、石骏露立现状

[1] G. de voisins, V. Sgalen, J. Lartigue: “Premier Expose des Resultats Archeologiques. obtenus Dans La Chine Occidentale Par la Mssion” Journal Asiatique. 1915. Paris. pp. 471—473.

图1-1-20　1907年沙畹拍摄唐太宗昭陵北祭坛外（司马门遗址）西庑飒露紫未凿运前

图1-1-21　1914年色伽兰拍摄的霍去病墓原貌　象征祁连山石刻布局景象宛然

图1-1-22 ［德］费舍唐碑图案局部摄影（左）与［法］色伽兰唐乾陵御道翼马局部（中）及汉茂陵霍去病墓前石马局部（右）摄影比较

图1-1-23 ［法］色伽兰乾陵御道翼马斜角构图摄影与克拉克考察队清凉山石窟斜角构图摄影比较

以及对乾陵石刻翼马局部雕刻图案的比较分析尤为瞩目。而乾陵御道翼马斜角构图摄影，以及重视霍去病墓石刻与乾陵翼马局部雕刻图案的理念、方法，更与美国克拉克考察队、德国费舍夫妇等人的艺术付出不谋而合（图1-1-22、图1-1-23）。

（4）配合东西方列强这一时期的探险考察，一些具有初步美术考古意味的考察研究成果也开始次第呈现。

为洞悉内蕴，以下择其要者，收集诸种关键信息，尝试制成主要考察成果统计表，并通过多元角度来予以观察分析（表1-1-1）。

表1-1-1　19世纪末至20世纪初期西部地区具初步美术考古意味主要考察研究成果统计[1]

序号	考察单位或考察者	考察时间、地区及对象	成果名称	成果责任人	出版信息	成果类别	备注
1	[法]沙畹	1898年前考察山东、河南等地汉代石祠堂、石墓阙及其画像	《两汉时代之石画像》（Sculpture sur Pierre en Chine au temps des denx Dynasties de Han）	[法]沙畹	1898年	专著	（1）出版地不详（2）1898年任法国驻华领事馆翻译官期间撰写
2	[瑞典]斯文赫定	1899—1902年自东向西越塔克拉玛干沙漠，考察楼兰古城、罗布泊等，而后进入藏北考察	《1899—1902年中亚科学考察科学成果》	[瑞典]斯文赫定	1904—1908年，斯德哥尔摩	考察报告	斯文赫定第三次中国西部探险
3	[英]斯坦因考察队	1900—1901年考察新疆约特干村于阗故国故都遗址、丹丹乌里克古遗址、尼雅遗址、安德悦遗址和拉瓦克窣堵波等	《古代和阗》	[英]斯坦因	1907年，牛津克拉兰顿出版社	考察报告	斯坦因主持第一次中国西部考察
4	德国皇家吐鲁番考察队	1905年考察新疆吐鲁番地区古遗址、古墓葬等	《高昌：皇家普鲁士探险团吐鲁番考察收获图录》	[德]勒柯克	1913年，柏林	图录	德国皇家吐鲁番考察队第二次考察
5	德国皇家吐鲁番考察队	同上	《高昌——吐鲁番古代艺术珍品》（Chotscho: Koniglich Turfan-Expedition）	[德]勒柯克	1913年，柏林	图录	

[1] 以考察时间先后为序。

续 表

序号	考察单位或考察者	考察时间、地区及对象	成果名称	成果责任人	出版信息	成果类别	备注
6	[德]费舍夫妇	1905—1906年考察山西、陕西古建筑、民居、流散文物及河南龙门石窟等	《中国日记》	[德]费舍	1942年,慕尼黑	考察日记	
7	德国皇家吐鲁番考察队	1905—1914年考察图木舒克遗址、库木土拉石窟、色木塞木千佛洞、克孜尔千佛洞、舒尔楚克遗址、吐鲁番及哈密等地	《中国新疆的古代佛寺：1906—1907年对库车、焉耆与吐鲁番的考古调查报告》	[德]格伦威德尔	1912年,柏林	考察报告	
8	德国皇家吐鲁番考察队	同上	《古代库车》	[德]格伦威德尔	1920年,柏林	考察报告	
9	德国皇家吐鲁番考察队	同上	《中国土耳其斯坦古代佛教遗迹》	[德]格伦威德尔	1921年,柏林	考察报告	
10	德国皇家吐鲁番考察队	同上	《中国土耳其斯坦地下宝藏》	[德]勒柯克	(1) Le Coq, A.v. Buried Treasuircg of Chinese Turkestan. London, Allen&Unwin, 1918. (2) 中国土尔斯坦地下的宝藏[J].地学杂志,1933,(第2期)	考察随笔	

续表

序号	考察单位或考察者	考察时间、地区及对象	成果名称	成果责任人	出版信息	成果类别	备注
11	德国皇家吐鲁番考察队	同上	《中亚古代晚期佛教遗迹》	[德]勒柯克	1922—1933年,柏林	专著	
12	[英]斯坦因考察队	1906—1908年对瓦克窣堵波实施第二次发掘,而后考察米阮遗址、楼兰遗址、敦煌莫高窟等地	《西域》	[英]斯坦因	1921年,牛津克拉兰顿出版社	考察报告	
13	[英]斯坦因	同上	《千佛:中国西陲敦煌石窟寺的佛教壁画》	[英]斯坦因 [法]宾雍	1921年,伦敦	图录	
14	[德]恩斯特·柏石曼	1906—1909年考察中国12省份皇家建筑、宗教建筑、民居等	《中国建筑和景观》	[德]恩斯特·柏石曼	1923年	图录	出版地不详
15	[日]足立喜六	1906—1910年对长安附近汉唐帝陵、汉唐长安城及名胜古迹、道观、寺院、古代碑石等进行考察	《长安史迹研究》	[日]足立喜六	1928年,日本	专著	
16	俄国东突厥斯坦考察队	1909—1910年考察喀什、库车、吐鲁番等地古城遗址	《1909—1910年中国土耳其斯坦》	[俄]奥登堡	1914年	考察报告	出版地不详
17	[日]大谷探险队	1910—1914年考察乌鲁木齐、吐鲁番、楼兰、和田、子脏、敦煌等地文物遗迹	《西域考古图谱》	[日]大谷光瑞	1915年,京都	图录	大谷探险队第三次探险

续表

序号	考察单位或考察者	考察时间、地区及对象	成果名称	成果责任人	出版信息	成果类别	备注
18	[日]大谷探险队	同上	《蒙古新疆旅行日记》	[日]野村荣三郎	1915年，有光社	考察日记	收入大谷光瑞所著《新西域记》，《新西域记》于1915年出版
19	[法]色伽兰考察队	1914—1917年考察陕西、四川、南京等地汉唐及南朝陵墓石刻、汉代崖墓、广元千佛崖及皇泽寺佛教文化遗迹	《中国西部考古记》	[法]色伽兰	1930年出版	考古游记	出版地不详
20	[法]色伽兰考察队	同上	《中国考古图录》	[法]色伽兰	1923—1924，巴黎	图录	法国色伽兰、拉狄格等人
21			Journal Asiatique（《亚细亚学报》）	[法]G.de voisins, V.Sgalen, J.Lartigue	1915，巴黎	期刊论文	考察者与考察地区信息不详

表1-1-1显示，这些聚焦西部地区，受限考察性质及考察者目的诉求，具有初步美术考古意味的考察研究成果，均为外国人士所为，大致分为考察报告、图录、考察日记（游记）、初步研究性著述4类。

各类之间，彼此规制学术区隔未如后来不同时段之准确、规范，早期学术类型的初阶性、原始性与探索性难以遮蔽。像德国皇家吐鲁番考察队连续成果，尚有系列报告之组配意匠；色伽兰之《中国西部考古记》与《中国考古图录》，还有图文互照的功用与意义。

总体观察，这一时期的考察研究样态，有从简单报告、考察游记、图录编纂模式逐步向相对规制考察报告、研究性著述发展的趋势。如壁画、雕塑、造像、石刻等重要对象，尚有描述逐渐规范、细致，剖析讨论逐渐系统、深入，并且，艺术风格探讨意味逐渐趋向集中、浓郁的倾向，凸显相关西部地区初具美术考古

意味考察研究逐渐集拢的一定学术鼎新景象。其中英籍德裔东方学家奥古斯塔斯·弗里德里克·鲁道尔夫·霍恩勒（Augustus Frederis Rudolf Hoernle，1841—1918）依据新疆和阗、库车等地发现古文书等实物资料综合研究（图1-1-24），甚至还提出了"中亚考古学"[1]的概念。此种具有区域性质的主题学科方向概念，虽主要指向旨在"考古学"一隅，但却成为我们今日尝试提出西部美术考古概念的重要学理支撑及史线勾勒源点之一。

图1-1-24　霍恩勒涉及的库车古文书（吐火罗文B种）

以图录为例，总计六册的《伯希和敦煌石窟图录》(Les Grottes de Touen-houang, Paris：1920—1926)（图1-1-25），在体现具有"莫高窟最早的一部完整图录"意义同时，也将伯希和本人推上"第一位对敦煌石窟做全面记录的学者"之地位，更使该图录成为"早期研究敦煌石窟艺术最重要的凭藉之一"。台湾学者李玉珉据此认为，"直至今日"，这本图录"仍是国内外学者研究敦煌石窟必须参考的著作"（图1-1-26）。

图1-1-25　《伯希和敦煌石窟图录》卷五封面　　图1-1-26　伯希和带走的敦煌观音经变图　彩绘绢本　法国吉美博物馆藏

---

[1] A. F. R. Hoemle, 'Annual Address, 1898', Proceedings of the Asiatic Society of Bengal, pp. 62—70. 参见王冀青：《霍恩勒与中亚考古学》，载《敦煌学辑刊》2011年第3期。

图1-1-27　[德]勒柯克（1860—1930）

涉及石窟寺壁画、雕塑、造像、经卷等佛教文化遗迹、遗物的关注与考察，李玉珉认为此举"揭开了外国学者研究中国佛教美术的序幕"。相较而言，德国佛教艺术史学者格林威德尔的Alt-Buddhistische Kultstattenin Chinesisch-Turkistan（Berlin: 1912）及Alt-Kutscha, Tafelwerk（Berlin: 1920）；阿尔伯特·冯·勒柯克（Albert von Le Coq, 1860—1930）（图1-1-27）的 Kokturkisches aus Turfan（Leipzig: 1909）及Sprichworter und Lieder Aus Turfan（Leipzig: 1911），Chotscho: Koniglich Turfan-Expedition（Berlin: 1913）与Die Buddhistische Sprtantik in Mittelasien（Berlin: 1922—1924）等著述拓开一面，独显风姿，显得格外瞩目（图1-1-28）。

前者"深入分析和讨论新疆艺术的起源、流派、图像内容、风格特征，和它们与印度、伊朗和中原艺术的复杂关系"，尽管"一些观点可能已经过时，但是在开拓中亚佛教艺术的研究上，实功不可没"。后者"详细讨论新疆地区的历史、宗教、文化和艺术，在中亚艺术的研究中，极具参考价值"。它们可作为"研究中亚佛教美术必须参考的重要论著"，其"精密严谨"的分析手法以及"讨论问题深入"[1]的工作态度，正是德国艺术史研究系统的特色与风尚（图1-1-29）。

同样的特色与风尚，还体现在"专研究此项（新疆）壁画"、与勒柯克熟稔的伐克斯俾格之《对于新疆艺术之风格批判的研究》（Wachsberger, Arthur, Stilkritische Studien zur Wandmalerrei Chinesisch-Turkestans, Berlin, 1916）一书中。对于它的评价，滕固在1930年夏日写就的《唐宋绘画史》第二章后附"追记"里，曾将其与名为《伐尔德许米德[2]的犍陀罗，库车，吐鲁番》（Waldschmidt., E: Gandhara, Kutscha, Turfan.1925）的另一本佳作相媲美，称此"二书"有"饶有兴味的叙述"[3]。

不仅如此，滕固还进一步扩展延伸，在1936年刊布的一篇题为《西陲的

---

[1] 以上引文及相关素材均来自李玉珉《中国佛教美术研究之回顾与省思》，载《佛学研究中心学报》1996年第1期。

[2] 即"格林威德尔"。

[3] 此段引文参见滕固：《唐宋绘画史》，神州国光社刊1933年5月；收入滕固著、沈宁编：《中国美术小史·唐宋绘画史》，吉林出版集团有限责任公司2010年版，第55页。

图1-1-28 ［德］勒考克:《高昌：皇家普鲁士探险团吐鲁番考察收获图录》 柏林1913年出版

图1-1-29 德国吐鲁番探险队第二次考察新疆吐鲁番时获新疆柏孜克里克千佛洞第2号窟壁画
采自1913年出版勒柯克收藏画像全集

艺术》文章里，认为"对中亚艺术的发展行程，德国格留威特尔[1]、勒柯克及槐格斯贝苟（Wachsberger）诸人，先后试过风格的分析，而企图编列出异同变化的理路"[2]。

而格伦威德尔在考察中坚持注重保护石窟原貌，反对肆意破坏的学术品德，则与同行勒柯克以及斯坦因等人的野蛮劫掠行为形成鲜明的对比，成为美术考古田野调查中如何恪守工作道德的典型范例。

涉及汉唐雕塑主题，色伽兰可说是独树一帜。他评析霍去病墓"石马以整石刻之，质为灰色花岗石。自地至马顶，高一公尺四十分。其下台石虽已埋没，马身虽小，其姿势之雄健，尚可仿佛得之"，并且认为乾陵翼马是"唐代极精美造像之一"。

两相比较，色伽兰更注意到霍去病墓石马与乾陵翼马造型风格的联系，

---

[1] 又译作格伦威德尔、格林威德尔。
[2] 此段引文参见滕固：《西陲的艺术》，原载《西陲宣化使公署月刊》，1936年，第1卷，第7~8期；收入《蔡柳二先生寿辰纪念集》，中华书局1936年版，另见滕固著、沈宁编：《中国美术小史·唐宋绘画史》，吉林出版集团有限责任公司2010年版，第533~534页。

以及由汉至唐的大致线性演变轨迹。称"就雕刻作品言,吾人所得实多。盖吾人由此石马,始知汉代自由创造的古艺术,至是已为体态浮刻的完善知识所代。其凹线,马头之姿势,以翅接连前肢,涡纹饰,诸艺之发展,皆为艺术完成之证明"[1](图1-1-30)。

图1-1-30　霍去病墓石马(左)与乾陵翼马(右)造型风格比较
1914年[法]色伽兰摄

应该说,不管是理念、方法,还是观察视角与类比分析,色伽兰都掌握得游刃有余,细腻规范的记述格式以及浪漫飞扬的艺术思维运动中,体现了那一时期的艺术史研究时尚。

以现今美术考古研究样态衡量,这一时期的考察研究,虽研究主题、研究方法、研究深度及图文对照编辑样式还未脱去单一浅显模式的羁绊,但毕竟代表特定时期美术考古研究的最高水准,其中德国佛教艺术史学者格林威德尔、勒柯克;法国艺术史学者色伽兰引领时风,堪称一代学术隽秀,他们对于后之美术考古研究,不啻具有重要的启示、标杆意义。

客观地说,这些根基于中国西部地区探险、考察所获得的研究成果,虽然造成中国文化主权的伤害以及大量珍贵文物艺术品的流失,但却"使我们对于西陲的认识,日益增加光明"[2],对催生西部地区美术考古萌芽的出现,支持并营养其后西部地区美术考古研究的深入推进,起到了重要的助力作用。

当外国考察研究者纵横西部地区之际,中国金石考古学界面对敦煌

---

[1] [法]色伽兰:《中国西部考古记》(尚志学会丛书),商务印书馆1932年第2版,第21页。
[2] 滕固:《西陲的艺术》,原载《西陲宣化使公署月刊》1936年第1卷、第7~8期;收入《蔡柳二先生寿辰纪念集》,中华书局1936年版,另见滕固著、沈宁编:《中国美术小史·唐宋绘画史》,吉林出版集团有限责任公司2010年版,第534页。

藏经洞经卷文书及楼兰古城遗址汉晋简牍文书等新资料的相继发现,蓦然觉醒。

在强烈民族自尊驱使下,得力于诸多仁人志士的不懈努力,传统金石考古学向古器物学方面的转换加剧,传统文化语境也积极接受域外风潮的洗礼,出现了新的变化。

如1896年康有为(图1-1-31)编纂《日本书目志》时,就将《日本考古提要》一书录入,折射出其对东瀛日本最早孵化"考古"一词的认同感。李孝迁《西方考古学"三期论"传入考》一文据此认为,"康氏可能是最早知道'考古学'一词的中国人"[1]。

与此同时,随着"考古"、"古物"、"美术"等时代名词初阶感悟的交相勃起,模仿西方的"古物调查"举措,以及筹"设博物馆"议论与初阶"保存古物暂行办法"[2]的颁行也开始趋向主动、热烈。

图1-1-31　1905年康有为(中)在纽约与与友人合影
采自美国"涵芬楼外楼"收藏

---

[1] 李孝迁:《西方考古学"三期论"传入考》,载《学术研究》2011年第2期。
[2] 此段引文分别参见1913年12月24日《内务府公布古物陈列所章程、保存古物协进会章程令》、1914年6月14日《大总统发布限制古物出口令》、1916年10月内务部拟定《保存古物暂行办法》及《内务部为调查古物列表报部致各省长、都统咨》(附录调查古物表式)等文献档案。参见中国第二历史档案馆编《中华民国史档案资料汇编》(第三辑·文化),江苏古籍出版社1991年版,第268页、第185页、第197~201页。至于"美术"一词在中国文化语境中的出现,邵宏认为1902年出版王国维译著《伦理学》附术语表已有"fine art,美术"一词。称其为日语译词"美术"首次在汉语出版物中之出现。此论点转引自吕澎《20世纪中国艺术史》(北京大学出版社2007年版,第90页);另见陈旭光《20世纪初的"美术革命"论争与现代"美术"观念的形成》(《美育学刊》2013年第3期)。

1905年，刘师培认识到中国传统金石学幽居书斋，缺乏西人田野考古发掘技术支持的弊病，叹惜"中国不知掘地之学"，认为"使仿西人之法行之，必能得古初之遗物"[1]（图1-1-32）。1913年2月，任职北洋政府教育部、主管美术等门类的周树人（鲁迅）（图1-1-33）还特意刊布《拟播布美术意见书》，将"绘画、雕塑、建筑"等指向"美术"之属，并进一步联系国华，衍伸概念，谓"碑碣"、"壁画及造像"等，皆"当申禁令"，"指定保存"[2]。清水飞华，虽不乏人杰隽秀之才思萌动，却毕竟花叶纷散，形单势孤，彼此并未联系融通，还不足以成为今日学术意义中完全吻合"美术考古"构体的直接元素。

　　推之于西部地区，有着巨量金石文物资源存储支持、以维系中华文化薪火相传不息为主要宗旨、吸吮从宋代以至明清关学氛围下注重求真务实的吕大临、赵涵、郭胤伯、褚峻（图1-1-34）[3]等诸陕西金石考据家之精神营养，以西安为轴心的西部地区金石考古研究更闭塞沉寂，了无大作，仅只出现了一些微量的变化。

　　尽管伯希和此前感叹"中外汉学大师之造就，堪称殊途而同归，尤以清初康熙以来，经雍乾而至道光，名家辈出，观其刈获，良足惊吾欧洲之人"[4]，但号称"关中淹博士"[5]的张扶万自深悉内幕，独认为"关学如斯，故乾嘉以后，汉学大兴，关陇作者寂寂无闻。以至清末，事事落后"。在张眼里，即

---

[1] 刘师培：《古政原始论·总叙》，载《国粹学报》第4号（1905年5月23日）。

[2] 该文最早刊1913年2月《教育部编纂处月刊》第1卷第1册，收入《鲁迅文集·杂文集·集外集拾遗补编》，人民文学出版社2006年版。

[3] 吕大临（1044—1091），字与叔，陕西蓝田人。北宋金石学家。师从关学开山大师张载，以门荫得太学博士，秘书省正字，著《考古图》《考古图释文》等。北宋理学家程颢称他"深潜缜密"、"涵养深醇，妙达义理"。赵涵，字子函，一作紫函，陕西盩厔（今易"周至"）人。明金石学家，万历乙酉（1585）举人，收藏古碑颇盛，著《石墨镌华》等。郭胤伯，字宗昌，陕西华州人，明金石学家，著《松谈阁金石史》等。清王士禛《池北偶谈》卷十三"郭胤伯"条称他"博雅好古，善鉴别书画金石，篆刻分法，为当时第一。所撰《金石史》，与赵孝廉（紫函）《石墨镌华》并行于世。常熟钱宗伯诗所谓'关中汲古有二士，郭髯赵函俱嵯峨'是也"，清徐沁《明画录》称他"并擅多能，为三秦异人"。褚峻，字千峰，陕西郃阳（今易合阳）人。善书法、椎拓，著《金石图》、《金石经眼录》等。近代陕西学者党晴梵《华云杂记》称《金石图》"共四册，册高一尺二寸，阔七寸。缩丰碑巨制于尺天寸地中，圭趺虬纹，无不历历，洵能手也。不惟文字摹刻极小而致，题跋亦整洁可爱，考据尤精赅详明"。《皇清书史》卷二十四"褚峻"条引《冬心诗钞》称他"尤工飞白书颇得古贤遗法"。

[4]《法国汉学家伯希和苾平》，载《北平·晨报》1933年1月15日。

[5] "关中淹博士"之谓，见近代张瑞玑《曹君印侯墓表》，文云："光绪三十年（1904），富平张扶万主讲横渠学堂。扶万，关中淹博士也。印侯得其指授，博览群籍，学思大进。"又见《西北革命史征稿》（中卷）"先烈纪传·曹印侯"，陕西省革命先烈褒恤委员会编纂，1949年，第79页。其文："光绪三十年，富平张扶万主讲横渠书院，张本关中淹博士，印侯得其指授，学益大进。"

图1-1-32 刘师培(1884—1919)

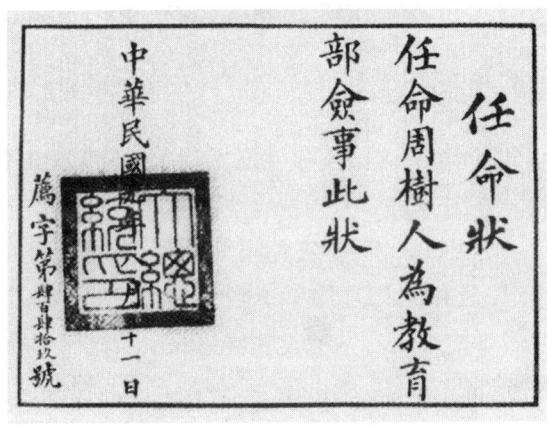

图1-1-33 1912年教育部任命周树人(鲁迅)为该部佥事之任命状
采自顾明远等著《鲁迅的教育思想和实践》北京人民教育出版社2001年版

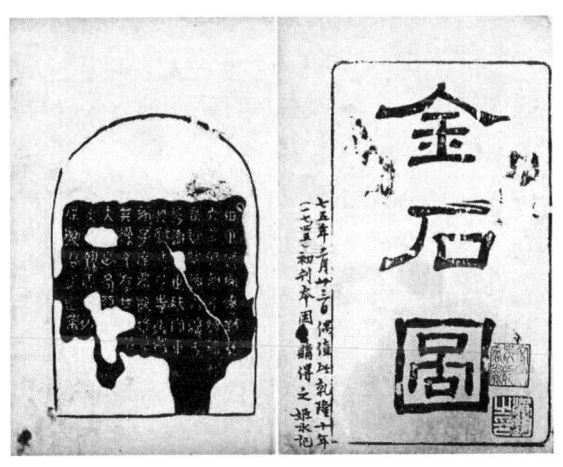

图1-1-34 (清)褚峻摹图牛运震补说《金石图》乾隆八年(1743)初刊本
采自2014年中鸿信拍卖图录

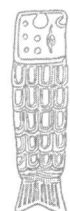

图1-1-35 清末刘古愚（兰州一中藏排右一）任甘肃高等学堂时与该校师生合影

便"中间虽有咸阳大师[1]激励后生，不惜发难违俗"，"然积习已深，收效遂微"[2]（图1-1-35）。

清末以来，兵燹灾荒频仍发生，文物古迹破坏更趋严重，相关研究举步维艰，虽有仁人志士竭力维护，奔走呼号，惟因彼时"吾国又无禁古物出口之法律效力"[3]，故只能望洋兴叹。及民国定鼎，局势掣肘，虽1912年12月内务部即在社会舆论压力下，拟定《古物保存暂行章程》，但迄未实施，遑论收效。像西安发生宝庆寺壁间嵌唐七宝台造像遭日本学者早崎梗吉氏（1874—1956）（图1-1-36）强购流失出境，唐昭陵六骏其二为陕西陆军第一师师长张云山（凤冈）（图1-1-37）与袁世凯公子袁克文、古玩商赵鹤舫并卢芹斋等联手盗卖至美国等事件[4]，地方政府与乡贤耆老制止、呼吁不得奏效之事，不胜枚举。

---

[1] 这里指清末陕西关学大师刘光蕡（1843—1903），张扶万师，字焕堂，号古愚。咸阳天阁村人，光绪乙亥（1875）举人，学宗姚江，奉行教育救国，为关学后镇。历任泾阳味经、崇实、醴泉烟霞等书院山长，甘肃高等学堂总教习等。推崇新学，在关中桃李满门，影响深远。

[2] 引自1938年3月15日张扶万致刘允丞信札，信函文抄录于同日张扶万《在山草堂日记》，手稿，稿存陕西省政西文史办。

[3] 参见1909年端方致罗振玉信札，收入甘孺（罗继祖）辑述《永丰老人行年录——罗振玉年谱》（江苏人民出版社1980年版，第40页）。

[4] 罗宏才：《百年陕西文物流失之痛》，载《文物天地》2005年第1期。

此状引起美国亚洲文艺会书记马克密的重视。他在1908年于北京发起成立附属该会的中国古物保存会[1]，其后并特拟"保存中国古物办法"送呈外交部敦请中国政府加以重视[2]。接着，《字林西报》等新闻媒体也及时发出措施严厉的批评报道。

诸种舆论，迫使北洋政府内务部不得不在1916年3月11日下发"切实保存前代文物古迹致各省民政长训令"，称"案查国务院函开，准外交部印送译就亚洲文艺会书记马克密所拟保存中国古物办法原函及字林西报批评专件到院"。云中国古物"现已半就毁坏，其四川、陕西、云南、福建等省，亦多凋残，非得政府禁令，不易保存"。并称"查前代石刻，于历史沿革，文化变迁均有关系"，"合亟令行该民政长查照，通饬各属于该管地方，所有前代古物均应严申禁令，设法保存"[3]。惟训令下发各地，旋即效尤。堂堂部令尚且如是，兵燹灾荒中，推展地方金石考古研究诸事自然无从谈起，勉强担纲者，仍只是凤毛麟角。

据向达《唐代长安与西域文明》一书记载，知甘肃武威为清代西北学术"巨擘"[4]"张介侯"[5]"先生故里。"先生一生于

图1-1-36 着道服的[日]早崎梗吉（1814—1956）

图1-1-37 张云山（1877—1915）

---

[1]《外交部译发马克密君保存中国古物办法之函件》，载《国学杂志》1915年第5期。
[2]《马克密君保存中国古物办法之函件》，《东方杂志》1914年第11卷第6号《内外时报》，第16~18页。
[3] 中国第二历史档案馆编：《中华民国史档案资料汇编》（第三辑·文化）"内务部为切实保存前代文物古迹致各省民政长训令"条，江苏古籍出版社1991年版，第197页。
[4] 党晴梵：《华云杂记》下卷"二酉堂丛书"条："前清一代，西北学人，湛深经史者，天生李先生（因笃）而外，当以张介侯为巨擘。"西安铅印本（下卷），1937年，第1页。
[5] 张介侯（1776—1847），名澍，字百瀹，又字寿谷、时霖等，号介侯、鸠民、介白等。清凉州府武威人。乾隆甲寅（1794）科举人，嘉庆己未（1799）科进士。散馆入翰林院，充实录馆纂修。历官玉屏、屏山、永新、泸溪等县知县，署临江通判。著述繁富，以《二酉堂丛书》最为著名。

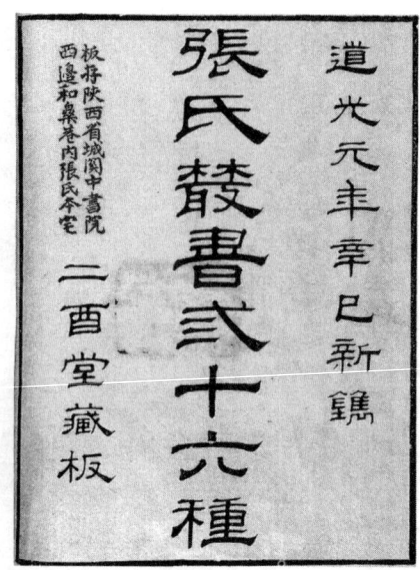
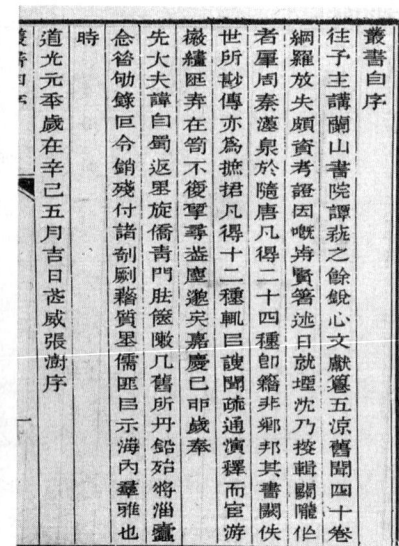

图1-1-38 道光元年（1821）刊行《二酉堂丛书》一部封面与编者自序　兰州古籍书店藏

关陇文献，网罗放失不遗余力。生平著述等身。其《二酉堂丛书》，藏书家几于家喻户晓。先生著述未刊者极多，身后散失殆尽。二十二年在西安，从碑林碑估段某处得悉光、宣之际，法国伯希和自敦煌东归，道经西安，即从彼处购去先生著作未刊稿本不少。"[1]（图1-1-38）

书中"碑林碑估段某"者，为清末以来长期于西安碑林外府学巷口开设翰墨堂碑帖铺之段仲嘉氏。段精鉴赏，富金石文物收藏，与海内金石考据诸大家交往频繁。依笔者早年采访世居西安府学巷，与翰墨堂有三世之交的耆老翁维谦，其言伯希和之来西安，慕翰墨堂名，游览碑林后曾专往该堂拜访，阅览其藏，大为赞赏，操流利汉语嘱段氏区划甲乙，择优刊行。此举是否成为促动《翰墨堂志拓目录》[2]编纂的起因之一，或《翰墨堂志拓目录》体例格式有伯氏学术风格影响之几多因子，尚需进一步考证确认。

---

[1] 向达著：《唐代长安与西域文明》，生活·读书·新知三联书店1987年版，第339页。
[2] 罗宏才：《五种民国时期（1911—1949）西安金石文物收藏著述考论》，载《南京艺术学院学报》（美术与设计）2015年第3期。

第二节　1919—1928年的西部美术考古

"五四运动"打破了经久禁锢中国思想文化的枷锁，开启了新的时代纪元。于相关美术考古学术研究一途，"取法西学"，已成为"近代中国新史学的一个明显特征"[1]。

当此之际，"西学东渐的潮流，日涨一日，艺术上也开始容纳外来思想，外来情调"[2]。崛起的中国学界，接踵挥发强烈的民族自觉意识，拥抱国粹文华，亟待中西交流的加剧，急欲建立属于自己的"科学的东方学之正统"[3]，展开"国民艺术的复兴运动"[4]。

收获晚清以来碰撞生成的学术新知，诸如罗振玉在《殷墟古器物图录》（图1-2-1）序言中提及的"以欧西新理比附中国旧学"[5]等中西交流

图1-2-1　罗振玉《殷墟古器物图录》一页

---

[1] 黄文弼：《蒙新旅行之经过及发现》，《国学季刊》1930年第2卷第3号，第623~628页。
[2] 滕固：《中国美术小史》，上海商务印书馆1926年初版，后收入滕固著、沈宁编：《中国美术小史·唐宋绘画史》，吉林出版集团有限责任公司2010年版，第34页。
[3] 傅斯年：《中国古代思想与学术十论》，广西师范大学出版社2006年版，第188页。
[4] 滕固：《中国美术小史》，上海商务印书馆1926年初版，后收入滕固著、沈宁编：《中国美术小史·唐宋绘画史》，吉林出版集团有限责任公司2010年版，第34页。
[5] 罗振玉：《殷墟古器物图录》，1916年。

理念，此一时期由传统金石考古学定式思维升华为古器物学新思维的学术精英们再度遭遇"西学"范畴内"掘地之学"[1]，便不再只是冷漠与惊异。睿智的思维导向驱使他们在冷静认同考古学"在中国发展仍很幼稚，可以发展之处很多"的前提下，须审慎寻找新的学术发展方向。

图1-2-2　梁启超（1873—1929）

1926年10月22日，梁启超（图1-2-2）在北京协和医学院礼堂举行的欢迎万国考古学会会长瑞典皇太子阿道尔夫·古斯塔夫东来报告会演讲中，指出"近来欧美学者到中国来作有意识的采掘，成绩很佳。中国学者亦感觉有自动采掘的必要"。他冀望中国考古学能快速弥补传统古物学缺少田野考古发掘的遗憾，并敏锐划定西部地区以丝绸之路为主体、包括新疆、甘肃等区域在内的古墓葬、古遗址等作为工作场所。

于承袭传统金石学研究方法精髓的同时，梁氏热诚指示须向西方考古学学习，追求"方法的进步"。并"希望将来，全国高等教育机关要设考古专科，把欧人所用方法尽量采纳"。认为"以中国地方这样大，历史这样久，蕴藏的古物这样丰富，努力往下做去，一定能于全世界的考古学上，占极高的位置"[2]。

与梁启超的观察角度有差、但目的基本相同，曾任清华大学图书馆馆长、有资质典籍分类专家称誉的洪有丰[3]（图1-2-3）则注意到西学冲击下，传统金石考古目录所面临的新的分类问题，指出"金石目录，虽亦有历史之关系，而性质悬殊，不如各以类相从之为当也"。

寻之于学科属性，洪有丰并且注意将金石考古目录与艺术学相比较，认为"金石与艺术相近，故入艺术类"[4]。

[1] 刘师培：《古政原始论·总叙》，《国粹学报》，第4号（1905年5月23日）。
[2] 以上引文均参见梁任公讲、周传儒记：《中国考古学之过去及将来——欢迎瑞典皇太子演说辞》（1926年10月22日欢迎万国考古学会长瑞典皇太子东来之演讲），刊《晨报副刊》1926年10月26日。
[3] 洪有丰（1893—1963），字范五，安徽绩溪人。1916年毕业于金陵大学高等科。1921年毕业于美国纽约州立大学图书馆专科。曾任东南大学教授、图书馆主任，清华大学图书馆主任，中央大学教授、图书馆主任，中华图书馆协会董事、执行委员会常委。1949年后任南京大学教授、图书馆主任，华东师范大学图书馆副馆长，国家科委图书组组员等。著《图书馆组织与管理》等。
[4] 洪有丰：《图书馆组织与管理》，商务印书馆1925年版，第144页。

图1-2-3　1925年洪有丰（前排右一）与上海图书馆协会同人欢迎鲍士伟译员莅沪合影留念 东南大学藏

此一思辨进程中，洪氏巧妙阐释了他自己后来整理提升的"分其异而类其同"[1]的学术理念，有效剥离出传统金石考古学体系中的"艺术"成分，对于而后考古学与美术学有机结合，进而酝酿分蘖"美术考古"之新主题，洪氏此举显然有添砖之功。

大致趋同洪有丰"金石"入"艺术类"的学术分类理念，传统中国美术史研究者以及后来接受西方艺术史研究理论方法的新艺术史学者，亦在新学术思潮中积极与新考古思想体系靠拢、融合。1925年6月，滕固在其《中国美术小史》一文弁言中感慨"曩年得梁任公先生之教示"，表示颇"欲稍事中国美术史之研究"[2]。

看得出，梁、滕两人都感觉到时势剧变，学术更新大潮中广泛开拓学术视野，打通相关学科壁垒、相通共融的重要性。后者虽说只是寥寥数语的即时言论，但作为这一时期各学科间有意味联动碰撞的另一视角注脚而言，却是绰绰有余的。

及此，可以认为，"五四运动"后新学术思潮环境下趋向后之"美术考古"构体分别流泻的古器物学、考古学、艺术学、美术学四个分支体系的基干轮廓与大致表现样态业已清晰呈现。应该说在"中国旧学向西方学术体

---

[1] 洪有丰：《图书馆组织与管理》，商务印书馆1925年版，第109页。
[2] 滕固：《中国美术小史》，上海商务印书馆1926年初版，后收入滕固著、沈宁编：《中国美术小史·唐宋绘画史》，吉林出版集团有限责任公司2010年版，第4页。

系转轨"[1]过程中,美术考古发展历史显然没有忘却自己的位置与份额。直至今日,勃勃亢进的美术考古学主干内,仍可准确感受到它求进、争新的脉搏。尽管在过去一段历史时期,它们曾一度吟唱过混接、交融与浪漫、纷散的主旋律。

在另一视阈,较之前一时期,由于学术思潮的更新以及民族自觉意识的提升,西部地区文物考察曾经为外国列强所一手控制的局面,也开始迅速瓦解。

1923年初,汉口日信银行成立所谓的"日信银行陕西支部",先后派遣中川、野口三郎、恩田、申子田等人协同日本大仓、高桥、三井等洋行职员数次奔赴陕西,以收买棉花、油料、蚕丝等经济作物为借口,足迹遍及关中、陕南、陕北各重要县市,遍访文物古迹(图1-2-4),秘密进行测绘、摄影及古物收购活动。他们将廉值购来的佛像、铜器、陶器以三彩、瓦当、拓本等物装入木箱,编写序号,不断经商洛、襄樊等地运往汉口,然后再换船沿长江驶往日本。

有关资料揭示,"日信银行陕西支部"所谓的考察活动虽间断延续至1925年,但由于1923年夏中国雇员侯明玉的告发,引起西安《新秦日报》等

图1-2-4　日信银行陕西支部考察团考察咸阳周公墓

---

[1]　左玉河:《晚清古学复兴:中国旧学纳入近代新知体系之尝试》,载《史学月刊》2004年9期。

新闻媒介的抨击以及关中道尹兼陕西交涉署长南岳峻(右嵩)等地方官员的关注与干涉,"令彬县知事和(陕西)省警厅根据国际法及通商条约勒令日信、大仓、高桥、三井四家日本洋行停止在陕活动,并令有关人员离陕返回汉口"[1]。上述机构购取文物、擅自测绘、摄影等行为才得以收敛或终止。此后所谓的考察活动,与前一阶段比较已大相径庭。

1925年,美国哈佛大学阜格美术博物馆华尔纳(Iangdon warne)(图1-2-5)、翟阴(HORACEH.F.JAYNE)、丹尼尔·汤姆生、阿兰·普列斯特(汉名"溥爱伦")、霍拉斯·史汀生(汉名"石天生")等组织第二次福格考察队赴西北考察,据说中国政府为阻止其对沿线文物的劫掠破坏,特派北京大学陈万里(图1-2-6)随行。这一举动,或许成为翟阴等人在西安逗留期间未能如愿获得其意欲得到的造像、三彩等物的原因之一。

并且,因该年3月13日陈万里在西安碑林外府学巷口东侧李姓博古堂碑帖铺购得泾州魏南石窟寺碑(图1-2-7)[2],遂有3月23日陈万里、翟阴、溥爱伦等缘此线索直入泾川县南门,先"至文庙参观魏南石窟寺碑原石(民国六年自王家沟移存于此)",又至泾川城西回中山(宫山)大佛洞考察,发见"大佛前有一约高一尺二寸见方石柱,四面造像并飞天等雕刻极精"诸事。以溥爱伦颇爱此石,意"拟向县署索之以畀北京华语学校"或陈万里任教之北京大学。后诸人至王家沟泾河对岸,得"乡导某甲"指示,惊喜发现南石窟寺"石窟外之力士神,赫然在望",乃"狂奔就之"(图1-2-8)。

图1-2-5 华尔纳(1881—1955)野外工作照

图1-2-6 陈万里(1892—1969),1936年摄于日内瓦采自钱汉东《中国田野考古先驱陈万里》一文插图

---

[1] 俞嗣如:《新秦日报二十五年》,载政协西安市委员会文史资料研究委员会编《西安文史资料》(第2辑),1982年,第132页。
[2] 参见1925年3月13日陈万里《西行日记》,收录于陈万里著《陈万里陶瓷考古文集》,紫禁城出版社1997年版,第338页。

图1-2-7 北魏永平三年(510)南石窟寺碑 通高225 cm,宽105 cm,额篆"南石窟寺之碑"

图1-2-8 南石窟寺外景

同日陈万里《西行日记》赞誉该处造像"果极精美,窟内三面均有巨丈立像,余见之,惟有瞠目结舌而已",又称"溥爱伦君则跳耀欢呼,如获至宝(图1-2-9)。翟阴君亦以如此石窟,岂能匆匆放过,相约明早来此,尽竟日之力,从事查考"[1]。因有3月24日诸人再往南石窟寺,开始大幅度所谓"考察"工作之事。

复据24日陈万里《西行日记》记载,该日"溥爱伦君开始剥离东侧诸像","发现重要图案装饰雕刻"。又载"溥爱伦君复举斧斫大像泥胎","东窟则汤姆生君绘画,时达摄影,翟阴君记录,石天生君测量。一时休息,即在东窟外支桌露餐,聚谈造像雕刻之美……"(图1-2-10)。徐徐春风里,翟阴等人把酒话艺,于中国艺术殿堂尽情享受着遥远的欧洲时尚。

图1-2-9　南石窟寺内造像

图1-2-10　南石窟寺内佛传故事图像(右)飞天雕刻(左)特写

[1] 以上引文皆参见3月23日陈万里《西行日记》,收录于陈万里著《陈万里陶瓷考古文集》,紫禁城出版社1997年版,第341~342页。

福格考察队没有想到，他们的放肆举动，引起了当地百姓的愤怒。彼时村人集众前往，誓保国粹完整，势不能遏。同日陈万里《西行日记》谓彼时"忽有乡民二十余，蜂拥而至，群起诘问"，"责翟阴君毁坏佛像之罪"，"强拉骒马不让走"，"非俟佛像修复不能任汝行"。继则有"南石窟寺为附近六村所管"，村民乃"鸣锣传知，势非俟六村村众来齐，不能解决"等记载，真实还原了当时的场景。如非陈万里等竭力斡旋，"剀切譬解"，至于"舌敝唇焦"，翟阴等人又不得不"邀集乡民代表于东屋，磋商重修款项数目"，最终"给予六十六元之重修费（十八小佛像每像两元，大像系三十元）"[1]，当日事态是不会轻易平息的。这与当年斯坦因、伯希和等人在敦煌莫高窟内的横冲直撞，恍若隔世。

纵深探索，"从酣梦醒过来"[2]者,不只是民众的力量与勇气。推之于政府机构与最高学界，维权、求变、自主、自尊的学术革新思潮亦与日俱增。

1925年北洋政府教育部拟定《中华民国国立历史博物馆概略》显示，1924年春，国立历史博物馆曾函聘"毕士博、董宪忠等名誉顾问，先后赴直隶、河南、陕西、山西等省调查古迹古物，并在河南信阳发掘汉冢三座，得汉代陶瓷砖甓多件，并于冢旁掘获上古陶、石诸器共计二百余件，运馆陈列"[3]。

这条资料说明，较之于前一时期，同样是外国学者，也同样是去中部、西部地区进行探险、考察并考古发掘，由于主持单位有别，考察、发掘性质不同，时势环境不同，出现的结果也就自然不同。

重要的是，像这样以国家名义公开函聘曾任美国政府斯密苏尼恩博物院调查古迹代表的毕士博（Carl Whiting Bishop，1881—1942）等人为名誉顾问，赶赴指定区域，携带专门调查发掘任务，实施具体考古调查发掘工作，俟工作结束后再将全部所获"运馆陈列"的新型考察模式，那在清末民初"残经毁像"的"魔鬼时代"[4]是很难想象的。

[1] 以上引文参见3月24日陈万里《西行日记》，收录于陈万里著《陈万里陶瓷考古文集》，紫禁城出版社1997年版，第342~343页。
[2] 滕固：《西陲的艺术》，原载《西陲宣化使公署月刊》，1936年，第1卷，第7~8期；收入《蔡柳二先生寿辰纪念集》，中华书局，1936年。另见滕固著、沈宁编：《中国美术小史·唐宋绘画史》，吉林出版集团有限责任公司2010年版，第534页。
[3] 参见南京中国第二历史档案馆藏北洋政府教育部档案：《中华民国国立历史博物馆概略》（1925年），收入中国第二历史档案馆编《中华民国史档案资料汇编》（第3辑·文化），江苏古籍出版社1991年版，第277页。
[4] 周肇祥撰，赵珩、海波点校：《琉璃厂杂记》（一），燕山出版社1995年版，第34页。

如果说1924年国立历史博物馆函聘美国学者为中国博物馆调查、发掘文物藏品的规模尚小，只是在局部范围内产生了一定影响，那么，1927年"为便利研究，尊重国权"，基于"痛国权之丧失，恐学术材料之散佚"[1]等历史教训而发起成立的以中国学者徐炳昶、黄文弼等人员为主，容纳瑞典地理学大家斯文赫定博士、考古学者贝格满（Foike Bergman）及德国、丹麦人士组就的中瑞西北科学考查团则是彪炳史册的重大事件。虽然考查范围涉及地质学、地磁学、气象学、天文学、人类学、考古学、民俗学等多个门类，与美术考古密切相关者仅只有"考古学"一门，但对营养中国美术考古初生基础来说，仍有重大作用及重要意义（图1-2-11）。

依黄文弼《蒙新考察日记》（1927—1930）记述，仅1927年10月24—25日，黄文弼即与助手庄永成在额济纳河流域古居延地区一土堡内（汉代烽燧遗址）发现汉简多枚，这是最初发现的"居延汉简"。黄文弼因此预言，

图1-2-11　中瑞西北考察团野营留影　前排右一徐炳昶、右二斯文赫定
徐桂伦提供

---

[1] 参见1928年2月《中国学术团体协会西北科学考察团报告》，收入王忱编《高尚者的墓志铭——首批中国科学家大西北考察实录（1927—1935）》，中国文联出版社2005年版，第529页。

图1-2-12 蒙新考察期间黄文弼（骑骆驼者）工作照 黄文弼特藏馆提供

图1-2-13 居延汉简特写

图1-2-14 黄文弼于吐鲁番雅尔崖古墓发现的高昌延和十一年(612)《任谦墓表》纵横均40cm

在"此地如细掘，必可多得木简"[1]（图1-2-12、图1-2-13）。

其后的发现果然证实了黄文弼的预测。扩展考察时间期限，并将考察区域推展至更广大的吐鲁番盆地、罗布泊地区、塔里木盆地。在古高昌国遗址、雅尔湖附近等诸种古遗址、古墓葬区域，黄文弼接连发现大量墓表（图1-2-14）、陶器、木简、壁画、佛像、骨器及金银饰品等"至堪宝贵"的文物艺术品。虽说主题仍只在"考古"一门，但中国学者以主人翁身份首次在自己国土上实施科学考古考察，其意义已远远超过大量获得的意义。况"出品即多且精，古香古色，美不胜书"，"拜城和色尔佛洞采得六朝盛唐佛教艺术精品，且有铭文，弥足珍贵"；"焉耆明威古堡及库车苏巴什古址"出土

---

[1] 黄文弼遗著，黄烈整理：《黄文弼蒙新考察日记(1927—1930)》，文物出版社1990年版，第106页。

"佛像、佛范多种","多希腊古式,可窥西方文化东渐之迹"[1]。

这里,黄文弼本人将大量获得的珍贵考古发现和盘托出,于扩展、丰富中国考古学内涵、特色的同时,也为中国美术考古学的萌芽、跃动,奉献了极其珍贵的实物资料,"唤起学术界之倾倒"[2],颇有滕固氏振臂呼喊"洗雪这种被侮辱的奇耻"[3]一类的淋漓快感。从这一视角出发,黄氏之成功作品如《高昌陶集》(1934)、《罗布淖尔考古记》(1948)、《高昌砖集》(1951年增订)(图1-2-15)、《吐鲁番考古记》(1954、1958)及《塔里木盆地考古记》(1958)《新疆考古发掘报告》(1983)等,便超越常态灿烂,迸射出异样的珍贵。

图1-2-15 黄文弼《高昌砖集》封面

连接梁启超在欢迎万国考古学会会长瑞典皇太子报告中的热情考古呼吁,此一时期中国考古机构亦不断发生增新裂变,相关活动亦十分频仍活跃。

以北京大学为例,其在1921年11月始成立包含考古研究在内的北京大学研究所国学门。1922年再成立中国第一个考古专门研究机构——北京大学研究所国学门考古学室,刊行《北京大学研究所国学门月刊——考古学专号》第1卷第1号[4]。1923年5月,北京大学又发起组织古迹古物调查会,"并为发掘与保存之预备"。图以"对于世界有所贡献"[5]计,复于同年7月藉该会章程传递"网罗地质学、人类学、金石学、文字学、美术史、宗教史、文明史、上俗学、动物学、化学各项专门人才协力合作"[6],推进中国考古事业

---

[1]《西北文物展览明晨开幕 所有收入捐燕大基金 大会陈列品颇多珍物》,《大公报》1934年5月24日第4版。
[2]《西北科学考察团之功绩与教训》,《大公报》1929年1月31日第2版。
[3]《西陲的艺术》,原载《西陲宣化使公署月刊》1936年第1卷,第7~8期;收入《蔡柳二先生寿辰纪念集》,中华书局,1936年。另见滕固著、沈宁编:《中国美术小史·唐宋绘画史》,吉林出版集团有限责任公司2010年版,第534页。
[4] 1926年上海开明书店出版。
[5]《北京大学研究所国学门纪事》,《国学季刊》1923年第1卷。另参见《国立北京大学研究所国学门各会章程及纪事录》,载《晨报副刊》1924年6月17日。
[6] 桑兵:《东方考古学协会述论》,载《历史研究》2000年第5期。

的信息与计划。1924年5月,为谋求长远发展并增强与国际联系计,"古迹古物调查会"又改名为"考古学会"(图1-2-16)。

与上列变化约略同时,该会会长马衡以及重要骨干徐炳昶、李宗桐(玄伯)(图1-2-17)、陈万里等人还调查大宫山明代遗迹及洛阳北邙山出土文

图 1-2-16　1924年9月北京大学国学门考古同仁黄文弼(1排左5)、董作宾(1排左1)、顾颉刚(2排左2)、马衡(2排左3)、徐炳昶(3排左3)、胡适(3排左2)等于北大三院译学馆前合影　徐桂伦提供

图 1-2-17　20世纪20年代末或30年代初马衡与学界诸友人合影于北平　左起黄文弼、徐炳昶、马衡、李宗桐、沈兼士、陈垣　徐桂伦提供

物、甘肃敦煌古迹，并参观朝鲜汉乐浪郡汉墓发掘现场……

不仅如此，马衡本人为着意打通"由'古董'进至'科学'的途径"[1]，1923年9月还专赴河南新郑调查新发现的春秋郑公大墓青铜器组群（图1-2-18），写出《新郑古物出土调查记》。虽非亲自参加清理发掘，但调查记中显现的发掘图样、文物出土位置及发掘报告编写程式所必须具备的几种关键元素，已经有了"近代考古学成分在内"[2]。

至此，马衡本人艰苦经历学术生涯上的巨大转变，一跃成为"中国近代考古学的先驱"[3]。郭沫若（图1-2-19）在马衡《凡将斋金石丛稿》序言中不无感慨地说道："（他）继承了清代乾嘉学派的朴学传统，而又锐意采用科学的方法，使中国金石及博古之学趋于近代化。"[4]可说是一语中矢。

以一种社会单元构体及一介普通学者，在当时条件下，短时间内能有如此频仍考古活动与巨大学术转变，传递如此令人信心满怀的志趣与计划，不能不使人对当时生气勃勃的考古学术氛围滋生向往与钦佩。我们感悟到，早期翘首盼望新生到来的美术考古萌芽能即时融入如此良好的学术环境，并有幸根基中国考古学发展主脉，同时交融金石学、古器物学、文字学、宗教史、文明史等多个学科基础基因，得益诸多有识之士的鼎力推展，

图1-2-18　1923年河南新郑郑公大墓出土春秋莲鹤方壶　河南省博物院藏

图1-2-19　郭沫若（1892—1978）

---

[1] 郑师许：《通俗考古学丛书编辑计画》，载《考古》1934年第1期。
[2] 沈颂金：《传统金石学向近代考古学的转变——以马衡为中心的考察》，载《学习与探索》2000年第4期。
[3] 郭沫若语，参见夏鼐主编：《中国大百科全书·考古学》，中国大百科全书出版社1986年版，第300页。
[4] 郭沫若：《凡将斋金石丛稿序》，收入马衡《凡将斋金石丛稿》，上海古籍出版社1983年版。

获得宝贵的实践探索经历,不特中国考古之幸,实亦中国美术考古之幸也。

由于国家自信力增强,民族自尊、自立意识提升,学术高潮勃起,压迫此前一度自由泛滥、由外国人士所一手把持的西部地区文物考察活动迅速走上合作、独立的新路径。因而也促使此前由外国学者所独立进行的西部地区具有美术考古意味的学术研究模式开始发生转折、变化,从而出现中外并行、相得益彰的新型学术模式。尽管中国本土此一时期的相关学术研究明显局促、孱弱。

就国外研究状况而言,由于此一时期西方学术界对中国美术视阈观察视角及认识观念的变化[1],使得相关西部地区、具有初步美术考古意味的学术研究与前一时期相比,也发生了诸多明显变化。为便于观察分析,我们另制成表1-2-1。

表1-2-1　1919—1928年西部地区具初步美术考古意味主要考察研究成果统计
（以西方学术界为观察中心）[2]

序号	责任人	名称	出版信息	研究内容	类别	备注
1	[德]格伦威德尔	《古代库车》	1920年,柏林	克孜尔石窟、壁画	考察报告	
2	[法]伯希和	《伯希和敦煌石窟图录》	1920—1926年,巴黎	敦煌壁画	图录	
3	[英]斯坦因	《西域考古记》	1921年,牛津克拉兰顿	敦煌壁画、佛教艺术	考察报告	
4	[英]斯坦因 [法]宾雍	《千佛——中国西陲千佛洞所获之古代佛教绘画》	1921年,牛津克拉兰顿	佛教绘画、敦煌绢画	图录	
5	[德]勒柯克	《中亚古代晚期佛教文物》	1922—1933年,柏林	佛教雕塑、摩尼教细密画、佛教壁画	图录	

---

[1] 如王涵薇《欧美早期中国美术史研究方法的转变》一文注意到此一时期西方学术界"从中国美术中寻找灵感";"对中国美术的重新发现"等新视角。参见《南京艺术学院学报》(美术与设计)2015年第3期。

[2] 本表以出版时间先后为序,同一出版时间则以其与前后序号之间的内在联系为序,以保证一个作者或一种主题的完整性与连续性,如第6、7号"[瑞典]安特生"著作。

续表

序号	责任人	名称	出版信息	研究内容	类别	备注
6	（英）韦利	《中国绘画导论》	1923年，伦敦	对中国从周朝到元朝的绘画予以介绍，其中专章研究佛教艺术、敦煌壁画	专著	
7	[瑞典]安特生	《中国远古之文化》	1923，斯德哥尔摩	述彩陶遗址、彩陶类型及遗址时代、性质等。首次提出"仰韶文化"命名，弥补中国史前史一段空白。并对该文化性质有初步阐述		初刊1923年《地质汇报》第五号第一册，有袁复礼中文节译
8	[瑞典]安特生	《甘肃考古记》	1925年，斯德哥尔摩	据多次调查发掘资料分甘肃彩陶文化遗址为六期，提出"仰韶文化西来说"结论		
9	[德]勒柯克	《中亚艺术史图说》	1925年	壁画、摩尼教细密画	图录	出版地不详
10	[德]格林威德尔	《犍陀罗，库车，吐鲁番》	1925年，莱比锡	佛教壁画	专著	滕固译作伐尔德许米德
11	[美]华尔纳	《在中国漫长的古道上》	1926年，纽约	敦煌莫高窟	考察随笔	
12	[德]勒柯克	《中国土耳其斯坦的地下文化宝藏》	1928年，伦敦	佛教雕塑、建筑、绘画	考察随笔	
13	[瑞典]斯文赫定	《亚洲腹地》	1928年，牛津克拉兰顿出	考察沿线概况	考察报告	

结合表1-2-1中显示信息并参照相关文献资料，可以发现此一时期具有初步美术考古意味的学术研究，主要有以下几种规律：

（1）研究内涵分报告、图录、随笔、专著四种。此前风行的"日记"题材消失，愈往后期，有趋向专著的意味。

（2）与前一时期相比，"日记"题材消失，"随笔"意味加剧，整体研究

图1-2-20 ［瑞典］安特生
采自［瑞典］马思中（Magnus Fiskesjo）、［中国］陈星灿合著《中国之前的中国》一书

图1-2-21 ［德］勒柯克《中亚古代晚期佛教文物》封面

性意味明显增强，时段性考察性质成果显著下降。重要者如瑞典安特生（Johan Gunnar Andersson, 1874—1960）（图1-2-20）之《中国远古之文化》、《甘肃考古记》等。

（3）同样是图录，但说明细致、出版精致，此类以德国勒柯克《中亚古代晚期佛教文物》（图1-2-21）、《中亚艺术史图说》最为突出。

上述原因，主要与中国政府以及相关机构与社会各界此一时期对外国人在西部地区进行种种考察的限制与管理，以及擅自进入中国西部地区实施考察受阻后集中精力从事资料整理、研究有关。

（4）研究区域集中在中亚地区、特别是中国甘肃、新疆地区。以新疆地区为著。

（5）除安特生彩陶研究外，研究主题在上一期基础上，有更加趋向佛教艺术的趋向。英国艺术史研究者韦利（Waley Arthur, 1889—1966）甚至关注到敦煌艺术的生成背景与风格特征，在其1923年刊布的《中国绘画艺术研究导论》一书中特列"敦煌壁画"一章，称"敦煌艺术在一定程度上受到6

世纪北齐曹仲达风格的影响"[1]。此与滕固氏所谓"西陲的文明,主要是佛教的文明"[2]论断恰相吻合。这一趋向事实上此后也一直亢进至今。换言之,这一趋向所奠定的西部地区考古、艺术史的基本倾向与特色,同时也符合于美术考古。

（6）研究深度加强,其中德国勒柯克、格林威德尔尤为瞩目。而格林威德尔20世纪初任德国柏林民俗学博物馆（Ethnocomical Museum, Berlin）印度部主任,治学严谨,研究功力深厚,台湾学者李玉珉称他是"德国著名的佛教艺术史学家",其"印度美佛教美术史专书——Buddhistische Kunst in Indien（Berlin: 1893）——是世界第一部佛教美术史的著作,有系统地介绍印度佛教美术的发展,奠定世界佛教美术研究的基础"[3]。

至格林威德尔的《犍陀罗,库车,吐鲁番》[4]一书,则在前一时期敦煌、库车、焉耆、吐鲁番等地石窟寺、佛寺壁画、造像研究优势的基础上,专致于新疆库车、吐鲁番地区壁画的研究。依据珍藏德国柏林民俗学博物馆（Museum fur Volkerunde）、出土于吐鲁番唐贞观[5]时期、"拼凑圩补成若干壁,色迹漫漶"之壁画实物等相关资料,格林威德尔对犍陀罗风格源起、特征及演化轨迹等进行了准确、细致、"饶有兴味的叙述"。如"踏儒童菩萨之布发定光如来"、"信士信女之供养图"[6]等重要案例,更有较多笔墨阐述,议论关照尚还全面公正。窥格林威德尔研究心路,大约希望通过"风格的分析,而企图编列出异同变化的理路"[7]。如是杰出思维,或许正体现了蔡元培氏早年崇信"世界学术德（国）最尊"[8]的几多韵味。

---

[1] Waley Arthur, Introduction to the study of Chinese Painting, London: Ernest Benn, 1923, pp131—133. 王涵薇《欧美早期中国美术史研究方法的转变》一文更认为韦力"敏锐发现敦煌壁画的研究价值,可谓最早的敦煌壁画艺术研究者"。参见《南京艺术学院学报》（美术与设计）2015年第3期,第4页。

[2]《西陲的艺术》,原载《西陲宣化使公署月刊》1936年第1卷,第7~8期;收入《蔡柳二先生寿辰纪念集》,中华书局1936年版;另见滕固著、沈宁编:《中国美术小史·唐宋绘画史》,吉林出版集团有限责任公司2010年版,第525页。

[3] 李玉珉:《中国佛教美术研究之回顾与省思》,载《佛学研究中心学报》1996年第1期。

[4]［德］伐尔德许米德（格林威德尔）:《犍陀罗,库车,吐鲁番》(Waldschmidt., E: Gandhara, Kutscha, Turfan. 1925.) 1925年,莱比锡。

[5]［日］大村西崖著,陈彬和译:《中国美术史》,商务印书馆1930年版,第68~69页。

[6] 此段引文参见滕固:《唐宋绘画史》,神州国光社刊,1933年5月;收入滕固著、沈宁编:《中国美术小史·唐宋绘画史》,吉林出版集团有限责任公司2010年版,第55页。

[7]《西陲的艺术》,原载《西陲宣化使公署月刊》,1936年,第1卷,第7~8期;收入《蔡柳二先生寿辰纪念集》,中华书局1936年版。另见滕固著、沈宁编:《中国美术小史·唐宋绘画史》,吉林出版集团有限责任公司2010年版,第533页。

[8] 新嘲札编:《蔡子民先生言行录》,北京大学出版部1920年。

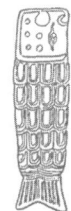

图1-2-22 古城西安一瞥

就西部地区研究者具有美术考古意味的学术研究而言,此一时期亦有较大的进展。

其主要代表人物及代表成果均集中在古城西安(图1-2-22),如南院门和茂永古玩店经理郑鹤舫的《鹤舫藏印》及《望古斋印存》;碑林外府学巷南口路东翰墨堂碑帖铺(牌署"翰墨堂法帖局")经理段仲嘉的《翰墨堂志拓目录》等,皆可圈可点。

和茂永、翰墨堂者,均为清末以来西安金石文物系统代表性老字号店铺,在近代西安乃至陕西金石文物史上占有重要的一席地位。

前者的资本基础,据说系庚子年慈禧母子来陕之际,以南大街某当铺出当朝珠数幅售予内府太监弥补急用所获巨资。后经郑鹤舫竭力经营,民初已成为西安著名古玩铺魁首,秦汉玺印、周秦铜器与汉代陶器、宋代瓷器、名人书画及珠宝玉器等累累充盈。耗数十年之功所获汉代玺印尤称奇葩。醴泉[1]宋伯鲁跋语故称:"郑君鹤舫者,雅号博古,尤喜藏汉印。"

后者为明代以来长安碑林外著名老店,凭借地处长安,资源充足,又傍依碑林、专题经营碑帖拓本的便利,因此能与北京庆云堂及张裕钊、康有为、罗振

---

[1] 礼泉县文物志编辑委员会:《礼泉县文物志》第2章,第68页,铅印本。"礼泉县"旧称"醴泉县",1963年易为"礼泉县"。本书为尊重时代文化环境起见,除特殊需要外,皆作"醴泉县"。

玉、端方、傅增湘、鲁迅、冯玉祥、张学良、杨虎城、伯希和、张大千、毛昌杰、张扶万、宋云石等海内外名流并诸多艺术市场消费者往来密切，彼此结成较稳固市场网系，是故货源不竭，收藏宏富，获利不菲。1923年冬南海康有为莅陕讲学游碑林时，偶观其藏品，赞叹不已，有"金石如林富，云霞绚晚春"联语相赠。

图1-2-23　罗振玉（1866—1940）

究《鹤舫藏印》与《望古斋印存》两种，源出一脉。若以另一种视角观察，或可合二为一。凡收汉印三百余方，均请西安著名书画篆刻家李逸（友鹤、游鹤）"移写其形，传摹其质，务求其是而后已"[1]。每方印皆图形、印文对照，且有简要释文。稿成，又请上虞罗振玉（图1-2-23）篆书题签、书跋，并请南海康有为及陕西名流醴泉宋伯鲁、长安毛昌杰、富平景志伊、长安李幼鹤等人分别题跋。识家称其为数百年来西安汉印收藏之大观，"长水司马"、"琅左盐丞"、"广汉大将军"、"设屏农尉章"、"昌威德男家丞印"等尤显珍贵。罗振玉跋称："凡此诸印并为珍奇，至其印钮之异，有鱼有蛇，尤为仅见。"李幼鹤题识则谓其"为从来诸谱得未曾有"，若待"他日成书，阅者必不至开卷生厌，与历来诸谱同一视也"[2]。

查《翰墨堂志拓目录》，凡集汉唐以来珍贵墨拓百余件，如石经公羊传残字、新莽嘉量拓本、西周小克鼎（膳夫克鼎）全形拓及铭文拓本、宋拓王圣教序等，皆纸墨精洁，题识累累。故有意仿明鳌屋赵涵《石墨镌华》体例辑录注释，次第排列；且请醴泉宋伯鲁、长安宋联奎及毛昌杰等名宿题跋。

检索宋联奎《题石经公羊传残字后长安段仲嘉藏本》诗中"一字一珠腾光芒。宜乎把玩不释手，装以异锦熏异香"诸句，即真实剖析了《翰墨堂志拓目录》的内蕴与价值。

从另一种角度分析，两种著述虽尚带有浓郁金石考古遗韵，旨在注视资料辑录，未能进窥研究堂奥，究其本质，仍未脱出王国维《宋代金文著录表序》指画分类传统金石学著述所谓"既写其形，复摹其款"的类型窠臼。但

---

[1]　见《鹤舫藏印》前赘"长安李游鹤跋语"。
[2]　罗宏才：《五种民国时期（1911—1949）西安金石文物收藏著述考论》，载《南京艺术学院学报》（美术与设计）2015年第3期。

根基长安,收揽新出,分类著录,略成相对系统之鲜明特色,却不仅为彼时中国区域金石考古或区域古器物学之显要,附之于初具美术考古意味之学术序列,亦足堪为重要文物资料之供给,大有弥补、丰富此一时期文物出土概况、有效营养美术考古研究之意义。

更重要者,缕述此一时期西部地区本土学者关乎初具美术考古意义学术研究之参入,此区区成绩,则应为首要渊源记录。前文曾谓"光宣之际,法国伯希和自敦煌东归,道经西安"[1],闻翰墨堂盛名至该堂购物、观览,操流利汉语嘱段氏区划藏品甲乙,择优刊行诸事。如此言不虚,或者对于另一语境下西部地区美术考古发展历史来说,则此记录洞开纪元,为后之西部地区美术考古历史的生长、推演,有着另一种促人思考的效果。

————————

[1] 向达著:《唐代长安与西域文明》,河北教育出版社2007年版,第330页。

第三节　1928—1949年的西部美术考古

无论从哪一种角度出发，1928年以来直至1949年，都是中国学术史上的重要过渡时期。

在这一时期，先是直属国民政府教育部，以"实行科学研究和指导、联络、奖励学术之研究"[1]为宗旨，包括与美术考古有直接关联的历史语言研究所考古组在内的最高学术研究机构——中央研究院（图1-3-1）于1928年6月9日正式成立。

很快，中央研究院历史语言研究所经过审慎计划，派董作宾（图1-3-2）于10月13日在河南安阳小屯村进行考古试掘，拉开了殷墟考古发掘的序幕。

同年3月以至翌年10月，曾师从李济、刚刚从清华国学院毕业、后来获伦敦大学博士，被称为"中国现代考古学家"[2]的青年考古学者吴金鼎（禹铭）（图1-3-3），又在山东章丘发现城子崖文化遗址，洞开中国史前城址发现历史的原点。

不久，经长期酝酿，比拟中央研究院，以"实行科学研究，促进学术进步"[3]为目的，包含与美术考古有直接关联的史学研究会考古组在内的北平研究院，也在1929年9月9日于北平正式成立……

与此同时，由郭沫若据日本考古学者滨田耕作（1881—1938）（图1-3-4）将德国阿道夫·米海里司（Adolf Michaelis，1835—1910）原著 *A Century of*

---

[1] 国立中央研究院总办事处：《国立中央研究院概况》，1939年编印。
[2] 王世民：《吴金鼎》，收入夏鼐主编：《中国大百科全书·考古学》，中国大百科全书出版社1986年版，第70页。
[3] 国立北平研究院总办事处：《国立北平研究院概况》，国立北平研究院总办事处编印，1929年9月至1948年8月。

图1-3-1　20世纪30年代初南京中央研究院总办事处外景
采自"1948年中央研究院第一届院选举"《自然科学史研究》2006年

图1-3-2　安阳殷墟考古发掘时期的董作宾（1895—1963）　　图1-3-3　吴金鼎（1901—1948）　　图1-3-4　［日］滨田耕作（1881—1938）

Archaeological Discoveries（英文本）译成日译本《ミハエリス氏美術考古学発發見史》，再译成题为《美术考古学发现史》[1]之中文本，也于1929年7月5日由上海乐群书店正式出版发行。尽管此书本意及不同视角的观察分析，与今日学术环境下所言的"美术考古"尚存在着这样那样的争议[2]，但撷取客观，并不影响我们在常规历史视域尊重历史节点的叙述。

可以说，拥抱中央研究院历史语言研究所（以下除特殊需要外，均简称"中研院史语所"或直称"史语所"）考古组与北平研究院史学研究会（以下除特殊需要外，均简称"北研院史学会"）考古组两个和美术考古发展紧密相关的重要学术机构，以及吴金鼎等人初出茅庐的田野掘获、郭沫若《美术考古学发现史》中译本与相关同人和相关机构的连续成绩，中国考古学史、中国美术考古史终于揭开了新的一页。

审视要端，笔者认为，新一页的主体轮廓，应主要集中在以下五个方面：

一、支撑美术考古初阶体系之考古学获前所未有之迅猛发展

聚焦当时中国考古发掘与研究最高权威机构——中研院史语所，其于1929年3月7日至5月10日，开始殷墟第二次发掘。"测量以小屯村为中心的重要遗址的地形，并坚持系统地记录收集到的陶器"[3]之工作模式由此奠基，并且连接初次发掘直至1937年6月，包括15个工作频次，发掘11座大墓、1 200多座小型墓葬及祭祀坑，以及大量内涵丰富的建筑基址与将近20 000片刻字甲骨并大量石器、陶器、铜器、玉器珍贵文物的有序集结，还使该项主题发掘成为这一时期中国规模最大、等级最高、收获最丰富、影响力最强的考古发掘，对支持营养中国考古学及其美术考古学的发展，起到了重要的推动作用。（图1-3-5、图1-3-6）

1936年12月、1937年1月第14次殷墟发掘结束前后间隙，王湘、石璋如、李永淦等人还两次至安阳考察元代创建、明代重修之龙岩寺。1937年5月末第15次殷墟发掘间隙，石璋如等又至安阳洹北小营村西清河寺进行考察。这两次利用发掘间隙的田野考察，大致测绘了两寺规整严谨的建筑布局，拍摄、记录了寺内精美的佛教雕塑、悬塑及影塑造像（图1-3-7、图1-3-8、图1-3-9）。

---

[1] 1948年上海乐群书店再版该书时，郭氏改名为《美术考古一世纪》。
[2] 参见本节开篇关于目前相关美术考古学科诸种争议的注释。
[3] 彭秀良：《安阳发掘的前前后后》，载《文史精华》2011年第2期。

图1-3-5　1928年10月13日殷墟第一次发掘开工全体工作人员合影。前排左一董作宾，左三何国栋；后排右起赵芝庭、王湘、张锡晋、郭宝钧；王湘前立者张守魁；余为工人及驻军
采自李永迪、冯忠美编《殷墟发掘照片选辑》一书第6页第2号图版

图1-3-6　王湘（1912—?）在1936年殷墟第十四次发掘中测量地形工作照
采自李永迪、冯忠美编《殷墟发掘照片选辑》一书第224页第148号图版

其中龙岩寺大雄殿西壁造像等，还绘制了简略的示意图[1]。

　　1930—1931年，中研院史语所主持的山东章丘龙山镇城子崖遗址发掘正式开始。经傅斯年（孟真）、李济（济之）、董作宾（彦堂）、吴金鼎（禹铭）、郭宝钧（子衡）及国学大师梁启超次公子梁思永等7人联袂合力，很快编辑出版了中国考古学最早的发掘报告——《城子崖》（图1-3-10）。该报告于

---

[1] 李永迪、冯忠美编：《殷墟发掘照片选辑》（1928—1937），台北"中央研究院"历史语言研究所2012年版，第226~242页、第268~274页。

图 1-3-7　1936年12月下旬殷墟第十四次发掘收工前星期日王湘、石璋如、李永淦等调查安阳龙岩寺前殿工作照
采自李永迪、冯忠美编《殷墟发掘照片选辑》一书第227页151号图版

图 1-3-8　1936年12月下旬殷墟第十四次发掘收工前星期日王湘、石璋如、李永淦等调查安阳龙岩寺拍摄该寺大雄殿东壁塑像
采自采自李永迪、冯忠美编《殷墟发掘照片选辑》一书第240页第160号图版

图 1-3-9　1937年5月殷墟第十五次发掘间隙王湘等调查安阳洹北小营村西清河寺侧视拍摄该寺后殿主佛及佛光
采自李永迪、冯忠美编《殷墟发掘照片选辑》一书第271页第183号图版

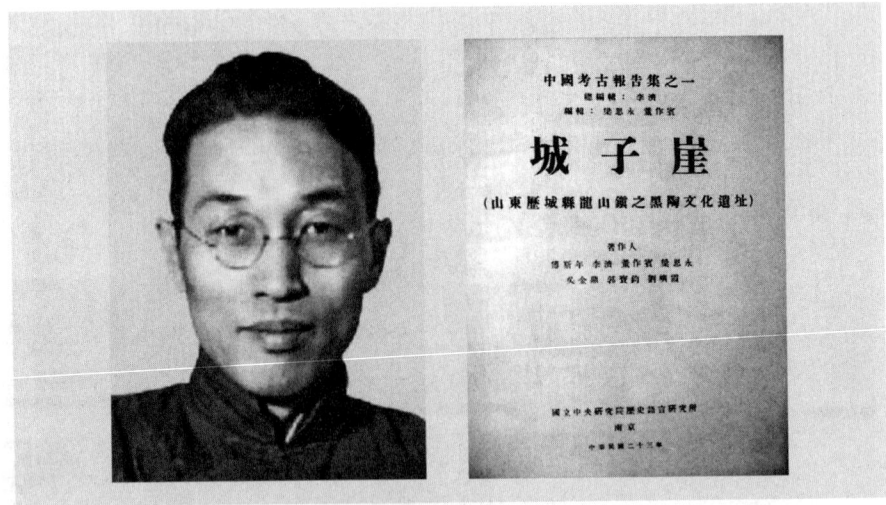

图1-3-10 梁思永(1904—1954)与他的学术代表作《城子崖——山东历城县龙山镇之黑陶文化遗址》1934年出版

"草创中求尽美尽善",荣膺"中国考古学家在中国国家的学术机关中发布其有预计的发掘未经前人手之遗址之第一次"[1],拓"开中国考古学的新纪元"[2],"具有开创性的意义"[3]。

乘殷墟、城子崖遗址发掘及深入推展之东风,中研院史语所"又与山东、河南两省地方政府分别合组古迹研究会",还相继发掘了山东"两城镇遗址,河南浚县的辛村卫国墓地、汲县山彪镇和辉县琉璃阁的东周墓地,以及永城镇的造律台遗址"。抗战期间,该所又与中央博物院筹备处等单位合组若干考察团,"先后发掘了云南苍洱地区的古代遗址、四川彭山的汉代崖墓(图1-3-11)和成都的前蜀王建墓"[4]。

此外,1942年6月至9月,中研院史语所石璋如、劳干等人还参与史语所、中央博物院筹备处、重庆中华教育基金会地理研究所联合组就的西北史地考察团,西去河西走廊和关中地区,对敦煌莫高窟、玉门关遗址、阳关遗址、黑水

---

[1] 傅斯年:《城子崖序》,载傅斯年、李济、梁思永、董作宾等著:《城子崖——山东历城县龙山镇之黑陶文化遗址》(中国考古报告集之一),中央研究院历史语言研究所1934年印刷,第7~10页。
[2] 刘节:《考古学社的使命》,载《考古》第2期(1935年6月),第3页。
[3] 高广仁:《城子崖遗址》,收入夏鼐主编:《中国大百科全书·考古学》,中国大百科全书出版社1986年版,第70页。
[4] 王世民:《中央研究院历史语言研究所》,收入夏鼐主编:《中国大百科全书·考古学》,中国大百科全书出版社1986年版,第725~726页。

图1-3-11　1941年川康古迹考察团于彭山寂照庵合影　左起吴金鼎、王介忱、高去寻、冯汉骥、曾昭燏、李济、夏鼐、陈明达
采自《四川彭山汉代崖墓》第1页

流域遗址进行了田野调查。其中石璋如对莫高窟所有洞窟都进行了测绘、拍照。劳干重点对壁画题记进行了记录与摄影。石璋如还单独调查泾水流域古遗址、宝鸡斗鸡台遗址、泾水流域古遗址、渭水与雍水周都遗址，并对耀县碑林造像碑（图1-3-12）等进行了田野调查，且有相关学术成果问世[1]。

继之，向达代表北京大学自1942年9月至1943年5月参加西北史地考察团，在敦煌的考察，且任该团考古组组长，"匹马孤征，仆仆于惊沙大漠之间"[2]（图1-3-13），冀将"千佛洞逐窟作一详细记录，于每一窟之壁画塑像名目、保存情况、前人题记等一一备录"[3]，并"拟对于河西陇右

---

[1] 参见陈存恭、陈仲玉、任育德访问，任育德记录：《石璋如先生访问记录》，台北"中央研究院"近代史研究所口述历史丛书，2013年，第191~292页；另见石璋如：《陕西耀县的碑林与石窟》，台北"中央研究院"历史语言研究所集刊，第24本，1953年；石璋如：《传说中周都的实地考察》，台北"中央研究院"历史语言研究所集刊，1994年第20卷下，第91~122页。
[2] 向达著：《唐代长安与西域文明》自序，河北教育出版社2007年版。
[3] 参见1942年11月5日向达致曾昭燏信札。同日信中又云："目前计划，拟普看三遍，将各窟壁画、塑像保存情形，供养人题识诸项，逐窟详予记录。"收入荣新江编：《向达先生敦煌遗墨》，中华书局2010年版，第380、383页。

图 1-3-12　石璋如考察过的耀县小碑林一隅　1941年4月20日教育部艺术文物考察团姚继勋摄

图 1-3-13　1942年10月17日卢善群与中研院西北史地考察团向达、吴印禅、周廷儒等乘骡车离敦煌赴西千佛洞考察途中　右起第一人卢善群、第三人向达,其他两人分别为吴印禅与周廷儒

中国古代佛教艺术遗迹作一整个考察之计划"[1]，成果有《西征小记》、《千佛洞诸窟剥离剜损略表》等。期望"为中国中古史、交通史、以及域外史之研究，另奠一合理之基础，进而与欧洲学者在中亚之历史考古研究取得联系，以提高吾国历史考古学在国际学术上之水平地位"[2]（图1-3-14）。

1944年4月，杨家骆、马衡、何遂、顾颉刚、傅振伦、冯四知、雷震、庄尚严等人应四川大足县县长郭鸿厚、大足县参议会议长陈习删邀请，组就大足石刻考察团，对大足石刻历史沿革、地理形势、遗迹分布、开凿年代、造像艺术、匠师群体等进行了详细考察，并编写长达14编的《大足石刻考察团第一次考察报告书》，且促成北平研究院院长李石曾（煜瀛）致函宋子文请求保护大足石刻的动议[3]（图1-3-15），一系列衍生学术成果也相继出现。

涉及社团组织、考古机构及学科建设，此一时期也有很大进展。

1933年，"以搜考历代遗物，发扬吾国文化为宗旨"[4]的中国考古会在上海成立，推蔡元培、吴湖帆、刘海粟等为常务理事，推郑午昌、容肇祖、郑师许、董作宾、丁仲佑、滕固等为编辑委员会委员。

1934年9月1日，容庚、徐炳昶、徐中舒、董作宾、顾廷龙、邵子风、商承祚等35人假北平大美餐馆集会成立"考古学社"，"票选容庚、徐中舒、刘节、唐兰、魏建功为执行委员，负责修订社章、编辑社刊"[5]（图1-3-16）。

关于推展学术研究成果的学术刊物建设，中研院史语所于1928年创刊的《历史语言研究所集刊》以及相继出版的《安阳发掘报告》（1—4册）《中国考古学报》（1936—1939），1934年9月考古学社创办的《考古学社刊》等均可圈可点。不管是刊载报告与论文数目，还是资讯信息总量容纳及传播

---

[1] 1943年4月25日向达致曾昭燏信札。收入荣新江编《向达先生敦煌遗墨》，中华书局2010年版，第405页。另见1943年3月1日向达致傅斯年、李济信札，原件藏"中央研究院"历史语言研究所，档名：No113—8；李38—2—3。收入荣新江编：《向达先生敦煌遗墨》，中华书局2010年版，第421页。
[2] 1943年3月5日向达致曾昭燏信札。收入荣新江编《向达先生敦煌遗墨》，中华书局2010年版，第395~396页。
[3] 参见南京中国第二历史档案馆藏国民政府行政院档案：《李石曾请保护四川大足石刻并附大足石刻考察团报告书摘要致宋子文函件》（1946年12月31日），收入中国第二历史档案馆编《中华民国史档案资料汇编》第5辑第3编，江苏古籍出版社1999年版，第481~493页。
[4] 沈宁编撰：《滕固艺术活动系年》，收入滕固著、沈宁编：《中国美术小史·唐宋绘画史》，吉林出版集团有限责任公司2010年版，第582页。
[5] 以上引均参考考古学社：《考古学社刊》第一期（1934年12月），北平：燕京大学考古学社印行。其中考古学社"主旨"参见《考古学社刊》第一期《学社简章》。

图1-3-14 1943年秋向达（左一）在敦煌莫高窟与教育部艺术文物考察团卢善群（右1）合影
卢善群后裔提供

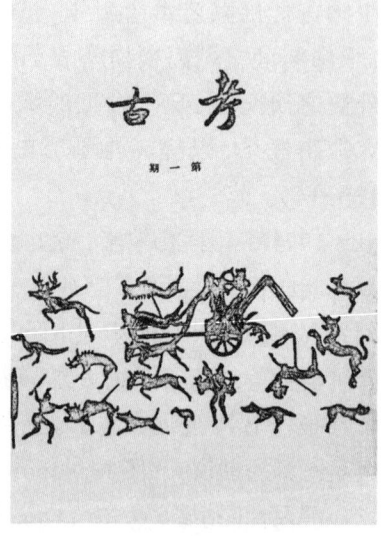

图1-3-15 1934年12月考古学社刊行社刊——《考古》第一期扉页

图1-3-16 1944年4月大足石刻考察团成员于石窟前合影

速度和品质阶次并学术影响力等，它们均居当时中国考古学界之首。相较而言，前者更注重田野发掘与相关研究的推介，后者则保留有浓郁的古器物学特征。

就整理、提升发掘规则，添加新的器械，更新发掘理念、方法等，此一时期也有很大进展。

如发掘情形日报表中坑别代码、督工者姓名、土色深度、出土品名、出土件数等内容，较前更完整、系统。"天干"坑别代码，"咪"、"生的"[1]等旧计量单位，已被摒弃，代之以新的规制范式。如坑别以国际范式的拼音首字母"T"表示，编号用阿拉伯数字，"生的"则代之以更简化的"cm"（图1-3-17）。另外，中研院史语所安阳发掘队还大胆将洛阳盗墓铲进行提升、改造与推广（图1-3-18），裨其施惠于科学考古发掘。"洛阳铲"一名应运而生，进而并广泛应用于陕西考古会斗鸡台等多个考古发掘工地。

不独如是，作为中研院史语所首席学术责任人的傅斯年还精心擘画，在占据鲁、豫等省区的优势下，尚计划"第二步是洛阳一带，将来一步一步的西去，到中亚细亚各地"，并且"想在洛阳或西安、敦煌或吐鲁番、疏勒，设几十个工作站……"[2]

1943年，北京大学、中研院、中央博物院尚有"合作在西北设立历史考古工作站"之计划[3]。

客观地说，此一时期区分南北，遥相呼应的南北两大学术机构——中研院史语所与北研院史学会格局虽基本确定，但较之于中央研究院，无论是学术地位、人员结构，还是经费来源、工作范围、工作基础，北平研究院均稍逊一筹。

尽管1930年北平研究院史学研究会曾与北京大学考古学会、古物保管委员会联合组就燕下都考古团队，对河北易县燕下都遗址老姆台实施过调查发掘[4]。

---

[1] 公制长度单位法语centimètre译音"生的米突"之省，即厘米。又作"生特"、"生脱"，缩写为"cm"。
[2] 傅斯年：《历史语言研究所工作之旨趣》，原载1927年11月1日《国立第一中山大学语言历史学研究所周刊》第1集第1期。收录于欧阳哲生主编：《傅斯年全集》第3卷，湖南教育出版社2003年版，第10页。
[3] 1943年3月5日、7日向达致曾昭燏信札。收入荣新江编：《向达先生敦煌遗墨》，中华书局2010年版，第396~397页。
[4] 常惠：《易县燕下都考古团发掘报告》，《北平研究院院务汇报》1930年第1卷第3期，第1~4页；古物保管委员会：《本会与北平研究院北京大学考古学会合组燕下都考古团赴易县发掘始末》，《古物保管委员会工作汇报》1935年，第41~53页。

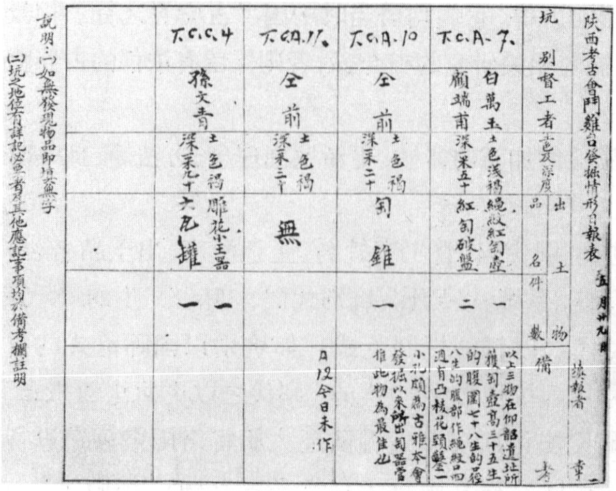

图1-3-17 第二次《陕西考古会斗鸡台发掘情形目录表》1935年5月29日填写

图1-3-18 中研院安阳发掘探杆演习 苏恺之提供

为扩大工作范围,寻求发展契机,北平研究院鉴于陕西"关中为周、秦、汉、唐旧都所在地,遗迹至多,足供考古家之取材"[1],而中研院史语所工作势力尚未深入,因此决定将工作重心放在陕西[2],并立即委派徐炳昶、常惠等人于1933年2月奔赴陕西,开展工作。期望获得陕省各地方势力的支持配合,先期开始"搜集周秦两民族初期之历史材料",研究"周秦初期化",其工作步骤,拟"先从调查入手",一俟各项条件具备之后,再实施有计划之考古发掘。发掘对象,则主要是周秦时代的都邑遗址[3]。

经艰苦努力,北平研究院终在1934年2月与陕西省政府联合组就陕西考古会,催生了陕西文物考古史上最早运用现代科学手段实施文物调查、保护以及田野发掘的政府机构(图1-3-19)。

在长达10年的时间内,这个机构在现代考古学初创、社会环境与学术

---

[1] 李书华:《陕游日记》,1936年,南京中国第二历史档案馆藏有油印件。

[2] 如1942年石璋如调查陕西古遗址时,即致信李济主任请求疏通,并认为:"以前因为北平研究院在陕西进行调查,虽然他们没有调查周代都城,但是我们就不便越区工作,现在终于有机会研究了。"参见陈存恭、陈仲玉、任育德访问,任育德记录《石璋如先生访问记录》,台北"中央研究院"近代史研究所口述历史丛书,2013年,第281页。

[3] 参见1934年5月17日北平研究院致教育部函。原件藏中国第二历史档案馆。有关北平研究院之工作目地与工作方法,《国立北平研究院五周年工作报告》第117~118页及《斗鸡台东区墓葬》一书亦有详细说明。后者参见《苏秉琦考古学论述选集》,文物出版社1984年版,第10~11页。

环境均极复杂、艰苦的环境下,靠着平、陕两地相关机构与诸多有识之士的共同努力,靠着全体同人强烈、紧迫的民族责任心,有鉴于"陕西为周秦汉唐故都所在,一砖一瓦,多资考证。况沧桑变迁,重大器物之盖藏于地者,非秘藏不宣,即盗运外售。历史失研究之资料,国际贻莫大之耻辱"[1]的惨痛教训,以及"至周秦二民族初期之文化,则古书所载与之有关之史料,数量极少,无参证比较之余地,真伪正纰,无法核定。且意义暗昧,颇多难索难处。实为学术界之最大缺憾"[2],"若不急为搜集、保存、研究,则吾国极珍贵之史料,且将钜量的受无从补救的损失"[3]。故而"站在学术立场,科学立场来发掘,来检讨,来整理"[4],并认定其"实属今日学术界中急切万不容再缓的一件工作"[5]。

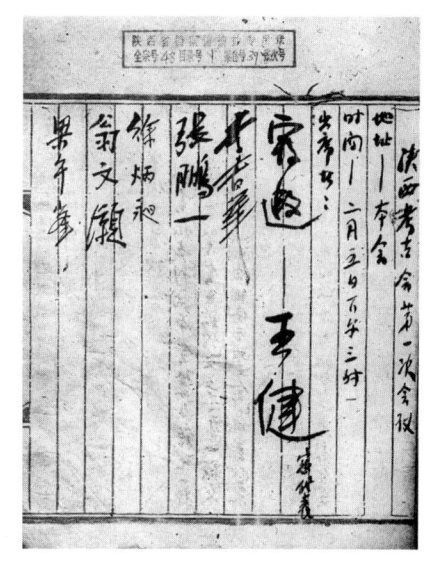

图1-3-19　1934年2月5日陕西考古会第一次会议签名

转录笔者《陕西考古会史》容纳资料信息,10年之间,陕西考古会通过多种途径获得陕西省地方政府以及相关人士的支持与帮助,其田野考古工作者艰难穿越关中地区渭河南北纵横数百里狭长地带,先后于陕西境内调查发现各类文物遗迹近千处,清理发掘古遗址、古墓葬数百处,获取各类文物数千件(图1-3-20、图1-3-21),同时对关中地区大量古遗址、古建筑以及

---

[1] 摘自1934年2月15日考古会致陕西省政府公函。原件藏陕西省档案馆。全宗号48,目录号1,案卷号39。本书以下注释涉及原件藏陕西省档案馆者,如未注明,出处皆同此。
[2] 国立北平研究院:《国立北平研究院五周年工作报告》,1934年9月。
[3] 徐炳昶、常惠《陕西调查古迹报告》,《国立北平研究院调查报告》第三种,国立北平研究院出版部:《国立北平研究院院务汇报》1933年第4卷第6期,第17页。
[4] 摘自陕西省民政厅长胡毓威1934年2月1日在陕西考古会成立大会上的讲话记录。原件藏陕西省档案馆。
[5] 徐炳昶、常惠《陕西调查古迹报告》称:"至于周秦初期的文化,则异常茫昧";"所以对于周秦两民族初期文化的探讨,实属今日学术界中急切万不容再缓的一件工作。"此段与上述胡毓威讲话非常相似,疑胡之讲话参照徐炳昶之学术主张。参见《国立北平研究院调查报告》第三种,国立北平研究院出版部:《国立北平研究院院务汇报》1933年第4卷第6期,第3页。按徐炳昶,字旭生,本书以下或作"徐旭生",如《徐旭生陕西考古日记》等。《徐旭生陕西考古日记》,手稿,稿存北京徐旭生后裔徐桂伦处,以下不再注释。

图1-3-20　1935年5月8日徐炳昶等在大散观考察时于"古大散关"碑前留影。右2徐炳昶、中苏秉琦、左1何士骥、左2白万玉

图1-3-21　1937年5月徐炳昶（左）、张鹏一（右）宝鸡寻访秦石鼓材石合影　黄仲良摄

图1-3-22　进入陕西考古会椎拓视野的麟游县兴国寺金代铁钟1935年摄

图1-3-23　后被陕西考古会列入实施保护计划的宝鸡东岳庙戏楼　1933年6月4日　常惠摄

散存各地的千余通重要碑石与铜、铁古钟（图1-3-22）通过调查、测量、绘图、记录、椎拓、摄影[1]等手段实施资料收集与不同程度的相关保护。相继整修维护了西安东岳庙、宝鸡东岳庙（图1-3-23）暨大王村寺庙等多处古代建筑，

---

[1]　此类资料颇多，如1933年12月20日《徐旭生陕西考古日记》："孝侯为（大明宫）翔凤阁基之版筑及殿上之柱础摄影，并量其厚薄长短。"

颁布、下达了一系列有关文物保护的指令、函件(图1-3-24),并依靠考古会委员长张扶万先生等人系统、深厚的金石考古学基础,积极顺应学术潮流,密切关注新发现之金石文物资料,艰苦爬梳,探幽考论,相继出现《唐大明兴庆两宫图残石跋文》、《唐长安城尚宫砖考》、《吕刻唐长安宫城图考》、《唐长安城金石考》、《陕西碑刻》、《陕西古钟》[1]等一大批具有一定学术价值的金石考古论述,拓开了新时期金石考古学的新领域(图1-3-25)。

同时,在缤纷灿然的多种考察过程中,该会主要负责人张扶万、徐炳昶、何

陝西考古會前赴渭惠渠興工處調查發現古物辦法

第一条　本辦法依據陝西省政府第九零八號公函由陝西省考古會商同陝西省水利局擬訂之

第二条　渭惠渠興工處得由考古會派員隨時調查有無古物發現

第三条　渭惠渠興工處如有古物發現應由發現人隨即報告監工員會同考古會派員妥為處理運省保存

第四条　考古會派員商同監工員對報告者應按發古物之價值及數量酌量給奬其奬金由考古會負担

第五条　發現古物如為特別珍貴品並得由考古會商同水利局

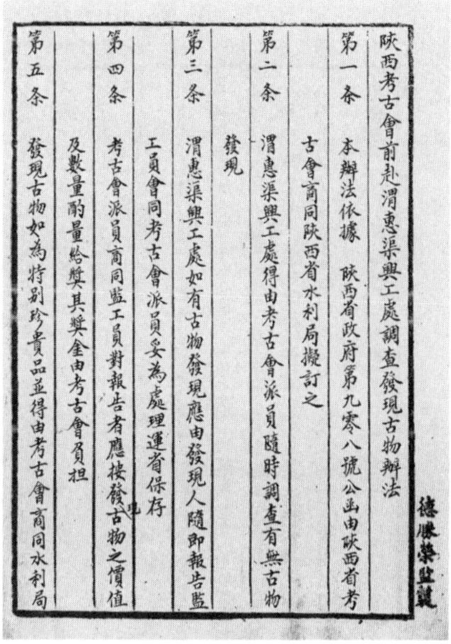

图1-3-24　陕西考古会前赴渭惠渠兴工处调查发现古物办法局部

唐大明興慶兩宮圖殘石

富平張扶萬先生題跋原文如下陝西考古會於今歲二月由民政廳二門內院中(即前藩司署院)掘出殘石一方長舊尺二尺六寸許寬二尺一寸許中刊唐代大明宮興慶宮兩圖惜大明宮圖僅存望仙丹鳳建福三門餘悉殘缺考唐代宮城石刻今世無傳刊本有韋述兩京新記亦非完帙元李好文長安志圖一卷今附刊於宋敏求長安志中載唐大明宮圖唐宮城圖唐禁苑圖獨無興慶宮圖今以此石刻與長安志卷九(據畢氏刊本)所載興慶宮互校大致相合惟仙靈門今志誤作仙雲(徐松兩京城坊考亦作仙雲)龍池在南薰殿南今志云南薰殿北有龍池亦石刻是而志非也石刻中有一水自東入宮內經瀛洲門分一支南流入龍池其正流由瀛洲門北穿大同殿北逕西出宮城考之志圖卽當時龍首渠自京城外東南導滻水至長樂坡釃爲二渠一北流入禁苑一卽此圖之渠經通化門興慶宮西入太極宮云云今幸有此圖明其故道徐氏兩京城坊考內西京外郭城圖載龍首渠分 支入春明門北西流入興慶池以下與此圖不合而興慶宮圖不載此渠程大昌雍錄載興慶宮圖與此石合而亦無龍首渠則此圖可貴矣興慶宮故址在今西安東關外東南隅周五六里卽其地也宋時用石刻長安各圖者有元豐三年知永興軍呂大防碑圖至金元之亂碑刻已失元至大壬子谷口郃邦用跋語云(郃君係金時人曾爲京兆府學教授亦當時學者)呂刻石圖舊在京兆府公署兵後失之有雷德元完顏椿者得碑本命工鋟梓附於長安志後卽今本志圖也據此則殘石當卽呂氏所刻而今始出也

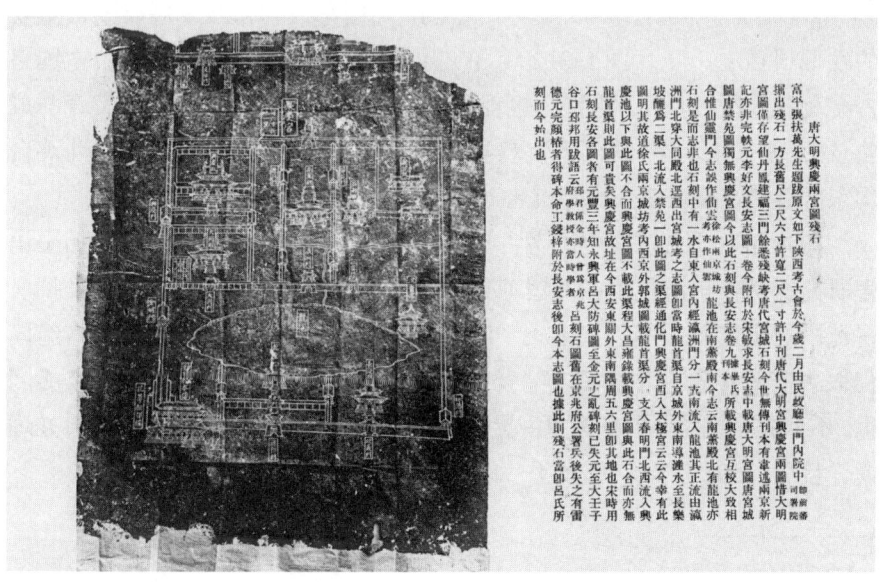

图1-3-25　1934年5月出版《西京金石书画集》第二期刊载张扶万宋刻唐大明兴庆两宫图题跋(左旁两宫图初拓本)

[1] 以上金石考古著述均张扶万编著,惟《陕西碑刻》、《陕西古钟》因种种原委,憾未成书。

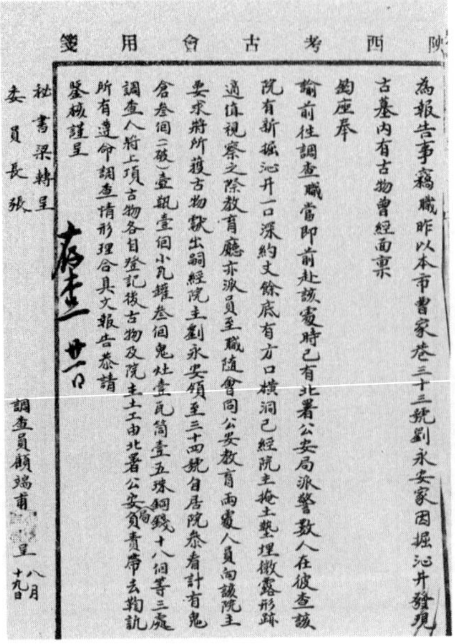

士骥等人还积极与陕省著名碑帖、古玩商人及收藏家与文化绅士频频交往，藉此获得大量文物线索，且相机敦促地方政府官员从"速筹画保护此即将破坏净尽之艺术杰作"[1]，着手处理了诸多纷繁复杂的文物案件，使一大批弥足珍贵的国之瑰宝幸免流散与毁损（图1-3-26），为而后中国考古区系类型学体系与陕西考古与文物研究体系的完善与建立、陕西各类文物考古机构的设立、健全以及全社会考古与文物意识的滋生、强化，奠定了良好的基础。

其中从1934年4月至1937年6月连续三次的宝鸡斗鸡台的发掘（图1-3-27、图1-3-28），被中国考古学界誉为"中国考古学初步发展时期最重要的发掘项目之一"[2]（图1-3-29），它在促成苏秉琦（图1-3-30）这位中国考古学奠基人脱颖而出的同时，也促成了中国考古学区系类型学的发育与成熟（图1-3-31）以及《陕西省宝鸡县斗鸡台发掘所得瓦鬲的研究》、《斗鸡台沟东区墓葬》（图1-3-32）等成名大作的相继问世。

图1-3-26 顾端甫呈陕西考古会调查西安曹家巷三十三号刘永安掘井发现古物的报告

1948年10月25日，中国考古学界的"总奠基人"[3]、中央研究院历史语言研究所所长李济先生在阅罢苏秉琦撰写的《陕西省宝鸡县斗鸡台发掘所得瓦鬲的研究》一书后，感慨称"润章[4]先生将大著交到时，即为考古组同仁取去。此报告在木所只有一本，但欲先睹者不只一人"。谓其"今能问世，不但先生之幸，亦中国考古界之幸也"。且云："大著对于原始材料处理既详且尽，又力求准确，已超乎一般之标准。"[5]

---

[1] 1933年6月5日《徐旭生陕西考古日记》。
[2] 引自苏秉琦先生治丧办公室：《沉痛悼念苏秉琦先生》，参见宿白主编：《苏秉琦先生纪念文集》，科学出版社2000年版，第34页。
[3] 俞伟超：《考古学的中国梦》，载《读书》1998年第8期。
[4] 即北平研究院副院长李润章（书华）。
[5] 李济：《致苏秉琦书》（1948年10月25日），参见《苏秉琦考古学论述选集》，文物出版社1984年版，第58页。

图1-3-27　斗鸡台废堡内开工前摄影。前排右起第1—4人依次为徐炳昶、何乐夫、李希平、周隆季　张孝侯摄
采自1934年《国立北平研究院院务汇报》第5卷第4期

图1-3-28　斗鸡台戴家沟东乙坑第三号墓葬出土铜鼎　张孝侯摄
采自1934年《国立北平研究院院务汇报》第5卷第4期

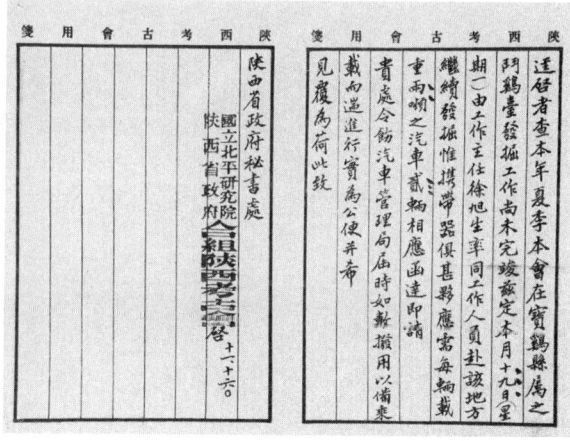

图1-3-29　1934年11月16日陕西考古会关于实施第二次斗鸡台发掘致陕西省政府秘书处函

图1-3-30　第三次斗鸡台考古发掘期间苏秉琦（穿长袍者）在考古工地与友人合影　苏恺之提供

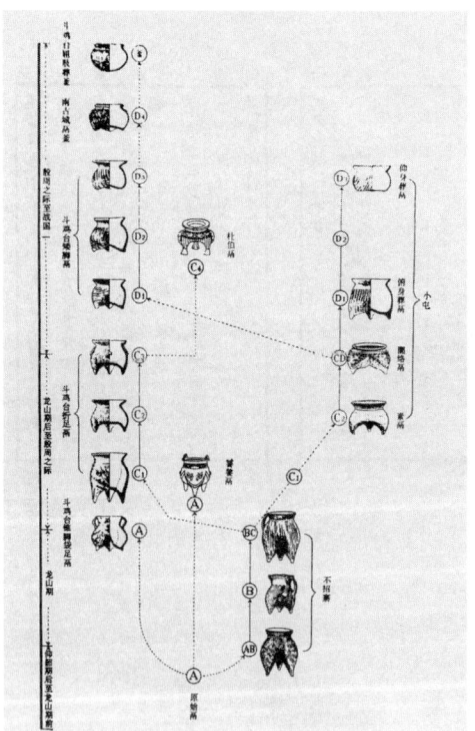

图1-3-32　1948年北平出版苏秉琦《斗鸡台沟东区墓葬》一书

图1-3-31　斗鸡台陶鬲谱系图 采自苏秉琦《斗鸡台沟东区墓葬》

二、相关美术考古的各类人才快速积聚并有效提升

连接上一时期,相关美术考古、持续从海外留学归来并相继在各重要学术机构担纲大任的各类专业人才亦快速积聚,总体呈上升趋势。

其杰出隽秀者,如1913年进入法国巴黎大学学习哲学,1919年夏季回国,曾任北京大学教务长,1927年与瑞典斯文赫定等人联合组就中瑞西北考察团,出任团长,1929年9月任北平研究院史学研究会考古组首任主任,1929年11月被傅斯年称为"渡漠考古于当代,将来必于中国古史之发达有弘伟之贡献"[1]之古史

图1-3-33 留法时期的徐炳昶（1888—1976）
徐桂伦提供

先驱徐炳昶（图1-3-33）；1918年赴美留学,曾入哈佛大学攻读人类学专业,获哲学博士学位,被称之为"Dr.李"[2],1922年归来出任中央研究院历史语言研究所考古组主任的李济；1920年东渡日本攻读哲学,1931年再入德国柏林弗里德里希——威廉大学哲学系学习艺术史,1932年获柏林大学哲学系东亚艺术史专业博士学位,回国后担任中央古物保管委员会常务委员、昆明国立艺术专科学校校长的滕固；1929年赴德国入柏林大学攻读经济,兼修历史、哲学,1932年获哲学博士,回国后以《金陵古迹图考》《金陵古迹名胜影集》《建康兰陵六朝陵墓图考》等颇具美术考古意味著述蜚声考古及美术考古领域的朱偰；1935年赴日本东京帝国大学文学院研究东方艺术史,1936年归国任中英庚款董事会艺术考古员的常任侠；1931年赴法留学,1937年归国发起成立教育部艺术文物考察团的王子云（图1-3-34）等。

这些根基中国,有着坚实国学基础,受到国外最新美术考古及艺术考古思潮、方法、理念影响,学有专长的中坚人物的归来,极大地增强了中国美术考古的研究实力,对于此一时期中国美术考古的多元推展与启迪,起到了至

---

[1] 参见国立中央研究院历史语言研究所所长傅斯年1929年11月29日致河南省政府公函,原载1930年《国立中央研究院历史语言研究所安阳发掘报告》第2期,题为《本所发掘安阳殷墟之经过》,收录于欧阳哲生主编：《傅斯年全集》第3卷,湖南教育出版社2003年版,第107页。
[2] 施雨华：《李济——失踪的大师》,载《南方人物周刊》2012年第41期。

图1-3-34　巴黎高等美术学校雕塑系留学时期王子云(前排左二)与同学及老师合影

关重要的作用。

其中率先跃入国际美术史考古学研究行列,堪为中国美术考古"重要奠基人"[1],"既有书画创作根基,又有艺术史教学、考古实践经验,更具有参与和组织国内外艺术活动能力"[2],成果斐然的滕固更得风气先,尤当重点述及。

按滕固氏之跃入国际美术史考古学位行列,1932年第1卷第2期《艺术旬刊》题为《滕固在普鲁士得美术史博士学位》一则报道有恰当评价:"柏林大学考美术史考古学位本甚谨严,彼邦学者少则五六年,多则十余年尚在候选,而滕博士竟以二三年之功获得之,且中国人得此学位者自滕博士始,实为国际无上之荣誉。"(图1-3-35)

关于滕固氏在相关美术考古研究中的成绩与地位,沈宁《滕固——中

---

[1] 沈宁:《滕固——中国现代艺术史学的奠基者》(代序),收入滕固著、沈宁编:《中国美术小史·唐宋绘画史》,吉林出版集团有限责任公司2010年版,第15页。原文称滕固"成为现代中国艺术史学的重要奠基人之一",但笔者认为,推之于美术考古学,滕固氏亦应有此位置。

[2] 沈宁:《滕固——中国现代艺术史学的奠基者》(代序),收入滕固著、沈宁编:《中国美术小史·唐宋绘画史》,吉林出版集团有限责任公司2010年版,第29页。

国现代艺术史学的奠基者》一文有更精微的阐述。其称：

"滕固虽然深受西方艺术史研究的影响，强调对文献资料的占有，将风格分析作为主要手段，并辅之以图像和文化史的叙述，但在实践中又不完全拘泥于此，更将文化人类学的田野调查方法和考古学的方法引入艺术学研究之中。"

涉及滕固在相关美术考古研究探索进程中的心路、目标与性质、贡献，沈宁其文又称："（滕固）1935年开始着手翻译的瑞士蒙德留斯（Oscar Monteli-us, 1843—1943）博士的《先史考古学方法

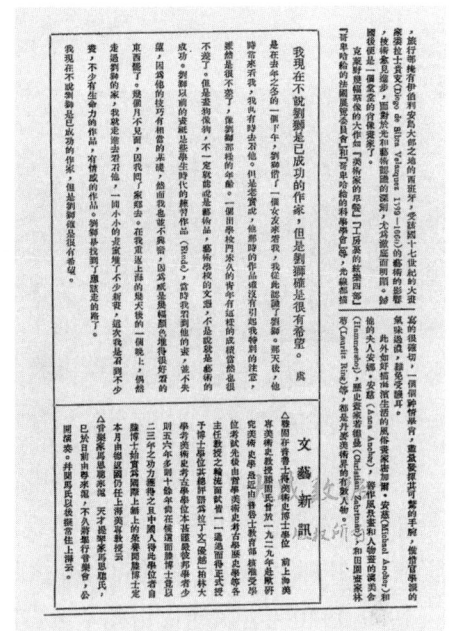

图1-3-35 《艺术旬刊》"文艺新讯"1932年1卷2期刊载滕固获美术史博士消息

论》，意图是要借鉴他的类型学方法，以促进我国史前艺术史的研究，尤其是器物造型与装饰纹样的研究"。并称"这些研究方法如风格分析、类型学和图像学，其实也就是对艺术风格演变及传播的研究"；认为"今天的艺术学研究仍然时有所见，可见滕固对中国艺术学研究方法的贡献"[1]。

如上所述，推之于美术考古学领域，其剖述、评介，仍然具有准确、吻合之功效。

至于滕固氏造就相关美术考古之研究成果，特别是相关西部地区美术考古研究的一些具体著述，本节前文已有所涉及。求取全貌及整体论述布局结构之需要的相关的补充拟在下文论述中撮要述及。

有意味者，海外人才的回归集聚，在心系国家、学成回报理想指引下，除带回海外先进学术思潮及理念方法的同时，还带回大量的图书文献资料。这些资料成为他们追求学术志趣的精神寄托，在其后相关美术考古研究中，起到了很大的作用。

---

[1] 沈宁：《滕固——中国现代艺术史学的奠基者》（代序），收入滕固著、沈宁编：《中国美术小史·唐宋绘画史》，吉林出版集团有限责任公司2010年版，第17页。

图1-3-36 播迁城固的西北联大校门

1943年，常任侠《民俗艺术考古论集》由重庆正中书局出版，自序一节中，常曾不无感慨地写道："余昔居东京帝大，常习艺术考古之业，虽无所就，然心笃好之，曾得参考图籍五六千册，自波斯、印度以东，亚洲诸国绘画、雕刻、建筑、音乐、舞蹈诸艺，靡不喜爱，日久屡见，则足忘倦。"

及1939年春常氏本人"来川中"，以"探寻重庆近郊古迹"为工作主题，每与三两友朋结伴出游，曾连续发现汉墓及汉画像石、画像砖、石阙等实物资料。乃以此为基础，参照自海外携归图书文献资料，阐幽发论，所得尤多。仅1939、1940年，"关于民俗艺术考古散篇"，竟"得文六七万言"[1]。

当然，不独只有海外人才的回归集聚，投之于国内学界，多样的集聚亦斐然可观。

考其集聚中心与集聚发展轨迹，有自早及晚，自北而南，自东而西的基本趋势。

先是北洋政府时期，集聚中心主要在京、津地区。1928年始，集聚中心倾斜于南京、上海、杭州等地。1937年"七七事变"后，集聚中心开始向重庆、昆明、西安等地转移。1938年3月，因日机轰炸西安，由北平大学、国立北平师范大学、国立北洋工学院三所流亡西安大学组就的西安临时大学改称国立西北联合大学，播迁城固（图1-3-36）。从而与1月后迁徙至昆明，由北京大学、清华大学、南开大学等校合组的国立西南联合大学南北呼应，互为犄角。它促使茸尔小城城固学才聚集，迅速成为西部学都，相关美术考古调查研究活动亦随之展开，沙龙、雅集并行不悖。参与其中者，有留洋归来的饱学之士，亦有金石名宿与现代考古学者，所谓"析疑赏奇"[2]，一时称盛。

如1942年2月27日，前陕西考古会斗鸡台发掘工作组秘书、西北联大教授何士骥（乐夫）曾持城固所得花纹砖多种，偕马雅堂谒见前清举人、金

---

[1] 常任侠：《民俗艺术考古论集》（自序），重庆正中书局1943年版。
[2] 1944年2月20日宋联奎：《南行日记》，手稿，稿存西安宋联奎后裔处。

石名宿宋联奎求教。当日宋联奎《南行日记》因称:"(马)雅堂偕何乐夫来,何为考古家,出示所拓城固所得花纹砖多种,谈甚洽。"因此次会晤何乐夫谈及其藏汉砖、陶器等物,颇有情趣。同年3月6日,遂有宋联奎、马雅堂相约回访何乐夫之事。当日《南行日记》更记:"(马)雅堂来,同访何乐夫处谈。观汉砖瓦器等古物,内有破碎玉简,有字如钟鼎文,出河南温县土中,似三代物。"(图1-3-37)

集聚的方式,或凭借学术团体及学术会议,或通过考古发掘及文物调查;集聚的结构,在注意艺术史学者、考古学专家、古器物学名宿等基本群体之外,尚注意吻合集聚主题,照顾到其他相关学科专门人才的参与。

图1-3-37　宋联奎(1870—1951)

譬如1937年5月18日具有浓郁美术考古色彩的中国艺术史学会在南京中央大学召开成立大会(图1-3-38),滕固、朱希祖、马衡、胡光炜、宗白华、常任侠、董作宾、徐中舒、梁思永、黄文弼、李保泉、商承祚、刘节、金毓黻、张政烺、李小缘、吴其昌、方壮猷、陈之佛、傅抱石、卢前等与会20余名人杰

图1-3-38　中国艺术史学会成立大会摄影
采自沈平子《中国艺术史学会——一个不应被遗忘的学术研究团体》

中，像滕固、朱希祖、宗白华、常任侠、梁思永、李小缘、方壮猷等具有留洋头衔者，占三分之一；具田野考古实践经历者，如朱希祖、马衡、董作宾、梁思永、黄文弼等，又占三分之一弱；具田野考古实践经历与通金石典籍综合技能者，亦有三分之一。如此合理的专业机构，应该是当时人才积聚特色的一个鲜明例证。

同样，1939—1941年重庆江北汉墓群考古发掘中，参与者不仅有因翻译《美术考古学发现史》与出版《中国考古学史》[1]一书蜚声海内的郭沫若与卫聚贤（图1-3-39）；还有已成为考古学家的马衡及金石名家金静庵、胡小石，以及留洋归来的艺术考古学家常任侠等人。

这样的集聚模式，对于美术考古与相关学科之间的有效碰撞、相互融合及快速提升，具有良好的助益。1937年4月，教育部第二次全国美术展览会在南京国府路国立美术陈列馆召开之际，滕固等人即借助此会，"组织演讲会四次，分由徐中舒（2日）、邓以蛰（8日）、余绍宋（14日）、梁思永（20日）主讲关于铜器艺术、中国美感探源、国画气韵问题、殷墟发掘品诸问题"，结果"获得听众赞誉"[2]。

图1-3-39　卫聚贤（1899—1989）

三、流失海外西部地区美术考古实物文献资料调查研究开始崛起

由于中国学术研究迫切诉求的增加和民族自强、自尊意识的高涨，以及国际学术环境、秩序的好转或重新碰撞期的开始等种种缘由，此一时期走出国门，以搜求前一时期流失海外西部地区美术考古及古文献资料的学者明显增多，工作高潮开始崛起。具代表性者，推滕固、王重民、向达诸人。

滕固对流失海外西部地区美术考古资料的搜集与研究，缘于其1930年

[1] 卫聚贤：《中国考古学史》，商务印书馆1937年版。
[2] 沈平子：《中国艺术史学会——一个不应被遗忘的学术研究团体》，载《中华儿女·海外版》2011年第2期。

抵达德国于柏林普鲁士艺术图书馆的读书学习,以及1931年入德国柏林弗里德里希——威廉大学哲学系学习艺术史,继而攻读柏林大学哲学系东亚艺术史专业博士学位等目的诉求。

资料显示,滕固于1930年7月抵达柏林后,曾专门考察珍藏在德国柏林民俗学博物馆(Museum fur Volkerunde)、1905年以来由德国皇家吐鲁番考察队在吐鲁番地区发掘寺庙遗址出土的唐贞观[1]时期的寺庙壁画,内容有"踏儒童菩萨之布发定光如来"、"信士信女之供养图"等。滕固描述它们被"拼凑圬补成若干壁,色迹漫漶",仅"就可以辨认的来看,乃是犍陀罗风格"[2]。这样的考察,对滕固后来相关研究帮助颇大,其1936年发表的《西陲的艺术》[3]一文中,我们就可以看到这样的影子。

1934年,据1933年伯希和访华期间与该馆达成的交换馆员协定,国立北平图书馆(今北京图书馆)编纂委员会委员兼索引组组长王重民(图1-3-40)依赴法整理法国国家图书馆珍藏的敦煌卷子。从该年9月27日始,至1939年8月,王重民集中精力研读伯希和此前劫往此馆的2 000多份敦煌卷子,逐件著录,并摄制显微胶片,据此编辑成《伯希和劫经录》,后编入《敦煌遗书总目索引》,1962年5月由商务印书馆出版[4],这本书后来成为研究西部地区美术考古的重要实物文献资料(图1-3-41、图1-3-42)。

延续王重民之工作模式,向达作为北平图书馆与牛津大学图书馆的交换馆员,于1935年12月奔赴欧洲,先后在英国博物馆、伦敦大不列颠博物院、法国图

图1-3-40　王重民(1903—1975)

---

[1]　[日]大村西崖著,陈彬和译:《中国美术史》,商务印书馆1930年版,第68~69页。
[2]　此段引文参见滕固:《唐宋绘画史》,神州国光社刊1933年5月;收入滕固著、沈宁编:《中国美术小史·唐宋绘画史》,吉林出版集团有限责任公司2010年版,第55页。
[3]　滕固的《西陲的艺术》一文原载《西陲宣化使公署月刊》1936年第1卷第7~8期,后收入《蔡柳二先生寿辰纪念集》,(中华书局1936年版)。另见滕固著、沈宁编:《中国美术小史·唐宋绘画史》,吉林出版集团有限责任公司2010年版,第525~534页。
[4]　刘修业:《王重民法国读书记》,载《文献》1992年第3期。

图1-3-41　保罗·伯希和携走的敦煌卷子——唐行脚僧图　设色纸本　55 cm×31.8 cm　法国国家图书馆藏　编号：P.4518

图1-3-42　保罗·伯希和携走的敦煌卷子——佛二金刚力士像　纸本设色 50.3 cm×29.9 cm　法国国家图书馆收藏　编号：P.4031

书馆等单位抄录英藏敦煌写本与法藏敦煌文书，并于1937年12月至1938年1月至德国柏林等处调查、研究该处所藏1905年以来德国皇家吐鲁番考察队运走的新疆文物[1]。其工作成果，结集于《伦敦所藏敦煌卷子经眼目录》。沙知评价他的"奠基性工作依然是学人继续研究不可或缺的参考文献"[2]，不仅可以大力施惠予西部地区美术考古研究及相关学科的研究，也有益于1942—1944年向达自己在敦煌的考察研究工作。向达后来一跃成为敦煌学研究骨干，可以说与此段调查研究经历不无关系。

因此，当1942年末身在敦煌考察的向达愤慨某名流毁坏敦煌壁画，毅然于重庆《大公报》刊发《论敦煌千佛洞的管理研究以及其他连带的几个

---

[1] 参见向达自填履历，见《向达学记·编后记》第326页，另见孟彦弘：《一位倔强的历史学家——向达别传》，收入樊锦诗、荣新江、林世田主编：《敦煌文献·考古·艺术综合研究——纪念向达教授诞辰110周年国际学术研讨会论文集》，中华书局2011年版。

[2] 沙知：《向达先生敦煌遗墨序》，收入荣新江编：《向达先生敦煌遗墨》，中华书局2010年版，第3页。

图1-3-43 向达（左）与卢善群（右）等骑马考察汉烽燧遗址 1942年摄

问题》一文之际，时任中央院史语所所长的傅斯年即按语赞誉，称向达"乃今日史学界之权威"，并称"研究中外交通，遍观各国所藏敦煌遗物"者，向达氏"尤称独步"[1]（图1-3-43）。

四、西部地区美术考古调查研究重心开始向中国倾斜

相较此前两个时期，此一时期相关西部地区美术考古调查研究重心已明显开始向中国倾斜。

我们粗略搜集此一时期外国人士相关西部地区美术考古调查研究成果，发现其已经明显弱于此前两个时期，实难以与同时期蓬勃涌起的中国学者的调查研究成果相比。

为讨论方便，仍择取主要信息资料制成表（表1-3-1）来观察分析：

---

[1] 参见1942年12月27、28、30日重庆《大公报》连载傅斯年题识，另见向达：《论敦煌千佛洞的管理研究以及其他连带的几个问题》前傅斯年题识，收入荣新江编：《向达先生敦煌遗墨》，中华书局2010年版，第308页。向达原文为油印本，此件现藏南京中国第二历史档案馆，卷宗号393—2112。

表1-3-1　1930—1949年外国学术界西部美术考古研究成果统计
（以出版先后为序）

序号	责任人	名称	出版信息	研究内容	类别	备注
1	[日]松田	《德国在中国新疆考古学的探险结果》	1929，日本	勒柯克所著《中央亚细亚之佛教遗物》一书的叙述与评论	评论	载日本《史学杂志》第38期第3号
2	[日]羽田亨	《西域文明史概论》	1931年，弘文堂	西域文明和西域美术概论	专著	
3	[日]足立喜六	《长安史迹研究》	1933年，日本	长安附近汉唐帝陵、汉唐长安城及名胜古迹、道观、寺院、古代碑石	专著	
4	[瑞典]斯文赫定	《黑城探检记》	1934年，英国	黑城遗址、书简等	期刊论文	载英国The listener 2月号，原名：《the Blacke City of the Gobi Desert》
5	[瑞典]斯文·赫定	《丝绸之路》	1936年，斯德哥尔摩	丝绸之路古道历史、地理和见闻	考察随笔	
6	[瑞典]斯文·赫定	《斯文赫定博士领导的中国-瑞典考察团在中国西北各省科学考察的报告》	1937年，斯德哥尔摩	中瑞联合西北科学考察团在考古学、地质学、民俗学等方面考察成果的总结	考察报告	1937年始于斯德哥尔摩陆续出版，现已达55种
7	[日]上原芳太郎、本多惠隆、渡边哲信、井上弘圆、前田德水	《新西域记》	1937年，日本有光社	敦煌艺术与敦煌文物	专著	
8	[日]神田喜一郎	《敦煌秘籍留真新编》二卷	1938年，小林写真馆	敦煌遗书，多为儒家、道家、文学、史料文书	图录	

续表

序号	责任人	名称	出版信息	研究内容	类别	备注
9	[瑞典]斯文·赫定	《亚洲腹地探险八年(1927—1935)》	1943—1945年，斯德哥尔摩	1927—1935年的各类考察活动	考察随笔	

表1-3-1资料信息显示，此一时期由于中国政府基本绝缘外国人士擅自进入西部地区进行考古调查，使得此前两个时期大量的考察报告与日记、游记等类型著述锐减。就结构分析，日本的研究成果开始崛起，占据第一，显示了东亚研究力度的迅速增强。

契合东亚研究力度的增强，中国学者相关西部地区美术考古调查研究成果数量剧增，已超过此前任何一个时期。

粗略统计，从1930—1949年，仅中国学者相关西部地区美术考古调查研究成果的专门著述，至少就有数十种之多，尚不包括繁多的论文、评述以及诸种日记、游记、画册之类的著述。如表1-3-2所述：

表1-3-2　1930—1949年中国学者西部地区美术考古调查研究成果统计
（以出版著述为观察中心）

序号	责任人（单位）	名称	出版信息	类别	备注
1	徐旭生	《徐旭生西游日记》（西北科学考察团丛刊）	1930年9月，北平公国学术团体协会		即徐炳昶，旭生其字
2	黄文弼	《高昌第一分本》（西北科学考查团丛刊）	1931年，西北科学考查团理事会		编纂性质
3	黄文弼	《高昌专集》	1931年，北平西北科学考查团理事会影印本		同上
4	黄文弼	《高昌专集赘言》	1931年，铅印本，北平西北科学考查团理事会		
5	黄文弼	《雅尔崖古坟中陶器之研究》	1931年，铅印本		
6	陈垣	《敦煌劫余录》（十四卷）	1931年，中央研究院历史语言研究所		校录
7	黄文弼	《高昌疆域郡城考》	1932年，《国学季刊》第三卷第一号抽印本		

83

序号	责任人（单位）	名称	出版信息	类别	备注
8	王静如	《西夏研究》	1932—1933年，中央研究院历史语言研究所		
9	黄文弼	《罗布淖尔与楼兰》	1933年		出版单位不详
10	向达	《唐代长安与西域文明》（燕京学报专号）	1933年，燕京大学哈佛燕京学社		
11	黄文弼	《高昌甸集》	1934年，西北科学考查团理事会影印本		
12	陈子怡	《西京访古丛稿》	1935年，西安克兴印书馆		
13	滕固	《征途访古述记》	1936年，商务印书馆		
14	刘师培	《敦煌新出唐写本提要》	1936年，宁武南氏校印		1911年撰成，1936年收入《刘申叔先生遗书》
15	许国霖	《敦煌石室写经题记与敦煌杂录》（二册）	1937年，商务印书馆		
16	罗福颐	《西夏文存》（一卷、外编一卷）	1937年，待时轩丛刊本		
17	王重民	《巴黎敦煌残卷叙录》	1941年，北平图书馆		
18	罗新之 刘君礼	《张大千临摹敦煌壁画展览目次》	1943年，成都铅印本		辑录仅列一种，其与张氏临摹敦煌壁画集省去
19	阎文儒	《西京胜迹考》	1943年，西安新中国文化出版社		
20	劳干	《居延汉简考释》（释文四册考证二册）	1943—1944年，中央研究院历史语言研究所石印本		
21	史岩	《敦煌石室画象题识》	1947年，成都比较文化研究所石印本		编纂

续表

序号	责任人（单位）	名称	出版信息	类别	备注
22	罗福颐	《敦煌石室稽古录》	1947年，岭南大学中国文化研究室		
23	黄文弼	《古楼兰国历史及其在中西交通上之地位》	1947年，北平研究院史学研究所		
24	北京大学	《北京大学五十周年纪念——敦煌考古工作展览概要》	1948年，北京大学编印		
25	苏秉琦	《斗鸡台沟东区墓葬》（国立北平研究院史学研究所陕西考古发掘报告第一种第一号）	1948年，北平研究院史学研究所		
26	黄文弼	《罗布淖尔考古记》（西北科学考察团丛刊）	1948年，北平研究院史学研究所中国西北科学考察团理事会		
27	吴景敖	《西陲史地研究》	1948年，中华书局		
28	劳干	《居延汉简考释》（释文之部）（国立中央研究院历史语言研究所专刊之二十一）	1949年，商务印书馆		

据表1-3-2信息，尚可看出"七七事变"之前为此一时期著述总量最多者，其中黄文弼一人占据10本，荣登榜首。

这种多量研究成果态势，事实上与中国艺术此一时期在欧洲声誉渐高，以及国际中国艺术研究进入一个新的历史时期不无关系。

查1935—1936年伦敦中国国际艺术展览会期间（图1-3-44、图1-3-45），主办方中国艺术国际展览会筹备委员会经深思熟虑，特邀研究中国艺术及中国美术考古诸大家莅会讲演，以壮观瞻。其具体内容，见表1-3-3。

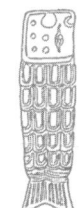

图 1-3-44　伦敦中国艺术国际展览会入口

图 1-3-45　伦敦中国艺术国际展览会中英双方工作人员合影

表1-3-3　1935—1936年伦敦中国艺术国际展览会特约专家讲演目录[1]

序号	时间	主题	讲演者	备注
1	1935年11月29日（星期五）	《中国艺术展览会》	德维爵士 Sir Percival David Bt. 1892—1964	由瑞典太子主席。德维爵士为著名中国陶瓷收藏家
2	1935年12月6日（星期五）	《中国艺术之文化与历史背景》	郑博士 Dr. F.T.Cheng	
3	1935年12月13日（星期五）	《昭陵六骏》	海轮斐娜女士 Miss Helen Fernald	
4	1936年1月3日（星期五）	《中国雕刻初论》	瓦纳教授 Professor Langdon Warner	
5	1936年1月6日（星期一）	《安阳殷商陵墓》	伯希和教授 Professor Paul Pelliot	
6	1936年1月7日（星期二）	《中国绘画题材之选择及其演变》	伯希和教授 Professor Paul Pelliot	
7	1936年1月10日（星期五）	《展览绘画出品选述》	Professor Yukio Yashiro	
8	1936年1月17日（星期五）	《中国织物（缂丝刺绣等）研究》	亚舒通先生 Mr. Leigh Aahton	
9	1936年1月24日（星期五）	《中国绘画》	滨源先生 Mr. Laurence Binyon, C.H.	
10	1936年1月31日（星期五）	《中国铜器》	叶慈教授 Professor W. Perceval Yetts, O.B.E.	曾任职英国伦敦大学研究院，吴金鼎师
11	1936年2月7日（星期五）	《中国织物及其在西方艺术上之影响》	甘大锐先生 Mr. A. F. Kendriek	
12	1936年2月14日（星期五）	《中国古代陶器》	霍布逊先生 Mr. R.L. Hobson, C.B.	中国元代青花瓷器发现者，大英博物馆中国古陶瓷学者

[1] 本表资料来源：《中国博物馆协会会报》1936年第1卷第3期，第34~35页。

续表

序号	时间	主题	讲演者	备注
13	1936年2月21日（星期五）	《晚近中国陶器》	洛珂汉先生 Mr. Bernard Rackhatn	
14	1936年2月28日（星期五）	《古代中西文化之接触》	舍利门教授 Professor C.G. Seligman	

表1-3-3中显示，自1935年11月29日至1936年2月8日，先后有十余位国际性专家学者进行讲演，主题涉及中国古代陵墓、青铜器、陶器、石刻、刺绣、绘画与昭陵六骏、雕刻初论、中国艺术之文化与历史背景、中国织物及其在西方艺术上之影响、绘画题材选择及演变、中西文化交流等多个领域，代表国际中国艺术及中国美术考古研究的最高水平与最新趋势。

其中伯希和《安阳殷商陵墓》讲演最受关注。盖当时展品有中研院提供殷墟发掘精品、河南省博物馆提供新郑出土春秋青铜器等，伯氏本人且在1935年5月参观殷墟西北岗侯家庄第二次发掘，受到梁思永的接待与解说（图1-3-46），耳闻目睹，感触自然不同。

因此，此次讲演与其说是诸位大家各自学术思维纵横驰骋的理想舞台，倒不如说是弘扬中华文化艺术的一次具体行动。中国收获的，更多是自信、骄傲与国际中国艺术及美术考古研究的入场门券。

与伦敦中国艺术展览会颉颃，1937年夏季美国展览中，也"多附带中国艺术品"。民尼坡里艺术学会（Min-neapoles lngtitut of Arts）甚至陈列国际古玩商卢芹斋（图1-3-47）主要自中国西部购来的"中国古代玉器"主题；钮瓦克博物馆（Newark Mu-seum）"亦览东方民俗艺术，及西藏宗教物品"。1937年第一卷、第一期《中国博物馆协会会报》因此欣喜称"美人爱好吾国文物，可见一般（斑）"[1]。

其他集中从考古、美术考古角度论述中华文化者，除黄文弼外，一是北平研究院的苏秉琦，另一是中央古物保管委员会常务委员滕固。究其学术深度与问题意识，也大致契合当时之学术环境与学术氛围。

---

[1] 此段引文均参见1937年第1卷第1期《中国博物馆协会会报》刊载新闻报道：《盛行美国之中国艺术展览》，第25~26页。

图1-3-46　1935年5月22日侯家庄西北冈第二次发掘，HPKM1004大墓。左起：伯希和、梁思永　采自李永迪、冯忠美编《殷墟发掘照片选辑》一书第180页、第118号图版

图1-3-47　卢芹斋（1880—1967）在他的文物陈列室内留影

五、西部地区美术考古调查研究呈现丰富多样的态势

此一主题，涉及时段较长，体量宽博，内容丰富，择选关键，我们主要通过以下层面进行观察分析：

（一）陕西考古会相关美术考古的调查与研究

观察此一时期西部地区美术考古历史发展轨迹，徐炳昶等人开山之功不能率意忘却。

前述徐炳昶等人1933年2月来到陕西后，利用与陕西省政府筹设合作机构间隙，对关中区域文物古迹进行了相对系统、深入的调查。

阅读尚未公开出版的《徐旭生陕西考古日记》，可以发现，它所披露的诸如西安北郊樊家寨关帝庙关帝像"丹青如新，精彩奕奕，亦至足异"[1]；西

---

[1] 参见1933年4月30日《徐旭生陕西考古日记》。

安"兴善寺堆积佛像颇多","慈恩寺塔前地下有蔡君谟书残石"[1];宝鸡东岳庙"有明代碑颇多","建筑均佳胜","正殿内二山墙上画壁人物端严静穆,自是名绘"[2](图1-3-48),宝鸡城隍庙"戏楼建筑弘伟,雕刻精工",令人"瞻仰徘徊,神魂颠倒"[3];凤翔八角开元寺"惟八角亭为一极特别之建筑,大体尚完好,有保存之价值,亭内有画壁,备极庄严"[4](图1-3-49);兴平城隍庙"门前牌楼、铁旗杆,均极巍奂",庙宇"规模全存,余除颐和园、万寿宫之戏台外,尚未见有其比"[5](图1-3-50);西安西北郊阁老门村"庙内祀玄武,壁上画颇佳,且上金处均属立粉";火烧碑村道旁庙房"神像三尊,尚巍然端坐,其衣褶红绿分明,至堪诧异。过千福寺入观,始注意到唐太和及大中之经幢"[6];西安东岳庙"大殿建筑伟丽"[7],"后殿左右壁画最佳"[8](图1-3-51、图1-3-52),"寝宫脊上之鸱尾或为宋遗。门前之望柱,亦当在明以前"[9];西安南郊小寨村路旁"普济庵内祀观音娘娘,有壁画,门前有石羊一对,外旁有石虎一对……羊、虎雕刻古朴,而玲珑有意趣"[10];张孝侯于"含元殿村西堡外壕沟内""发现唐遗址红土彩画之石灰片"[11];宝鸡马营广济寺"前殿观自在像,塑工精严,神采生动,即非宋塑,亦当为元明制",正殿两壁存上、下层悬塑佛像,"下层作菩萨罗汉渡海像,像著彩色,雕塑生动,顾盼生姿","正面三世佛像,虽或属旧胎,但修理上色,总属清代。佛像后之壁画,则端严伟丽,颇有敦煌佛洞画风,不能自宋以后"[12];盩厔(周至)仙游寺"四面山林均属平稳秀奕,宜为游人胜地,有塔七层,塔内有卧佛,旁十六

---

[1] 参见1934年4月6日《徐旭生日记》。文内所引日记信息,均徐炳昶此日得自其与河南大学教授饶孟侃之交谈。蔡君谟者,即蔡襄(1012—1067),君谟其字。兴化仙游(福建属)人。天圣八年(1030)进士。历官馆阁校勘、知谏院、直史馆、知制诰、龙图阁直学士、枢密院直学士、翰林学士、三司使、端明殿学士。善书,与苏轼(东坡)、黄庭坚(涪翁)、米芾(襄阳漫士)合称"苏、黄、米、蔡"四家,成为北宋书风之典型代表。其书风雄浑谨严,风姿醇美。《宋史·蔡襄传》:"襄工于书,为当时第一。仁宗尤爱之,制《陇西王碑》文,命书之。"
[2] 1933年6月4日《徐旭生陕西考古日记》。
[3] 1933年6月5日《徐旭生陕西考古日记》。
[4] 1933年6月7日《徐旭生陕西考古日记》。
[5] 1933年6月11日《徐旭生陕西考古日记》。
[6] 此段引文皆参见1933年12月12日《徐旭生陕西考古日记》。其中所谓壁画上金处用"立粉",系指将浓厚粉质色彩堆积点染成浮雕状之立体色粉点、线、面之美术技法。
[7] 1933年6月14日《徐旭生陕西考古日记》。
[8] 1933年6月15日《徐旭生陕西考古日记》。
[9] 1933年12月15日《徐旭生陕西考古日记》。
[10] 1933年12月16日《徐旭生陕西考古日记》。
[11] 1933年12月20日《徐旭陕西考古生日记》。
[12] 1934年6月17日《徐旭生陕西考古日记》。

图1-3-48 宝鸡东岳庙正殿右壁壁画 （1933年6月4日 常惠摄）

图1-3-49 凤翔八角开元寺 （1933年6月7日 常惠摄）

图1-3-50 兴平城隍庙三层之戏楼 （1933年6月11日 常惠摄）

图1-3-51 西安东岳庙寝宫（后殿）壁画（左壁）（1933年6月15日 常惠摄）

图1-3-52　西安东岳庙寝宫(后殿)壁画(右壁)(1933年6月15日　常惠摄)

(非十八)阿罗汉,跪者,立者,泪者,思者,泣者,仪态甚佳……疑原型仍属唐旧"[1];西安八角开元寺"极巍奂,到处画塑,笔墨不恶"[2]等那样真实生动的考古调查记录,直将我们带回当年文物生态环境下的一处处真实境地,斑斓五色,犹在目前……

另如通过调查大量古建实例而最后得出凤翔城郊三元宫"壁画极可观览。彩色红者尚极红,蓝者尚极蓝,以故若新。思及颐和园之修,比此村庙,不过早十余年,而颜色已黯淡,益叹陕西画师调色,能力过人"[3];宝鸡火神庙"二门上金龙蟠绕,正殿雕楹工细,券棚两墙丹雘若新!观此等设色,更信颐和园、三海等处之彩画,不值一文"[4](图1-3-53);"陕西画壁不似他处墙上多画屏扇,其上或左右,少有空隙,仍以他画补之,檐际斗牙间隙地,亦满绘画,而配置妥协,不嫌堆积,其艺术腾也"之敏锐感悟,以及"(陕西)乡间的庙,比北平附近乡间的庙整齐得多,并且无庙无画壁!壁画百分之九十在水平线以上"[5];"陕西牌楼建筑实甲全国,北京牌楼实未能有其匹也"[6](图1-3-54、图1-3-55);宝鸡金台观"庙中雕刻甚佳","闻此雕刻工人尚生

---

[1] 1935年5月22日《徐旭生陕西考古日记》。
[2] 1935年6月7日《徐旭生陕西考古日记》。
[3] 1933年6月1日《徐旭生陕西考古日记》。
[4] 1933年6月4日《徐旭生陕西考古日记》。
[5] 1933年5月22日徐旭生致李书华函。
[6] 1933年5月30日《徐旭生陕西考古日记》。

图1-3-53 镇火神庙戏楼 （1933年6月6日 常惠摄）

图1-3-54 凤翔关岳庙牌坊 （1933年6月1日 常惠摄）

图1-3-55 岐山城内之牌坊（1933年6月9日 常惠摄）

存，只四十余岁。以此知陕之巧工多也"[1]；宝鸡东岳庙"当日住军队，在画像上钉了无数钉子！东墙上面并有一部分被纸糊！令人观之，不觉丧气！此等名迹，竟任人随意毁坏，中国国家尚成何等国家耶！"[2]"建筑史及壁画之研究，在我国实尚幼稚，未达精确之区域"[3]；西安木塔寨"观音堂像设去年新'挂袍'。后墙西壁新绘，山墙仍旧绘。新绘离旧绘，相差颇远，艺术何堕落如是"[4]；宝鸡城隍庙"此等艺术创作，竟能任其日加破坏，毫无留遗耶"！致"出庙时不胜感慨悲怆"[5]；凤翔八角开元寺八角亭画壁"备极庄严，然钉刺烟熏，不久将完全损毁"，"此庙如不早设法保存，恐不久完全无余矣"[6]；西安东岳庙壁画"块块落地，颇有损坏。如不早为修理，不久即可全毁"[7]！及闻西安旧藩库建筑"规模木架均极弘伟。脊梁铭言致和（1328）、至元（1264—1294）重修，前二年始倾颓，因取其材建训政楼"，今已不可见时，不禁聊发"惜哉！中国之旧建筑"[8]等睿智论断与扼腕叹息，每每咀嚼，回味无穷。山阴道上，别有一番感人的滋味。

　　1933年春，徐炳昶等人藉来陕筹备分会间隙，还相继对西安周围的历史文物古迹进行了调查。石刻一类，以4月6日徐炳昶与法国学者Reclus曾觉之调查兴平汉武帝茂陵霍去病墓（石岭子）石刻组群为最。通过调查，徐炳昶认为霍去病墓前"有石刻多种。墓西有虎食人像，墓南有马踏匈奴像，墓上有鱼、牛之属"。认为"此当为我国最古石刻之一种，于古朴壮健中寓生动，神品也"（图1-3-56）。他因此设想"如能将石岭子、石婆庙、斗门镇、张骞墓之各种石刻，慎重搜集，精详研究，则对于我国雕刻史上之贡献，洵非浅鲜"[9]。

　　可以认为，随着时代更移，物是人非，建筑圮毁，壁画乌有，石刻变位，徐氏等人当年调查成果中所娓娓传留给后代学人之历史印痕与深刻思考，将愈来愈具有别样的沧桑感受和足堪珍贵的学术价值。遗憾的是，围绕此一主题，徐氏等人最终未能产生专门的著述与论文，但我们认为，这并不妨碍

［1］ 1933年6月3日《徐旭生陕西考古日记》。
［2］ 1933年6月4日《徐旭生陕西考古日记》。
［3］ 1933年6月26日《徐旭生陕西考古日记》。
［4］ 1933年5月14日《徐旭生陕西考古日记》。
［5］ 1933年6月5日《徐旭生陕西考古日记》。
［6］ 1933年6月7日《徐旭生陕西考古日记》。
［7］ 1933年6月14日《徐旭生陕西考古日记》。
［8］ 1933年12月15日《徐旭生陕西考古日记》。
［9］ 以上引文参见徐炳昶、常惠：《陕西调查古迹报告》，《国立北平研究院院务汇报》1933年第4卷第6期，第14~15页。

图1-3-56 霍去病墓石刻分布概况（1940年摄）

我们对徐氏等人重要贡献的认定与评判。

应该看到，徐炳昶等人对西部地区中心所在相关美术考古主体石刻文物、建筑壁画以及宗教艺术等实物资料的考察与关怀，不仅是陕西历史上由中国学者组织，具有政府行为、科学水准、相对系统深入的第一次，即使对当时整个西部地区而言，也有不可替代的意义与地位。

联缀徐炳昶等人的调查，尚有徐氏鼎力主持的三次斗鸡台发掘，其丰硕收获，亦为海内所瞩目。仅据1936年统计数字，知"关于陶器，陶片，墓葬各部分已成之记录表为五百余份，照片七百余张，图片四百二十余种，由碎片粘成之陶器，骨器等一百余件"[1]（图1-3-57、图1-3-58）。其中1934年4月至6月第一次斗鸡台发掘所获"周代墓葬砵画及漆器，均属第一次发现，有重大之科学价值"[2]。

另外，张扶万、徐炳昶负责的陕西考古会其他工作主题内，相继发现的重要文物，还有1934年3月民政厅发掘出土唐大明兴庆两宫图石，"附比例尺颇精，所裨益于考古学界者，亦匪浅甚少"[3]（图1-3-59）。1935年1月莲湖公园发掘出土"五色彩图"陶瓦片及"湖之北岸掘得彩色壁画数小块"[4]，亦堪重要。"彩色壁画"者，尤可视为西部地区城市发掘发现建筑壁画的第一次。

---

[1] 国立北平研究院编辑：《国立北平研究院第七年工作报告》，参见《国立北平研究院院务汇报》1936年第7卷第5期，第79~80页。
[2] 参见徐炳昶1934年5月18日致李书华信函。原件藏南京中国第二历史档案馆。
[3] 参见《申报年鉴·两年来考古发掘事业及其贡献》，1935年。相同论述另见于卫聚贤：《中国考古学史》，团结出版社2005年再版，第181页。
[4] 罗懋德：《莲湖公园发掘记》，1935年，手稿，稿藏陕西省档案馆，未刊。另见罗宏才著：《陕西考古会史》，陕西师范大学出版社2014年版，第269、271页。

图1-3-57 斗鸡台汉墓发掘的汉朱砂绘彩陶壶
采自苏秉琦《斗鸡台沟东区墓葬》一书插图

图1-3-58 斗鸡台汉墓发掘的汉彩绘陶器剖视图与局部展开图
采自苏秉琦《斗鸡台沟东区墓葬》一书插图

图1-3-59 1934年3月陕西考古会民政厅发掘出土宋刻唐大明宫与兴庆宫图残石 纵78cm,横66cm 现藏西安碑林博物馆

更为重要者,则是1933年西安火车站工地大明宫遗址发现的白石立姿菩萨像残石、白石坐佛像残石、菩萨头像、六角蔓草覆莲佛座、石灯;含元殿石螭首、含元殿石础、石莲花顶[1];西京图书馆发现的慈恩寺立佛;开元寺出土唐白石像、白石力士雕像;西安师范附小发现的唐光宅寺残存造像等珍贵文物,它们均可视为研究长安区域佛教艺术不可多得的实物资料。

青睐大明宫遗址发现的佛首、佛躯等,滕固在详细考察后有极高赞誉。语称:

"近日建筑铁道,自大明宫遗址出土之玉石佛头、佛躯数件,移置会内,审视之下,确为唐代精品。佛躯立像一座,失去头部、足部及两腕,身段苗条,其流畅之衣纹贴附肉体,肌肉凹凸隐现,表出分外之自然与妩媚。就此像之所敷之色泽痕迹验之,肉体金色,披肩朱色,裙裾绿色,其妙丽于此,可以想见。佛躯坐像一座,头部与右腕失去,披肩湿贴左体、研美异常。此两刻技工微妙,世所罕见。"[2](图1-3-60)

图1-3-60 被滕固赞誉的陕西考古会珍藏——1933年西安火车站工地大明宫遗址发现白石"佛躯立像"倩影

至相关调查研究成果,亦丰富多样。除多种《北平研究院院务汇报》之外,其他代表作尚有:徐炳昶、常惠的《陕西调查古迹报告》(国立北平研究院调查报告第三种),载《北平研究院院务汇报》,第4卷,第6期,国立北平研究院出版部,1933年10月,第1—17页;何士骥的《唐大明兴庆及太极宫残石发掘报告》,载《北平研究院院务汇报》,第5卷,第4期,国立北平研究院出版部,1934年7月,第53—61页;李希平的《长安考古杂记》(手稿本)(图1-3-61),1935—1938年,共2册,已佚,

---

[1] 以上名称为著者据各件文物具体形态重新厘定。按张扶万《唐长安城金石考》,各件分别称:大明宫白石立佛像残石、大明宫白石坐佛像残石、大明宫白石六角柱础、大明宫石灯、含元殿石螭首、含元殿石础。本章"瑰宝迷离"一节即如是照录。
[2] 原文称《征途访古述记·视察豫陕古迹记》,收录于沈宁编:《滕固艺术文集》一书,上海人民美术出版社2003年版,第335页。类同的描述,另见滕固:《唐代艺术的特征》,原刊1935年出版《中央大学文艺丛刊》第2卷第1期,收录于沈宁:《滕固艺术文集》,上海人民美术出版社2003年版,第453、455页。

图1-3-61　1934年夏陕西考古会干事李希平（1900—1959）于宝鸡斗鸡台考古工地留影

未刊；何士骥的《陕西考古会工作报告》，载《北平研究院院务汇报》，第6卷，第1期，国立北平研究院出版部，1935年1月；徐炳昶的《陕西最近发现之新石器时代遗址》，载《北平研究院院务汇报》，第7卷，第6期，国立北平研究院出版部，1936年；何士骥的《长安鱼化寨新石器时代之遗址》及《西北考古纪略》，分别载《西北史地季刊》，第1卷，第1期，1938年2月，第123—130页；《读书通讯》第52期，1942年10月，第14—15页；苏秉琦的《斗鸡台沟东区墓葬》（国立北平研究院史学研究所陕西考古发掘报告第一种第一号），1948年由北平研究院史学研究所出版。

比之于田野考古调查发掘研究成果，具浓郁古器物研究气韵的代表性著述，以身任陕西考古会委员长的张扶万1936年写就的《唐长安城金石考》（四卷，手稿）及《吕刻唐长安图考证》（九卷，稿本）与1938年发表的《商周青铜器多出于陕西凤翔岐山宝鸡眉县扶风各县说》（西北史地学会编辑：《西北史地》，第1期，第26—27页）等最为瞩目。

其中因"辑唐长安城图考证，于考证宫殿、坊里事实，多所征引，惟金石一类，不能备列"，故"别辑金石考八卷"（附图一卷），期望"互相发明"[1]之《唐长安城金石考》，涉猎宏富，考证谨严，不仅有具代表意义的名碑大碣，亦有考古新发现的石刻佛教艺术珍品。限于主题与篇幅，此处不做详细剖论。详情参见本书第二章之"美术考古元素的提取与利用"一节。

（二）陪都重庆的美术考古调查研究

"七七事变"后，国民政府为长期抗战计，于11月19日移驻重庆，重庆

---

[1]　参见张扶万1936年3月25日撰写《唐长安城金石考自序》，原件藏陕西省政协文史办资料室。

图1-3-62 陪都重庆国民政府外景

地位遽升,沦陷区各大高校与各大机构纷纷迁入。1940年5月9日,国民政府重庆临时参议会又通过议案,"定重庆为中华民国永远之陪都"(图1-3-62)。及此,陪都人口更进一步剧增。加之国民政府对撤退来渝文化人士采取"临时招待救济"并"设法安置,使将各个力量,贡献抗战"[1]等应对措施,促使文化艺术人才随之增多,各类文化艺术活动亦得以逐步开展。

对位本章讨论主题,此一时期重庆类似美术考古之调查研究与相关活动在艰苦环境下,戮力推进,具有领袖全国,中转枢纽等地位与作用。

于考古调查发掘一项,重要者有1940—1941年郭沫若、卫聚贤、常任侠、金静庵、胡小石、马衡等人对重庆江北汉墓群的考古发掘;还有常任侠、刘节、金静庵、朱希祖等人对重庆附近汉代崖墓、石阙、石棺画像等文物古迹的田野调查。其中常任侠、刘节、金静庵诸人的考察活动尤为活跃。

阅1939年5月13日《刘节日记》:"常任侠来谈,少间金静庵亦来,同(常)任侠及王秉忱、柴祖彦诸兄同至嘉陵江畔访视后汉人墓穴,题永寿四年六月十七日□作此界。此为第四穴,其第一穴有熹平二字,不知年份及日月。穴分三重门,门已毁,惟见其匡郭。门分三重,每重皆三英尺见方,第四穴一英尺半见方;其内皆七英尺见方,足陈二棺,其中第四穴中有置明器石

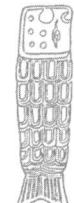

---

[1] 1941年3月22日《教育部相菊潭关于执行蒋介石安置自港沪撤退来渝文化界人士三原则办法的签呈稿》,参见国民政府教育部档案,原件藏南京中国第二历史档案馆,收入中国第二历史档案馆编:《中华民国史档案资料汇编》第5辑第2编,江苏古籍出版社1998年版,第238页。

图1-3-63 常任侠代表作——《民俗艺术考古论集》封面

匣,盖汉代平民之墓穴也。"

又1939年5月20日《刘节日记》:"十时左右,(常)任侠来,并约同朱逖先(希祖)、缪赞虞(凤林)、金静庵,及任侠与余五人过江,得党史委员会周君之引导,在距盘溪西一里许,田岸旁,发现一六朝以前古石刻,高约一丈四五尺,前后面约三尺,左右约二尺。左右有青龙白虎刻像,前后面石已剥落,不辨其为字为画矣。石刻之顶有阙,四角有四人匍匐负荷之,阙上纹缕亦皆剥落矣。至十二时返校,余约朱、金、缪、常四君在秀野饭店便饭。"[1]

看得出,这些调查发掘规模不大,节奏、程式也相对散漫,但参与者在敌机轰炸、物质匮乏、参考资料不足的前提下,能至于此,已属不易。考究上引两则《刘节日记》透析的田野调查活动记录,已近初步之调查报告,5月20日石阙发现一节尤精彩。

配合调查发掘,不少研究成果也开始逐步呈现。如常任侠一人就有《重庆附近发现之汉代崖墓与石阙研究》、《重庆附近之汉代三种墓葬》、《整理重庆江北汉墓遗物纪略》、《重庆沙坪坝出土之石棺画像研究》等多篇论文问世。这些论文后结集成《民俗艺术考古论集》(图1-3-63)一书,于1943年由重庆正中书局出版,成为此一时期陪都重庆美术考古研究的代表之作。

常任侠之杰出表现,吴衍发在《常任侠中国早期民俗艺术研究的价值与意义》一文中有准确评价。称其"将社会学、人类学和考古学通用的田野调查方法具体地运用到了中国古代艺术、民俗艺术和民族艺术的研究中","利用考古最新发现的地下遗物进行'文''物'互证,极大地丰富了史学家对史料的认识"[2]。常任侠自己也认为"就此物质遗存之迹,犹可上推先民社

---

[1] 刘节著,刘显增整理:《刘节日记》(1939—1977)(上册),大象出版社2009年版,第86页。
[2] 吴衍发:《常任侠中国早期民俗艺术研究的价值与意义》,载《西北民族大学学报》(哲学社会科学版)2012年第4期。

会制度、艺术礼俗之一斑,足以补证文献之所缺也"[1]。

配合美术考古工作者的调查与研究,陪都重庆主要新闻媒体、报刊杂志亦在推介、传播方面起到了应有的作用。

以《说文月刊》为例,仅1940年一年,关于重庆江北汉墓发掘、展览与初步整理研究的信息报道及相关评介文章就有20余篇之多,成为当时重庆新闻的一道亮丽风景线。这对振奋全国学术界,展现陪都风采,宣扬抗战建国等,显然裨益良多。

除过调查、发掘、研究、推介诸事,陪都重庆还积极发挥其地位优势,相继举办多种相关美术考古的展览、研讨与组织、培训活动。这些活动对于传播最新学术动态、凝聚学界力量、推进美术考古学科发展,起到的作用应该也是十分明显的。

如1939年3月12日,自昆明来渝参加第三次全国教育会议的滕固借会毕之机,假重庆味腴餐馆发起召开在渝中国艺术史学会会员会议。莅会滕固(若渠)、马衡(叔平)、常任侠、胡光炜(小石)、宗白华、卢冀野(前)、陈之佛、金静安诸人凡议论结果三项,"(一)推举常任侠先生为本会秘书;(二)在本年秋间于重庆、昆明两地同时举行年会;(三)在可能范围内出一刊物,定名为《艺术及考古》。此外又有人主张调查各国之考古或艺术团体,交换刊物"[2]。

笔者以为,此次会议拟定出版《艺术及考古》杂志一事,颇为重要。如确无早于此间的其他类似信息,应当视其为最早出现的关乎艺术考古或者说是美术考古专业杂志的信息记录。至于议论"主张调查各国之考古或艺术团体,交换刊物"诸事,亦别开生面,反映了当时中国美术考古界急欲走出国门,聆听海外声音,获得学术认同的真实心态。

另外,1939—1941年,常任侠借助重庆中英庚款董事会平台,尚于该会属下艺术考古研究院任研究员,这一职衔使他得以顺利进行多种有意义的艺术考古研究工作。

1940年6月,留法归来的王子云获国民政府教育部同意,正式组建直属教育部的艺术文物考察团。为迅速开展工作,他也曾利用陪都重庆的地位优势,于1940年8月3—5日,在《大公报》刊登招聘启事(图1-3-64),且在两路

---

[1] 常任侠:《常任侠文集》(卷一),安徽教育出版社2002年版,第80页。
[2] 刘节著,刘显增整理:《刘节日记》(1939—1977)(上册),大象出版社2009年版,第47~48页。

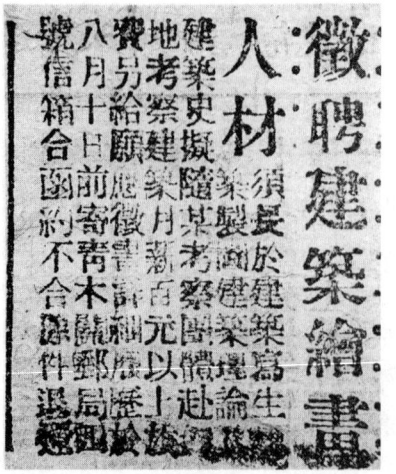

图1-3-64 1940年8月5日、星期一、第四版、渝版《大公报》刊载"征聘建筑、绘画人材"启事

口四川饭店设立报名联络处,其后又在青木关举办全团人员业务技能培训班。

(三)教育部艺术文物考察团的美术考古调查研究

前文提及,抗战爆发后自法国国立巴黎高等美术学校学成归国的王子云等爱国人士鉴于"西北各省,为我(国)四千年民族文化之发祥地,文物蕴藏至为丰富。唯迄今吾人所得而见者,除多数遗址故迹外,仅有少数之石刻物存在。诚以石刻可以保存永久,即埋没土中历若干年代仍可为后世所发现,以中国之历史悠久,各代变乱相接,其他史迹遗物最易湮没、毁灭,惟雕刻作品历久而益彰。且中国文化,发达最早,佛教及一般造像,汉、魏、隋、唐各臻绝境,其存留于今日者亦美不胜收"[1]。惟以日寇入侵,战火焚烧,使山西大同石窟、太原天龙山石窟、河北涿县白带山石窟、辽宁义县万佛堂石窟等大批历史文物古迹相继陷入敌手,破坏摧残,惨不忍睹(图1-3-65、图1-3-66)。而其他尚未沦陷地区之中国固有历史文物古迹又时刻面临着敌寇铁蹄的蹂躏、践踏,损失、破坏势不能止。亟应组建一支强有力的艺术文物考察团队,开赴西北"从事表彰西北过去之优美文化,使国人深刻认识西北为中华民族之先民故土,固有文明之发明所在,举凡历代史迹文物以及其他随处可见之艺术珍品,其遗留至今日者,备极丰富。值此战时,甚易毁灭。吾人亟应致力于此种宝藏之阐发工作,以期普遍介绍于国人"[2]。

得力于国民政府教育部的支持,同年6月,直属教育部的艺术文物考察团在陪都重庆正式组建。以王子云为团长,成员挑选由沦陷区撤退来重庆的美术教员以及重庆国立艺术专科学校即将毕业而无法分配工作的学生等

---

[1] 王子云等:《教育部艺术文物考察团西北摄影集选》(1940—1944),第四辑,《豫陕甘各地雕刻集》文字说明。原件藏西北大学博物馆,资料由王子云、何正璜先生提供。
[2] 摘自南京中国第二历史档案馆藏《教育部艺术文物考察团考察西北三年工作计划》,全宗号五,案卷号12043。

图1-3-65 被日寇烧毁的河北阜平普佑寺惨象

图1-3-66 希望"普佑天下"的河北阜平普佑寺"三世佛"所居殿堂竟为日寇烧毁,大慈大悲的"三世佛"已无家可居

图1-3-67 1940年西北艺术文物考察团青木关培训期间合影
王子云后裔提供

图1-3-68 教育部艺术文物考察团成立之初的重庆景象 团员卢善群摄

相关优秀艺术人材,"负有阐发西北文物,表彰固有文化之使命"[1](图1-3-67、图1-3-68)。

其主要工作任务,是考察陕西汉、唐帝陵与佛教寺院并建筑雕刻艺术、甘肃敦煌石窟、安西万佛峡石窟、青海佛教寺院等西北古代历史文化胜迹,以及各种相关古代艺术作品与各种社会民俗艺术品。目的在于"尽量以不同方式加以采集,或写生、或摄影、或拓搨、或模铸,务使各种优美之古代珍遗毫无遗憾地呈现于国人目前"。藉以"考证各时代之史迹及社会生活","表彰我国固有之优美文化,俾由此以增进民族意识,提高国际文化地位"[2]。

受此种战略思想的支配,从1940年12月至1945年初,该团先后与西京筹备委员会及相关省、区的政府机构密切合作,在日机袭扰,困难重重的环境下,辗转奔波川、陕、豫、甘、青五省大部分地区,历时近五年,行程逾十万里(图1-3-69、图1-3-70、图1-3-71、图1-3-72)。在极艰苦环境下,对关中汉唐陵墓及陕、甘、新、豫等省区石窟寺、文物胜迹、民俗文物等进行了一系列科学严谨地考察、研究工作,并相应实施了力所能及的保护措施,获得了丰硕的成果。

依笔者资料统计,总计在1940—1944年期间,教育部艺术文物考察团共

---

[1] 王子云等:《教育部艺术文物考察团西北摄影集选》(1940—1944),第4辑,《佛窟雕刻集》文字说明。原件藏西北大学博物馆,资料由王子云、何正璜先生提供。
[2] 东平:《历史遗珍——"教育部艺术文物考察团西北摄影集选"(1940—1944)的发现》,载《文博》1992年第5期。

第一章 西部美术考古发展史述论…

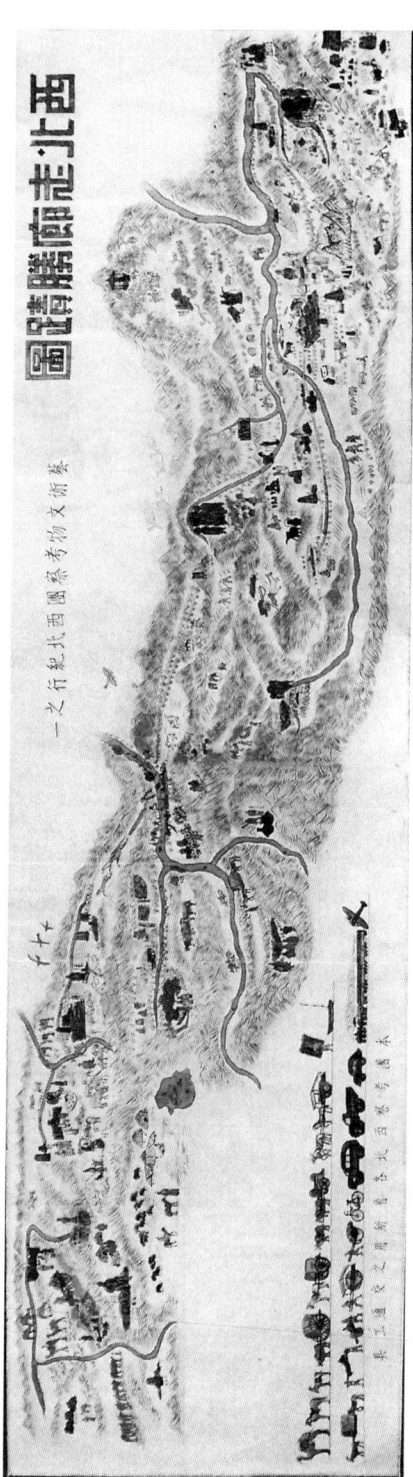

图1-3-69 西北走廊胜迹图——艺术文物考察团西北纪行之一
王子云后裔提供

图1-3-70 1941年7月28日至8月6日考察团对西安以西诸县进行了考察。图为7月28日考察团同人乘船渡过长安之一的"咸阳古渡"情形。近景立于船舱中者为王子云、何正璜

105

图1-3-71　1942年甘肃省政府派驻军护送考察团赴敦煌考察途中留影

图1-3-72　1944年考察团王子云、何正璜骑驴考察关中汉陵途中摄影

发现各类文物遗址及艺术文物数百余处（件），收集诸如马家窑文化彩陶、秦汉瓦当、敦煌写经卷（图1-3-73）、汉唐雕塑、唐三彩、明清宗教艺术品等大量弥足珍贵的艺术文物以及各时代石刻艺术拓本约计2 000余件，绘制各类临摹图、速写图、写生图（图1-3-74、图1-3-75、图1-3-76）以及相关地区的艺术文物分布地图与艺术文物遗迹实测图千余件，拍摄各类艺术文物题材照片千余张（图1-3-77），椎拓各类石刻艺术拓本近千套（张）（图1-3-78）。

同时还临摹了洛阳龙门、甘肃敦煌、酒泉文殊山等石窟大量壁画摹本，并相应对陕西汉、唐陵墓前具有代表意义的石雕艺术精品以及部分古建筑

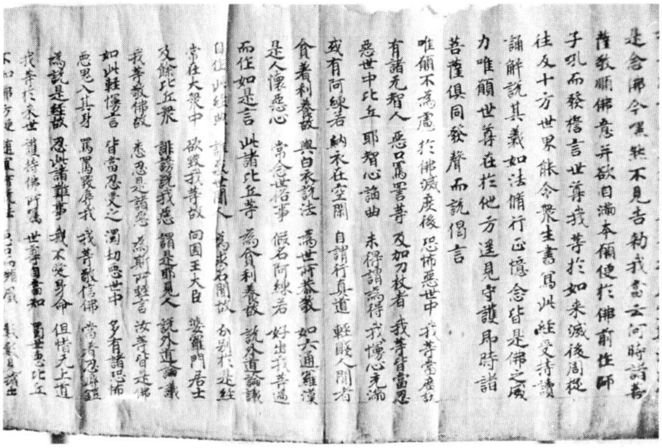

图1-3-73　考察团征集的敦煌经卷——"妙法莲华经第46卷之一部"

图1-3-74　1942年雷震临摹敦煌千佛洞北魏壁画凤鸟

图1-3-75　1942年3月王子云兰州渥桥写生　此桥已毁

图1-3-76　1943年5月考察团卢善群安西榆林窟僧塔速写

图1-3-77 青海塔尔寺建筑群中心位置——佛寺正门 1942年王子云摄

图1-3-78 1941年考察团聘用西安著名拓印师李松如制作的虺螭纹镈立体影拓

雕刻与龙门石窟部分浮雕艺术品进行了石膏模铸。

其中对龙门、敦煌石窟的全外景实测以及对唐昭陵六骏之"四骏"(图1-3-79)与西汉霍去病墓前部分石刻(图1-3-80、图1-3-81)并关中部分唐陵石象生所进行的模铸工作,在国内艺术文物界堪称首例。

配合科学、严谨地实地考察工作,在著述、研究方面,该团所获成果亦颇为喜人。

最新研究资料表明,截至1948年年底,总计先后撰写《唐陵考察日记》、《咸阳考古记》、《西京筹备委员会、教育部艺术文物考察团合作考察关中汉唐陵墓报告》(第一期)(图1-3-82)[1]、《敦煌莫高窟现存佛窟概况之调查》[2]、《敦煌的佛教美术》[3]、《敦煌莫高窟及安西榆林窟之壁画》[4]、《教育部艺术文物考察团西北摄影集选》(1940—1944)、《汉唐陵墓艺术》、《龙门、敦煌艺术图录》、《中国历代装饰艺术图录》[5]等各类调查报告及专题研究文章等相关文字资料约达百余万字之多。

---

[1] 著者均为何正璜氏,未系统公开出版。
[2] 何正璜:《敦煌莫高窟现存佛窟概况之调查》,《说文月刊》第3卷第10期,渝版,第四号,1943年,第47~72页。
[3] 雷震:《敦煌的佛教美术》,《说文月刊》第3卷第10期,渝版,第四号,1943年,第81~82页。
[4] 卢濬(善群):《敦煌莫高窟及安西榆林窟之壁画》,《新华日报》1946年2月9日。
[5] 均为王子云于1946—1948年写就,参见王子云:《从长安到雅典——中外美术考古游记》,陕西人民美术出版社出版,第58页。

图 1-3-79 1943年10月考察团模制"唐昭陵六骏"其二参入陕西民众教育馆举办"西北艺术文物展览会"

图 1-3-80 1941年3月16日考察团团员姚继勋对茂陵霍去病墓前石刻"卧牛"进行缩塑

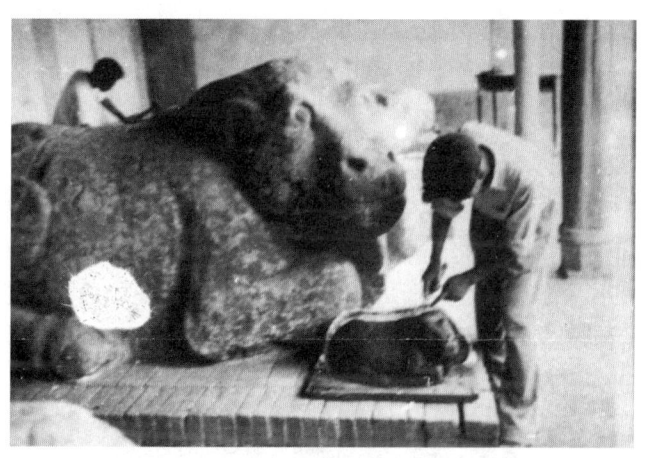

图 1-3-81 1943年10月考察团在陕西民众教育馆举办"西北艺术文物展览会"上展览模制西汉茂陵霍去病墓前"马踏匈奴"情形 右侧站立者为维护会场秩序之童子军

第一章 西部美术考古发展史述论

109

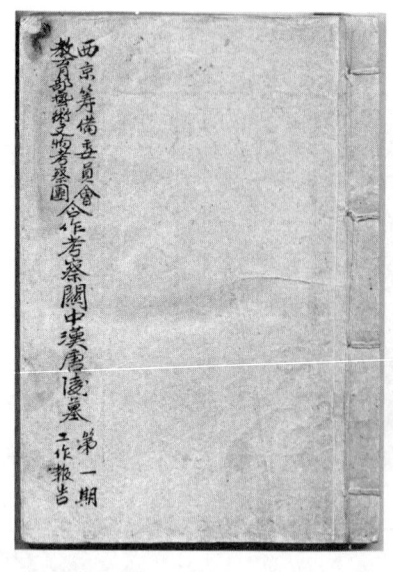

图1-3-82 《西京筹备委员会、教育部艺术文物考察团合作考察关中汉唐陵墓工作报告(第一期)》封面

如何正璜在《说文月刊》三卷十期发表的《敦煌莫高窟现存佛窟概况之调查》,被认为"是我国第一份'莫高窟内容总录'",也是"中国学者实地考察研究敦煌石窟后写成的第一篇较系统全面的研究文章。其历史价值是很重要的"。它第一次把敦煌石窟立体呈现给世人的面前,"在敦煌艺术的风格研究上,……首次提出敦煌早期艺术之作风倾向'系以东方装饰之趣味,混以西方写实之技巧,而另成一种风格'","其内容与形式均足以代表东西交流之特征","'显出优秀的民族形式'的观点,较之'西来说'无疑在认识上前进了一步"[1]。

此外,分为十辑、卷帙丰富的《教育部艺术文物考察团西北摄影集选》(1940—1944)集摄影、文字于一炉,相互参照,共为一体。每辑皆有提纲絜领的文字叙述,每页都是一幅情景交融的历史画面,可说是全部艺术文物考察活动最集中、最浓缩的反映,具有很高的史料价值与学术价值(图1-3-83)。

图1-3-83 《教育部艺术文物考察团西北摄影集选》(共10辑) 1945年移交西北大学收藏

[1] 参见林家平、宁强、罗华庆:《中国敦煌学史》,中国语言学院出版社1995年版,第154~155页。

而该团团长王子云得益于此次大规模考察活动的营养支持,广积材料,厚积薄发,直到20世纪80年代后才开始涌现大量成果,并一直将这种优势带至最后。

(四)金石考古体系及相关高校的美术考古调查研究

在金石考古体系,此一时期相关西部美术考古的调查研究,也达到了历史最高潮。

姑且不论前述张扶万撰写的《唐长安城金石考》,可资瞩目者,尚有1933年7月成立、以"提倡高尚艺术,发扬文化"[1]为宗旨的西京金石书画学会(图1-3-84)。

查阅陕西省档案馆有关资料,从1934年4月至1936年11月,该会不惟多次举办书画展览,还连续出版由西京金石书画学会编辑的《西京金石书画集》共5期。其"凡例"(图1-3-85)冀望"选登金石,以在关辅发现书画,以秦中先贤作品为主"。此外"有历代珍品收藏在陕向少流传者,亦择尤刊登,借供众览"。并声明该刊胸襟,虽注重秦中,但并"不以地域为限"[2]。每

图1-3-84　西京金石书画学会同人摄影
宗鸣安提供

---

[1]　参见西京金石书画编辑《西京金石书画集》第一期首页"西京金石书画集凡例",南京:故宫博物院印刷所,1934年4月。
[2]　此段引文参见西京金石书画编辑《西京金石书画集》第一期首页"西京金石书画集凡例",南京:故宫博物院印刷所,1934年4月。

西京金石書畫集凡例

一　本集旨在提倡高尚藝術發揚文化凡金石書畫之有歷史價值及爲藝林所珍賞者屬之

二　本集選登金石以在關輔發現書畫以秦中先賢作品爲主其有歷代珍品收藏在陝向少流傳者亦擇尤刊登藉供衆覽不以地域爲限

三　本集編排方法爲便利閱者起見各篇說明卽載於圖像之前一頁期免翻閱之煩其金石書畫分類亦不盡拘次序間雜登載總以最美術之分配引起閱者興趣爲目的

四　本集自民國二十三年四月爲始每月一集於月終發行惟因交通及印刷關係或有遲延閱者諒之

五　本集爲宣揚前人藝術而設書畫一類現代作家故未選入但本會會員作品爲觀摩勗勉起見經審查會許可得附載後幅以示提倡

六　本集用尺度金類仍用慮俿尺石刻及紙絹等概用原尺

图1-3-85　《西京金石书画集》扉页“凡例”

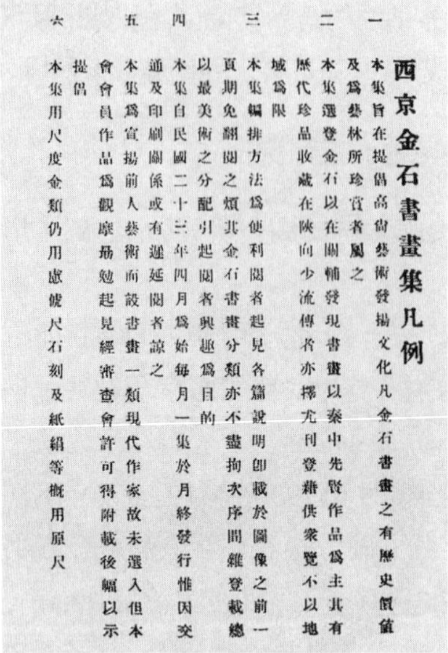

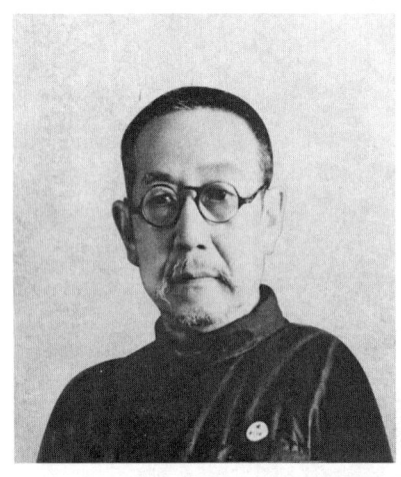

图1-3-86　党晴梵（1885—1966）

期刊载者，为西京名胜古迹图版、新出金石文物珍品、世家金石文物珍藏与公私著名金石文物流变轶事等。

如西安湘子庙街晚清收藏大家赵乾生原藏宋夏珪《溪山无尽图》长卷，曾多期连载。新出唐大明兴庆两宫图石刻考论，由陕西考古会委员长张扶万亲自操刀，笔法老辣，说理透彻，令人耳目一新。此外如昭陵六骏拓本来历与流变端绪、大夏石马立体拓本等，皆荦荦大端。对于绍介西京金石书画资源内蕴、弘扬民族文化、助益美术考古学术研究等方面，厥功甚伟。援引党晴梵（图1-3-86）《西京金石书画学会缘起》一文所谓“艺术之足以表现者，尤以金石书画为特著”[1]之发论，正该刊潜在标准之诉求。

论及私家金石考古编纂研究，大体有柯莘农之《叶语草堂金石文字存考》、刘军山之《潜旭草堂长安雅陶考》、宋联奎之《城南草堂翠墨集锦》以及刘文奂之《珍泉集拓》等。

柯之《叶语草堂金石文字存考》凡35卷，录10余年辛勤珍藏金石拓本2 000余纸，均次第编排，分类划一。弁首柯氏自序记因缘梗概，要者尚迭见毛昌杰、于右任、景莘农、党晴梵、沈兆坤、许以粟[2]诸大家鉴评题识。如汉“益延

[1] 收入党晴梵：《华云杂记》（下卷），西京铅印社1937年版，第24页。

[2] 许以粟（1885—1967），字忍庵，号琴伯，浙江杭州人。清诸生。光绪三十一年（1905）于日本加入中国同盟会，参与辛亥革命。为“城南诗社”中坚。曾任天津市政府秘书兼美术馆编辑委员及鉴定委员、霸县县长等。1963年被聘任为中央文史研究馆馆员。擅书法、金石篆刻，富收藏，能椎拓。

寿"砖铭拓本、"延熹七年（164）五月九日巳时日入时雨"十四字汉祈雨土圭、隋开皇六年（586）督东宫左亲卫郁久闾伏仁砖墓志铭等，皆灿烂耀目。其前二品者，因"荒年以贱值售于人，先运沪上，今日度已渡海而东矣"[1]，故珍贵自不待言。

刘之《潜旭草堂长安雅陶考》，共收关中所出汉魏以至隋唐带字砖瓦百数十件，分门别类依时排列，每品一条目，各系考释文字百数十，多钤"军山手拓"小章，如秦仪礼画花砖侧、汉瓦棺侧飞鸟画、汉龟蛇房脊残砖、汉居摄都司空砖、后赵石安韩醜砖、北周榴花狮子画花砖、唐官匠马弘砖等，皆稀见珍品。稿成，陕西省历史博物馆馆长西安曹仲谦氏于民国戊子（1948）年曾有题识。

《城南草堂翠墨集锦》者，为长安宋联奎数十年搜获金石拓本辑录，计数百余件。如胄鼎、胄簋、胄锺、康候鼎（图1-3-87）、中义父鼎（图1-3-88）、休簋、师兑簋、叔向父簋、兮甲盘、邓孟壶、鬲字鬲、子觯、祖己卣等两周金文拓本，以及汉魏铜量、壶、镜、弩机，唐、宋、金（图1-3-89）、元、明各代官印，还有数以百计的秦汉瓦当、关中古陶（图1-3-90）、玉鱼、玉蝉（图1-3-91）等，皆其所藏。册中每器皆拓本、题识互照。部分器物尚多见立体全形拓。铭文拓本精细绮丽，为考究晚清以来海内珍贵金石流传变化之珍贵资料。

按宋联奎为光绪己丑（1889年）科陕西乡试举人，字聚五，亦作菊坞，晚号菊叟。曾任云南兵备道、陕西民政长等职。擅文赋、精鉴赏、富收藏，为人廉洁质朴。以长安城南有私家草堂数间，故颜其册曰"城南草堂翠墨集锦"（图1-3-92）。

当1938年以来日机肆虐西安，宋以陕西临时参议会议长身份奉命避难城固，闲暇整理庋藏，得精于金石文字的西北联大教授潜江易均室助力，考究尤见提升。1944年3月20日，宋联奎《南行日记》记："易均室携叔亮来谈很久，以钟鼎金器拓本质之均室，析疑赏奇，移时乃去。"3月26日，宋联奎《南行日记》又记："均室来，以诗答并释余藏陈原父鼎文拓本。"皆其事矣。

刘之《珍泉集拓》，收关中所出周秦汉唐各代珍泉数千余品，虽"一一归纳分类"，惜终未成书。册名者，据西安金石书画名宿阎秉初言，系暂定之名。刘文夬嗜钱如命，赏奇评析自有家法，于长安泉界负有盛名。"所搜集的画钱，在国内堪称独步"。但其气度宽宏，并不以秘藏为目的。1943年10月，故在

---

[1] 1931年7月10日毛昌杰《君子馆日记》。

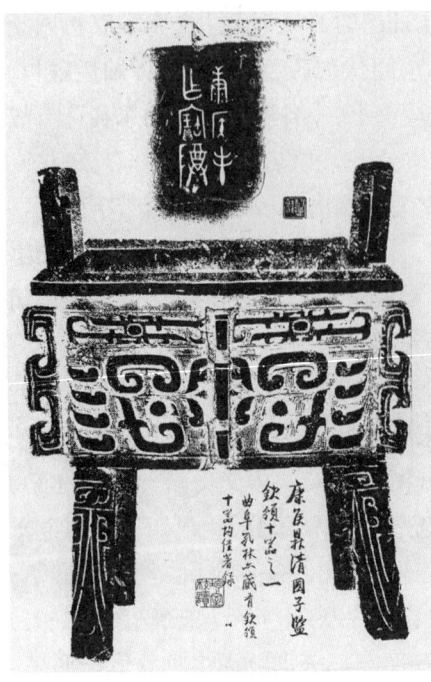

图1-3-87 康侯鼎拓本与释文

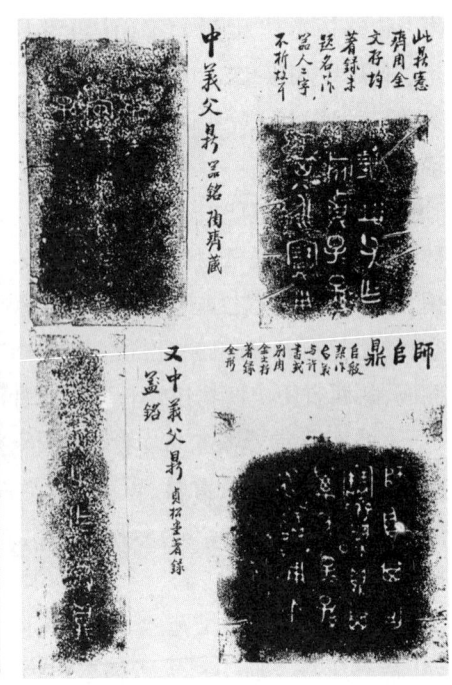

图1-3-88 中义父鼎等器物铭文拓本与释文

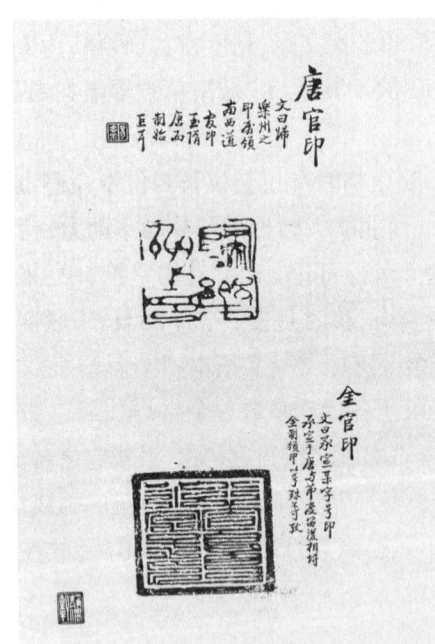

图1-3-89 唐、金官印印蜕与释文

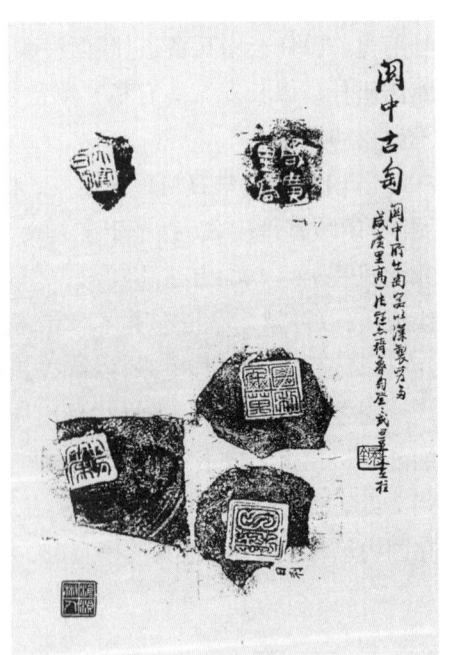

图1-3-90 关中古陶拓本与释文

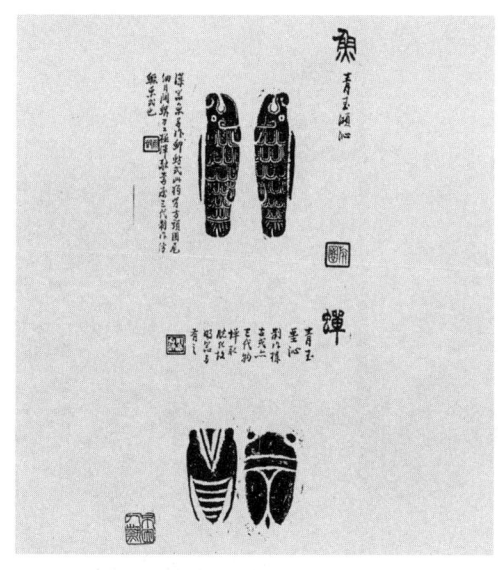

图1-3-91　玉鱼、玉蝉拓本与释文

图1-3-92　《城南草堂翠墨集锦》封面　1944年寓乐邑(城固)易均室题签

西安公开举办历代钱币展览,一时"爱好美术及历史"[1]者沓集,反响空前。

显然,比之于传统金石考古之学,此一时期辑录、研究虽未彻底冲破窠臼,但受时代环境以及国际学术传播力遽尔增强等因素的影响,不管是数量、种类,还是编排方式、鉴评水准与传播途径,却已散发出新的气息。

如《叶语草堂金石文字存考》收录殷墟甲骨文字,以蝉翼拓凑集成山水图像之属,构思精妙。《潜旭草堂长安雅陶考》所收"汉四虎千秋万岁砖"条,大类考古类型学、比较学意味;其重庆江北培善桥红沙集汉墓砖一品,尚跃出关中区域的槛限。它们均受益于彼时学术环境与媒体传布之影响,是西部地区美术考古体系中不可缺少的资源补充,体现了党晴梵《西京金石书画学会缘起》所指"详检清代各家金石著录,周秦铜器,多出于陕西,历年所获,曷啻数千。其收藏赏鉴,亦多三秦人士"的鲜明地域特色,也与1934年9月8日《蔡元培日记》指称叶麟趾《古今中外陶磁汇编》"自序称参考朱琰《陶说》,蓝浦《陶录》,项子京《瓷器图说》,程哲《窑说》,唐英《窑器肆考》,以及《寂园陶雅》、《饮流斋说窑》,并英国赫布森氏、德国沁美尔曼

---

[1] 渝客:《从画钱说起》,载《华北新闻》1943年10月24日。

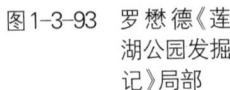

图1-3-93 罗懋德《莲湖公园发掘记》局部

图1-3-94 1943年参与关中汉唐陵墓考察的夏子欣（左侧执刷者）与王子云等用立体影拓法椎拓唐陵石马

氏之著作，博观约取，亦为难得"[1]的感受大致吻合。

1930年后，值西北开发，海风北上之际，西部地区金石考古学界亦积极接受考古、美术考古、艺术史等新学术思潮影响，展开一系列饶有趣味的探索实践。于前述西京金石书画学会多次活动以外，当陕西考古会成立，陕西考古出现前所未有热潮之际，西安金石考古界同人或参与该会调查，或亲临考古发掘现场观摩指导，或撰文直接参与美术考古研究。

像薛定夫等人直接参与了1935年1月23日～2月7日罗懋德主持的莲湖公园考古发掘，并兴致勃勃指出此发掘地点"乃渠首先发见者"，并坚信"此处为唐代承天门内之嘉德门及宫墙所在地"，墙基当为宫墙遗迹无疑。为证实自己的观点，薛还导引罗懋德"观察附近各处之殿瓦"[2]（图1-3-93）。

1940年岁末，教育部艺术文考察团来陕后，原在西安碑林府学巷开设宝经堂金石书画碑帖铺的夏子欣受西京筹备委员会指派，于1941年2月参加考察团考察活动，并参与关中汉唐陵墓以及名胜古迹的考察，负责拓印（图

---

[1] 王世儒编：《蔡元培日记》（下），北京大学出版社2010年版，第386页。
[2] 罗懋德：《莲湖公园发掘记》，手稿，稿藏陕西省档案馆。

1-3-94)及考察向导等工作。

西部地区美术考古融入高校一途,固有其独特历史渊源。盖丝路凿空,汉唐风华涌起,西部文物资源遂称丰厚,立足此地教化人伦者,必当与其发生密切联系。其间建立考古资料室、开设金石考古课程、设立考古学班级、组织学生外出参观文物展览、相机进行一定规模的考古调查、开展相关考古及美术考古研究诸事,屡屡可见,成为西部地区高等院校教育模式的一个显著特色。

约在1928年国民政府发布《统一宣言》后,"尤能鉴定金石,富藏弄"[1]的关中金石收藏鉴赏大家阎甘园(培棠)即束装南下,广与海上诸金石书画大家交游,且以雄厚实力,受聘上海美专金石考古顾问一职,从而将西部金石书画资源带至遥远沪上的现代美术教育课堂及东瀛日本(图1-3-95)。

1934年2月陕西考古会成立后,位处西安的西北大学等高校即积极与该会联系,师生得间参观在粮道巷该会陈列室举办的新发现文物展览。

1938年2月18日,国立西安临时大学"历史系考古学班,因本城考古学会所藏古物,在内史学上颇有价值",乃在本日下午"由陆咏沂教授率领本

图1-3-95　1931年阎甘园(右二)与王一亭(右四)等人参加中日书画联展会结束后自日本归国抵达上海码头留影

---

[1]　徐珂:《清稗类钞》"阎甘园精鉴别"条,中华书局2003年版,第4192页。

系考古学班及其他班同学共三十余人,赴该会参观"[1]。

当日概况,《西安临大校刊》第11期有"历史系参观考古学会"为题的消息报道。文云:

"到该会后,承该会研究院(员)何乐夫先生领导,将该会各陈列室一一参观,如新石器时代之石器、陶器、秦汉砖瓦、石刻、货币,及六朝隋唐之石刻等,不可胜举。其中尤以于右任先生所寄存之汉石经,与具有西方艺术特征之白石观音像及刻有比例尺之唐兴庆宫图暨周末(?)战车照片最为宝贵。将近五时,师生乃向何先生致谢而退。"

西安临大历史系师生的参观感受,同行周国亭教授更有恳切言论。语云:

"到会后,该会负责人北平研究院研究员何乐夫先生领导,将该会四座陈列室,一一开放。当由何、陆二先生将陈列各古物,加以详细之说明,同学等研究学术之兴趣,本极浓厚,于是咸指物质疑问难,二先生则往复解答之。虽因室小物多人满,周旋极感不便,而历二时余,师生均无倦容,其紧张情形,较之在实验室工作中,有过之而无不及。"[2]

1938年3月,西安临时大学改称国立西北联合大学,播迁城固。从此开始直至1945年抗战胜利后该校相关院系陆续回迁复校,期间相关美术考古教学实践、调查研究等事,仍能坚持推行,成绩可嘉。

其主要工作,大致有1939年3月由该校历史学会发起,历史系主任李季谷及教授陆咏沂带队,历史系学生参加的勉县考察团文物古迹考察活动。

1939年5月,该校"历史系同人以(博望)侯墓近在咫尺,足式仰止,而东侧土层扰动,墓道凌乱,陵前石兽,长埋榛莽。若不加以修理,妥为保护,行见先贤名迹,日就陵夷",因此"商准各级政府,会同张公后裔"[3],于同年7月3日、8月24日至9月2日两次对城固城西、汉江北岸饶家营村的汉博望

---

[1] 参见《西安临大校刊》第11期"历史系参观考古学会"报道。收入西北大学西北联大研究所编:《西北联大史料汇编》,西北大学出版社2012年版,第279页。
[2] 周国亭:《陕西考古学会参观记》,载《西安临大校刊》第11期,收入西北大学西北联大研究所编:《西北联大史料汇编》,西北大学出版社2012年版,第280页。
[3] 参见1939年5月《增修汉博望侯张公墓道碑记》,收入陈显远:《西北联大发掘张骞墓始末》,载《文博》1988年第4期。

侯张骞墓实施了保护性清理发掘。其墓道发现文物，尚在该校历史系考古委员会主持下，于历史系考古室举办展览。届时教育部次长顾毓琇、西北联大常务委员李云亭、徐轼游、胡春藻等及数百名学生前往参观[1]。

勉县考察及张骞墓调查发掘外，西北联大还多次举办金石书画展览与考古讲座。教授黄文弼、何士骥、陆懋德、陆咏沂、易均室、王聪彝等人还广泛与流亡城固的文化名流宋联奎、刘允丞（守中）、武念堂（树善）、林捷三（朝元）以及地方绅士高瀚湘、田鑫培等人聚会雅集，交流心得，并相继在汉水流域进行考古调查，获丰硕成果。

即使当西北联合大学师范学院独立设置，称国立西北师范学院，并于1941年甫迁甘肃兰州，高道天、何士骥、龙文、孙一青等人仍抓住时机，特意在该年岁末12月13日下午2时于该院第十七教室召开新年金石书画展览筹备会（图1-3-96），公推何士骥主持金石古物股，孙一青主持书法股，高道天主持碑帖股。并定1942年1月1~3日正式展出[2]。期间何士骥将其于城固调查所得大量珍贵文物参与展出，反响热烈。何并持文物即席讲解，答疑释难，大类今日之考古社会化传播。

1942年2月27日，何士骥又持城固所得花纹砖多种，偕马雅堂来城固

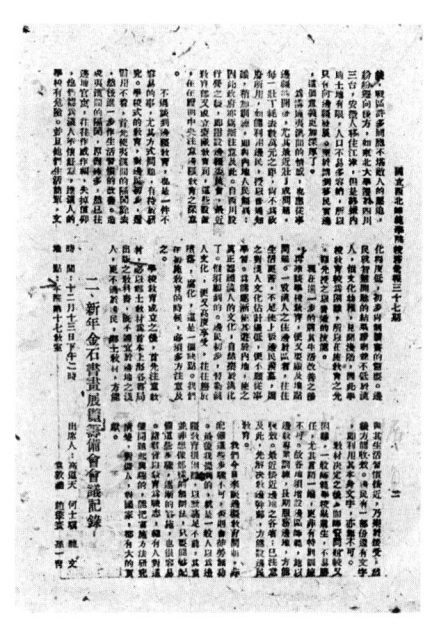

图1-3-96 《国立师范学院校务汇报》1941年第37期第2页

谒见宋联奎求教。当日《南行日记》遂称："（马）雅堂偕何乐夫来，何为考古家，出示所拓城固所得花纹砖多种，谈甚洽。"

1943年7月4日，何士骥尚邀宋联奎、高元白等人，在其城固寓所共同鉴赏于南郑西门外龙岗寺遗址采集到"旧石器及陶片"与石斧等物[3]。

---

[1] 博望侯墓道古物校内展览事，《西北联大史料汇编》出自《西北联大校刊》第10期，题作《博望侯墓道古物校内展览记》，收入西北大学西北联大研究所编：《西北联大史料汇编》，西北大学出版社2012年8月版，第286页。陈显远《西北联大发掘张骞墓始末》一文则载于1939年第19期。参见《文博》1988年第4期。
[2] 《国立师范学院校务汇报》1941年第37期，第2~4页。
[3] 1943年7月4日宋联奎《南行日记》。

1943年冬，何士骥还以西北师范学院教授身份，赴兰州附近十里店、西果园两处古遗址调查，发现不少彩陶碎片。

1944年8月28日，由易均室在其城固寓所发起的一次金石书画雅集更为热烈。当日宋联奎《南行日记》记载："均室斋中雅集，(伊)出示汉魏碑志。赋诗兼简同座黄仲良、陆咏沂、王聪彝诸教授。"诗云："兵中君徙汉江滨，背郭秋滕绿绕门。佰庑犹容会文酒，溲麫何止厌鸡豚。齐年社友皆时彦，当午茶声到日昏。一事正堪飞笺贺，大军昨已破昆仑。"

此外，黄文弼于城固雅集中多次展示其前在新疆考古所获文物资料，并讲述新疆考古见闻。1942年2月2日，黄还邀何士骥、宋联奎等人在其寓所"观史文忠公（可法）遗墨家信手卷"[1]，以及其在新疆、甘肃等地考察所获汉魏木简等物。而"邃于金石，学品亦优"[2]的易均室则一再襄助宋联奎之金石考据研究，并热情为其《城南草堂翠墨集锦》题签、作跋（图1-3-97）。

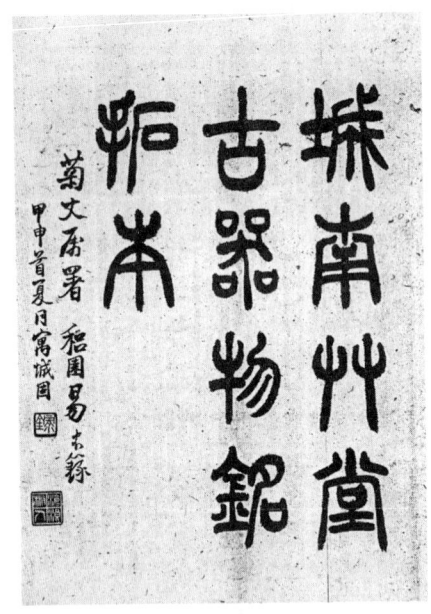

图1-3-97　甲申（1944）易均室（忠篆）为宋联奎（菊丈）《城南草堂翠墨集锦》题签

在重庆，中央大学历史系历史学会主编刊物《史学述林》曾连续报道最新历史研究与考古发现动态。身任中央大学历史系主任的金毓黻并率历史学会同人在重庆附近进行考古试掘。其《中大历史学会试掘史迹纪事》一文，分别刊发于1940年5期、1941年10期《说文月刊》杂志。

同时，金毓黻本人尚在1940年5月、1941年4月，分别请郭沫若、卫聚贤、李济等人来中央大学讲演考古学方法、理论。1941年5月，在金毓黻支持下，中央大学历史系历史学会又举办文物展览会，并请王献唐讲演关于鉴

---

[1] 1943年2月2日《南行日记》。依《南行日记》记载，史文忠公（可法）遗墨家信手卷有乾隆御题及彭元瑞（1731—1803）、于敏中（1714—1779）、刘墉（1719—1804）等多人题跋。

[2] 1945年1月4日宋联奎《南行日记》。

别古物的方法[1]。

抗战胜利后，因教育部艺术文物考察团解体，王子云进入西北大学历史系任教。在时局危难、经费奇绌之际，他还竭力经营西北大学历史系文物陈列室（图1-3-98），并相机举办敦煌壁画临摹展览与考古讲座，期望成立专业博物馆及美术考古专业。

与王子云相类，抗战胜利后任教西北大学边政系、热爱考古、前往"洛阳龙门考察，见其工程浩大，雄奇壮伟"，以"古人留此奇迹，而无人为之研求，为之失眠者三日"的关伯益（益斋）亦矢志坚持考古及美术考古的调查研究。

及1948年西北大学边政系组织边疆见习团赴迪化考察，关以久慕敦煌艺术与新疆石窟艺术风姿计，踊跃加入。但至甘肃兰州观览科学教育馆、民众教育馆及古玩商与收藏家贾兰亭、张凯臣、马云程、马俊臣等处发现大量马家窑文化彩陶后，竟心驰神往。于是毅然"谢绝往迪化之行，专在兰州调查古陶"，"仅一周之力"，竟"得七八十件之多"。因逐件测量、记录，"绘古陶形势"，并"参之安（特生）氏之书，追询其发见之地，编成《益斋所得所见古陶图录》一书"（图1-3-99、图1-3-100）。

图1-3-98 考察团后期艺术文物移交予西北大学文物陈列室情形

---

[1] 金毓黻：《静晤室日记》，辽沈书社1993年版，第4714页。以上中央大学诸考古活动均参见桑兵：《金毓黻与南北学风的分合》，载《近代史研究》2008年第5期。

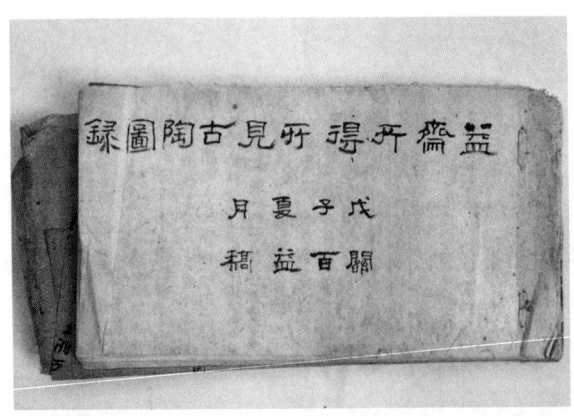

图1-3-99 《益斋所得所见古陶图录》封面

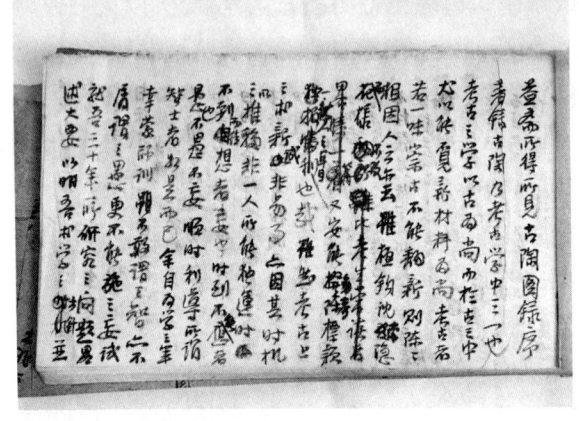

图1-3-100 《益斋所得所见古陶图录》自序

在关氏看来,此举应使"考古学又得一新材料",是"则心中喜悦,诚出乎意料之外",盖为"三十年来之机遇"[1]之兑现矣。

书中述及古陶发展概略,并以新发现资料为依据,附草图一一描述(图1-3-101),且综合相关资料重新对甘肃彩陶进行分期(图1-3-102),于阐释甘肃彩陶丰富文化内蕴之同时,也对安特生彩陶文化"西来说"理论进行了有效批评,成为甘肃彩陶文化研究的重要参考资料,弥补了西北大学考古学发展历史的一段空白。

应当指出,上述诸类活动,对于推展考古及美术考古教学和相关知识传播、促进相关学科交融联通、培养考古及美术考古人才等,都有一定的实践意义。

---

[1] 以上引文均参见关伯益:《益斋所得所见古陶图录自序》,1948年8月,手稿,稿藏西安宗鸣安处。谨表谢忱。

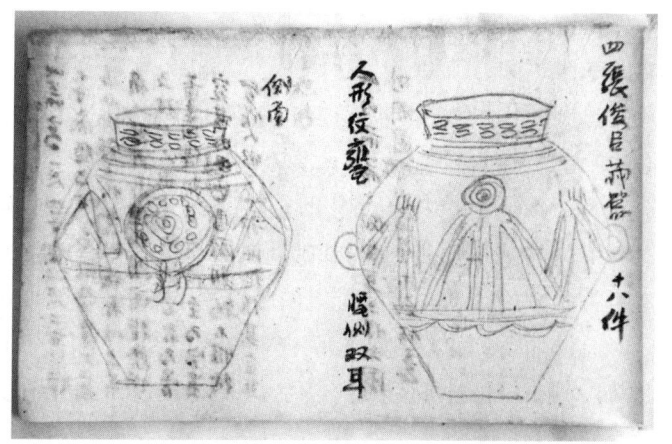

图1-3-101 《益斋所得所见古陶图录》中马家窑文化彩陶草图

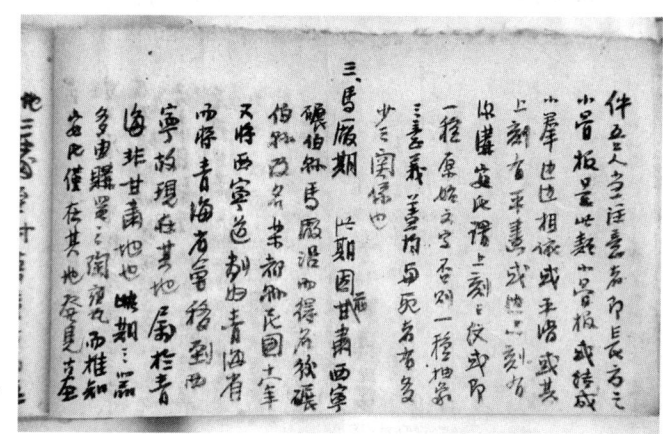

图1-3-102 《益斋所得所见古陶图录》中的彩陶分期一页

（五）多元理念、方法的碰撞与交融

此一时期相继滋生表现的关于艺术史、考古、美术考古等相关学科之理念、方法，较此前各期明显增多，交融碰撞亦趋向热烈、活跃。虽表面上未必一概直接对位美术考古学科，但看似有别的理念、方法，却因基于共同时期文化风潮的滋润营养，凸显出相互渗透、彼此共融、程度不一、表象虽殊，但本质实际相同的某种共性，从而构成此一时期鲜明的时代特色。

具体而言，主要表现在以下三个层面：

1. 敦煌成为多元理念、方法碰撞交融的理想平台

连接前一时期，由于中国学界自强、自尊意识的进一步增强，学术环境的相对改善，国际交流的进一步频繁，以及急欲建立属于自己"科学的东方

学之正统"[1]诉求加剧,促成艺术史、考古、美术考古等相关学科出现前所未有的学术热潮。

热潮的焦点,首推西部地区、特别是名闻遐迩的敦煌莫高窟;工作的重心,则仍是基础性调查研究。具言之,包括洞窟编号、地形测绘、沿革梳理、造像及壁画等相关内容的测量与记录,以及相关的一些初步研究工作。

不同的是,这一时期的基础性调查研究,已完全在中国艺术史、考古、美术考古等相关学术团体或个人的掌控之下。

总体而言,自早及晚,有调查工作逐渐系统、深入,研究力度逐渐增强的趋势。其中"七七事变"后,特别是1940—1943年,为此一时期敦煌莫高窟调查研究的最高点。

高点的显著标志,一是参与调查研究的公私团队与人员数量剧增。如当时最重要的工作团队,包括张大千与他的大风堂子弟组成的张氏考察团;王子云、何正璜、雷震、邹道龙、卢善群等人参与的教育部艺术文物考察团;劳干、石璋如、向达等人参与的中研院史语所、中央博物院筹备处、重庆中华教育基金会地理研究所联合组就的西北史地考察团(图1-3-103)。二

图1-3-103　1943年三支考察队在敦煌合影。右起第一人中研院西北史地考察团劳干、第二人教育部艺术文物考察团卢善群、第三人张大千(前抱小喇嘛者)
卢善群后裔提供

[1] 傅斯年:《中国古代思想与学术十论》,广西师范大学出版社2006年版,第188页。

是编号、记录、测绘、摄影、临摹成为普遍工作重点。三是临摹成为显著特色。四是普遍重视基础性调查工作,但缺乏一定深度的学术研究。

其中教育部艺术文物考察团注意到上述各节全方位的关照,西北史地考察团重视编号、记录与测绘、摄影;张大千大风堂子弟则重视编号、临摹,临摹尤其放在唯一首位。

这些显著特色,使此时期集中表现在敦煌莫高窟主题上相关各学科施行的理念、方法呈现多样争新的样态。

譬如编号,由于敦煌莫高窟各时代洞窟交错凿刻,位序纷乱,颇难查勘。如欲达到不同考察目的诉求,就必须采取编号记录的方法。

前述三支队伍到来之前,敦煌莫高窟主要是伯希和的编号,凡编182号,为敦煌莫高窟最早编号,英文代号P,编号目的主要为摄影方便;其后张大千与其助手共编309号,英文代号C,编号目的主要是寻求临摹壁画及"壁画年代推究"之方便,似"不无可取之处"[1]。

由于文化背景不同,考察目的有异,其编号也出现不同的方法、理念。区别在于:

(1)伯希和编号后有字母"ON",字体较小,且尽量写在空白处。此举对窟龛生态环境及文物保护有益;张大千与助手则以毛笔于壁上竖行编号,字体较大,且随意题识,造成对窟龛生态环境及壁画的一定损害[2]。

(2)由于不同观察方式与编号理念的交织,造成各编号系统之间位序相悖,需对照判断。如张大千编号二二八窟,伯希和号数为一一九ON;张大千编号八三号窟,伯氏号数则为一二ON[3]。

(3)张大千编号,基本按各窟分布位置,"从南向北给洞窟编号"[4];伯希和则显然忽视了这一东方视觉方位表达。汤子祺《张大千与敦煌》认为国际学术界公认并通用的敦煌莫高窟三大标准编号,一是张氏编号(英文代号

---

[1] 1942年10月11日向达致曾昭燏信札,收入荣新江编《向达先生敦煌遗墨》,中华书局2010年版,第376页。

[2] 向达:《论敦煌千佛洞的管理研究以及其他连带的几个问题》,载重庆《大公报》1942年12月27、28、30日。收入荣新江编《向达先生敦煌遗墨》,中华书局2010年版,第319页。向达在文中记道:"在三〇二号窟外面天王像上,他(张大千)题道:'辛巳八月发现此复壁有唐画,命儿子心智率同画工□□李富,破三日之功,剥去外层,顿还旧观。欢喜赞叹,因题于上,蜀郡张髯大千。'"

[3] 参见向达:《论敦煌千佛洞的管理研究以及其他连带的几个问题》,载重庆《大公报》1942年12月27、28、30日。收入荣新江编:《向达先生敦煌遗墨》,中华书局2010年版,第314、317页。

[4] 陈存恭、陈仲玉、任育德访问,任育德记录:《石璋如先生访问记录》,台北"中央研究院"近代史研究所口述历史丛书,2013年,第253页。

图1-3-104 张大千与助手敦煌莫高窟临摹壁画工作照

图1-3-105 张大千临敦煌壁画唐卢舍那佛 布本 四川省博物院藏

C）；二是伯希和编号（英文代号P）；三是20世纪50年代编号（英文代号A）。他批评三种编号中最不合理的是"伯希和编号"，只有170号（有的洞竟有副号30余个），并且认为敦煌研究所编号共407号，基本上是沿用"张氏编号"而重新分类编排的[1]。以此可见后来学界对"张氏编号"之认同。

（4）与张氏、伯氏编号相联系、区别，教育部艺术文物考察团编号则"依张氏所编之窟号暂为依据，更凭伯希和氏图谱，附注以伯氏窟号"[2]。

又依前文讨论，因考察目的诉求不同，西北史地考察团重在历史、考古、地理等方面的综合研究；教育部艺术文物考察团则注重壁画临摹、系统记录、初步分期及风格研究。后者摄影与临摹互照，更多表现在艺术审美之具象关照。如将艺术文物考察团与西北史地考察团敦煌摄影做比较分析，两者的差异是非常明显的。

以壁画临摹为例，张大千氏之原则，李永翘认为是："要一丝不苟地临下来，绝对不许参以己意；若稍有误，定换幅重来"；"壁画中有年代久远变色者"，"定要考出原色，再在摹品上涂上本色，以恢复壁画的本来面目（即所谓'复原临摹'）"，故其作品"常显得比壁画原作更鲜艳、更漂亮"[3]（图1-3-104、图1-3-105）。

---

[1] 汤子祺：《张大千与敦煌》，载《海内与海外》2010年1月号。
[2] 何正璜：《敦煌莫高窟现存佛窟概况之调查》，1942年编写，初刊于《说文月刊》1943年第3卷第10期，第47~72页。另见王子云：《从长安到雅典——中外美术考古游记》，陕西人民美术出版社1992年版，第59~86页。后者较前者有增饰。
[3] 李永翘：《张大千全传》，花城出版社1998年版，第206页。

而艺术文物考察团则遵循"临旧如旧"原则,不随意敷色并任意夸张笔法、线条(图1-3-106、图1-3-107)。王子云如是认为:"对于敦煌壁画的摹绘方法,我们与同住的张大千有所不同,我们目的是为了保存原有面目,按照原画现有的色彩很忠实地把它摹绘下来。而张大千则不是保存现有面目,是'恢复'原有面目。"他并且批评张氏临摹法"令人感到红红绿绿,十分刺目,好像看到新修的寺庙那样,显得有些'匠气'和火气"[1](图1-3-108)。

图1-3-106　王子云敦煌临摹壁画工作照　　图1-3-107　1942年教育部艺术文物考察团卢善群临摹敦煌莫高窟84窟北魏壁画

图1-3-108　教育部艺术文物考察团雷震(右)与张大千(左)临摹敦煌莫高窟藻井比较

[1]　王子云:《从长安到雅典——中外美术考古游记》,陕西人民美术出版社1992年版,第43页。

难怪石璋如晚年回忆自己当年第一次随同张大千及艺术文物考察团王子云、何正璜、雷震、邹道龙等一起考察莫高窟洞窟情形时，曾深有感触地说道：

"张（大千）氏因为是专业画家，很重视画的技法讲解，如果洞窟画坏了，或墙上无画，就跳过不看。我看了一天之后决定退出，跟劳干说：'艺术（文物）考察团是看画的，你是来作画上的题记的，可以看过画之后看哪些题记多，再决定记录什么。我是要来测量窟形、地形的，所以不要跟着你们看了。我准备第二天进行测量。'劳先生同意我的意见，由劳（干）继续参观，我便准备测量仪器。"[1]

尽管如此，它们之间彼此影响、相互融合却是必然的趋势。如艺术文物考察团即从西北史地考察团调查研究理念、方法中获得灵感与启示，并根据不同实际调查对象，探索实践，逐步形成自己的新理念、方法。概括而言，大致有以下五点：

（1）为保存敦煌壁画原有面目，在遵循原有"临旧如旧"壁画临摹原则基础上，更注意临摹过程中对不同时代壁画制作规律的寻找及个性的甄别与具体工作方法的确定，同时注意临摹记录的关照与比较。

（2）在原有科学测绘、保持艺术文物考察特色的原则基础上，汲取西北史地考察团科学工作方式与工作理念，继续充实提高。如采取艺术与写实相结合手法绘制而成的纵24厘米、横550厘米的敦煌千佛洞全景写生图卷，不仅严格按照科学测量规制进行测量、制图，且在艺术手法上大胆施行濡色渲染，使之成为既"是一幅优美的莫高窟外景风景画，极具观赏价值，细而察之，又是一幅莫高窟实位勘测图。图下还标有准确的距离尺寸和比例，又具有考古工程实测图的作用，是一幅绘画艺术和考古工程完美结合的产物"[2]。

而洋洋数万字的千佛洞现状文字记录，亦条理清晰，逻辑严谨，基本符合田野考察文字记述之法则。

至于限于洞窟环境以及胶片乏匮而最终拍摄的120余张千佛洞壁画照片，既注意如实反映客观主体的完整、逼真，又尽量在用光、角度上多下工夫，故其成像不仅符合考古摄影的基本要求，且"审美观念、艺术修养均为

---

[1] 陈存恭、陈仲玉、任育德访问，任育德记录《石璋如先生访问记录》，台北："中央研究院"近代史研究所口述历史丛书，2013年，第253页。
[2] 王苋：《王子云先生和敦煌考古》，收录于《艺术界》2000年第6期。

上乘"[1]。

在这一方面，卢善群之探索实践显然更为出色。如205窟中心佛坛南侧唐代菩萨，卢氏大胆选用七分像构图方式，"仰视的角度不仅将佛像整体纳入取景框，而且整个佛殿的一角也被猎取其中。故其千佛藻井和宏伟的佛殿风采亦得以为读者所领略"。另外，卢氏还以"右侧的佛龛为前景，这不仅使得略居于左侧的佛像主体在画面中得以平衡，还增加了整幅画面的立体感，让二维世界的图片在三维空间中立了起来"（图1-3-109）。

又如79窟唐彩塑菩萨与力士，卢氏"巧妙利用了方位上的差异，将朝向并不一致的三尊塑像统一到取景框中。在洞外阳光的漫射下，不仅画面主体的塑像清晰，局部细节明朗，而且作为背景的洞窟石壁上的绘画也清晰可鉴"。此外，他还"利用三尊塑像高度的不同，在原有方位差异的基础上，绝妙的摆出一个倒品字造型，再加上略微仰角，更强化了其拟定的创作意图，于是，三个栩栩如生的塑像造型顿时映入读者眼帘"。同时，"为了弥补洞内光线的不足"，其"还有意加入辅助光源，将半跏菩萨的秀美恬淡表现得淋漓尽致"[2]（图1-3-110）。

图1-3-109　敦煌莫高窟205窟中心佛坛南侧菩萨　卢善群1942年摄

图1-3-110　敦煌莫高窟79窟唐代彩塑菩萨与力士　卢善群1942年摄

---

[1] 东平：《历史遗珍——教育部艺术文物考察团西北摄影集选(1940—1944)的发现》引《教育部艺术文物考察团西北摄影集选》(1940—1944)，照片文字介绍，参见《文博》1992年第5期。

[2] 此段引文均参见赵毅炜：《试论卢善群艺术文物摄影理念的形成轨迹与成就、影响》，载《文博》2007年第5期。

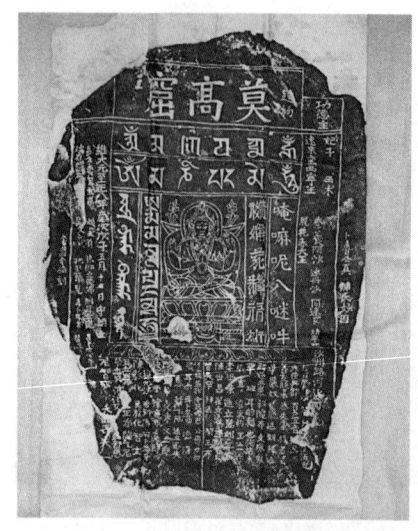

图1-3-111 教育部艺术文物考察团收集到的《莫高窟六字真言碣石》(六字真言碑)拓本

图1-3-112 1943年教育部艺术文物考察团团员于古阳关外沙滩上捡拾到的铜簪 旁侧说明文字为卢氏所为 卢善群后裔提供

(3)将原来偏重艺术图案的资料收集方式予以扩充,注重相关历史文献资料之收集。如王子云、雷震、卢善群都曾对敦煌千佛洞第332窟唐武周圣历元年(698)《李君修慈悲佛龛碑并序》(圣历碑)、第148窟前室所存大历十一年(776)《唐宗子陇西李氏再修功德记碑》(大历碑)、元至正八年(1348)《莫高窟六字真言碣石》(六字真言碑)(图1-3-111)、清光绪三十二年(1906)《重修千佛洞三层楼功德记碑》及各时代大量供养人题记等历史文献资料进行了记录、收集。

(4)更加注重田野调查及考古意义上实物资料之采集与整理。如王子云、雷震、邹道龙、卢善群等先后于敦煌千佛洞积沙中采集到残经碎片约50余片。何正璜、雷震、卢善群注意到敦煌民俗资料的调查与征集。卢善群还在向达、吴印禅、周廷儒等人影响下,尚于敦煌附近汉烽燧遗址发现汉竹管、铜簪(图1-3-112)、钱币及丝织品遗物,并对党河流域汉、晋烽燧、坞堡、亭障遗址等进行了调查[1]。

(5)将敦煌考察所获经验、方法、理念带至其后的调查研究,于充分扩展、延伸法系艺术史研究方法、理念同时,尚据实际调查研究对象,琢磨探索,碰撞出更系统、完整的方法、理念。

---

[1] 参见向达:《敦煌考古通信》,披露于南京师范学院学报编辑部中文系资料室编《文教资料简报》总第107、108期(1980年11、12两期),第11~12页、16~17页、58页。内部资料。

如1941年2月25日，王子云、姚继勋等人调查西安西郊崇圣寺遗址佛教造像时，就运用了比例摄影、规范测量等先进田野考古调查方法（图1-3-113、图1-3-114）。同年3—4月，梁启杰在测量小雁塔、西安城隍庙戏楼时，还发挥其曾就读广东省立勤勤大学建筑系的专业优势，使用解剖图法、测绘学方法绘制正视图（图1-3-115）、剖面图及局部大样图。

1941年7—8月龙门石窟考察时，王子云等人还尝试使用地形测量与考古绘图法，绘制了龙门测绘图、龙门全景写生图、窟形平面图以及魏、唐石窟外观比较图[1]（图1-3-116、图1-3-117）。

在后来甘肃彩陶文化考察时，雷震等人即开始将敦煌壁画临摹法用之于马家窑彩陶，绘制诸多写生图，形、色相映，造型逼真，获得意想不到的效

图1-3-113 1941年2月王子云等人在西安西郊崇圣寺遗址考察北朝石刻佛像使用比例对照摄影法记录出土文物形态

图1-3-114 1941年2月王子云测量崇圣寺遗址出土佛像工作照 姚继勋摄

---

[1] 龙门考察时间，王子云在《从长安到雅典》一书中，称系"1940年7月~8月"，实为民国三十年（1941年）7月~8月之误。见王子云：《从长安到雅典》，陕西人民美术出版社1992年版，第30页。

图1-3-115　1941年梁启杰绘制的西安城隍庙戏楼正视图

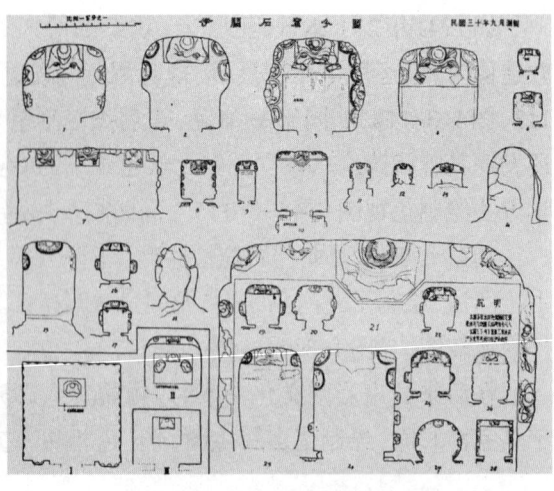

图1-3-116　龙门石窟窟形平面图
王子云后裔提供

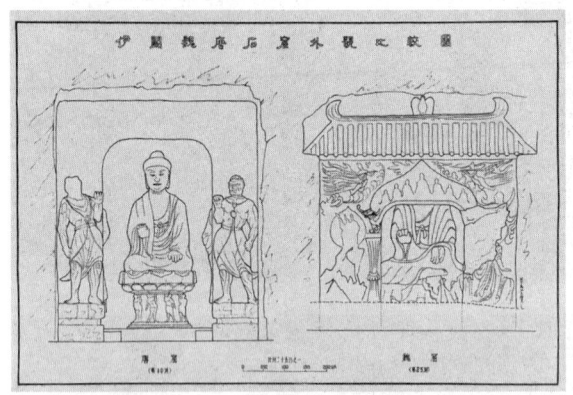

图1-3-117　龙门石窟魏、唐窟外观比较图
王子云后裔提供

图1-3-118　1942年3月雷震绘制的马家窑文化彩陶罐
雷震提供

果（图1-3-118）。

1943年8—11月，艺术文物考察团与西京筹备委员会联合组就汉唐陵墓考察团对关中渭北汉唐帝陵考察时，总结以往考察经验，系统使用"测绘、写生、摄影、拓印、模铸及文字记述"[1]等手法。王子云根据龙门、敦煌考

---

[1] 何正璜撰：《西京筹备委员会、教育部艺术文物考察团合作考察关中汉唐陵墓》第1期工作报告，原件藏王子云、何正璜夫妇后裔处。

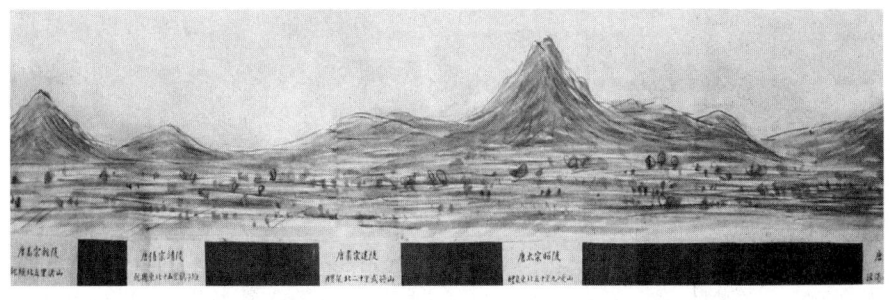

图1-3-119　教育部艺术文物考察团绘制的唐十八陵长卷局部
西安某收藏家提供

图1-3-120　王子云绘制的唐高祖献陵写生图
西安某收藏家提供

图1-3-121　王子云绘制的唐太祖永康陵写生图
西安某收藏家提供

察经验，用水彩画技法，不仅绘制唐十八帝陵全景写生图（图1-3-119），还绘制了诸多唐陵石刻组合与单体石刻写生图（图1-3-120、图1-3-121），留下了与照相摄影相互印证的珍贵图像资料。

另外，何正璜执笔撰写的《西京筹备委员会、教育部艺术文物考察团合作考察关中汉唐陵墓》第一期工作报告中，尚有她自己绘制的简陵、元陵、章陵、定陵（图1-3-122）、桥陵、景陵、献陵、端陵、庄陵、永康陵、崇陵封土与石刻及部分陪葬冢平面分布图。简陵、元陵等部分陵域还单独绘制各门平面图；桥陵陵垣尚按地形图例绘制平面图，显示出浓郁的西北史地考察团考察方法韵致。

如果将此一时期考察团诸种考察理念方式与敦煌考察之前比较，其间的差异是十分明显的。

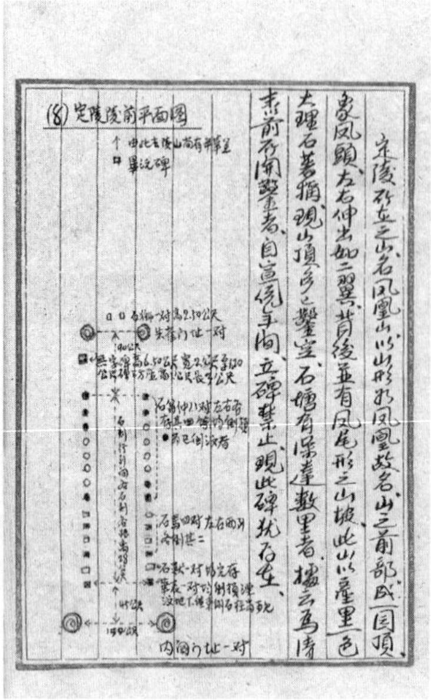

对于田野调查所获唐陵石刻拓片的整理,亦颇费心力。经反复琢磨,同人始用连缀之法按序粘接,并细加贴补,使其达到既贯穿如一、不失气韵,又大气磅礴、平滑可观的效果。其相关内蕴,王子云、何正璜撰写《汉唐陵墓工作报告》[1]有如是记述:

"考察归来,对各部门成绩之整理工作,亦甚艰苦。尤以陵墓石刻拓片皆幅广数丈,由原物之圆形上用麻纸捶拓,约需百数十张连缀而成,归来后须细加贴补,使成平面形体,因此费时特多。如陵形速写整理装裱,亦颇繁难,而文字记述之整理考证,摄影之冲晒放大,亦均需较长之时日。因此直至三十三年(1944)四月,始将各部门成绩全数整理。"

图1-3-122　何正璜绘《关中汉唐陵墓考察报告》定陵平面草图
何正璜后裔提供

　　几乎同一时期,卢善群注意将敦煌壁画临摹方法与碑林拓本椎拓技法复合使用,创制一种以彩色图像为主体、黑底白字块面以为题识之独特技法,先后使用于西安唐韦顼墓石棺线刻唐代仕女图(图1-3-123)、敦煌莫高窟北魏壁画飞天图。1943年后,他还将此一技法带至四川大足造像的图像绘制。其中1944年大足北山唐代仕女供养像、1945年再绘唐韦顼墓石棺线刻唐代仕女图及敦煌壁画跽坐仕女像(图1-3-124)等,均为其此一主题的代表之作[2]。

　　1942年秋,教育部聘请高一涵、张庚由、张维、张大千、王子云、郑通和、窦景椿、常书鸿等八人为国立敦煌艺术研究所筹备委员会委员,并指定高一涵为主任委员、常书鸿为副主任委员、王子云为秘书。且于1943年2月在兰州召开筹备委员会连续召开会议,讨论系统实施调查、测绘、修补、清理及相关文物征集等事并开始紧张的人事调配。常书鸿因此想到教育部艺术文物考察团的卢

---

[1]　原件藏王子云、何正璜夫妇后裔处。
[2]　参见罗宏才:《卢是艺术年谱长编》,文物出版社2011年版,第136~137页、第151页、

图1-3-123 卢善群（卢濬）根据西安韦顼夫妇墓出土石椁线刻复原的唐代仕女图
卢善群后裔提供

图1-3-124 卢善群根据敦煌壁画创作的树下士女图
卢善群后裔提供

图1-3-125 1943年3月常书鸿（中）与卢善群（左）等人在莫高窟摄影
卢善群后裔提供

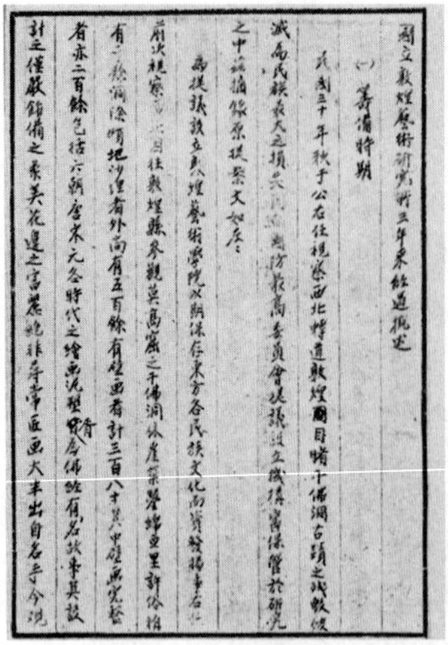

善群，邀卢入所（图1-3-125）。因多种原因，卢善群最终未能与常书鸿达成合作协议。

及1944年1月1日，该所正式成立，"为纪念此塞外艺术机构之创始，曾在敦煌城内举行石室艺术展览会三日。其间除陈列本所短时期所作之摄影、绘画等临摹作品外，并陈列彭贝、波斯等壁画，以引起当地人民对于此千数百年之中国艺术怀（寰宝）宝，略作比较参考之认识"[1]。

研究一项，仍主要集中在调查报告方面。计划实施中的相关著述，依常书鸿撰《国立敦煌艺术研究所三年来经过概述》（1942—1945）相关资料（图1-3-126），列表统计如下（表1-3-4）：

图1-3-126　常书鸿撰《国立敦煌艺术研究所三年来经过概述》（1942—1945）首页
南京某藏家提供

表1-3-4　国立敦煌艺术研究所三年（1942—1945）工作计划统计

序号	著述名称	著述人	备考
1	初步调查录	龚祥礼、陈启基	"龚祥礼"名漫漶。后易名龚柯。1916年生于开封。1933年入河南省立开封师范艺术科。后入北平艺任教。1942年应常书鸿之邀入敦煌艺术研究所
2	初步调查纪略	史岩	1904年生，江苏宜兴人。1924年毕业于上海大学美术系。1943年任敦煌艺术研究所研究员
3	千佛洞现代概述	同上	
4	敦煌石窟群之编号问题	同上	
5	敦煌莫高窟历代供养人题抄	同上	
6	千佛洞壁画初步调查	张民权	1935年入国立北平艺专国画系。1943年入敦煌艺术研究所

---

[1] 常书鸿撰：《国立敦煌艺术研究所三年来经过概述》（1942—1945），原件藏南京某收藏家处。资料系首次公布。据收藏者称，此报告原为高一涵所有，推测系因高任国立敦煌艺术研究所筹备委员会主任委员之故。

续 表

序号	著述名称	著述人	备考
7	千佛洞壁画之作风系统	同上	
8	莫高窟	李浴	河南内黄人,1915年生,1944年入敦煌艺术研究院
9	敦煌附近碑碣考	苏莹辉	江苏镇江人,1915年生。无锡国学专修学校毕业。历任国立敦煌艺术研究所研究员、国立台湾艺专、国立政治大中文研究所兼任教授、国立故宫博物院特聘研究员等
10	瓜沙曹氏考	同上	
11	国立敦煌艺术研究所发现北魏写本经卷颠末记	同上	
12	榆林窟调查报告	阎文儒	
13	敦煌佛教艺术	同上	原报告此题目后有"未定"字样
14	敦煌艺术剖视	常书鸿	
15	千佛洞测绘图	盛其立	工程师
16	榆林窟测绘图	同上	
17	千佛洞各窟立面、平面测绘	陈廷儒	工程师

　　表1-3-4中所述,虽是计划实施中的调查研究项目,但却集中反映了成立之初敦煌艺术研究所的旨趣与心力。较之从前,敦煌艺术研究所调查研究主旨,虽仍集中在基础工作一途,但主题、方向、内容、深度、广度以及参与者与实施方法途径,均有明显的突破与提升,代表了此一时期敦煌调查研究中国系统中的最高水平。很多题目经责任人持续努力,后来大多以不同方式成为重要成果。

　　以常书鸿为例,他的《敦煌艺术剖视》以及他在报告中对敦煌"图案工作"[1]的关注,后来在常氏《敦煌唐代图案选》等著述中都可以寻其踪迹。史岩"初步调查纪略"与李浴"莫高窟"工作,分别在1943年6月、1944—1945年8月成文《千佛洞初步踏实纪略》《莫高窟各窟内容之调查》,均油印本,未刊[2]。

[1] 详见下文剖论。
[2] 樊锦诗:《〈敦煌石窟全集〉考古报告编撰的探索》,载《敦煌研究》2010年第3期。

此外，史岩的另一计划中的工作——"敦煌莫高窟历代供养人题抄"，凡持续两月有余，1947年在成都易名《敦煌石室画像题识》刊行[1]。盛其立的"千佛洞测绘图"、"榆林窟测绘图"以及陈延儒的"千佛洞各窟立面、平面测绘"工作，后来分别通过莫高窟南区立面图测绘及部分洞窟平、剖面图测绘等成果方式表现出来[2]。

应当指出的是，此一时期围绕敦煌主题，"形形色色之考察团，亦如雨后春笋，层出不穷"，以至"河西一带，游客络绎不绝"。他们虽然也可能将敦煌视为多元理念、方法碰撞交融的理想平台，所获成果亦多，但却不能排除碰撞交融中一些失误、教训的客观存在。

咀嚼向达1943年5月9日致曾昭燏信中所谓一些"考察"者"实际上与找宝者无疑，表面上乃自命为历史学家与考古学家者亦不绝于途，此辈伪考古学者一来，可谓为考古学上之一浩劫"[3]的感慨，此一时期关乎敦煌考察研究出现的一些新的问题，值得我们去深思考虑。

不过"国运更新，一切学术，急起直追，显有长足之进步，彼外人所挟的治学方法，吾人亦得而运用之，日渐抬头，有所创获，外人视之，亦感瞠乎莫及"[4]。大概启示敦煌实践的最后效果与真实意义，正在乎此。

2. 重视图案花纹资料成为新学风时尚

本章第一节中，我们即注意到法国色伽兰对乾陵石刻翼马局部雕刻图案重视，以及德国费舍夫妇对碑林唐碑边侧图案拓本资料的收集与拍摄方式。

但在当时，这一理念、方法，主要局促流行于海外艺术史观察体系之内，对于多数津津于金石铭文考证研究的传统金石考据体系的人来说，尚还是一个遥远、冷漠的世界。

像叶昌炽撰、柯昌泗评《语石 语石异同评》后来呼吁："海客来中土访古，于金石尤重图像。造像之随番舶而入东西国者不知凡几。类皆雕镂奇佹，多未经见。商贾逐利不足责，奉宣教者，所当共谋保护者也。"[5]但付之

[1] 史岩《敦煌石室画像题识》1947年2月由敦煌艺术研究所、华西大学博物馆、比较文化研究所联合出版，收入《史岩文集》，中国美术学院出版社2007年版。
[2] 樊锦诗：《〈敦煌石窟全集〉考古报告编撰的探索》，载《敦煌研究》2013年第3期。
[3] 向达1943年5月9日致曾昭燏信收入荣新江编《向达先生敦煌遗墨》，中华书局2010年版，第407页。
[4] 1937年5月18日滕固撰写《中国艺术史学会缘起》，收入卢冀野主编《民族诗坛》1939年第3卷第3期。
[5] 叶昌炽撰，柯昌泗评，陈公柔、张明善点校：《语石 语石异同评》，中华书局1994年版，第324页。

于实际者,除两江优级师范学堂等少数群体、机构与"劝工之道"[1]背景下仿日本东京高等师范学制的"图案画"教学之外,似乎并不多见。

"五四运动"后,由于"以欧西新理比附中国旧学"[2]时风的高涨,重视图案花纹资料的收集研究开始逐渐为中国学界所接受。如1924年7月31日《鲁迅日记》即记:"上午尊(博)古堂帖贾来,买《苍公碑》并阴二枚,《大智禅师碑侧画象》二枚,《卧龙寺观音象》一枚,共泉一元。"

而在国立杭州艺专、国立中央大学师范学院艺术学系等校成立之初,就已经正式开设图案科专业或开设图案教学课程,培养专门人才以适应社会各界的需要。国立杭州艺专于1928年后,图案科专业又逐渐分为工艺美术、商业美术、建筑装饰等方向(图1-3-127)。其师资力量也颇为雄厚,像俄国之杜劳(M.Domracheff)(图1-3-128)、薛洛夫斯基(Sadonshho)教授,日本的斋藤佳藏(1887—1955),中国的陶元庆(1893—1929)、焦自严、黄怀英、刘既漂(1900—?)、雷圭元(1908—1989)等,都曾在图案系任教[3]。这种中外一体、多流派汇集的教学相长模式,对于多能图案人才的培养,显然具有很大

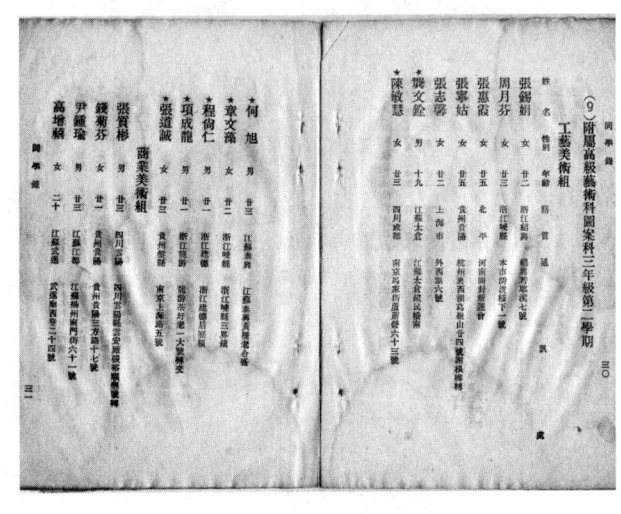

图1-3-127　1937年4月编辑《国立杭州艺术专科学校同学录》显示的图案科不同方向同学分类

---

[1] 1901年张之洞《遵旨筹议变法谨拟采用西法十一条折》"劝工艺"条:"世人多谓西国之富以商,而不知西国之富实以工。"其"劝工之道有三,一曰设工艺学堂……"

[2] 罗振玉:《殷墟古器物图录》,1916年。

[3] 分别参见雷圭元的《图案教学的回忆》、程尚俊的《我的第一位图案考释陶元庆》、丘玺的《记母校的外籍教授》等。收入宋忠元主编:《艺术摇篮·浙江美术学院六十年》,浙江美术学院出版社1988年版,第60~61页;第62~63页;第69~70页。

的裨益。

如雷震就是1936年预科毕业后直接进入该校图案系本科的（图1-3-129）。他因在校成绩突出以及图案专业背景在考察中的意义作用，而被王子云选中进入教育部艺术文物考察团工作（图1-3-130）。与他同时的图案系学生如沈长泰（图1-3-131）、陆兆麟、吴季鑫、吴可男、谢美伦、朱广明等，

图1-3-128 ［俄］杜劳（M. Domracheff）教授

图1-3-129 国立杭州艺专1936级图案系同学合影（前排左二为雷震）
雷震提供

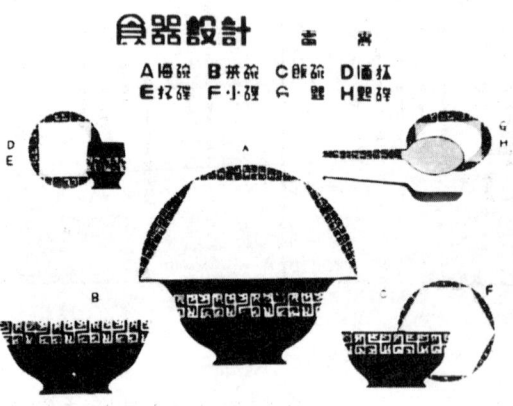

图1-3-130 雷震杭州艺专毕业图案设计作品
雷震提供

图1-3-131 国立杭州艺专图案系学生沈长泰毕业图案设计作品
沈长泰后裔提供

均为一时之秀,在后来中国图案应用研究中,均有不俗的表现。

至迟从1930年开始,重视文物图案花纹已蔚然成风。其显著标志,便是大量文物图录的相继编印。比如河南省博物馆在1931—1938年间编印的文物图录就达100多册,重要者如关伯益的《伊阙图表》《殷墟器物存真》《殷墟文字存真》《新郑古器图考》《南阳汉画集》《河南金石志图》《老君洞石墨撷英》《繁塔石墨撷英》,孙文青的《南阳汉画汇存》(图1-3-132)等。

当然,配合这些种类繁多的图录的编印发行,则是相关研究的开展,如

图1-3-132　孙文青《南阳汉画汇存》(1936年哈佛燕京学社印行)撷英

许敬参的《殷墟文字存真第一集考释》[1]、滕固的《南阳汉画像石刻之历史的及风格的考察》[2]等。

相对而言,闭塞、落后的西北地区对于文物图案花纹的认识则相对滞后。如"西京碑林,世皆知为历代碑版荟萃之所",但"对于雕镂技艺",人们却"多不注意"[3]。即使当徐旭生等人至陕西考察之际,西安古玩店铺对于文物图案花纹资料仍有轻视、冷漠之意。

择1935年6月3日《徐旭生陕西考古日记》,其间如是有云:

"……又闻南院门某古董铺有秦穆公时花砖,嘱(李)希平找拓本。今日找来拓本谛观,仍系汉画。其所言秦穆公,殊无确据。一端直列两端曾,

---

[1] 许敬参:《殷墟文字存真第一集考释》,河南博物馆印行,1932年。
[2] 滕固《南阳汉画像石刻之历史的及风格的考察》一文原刊胡适、蔡元培、王云五主编,商务印书馆1937年1月初版《张菊生先生七十生日纪念论文集》,收入滕固:《中国美术史·唐宋绘画史·唐代艺术的特征》,长春:吉林出版集团有限公司,2010年,第482—506页。
[3] 曹仲谦:《陕西省历史博物馆概况说明书》"碑侧花纹四幅"条,1948年,手稿,稿藏西安曹仲谦后裔处。

一层五人,三人执兵器,目向。二人似执幅帛立,与前三人相向。……闻铺中索价甚昂,但尚不珍密,异日当亲往睹之。"(图1-3-133)

有意味的是,自1934年2月"陇海路通至西安,中外艺术专家来游碑林者,渐渐瞩目碑侧之花纹,欣赏不置"(图1-3-134),此种局面才得以改观。

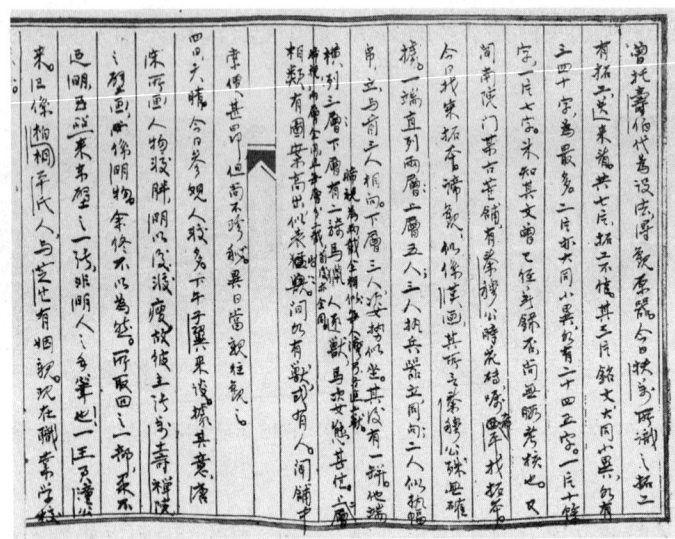

图1-3-133　1935年6月3日《徐旭生陕西考古日记》
徐旭生后裔提供

图1-3-134　西京之鸟瞰　庄学本1935年12月摄
采自李媚、王璜生主编《庄学本全集》(上册),中华书局2009年版,第198页插图

据西安碑帖行耆老赵敏生言,陇海铁路开通之前,索要碑林唐碑边侧图案者多为来陕洋人和部分学者与艺术家。陇海铁路开通后,局面大变,连一般参观者亦注意到唐碑边侧图案的珍贵,造成此类拓本一时有"洛阳纸贵"之势。

此种现象引起滕固的注意。在1935年所译《先史考古方法论》序言中,滕固便有如下议论:

"研究先史遗物的体范纹饰,蒙德留斯博士的《方法论》不失为一有价值的指示。近年来吾国学者治古代彝器,于款识文字而外也兼及花纹;这个风气现方发轫,或需借鉴之处,爰译此著,献给从事于此方面者作一种参考。"[1]

契合滕固对"花纹""风气""现方发轫"的趋势观察,陕西金石书画界率先觉醒。当1933年7月西京金石书画学会成立,陕西著名金石书画鉴赏家党晴梵在撰写《西京金石书画学会缘起》一文时,便深有感触的认为:"是则考核金石者,必须先研究其文字与图象;而沉浸书画者,亦必上稽夫吉金与乐石也。"[2]

吻合时风,1937—1938年,中央古物保管委员会西安办事处奉命整修西安碑林,在安置碑石陈列时,曾遵负责整修工程黄文弼、张扶万等人的建议,曾对所有碑额、两侧有花纹图案的唐宋碑石都尽量予以袒露陈列。

翻阅中央古物保管委员会西安办事处《整理西安碑林计划书》"碑石之陈列"一节,上述事实清晰呈现:

"按现有碑石分为嵌砌与竖立二法,独不取嵌砌法,一因妨碍花纹及文字之显露;且过于固定,缺少活动性,故今后陈列,拟分竖立平列两种,尤其碑石两侧之花纹,例宜使之暴露:如唐宋碑两侧花纹,及碑额图像,确有精巧者,此等碑碣,除有文字上之价值外,兼有艺术上之价值;近碑林中有碑

---

[1] [德]蒙德留斯(Oscar Monte Ltus, 1843—1921)著,滕固译:《先史考古方法论》,商务印书馆1937年1月初版。收录于滕固:《中国美术史·唐宋绘画史》,吉林出版集团有限责任公司2010年版,第419页。
[2] 党晴梵:《西京金石书画学会缘起》,收入党晴梵《华云杂记》(下卷),西京铅印社1937年版,第24页。

侧花纹甚美，因骈立紧接，致未能显现，其价值已损去一半矣。而拓字工人，又只拓文字不拓花纹，致使古代优美之艺术，终以不传，殊可惜也！故凡两侧有图案之碑石，均宜与他碑距离一公尺，留一拓榻摄影余地，尤不主张作砖亭，盖碑之原身，无由窥察，且有损失碑字，无掩蔽花纹之虞，故整理碑石，当严禁此法也。"[1]

至1936年西北文物展览会期间，反映西北民俗文物图案的实物资料更琳琅凑集，成为显著亮点[2]。

在国内艺术史及美术考古界，1930年后关乎图案纹饰的研究亦渐入佳境。如曾在巴黎格朗歇米欧尔研究所深造过的庞薰琹即"一意研究本国古代艺术图案，拟将上起甲骨文字，下包明清作品，作一有系统之研求"，至1939年8月，"已将商、周及汉图案辑录成编"[3]。

至1941年1月教育部艺术文物考察团抵陕后，西部地区美术考古调查研究重视图案花纹之风更开始进入一个新的时期。

观察该团1941—1943年西部地区主体考察时期，此种风气尤得充分挥发与张扬。

在艺术文物考察团最终完成的横亘十辑的《教育部艺术文物考察团西北摄影集选》中，图案资料几乎占五分之一以上。这些图案资料包括碑额及边侧图案拓本、画像石拓本、瓦当拓本、铜镜拓本、藻井图案临摹、通俗画、陶瓷装饰纹样、首饰图案、秦腔脸谱等。

查1941年2月何正璜《西北考察日记》曾频频记其西安调查收集图案资料诸事。知2月7日何氏准备"明日当开始至瓷器店中作画"；2月8日即与王子云"至大街各瓷器店中寻材料，结果画得四张"；20日更有收集"全幅秦剧之行装、面谱、道具"以及"各处之角花及边纹"之计划，并期望"若能各凑成四十余张，则我意足矣"。

循此计划，1941年2月5日日记记当日其在考察西安南郊华严寺时，于一民家室中"见满悬画幅，有一张通俗画尚佳，且市上亦不可购得，特向其

---

[1]《中国博物馆协会会报》第1卷、第4期第8~11页刊载中央古物保管委员会西安办事处《整理西安碑林计划书》"碑石之陈列"。
[2]《中国博物馆协会会报》第2卷第1期、第33页载"西北文物展览会目录、西北文物展览会特刊"。
[3] 1939年8月3日蔡元培日记，收入王世儒编：《蔡元培日记》（下），北京大学出版社2010年版，第628页。

图1-3-135 1942年雷震临摹的敦煌莫高窟藻井

图1-3-136 1943年卢善群在安西榆林窟收集的民间版画
卢善群后裔提供

请售,结果以五角法币购得";3月6日又记何正璜与王子云同至西安易俗社找编剧樊仰山,考察后台剧装并拟画脸谱;3月9日再记"李云章送来所绘之脸谱十张"。凡此种种,不仅何正璜一人图案调查收集研究心路清晰可见,至其全团图案资料之途径来源,亦从此大致可窥也。

不独如是,考察团成员雷震还发挥自己毕业于杭州艺专图案系的优势,临摹绘制了大量敦煌壁画藻井图案(图1-3-135),并在敦煌民间拍摄了诸多图案资料。卢善群则在敦煌注意搜集少数民族服饰图案,扩展此种机缘,他因是在榆林窟收集到五代以至明清不少版画图案资料(图1-3-136)。

与艺术文物考察团相埒,国立敦煌艺术研究所自1942年秋成立之初,就十分注意敦煌壁画图案资料的调查与研究。

依前引常书鸿撰《国立敦煌艺术研究所三年来经过概述》(1942—1945),其"戊"条"图案工作"(图1-3-137)中记叙:"千佛洞藻井及边饰图案,材料之丰富,变化之繁多,为壁画各种内容中之最有兴趣者。"并称:"因此项宝贵资料,正足以补救目前中国图案材料之缺乏。"

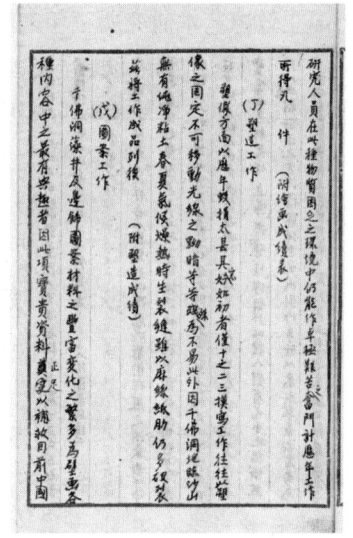

图1-3-137 常书鸿撰《国立敦煌艺术研究所三年来经过概述》(1942—1945)"戊"条"图案工作"局部
南京某藏家提供

基于此，国立敦煌艺术研究所当时"因聘请专门人才"，惟限于种种原因，直至1945年"方正式开始，计前后得各时代代表藻井及边饰图案二十余幅"。

前后联系，1942—1945年间，教育部艺术文物考察团与国立敦煌艺术研究所都注意到敦煌壁画的"藻井及边饰图案"。相对而言，前者虽出手较早，但规模、设想则逊于后者。

由于地位、优势以及时间、环境的差异与变化，1945年后，国立敦煌艺术研究所继续扩大延伸这方面的优势。1949年后，敦煌研究院承袭这一传统与心路，在敦煌壁画图案调查整理研究方面，取得了更突出的成就。常书鸿的《敦煌唐代图案选》、关友惠的《敦煌装饰图案》等，都可以视为这一系统的优秀成果之一[1]。推之于常书鸿，他的《敦煌唐代图案选》一书中，或许更多地携带了《国立敦煌艺术研究所三年来经过概述》中"图案工作"的心路与情结。

回转至西部地区，当民国戊子（1948）管理西安碑林的陕西省历史博物馆馆长曹仲谦撰写《陕西省历史博物馆概况说明书》时，他即特意选择魏唐碑石有精美图案者，"令帖商打手搥拓纸上，携归展览"，并"特就精品摄出，以供国人玩赏"。

如是，曹氏特选录"魏故使持节车骑大将军仪同三司都督定州刺史反年限开国公尔朱君墓志盖"、"魏故使持节车骑大将军仪同三司冀州刺史博野县开国公苟君墓志盖"两种，又列"魏花纹墓志盖两方"条说明文字，语称：

> "鸳鸯七志斋藏有魏墓志盖三十二方，刻花纹者不过五方。其中具有特殊艺术，只此两方，图案雕镂，备极精巧，特为摄出，俾资研究历史者，可以窥见当日异族侵入中国，受其文化熏陶之一斑焉。"[2]

应当指出，此一时期图案花纹学风时尚的遽起与流衍，不仅扭转了西部地区图案调查研究落后于其他先进省区的劣势，且对构建西部地区区域性图案史体系，影响、带动其他地区图案调查研究，均有一定的现实与历史意义，即便对今日连接西部地区更远的中亚地区的图案调查研究，也当有更深的启迪与借鉴。

---

[1] 其中常书鸿《敦煌唐代图案选》1959年由人民美术出版社出版，关友惠《敦煌装饰图案》2010年由华东师范大学出版社出版。
[2] 1948年冬曹仲谦撰：《陕西省历史博物馆概况说明书》，手稿，稿藏西安曹仲谦后裔处。

图 1-3-138　1905年蒙德留斯与古斯塔夫·阿道夫王子在斯堪内省考古发掘时留影。采自［瑞典］马思中（Magnus Fiskesjo）、（中国）陈星灿合著《中国之前的中国》

3. 类型与风格样式之探索实践

虽然瑞典考古学家奥斯卡·蒙特留斯（Montelius Oskar, 1843—1921）（图1-3-138）早在1903年就已经出版了他的经典著作——《先史考古学方法论》，但它最早所提出的类似今日考古学所习惯称谓的"类"、"型"概念，亦即所谓的"联类"（series）、"体制"（type）等概念，却在很长一段时间里不为中国学界知晓。

尽管英国剑桥大学考古与人类学系教授格林·丹尼尔称赞他"用数字表达分期"和"以交叉断代这一对照编年技术提出的初步技术类型学方案"，是对史前考古学的两大贡献[1]。

不过在海风吹拂、学术日新的近代中国考古学历史上，中国学者仍通过多种途径来体味新知、关照国粹。

于《语石　语石异同评》一书中，柯昌泗即认识到："（西方）若辈于造像之形象、刻画，考究至精，各有名称，有逾以往之著录。金石家今概括俗称，以资辨识。"他因此将"造像之石分两式"，认为"琢石为像，曰立体。雕像

---

[1] 格林·丹尼尔著，黄其煦译：《考古学一百五十年》，文物出版社1987年版，第138~144页。

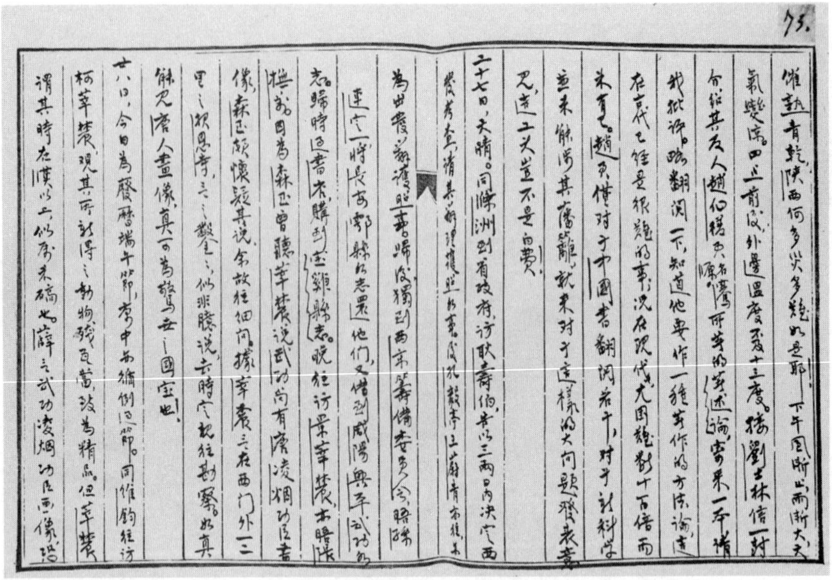

图1-3-139　1933年5月27日《徐旭生陕西考古日记》片段

于碑,曰平面"[1]。

这种有类近代考古类型学的学术体验,留下了金石考古学向西方学习的鲜明痕迹。

进入20世纪30年代,随着中国考古学之迅猛发展以及国际学术交流的日趋频繁,"类"、"型"体验首先开始在中国考古学界、美术考古学界频频展开。其中中央古物保管委员会的滕固,中研院的梁思永、李济,北研院的徐炳昶与苏秉琦,都曾为探索类型学方法的真谛,作出过不懈的努力。

如徐炳昶1933年5月在陕西考察时,陕西金石书画鉴赏家景莘农即言武功有唐凌烟阁功臣画像,彼时徐森玉、徐炳昶等均表示怀疑,但因景谓该图确在武功县城"西门外一二里之报恩寺,言之凿凿",徐遂觉其"似非臆说",乃决定"亲往勘察"。寄希望"如真能见唐人画像,真可谓惊世之国宝也"[2](图1-3-139)。

及至徐炳昶一行6月10日跃跃自西安奔赴武功,经详细勘察,不禁索然。当日《徐旭生陕西考古日记》记道:

"余等到武功必下车,观此画壁为其主因。然细察之后,殊为失望!祠三

---

[1] 叶昌炽撰,柯昌泗评,陈公柔、张明善点校:《语石　语石异同评》,中华书局1994年版,第324页。
[2] 此段引文参见1933年5月27日《徐旭生陕西考古日记》,手稿,未公开出版。

图1-3-140　陕西武功唐太宗祠左壁凌烟功臣像　（1933年6月10日　常惠摄）

间东向，中一间无隔扇，光线尚佳。中太宗像为泥补，盖有挖宝者。故太宗之'心'被'推'置人腹中矣！像塑颇佳……左壁像颇生动，右壁较次，亦足证其不同时。以此推断，左壁当可至明，右壁必为清绘，毫无疑义。"（图1-3-140）

如非徐氏缺乏基本美术史素养与风格样式比较方法，倏忽间是难以迅速确定该处壁画年代，并断然摆脱讹传"唐画"之困扰的。

如果说滕固的贡献在于他1935年翻译蒙特留斯《先史考古学方法论》，率先用中文语境传递蒙特留斯之"体制学方法"（类型学方法）[1]，梁思永"首先对山西夏县西阴村的仰韶陶片，进行形态分类，把口缘、底部、柄或把手等部位，依其形态差别，给以不同符号，用一种多层符号来标记陶器形态之别"；李济在20世纪30年代对殷墟青铜器的研究首先使用了"类型"的方法，那么，徐炳昶在第二次斗鸡台发掘过程中的关于陶器"四式"类型的感悟以及苏秉琦在40年代对宝鸡斗鸡台瓦鬲的"类型学"研究，则使中国式的考古"类型学"方法论，由"多层符号记录法"转换至"两层符号（即型、式）来表示器物的演化顺序"[2]，接踵达到了一个新的高度，尽管这一高度尚存在着这样、那样的不足与缺陷[3]（图1-3-141）。

---

[1] 薛永年：《滕固与近代美术史学》，载《美术研究》2002年第1期。
[2] 俞伟超：《考古学的中国梦》，载《读书》1998年第8期。
[3] 平心而论，苏秉琦《斗鸡台沟东区墓葬》学习笔记一文在一种器物命名中或以材质、或以形制，存在有称谓含混、标准不一等缺陷，在分类中所使用的"类"、"种"概念，也同样具有含混与琐碎之嫌。吴辉《"斗鸡台沟东区墓葬"学习笔记》一文中与笔者有大致相同的见解。参见北京大学考古文博学院、北京大学文物爱好者协会会刊《青年考古学家》第15期，第44~48页。

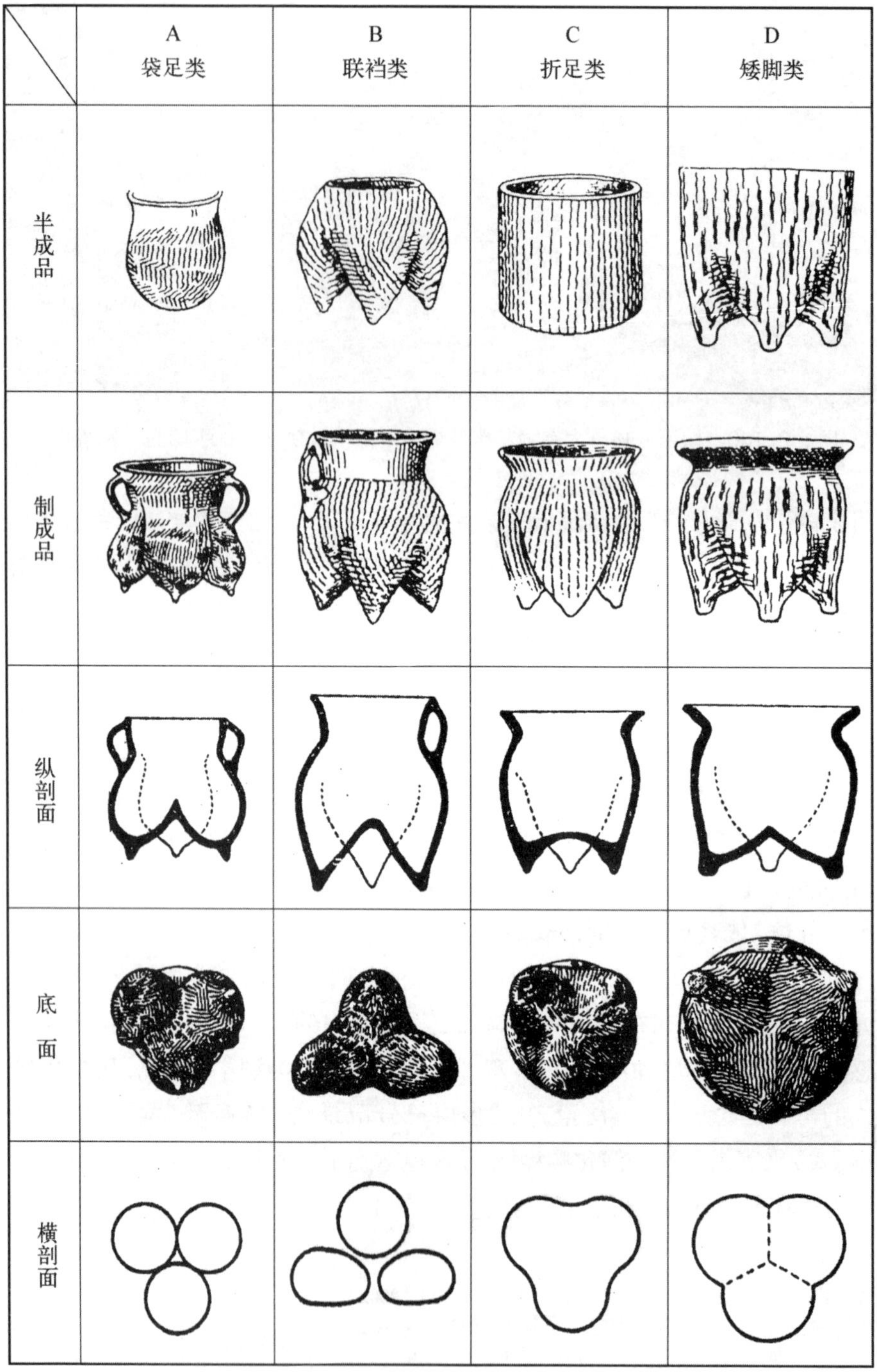

	A 袋足类	B 联裆类	C 折足类	D 矮脚类
半成品				
制成品				
纵剖面				
底面				
横剖面				

图 1-3-141　陶鬲分类图
采自苏秉琦《斗鸡台沟东区墓葬》一书附图

比之于考古学，艺术史及美术考古学领域也相继汲取"类"、"型"营养，滋润于相应调查研究主题之中。

如王子云1941年以来考察研究西安所见秦汉瓦当时，反复揣摩，将其分为文字（吉语）、云纹、鸟兽诸类。文字瓦当中，又分别按一字、二字、六字、八字、十二字、十六字等规律分类[1]，这与滕固依"雕刻的技巧而论"，将陕西兴平霍去病墓上石刻分为三类[2]，以及《燕下都半规瓦当上的兽形纹饰》一文中，又"明显地运用了蒙德留斯的技术类型学方法，先把半规瓦依纹饰不同分为七类，再从相关联系中探求纹饰的来源和演变，最后得出结论"[3]的案例十分相似。

值得一提的是，何正璜在1942年执笔撰写的《敦煌莫高窟现存佛窟概况之调查》中，还将敦煌莫高窟现存佛窟按规模处置，界分为大型窟、中型窟、小型窟三类[4]。

另外，1941年郭宝均在其《由铜器研究所见到之古代艺术——第三次全国美术展览会特约论文》一文中，围绕青铜器"艺术含义"与"演变之迹"，又将青铜器艺术分为四类：甲、造型艺术；乙、雕绘艺术；丙、篆刻艺术；丁、铸造艺术[5]。

类似的分类案例，在此一时期相关美术考古研究中，还有许多值得梳理与分析。限于篇幅，我们只好寄希望今后能有其他相宜的研究时段去纵深剖论。

"类型"学风外，"风格特征"之研究更为此一时期艺术史及美术考古研究者所注意。后者倡引者为瑞典著名艺术史学家海因里希·沃尔夫林（Heinrich Wolfflin, 1864—1945），他的对"普遍的风格特征"关注理论曾风行一时。其主体内涵，则是用形式分析的方法对风格问题进行宏观比较、微观分析两种维度的相互关照。这种哲思与心力，影响了一大批艺术史工作者的研究进程。

1933年，甫才归国的滕固（图1-3-142）在经营他的《唐宋绘画史》一文时，睿智发论："艺术的历史，在乎着眼作品本身之'风格发展'

---

[1] 王子云：《从长安到雅典——中外美术考古游记》，陕西人民美术出版社1992年版，第53页。
[2] 滕固：《霍去病墓上石迹及汉代雕刻之试察》，原刊《金陵学报》1934年版第4卷第2期。另见滕固：《中国美术史·唐宋绘画史》，吉林出版集团有限责任公司2010年版，第408页。
[3] 薛永年：《滕固与近代美术史学》，载《美术研究》2002年第1期，第7页。
[4] 何正璜1942年《敦煌莫高窟现存佛窟概况之调查》一文初刊于《说文月刊》1943年，第3卷第10期，第47~72页，另见王子云：《从长安到雅典——中外美术考古游记》，陕西人民美术出版社1992年版，第60页。
[5] 参见《文史杂志》1944年第3~4期合刊"美术专号"，第3~102页。

图1-3-142　[日]滕固(1901—1942)

（Stilentwicklung）。某一风格的发生、滋长、完成以至开拓出另一风格,自有横在它下面的根源的动力来决定;一朝一代的帝皇易姓实不足以界限它,分门别类又割裂了它。断代分门,都不是我们现在要采用的方法。我们应该采用的,至少是大体上根据风格而划分出时期的一种方法。"[1]

接着,滕固氏又通过1934年12月对西部地区最负盛名的霍去病墓石刻及相关汉代雕刻的考察,大胆将风格学与图像学的双重关照意识直接与之联缀对位。

在1935年1月10日写就的《霍去病墓上石迹及汉代雕刻之试察》一文中,滕固注意到霍去病墓石刻最瞩目的浑朴雕凿风格。认为:"在整石上施少许的技巧而雕成某一物象,除去霍墓特有的条件而从另一方面观察,则为雕刻初期发达时必然的现象。"并推测想象"其他野兽的雕刻,也有一种标准的形式使人们模拟"[2]。薛永年因此认为,滕固的这篇文章"既考证题材,探究风格,似乎综合了风格学与图象志的方法,而在风格分析上,又不仅满足了于外部形态与内在精神的把握,更能考究风格的成因"[3]。

滕固不仅通过学术研究传播风格学与图像志的方法理念,在1935年4月16日上海"伦敦中国艺术国际展览会"上,他亦发表观感,称:"吾国南北,虽有若干博物馆陈列馆,然就鄙人印象而言,往往类一杂货摊,不能予人以明晰舒畅之感。"寄希望博物馆的"此类工作,国家与学术团体,应多提倡,使学者对于古物之时代,与形式绘画之风格发展等,得有比较研究机会。国外大学中教授美术史,有时由教授率领学院,至博物馆讲授,即以此故。学术研究之公开化,在中国今日,至为重要,盖可以一扫旧式鉴赏家得观一物,而沾沾自喜之陋习云"[4]。

[1] 滕固:《唐宋绘画史》,商务印书馆1933年,第3~4页。另参见滕固著、沈宁编:《中国美术小史·唐宋绘画史》,吉林出版集团有限责任公司2010年版,第37页。
[2] 滕固:《霍去病墓上石迹及汉代雕刻之试察》,原刊《金陵学报》1934年版第4卷第2期。另见滕固著、沈宁编:《中国美术小史·唐宋绘画史》,吉林出版集团有限责任公司2010年版,第411~412页。
[3] 薛永年:《滕固与近代美术史学》,载《美术研究》2002年第1期。
[4] 滕固:《中国美术小史·唐宋绘画史》附录沈宁编《滕固艺术活动系年》,吉林出版集团有限责任公司2010年版,第585~586页。

1936年12月，在由滕固、董作宾、陈念中署名，滕固执笔的《视察汴洛古物保存状况报告》中，滕固通过龙门石窟摄影一事，再次挥发自己的艺术风格理念。称此项工作"由（河南）民建两厅准备各派人员前往摄影。以龙门造像为艺术遗迹，摄影时分段采景，应不离艺术史之观点"，并认为"此种技术上之问题，商定由本会驻洛人员勘察指导，以期收获良好效果"[1]。

氤氲"风格"时尚，法系学人王子云通过关中唐陵的考察，

图1-3-143　1944年王子云为解决唐陵艺术分期问题考察乾陵鸵鸟石刻工作照

首次将唐陵雕塑分为：初唐、盛唐、中唐、晚唐四个时代。并认为："初唐、盛唐、中唐、晚唐，作风各有不同。初唐浑厚，带六朝风味，即离汉代艺术尚近；以唐太祖永康陵，高祖献陵为例。盛唐作品，气魄雄伟；以太宗昭陵，高宗乾陵，武士彟顺陵，中宗定陵，睿宗桥陵，玄宗泰陵，肃宗建陵为例。中唐气韵缓和，以代宗元陵，顺宗丰陵，宪宗景陵，穆宗光陵，敬宗庄陵，文宗章陵为例。晚唐各部比例不协调；以武宗端陵，懿宗简陵为例。而唐陵布置之楷模，当以简宗为最。献陵前仅掘出头部之石兽，最特别，似虎而非虎，应掘出全部而加研究。永康陵前之石狮，十足的六朝神韵。余昔游偃师，太子弘陵石刻，应列入盛唐。"[2]这在唐陵雕塑研究方面，占据重要学术地位的意义是显而易见的（图1-3 143）。

追随王氏，何正璜在《敦煌莫高窟现存佛窟概况之调查》一文中，按时代、属性、样式等法则，将敦煌莫高窟现存佛窟分为魏式窟与唐式窟[3]。林家

---

[1] 滕固著、沈宁编：《中国美术小史·唐宋绘画史·视察汴洛古物保存状况报告》，吉林出版集团有限责任公司2010年版，第511页。

[2] 参见1944年4月21日《张溥泉日记》，文云："王子云来报告调查唐陵情形，有相当成绩。"又云："据子云言，唐陵雕塑，可分四个时代（略）。"收入近代中国史料丛刊第3辑、沈云龙主编：《张溥泉先生回忆录·日记》，台湾文海出版社1987年版，第157页。

[3] 何正璜1942年《敦煌莫高窟现存佛窟概况之调查》一文初刊于《说文月刊》1943年第3卷第10期，第47~72页，另见王子云：《从长安到雅典——中外美术考古游记》，陕西人民美术出版社1992年版，第61页。

平、宁强、罗华庆《中国敦煌学史》称许何氏此文"在敦煌艺术的风格研究上，……首次提出敦煌早期艺术之作风倾向'系以东方装饰之趣味，混以西方写实之技巧，而另成一种风格'。其内容与形式均足以代表东西交流之特征，而唐代艺术则吸收融合外来艺术'显出优秀的民族形式'的观点，较之'西来说'无疑在认识上前进了一步"[1]。

1943年与1946年，艺术文物考察团的另两位团员雷震与卢善群又分别撰写《敦煌的佛教美术》[2]、《敦煌莫高窟及安西榆林窟之壁画》[3]，再次唱响"风格"的议论。其中卢善群的《敦煌莫高窟及安西榆林窟之壁画》一文称敦煌北魏壁画"设色、用笔，皆极明快豪放，分浓淡三层表现立体。此种作风，系本东方形式与结构，以西方写实之技巧，充分表现出东西方文化交流的关系"。而"艺术系代表画家民族各时代之文化，其独特之效能，可补文字记载之不足。因文字不能详其形故也。敦煌一带之壁画，虽出自一般文人之手，但可代表某一时代之艺术，尤其可代表当时之佛教艺术"。

他们的心力，震荡了闭塞经久的西北美术考古学界。于是，"类型"比勘，"风格"审美的潮汐，首先就在这一区域博物馆及文物保护机构的同人中疾步流泻。

至1948年冬，前陕西省历史博物馆曹仲谦在《陕西省历史博物馆概况说明书》"梦英大师篆千字文序碑额"条阐释中，没有忘记留下如是优美的赞语：

"此碑正面系刻陶穀序文，额之雕刻艺术冠绝，全林中龛三佛态度庄严，两旁螭龙剔透玲珑，蟠拏雄劲活泼如生，下排七佛，各个清奇，神情静穆，洵非普通雕工所能摹拟，凡游碑林之艺术家舞步称奇。即日本人之足立喜六清末来秦，亦将此额摄入渠所著之长安史迹考中，遍传东瀛，可知其珍贵矣。"

春华秋实，可以看出，在此一时期围绕西部地区艺术史研究或美术考古一途关乎类型、样式之探索实践，勃勃强劲的教育部艺术文物考察团，掌控着旋律的主调。

---

[1] 参见林家平、宁强、罗华庆：《中国敦煌学史》，中国语言学院出版社1995年版，第154~155页。
[2] 雷震：《敦煌的佛教美术》，《说文月刊》第3卷第10期，渝版，第4号，1943年，第81~82页。
[3] 卢潜(善群)：《敦煌莫高窟及安西榆林窟之壁画》，《新华日报》1946年2月9日。

第四节　区域美术考古历史的观察结论

通过以上剖析,我们匆匆阅览了将近百年的西部地区美术考古发展历史。效力如何,谬误几许,尚亟待相关学科专家学者批评教诲的赐予。

忐忑之中,最深的感触是来自资料纷散、轨迹暗昧、基础孱弱的限制与羁绊,它造成了我们急迫述论的困难。目前粗略勾勒的历史轨迹,很多时段尚与其他相关学科在交错混接;史线的纯净、完整,实应期待其后不断的艰苦工作来清理、补充。所谓的分期、提要,频现仓促、简陋,粗糙的发论程式中,或许因此遮蔽了很多翘首盼望的荦荦大端,造成了一定的歧义与偏颇。

诸种困惑、缺陷之外,耿耿者还有因特殊历史环境中观念错杂,新语频出所造成的鉴别、驾驭的困难。

比如因百年时空中"美术"、"古董"、"古物"、"文物"、"艺术"、"考古"、"考查"、"考察"等新旧概念的交错穿行,倏忽间很难将它们科学系统地按时、按线、分区、分期加以整理规划。对于考古与美术、考古与艺术史、美术史等主体语素的分辨与阐释,则过分依赖时代区间的客观阻滞而纷然杂陈。

尽管如此,在长达数万余字的探索思考中,我们有幸接触大量真实丰富的文献资料与数据信息,以及诸多仁人隽秀矢志学术、坚韧细致的心智与功力,不断感觉到多种理念、多种新知在"国民艺术运动"中基于共同文化复兴诉求,全力"欲造中国文艺复兴"[1]所迸发出来的自由、竞争意识。

---

[1] 滕固:《国民艺术运动》,原载1925年7月19日上海《时事新报》附刊"艺术"第108期,收入滕固著、沈宁编《中国美术小史·唐宋绘画史》,吉林出版集团有限责任公司2010年版,第294~295页。

至于1930年后由滕固、常任侠等人率先挥发的"艺术考古"[1]名词，以及踵足而进的王子云精心组合"艺术"、"文物"学科单位的智力创造，它们都应是一个特定历史时期的文化产物，反映了此一时期美术考古学科基础建设在文化复兴、学术日新环境下急促的探索诉求与勃勃亢进的趋势。

甚至，一种原本基于学术范畴的思辨探索，会因先贤俊杰的努力促动以及多种因素的制约影响，瞬间会转化成一种具有国家公权立场的语词单位，迸发出逼人的力量与朝气。像王子云等人精心创造的"教育部艺术文物考察团"组织机构，就是这样一个鲜活的范例。

因这样的创造与探索，它于是会传递给我们关乎此一时期美术考古发展历史的至少三种规律。

这三种规律，一是从早及晚，多种新思潮，多种流派，都在1919年"五四运动"发生、1928年后国民政府发表"统一宣言"、1937年"七七事变"后民族意识高涨这三个重要时期发生过激烈碰撞；二是关乎"古物"、"美术"、"艺术"、"美术考古"、"艺术考古"、"艺术文物"等多种新语汇的出现、交汇与自由表达，在1930年后表现得最为突出；三是随之时间的推移，中西部地区，尤其是西部地区以至更远区域越来成为中国美术考古探索实践的理想区域。

后者或许会带给我们关于美术考古学科今后发展趋势的一些重要启示与思考。联想傅斯年1927年计划"第二步是洛阳一带，将来一步一步的西去，到中亚细亚各地"，并且"想在洛阳或西安、敦煌或吐鲁番、疏勒，设几十个工作站……"[2]的宏伟设想，不啻有异曲同工之效。

有趣的是，三种规律，基本上与本章前述三个节次相重叠吻合。可以勾勒出三个既相互联系，又各自独立的历史时段，凸显出吻合三个时段，且体现不同时段鲜明特质的三种思辨轨迹。

为方便起见，我们权且用三个关键词组对应前述三个节次来展示表达：

（1）"19世纪后半叶至1919年的西部美术考古"一节，其主体思辨轨迹可用"缘起与探索"这一关键词组来展示表达。

---

[1] 如滕固1937年5月撰写的《中国艺术史学会缘起》中即提出"艺术考古"的概念。继而，常任侠在重庆中英庚款董事会艺术考古研究院任职研究员时沿袭了这一概念。前者收入1939年7月卢冀野主编《民族诗坛》第3卷第3期（第十五辑）。

[2] 傅斯年：《历史语言研究所工作之旨趣》，原载1927年11月1日《国立第一中山大学语言历史学研究所周刊》第一集、第一期，收录于欧阳哲生主编：《傅斯年全集》第三卷，湖南教育出版社2003年版，第10页。

(2)"1919—1928年的西部美术考古"一节,其主体思辨轨迹可用"融合与蜕变"这一关键词组来展示表达。

(3)"1928—1949年的西部美术考古"一节,其主体思辨轨迹可用"发展与提升"这一关键词组来展示表达。

当然,不同的思辨探索,还表现在新一轮中西交流运动中对西方先进学术思潮的不断借鉴、改造与推展。如"联类"(series)、"体制"(type)转变为"类型学";"普遍的风格特征"演化为多样的关于艺术轨迹复原探索的系统艺术工程等等。它们均代表了这一时期中国学术的形象特征,留下了诸多探索者的不眠思索与艰苦心路痕迹。

尝试借用王异禀围绕考古学器物类型研究而设定"DavidHarvey的空间结构三种关系示意图"[1](图1-3-?)来助益理解相关西部地区美术考古历史的发展演变规律,其间奥秘的魔力与韵致,相信会使我们受益无穷。

还是在1925年7月19日上海《时事新报》附刊"艺术"第108期刊布《国民艺术运动》一文中,滕固氏提及中国艺术的血性精神、融汇襟抱,以及历史轨迹与发展诉求时,曾不无激动地指出:"民族精神,是艺术的血肉;外来思潮,是艺术的滋养品。血肉干枯,虽有滋养品,人没用处;实肉健旺,不再滋养品,而在自己锻炼。"并感慨寄望:"我们是欲造中国文艺复兴了,请先从事国民艺术运动!"

寥寥数语,虽说主要指向旨在"国民艺术运动"这一主题,但推之于特殊历史时期关乎西部地区这一"充满着考古学奇迹的地区"[2]性区域美术考古之发展历史、经验教训,以及未来趋势与"艺术运动"的方向,仍有惊人的血脉联系与体质契合,给人以巨大的自信与力量,可以长留坚韧朴拙的学术根底。

诚恳地说,当我们有幸抚摸、回顾以往的历史,刻意整理规划它们的轨迹、规制、经验、节奏,以及律动秩序并且满怀信心地走向未来的时候,那个曾经为中国学术革命做出过巨大贡献的重要历史时期已经悄然隐去,而那些曾经为中国美术考古转型发展运动做出巨大贡献的学术先驱们正微笑着向我们招手致意。"国运更新"[3],学术发皇。于是,一个曾经伟大、勃发的历

---

[1] 王异禀:《考古学中的空间观点》,《中国文物报》2012年3月16日,第6版。
[2] A. F. R. Hoemle, 'Annual Address, 1898', Proceedings of the Asiatic Society of Bengal, pp. 62—70; 参见王冀青:《霍恩勒与中亚考古学》,《敦煌学辑刊》2011年第3期。
[3] 1937年5月18日滕固撰写《中国艺术史学会缘起》,收入卢冀野主编《民族诗坛》,1939年版第3卷第3辑。

史时期以及艰苦而愉悦艺术运动中一个鲜活学科的本来面目，便成为我们永远不能轻易忘怀的时代主题与研究场域。

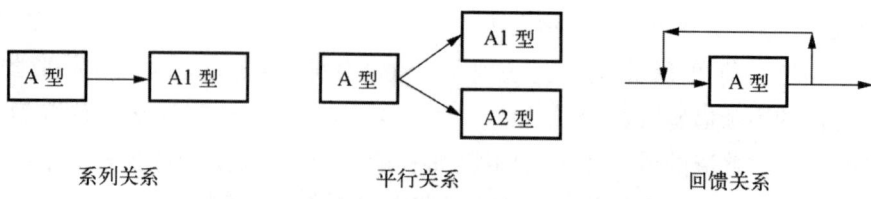

图 1-3-？ DavidHarvey 的空间结构三种关系示意图
采自王异禀:《考古学中的空间观点》,《中国文物报》2012年3月16日,第6版

第二章
途径与方法

第一节　收藏著述与西部美术考古

实践证明，美术考古学科的推进与提升，离不开深厚、完整学科历史的支撑；追寻这一历史的踪迹，具有深厚历史文化积淀的西安地区自然是不可轻视小觑的地域。聚焦这一地区的美术考古历史，基于民国时期文物出土、流散以及输出，曾以陕西、河南、山西、山东、安徽等省区为最，陕西一省中，又以西安为最的现实，我们又自然会将具有区域意味的一段美术考古历史与同一范畴的文物流转以及相关著述联系在一起。盖"物必有所附，然其物之杰焉特出者，不因所附著。其所附者或有藉于物以传"[1]也。

近数十年来，通过长期田野调查及相关研究，我们发现，配合民国时期陕西文物的不断出土与大量流散，国内外诸收藏机构与收藏群体亦随之活跃崛起。

只聚焦西安地区本体，可知相继涌现的重要市场行为人群体与收藏群体，在同时期国内区域艺术市场中明显居于前列。顺应这样的时代情势，此类群体在积极参与西安古玩市场的同时，均分别根据自身条件、人文氛围与机缘环境，确定不同的收藏鉴赏主题，相应也出现了不同主题、层次、品质、体量、内涵的收藏著述。

虽然，溯自北宋以来，陕西即凭借周秦汉唐故土所在位置与"金石渊薮"优势而闻名海内，以至"海内博雅君子涉足秦中，无不肆力搜求，以偿嗜古夙愿"[2]。但随着政治、文化中心的转移，以及经济的衰退与交通的闭塞和

---

[1] 周肇祥著，赵珩、海波点校：《琉璃厂杂记》(三)，燕山出版社1995年版，第124页。
[2] 此段引文均引自1948年陕西省历史博物馆馆长曹仲谦撰写《陕西省历史博物馆概况说明书》，手稿，稿藏西安曹仲谦后裔处。

秦人"类以束身自好，不事标榜为宗旨"[1]等地域精神本性的禁锢与束缚，陕西一地忽视著述、不重宣传等保守、落后现象亦随之扩展、延伸。这使得陕西实际蕴藉的丰富文化内涵未能得到充分的彰显。

此类状况，引起近代陕籍学者张扶万（鹏一，1867—1943）（图2-1-1）的警觉，在1915年2月23日《在山草堂日记》中，张氏有发人深省的一段议论：

图2-1-1　张扶万（1867—1943） 1935年摄于北平

"近年默观西北文化，日就衰落；终南河华之区，等于荒野寂寥之地。虽曰阻绝偏成未通上国，然亦学说狭隘有以致之。其大端则理学一途，壁垒既坚，轨辙遂远，末学浅闻，忧其简易，便于模仿，六经束阁，炫诵辍响。人同没字之碑；俗沦结绳之治。何能探制作之源，调性情之微哉。……今虽欧风肆煽，旁行书盛，然张冠李戴，终非己有。数典忘祖，何能训俗，狂澜欲挽，愿力未伸。"

张氏发论，或尚有欠缺之处，但却应该肯定，他至少客观揭示了当时陕西文化落后于全国其他发达省区的现状、根源以及危害，其对当时以至今日陕西文化的推介、发展，均具有重要的借鉴意义。

当然，张氏的感触，不乏被一些陕籍有识之士所认同。基于共同感受，民国以来的西安收藏界同人与其他有识之士在深感西北落后、周秦汉唐文化未能得到充分发扬光大的前提下，普遍期望于金石文物著述一途有所成就，造福乡梓。于是在艰难环境中戮力编纂相关收藏著述者，不乏其人。1934年4月刊发于西京金石书画学会编辑《西京金石书画集引言》感慨以为，如是目的，盖在"以启牖我新知，发扬我国光，则后之人与有责也"。

不独如此，相关同人还以为，"至若由历史研求而促进现代文化，由艺术

---

[1]　1921年8月25日张扶万：《在山草堂日记》，手稿，未刊，原件藏陕西省政协文史办资料室。下同。

熏陶而振起民族精神,斯则……最大之使命,实亦同人最后之目的……"期望扩展传播,"谨以微旨揭橥编首,博雅君子幸垂意焉"[1]。

上述原委,促使笔者有意通过对诸多民国时期西安艺术市场行为人的跟踪采访,以及坚持于各家档案馆、图书馆等单位搜集相关资料来寻找解决问题的途径。大致经过数十年的田野调查工作,所获渐多,感受亦逐渐加深。

检索目前所掌握的资料,略知相关民国西安艺术市场的未刊收藏著述至少有数十种之多。稍具规模、品质者,则近十种。当然,这并不包括已经湮没或尚未发现以及迄未成书的其他著述。

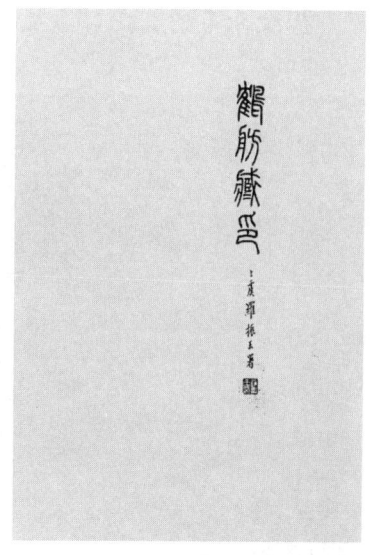

图2-1-2 《鹤舫藏印》封面上虞罗振玉题签

为便于读者洞悉了解当时西安收藏著述的基本概况,探讨其在同时期中国美术考古以及金石文物收藏界的地位、作用以及意义、影响等相关问题。兹选择其中具代表性者五种予以刊布,同时并作相应的考论研究。

这五种著述,一、二两种分别为和茂永郑鹤舫的《鹤舫藏印》(图2-1-2)、《望古斋印存》;第三种为翰墨堂段仲嘉之《翰墨堂志拓目录》;第四种为柯莘农之《叶语草堂金石文字存考》;第五种为刘军山之《潜旭草堂长安雅陶考》。

其中《鹤舫藏印》与《望古斋印存》两种,源出一脉。故若从另一种视角实施统计,其或可合二为一。若是,则或可以指称为四种。不过出于行文方便与方便读者的目的,我们仍分别予以胪列,以尽量保持原有的特色与语境。

五种著述的胪列原则,大体遵照成文时间的先后顺序,图以透析自民国初年以至1949年前,关乎西安地区收藏著述的大致轮廓[2]。

---

[1] 此段引文以及上段引文均参见西京金石书画学会:《西京金石书画集引言》,载1934年4月西京金石书画学会编辑《西京金石书画集》第1期扉页。

[2] 需要说明的是,此前因参加2010年上海世界华人收藏家大会,笔者曾围绕收藏主题,撰写过《五种民国时期西安地区的收藏著述考论》一文,后收入大会论文集。但近几年来,随着新资料的发现以及围绕西部美术考古史所产生的诸多思考,深感前所议论,多有欠缺、鄙陋。对位新的学术发展需求,亟须重新删削、补充,以求提升。至于议论角度,亦须适当调整,相关篇幅,故有增益、扩充,所得结论,因与此前有所不同。此外,为增强全文的可视性,还相应增添了大量首次公开的图版,使得主体结构,有所变化,整体面目,均有所改观与出新。

一、和茂永《鹤舫藏印》及《望古斋印存》

图2-1-3　1923年拍摄的西安南大街钟楼一带市廛环境

和茂永者,清末民初西安著名之古玩店。其创设于光绪末年,位置在西安老城中心南院门中段,经理郑鹤舫,世居西安北城糖房街。其资本基础,据说系庚子年(1900年)郑鹤舫之父当慈禧母子来陕之时,曾将南大街某当铺(图2-1-3)出当朝珠数副售予内府太监弥补急用所获巨资。

清末以来,郑鹤舫凭借先父传留基业以及当时日趋兴旺的西安古玩行业厚利刺激,在接替父辈和茂永古玩营生后,集中对位货源充裕、市场利益丰厚的三代铜器主题,细心擘画,未几即称兴盛。

与此同时,郑鹤舫又深悉古玩一行地理人脉的重要,于是广交古玩收藏界耆宿名流。如罗振玉、康有为、于右任、宋伯鲁、宋联奎[1]、傅增湘、毛昌杰[2]、景志伊[3]、李逸(友鹤、游鹤)、陈万里等著名收藏鉴赏大家,均与该店发生过联系。

---

[1] 宋联奎(1870—1951),字聚五、菊坞,晚号菊叟。陕西西安人。家有城南草堂,曰"宋园"。光绪乙丑科(1889)举人,屡赴京会试不第,入甘军董福祥部充任文案,兼司奏牍事宜,后以功奏保花翎同知衔知县,历任资州知州、叙州府知府、宁远府知府、云南迤东兵备道兼腾越关监督等职。辛亥革命后,应陕督张凤翙电邀回陕,先后任陕西军政府顾问、陕西督军公署秘书、陕西民政长、陕西巡按使等职。1915年奉调入京,旋受委云南督办东川铜矿事宜及督办云南全省矿物事宜,因反对帝制托故归陕。1918年任北京总统府谘议,1930年后历任各届陕西省政府顾问、陕西省通志馆馆长、陕西省临时参议会会长等职。工诗、能文。著述颇多,主要有《关中丛书》、《续修陕西通志》、《长安咸宁两县续志》、《云南铜政考》、《城南草堂文集》、《城南草堂诗稿》、《苏庵杂志》、《宣南客话》、《南行日记》等。六骏被盗时,其任陕西民政长、陕西巡按使,颇知当时内幕。以他在陕西特殊地位及宽厚性格,其著述涉及六骏被盗一事内幕语多含著,惟对六骏模拓之事叙述却言尽其知,具有很高参考价值。

[2] 毛昌杰(1865—1932),字俊丞,又字俊臣,昌杰其名。陕西咸宁(今属西安)人,光绪丁酉科(1897)举人,曾任关中道尹、陕西省政府秘书主任及陕西省通志局分纂、总校等。擅经学,嗜金石。著《君子馆类稿》等。

[3] 景志伊(1884—1964),名莘农,号恶翁、柏叶庵主。陕西富平人。先后入三原宏道书院、京师大学堂进士馆法政学堂,光绪二十九年赴汴(开封)会试不第,入协和医学堂。精致黄,善书法。杨虎城主陕时任省政府秘书处主任秘书。1955年任西安中医医院长。主持编写《陕西中药志》。

据笔者十余年前采访熟悉和茂永历史的阎秉初先生,阎称,清末以来,大致经三十年之功,和茂永倚靠其店面平台与雄厚的人脉资源,所收秦汉玺印、周秦铜器与三彩、书画及珠宝玉器甚多,常赢获厚利。荧荧大者,首推秦汉玺印。

另据郑鹤舫之子郑郁文回忆[1],民国十年(1921)前后,为和茂永藏印之盛期,总计数目至少应在300余方以上。这其中尚不包括此前相继从和茂永古玩店所流出者。

搜索郑鹤舫藏300余方玺印出处,据笔者早年采访西安古玩耆宿刘汉基、阎秉初等人,皆云其多出土于汉长安城遗址一带。涉及其获得玺印的途径,仍依刘汉基、阎秉初等所言,则多为西安回坊古玩商及汉长安城遗址一带的乡民。回坊古玩商群体中,主要有李三、白祚、李凤翔、刘汉基、马羽鹤、李宝山、苏集贤等。

如刘汉基(图2-1-4)回忆20世纪初他售予郑鹤舫"伏波将军"、"新成右父老"玺印各一方。郑获两印,喜其篆势奇绝,笔画欹斜有致,形如斧凿,撰藏头联语"伏波将军数第一,新成父老无二双"(图2-1-5)自贺[2]。对仗之工,嵌置之妙,令人叫绝。

先是,郑获300余方秦汉印玺,"津津然,辍寝罢食"[3],遂生流传推广之意。乃汰糟粕,迻精华,得154方。其时代上起秦、下至汉。分桥钮、瓦钮、鼻钮、覆斗钮、兽钮诸种,划官印、私印两类,以官印为最。盖未脱"世俗收古印以名见正史为重"[4]之窠臼也。虽就中不免羼杂清末民初西安作伪高手张二铭(绰号"凤眼张")、薛重泉父子及金三(启恒)诸人的赝品杰作,但纵观全体,尚不失凝重古朴的主体气韵。

可珍者,于"伏波将军"、"新成右父老"玺印外,大致还有长水司马、军司马(图2-1-6)、关内侯(图2-1-7)、琅琊左盐丞、敦浦泰仓、设屏农尉、长乐

---

[1] 郑郁文回忆,来自论者采访咸阳何汉南记录。按郑郁文1949年前长期经营古玩业,1949年后则长期在陕西省博物馆作临时工,精通鉴赏与文物修复。
[2] 刘汉基先生回忆。又见2010年6月《新西北艺术网》载某氏《鹤舫藏印,印在哪里》一文。诚作说明与感谢。
[3] 《鹤舫藏印》后附景志伊癸亥(1923)十月"鹤舫藏印叙"。
[4] 周肇祥著,赵珩、海波点校:《琉璃厂杂记》(四),燕山出版社1995年版,第177页。周肇祥(1880—1954),字嵩灵,号养庵,别号退翁。浙江绍兴人。清末举人,曾肄业于京师大学堂。民国后历任四川补用道、奉天劝业道、署理盐运使、临时参政院参政、葫芦岛商埠办、湖南省省长等职。晚年居北京,以金石书画自娱。任清史馆提调、北京古物陈列所所长等职,著《古物陈列所书画目录》、《书画集》等。

图2-1-4 西安古玩界耆老刘汉基先生在陕西省博物馆工作照

图2-1-5 为郑鹤舫所青睐的"伏波将军章"(左)与"新成右父老印"(右)

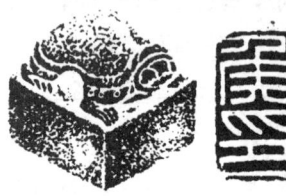

图2-1-6 《鹤舫藏印》录"军司马"造型与印蜕

图2-1-7 《鹤舫藏印》录"关内侯"造型与印蜕

单尉、广汉大将军、新莽之昌威德男家丞、新前胡佰长,私印中如中私府长、李封字君游、左奉翊掾王诉等品。

  前列诸品,在壬戌(1922)年春,由郑鹤舫邀请西安名书画家、友人李幼鹤画钮制图并拓印蜕。这些印蜕一般作上图形、下印文对照格式,历历可辨。于制作印蜕的同时,郑氏又施以分类组合,逐次排列。使之纵横对照,前后呼应,赫然一体。凡经数年之功,事竣,题作《鹤舫藏印》。

  在金石考据日趋深入、传统摄影术传入中国尚非发达之际,李友鹤凭借其擅长绘画且通椎拓之术的基础,怡然面对鹤舫藏印,画钮制图,精心创作,而成新的玺印图谱格式,冀望实现"移写其形,传摹其质,务求其是而后已"之艺术追求,故"每作一图,与原器相对,阴阳顿挫,侧背分明"。

  大概在李友鹤眼中,由他精心创作而成的"鹤舫藏印"图式,"为从来诸谱得未曾有",因此期望"他日成书,阅者必不至开卷生厌,与历来诸谱同一视也"（图2-1-8）[1]。

李友鹤这些理念与追求，在今日看来也许失之于粗疏与仄浅，然在当时美术创作环境下，却系不易之事。尽管他的图谱造型尚欠一概准确，有的甚至过于倾斜。但平心而论，这并不能一概削弱《鹤舫藏印》整体图式的艺术水准与精神追求。

《鹤舫藏印》稿成之际，李友鹤有跋语记其颠末。并请富平景志伊过目鉴赏，希望景不吝赐教，"一一考订之"。但此时景氏"方有陕西金石志之役，而未暇为也"[2]。延至癸亥（1923）十月方书叙。

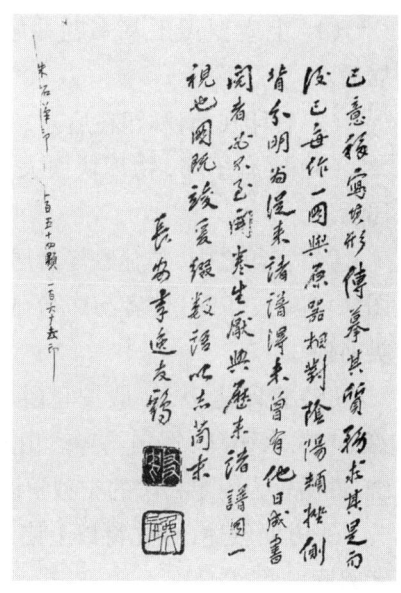

图2-1-8　长安李逸友鹤为《鹤舫藏印》题跋末页

值癸亥（1923）秋，南海康有为来陕讲学，郑鹤舫又借机请康书跋。继而，当甲子（1924）正月、春日，郑鹤舫复分别请长安毛昌杰、醴泉宋伯鲁书跋，最后则请上虞罗振玉篆书题签并书跋。

整理以上各家跋、叙，除景志伊叙文附于卷末外，其余均依次缀之篇首，依装帧顺序，分别为：

（1）甲子春上虞罗振玉篆书题签；
（2）癸亥冬月南海康有为跋；
（3）甲子正月长安毛昌杰跋；
（4）甲子孟春醴泉宋伯鲁跋；
（5）壬戌春长安李友鹤跋；
（6）甲子春上虞罗振玉跋；
（7）关中李友鹤抚钮并椎拓印蜕；
（8）上虞罗振玉（以上在诸印蜕前）；
（9）癸亥十月富平景志伊《鹤舫藏印叙》（此在诸印蜕后）。

我们观察《鹤舫藏印》的总体设计意匠，至少发现了其中的五种规律：

---

[1]　此段并前段引用文献皆见《鹤舫藏印》前赘"长安李游鹤跋语"。
[2]　《鹤舫藏印》后附景志伊癸亥（1923）十月"鹤舫藏印叙"。

(1) 上虞罗振玉篆书题签居首；"关中李友鹤李逸画钮"署名并落款居后。

(2) 官印在前，私印在后。

(3) 所有玺印，物理块面大者以及图像（印钮、印面）佳者在前，反之居后。

(4) 官印之中，位显秩厚者居前，反之居后；私印之中，物理块面大者及图像（印钮、印面）佳者与声名显赫者在前，反之居后。如汉王襄印即在同类前列。

(5) 官印之中，一般按官爵名位类型集结。如伏波将军、广汉大将军等；与长水司马、军司马等。由此界分出如司马系统、将军系统等若干系统，遵循较为简单初阶的类型学设计理念。

为方便叙述，兹先将以上诸人跋、叙之重要段落分别迻录于后，以供读者阅读思考。

南海康有为跋：

"汉印流传日少，日本购求尤多。惟出土亦日有闻之。西湖西泠印社吴昌硕领袖之，专以发明汉印。郑君鹤舫此册，摹所藏汉印如百多，精新者，如浙江都川琅左盐丞之蛇钮，敦浦之鱼钮，专木之斜尖印，皆可珍。……（其）篆法皆茂遒渊懿，天一印尤磅礴，王襄印亦在此，皆可宝贵矣。"（图2-1-9）

长安毛昌杰跋：

"印谱以汉铜印丛为最善，皆用原印，印成不失毫厘，故也。然只注龟钮、瓦钮，云云，其全体不可得见。此本悉此原印，又经李子游鹤写其钮，精妙如椎拓，视歙汪氏书益佳矣。"（图2-1-10）

醴泉宋伯鲁跋：

"郑君鹤舫者，雅号博古，尤喜藏汉印。十余年来，所收至百余方，皆精好无缺。朱拓成帙，复倩李君幼鹤抚其钮于旁，俾观者睹其文而识其形，视冯晏海氏所收，虽不逮其富，而其抚写之精，则有其过。有玺印之癖者，不可不一寓目也。若得石印流传，俾好古者家置一编，亦艺林之盛事矣。鹤舫

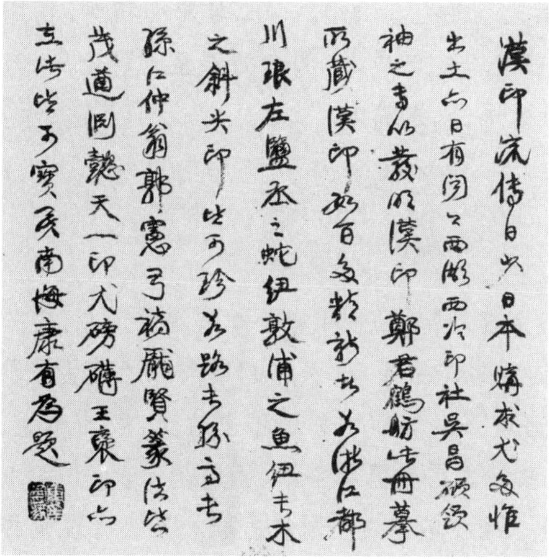

图 2-1-9　南海康有为为《鹤舫藏印》题跋

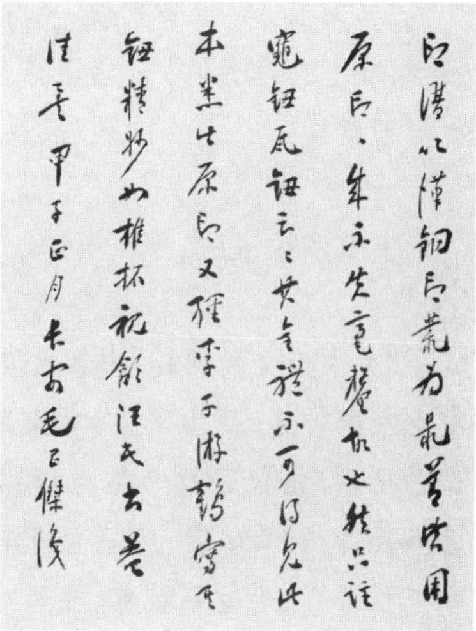

图 2-1-10　长安毛昌杰为《鹤舫藏印》题跋

其有意乎？敬观一过，书此以志眼福。甲子孟陬月下浣醴泉宋伯鲁识。时年七十又一。"[1]（图 2-1-11）

长安李友鹤叙：

"壬戌（1922）春，老友郑鹤舫求余移写秦汉印钤一百余事，将以讨影。余既应郑君之请，而私心偲偲惧焉。夫印谱搜罗不富，不可以传；博而不精，不可以传；既富且精而陈陈相因，仅备其文。如历来印谱之仅足以传，又岂郑君苦心经营之志哉。吴清卿中丞所藏玉钤，其弟大桢按器绘图，较他谱为精。"

又谓：

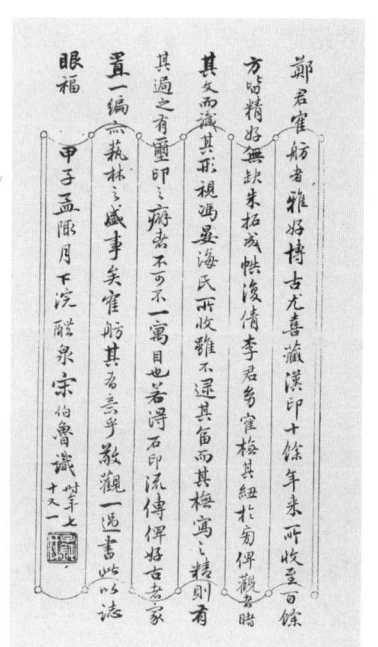

图 2-1-11　醴泉宋伯鲁为《鹤舫藏印》题跋

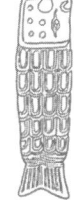

---

[1] 宋伯鲁此跋收入宋氏《知唐桑艾》，民国海棠仙馆刻本，陕西省图书馆藏。其文与《鹤舫藏印》所录略有差异。

"移写其形,传摹其质,务求其是而后已。每作一图,与原图相对,阴阳顿挫,侧背分明,为从来诸谱得未曾有。他日成书,阅者必不至开卷生厌,与历来诸谱同一视也。图既竣,爰缀数语,以志简末。"

上虞罗振玉跋:

"关中为文物渊薮,出古钵印亦至夥,顾近三十年转不如绥远及山左,盖关中去京畿较远,莫由寓目,非宝藏遂空也。甲子春,关中郑鹤舫以所藏古钵印谱录见示,虽仅百数十品,而新异者甚多。官印中如琅琊左盐丞、敦浦泰仓、设屏农尉、长乐单尉、广汉大将军,新莽之昌威德男家丞、新前胡佰长;私印中如中私府长、李封字君游、左奉翊掾王诉,名字之上冠以官职。又公孙娃玺称玺不称印,陈由印由字作甶,与魏正始石经迪字从甶正同,足见许书之甶即由字,可证前人谓说文无由之误。凡此诸印并为珍奇,至其印钮之异,有鱼有蛇,尤为仅见。郑君将为谱录,以传艺林,而请李君游鹤以响拓法画诸印之钮,精妙绝世,为先世诸谱录所无,兼可考钵印制度,以补印典所不及。郑君以予稍明古印钵之学,属一言为之序,爰书卷端以归之。三月十四日,上虞罗振玉商遗父书于津沽嘉乐里寓居之四时嘉至轩。"(图2-1-12)

图2-1-12 上虞罗振玉为《鹤舫藏印》题跋

富平景志伊叙:

"陕西近百年中,独一扶风王炜作令虞乡,有山西金石志、晋泉汇录。其书未行世,算之,知仅山西省志中剌取其说数事耳。"[1]

---

[1] 叶昌炽撰、柯昌泗评《语石 语石异同评》亦称:"前人著录始于洪洞董氏,仅有碑目一卷。其后虞乡令王炜又搜得八百余通。"

昔余先祖梅坡君深究六书，蒐集古印章，盈四巨箧。"

又云：

"续闻朝邑、澄城间有某氏为此者，亦未见有成书也。然皆士人习用自娱，初非有意自见若贾也，而用是自见。郃阳褚竣金石图外久矣夫空谷之不问足音已。日者，郑鹤舫负版扣余门，出之炳然，则集其所藏古印章也，盖三十余年而始成，可谓勤矣。鹤舫意余为一一考订之，以余方有陕西金石志之役，而未暇为也。洪氏有言，得黄金百如视涕唾；得一汉刻津津然，辍寝罢食。嗟夫！此士夫学者之所甚难而鹤舫能之，余滋愧矣。"（图2-1-13）

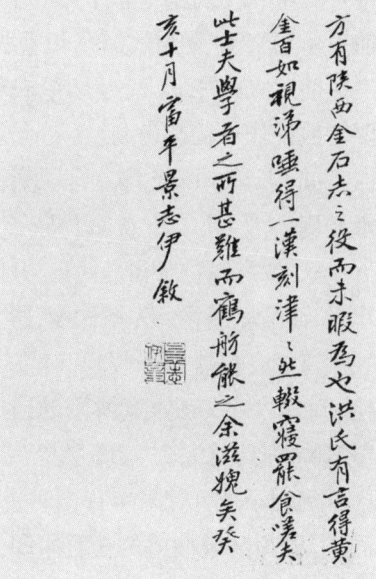

图2-1-13 富平景志伊《鹤舫藏印》书叙末页

长安毛昌杰跋，见于毛氏1924年3月1日《君子馆日记》，较之前者，《君子馆日记》记载鲜有差异。文作：

"作郑印谱题跋如左。印谱以汉铜印丛为最善，皆用原印，印来不失毫厘，故可贵也。然只注龟钮、瓦钮，亦全不得见。此谱悉书原印，更经李子游鹤写其钮，精妙如椎拓，视汪氏其弥精矣。"

宋伯鲁跋语，亦录入其《知唐桑艾》[1]著述。视之，则稍有变化。至于上虞罗振玉跋，入罗氏《印谱考》卷四，亦变动不少。观察罗氏《印谱考》卷四附录其为郑鹤舫藏印跋语，前有《望古斋印存二册》著述所谓，故查弁首罗氏喆嗣罗福颐君案语，得见"《望古斋印存二册》，关中郑鹤舫集，每叶印一枚印，共四十五方，家大人序录下"诸语。由是知悉郑鹤舫藏印，彼时选择

---

[1] 宋伯鲁：《知唐桑艾》（4卷），民国海棠仙馆刻印本。"知唐桑艾"者，依《后汉书·西南夷列传》，知为"所见奇异"之意。

精好者45种，别作《望古斋印存二册》，并经罗振玉鉴别题跋。故罗振玉此前甲子（1924）春为鹤舫藏印书跋，此时经变动后再度录出。

前述《鹤舫藏印》录印玺154种，蔚为大观。限于篇幅，不能全录，仅择要者数种作一简略考订。

如"长水司马"印。印文作两排列，行两字，字体宽博。《续汉志》："长水校尉一人，比二千石，司马一人，千石，掌宿卫也。"《后汉书·李杜列传第五十三》："窃闻长水司马武宣、开阳城门侯羊迪等，无他功德，初拜便真。此虽小失，而渐坏旧章。先圣法度，所宜坚守，政教一跌，百年不复。"（图2-1-14）

又"琅左盐丞"，为汉琅琊郡盐官玺印（图2-1-15）。蛇钮。印面作四格，每格一字，字体宽博刚健，曲折合度，篆势规矩。示例有传世汉代早期"琅琊左盐"封泥、"琅琊左盐"、"琅左盐丞"铜印[1]等。

另，同时期封泥尚有"椑左盐丞"、"江左盐丞"、"江右盐丞"等。印文同式，皆为区域性质的盐官玺印。

与《鹤舫藏印》辑录"琅左盐丞"等同，罗福颐《秦汉南北朝官印征存》亦录一种，记作："琅左盐丞　蛇钮　上　010页，0052　卷二　汉初期官印·一田字格印"[2]。

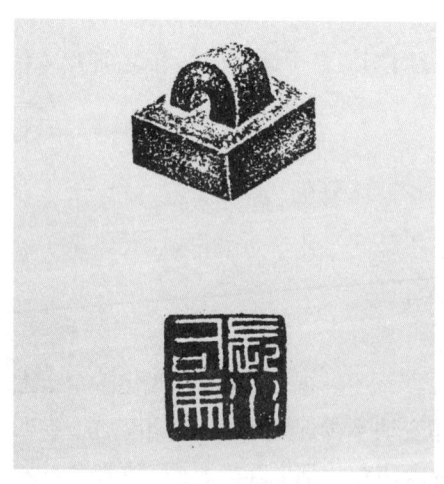

图2-1-14　《鹤舫藏印》录"长水司马"造型与印蜕

图2-1-15　《鹤舫藏印》录"琅左盐丞"玺印造型与印蜕

---

[1] 燕生东：《山东地区早期盐业的文献学叙述》，《齐鲁文化研究》2008年第7期。
[2] 罗福颐：《秦汉南北朝官印征存》，文物出版社1987年版。其释读顺序依次为"印文、钮制、著录藏所、页码编号、时代、类别、备注。"

再上海博物馆藏有龟钮"琅左盐丞"铜印一方,印文与《鹤舫藏印》辑录"琅左盐丞"同式。

又"常乐单尉"印(图2-1-16),史载鲜见。印面四字,作两行布置,每行两字,结体宽松,书法强健。罗福颐《秦汉南北朝官印征存》曾录"常乐单印"(龟钮　故072页　0409　卷三　前汉官印·三　郡县乡里官印)、"万岁单尉"印(万岁单尉　瓦钮　故072页　0410　卷三　前汉官印·三　郡县乡里官印)、"迹者单尉"印(迹者单尉　鼻钮　故　073页　0411　卷三　前汉官印·三　郡县乡里官印)。两者可互相比较。另有"万岁单尉"、"迹者单尉"汉代官印等。知其均系"单尉"系列。

至"广汉大将军章",印文作三行排列,行两字。亦见罗福颐《秦汉南北朝官印征存》(广汉大将军章　银龟钮　上　089页　0496　卷四　新莽官印·一　朝官及其属官印)。今上海博物馆藏西汉"广汉大将军"银印,亦龟钮,可与郑氏藏印互证(图2-1-17)。

西安阎秉初云郑郁文20世纪40年代于上海五马路(今广东路)售出汉印多枚,未知就中有否直接联系?

再"设屏农尉章",亦汉时物。印面五字,作三行布局,一、二行各两字,第三行一"章"字通贯阴面。五字结体雄茂,对视若斧凿,有力拔千钧之韵。

"设屏"为郡名,新莽时改汉张掖郡所致。"农尉",为"农都尉"省称。初,

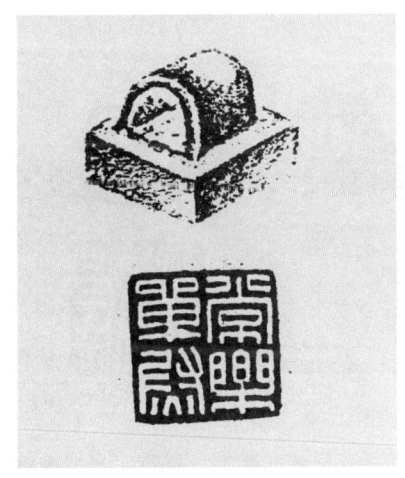
图2-1-16　《鹤舫藏印》录"常乐单尉"造型与印蜕

图2-1-17　《鹤舫藏印》录西汉银质龟钮"广汉大将军章"(右)与上海博物馆藏(左)同质、同式印比较

汉武帝于边郡所置，司屯田殖谷，后为新莽沿袭设置。查《汉书·地理志》："张掖郡，故匈奴昆邪王地，武帝太初元年开，莽曰设屏。"又《汉书·百官志》："农都尉，属国都尉，皆武帝初置。"罗福颐《秦汉南北朝官印征存》曾录（设屏农尉章　银质龟钮　上　106页　0593卷四　新莽官印·三　州郡县乡官印）。另上海博物馆亦藏汉银质方形龟钮阴文篆书"设屏农尉章"，亦足资参考（图2-1-18）。

再"昌威德男家丞印"，印文作三行排列，行两字。较"设屏农尉章"，显然平滞。为新莽官印，亦鲜见。两见于罗福颐《秦汉南北朝官印征存》（其一：喜威德男家丞　瓦钮　范　101页　0567　卷四　新莽官印·二　五等爵及世子印；其二：昌威德男家丞　瓦钮　故　101页　0568　卷四　新莽官印·二　五等爵及世子印）。

查故宫博物院藏有方形瓦钮"昌威德男家丞"印，可与之（图2-1-19）互校。

再类同者，有"绥威德男家丞"印，亦见罗福颐《秦汉南北朝官印征存》（绥威德男家丞　瓦钮　津艺　102页　0569　卷四　新莽官印·二　五等爵及世子印）。

印中"男"字，新莽所定公、侯、伯、子、男五等爵其一"男爵"所谓。《汉书·王莽传》："于是封者高为侯伯，次为子男，当赐爵为关内侯者，更名曰附城，凡数百人。"

图2-1-18　《鹤舫藏印》录西汉"设屏农尉章"（右）与上海博物馆藏西汉"设屏农尉章"（左）比较

图2-1-19　《鹤舫藏印》录新莽"昌威德男家丞"印（右）与北京故宫博物院藏"昌威德男家丞"印（左）比较

溯新莽时授印背景,《汉书·王莽传》记始建国元年(9)王莽"封王氏齐缞之属为侯,大功为伯,小功为子,缌麻为男……皆授印韨"可作一证。

再"新前胡佰长"印(图2-1-20),印文作三行排列,一、二行各两字,第三行一"长"字通贯印面,字体宽博,书风率意洒脱。罗福颐《秦汉南北朝官印征存》见录(新前胡佰长 瓦钮 日 118页 0661 卷四 新莽官印·四 颁给兄弟民族官印)。另罗福颐《秦汉南北朝官印征存》又录"新前胡小長"印一方(新前

图2-1-20 《鹤舫藏印》录"新前胡佰长"印造型与印蜕

胡小長 瓦钮 故 118页 0662 卷四 新莽官印·四 颁给兄弟民族官印)。两者大体相类。前者还为日本《书道全集》著录。

复查故宫博物院藏有"新前胡小长"印,上海博物馆藏有"新西国安千制外羌佰右小长"印,涵宝轩主人尚藏"新后胡佰长"印,均可与"新前胡佰长"印联系构结。涵宝轩主人并取"新西国安千制外羌佰右小长"印与"新前胡小长"印相比较,谓"胡"有前、后之分。

前谓《鹤舫藏印》稿成,因故未刊。及郑鹤舫辞世,家道遂中落。约自20世纪30年代始,其子郑郁文迫于生计,始将鹤舫藏印陆续售出。上海当亚洲都会,市廛繁荣,丰厚之艺术品市场价格,频频吸引郑郁文束装南下,竭力求售。期间卢吴公司、禹贡、雪畔斋、福源斋、珊瑚林等公司凭借实力,所获尤多。故今后欲窥《鹤舫藏印》之流散踪迹,民国上海古玩市场实为一不可忽视的重要观察地区。

考《鹤舫藏印》来源,多赖和茂永古玩店铺平台陆续获得。盖该店地处长安,地上地下文物资源雄厚,清末以来,地不爱宝,多见出土,辗转流徙,终为有心、有力、有识之郑鹤舫所得,亦是奇缘。如新莽之昌威德男家丞、新前胡佰长等,多与长安一地相关。前引罗振玉《望古斋印存二册》跋语所谓"关中为文物渊薮,出古钵印亦至夥",诚不虚也。

《鹤舫藏印》印本的流传,《新西北艺术网》载西安傅嘉仪学生某氏《鹤舫藏印,印在哪里》一文云印本成后,因郑鹤舫无力支付李友鹤颖拓资金,以至长期滞留李家,后由李夫人孙荣(图2-1-21)保存,"文革"时李家被抄,

图2-1-21 李友鹤夫人孙荣（前排右一）与戚友合影于长安逸园 1947年摄

是稿入西安市文物局库房保存。笔者本文所论，即据《鹤舫藏印》复印本，为西安友人提供，其云原本藏西安市文物局库房，与《鹤舫藏印，印在哪里》一文所谓吻合。

依该文作者言，郑鹤舫当年既无力支付李友鹤影拓资金，以至印本滞留李家，那么，罗振玉《印谱考》卷四录郑鹤舫《望古斋印存二册》45方玺印，又是如何得由罗氏寓目的呢？此一问题，尚祈学界同道提示迷津，亦望今后新资料出现后能予以解释。

二、翰墨堂《翰墨堂志拓目录》

与和茂永双埒，创设清代晚期、位于西安碑林外府学巷口路东之翰墨堂碑帖铺（署名"翰墨堂法帖局"）（图2-1-22）经数十年刻苦经营，亦在1921年前后段仲嘉任经理时达到鼎盛。

前在《碑林集刊》刊布《西安碑林碑帖业史略》一文[1]讨论时，笔者即提出清末民初翰墨堂碑帖铺凭借地处长安，资源充足，又傍依碑林、专题经营碑帖拓本的便利，因此能够与北京庆云堂及张裕钊、康有为、罗振玉、端方、傅增湘、鲁迅、冯玉祥、张学良、杨虎城、伯希和、张大千、毛昌杰、张扶万、宋云石等海内外名流并诸多名流往来密切，彼此结成较稳固之市场授受网

---

[1] 罗宏才：《西安碑林碑帖业史略》（上、下），载1999—2000年陕西人民美术出版社出版、西安碑林博物馆主编《碑林集刊》第4~5期。

络与关系链,是故货源不竭,收藏宏富,获利不菲。

最盛时,所藏宋、明拓本及敦煌卷子与宋明清诸家书画,多至千件(套),俨然一代碑帖销售、收藏巨头(图2-1-23、图2-1-24、图2-1-25)。

不同者,其经理段仲嘉虽系碑帖商人,但精鉴赏,擅书法,并多与文化名

图2-1-22 民国时期西安碑林外碑帖铺聚集为之府学巷,巷口右侧悬挂望子处为翰墨堂所在

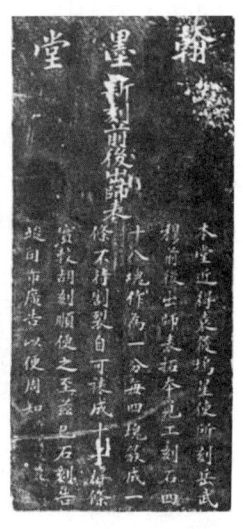

图2-1-23 西安翰墨堂销售袁筱坞刻《岳武穆前后出师表》拓本广告牌
翰墨堂段氏后裔提供

图2-1-24 翰墨堂藏《洛神赋十三行》册页首页

图2-1-25 翰墨堂藏明佚名仕女画 绢本 立轴

流酬酢，气度识见自不同凡响，实已区隔于一般帖商，超出彼时西安一般碑帖铺依赖碑林储藏，"碑估资为衣食"而"朝夕椎拓"[1]的境界与藩篱，步入具有雄厚实力的文化儒商阶层。

此类事例，陕西近代文献频频有记。如1927年8月9日毛昌杰《君子馆日记》[2]："段仲嘉来，为其世兄觅癸卯闱墨，周犊山时文[3]奇极，因将不全之十家文钞赠之，内有周犊山也。"

1923年冬，南海康有为莅陕讲学，曾游碑林，观翰墨堂藏品，叹其收藏，感慨书联"金石如林富，云霞绚晚春"相赠。

涉及人脉关系，清内阁中书张裕钊光绪末曾为段氏门店书"结翰墨缘"牌匾。另，20世纪30年代，张大千氏亦慕名访段翰墨堂，晤谈甚欢，遂作金石交，欣然为段仲嘉绘设色红梅寿桃扇面，并缀以诗赞（图2-1-26、图2-1-27）。

又，1914年6月18日，富平张扶万因购买碑帖之故而与段翰墨堂主人识，自此作金石交。同日张氏《在山草堂日记》因记："……又至（西安）府学段翰墨堂拓帖铺，买仓颉庙碑侧、碑阴题名四纸，李楷洛碑，美原神泉诗碑，于孝显碑。始识主人段仲嘉。"

论及翰墨堂藏品，向达《唐代长安与西域文明》有大略记述，文谓："余在长安，于碑贾段姓处见何知猛墓志铭拓本一份，文有'望重起于西河'之语。"

图2-1-26　1945年张大千为翰墨堂段氏所绘红梅寿桃扇面　　图2-1-27　1945年张大千为翰墨堂段氏所绘红梅寿桃扇面背侧题诗

---

[1] 叶昌炽撰，柯昌泗评，陈公柔、张明善点校：《语石、语石异同评》，中华书局1994年版，第67页。
[2] 毛昌杰：《君子馆日记》（铅印本），1938年版。以下叙述作者名略去。
[3] 《周犊山时文》系清周镐所著。周镐字怀西，号犊山（以家居无锡鼋头渚犊山村故），江苏金匮（无锡属）人。乾隆己亥科（1755）举人，乾隆五十九年（1794）诰授中宪大夫。历官漳州知府，护理汀漳龙兵备道，衢州府知府等。平生著述除《周犊山时文》外，另有《犊山诗稿》、《周犊山增订全稿》等。其中《犊山诗稿》录"惠山泥美人"一诗清丽婉约，传诵一时。

且云:"武威为张介侯先生故里。先生一生于关陇文献,网罗放失不遗余力。生平著述等身。其《二酉堂丛书》,藏书家几于家喻户晓。先生著述未刊者极多,身后散失殆尽。二十二年在西安,从碑林碑估段某处得以悉光、宣之际,法国伯希和自敦煌东归,道经西安,即从彼处购去先生著作未刊稿本不少。"[1]

近代陕西学者党晴梵《华云杂记》下卷"二酉堂丛书"条更谓:"前清一代,西北学人,湛深经史者,天生李先生(因笃)外而外,当以张介侯为巨擘。二酉堂丛书,不但为张氏重要著述,实亦西北最有价值之文献。况其所辑书,尤多绝版也。"

其中经张澍艰苦爬梳,阐幽辑录而成的《西夏姓氏录》显现西夏姓氏凡162种,为考究西夏族群历史、迁徙变异轨迹的珍贵文献资料。以此可见翰墨堂藏品类型及藏品品质。1937年1月18日,北海图书馆(今北京图书馆)编纂委员会委员兼索引组组长王重民受委在法国巴黎国家图书馆阅读伯希和购自翰墨堂、携归该馆的张澍遗稿,曾撰《阅读张介侯先生遗稿记》,语称:"(张介侯)遗稿有《养素堂文集》三十六卷,《诗集》二十六卷,还有《姓氏五书》等。伯希和得之关中故家。在未携归巴黎时,曾先以张氏所撰《西夏姓氏录》一书示罗振玉,罗氏为此书写题跋,收入《雪堂丛刻》。"[2]

翰墨堂得获如是藏品,除天时地利诸因素外,广积人缘,善于捕捉商机是其一大特征。如1927年6月22日毛昌杰《君子馆日记》记其弟毛昌年"来言,有山西旧学生赵友琴,名守钰(1881—1960),现在一军充师长,忽于段仲嘉处寻得,特来相见,当可得其援助。"

不及两日,经翰墨堂段氏联通,即有毛昌杰、昆仲、赵友琴、段仲嘉等一干名流齐集西安宋联奎氏城南草堂(宋园)之聚会。1927年7月24日《君子馆日记》还记:"五钟起,今日赵友琴约游城南草堂。六钟吃点心,即往年弟[3]处。行至南门十字与年弟相遇,即登车。年弟与段仲嘉及余同一车。至宋园,诸人尚未到,稍时陆续均来。"

赵友琴喜收藏,法书名画尤称富有。翰墨堂段氏与之相识,其间必有碑帖、法书诸物之交流。此日城南草堂之会,耆宿岔集,雅士翩翩,翰墨堂段氏参与其间,谈书论画,相互交流,固自然之事。可以想象,由此酿成的种种机遇,或可在其后某日、某时获得意想不到的结果。想翰墨堂段氏藏品之盛,

---

[1] 向达著:《唐代长安与西域文明》,生活·读书·新知三联书店,1987年版,第339页。
[2] 刘修业:《王重民法国读书记》,载《文献》1992年第3期。
[3] 即毛昌杰之弟毛昌年,清末曾任陕西大学堂图书管理兼会计。

商机之旺,正得力此类名流雅集之助力。彼时城南草堂之会,仅只为山阴清流一滴细水矣。

关乎翰墨堂藏品概况与售卖牟利内蕴,旧历1919年8月29日张扶万《在山草堂日记》曾记此日"观翰墨堂宋绛帖"。至旧历1922年2月17日,《在山草堂日记》尚记:"……段仲嘉帖铺言昔年得张介候天发神谶碑拓本,有何义门、杨振麟题字,以十四金得之,后售于刘林立,得百余金。刘直隶人,辛亥九月以革命起去官。"而1928年11月23日毛昌杰《君子馆日记》更记:"段仲嘉携来信行禅师碑,系薛寿萱旧物,向所未见。薛少保稷书与褚登善如出一手,惜只半本耳。"

依笔者调查所得,知翰墨堂所藏荦荦巨者,不下数十种,珍石佳拓,名人书画,粲然悦目。这其中自然不包括笔者尚未发现者以及曾归翰墨堂,后又因各种原因转瞬失去者。

譬如宣统庚戌年(1910)秋长安南李王村淫雨,促唐卫尉卿韦顼及夫人裴氏夫妇墓塌陷,出土墓志及棺椁碑石。其中夫妇墓志"两石皆有盖,(韦)顼志为苏晋撰,字皆极工。……亦秦中新出唐志之精品也"[1]。旋为有识者翰墨堂捷足先登,出资购取。未料因交易事不谐起隙,引发诉讼公案,致翰墨堂段氏公堂受辱,石归公家。于段氏来说,钱物俱失,不啻噩梦。此所谓得而复失矣[2]。

为窥睹堂奥,便利剖析,兹特罗列笔者掌握部分至要信息如下:

(1)清徐元文[3]题跋,绫裱之明拓汉乙瑛碑。

(2)叶昌炽撰、柯昌泗评《语石、语石异同评》载北周何□宗墓志[4]。

(3)曾为武威张介候[5]收藏,有何义门[6]、杨振麟题跋的天发神谶碑拓本。

---

[1] 叶昌炽撰,柯昌泗评,陈公柔、张明善点校:《语石、语石异同评》,中华书局1994年版,第259页。

[2] 参见罗宏才《探寻碑林名碑》第七章"一墓三种石千年七祸福——唐韦顼夫妇墓出土碑石流变内幕",三秦出版社2006年版。

[3] 徐元文(1634—1691),字公肃,号立斋,一说系建斋。明末清初昆山人。佚名《清代学人列传·徐元文》称徐"年十四,补诸生。顺治十一年(1654)赐进士第一","累迁内阁学士,兼礼部侍郎。超拜左都御史","迁刑部尚书","拜文华殿大学士","兄弟相代为亚相,海内荣之"。

[4]《语石 语石异同评》卷四:"陕西长安出北周何□宗(墓志),县人段氏藏。"(参见叶昌炽撰,柯昌泗评,陈公柔、张明善点校:《语石 语石异同评》,中华书局1994年版,第244~259页)

[5] 清季著名学者,名澍(1776—1847),字日渝,又字寿谷、时霖等,号介侯、鸠民、介白。嘉庆四年(1799)进士,入翰林院庶吉士充实录馆纂修。后任玉屏、屏山、永康、芦溪等县知县。藏书甚富,辑书更盛。《二西堂丛书》颇具盛名。

[6] 即何焯(1661—1722),字润千,改字屺瞻,号义门,晚号茶仙,江苏长洲(今苏州)人。康熙时受赐进士,选庶吉士,兼武英殿纂修。长于考订,能书,书品高洁。与笪重光、姜宸英、汪士鋐并称康熙间四大家。著有《困学纪闻笺》、《语古斋识小录》、《义门读书记》、《何义门集》等。

事见民国十一年（1922）夏正二月十七日《在山草堂日记》。文曰："……段仲嘉帖铺言昔年得张介候天发神谶碑拓本，有何义门、杨振麟题字，以十四金得之，后售于刘林立，得百余金。刘直隶人，辛亥九月以革命起去官。"

（4）1934年4月《西京金石书画集》第一期著录、毛昌杰题跋之北魏杨范墓志。

（5）1934年5月《西京金石书画集》第二期著录新莽嘉量拓本（图2-1-28）。

（6）1934年8月陕西省立第一图书馆第一届展览会甲室陈列的"翰墨堂精拓片名贵墓志"[1]。

（7）清光绪十六年（1890）陕西扶风法门寺任村出土西周小克鼎（膳夫克鼎）全形拓及铭文拓本。见1935年6月10日《徐旭生陕西考古日记》："段（仲嘉）老来，（何）乐夫购其小克鼎拓片一。"

（8）1941年党晴梵题耑，附张继、程仲皋、段绍嘉等人题跋之汉熹平石经拓本（图2-1-29）。

图2-1-28　1934年5月《西京金石书画集》第二期著录西安翰墨堂藏新莽嘉量拓本

（9）翰墨堂后裔段绍嘉题跋，原为眉县王步瀛[2]御史旧藏白玉版十三行拓本及宋拓王圣教序等。

翰墨堂凭借如是人脉与丰富藏品，颇思推广传播。于是先择箧中珍藏者，遍托名流题诗、作跋，继而又拟仿明鳌峙[3]赵涵《石墨镌华》（图2-1-30）体例，欲先辑录所藏唐人石刻拓本，后复著录所藏其他各代拓本。

这样的设想，究其伊始，至晚应不逾1927年6月。

如1927年6月3日《君子馆日记》："……又为（柯）莘农跋刘平国碑；段

---

[1] 陕西省立第一图书馆馆长张知道：《省立第一图书馆第一届展览会概述》，参见《陕西省立第一图书馆第一届展览会特刊》，《西京日报》1934年8月13日。
[2] 王步瀛（1852—1927），字仙洲，号白麓，晚号遯遯斋，又署息壤余生。陕西郿县（今作"眉县"）人。光绪丙子（1876）科进士，官户部河南司主事、员外郎。慈禧西逃时以护驾有功，升户部郎中、京察一等补御史。后任常州、凉州知府。入民国，选甘肃提学使，不就回籍，终老田园。
[3] 今易作"周至"。

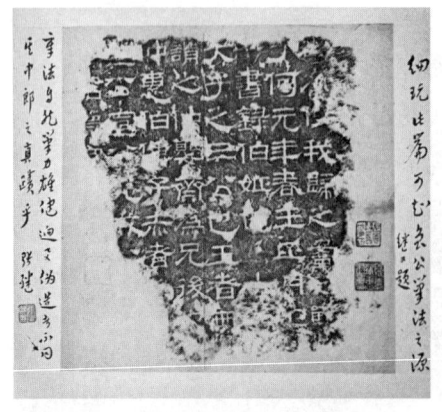 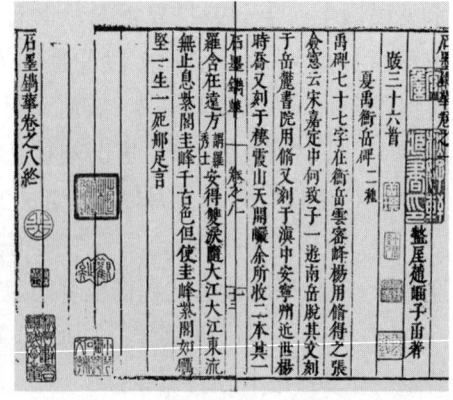

图2-1-29　西安翰墨堂藏张继题识汉熹平石经拓本　　图2-1-30　明鳌屃赵涵《石墨镌华》卷八末页

仲嘉跋石经本公羊残本。"

又1927年6月26日《君子馆日记》:"早八钟起,饭后复睡。段仲嘉来谈,伊所藏诸唐人石刻,拟仿石墨镌华例,录其全文,嘱为题跋。"

再1929年3月28日《在山草堂日记》:"段仲嘉以拓片熹平残石二张求为跋文。一系十年至十六年一成,八年至十五年。共一百二十七字。"

依据上述,段仲嘉利用其开设店铺,经营汉唐各代金石拓本的便利,设想仿照前人金石著录体例,辑录所藏汉唐各代拓本百数十件,以广流传。乃广泛联系长安名流,除毛昌杰、张扶万外,长安名宿宋伯鲁(芝田)、宋联奎(菊坞)亦在其列。

搜检宋伯鲁《知唐桑艾录》、宋联奎《城南草堂诗稿》,知前者卷五辑有"跋石经公羊传残字"条,语称:

"汉石经公羊传残字两页,一百二十七字。段仲嘉藏。……据以上诸说,则公羊不必中郎书,然其可宝贵,亦岂在中郎下矣耶。又洪氏所见公羊尚三百七十五字,以今百二十七字较之,又佚二百四十八字矣。惜哉!惜哉!仲嘉其善藏之。"[1](图2-1-31)

后者"题石经公羊传残字后长安段仲嘉藏本"诗则云:

---

[1]　宋伯鲁《知唐桑艾录》卷五"跋石经公羊传残字"系手稿,稿藏西安宋伯鲁裔孙女宋亚平处。

"燔经秦火随风狂,二千年后犹披猖。(不图)今日尚有熹平字,一石半碣存公羊。洪氏隶释自南宋,近世考订推翁黄。又有梅溪本双钩,要皆汲古所不废。见者珍贵复如此,此本妙迹传巾箱。仲嘉何处得此帖,毡蜡祖原拓精良。上有百二十七字,一字一珠腾光芒。宜乎把玩不释手,装以异锦熏异香。我闻长安洛阳石,其来始自隋开皇。……"[1]

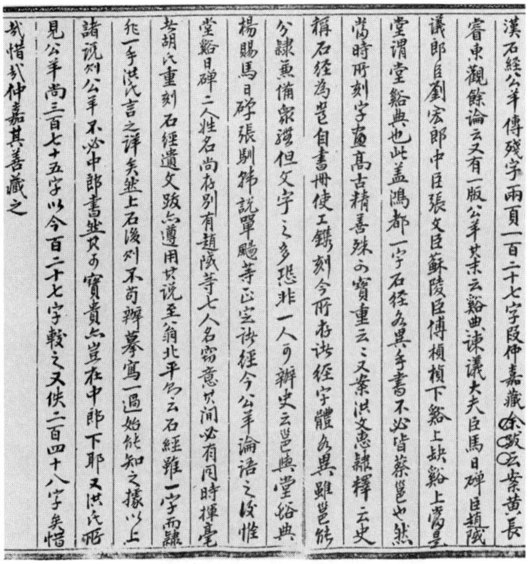

图2-1-31 宋伯鲁《知唐桑艾录》卷五"跋石经公羊传残字"(手稿)

宋伯鲁跋语惋惜段仲嘉汉石经公羊传残字之稀有珍贵,谆谆告诫"其善藏之";宋联奎长诗又谓此帖"毡蜡祖原拓精良"、"装以异锦熏异香"……可知翰墨堂矢志追求审美品质之一斑。遗憾的是,发端自20世纪20年代初期拟仿石墨镌华体例辑录编纂《翰墨堂志拓》的计划,未及完稿即因故作罢。

就中原委,西安古玩碑帖行老人阎秉初、赵敏生有详细回忆。其云,翰墨堂仿明鏊屋赵涵《石墨镌华》体例,先行辑录所藏唐人石刻拓本,署名《翰墨堂志拓》,辑珍贵拓本近百种,欲以石印流传,据说已经完稿待梓,后因西安事变发生以及段仲嘉本人年老力衰,竟作罢论。

查1934年4月西京金石书画学会编纂《西京金石书画集》第一期"魏杨范墓志"条记:"此石初出时为长安段氏翰墨堂所得,现仍藏段氏,已编入翰墨堂志拓目录。"可与阎秉初、赵敏生回忆相印证。从中不难看出,至晚在1934年,《翰墨堂志拓目录》的编纂还在积极进行之中。

我们在肯定认同《翰墨堂志拓》辑录之功的同时,并不排除倏忽之间或其他原委导致其存在的一些讹误与争议(图2-1-32、图2-1-33)[2]。

---

[1] 参见宋联奎《城南草堂诗稿》,铅印本,1996年。
[2] 孙启治:《上海图书馆发现钱松跋杨范墓志》,收入上海市图书馆学会、上海图书馆编辑《图书馆杂志》,1999年第6期;孙启治:《理碑散记》,收入上海图书馆历史文献研究所编辑《历史文献》第3辑,上海科学技术文献出版社2000年版。

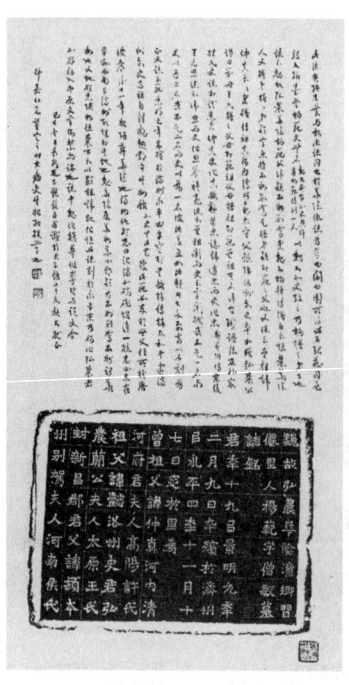

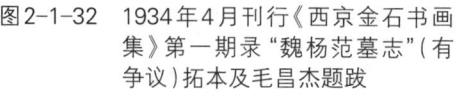

图2-1-32　1934年4月刊行《西京金石书画集》第一期录"魏杨范墓志"（有争议）拓本及毛昌杰题跋

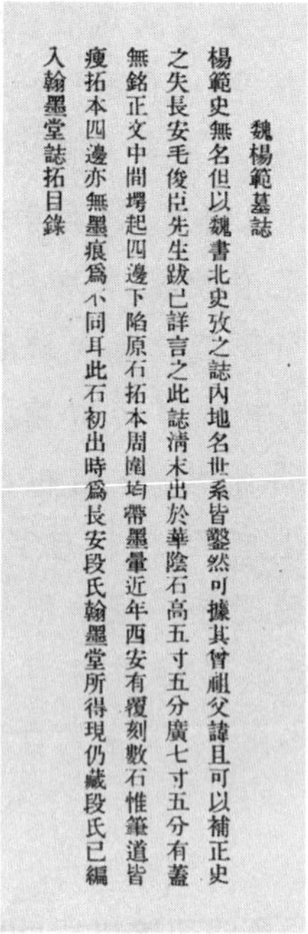

图2-1-33　1934年4月西京金石书画学会编纂《西京金石书画集》第一期"魏楊範墓志"条文字叙述

客观地说，纵使有讹误、争议的存在，亦不能因此降低该目录的珍贵史料价值。

我们认为，当学术环境均极艰难，诸多传媒尚欠发达之时，一介普通碑帖商人能有如此愿望与举动，确非易事。不管怎样，对于探究清末民初西安金石碑帖之流传变化，对于独树一帜的西安金石碑帖收藏历史与得风气先、跃跃萌动的西部美术考古历史，这本目录无疑均应具有极为重要的参考价值。

遗憾者，我们考究此志拓目录终未能付梓，但"文革"以后，物是人非，此目录原稿迄今是否存世，流落何处？这恐怕是篇末我们所要关注的问题。

复次，前引向达《唐代长安与西域文明》所谓"光宣之际，法国伯希和自敦煌东归，道经西安"记载，知当时伯氏自翰墨堂处购去武威张介候"著作未刊稿本不少"，后笔者据此采访西安耆老翁维谦，翁言伯希和之来西安，慕翰墨堂名，曾专往该堂拜访，阅其藏，大为惊叹，嘱段氏择优辑录，按次刊行。此举是否成为促动《翰墨堂志拓目录》编纂的起因之一，或体例格式有

伯氏影响之因素，尚须进一步考证确认。

三、柯莘农《叶语草堂金石文字存考》

柯莘农（1883—1945）（图2-1-34）祖籍山东胶州。原名士衡，莘农其字，以字行。号逸园、叶语草堂主人等。民国西安著名文物收藏家，精金石拓本椎拓与金石文字考论。

莘农出身世家，父祖辈皆以金石文字与道德文章显于世。堂祖柯绍忞（1850—1933，字凤荪）为桐城派大家吴汝纶（1840—1903，字挚甫，一字挚父）

图2-1-34　柯莘农（1883—1945）

之婿，官至翰林院编修、京师大学堂总监，曾参与《清史稿》修撰，为《二十五史》之《新元史》作者。堂叔父柯昌泗（1899—1952，字燕舲）曾任察哈尔省教育厅长，以编著《语石异同评》、《语石劄记》、《汉晋石刻略录》、《鲁学斋自用印谱》、《葆贞拙轩石刻法帖》等享誉金石考古学界。另一堂叔父柯昌汾娶孔子七十七代嫡女孔德懋为妻，亦为著名治史学者。

莘农家世，亦颇辉煌。曾祖早年任官安徽怀宁，解组后，慕怀宁山水人文，购买田舍，以怀宁为祖籍。及清道光、咸丰间，江南多事，洪杨乱起，其祖辗转来陕，居西安曹家巷，则又为西安人矣。

生长如是诗书世家，莘农幼年得到良好的教育。及长，浸润长安一地历史文化氛围，更喜金石文物收藏鉴赏。自陕西客籍中学堂毕业，他即无意学业而热衷收藏。后在长期任主管文物保护的陕西省政府第四科科长一职期间，收藏之志愈坚。于是确定主题，费心搜求，不数年间，藏品大盛。除金石文物外，仅西安耆老毛昌杰粗列其金石拓本一项，即有"二千余纸"[1]。

其金石文物类，均系精品。按1941年2月27日教育部艺术文物考察团王子云、何正璜、姚继勋至其家采访时，柯氏先出佛像数件与西周青铜鼎2

---

[1] 参见下文所引丁卯（1927）春日长安毛昌杰序言。

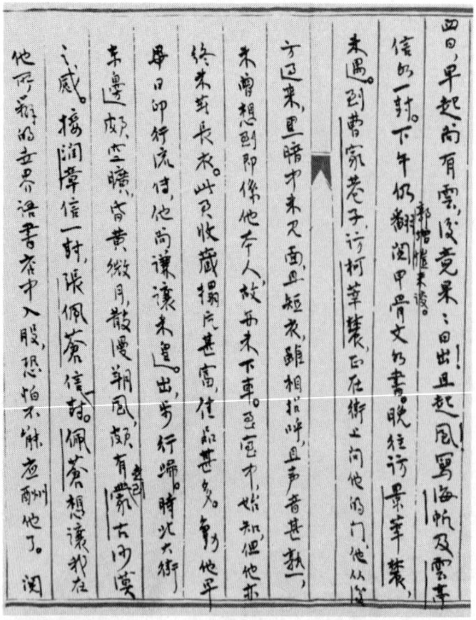
四日，早起尚有雲，後竟杲杲日出，且起風！寫海帆及雲亭
信各一封。下午仍翻閱甲骨文字之書。晚往訪景[illegible]農，
未遇。到曹家巷子訪柯莘農，正在街上向他的門，他從後
方退來，且暗中未見面，且短衣，雖相招呼，且聲音甚熟，
未曾想到即係他本人，故我未下車。至室中，始知係他，亦
終未換長衣。此君收藏搨片甚富，佳品甚多。勸他早
日印行流傳，他尚謙讓未遑。出，步行歸。時北大街
東邊頗空曠，皆黃微月，散漫朔風，頗有[illegible]古沙漠
之感。接潤章信一封，張佩蒼信封。佩蒼想讓我在
他所辦的[illegible]書[illegible]中入股，恐怕不能應酬他了。閱

图2-1-35　1933年3月4日《徐旭生陕西考古日记》片段

件，即令来访者瞠目结舌。继出“一古瓶，中道有刻纹，作飞虎状，盘旋奔跃，颇为生动”，再出汉代“小狗一对，甫立桌上”，访者“皆为之欢呼，因其形态活泼，几欲跃起而吠也”[1]。

至金石拓本，更皆精湛之品。当1933年北平研究院史学研究会考古组主任徐旭生赴陕筹设分院时，即慕名拜访。该年3月4日《徐旭生陕西考古日记》[2]故称其“收藏拓片甚富，佳品甚多”。但当徐劝其“早日印行流传”之时，“他尚谦让未遑”（图2-1-35）

柯氏将此类金石拓本与相关收藏，自建“半园”庋藏。后大部分收录于丙寅、丁卯间（1926—1927）其所辑录三十五卷之《叶语草堂金石文字存考》。册首跋语，出丁卯（1927）春日毛昌杰手笔：

“柯君莘农，博雅好古，继杨（杨实斋）、赵（赵乾生）诸公后，勤求博访，十余年得二千余纸。新有所获，必举以相示，间亦为之译考证，获益良多。”

毛昌杰后，辛未（1931）人日富平景志伊续题：

“柯子莘农与我同好，独能旁搜旧有，手抚墨踪，虽其物已散之四方，存灭听之天数，而形去神存，长留耳目。追踪刘（燕庭）、吴（愙斋）、陈（介祺）、端（方）获古长安，籍名不朽，岂独贤于烟云过眼，仅此为助我秦人张目已哉（图2-1-36），况乎是正文字，功在学术也。往者不可见，来者不可知，傥其万岁，亦犹旦暮之无常乎？是戋戋者，可胜喟耶，其可胜喟耶？”

《叶语草堂金石文字存考》稿成，因故未得石印刊布，不意竟毁于“文

[1] 注释见1941年2月27日何正璜《西北考察日记》，稿存其西安后裔处。
[2]《徐旭生陕西考古日记》，系手稿，未刊，稿存北京其后裔处。

革"运动中。幸1941年2—3月教育部艺术文物考察团王子云、何正璜、姚继勋等人曾数次专往柯氏处考察,凡事见何正璜《西北考察日记》。至摄影、记录等考察成果,则收入《教育部艺术文物考察团·西北摄影选》,今藏西北大学博物馆。

如同年3月15日何正璜《西北考察日记》:

"下午云、姚君、我三人共赴柯莘农君家,柯君为收集拓片专家,据云拓片原本甚多,因今日皆已疏散他处,现家中仅存留砖上拓片数十种,可供吾人参览。"

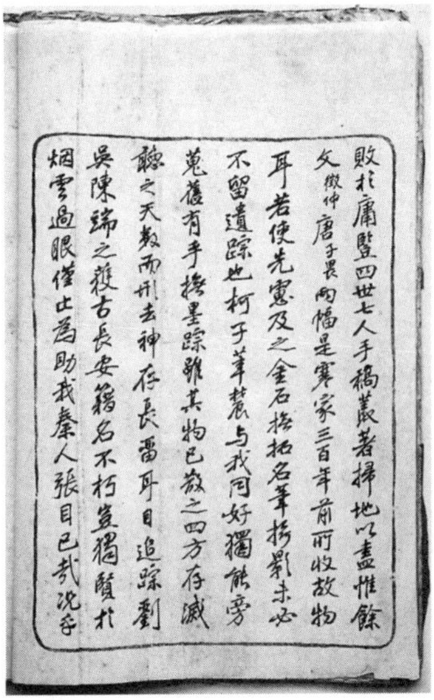

图2-1-36 辛未(1931)人日富平景志伊为《叶语草堂金石文字存考》作序局部

又记:

"凤翔出土之秦砖二块,长二尺,阔一尺五寸,纹为秦代特有风格,吾人亦累见,但此片较为清晰。汉代瓦槽之字纹五张,均为'买曹者后复有大吉',但字体各各不同。有一张较小者,字为'后子孙吉'。北魏石刻造像一张,乃河南出土。汉土圭刻字。按土圭人皆知其为祈雨之物,但其实物则人所罕见,即圭上字纹亦见者甚少,今能见此拓片,已属不易。其实物早已存列于美国博物馆中矣,其字纹为'延熹七年(164)五月九日巳时日入时雨'十四字,另一秦砖上之字甚多,为'海内皆臣岁登成熟道毋饥人'。汉砖最多,平面上为图案式花纹,整齐美观,砖侧则为各种吉利语,多为'千秋万岁'或'长乐未央'或'子孙益昌'、'富贵昌益宫堂'。"(图2-1-37)

涉及所见各物的描述,何正璜《西北考察日记》亦有独到见解。文云:

"……物以各种,……中并夹画四种,即青龙、白虎、朱雀、玄武等。各物以各种简单而富有趣味之线条表现之,极类最新式之绘画,尤其有特大朱雀一只,可谓佳作。若夹于现代绘画中,无人能识也。"

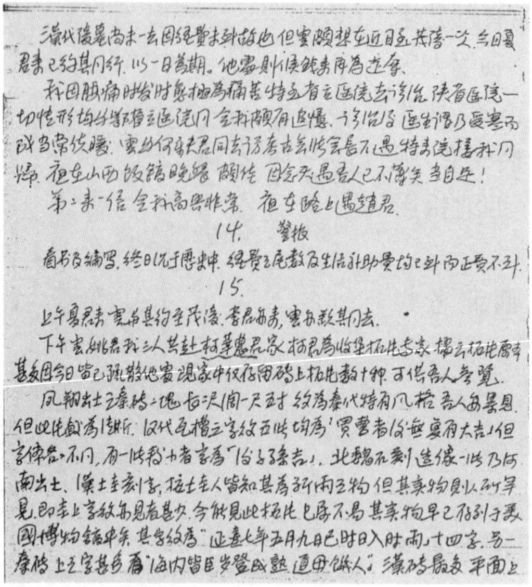

图2-1-37 1941年3月15日《何正璜日记》片段

就中"四虎"拓本者，何正璜《西北考察日记》尤投以密切关注，将其与法国沙龙超时代之画派[1]形趣相比拟。认为此实物已流失美国，今国内存拓本者，计其数，亦不过两纸。其当日所见，即为其一。关乎其他柯氏藏品，何正璜《西北考察日记》亦敏锐觉察其对美术考古研究的价值，及知其流落欧美行踪，则不免痛心喟叹。

试看当日何正璜《西北考察日记》一段精彩记述。文谓：

"另有一张拓片，为四虎，其构图及线条之运用，吾人无言可述，二千年前之墓中古华，竟与法国沙龙超时代之画派同一形趣，实为令人不可思议之事。此物现在美国，全中国仅有拓片二份，此乃其一，长七尺。以上各秦汉砖等，本国亦仅存有拓片，且数目亦少，若其子孙不肖，则国人更连睹此拓片，亦不可能。实物已分存欧美各国，成为各国博物馆中灿烂珍贵之物品，而其祖国人士不惟未见，抑且未知。吾人叹息痛心之外，无话可说。"

---

[1] 疑法国超现实主义（surrealism）画派之误。该画派由法国作家布列顿（Andre Breton）等创始于1924年，以先后于巴黎两次发表《超现实主义宣言》为契机，标志超现实主义画派正式形成。其主旨，以"下意识的领域"，如梦境、幻觉、本能等为创作根本，主张从潜意识思想实际中获得"超现实"的诉求。代表人物有萨尔瓦多·达利（Salvador Dali, 1904—1989）、雷尼·马格利特（Rene Magritte, 1898—1967）等。

不只是何正璜《西北考察日记》的记述,在其后结集形成的《教育部艺术文物考察团·西北摄影选》中,亦辑录不少柯氏所藏金石拓本与实物图片,每一图像旁侧,均附有说明文字。兹撷摄影选第八辑部分编号图像文字条目如下:

(21)汉墓砖拓片。取材为字、四灵及虎等。其线条之雄健有力,实充分体现汉代艺术之精拓片,为长安柯氏所藏。

(24)汉代字砖拓片。刻长乐未央、子孙益昌八字,正中统一马,尤为活泼。长安柯氏藏。

(25)汉代字砖拓片。文作"富贵昌……寿万年"等吉祥语。篆书。全砖长尺许,厚二寸余。原砖已售于国外,拓片与前(21)同为长安柯氏藏。

(26)汉代朱雀拓片。构图与最新式图案相同,而刻线古拙,遒劲则远逊之。原物已不知去向,拓片为长安柯氏藏。

另可珍者,为《叶语草堂金石文字存考》,辑毛昌杰、张溥泉、于右任、景莘农、党晴梵、沈兆坤、许以粟等人题识及柯氏本人藉诸种载体记其藏品之信息。

如前述1927年6月3日《君子馆日记》:"……又为(柯)莘农跋刘平国碑……"(图2-1-38)

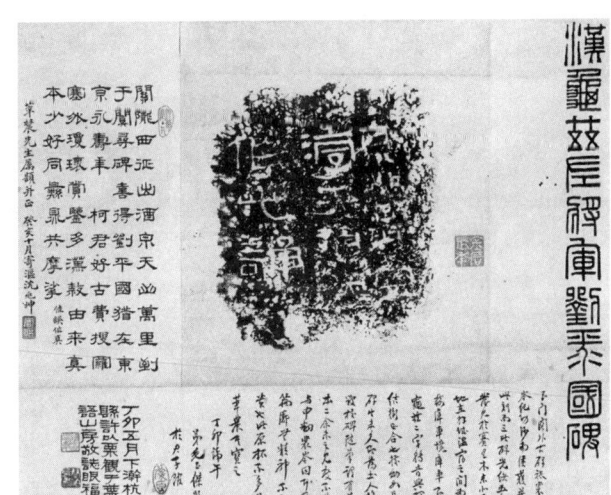

图2-1-38 叶语草堂藏汉龟兹左将军刘平国碑拓本(局部)有毛昌杰、沈兆坤等题跋

图2-1-39　叶语草堂藏"益延寿"砖拓本

又1928年6月29日《君子馆日记》记柯氏藏隋开皇六年（586）督东宫左亲卫郁久闾伏仁砖墓志铭。毛跋："右砖柯莘农以五十元购得，数年未有识者，因太残蚀也。前日精打本为细译之，以备考证。"

再1931年7月10日《君子馆日记》："星期五。跋益延寿砖。此砖花纹篆书并精美，余旧作跋尾一篇，考之甚详的。系汉武帝时制作，至可宝贵。本为怀宁柯莘农所藏，荒年以贱值售于人，先运沪上，今日度已渡海而东矣。惜哉！辛未夏日题。"

《君子馆日记》散存其对柯莘农金石文物藏品的题识，通过对柯莘农后裔的多次采访，率多尚可与原来旧物对照。虽稍有差异，但基本主旨却是相同的。兹列图两种，以便读者鉴赏参考（图2-1-39、图2-1-40）。

查1944年5月7日《张溥泉日记》，亦有相关柯氏藏物之记载。文云：

"到柯莘农寓，观其所藏金石拓本多种，内有丁苿臣藏多种，殷器居多，字文稀少。汉瓦当拓本四册，其余金器拓本，以克鼎字数为最多。毛公、散氏皆无，不得谓精藏。然柯君积三十年之精神，能随时收集各种拓片，亦难能也……"

丁苿臣者，为清季著名金石古物收藏大家。清刘鹗壬寅（光绪二十八年，即1902年）正月二十八日（3月7日）《抱残守缺斋日记》：

"申刻，赴刘竹溪之约。坐中有丁苿臣叔侄，又有李姓号云从。闻其金石之学甚精，盖久与潘、王、盛诸君相周旋者。论古所卖礼器属其鉴别。据云乾隆拓本已甚精矣。"

柯氏藏物之汉吉羊（祥）文字砖，有1927年3月29日于右任题跋。丁卯

第二章 途径与方法：

图 2-1-41　叶语草堂藏安阳殷墟铜戈拓本

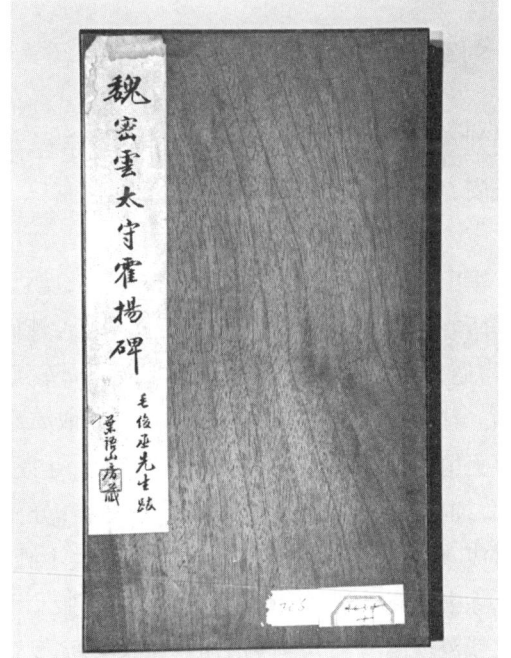

图 2-1-40　1931 年 7 月 10 日长安毛昌杰为叶语草堂藏"益延寿"砖题跋

图 2-1-42　叶语草堂藏魏密云太守霍扬碑册页

(1927)八月,柯氏本人另于左侧题跋:"汉吉羊砖,四川新繁出土,当系王莽故宫之物,旧藏福山王文敏家,今归丰润张氏藏。"

经《叶语草堂金石文字存考》著录之部分物品,有幸躲过诸次浩劫而得以存留。笔者寓目柯氏金石拓本结构,要为汉魏隋唐至明清各代砖瓦石刻拓本及殷墟玉器与陕、豫、蜀、鄂等地出土的鼎、盘、壶、彝等三代故物拓本(图2-1-41)。累累题识者,多毛昌杰、于右任、景莘农、党晴梵、沈兆坤、许以粟等人所为。

仅擢汉唐碑版拓本一项,瞩目者至少有《汉广武将军碑》、《汉龟兹长将军刘平国碑》、《东晋爨宝子碑》、《刘宋龙骧将军碑》、《魏密云太守霍扬碑》(图2-1-42)、《魏鲁郡太守张猛龙碑》、《隋李富娘墓志》及明清以至民国的《草诀百韵歌》、《金刚般若波罗蜜经》等。

如是宏富庋藏,大得资深藏家钦慕。癸亥(1923)十月寄沤沈兆坤因此赋诗:"关陇西征出酒泉,天山万里到于阗。寻碑喜得刘平国,猎在东京永寿年。柯君好古费搜罗,塞外琼瑶赏鉴多。汉隶由来佳本少,好同彝鼎共摩挲。"

不难发现,该诗虽只是围绕拜城博扎克拉格沟沟口岩壁间汉永寿四年(158)八月龟兹左将军刘平国摩崖文字的一种即兴,但文辞语意间,实已触及柯氏珍藏数量、品级的鉴评。

四、刘军山《潜旭草堂长安雅陶考》

刘军山,名昌营(莹),军山其字,以字行。山东范县(今归河南)人。后居长安,嗜古重藏,因颜其斋曰"潜旭草堂"、"羽阳千秋馆",故又称"潜旭草堂主人","羽阳千秋馆"等。

军山早年入军伍,以果敢闻。好读书,嗜古,擅文赋,亦擅书法。离伍后,偿其所好,醉心金石文物之收藏。遇佳品,辄倾资以购。抗战爆发后负笈来陕,得遇文物胜地,收藏欲望愈炽。及顾周秦汉唐古都所在,辄喟叹古物流散之烈。且谓上古砖瓦一途,耗资最少,获取亦易,况字画古茂,最具学术意味与审美情趣,应亟收之。以财力、机遇计,于是定秦汉隋唐砖瓦为主题,广交友朋,细心搜求,未几,箧箱盈满。视品类,分瓦当、画砖、佛像、陶器诸种,论及时代,则上起秦,下至隋唐,琳琅满目,美不胜收。

除去陶、砖,刘军山尚注意钱范、古籍版本等物的收藏,所著《羽阳千秋馆两汉钱范模图考》,可与《潜旭草堂长安雅陶考》骈行。至古籍版本,则以早年捐赠陕西省图书馆明正德九年(1514)司礼监刻本《少微通鉴节要》(图2-

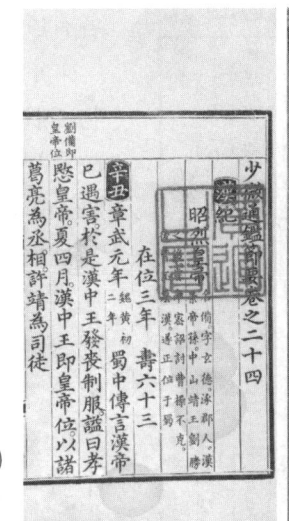 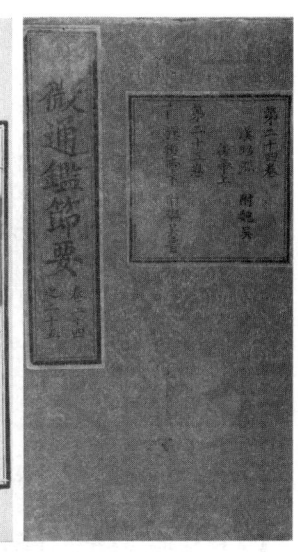

图2-1-43 明正德九年（1514）司礼监刻本《少微通鉴节要》封面、扉页

图2-1-44 陕西省图书馆庋藏《碛沙藏》经法苑珠林一部写真 1953年摄

（图2-1-43）五十卷、《外纪》四卷等物为著。

刘军山之丰富庋藏与鉴赏实力，得藏界、学界普遍认同。1951年前后，陕西省图书馆专门请其整理、清点该馆珍藏《碛砂藏》（图2-1-44）[1]等，他也慨然将其多年珍藏古籍版本与《羽阳千秋馆两汉钱范模图考》及《潜旭草堂长安雅陶考》手稿等无偿捐赠陕西省图书馆。在1950—1952年西安各界向博物馆捐赠文物活动中，他所捐赠的物品就有珍藏多年的精品瓦当拓本[2]。

军山事迹，陈直《摹庐藏陶捃存》、《关中秦汉陶录提要》、《西安出土隋唐佛像通考》等著述迭见记述。《西安出土隋唐佛像通考》故称："余旅客西安，历二十余年。友人中如柯莘农、刘军山、薛定夫、沈次量、陈尧廷诸家，皆

---

[1] 郎菁：《陕西省图书馆馆藏古籍中的名家藏本》，载天一阁博物馆编：《天一阁文丛》2010年第8辑。
[2] 参见西安碑林博物馆藏《一九五〇年—五二年底捐献文物姓名单》。

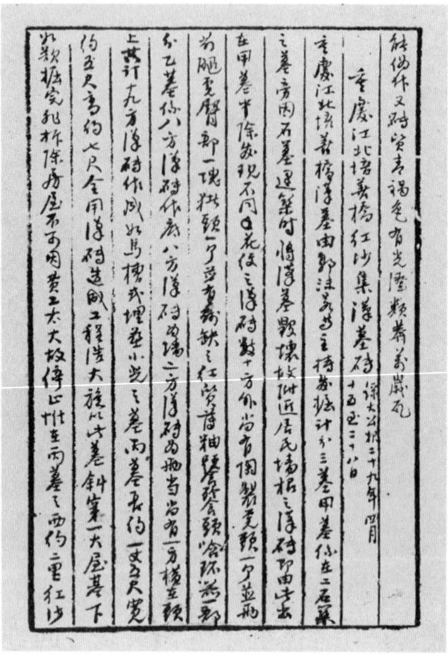

各有所藏，缤纷璎珞，蔚为大观。"

审视箧中所藏诸类砖瓦陶器之物，刘军山有意集拓类比，逐一考证。故将视觉移向海内，遇珍品，皆笔录摹绘。经久，箧藏更富，眼界愈宽。于是集合精品，以史为线，又分门排序，每器一条，分别按名称、尺寸、形制、花纹与字画结构、出土地点诸要素论述，题作《潜旭草堂长安雅陶考》。依稿末题识"中华民国三十八年（1949）清明节范县刘昌营军山氏识于西安市"，知其完稿当在1949年清明节前。

《潜旭草堂长安雅陶考》稿成，刘军山送至时任陕西省历史博物馆馆长之曹仲谦处请其鉴赏、题跋，图为刊布。但不知何故？曹氏晚至甲午（1954）七月八日方才题识："山东范县刘昌莹，号军山。行伍出身。壮岁投枪讲艺，最可钦佩。观其文字，即号古枕矣。甲午七月八日记于寄庐灯下。仲谦时年七十有三。"

图2-1-45 刘军山《潜旭草堂长安雅陶考》"重庆江北培善桥红沙集汉墓砖"条（手稿）

20世纪80年代初期，笔者因调查西安古玩碑帖业历史，有幸于友人处见此稿本，凡百数十品，每品一条目，各系考释文字百数十，多钤"军山手拓"小章，纤细精致，可想见原拓状貌。各条文字，皆小字行书，鲜丽遒劲。观其考论根底，皆不无精到，不啻论文之举。

择选《潜旭草堂长安雅陶考》辑录秦汉隋唐砖瓦精华，计有秦仪礼画花砖侧、秦饕餮砖、秦马画砖、汉四虎千秋万岁砖、汉长生未央砖、长生未央日利千万砖、汉星神威风千秋万岁长乐未央砖、汉传形四星神长乐万世延年益寿砖、汉射御三界千秋万世长乐未央砖、汉益延寿砖、汉斜拱格画脊砖、汉瓦棺前当后档及两侧画、汉瓦棺侧飞鸟画、汉龟蛇房脊残砖、汉居摄都司空砖、王莽寿成室砖、重庆江北培善桥红沙集汉墓砖（图2-1-45）、后赵石安韩詠砖、后赵石安郭平砖、赵郭平砖、后赵石安韩醜砖、北魏五谷丰登砖、东魏天平元年（534）大长砖、北周振字斜格砖、北周马砖、北周榴花狮子画花砖、北

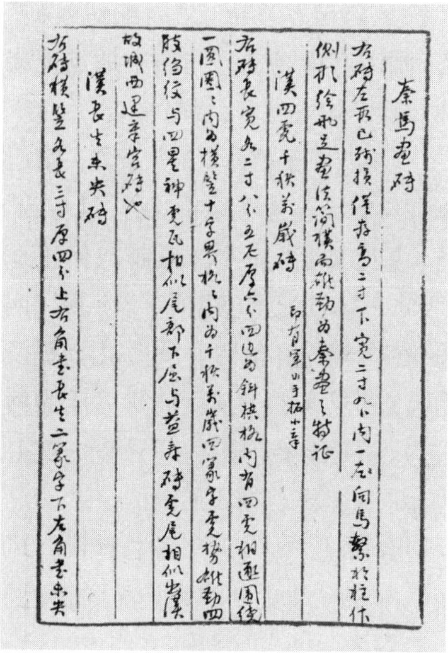

图2-1-46　刘军山《潜旭草堂长安雅陶考》"汉四虎千秋万岁砖"条（手稿）

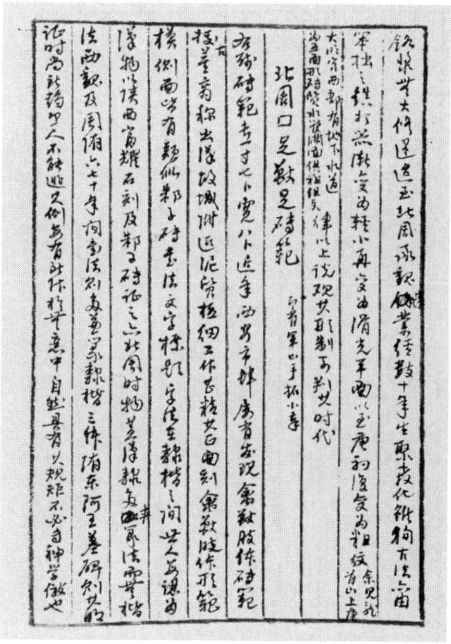

图2-1-47　刘军山《潜旭草堂长安雅陶考》"北周□足兽足砖范"条局部（手稿）

周细钮纹砖、北周□足兽足砖范、北周野鸡砖范、唐大明宫水道砖筒、唐官匠马弘砖、唐官匠郑强砖、唐郑世强砖诸品。

如"汉四虎千秋万岁砖"条："右砖长宽各二寸八分五卜，厚六分。四边为斜拱格，内有四虎相逐围绕一圆圈。圈内为横竖十字界格，格内为千秋万岁四篆字。虎势雄劲，四肢皱纹与四星神虎瓦相似，尾部下层与益延寿砖虎尾相似。出汉故城西建章宫砖也。"（图2-1-46）

又"北周□足兽足砖范"条："右砖范长一寸七十（分），宽八十（分）。近年西安市肆屡有发现，禽兽肢体砖范，据古董商称出汉故城附近，泥质极细，工作甚精，其正面刻禽兽肢体形。"（图2-1-47）

再"北周细钮纹砖"条："右砖（长）三寸三卜，宽一寸七十，厚六十，全面现正方形，铁打细压，成细钮纹，较汉时约细一倍。盖人文进化，就轻避重，而用具亦渐轻小，致钮文不及汉时粗拙，故定为北周物。因周时建筑佛寺甚多（军山注：民国三十四年（1945）西关外修飞机场，东桃园村发现天和经幢），需砖亦多也。"

上揭"汉四虎千秋万岁砖"条，大类考古类型学、比较学意味。"北周□

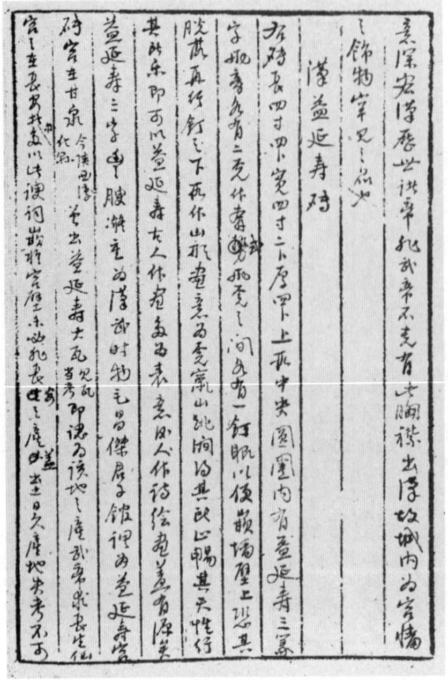

足兽足砖范"条与"北周细钮纹砖"条,则注意市场动态与出土地点及诸种文献实物之互证,皆可宝贵。

"汉四虎千秋万岁砖"条外,《潜旭草堂长安雅陶考》尚录"汉益延寿砖"条,窥其文字,知此砖形制与何正璜《西北考察日记》记述柯莘农所藏"四虎"拓本相同。条目中,刘军山尚提及毛昌杰《君子馆日记》披露毛氏为柯氏"汉益延寿砖"题识事(图2-1-48),但却未见其寓目柯氏所藏的记录。

合而述之,以上三种总计设计风格基本与尺寸规制均大类类同,主题图案均为两两背向对称之四虎,区别只在两两背向对称四虎图案之间上方,一种为篆书"千秋万岁";两种为篆书"益延寿"。

图2-1-48 刘军山《潜旭草堂长安雅陶考》"汉益延寿砖"条局部(手稿)

《潜旭草堂长安雅陶考》辑录各物出土地点,要在关中一线,以汉唐长安故城遗址所出为最。如"唐官匠郑强砖"等条前侧,有军山小字题识"长安刘汉基经眼"长方章。推测此品或为刘汉基提供。

超出关中区域,《潜旭草堂长安雅陶考》尚有不少辑录。如重庆江北培善桥红沙集汉墓砖一品,未知如何得为军山收藏。阅此品注释军山语作"录大公报二十九年(1940)四月十五日至二十八日",可知《潜旭草堂长安雅陶考》辑录诸品源流,略作考释之心力。

前清金石家辑录砖瓦,每失之于粗疏简陋,涉及出土地点,亦大多语焉不详。至品类组合,更率多常品,或交相混杂,逻辑纷乱。惟《潜旭草堂长安雅陶考》所辑,立意重视出土地点与文献互证,且注重精品收藏,目的盖使前清之弊稍有矫正矣。虽定名称谓未尽妥帖,某些考论亦难免偏颇,然在当时学术背景下,亦非易事了。

军山所藏,不独周秦汉唐诸胜朝历史之遗留。至新莽改制,南北朝对列,十六国纷乱诸纷乱过渡时期遗物,亦潜心搜索,发力辑录。如《潜旭草堂长安雅陶考》所录后赵石安韩詠砖、后赵石安郭平砖、赵郭平砖、后

赵石安韩醜砖、北魏五谷丰登砖、东魏天平元年（534）大长砖系列，琳琅萃集，向为鲜见，品物气韵，古拙苍莽，更足珍贵，当为北朝工艺历史研究之重要资料。

只此一点，则《潜旭草堂长安雅陶考》本身所具有之珍贵历史价值与艺术价值，故可想见。

遗憾者，一是刘氏费尽心力，期望付梓，然直至其辞世，《潜旭草堂长安雅陶考》却终未刊行；二是限于刘军山本人教育背景及当时学术研究水准，《潜旭草堂长安雅陶考》只能就一品、一物来连缀发论，不惟失之于简陋狭小，且因现存稿本，阙佚不全，遂致诸多珍贵历史、艺术信息被遮蔽、隐伏，殊为可惜。

客观而论，通观全篇，虽然作者于娓娓考论之中也曾竭力引申，期望扩张，但察其主旨，因难以突破金石考据学的羁绊，故其朴拙品质与良好愿望，事实上未能得到有效挥发与阐释。

以军山眼力、心力，迄今所见军山陶器藏品，多有拓本和文字题识，惟《潜旭草堂长安雅陶考》独与拓本脱离，令人怀疑？后据西安阎秉初提供信息，知刘军山于《潜旭草堂长安雅陶考》外，另有《潜旭草堂长安雅陶图考》，亦未刊行，今藏陕西省图书馆。则此两者相合，恰成全璧，当为艺苑趣事矣。

五、结语

选择五种著述进行初步讨论，盖望以此获观1949年前陕西金石收藏著述的大致概况，并图以与西部美术考古主题有所关联，进而有助于我们观察两者之间的渊源关系，扩充我们的研究路径，增益我们的研究方法。

事实上，现代科学意义上西部美术考古历史的缘起、发展，应从保留浓郁金石考古遗韵的诸种金石收藏著述中获得过一定的营养与影响。将早期西部美术考古历史脉络与五种著述相比较，自不难发现其间的奥妙、原委与价值、意义。

如五种民国西安收藏著述分别涉及秦汉玺印、碑帖拓本、三代铜器拓本与秦汉隋唐砖瓦，虽体例粗疏，议论多显浅平，但因根基周秦汉唐故土，且基本涵盖陕西金石文物之精髓、特质，不啻一部陕西金石考古简史与文物简史，有窥其一而得全豹之功用。

王国维在《宋代金文著录表序》中指画分类传统金石学著述，称"今就

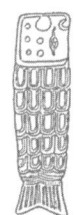

诸书之存者论之,其别有三:与叔考古之图,宣和博古之录,既写其形,复摹其款,此一类也;啸堂集录,薛氏法贴,但以录文为主,不以图谱为名,此二类也;欧赵金石之目,才甫古器之评,长睿东观之论,彦远广川之跋,虽无关图谱而颇存名目,此三类也"[1]。

  观察五种民国西安收藏著述,《鹤舫藏印》、《望古斋印存》当属"既写其形,复摹其款"一类。《翰墨堂志拓目录》固属"虽无关图谱而颇存名目"之第三类。《叶语草堂金石文字存考》、《潜旭草堂长安雅陶考》及《潜旭草堂长安雅陶图考》则具诸类之共性且现跃跃超前之势,反映出近代科学崛起,学术日新,人文交流速度加快等新思潮的影响。它们虽各具风格,前后有差,总体程式、气韵及著述诉求,却仍与传统金石考古体系密切相连,气息相同,而与一定现代意义的美术考古学体系相比,仍有根本的差异与一定学理意义上的区隔。尽管从早到晚,有不断进展、尽力出新的趋向诉求,且愈到晚期,趋向愈浓。

  进窥另一种视阈,我们发现五种民国西安收藏著述均出自藏家之手,总体特征有明晰的资料性、实证性,具有一定的秦人重视实际、不尚空谈之意味与倾向,昭示出民国西安美术考古与收藏著述之鲜明特质及地域特色。

  就目前学术研究现状观察,区域美术考古研究亟待深入,区域美术考古史建构则刚刚起步,此五种民国西安地区美术考古史论著述的集结与讨论,虽属初阶,但对于前者却无疑具有补充、推动的功用。其中如《潜旭草堂长安雅陶考》辑录秦汉隋唐砖瓦,在其后陕西文物考古调查发掘中,多有发现,有些则迄今尚未见及,学术价值赫然隐现,希望引起美术考古学界、收藏界以及相关学科研究者的注意。

  勾勒史线,从《鹤舫藏印》、《望古斋印存》到《翰墨堂石墨英华》及《叶语草堂金石文字存考》与《潜旭草堂长安雅陶考》,有明显自著录到考论的生长变化痕迹。亦即早期之《鹤舫藏印》、《望古斋印存》以及《翰墨堂石墨英华》,尚留晚清金石考据著录余韵,晚期《叶语草堂金石文字存考》与《潜旭草堂长安雅陶考》的出现,已反映出民国西安收藏著述的相对成熟与较高水准,其虽不能与同时期京、津、沪、宁等文化发达地区相比,然在陕西一地,已属可贵,折射出西安一地文物著述结构的变化及著录、研究水准之提升。

  比较而言,《叶语草堂金石文字存考》与《潜旭草堂长安雅陶考》为五

---

[1] 王国维:《观堂集林》卷六,北京:中华书局,1959年,第295~296页。

种著述中较为完备、丰富的两种,其中《潜旭草堂长安雅陶考》尤为瞩目,其收录品物相对考究,议论鉴赏简洁精当,并注意最新研究手法之契合羼入,相对其余诸种,具有较高的学术价值。

可以认为,囿于多种原因的限制,五种相关民国西安地区美术考古历史的著述在当时环境下并未能公开刊行,彼此之间尚缺乏内在的构结与联系,各著述内涵、形态、特质、体例等,均携带浓郁的时代印痕与著述者本人的编纂诉求与审美趋向,看似连贯的史线趋向,皆缘于历史本身发展规律的支持与营养。除身任陕西考古会委员长张扶万的《唐长安城金石考》凸显一些接近现代美术考古主题的倾向外,至本文所谓的五种著述,都还未能与现代意义的美术考古发生良好的交融与对接。虽然上述各单位也曾与五种著述主人有过程度不同的接触[1];刘军山《潜旭草堂长安雅陶考》也曾辑录、议论咸阳出土汉瓦棺前当、后当及两侧图案,聊发过一些略具美术考古意味的浅显议论,但比之于教育部艺术文物考察团的志趣、目的与实践[2],不管是理念、方法、语境、深度,彼此的差异仍是显而易见的。

应该指出,我们将五种民国西安收藏著述合为一题单独议论,并不排斥其他相关西部美术考古历史著述的品质与意义。其最大目的,一是通过最大限度的钩沉发微,期望不使大量美术考古历史信息湮没流失,二是期望通过本次披露与讨论,尽力扩展西部地区美术考古历史内涵,抛砖引玉,促成美术考古界与收藏界对同时期其他相关著述的钩沉、关注,从而重新审视、利用这一时期的全部美术考古史资料,使之最大限度地裨益于美术考古学科的发展以及相关研究的推进。

---

[1] 如前引1933年3月4日《徐旭生陕西考古日记》称柯莘农"收藏拓片甚富,佳品甚多"。但当徐劝其"早日印行流传"之时,"他尚谦让未遑"。
[2] 参见《教育部艺术文物考察团西北摄影集选》及1941年2月25日教育部艺术文物考察团秘书何正璜考察日记。均系手稿,前者藏西北大学博物馆,后者藏西安何正璜后裔处。

第二节　美术考古元素的提取与利用

无论是研究陕西近代考古历史或是追溯西部美术考古历史，张扶万其人都是绕不过去的一位重要人物。

依据富平杨怡鲁编著《张扶万先生年谱》[1]及张扶万本人《自述》[2]等相关资料，知张扶万本名鹏一，扶万其字，号一叟、树叟、一（壹）翁、又一翁、在山草堂主人等。同治六年（1867）生于陕西富平董南堡。光绪二十三年（1897）丁酉科陕西乡试举人，翌年入京会试，谒康有为于上斜街万木草堂，自此师从康有为，成为康学问、人格以及艺术品收藏诸方面的重要追随者（图2-2-1）。光绪三十四年（1908）任长治知县，宣统元年（1909）任山西大

图2-2-1　张扶万晚年照（左）、康有为中年照（右）

---

[1] 杨怡鲁编著：《张扶万先生年谱》，收入政协富平县文史资料委员会编辑：《富平文史资料第十七辑·张扶万先生专辑》，铅印本，1993年3月。

[2] 手稿，稿藏陕西省政协文史办。

学堂庶务长，入民国任陕西吏治研究所所长、陕西孔教会会长等职。1934年2月，国立北平研究院与陕西省政府合组陕西考古会，他以花甲高年出任委员长。1937年6月，发起成立西北史地学会，被推为理事长。1938年5月至1940年，兼任西安碑林管理委员会主任。1939—1943年，尚出任陕西省临时参议会参议员。

张扶万精通内典，阅历丰富。但建树最高者，则是他的金石考古之学。以故《西北革命史征稿》誉其为"关中淹博士"[1]。1945年出版的

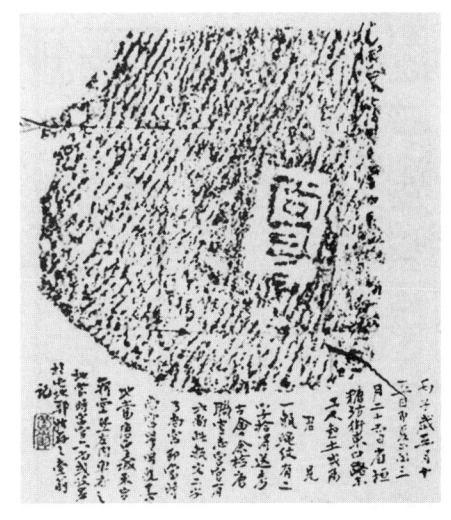

图2-2-2　张扶万题跋唐"尚宫"残砖拓本

《陕西文献》还称他是"关辅四十年来最博洽者"。著名秦汉史学者陈直点画近代"关陇学者"时，则谓"（天水冯国瑞[2]）君与富平张扶万（鹏一）丈殆相颉颃"[3]。

围绕金石考古主题，初步统计他的重要著述大致有《唐代日本人来往长安考》《画墁集补佚》《家藏金石目录》《富平金石录》《苻秦建元四年张产碑跋》《蒲城邓太尉祠碑跋》《北魏松滋公元苌温泉颂碑跋》《晖福寺碑跋》《泾州石窟寺碑考》《汉灵文侯夫人寝在富平县温泉北岸考》《散氏盘铭》《王观堂散氏盘考释》《唐大明兴庆两宫图残石跋文》《唐长安城尚宫砖考》（图2-2-2）、《吕刻唐长安宫城图考》《唐长安城金石考》《西京市西仓内唐承天街古槐碑》《金富平宝泉禅院牒文跋》《金纥石烈六十二母郡太夫人墓志跋》《商周铜器多出于今陕西凤翔岐山宝鸡眉县扶

---

[1] 见张瑞玑《曹印侯墓表》，收录于陕西革命先烈褒恤委员会编印《西北革命史征稿》"曹印侯传"，1944年初版。
[2] 冯国瑞（1901—1963），甘肃天水人，字仲翔，号牛翁，一号渔翁，别号麦积山樵。曾入清华研究院，师从梁启超、王国维等国学大师。民国时期曾任兰州大学、西北师范学院教授、青海省政府秘书长、陕西省政府顾问等。1949年后任甘肃省文物管理委员会主任、甘肃省政协委员等职务。著《绛华楼诗集》《张介侯先生年谱》《麦积山石窟志》《炳灵寺石窟勘察记》等，辑有《守雅堂稿辑存》等。1927年6月13日梁启超致薛笃弼信函誉其"百年以来，甘凉学者，武威二酉堂之外，迨未或能先也"。参见孟永林：《梁启超致冯国瑞、薛笃弼手札及题跋》，《民国档案》2012年第3期，第50页。
[3] 引自1941年12月陈直为冯国瑞藏梁启超信札题跋，参见孟永林：《梁启超致冯国瑞、薛笃弼手札及题跋》，《民国档案》2012年第3期，第53页。

风各县说》《游宝鸡县鸡峰山记》、《在山草堂日记》《在山草堂诗钞》、《在山草堂文集》等。其中出任陕西考古会委员长并著述《吕刻唐长安宫城图考》《唐长安城金石考》，应是其学术生涯中巅峰之作。从目前掌握资料信息观察，这两本著述成稿虽都在1936年，但后续补缀工作却一直持续至1943年7月他撒手病逝于富平董南堡故宅。

张扶万一生著述，多未刊就，殁后诸手稿尽由其哲嗣张午中（丙昌）于20世纪50年代捐赠于陕西省政协，今存陕西省政协文史办。弥足珍贵者，则为《吕刻唐长安宫城图考》

图2-2-3 《唐长安城金石考自序》（抄本，非张扶万亲笔）局部

与《唐长安城金石考》。前者凡9卷，后者仅4卷。与后者相互参照、交相呼应者，尚有《唐长安城金石拓影》。关于它们之间的渊源关系，张氏在1936年3月25日写就的《唐长安城金石考自序》（图2-2-3）中，曾有较为详尽的阐释。文云：

"余辑唐长安城图考证，于考证宫殿、坊里事实，多所征引，惟金石一类，不能备列。因别辑金石考八卷，互相发明。写稿既毕，喟然叹曰：唐长安城中，宫阙台省，民居寺观，个物骈阗，建筑宏丽，今不可见矣。若乃精神寄托，铭金镂石，宗庙之陈列，街衢之揭示，在当时触目皆是，今则烟消迹灭，零落可数。乃知朝市改革，宝物毁弃，历史之往事皆然。"

事实上，越过"自序"的藩篱，窥张氏两著，盖与时势跃进，考古发皇，金石考古急切融入新考古学体系，考古学支系美术考古学萌芽随之适时丛生等学术因素不无关系。堪称新标者，则是当时西部首府长安一地陆续出现的西京筹备委员会、国立北平研究院与陕西省政府合组陕西考古会、中央古物保管委员西安办事处等学术单位建构，以及大批考古人士的集聚与陕西省民政厅、宝鸡斗鸡台、西安莲湖公园等地蓬勃开展的考古发掘和以

陕西考古会为主体的一系列考古调查与文物征集并文物保护管理工作的热烈参入。

有幸的是,张氏本人主持并引领了上述层面的多向变化,亲身感受到人文跃进、学术蜕变的时代脉搏。并且,以前清举人头衔并金石考古中坚的身份与经历,在积极倡导、引领学术革新的洪流中,张氏显然还有更深的感触、更急迫的诉求。

如1935年他以公干游历京华,遍交故旧硕学时,张即萌生"掌故胸罗并清珍,历朝史表最标新"[1]的感触。及考古会调查、发掘以及文物征集进入重要阶段之际,他又与徐炳昶、黄仲良等考古同人频频赶赴实地考察汉唐长安城遗址、火车站兴工处、斗鸡台发掘工地、秦石鼓材料来源地(图2-2-4)……亲身感受科学考古带来的崭新学术景象。录斗鸡台发掘工地"所开六坑,凡六处,白君万玉,引绳测量,龚君元忠,摄影留真,余人记录各坑方向浅深,各器物品名目,种类件数,今不备录"[2]诸事,聊发"周秦往事记雄风,古简微茫想象中。为访旧祠陈仓坂,重寻遗址羽阳宫。山川共赏登临美,墙壁欣看写画工。领略开新今日事,策鞭莫厌路西东"[3]那样的学术感慨。当1939年日寇飞机频频轰炸西安,张还致力西北史地学会之筹设,恳切约请流

图2-2-4 1937年5月徐炳昶(左)、张鹏一(右)宝鸡寻访秦石鼓材石合影 黄仲良摄

---

[1] 引自张扶万1935年4月1日(旧历二月二十八日)《在山草堂日记》录京华诗草,此诗未录入张氏《在山草堂诗录》。
[2] 壹翁(张扶万):《游宝鸡县鸡峰山记》,载《陕西教育刊》1937年第3卷第2期。
[3] 壹翁(张扶万):《宝鸡记游诗八首》其一,出处同上。

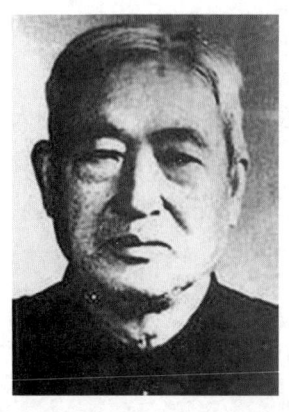

图2-2-5　徐士瑚（1907—2002）

亡陕西三原之山西大学校长徐士瑚[1]（图2-2-5），明确表示：“鹏（一）鄙处边域，壮岁无闻，老学益难。自北平研究院分所来西安，始与北方硕学相接。”[2]

因此，1934年3月陕西考古会省垣民政厅发掘获唐大明兴庆两宫图残石之时，张即敏锐感悟到其本身蕴藏的重要历史、艺术价值，并怡然接受新考古学术思维方法影响，接连撰写《唐大明兴庆两宫图残石跋文》、《唐太极宫图残石跋文》，先后刊布于《北平研究院院务汇报》[3]、《西京金石书画集》、《西北诌议》、《国风半月刊》等刊物杂志（图2-2-6）。这些跋文不仅洞开了三宫图石刻研究的先河，同时也为他其后立意著述《吕刻唐长安宫城图考》、《唐长安城金石考》做好了铺垫。《唐长安城金石考自序》所谓“余辑唐长安城图考证，于考证宫殿、坊里事实，多所征引，惟金石一类，不能备列。因别辑金石考八卷，互相发明”，正是他跃入新时势潮流，学术思维发生重大变化的微妙说明。

唐大明興慶兩宮圖殘石

富平張扶萬先生題跋原文如下陝西考古會於今歲二月由民政廳二門內院中（即前藩司署院）掘出殘石一方長舊尺二尺六寸許寬二尺一寸許中刊唐代大明宮興慶宮兩圖惜大明宮圖僅存望仙丹鳳建福三門餘悉殘缺考唐代宮城石刻今世無傳刊本有韋述兩京新記亦非完帙元李好文長安志圖一卷今附刊於宋敏求長安志中載唐大明宮圖唐宮城圖唐禁苑圖獨無興慶宮圖今以此石刻與長安志卷九（據畢氏刊本）所載興慶宮互校大致相合惟仙靈門今志誤作仙雲（徐松兩京城坊考亦作仙雲）龍池在南薰殿南今志云南薰殿北有龍池亦石刻是而志非也石刻中有一水自東入宮內經瀛洲門分一支南流入龍池其正流由瀛洲門北穿大同殿北逕西出宮城考之志圖卽當時龍首渠自京城外東南導滻水至長樂坡釃爲二渠一北流入禁苑一卽此圖之渠經通化門興慶宮西入太極宮云云今幸有此圖明其故道徐氏兩京城坊考內西京外郭城圖載龍首渠分一支入春明門北西流入興慶池以下與此圖不合而興慶宮圖不載此渠程大昌雍錄載興慶宮圖與此石合而亦無龍首渠則此圖可貴矣興慶宮故址在今西安東關外東南隅周五六里卽其地也宋時用石刻長安各圖者有元豐三年知永興軍呂大防碑圖至金元之亂碑刻已失元至大壬子谷口邵邦用跋語云（邵君保金時人曾爲京兆府學教授亦當時學者）呂刻石圖舊在京兆府公署兵後失之有雷德元完顏椿者得碑本命工鋟梓附於長安志後卽今本志圖也據此則殘石當卽呂氏所刻而今始出也

图2-2-6　1934年5月出版《西京金石书画集》第二期刊载张扶万宋刻唐大明兴庆两宫图题跋

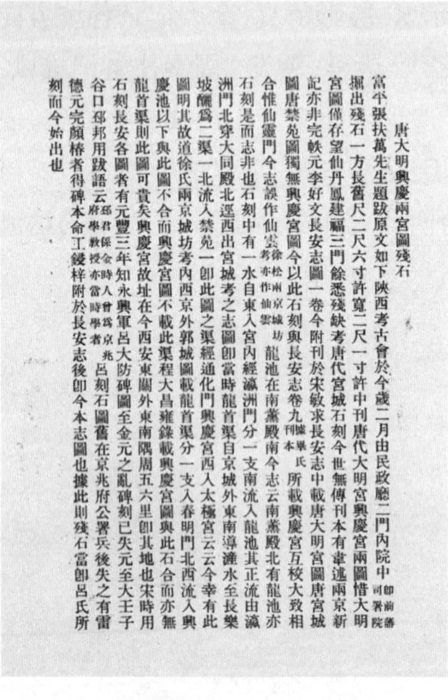

得唐大明兴庆两宫图残石（图2-2-7）发现的导引与启示，张氏特别注意到盛唐长安领袖中国历史一代风华的巨大文化产量以及高标人文艺术规制，期望倚靠自己通晓典籍，熟稔金石

[1] 徐士瑚（1907—2002），字仙州，号云生，山西五台人。1925年入清华学堂，后入爱丁堡大学，获硕士学位。1936年回国，历任山西大学英语系教授兼系主任、文学院院长、教务长、代理院长、山西大学校长等。译著有《契诃夫》、《莫里哀》、《莎士比亚的戏剧》等。

[2] 引自张扶万1939年12月13日致徐士瑚信函，原信函抄录于同日《在山草堂日记》。

[3] 张氏两种跋文尾接何士骥之《唐大明兴庆及太极宫残石发掘报告》，参见《北平研究院院务汇报》第5卷第4期，1934年，第62~65页。

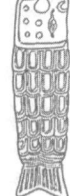

考据并有力获得最新考古资料信息的工作优势,将融历史文献与新发现实物于一体,撰写中国首部《唐长安城金石考》,并图以与《吕刻唐长安宫城图考》相表里,藉以共同展现盛唐长安金石文物的恢弘场景与丰富内蕴。从而将最初萌生的学术自觉意识向前推进一步,朦胧的理想感悟得以获取初阶的现实结晶。

在感慨关中文物历遭破毁,不胜惋惜之际,张扶万广泛征引文献、实物,艰苦爬梳,并特于《唐长安城金石考》书前附加《唐长安城金石考总目》,且于《唐长安城金石考》书外联缀《唐长安城金石拓片目录》[1](图2-2-8),希望最终构成图文参照、裨便检索、相得益彰的视觉效果。这在当时同类研究与成果展示方面,应该说是一种卓识与尝试。

因张氏总目体例设置过于简陋,诸多信息又辄被杂芜语素遮蔽,难以完整展现。为方便读者阅读检索方便,兹特依据张氏总目基干,分次添加与之

图2-2-7　唐大明兴庆两宫残石初拓本
　　　　 采自1934年5月出版《西京金石书画集》第二期

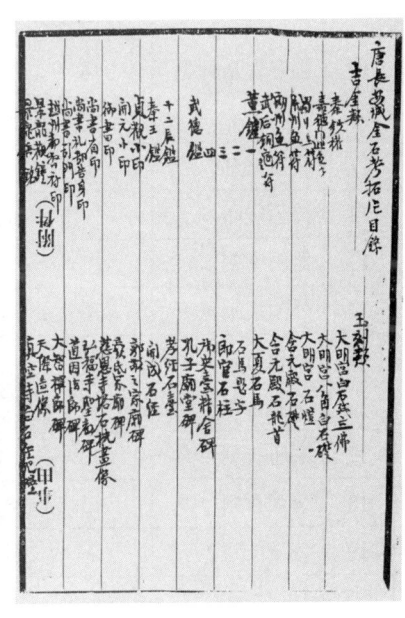

图2-2-8　张扶万手书《唐长安城金石拓片目录》

---

[1] 一称《唐长安城金石拓影》。

相关的多种元素资料,列表统计如下(表2-2-1):

表2-2-1 《唐长安城金石考总目》种类统计表

序号	类别名称	种类数目	备注
1	礼器吉金	20	
2	乐器吉金	28	
3	仪器吉金	6	
4	符印吉金	43	
5	铁券吉金	22	以上属吉金卷一
6	刀剑吉金	20	
7	镜鉴吉金	13	后有空缺,推测张氏统计尚未完结,究其总数应不止10种
8	器用吉金	21	
9	道观吉金钟类	5	
10	佛寺吉金钟类	16	以上属吉金卷二 张氏《唐长安城金石考总目》显示"佛寺吉金钟"16种含佛像13种,屏风、铜塔各1种,但合计总数不符张氏统计,疑有误
11	礼器玉刻	4	
12	符玺袋印		此类数目张氏空而未填,似尚未统计出得数
13	器用玉刻		同上
14	外国贡献玉	4	以上属玉刻卷三
15	宫苑石刻	60	
16	省监台寺石刻	40	
17	家庙石刻	30	
18	道观石刻	13	含道德经石刻□种、道教造像3种
19	诗	3	疑为诗赋刻石
20	佛寺石刻像幢	50(?)	以上属石刻卷四。种类数统计后有空缺,推测张氏统计尚未完结,究其总数,应不止50种

表2-2-1中统计,凡20类,总计数目至少在436种以上,只是尚未包括《唐长安城金石考总目》空缺未填之种类与件数。

围绕《唐长安城金石考》收揽内容,张扶万进而发论:

"以故中国立国五千年,而古物传世不多见,秦汉无论矣。隋唐去今较近,唐长安城古物今存石经一百一十四碑,其他多数石刻已不多见。吉金流传,只存景龙一钟。其郊庙礼器,尊罍鼎彝、镈钟编钟、道观佛寺、金像悬钟,自广明之乱,礼器既亡,会昌废佛,朱温迁洛,唐长安城之宝物与之俱尽。石刻之亡,多在宋初,有此数因,唐城金石之浩劫,不能不归咎于兵火浩劫与后人之摧残"。

结合上述总目种类,张扶万对位《唐长安城金石考》一书的体例与结构,设想:

"今录唐城中金石,分金类,为礼器、乐器、仪器、符印、铁券、刀剑、镜鉴、器用、道观钟、道像、佛寺钟、佛像凡十二类;石类为玉刻、石刻。玉刻,分礼器、玺印、器用三类;石刻分宫苑、省监、台寺、家庙、道观佛寺五类。"

对照日趋规范、完备的文物学分类,仅仅只须观览"自序"发论,即不难发现该项"考证"除分类一节稍具新意之外,其余大半尚未脱离金石学体系的窠臼。所幸其后一节转换思维,恰然出胜。循张氏目的,是想将"各器今有存者,摄影以保其真;否则,备列名目,录其文字,以供考古者之浏览,以存历史之故实"。

得力于这一指导思想的支配,作者尽可能在《唐长安城金石考·吉金·卷一·符印吉金》、《唐长安城金石考·石刻·卷四·宫苑石刻》等章节收录了当时尚可目及的秦铁权、大夏石马、唐景龙观钟(景云钟)、唐仓廪字纹砖、隋虎符(图2-2-9)、隋玉麟符、唐铜玉鱼符、唐铜镜(图2-2-10)、唐宝庆寺瓦当等金石文物。此外还有经陕西考古会努力先后于民政厅遗址发现的三宫图石刻,陇海铁路西安火车站工地发现的大明宫白石立姿菩萨像残石、白石坐佛像残石、菩萨首、六角蔓草覆莲佛座、石灯、含元殿石螭首、含元殿石础、石莲花顶[1]、西京图书馆珍藏的慈恩寺石刻立佛,开元寺出土的石刻唐白石像(图2-2-11)、唐白石衣甲残(力士)像(图2-2-12),西安师范附小旧藏唐光宅寺石残造像(图2-2-13)等珍贵文物。

---

[1] 以上名称为著者据各件文物具体形态重新厘定。按张扶万《唐长安城金石考》,各件分别称:大明宫白石立佛像残石、大明宫白石坐佛像残石、大明宫白石六角柱础、大明宫石灯、含元殿石螭首、含元殿石础。本章"瑰宝迷离"一节即如是照录。

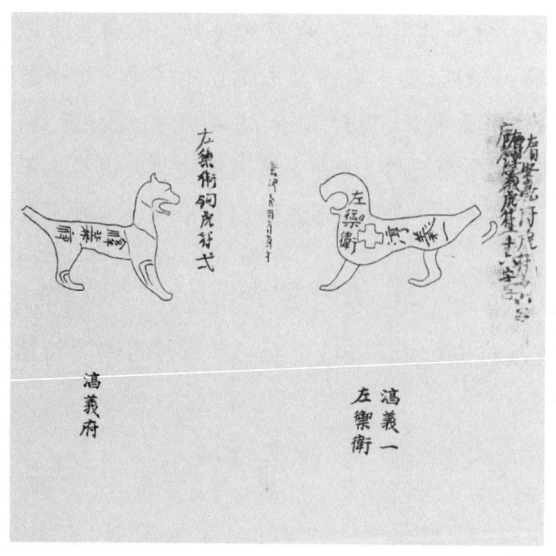
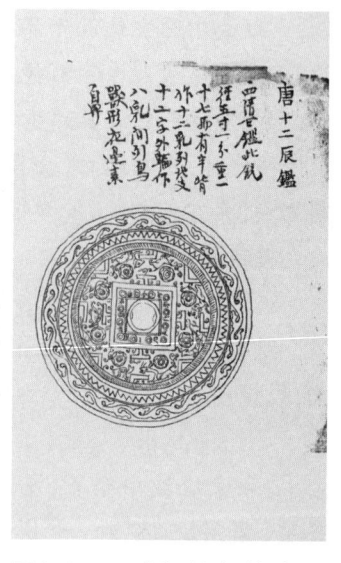

图2-2-9 《唐长安城金石考》附隋左御卫虎符拓影 张扶万题识

图2-2-10 《唐长安城金石考》附唐十二辰鉴（镜）拓影 张扶万题跋

图2-2-11 西安开元寺出土唐白石像

图2-2-12 西安开元寺出土唐白石衣甲残（力士）像

这些有幸被张氏收录的最新考古发现实物，每一器物均加附规制尺寸，配以线图、拓影、实物照片，辅以出土地点与发现时间，并联翩加缀考释文字，且注意到"当时之吉金，以礼器、乐器暨道观佛寺之钟为最多"[1]之规律。像大明宫白石坐佛像残石等部分文物，尚有流传变化大略轨迹的勾勒与爬梳[2]。

图以相对清晰地观察《唐长安城金石考》一书附加金石图像的大致内蕴，我们仍决定依据政协陕西省委文史资料研究委员会藏《张扶万（鹏一）先生事略专卷唐金石照片拓片集》目录，并分别针对相关条目，结合张氏考论附加著者考释列表显示（表2-2-2）：

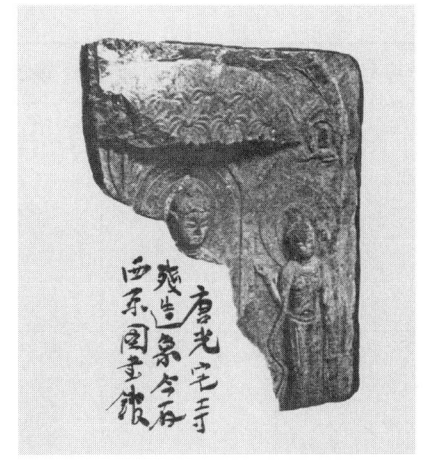

图2-2-13 张扶万题识西安师范附小旧藏唐光宅寺佛造像残石 原物今藏西安碑林博物馆

表2-2-2 《唐长安城金石考》目录[3]

序号	名称	时代	质地	现藏地点	备 注
1	薰炉三器（之一）	唐	铜	不详	引自《西清古鉴》摹绘图。《照拓集》图示名"唐薰炉一"。器盖、器身上下分置，各为一图。 张氏释文："唐薰炉一。《西清古鉴》炉通盖高四寸，深一寸九分，口径三寸四分，腹围一尺二寸，重二十七两。鎏金。"
2	薰炉三器（之二）	唐	铜	不详	引自《西清古鉴》摹绘图。《照拓集》图示名"唐薰炉二"。 张氏释文："唐薰炉二。《西清古鉴》炉通盖高三寸三分，深一寸二分，口径二寸四分。腹围七寸六分，重九两有半。"

---

[1] 张扶万：《唐长安城金石考·吉金》卷一，手稿，1936年3月，稿存陕西省政协文史办资料室。
[2] 《唐长安城金石考石刻目录》卷四《宫苑石刻》："大明宫白石坐佛像残石二，存，有拓形。二石于民廿二年（1933）出现西安北门外陇海铁路车站地中，今存省垣考古会。"
[3] 本表按原目录收录凡58种，名称、顺序依《金石照片拓片集》，其他信息综合相关资料并附加考释统计整理。《唐长安城金石考》表内简称《金石考》，《金石照片拓片集》表内简称《照拓集》。

续 表

序号	名称	时代	质地	现藏地点	备　注
3	薰炉三器（之三）	唐	铜	不详	引自《西清古鉴》摹绘图。《照拓集》图示名"唐方车薰炉三"。 张氏释文："唐方车薰炉三。《西清古鉴》炉高一寸八分，深一寸二分，口纵二寸二分，横三寸二分，腹纵一寸六分，横二寸七分，重一十七两，有半。缺盖。"
4	提炉	唐	铜	不详	引自《西清古鉴》摹绘图。《照拓集》图示名"唐提炉一"。 张氏释文："唐提炉一。《西清古鉴》炉高三寸二分，深一寸八分，口径四寸五分，腹围一尺三寸四分，重三十九两。鎏金。四围作细鼻，可系盖。提炉如唐仪卫志所称，执香炉、香盘，分左右以次导引者也。" 《照拓集》图示另有"唐兽鼻炉二"，引自《西清古鉴》摹绘图。 张氏释文："唐兽鼻炉二。《西清古鉴》炉高二寸三分，深一寸七分，口径四寸一分，腹围九寸八分。重一十一两三，足亦提炉类也。" 称"唐兽鼻炉二"，或因系"提炉类"，尾追"唐提炉一"而排名。是则《照拓集》录炉属总数为五。
5	长安官库之秦铁权	秦	铁	不详	全形拓。《金石考》录此条曰"秦铁权"。 "长安官库之秦铁权"所谓，见欧阳修《集古录·秦度量铭》："隋开皇二年，之推与李德林见长安官库中所藏秦铁称权，旁有镌铭二。" 另1929年6月2日（旧历四月二十五日）《在山草堂日记》："……本巷（西安和乐巷）崔翁万春年六十五，去冬于醴泉罗家嘴买得秦时铁权一，系乡人于沟岸启土得之。重三十余斤，有字三十余，以银二元得之。旋有王姓来索钱兴讼，被押半月始释。云有人出价四百元未售，欲得千元。"此物后由张扶万介绍售予于右任，于赠张拓本数纸。《照拓集》或以为其非"长安官库之秦铁权"，故未录。

续　表

序号	名称	时代	质地	现藏地点	备　注
6	唐嘉德门巡鱼符	唐	铜	瞿中溶《鱼符考》称此符"刘燕庭观察于乙亥年得于西安"。鲍康《刘氏〈古泉苑目录〉书后》："己亥夏，观察奉讳，道经长安。"《刘氏〈古泉苑〉序》又称："余以己亥夏谒先生于长安，请观《泉苑菁华》，记小诗于卷尾。"《古泉汇考》刘喜海按："道光己亥八月二十八日，喜海得是布（第布八百）于长安永和斋。""道光己亥嘉平又得（幼布三百）一品于长安苏姓。"是则此鱼符道光己亥（1839）得于长安。永和斋者，西安回贾苏姓兆年之古董铺也。此鱼符所得，当与苏贾有关。	《照拓集》图示左、右两半拓本。文"嘉德门内巡"。"嘉""德"两字间置"同"字，字体硕大。张氏图像释文："唐嘉德门巡鱼符。见两罍轩彝器图释。"张氏《金石考》又引瞿中溶《鱼符考》，称此符"刘燕庭观察于乙亥年得于西安"，且"此符文云嘉德门内巡，其为城门之巡鱼符，无疑矣"。按鱼符为唐官吏使用之鱼形符契。一般长约6厘米、宽约2厘米。分左、右两半，中有"同"字形榫卯以相契合。《新唐书·车服志》："随身鱼符者，以明贵贱、应召命；左二右一，左者进内，右者随身。皇太子以玉契召，勘合乃赴；亲王以金，庶官以铜，皆题其位、姓名。"据此，此鱼符使用者地位当不至皇太子、亲王，应为铜质。
7	蜀州鱼符	唐	铜	不详	《照拓集》图示左、右两半拓本。文"新换蜀州第四"，即蜀州新换第四枚鱼符。张氏《金石考》录此条名作"新换蜀州鱼符"，与目录名称异。按此鱼符使用者地位不至皇太子、亲王，应为铜质。

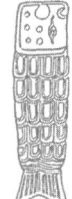

续 表

序号	名称	时代	质地	现藏地点	备 注
8	胜州传佩鱼符	唐	铜	不详	《照拓集》图示左、右两半拓本。文"胜州传佩",字体肥腴硕大。顶格"同"字则小字。张氏《金石考》引瞿中溶《鱼符考》:"又所见鱼符,其上同字多阳款,下文多阴款,而此独相反,或时有更易或传佩者其制皆然,则不可知矣。"按此鱼符使用者地位不至皇太子、亲王,应为铜质。
9	扬州传佩鱼符	唐	铜	不详	《照拓集》图示未见所在;张氏《金石考》亦不录。
10	朗州传佩鱼符	唐	铜	不详	《照拓集》图示左、右两半拓本。鱼符底侧中缝加刻"合同"、文"同朗州传佩"。"同"字顶格,字最大。张氏《金石考》以为此符形制略同"胜州传佩鱼符","而微小,款皆阴文,为异"。按此鱼符使用者地位不至皇太子、亲王,应为铜质。
11	武后铜龟符	唐	铜	不详	《照拓集》图示有"同"字一面拓本。文"同(上,大字)。文阳门右紫麋第三(下,小字,作3行排列)"。右旁张氏释文:"武曌文阳门龟符九字。"张氏《金石考》引瞿中溶《鱼符考》:"武周龟符,真绝无仅有之物也。"按武周(690—705)改鱼符为龟符,分两半,中有"同"字榫卯。盖唐龟、鱼符底侧中缝每加刻"合同",以资合符时查验之用。此鱼符使用者地位不至皇太子、亲王,应为铜质。张氏亦自名作"武后铜龟符"。
12	贞观小印	唐贞观年(627—649)	铜	不详	有印蜕。

续 表

序号	名称	时代	质地	现藏地点	备 注
13	开元小印	唐开元年（713—741）	铜	不详	有印蜕。
14	尚书礼部告身之印	唐	铜	不详	《照拓集》显示印文作"尚书礼部告身之印"。"告身"为授官凭信。又作"官告"、"官诰"《新唐书·百官志一》"尚书省吏部"条："吏部郎中，掌文官阶品、朝集、禄赐，给其告身、假使，一人掌选补流外官。"《金石考》释文："见三希堂帖。"另唐白居易有《妻初授邑号告身》诗，唐颜真卿亦有《自书告身帖》。
15	尚书司门印	唐	铜	不详	《照拓集》显示为双行篆书印文"尚书司门之印"。印文结体宽博劲挺，有隶意。《金石考》录此条则曰："尚书司门印。"尚书司门为隋唐官职，掌门关出入之籍及违禁没收与无主之物。属官有司门郎中、员外郎等。《金石考》释文："见唐宣宗大中年日本僧唐过所。"但唐代诗人张鼎（876年前后在世）曾任朝议郎行尚书司门员外郎。参见2003年春河南洛阳红山乡曾出土开元二十四年（736）张鼎撰文、徐浩书丹《陈尚仙墓志》。
16	越州都督印	唐	铜	不详	《照拓集》图示双行篆书印文"越州都督府印"。字体宽松舒朗。越州为隋唐江浙名邑，归越州都督辖制。唐废太子李承乾子李象曾任越州都督一职。
17	武德鉴铭	唐	铜	不详	《照拓集》目录照、拓各一。《金石考》录《宣和博古图》引无名氏《鉴铭》："武德五年岁次壬午八月十五日甲子扬州总管府造青铜镜一面。充癸未年元正朝贡。其铭曰：'上元启祚，灵鉴飞天，一登仁寿，万斯年。'"

续 表

序号	名称	时代	质地	现藏地点	备 注
17	武德鉴铭	唐	铜	不详	另《全唐文》卷九百八十八亦录无名氏《唐武德鉴铭》。文同《宣和博古图》引。
18	十二辰鉴	唐	铜	不详	《照拓集》图示有拓影二。顶格张氏释文:"唐十二辰鉴。《西清古鉴》此镜径五寸一分,重一十七两有半,背作十二乳,列地支十二字,外轮作八乳,间列鸟兽形花边,素鼻。"
19	秦王鉴	唐	铜	不详	《照拓集》仅有目录,图像未见。
20	景龙观钟	唐景云二年（711）	铜	今藏西安碑林博物馆	景云二年铸,又称"景云钟"。高247厘米,腹围486厘米,口径165厘米,重6吨。《照拓集》录照片、拓片凡三;图像照片分悬挂场景及钟身特写（自钟铭背后摄）两种。
21	景龙观铭	唐景云二年（711）	铜	今藏西安碑林博物馆	铭在景龙观钟身正面下部方形区间内。骈体。为稍参篆、隶之楷书。18行,行17字,空格14字,共292字。唐睿宗李旦撰、书。记景龙观来历与钟之制作缘由、经过并道教教义等。《照拓集》录照片、拓片各一,钟铭照片显示拍照时拓本附着钟铭之上。
22	馆本十七帖	晋（或唐摹本）	纸	不详	此为晋王羲之草书（今草）代表作,以帖首第一行"十七日"三字得名。《照拓集》录拓本。《唐长安城金石考·玉刻》卷三"馆本十七帖"条:"此帖尾有敕字","卷尾有僧权二字"。
23	大明宫立佛像	唐	白石	今藏西安碑林博物馆	1件。立姿菩萨,首、臂、足部均残。着羊肠裙,下腹部围帛,结带于前,带较长。颈饰繁丽,肩部亦披帛,微敛腰,右臂弯部残余构件尚存（今西安碑林博物馆展示时已不存）。

214

续表

序号	名称	时代	质地	现藏地点	备注
23	大明宫立佛像	唐	白石	今藏西安碑林博物馆	《照拓集》录正视照片。《金石考·石刻》记佛像"民廿二年出现西安北门外陇海铁路车站地中，今存省垣考古会"。1949年后移交陕西省历史博物馆(今称西安碑林博物馆)。
24	大明宫坐佛像	唐	白石	今藏西安碑林博物馆	共2件，选其一。《金石考·石刻》记佛像"民廿二年出现西安北门外陇海铁路车站地中，今存省垣考古会"。1949年后移交陕西省历史博物馆(今称西安碑林博物馆)。《照拓集》分别录正视照片。
25	大明宫白石础	唐	青石	今藏西安碑林博物馆	八角形。唐大明宫遗址出土。整体自下而上依次退减，呈须弥座状。顶部近榫卯处雕覆莲一周。其下二周线刻蔓草。《照拓集》录正视照片、拓本各一。
26	大明宫石灯	唐	青石	今藏西安碑林博物馆	唐大明宫遗址出土。《照拓集》录正视照片。
27	含元殿石础	唐	青石	今藏西安碑林博物馆	唐大明宫遗址出土。《照拓集》录侧视照片。1935年5月2日(旧历三月三十日)张扶万《在山草堂日记》载此日同龚贤明、黄仲良、陈子翼等考察唐大明宫故迹，"观含元殿址有大石础一，在荒草中，高约三尺，宽约三尺强，可见柱梁之巨"。后移至西安粮道巷陕西考古会，1949年后移至西安碑林。
28	含元殿石龙首	唐	青石	今藏西安碑林博物馆	《照拓集》录照片一。图示"注释"又称："唐含元殿陛石刻螭头。残石今存陕西考古会。"
29	汉故城大夏石马	大夏真兴六年(424)	砂石	今藏西安碑林博物馆	长225厘米，高200厘米。原在西安北汉长安城遗址西查寨村北农田内，1954年6月移入西安碑林。《照拓集》录石马正视照片；石马全形拓及题铭拓本照片。

续表

序号	名称	时代	质地	现藏地点	备注
30	石马题字	大夏真兴六年（424）	青石	大夏石马前两足间石屏镌刻	指大夏石马题字。《照拓集》图示录拓本。拓本显示字体漫漶不清。
31	郎官石柱	唐	青石	原立置于唐长安城尚书省前，后佚	为唐尚书省前各司郎官题名柱，简称"郎官石柱记"。原石久佚，明王世贞藏有宋拓，传世最可靠者则为张旭（675—750？）真迹。清赵钺、劳格撰《郎官石柱题名考》可资参考。《照拓集》录拓本。
32	御史台精舍碑	唐开元十一年（723）	青石	原在唐监察机构御史台，今在西安碑林	螭首方座。高145厘米，宽65厘米。崔湜撰，梁升卿书，记御史台设置台狱，且置佛寺等事。可资考究唐监察构体与制度。《照拓集》仅录碑正视（缺座）照片。 1935年5月6日（旧历四月四日）张扶万《在山草堂日记》："访葆三于孔会，为言护唐郎官题名柱事。杨凤晴在座。"
33	孝经石台	唐天宝四年（745）	青石	原在太学，后迁西安府学（碑林）	又称"石台孝经"。立置三层石阶上。方形顶盖，盖下浮雕云纹，起翘颇大。碑身高640厘米，四面体，每面宽120厘米。玄宗李隆基作序、注解并书，隶书。太子李亨篆额。《照拓集》录正视照片。
34	开成石经	唐太和四年（830）	青石	原立于唐长安城务本坊的国子监内，宋时移至府学北墉（今西安碑林）	艾居晦、陈玠等人楷书分写。耗时七年。共114石，228面。刻《诗》、《易》、《书》、《礼》等12部儒家经典。《照拓集》录开成石经第一碑正视照片、拓本。
35	五经文字	唐大历十一年（776）	青石	国子司业张参奉诏校勘五经文字，书于太学屋壁	后易木版。唐文宗间刻石经，清《后知不足斋丛书》从唐石本覆刻，字大清晰。《照拓集》录拓本。

续表

序号	名称	时代	质地	现藏地点	备注
36	九经字样	开成二年（837）	青石	原在唐国子监，今藏西安碑林博物馆	开成二年翰林待诏朝议郎、权知沔王友唐玄度撰。玄度奉敕覈定石经字体，撰集为《新加九经字样》，与《五经文字》一同刻于石经之末。凡76部，收421字。《唐会要·东都国子监》："其年（太和七年，833年）十二月，敕于国子监讲论堂两廊创立石壁《九经》。"《照拓集》录拓本。
37	郭敬之庙碑	唐广德二年（764）	青石	今藏西安碑林博物馆	又名"郭氏家庙碑"。全称"唐故中大夫使持节寿州诸军事寿州刺史上柱国赠太保郭公庙碑铭"。螭首龟趺。高318厘米宽170厘米。颜真卿撰文并书丹，碑文楷书。《照拓集》录正视照片。
38	颜家庙碑	唐建中元年（780）	青石	今藏西安碑林博物馆	全称"唐故通议大夫行薛王右柱国赠秘书少监国子祭酒太子少保颜君碑铭并序"。螭首方座。高338厘米，宽176厘米。李阳冰篆额，颜真卿撰文并书丹，碑文楷书，记颜氏家族世袭诸事，为颜真卿晚年代表作。《照拓集》录碑身（正、背两面）、碑侧、碑座三种四幅照片。
39	魏文贞公庙碑	唐大中六年（852）	青石，存拓本。	原立置于长安昌乐里魏氏家庙，后湮没。清雍正初出土于西安，后碑断石散	又名"魏公先庙碑"。唐崔玙撰文，柳公权书并篆额。《照拓集》录正视照片。
40	张旭草书心经	唐	青石	今藏西安碑林博物馆	唐张旭草书。《照拓集》录石刻照片、拓片。
41	郑万钧草书心经	唐	青石	今藏西安碑林博物馆	驸马都尉（配代国公主）郑万钧草书。《照拓集》录石刻照片、拓片。
42	天际造像		青石	不详	不详《照拓集》图示所指此物为何。

续 表

序号	名称	时代	质地	现藏地点	备 注
43	玄奘译心经	唐咸亨三年（672）	青石	今藏西安碑林博物馆	即"般若波罗蜜多心经"。与弘福寺集王羲之圣教序碑同时刻石。《照拓集》录拓本。
44	不空译大悲咒幢	不详	青石	不详	《照拓集》图示此物图像。
45	洪福寺经幢	唐	青石	原在长安城内太极宫西宫之修德坊，后不详所在	贞观八年（634）为追荐太穆皇后，建寺于右领军大将军彭国公王君之故宅。中宗神龙元年（705）易名"兴唐寺"，后再易名"洪福寺"。洪武二年（1369）迁寺于陕西长安县樊村南神禾原北今址。《照拓集》图示未见此物图像。
46	兴唐寺柳书金刚经	唐长庆四年（824）	青石	原在长安兴唐寺。石已毁，拓本传世	又名"柳公权书金刚经"。柳公权书，强演、邵建和刻石。光绪二十七年（1901）敦煌石室发现柳公权书《金刚经》刻石拓本。横石12石，装成卷帙。《照拓集》录照片两幅。
47	怀素草书千字文	唐			查《照拓集》图示，不详所在。
48	真空寺白石经幢	唐（？）	白石	不详	《照拓集》录正视照片，漫漶严重。
49	咸通年经幢	唐咸通年（860—874）	青石	不详	《照拓集》录正视照片。
50	乾宁年残经幢	唐乾宁年（894—898）	青石	不详	《照拓集》录正视照片。

续表

序号	名称	时代	质地	现藏地点	备注
51	波斯寺宝胜白石缸	清	白色大理石	原在西安崇圣寺，后移至西安广仁寺，今置于该寺讲经堂前	高150厘米，直径140厘米。《照拓集》另有"胡寺白石宝相花石缸"条所谓，名称虽异，实为同一物。日本学者足立喜六《长安史迹研究》称此缸作"崇圣寺境内大理石水盘"[1]。今西安广仁寺说明牌则命名作"汉白玉莲花石缸"，且称其为"乾隆年间留下的一盏巨型佛灯"。《照拓集》录正视特写照片。缸内有乾隆年隶书铭文。知其为乾隆时西安崇圣寺镌刻。石缸弧圆腹部以及口沿、底部具有明显清代前期装饰风格的回纹条带也在传递出同样的时代信息。张氏考释中误作"唐代"[2]。
52	慈恩寺褚书圣教序碑	唐永徽四年（653）	青石	嵌置慈恩寺塔南面西侧碑洞内	又名"雁塔圣教序及记""大唐三藏圣教序""雁塔圣教序""褚圣教序""慈恩圣教序"等。褚遂良书丹，万文韶刻字。《照拓集》录碑身正视照片。
53	慈恩寺塔石桄画像	唐	青石	刻于慈恩寺塔一层西门门楣	共四处，分别刻于慈恩寺塔一层四门门楣。《照拓集》录四门门楣线刻图案拓本。最佳者西门门楣殿堂图。
54	道因法师碑	唐龙朔三年（663）	青石	今藏西安碑林博物馆	又名"故大德道因法师碑"。全名"大唐故翻经在德益州多宝寺道因法师碑"。螭首龟趺。高320厘米，宽140厘米。唐李俨撰，欧阳询子欧阳通（通师）书，华原县范素、常长寿刻。碑文记道因法师生平业绩等。碑首圭额刻跏趺坐于靠椅之上道因法师像。《照拓集》录道因法师碑碑首、碑侧照片。碑首张氏释文称"道因碑头"。

---

[1] [日]足立喜六：《长安史迹研究》，王双怀、淡懿诚、贾云译，三秦出版社2003年版，第245页。
[2] 将此物勘定为"唐"，其源早矣。如1914年4月4日（旧历三月九日）《在山草堂日记》："午后同杜荫亭游（西安）西北隅广仁寺，俗名喇嘛寺也。……院中一白石盆，盆口镌隶书，字寸许，雕镂莲花盘屈，制作精工，盖唐物也。"

续表

序号	名称	时代	质地	现藏地点	备注
55	弘福寺集王羲之圣教序碑	唐咸亨三年（672）	青石	今藏西安碑林博物馆	又名"大唐三藏圣教序碑"、"怀仁集王圣教序碑"等。太宗文皇帝制，弘福寺沙门怀仁集，晋右将军王羲之书，文林郎诸葛神力勒石，武骑尉朱静藏镌字。螭首方座。高350厘米，宽100厘米。碑首上部置龛，内横列七佛。碑身文字30行，行80余字不等。载太宗为玄奘法师译经书序等。《照拓集》录该碑碑身正视照片。
56	广智和尚碑	唐建中二年（781）	青石	今藏西安碑林博物馆	即"广智三藏不空和尚碑"。全称"唐大兴寺大德大辩正广智三藏和尚碑铭并序"。唐严郢撰、徐浩书。楷书，凡24行，行48字。碑文记印度高僧不空三藏和大德业绩。为徐浩逝世前最后墨宝。赵崡《石墨镌华》："今观《不空和尚碑》虽结法老劲，而微少清逸。"《照拓集》录该碑碑身正视照片
57	大智禅师碑	唐开元二十四年（736）	青石	今藏西安碑林博物馆	又名"义福禅师碑"。高202厘米，宽112厘米。碑阴阳两面有文。碑阳严挺之撰文，史维则隶书并篆额；碑阴文较碑阳文后五年，阳成伯撰文，亦史维则书。此碑书法为清孙承泽倚重，推为"开元第一"。现存西安碑林博物馆。《照拓集》录碑身正视、侧视拓本、大智禅师碑首照片。
58	景教流行中国碑	唐建中二年（781）	青石	明天启三年西安金胜寺出土，1907年入藏西安碑林。	僧景净撰，吕秀岩书并题额。高279厘米，宽99厘米。碑文记述唐代景教在中国流行状况。《照拓集》录碑身、碑侧、碑座三种照片及正面碑身拓本。

　　清点表述，我们惊异地发现，这样的意匠构造，发端自根基晚清以至民初具有丰富金石考据学养、且有幸浸淫科学考古热流的晚清举人张扶万氏，目的旨在契合清代学人王鸣盛所谓"目录之学，学中第一紧要，必从此问

途,方能得其门而入"[1]之旧学传统规限,继而期望后之"读者庶晓然",最终归结到"一代之兴,非无文物之留贻,无如毁灭"的认识高度,并冀望"此言唐代吉金者所当知也"[2]。

其中民政厅遗址等地发现的三宫图石刻、陇海铁路西安火车站工地发现的诸类文物、西京图书馆藏慈恩寺立佛系列、开元寺出土唐白石佛像与白石力士雕像、西安师范附小藏光宅寺残造像等珍贵文物及秦铁权、隋玉麟符、隋虎符、唐鱼符、唐龟符、唐铜镜等大量实物拓本、摄影及"榜题"文字的参入,极大地丰富了《唐长安城金石考》一书的内涵,提升了该著述的学术价值,增强了其可信度与一定的视觉审美效果(图2-2-14)。

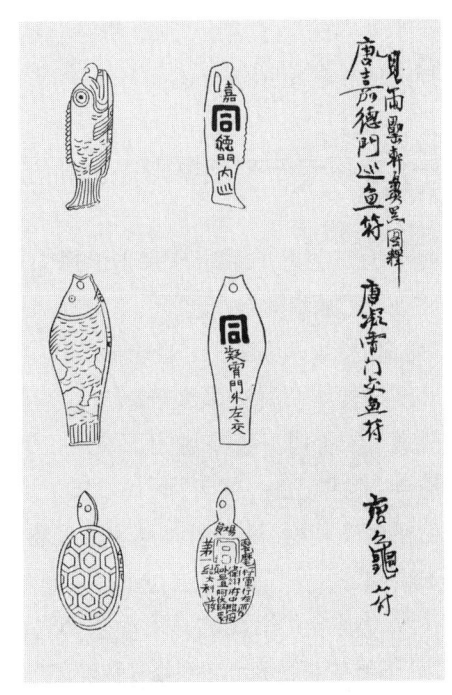

图2-2-14 《唐长安城金石考》收录鱼符、龟符拓影组合示例

另外,部分条目及有关信息的参入,还为其后此类器物组群关系的甄别链接,流变轨迹的勾勒梳理,制作背景的考证分析,艺术价值的鉴别评判,相关问题的联系涉猎等,确立了良好的参照标系与推展契机。就中一些条目的考释论证,更突破了前人的一些研究境界,达到一定的学术高度。尽管有些章节、主题尚存在着这样、那样的不足与谬误。

对位西部美术考古历史,我们在充分发掘、认同以上学术层面的同时,更看重其高标的艺术品质与丰富多样的资源信息储存,乃有意创设主题、开辟途径,有选择性的摒弃一些错谬与琐碎,择选利用略显成熟的相关美术考古元素,通过类型学、统计学、个案分析法、比较法等多元研究方法,分划其类型、特征,廓清其流变源流,并尽可能的补给、修复某一主题、某一单元或某一视角的文化面貌,从而有助于考古学的多元延伸以及美术考古学的独立生长,进而力图寻找一种可行的研究视角与研究方法,并由此引发一些有

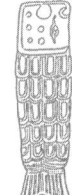

---

[1](清)王鸣盛:《十七史商榷》,广雅书局,清光绪十九年(1893)刻本。
[2] 此段引文均见张扶万《唐长安城金石考》自序。

益于学界的学术启示,冀望获得学界同人的批评与支持。因不揣冒昧,先期择选四种典型示例分述如下:

一、慈恩寺石刻组群形态分析与"慈恩样式"概念的提出

长安慈恩寺系唐高宗李治居太子时为其母文德皇后祈福报恩、因"旧废寺"无漏寺而"妙选"[1]建构的一所皇家级寺院。规模、内涵、体制、形态等,都达到了无以复加的地步。其主体内涵《大慈恩寺三藏法师传》卷七有非凡描述。文称:"皇太子以文德圣皇后早弃万方。思报昊天。追崇福业。"故敕"令所司。于京城内旧废寺。妙选一所。奉为文德圣皇后"。所建慈恩寺"瞻星揆地,像天阙,仿给园。穷班倕巧艺。尽衡霍良木。文石梓桂橼樟栟桐充其材,珠玉丹青赭垩金翠备其饰"。至于"重楼复殿,云阁洞房,凡十余院,总一千八百九十七间,床褥器物备皆盈满"。

贞观十九年(645),玄奘法师自西域归来,太子李治令其出任慈恩寺上座,纲维寺任之际,又别修"翻经院",更"虹梁藻井,丹青云气,琼础铜沓,金环华铺,并加殊丽"[2]。值升座仪式举行时,仅宫廷所出绣画等像就达200余区,金银佛像两区,金镂绫罗佛幡达500口。

如是等级规制与特殊背景,其内建筑并附属法物自然超乎寻常。虽历经兵燹,部分遗物仍顽强保存下来。

如《唐长安城金石考·石刻·卷四·宫苑石刻》收录原西京图书馆保存慈恩寺立佛四尊,石像座(应作"唐慈恩寺石覆莲像座")(图2-2-15)1件以及大雁塔门楣石刻拓本等。历久沉寂,经张扶万努力钩沉,调查度量,摄取影片并加附说明,遂使昔日一组具有皇家气韵的石刻组群艺术风姿得以辉耀世

图2-2-15 唐慈恩寺石像座(应作"唐慈恩寺石覆莲像座")

---

[1](唐)慧立、彦悰著,孙毓棠、谢方点校:《大慈恩寺三藏法师传》卷七,中华书局1983年版。
[2](唐)李治:《敕玄奘为慈恩寺上座令》,收录于董诰等纂修《全唐文》卷11,1983年中华书局影印嘉庆本,第53页。

间,感染民众。

惟自1950年4月以后,此组石刻之立姿佛造像系列迁至西安碑林,未遑详细著录[1],时久忘却,今已不能确指。本次讨论,有必要先将其指为重要美术考古元素,分类评判并尝试链接其他法物,探寻可供研究利用的其他途径。

(1)察此组造像样式形态,依考古类型学原理,拟将其分别编号为CESZXZQ1—4号(图2-2-16),并划分为Ⅰ、Ⅱ两式作以简单考察。

其中CESZXZQ1、CESZXZQ3、CESZXZQ4为Ⅰ式;CESZXZQ2为Ⅱ式。均青石质,立姿,跣足。CESZXZQ1、CESZXZQ3两件跣足所踩莲座尤为明晰。四像下腹均微鼓,气度沉稳,雕刻精细。似均右手施无畏印,左手施与愿印。除Ⅰ式CESZXZQ3一件手印完好外,余均残缺。除CESZXZQ4一件似着双领下垂式袈裟,佛衣稍显宽博外,CESZXZQ1、CESZXZQ3两件均着通肩式大衣,紧贴身体,具笈多佛像秣菟罗样式特点。CESZXZQ2一件佛衣半垂,衣袂开张,与其他三尊造像风格迥异。

(2)此组立姿式石刻佛造像,在当时未必聚会一处殿堂分置,但分别凸显的样式、风格,却集中展现出唐代皇室造像的气度、风姿。以唐慈恩寺之规

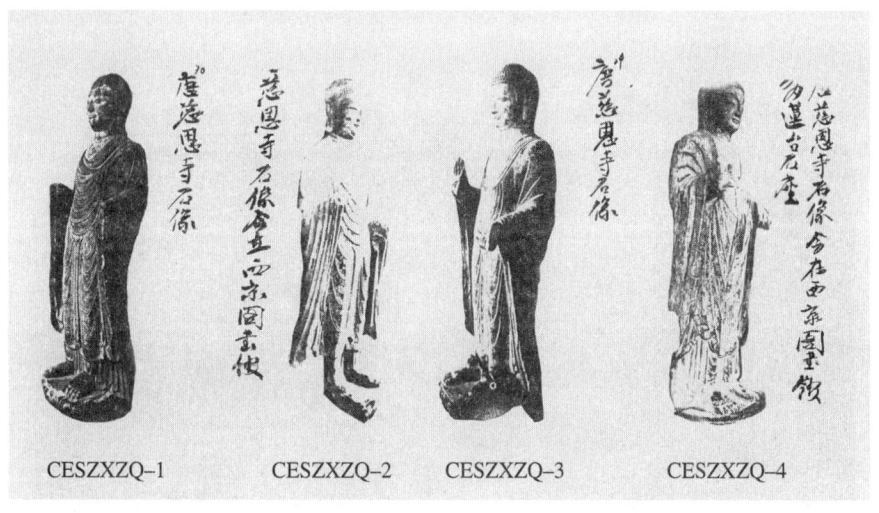

图2-2-16 慈恩寺造像组群排序(CESZXZQ1—4)

---

[1] 查《文物参考资料》刊《西北文化部文物处一年来的工作》(1950年4月—1951年5月)录接管部分文物第2条称:"西安人民图书馆交来唐昭陵四骏石刻四件,石佛像七件。"推测此"石佛像七件",当有慈恩寺立姿石佛像群组在焉。参见《文物参考资料》1951年第10期,第13页。

制、气韵,此组造像应只是慈恩寺众多石刻造像的些许存余。依据《两京耆旧传》记载:"慈恩寺塔前文殊、普贤,西面庑下降魔、盘龙等壁,及景公寺地狱壁、帝释、天王、龙神,永寿寺中三门两神,及诸道观、寺院,不可胜纪,皆妙绝一时。"[1] 若将其与上述史载凸显的各种材质造像盛景与迄今尚可目及的唐慈恩寺石覆莲像座、大雁塔四门楣线刻佛教造像图案(图2-2-17、图2-2-18)及门

图2-2-17　唐大雁塔四门楣线刻图案其一

图2-2-18　唐大雁塔四门楣线刻图案其二

---

[1]（唐）朱景玄:《唐朝名画录》,四川美术出版社1985年版。

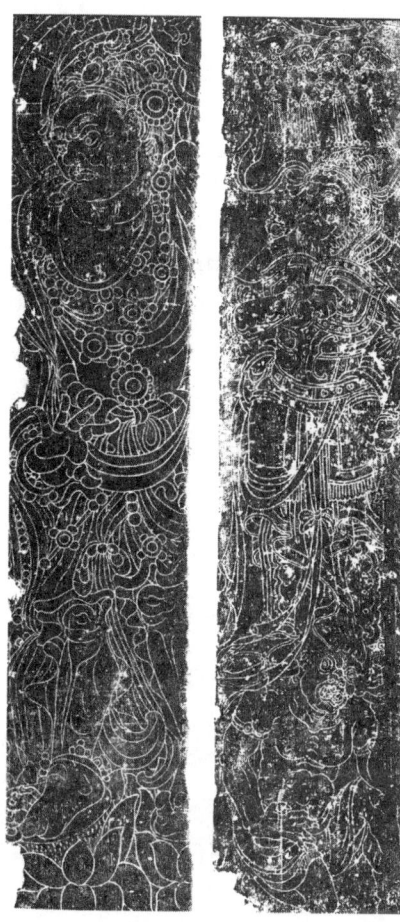

图2-2-20 善业泥造三尊像 长14.1 cm,宽10.9 cm 1953年西安南郊出土 陕西历史博物馆藏

图2-2-19 唐大雁塔门框线刻力士图案

图2-2-21 苏常侍造善业泥像(左正面 右背面) 长9.2 cm,宽8.6 cm,厚1.3 cm 西安西郊机场出土 陕西历史博物馆藏

框线刻力士图案（图2-2-19）、善业泥造像（图2-2-20、图2-2-21）等其他载体造像相联系，有唐一代具皇家风味造像的丰富、壮丽，似不难对位想象。其中大雁塔门楣、门框线刻图案不仅可成一主题单元，且门楣、门框图像组合，俨然一铺造像规制组合，拓展出别样的研究视阈。

（3）非但如此，以四尊立姿石刻造像及石覆莲像座为代表的慈恩寺造像的辑录与展现，业已经昭示出其立身皇室、至高无上的地位与规制，代表了当时最高的艺术水准和风格样式，融合大雁塔四门楣石刻图案等其他慈恩寺法物，可将其称之为"慈恩样式"来关照、考量。这对于探析唐代都邑佛教艺术样式内涵，部派经典与佛教造像之关系，以及由此探索追寻慈恩寺其他佛教艺术文化的丰富内涵等，应该均具有重要的价值与意义。

二、大明宫区域出土文物的积聚、类分与流变

《唐长安城金石考·石刻·卷四·宫苑石刻》录大明宫立佛像、大明宫坐佛像、大明宫白石础、大明宫石灯、含元殿石螭首、石莲花顶（应作"六角蔓草覆莲佛座"）诸物，为1933年西安火车站工地出土宫苑石刻组群遗物。

由于西安火车站工地当时仅波及大明宫遗址区域一侧，且尚未经正式考古发掘，倏忽间只由工地负责者仓促收揽诸类瞩目文物，致其具体出土地点与环境风貌，盖遭破坏。同时又因起而著录之第一学术责任者为金石考古渊源极深的传统学者，依附载体更为新旧互参的金石考古著述——《唐长安城金石考》，遂使预先设定的著录主旨、著录体例与深度、广度受到一定视阈、场域等方面的限制，更使一些重要文化艺术信息被人为遮蔽，致后之调查发掘工作者及相关学科的研究者不能从此获取学术裨益，扩展观察场域[1]。加之张氏著述至今迄未出版，沧桑之后，人事两隔，此一主题随而寂然无闻。藉此讨论，择选利用其相关美术考古元素、勾勒其系列组合实物、廓清其流变迷踪并深化分析由此衍生的诸类问题，便显得十分必要与及时。

推之于美术考古学视野，此组群系列，可分宫苑建筑构件与石刻佛教艺术文物系列两种类型。前者包括石础（图2-2-22）、石螭首（图2-2-23）等，后者则包括石刻菩萨头（图2-2-24）、立姿佛像、坐姿佛像（图2-2-25）、六角

---

[1] 此类示例颇多，如马得志：《1959—1960年唐大明宫发掘简报》，载《考古》1961年第7期，第341~344页；又如中国社会科学院考古研究所：《唐大明宫遗址考古发现与研究》，文物出版社2007年版。

图2-2-22　大明宫石础

图2-2-23　西安火车站工地大明宫遗址出土唐石螭兽

图2-2-24　西安火车站工地大明宫遗址出土唐白石菩萨头

图2-2-25　滕固拍摄陕西考古会陈列已经粘接的大明宫遗址出土白石残立佛与白石残坐佛

蔓草覆莲佛座（图2-2-26）等。

　　察《唐长安城金石考·石刻·卷四·宫苑石刻》著录说明，有"唐宫苑石刻，当以含元殿龙尾道石螭首、石莲花顶，为最富丽"的评价。且援引《雍录》引王仁裕《长安记》所记："含元殿前玉阶三级，第一级高二丈许，每间引一石螭首，东西鳞次，一一皆存。第二、第三各高五丈，莲花石顶亦存。龙尾道凡七转，第一级螭首左右有六，第二三级计四转，莲花顶左右有八。"联想发论，谓"宣政、紫宸两殿，据唐志，殿前各有石螭首，则知太极、兴庆之正殿螭首，当亦然。其他石栏、石陛可以类推"。

　　至石刻佛教艺术文物系列之立佛、坐佛，《唐长安城金石考·石刻·卷

《四·宫苑石刻》著录说明指称："二石于民(国)二十二年(1933)出现西安北门外陇海铁路车站地中，今存陕西考古会。"

物入考古会后，相继获观者均予以热烈的关注。1934年11月至12月间，著名艺术考古学家滕固[1]以中央古物保管委员会委员名义与黄仲良同赴安阳、洛阳、西安诸重要地点视察古物保管情形，得于12月19日参观陕西考古会陈列室，他之《征途访古述记》从艺术风格学视角如是评介此组佛教艺术文物最为瞩目的石刻立姿菩萨：

图2-2-26 《唐长安城金石考》收录大明宫出土六角蔓草覆莲佛座

"近日建筑铁道，自大明宫遗址出土之玉石佛头，佛躯数件，移置会内，审视之下，确为唐代精品。佛躯立像一座，失去头部、足部及两腕，身段苗条，其流畅之衣纹贴附肉体，肌肉凹凸隐现，表出分外之自然与妩媚；就此像之所敷之色泽痕迹验之，肉体金色，披肩朱色，裙裾绿色，其妙丽于此，可以想见。佛躯坐像一座，头部与右腕失去，披肩湿贴左体、研美异常。此两刻技工微妙，世所罕见。"[2]（图2-2-27）

图2-2-27 《唐长安城金石考》称为"石佛身"的西安火车站出土大明宫白石立佛像残石

观滕固氏紹介与《唐长安城金石考》，此组系列至少漏掉"大明宫遗址出土之玉

---

[1] 滕固(1901—1941)，字若渠，上海宝山月浦人。早年上海美术专科学校毕业后留学日本，攻读文学和艺术史，获硕士学位。1929年赴德国柏林大学留学，1932年获美术史学博士学位。1934年任中央古物保管委员会委员。1938年6月至1949年12月任国立艺专校长兼教务主任。著《唐宋绘画史》、《中国美术小史》、《征途访古述记》、《唯美派的文学》、《圆明园欧式宫殿残迹》、《死人的叹息》、《迷宫》等。

[2] 原文称《征途访古述记·视察豫陕古迹记》，商务印书馆1935年6月版，收录于沈宁编：《滕固艺术文集》一书，上海人民美术出版社2003年版，第335页。类同的描述，另见滕固：《唐代艺术的特征》，原刊1935年出版的《中央大学文艺丛刊》第2卷第1期。收录于沈宁：《滕固艺术文集》，上海人民美术出版社2003年版，第197页。

石佛头"。其娓娓赞颂者,为"佛躯立像",白石质,实应称白石立姿菩萨像残石,身姿曲折,呈"S"状。滕固氏之后,国立西北大学历史系教授陆咏沂、周国亭以及著名美术考古学家王子云等先后有不同描述。

如王子云盛赞其为"东方断臂维纳斯"[1],陆咏沂、周国亭则于1938年2月18日率该校历史系考古学班学生30余人借参观考古会之便认真考察了此尊造像。周国亭氏更有《陕西考古学会参观记》一文详细评述,

图2-2-28 张鹏一《唐长安城金石考》所附"大明宫白石立佛像残石"图像与今存西安碑林博物馆同一造像现状比较

称其"酷似西方服装之半裸体观音(?)石像。质为白石。因其腰细及多部暴露,酷具西方艺术之特征,故知其为西方式"。当"同学有问此式石像何自而来者?陆(咏沂)先生云:'此种形式系由希腊传至印度,再经西域传入吾国'。此观音(?)石像之头,臂双足,虽已无存,但吾国古代石像中之具此西式服装者,现在全国只有两座,另一座在龙门,故此像极可宝贵"。

不过谈及此像雕凿时代时,周国亭则云:"闻有人称此像为唐初作品,而陆先生则独以为六朝晚期人所刻。"[2]

搜索陕西省档案馆藏文献档案,知此尊造像出土时右臂弯曲处部分断裂,后经粘接,曾长期保存陕西考古会陈列室,滕固氏等人曾拍摄粘接状照片,后虽一度右臂弯曲处再度开裂,但残件部分保存库房,尚未丢弃。惜1949年移交西安碑林后,右臂弯曲处残件部分竟不翼而飞。因此,迄今的研究者若要追溯此尊造像最初出土之时的姿容,恐须依赖张氏《唐长安城金石考》一书及相关资料了(图2-2-28)。

---

[1] 滕固:《征途访古述记·视察豫陕古迹记》,收录于沈宁编《滕固艺术文集》一书,上海人民美术出版社2003年版,第335页。滕固参观考古会佛造像在1934年12月19日,有摄影。称"东方断臂维纳斯"者,参见王子云:《陕西古代石雕刻》,陕西人民美术出版社1985年版。

[2] 周国亭:《陕西考古学会参观记》,刊《西安临大校刊》第11期,西北大学西北联大研究所编:《西北联大史料汇编》,西北大学出版社2012年版,第280页。周氏此文标题称"陕西考古学会"者,实为"陕西考古会"之误。

抛却以上叙述，今大明宫含元殿陈列馆尚保存大明宫遗址出土白石佛首两尊，我们将其分别编号为DMGFS1号、DMGFS2号，通过不同角度观察其样态、风格（图2-2-29、图2-2-30、图2-2-31、图2-2-32、图2-2-33、图2-2-34[1]），不管是肉髻、面相，或是结构、刀工，都堪称上品，唐代皇家造像风貌魂魄，赫然再现，亟应归入大明宫佛教文物之序列。

图2-2-29　DMGFS1-1 唐石佛首正视 西安市大明宫遗址出土　大明宫含元殿陈列馆藏

图2-2-30　DMGFS1-2 唐石佛首侧视 西安市大明宫遗址出土　大明宫含元殿陈列馆藏

图2-2-31　DMGFS1-3 唐石佛首侧视 西安市大明宫遗址出土　大明宫含元殿陈列馆藏

图2-2-32　DMGFS2-1 唐石佛首正视 西安市大明宫遗址出土　大明宫含元殿陈列馆藏

图2-2-33　DMGFS2-2 唐石佛首侧视 西安市大明宫遗址出土　大明宫含元殿陈列馆藏

图2-2-34　DMGFS1-3 唐石佛首侧视 西安市大明宫遗址出土　大明宫含元殿陈列馆藏

---

[1]　图2-2-29至图2-2-34，均由茹溪摄于2015年。

按大明宫丹凤门前光宅坊有光宅寺,为唐代皇室及上等贵族礼拜之所,武周时期,曾鼎盛一时。宋敏求《长安志》故载:"横街之北光宅寺。仪凤二年望气者言,此坊有兴气。敕令掘得石函,函内有佛舍利万余粒,遂立光宅寺。武太后始置七宝台,因改寺额焉。""七宝台"者,《酉阳杂俎》但谓:"宝台甚显,登之,四极眼界。其上层窗下尉迟画,下层窗下吴道玄画,皆非其得意也。丞相韦处厚,自居内庭居相位,每归,辄至此塔,焚香瞻礼。"依光宅寺位置与《唐长安城金石考·石刻·卷四·宫苑石刻》与滕固氏所谓坐佛、立佛及佛首出土大明宫遗址北侧之地缘相近,其间很可能与一定的内在联系,值得后之研究者深入探讨。

三、符印系列组合渊源追溯及图式考释

相较其他卷别,《唐长安城金石考·吉金·卷一·符印吉金》所录可称新颖别致。虽所录多系文献记载与流传实物,但文图对照、依旧有灿然景象。以此为观察中心有序提取相关美术考古元素,对于考究唐代符印吉金规制与样式、风格等,想亦别有价值。

只以符印(符契)为例,种类有鱼、兔、龟等,以鱼符最盛;材质则有金、银、铜诸类,以铜最多。盖以"明贵贱,应召命",特作调军旅、更守长、出入宫禁等功用。其中亲王金符,武周龟符,尤为瞩目。

阅《新唐书·车服志》,唐初内外官五品以上皆佩鱼符、鱼袋。"亲王以金,庶官以铜,皆题其位、姓名。《说郛》卷二引唐张鷟《朝野佥载》:"汉发兵用铜虎符。及唐初,为银兔符。至伪周,武姓也,玄武,龟也,又以铜为龟符。"

唐代符印(符契),与隋代关系最密。卷中"隋玉麟符"一条,张氏于拓影之旁,曾加附文字说明:"吴大澂氏古玉图考云,此佩玉符非发兵符也。隋书樊子盖检校河南内史有治绩,为别造玉麟符,以代铜虎。疑隋制麟符为佩玉,乃当时特赐之符,非制也。唐书隋造玉麟符代铜虎,此相沿之讹耳。"(图2-2-35)

按《隋书》列传第二十八"樊子盖传"记子盖"字华宗,庐江人也",官至"检校河南内史,有治绩"。隋炀帝嘉其功,"为公别造玉麟符,以代铜符"。依据《隋书》等相关文献记载,张氏因有"疑隋制麟符为佩玉,乃当时特赐之符,非制也"之论断。此为隋唐麟鱼符系列文物的形式、类别、功用、性质等问题的纵深研究,无疑提供了有益借鉴。

择选"唐玉鱼符"示例,张氏亦于拓影之旁附有文字说明,称:"吴氏(大

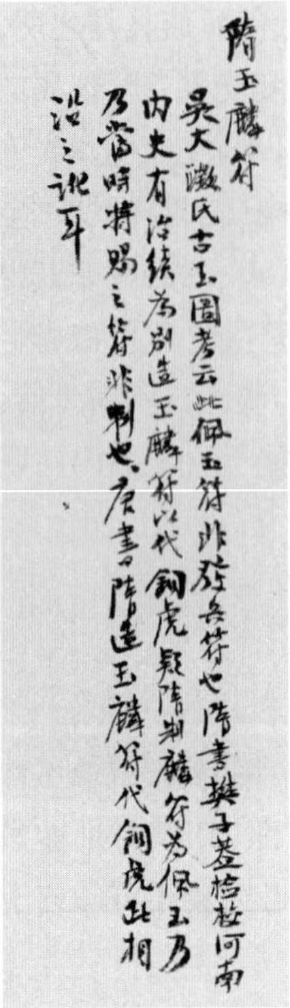

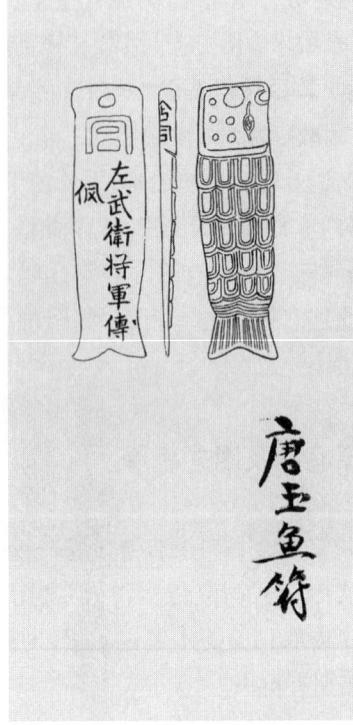

图2-2-35　张扶万"隋玉麟符"条释文

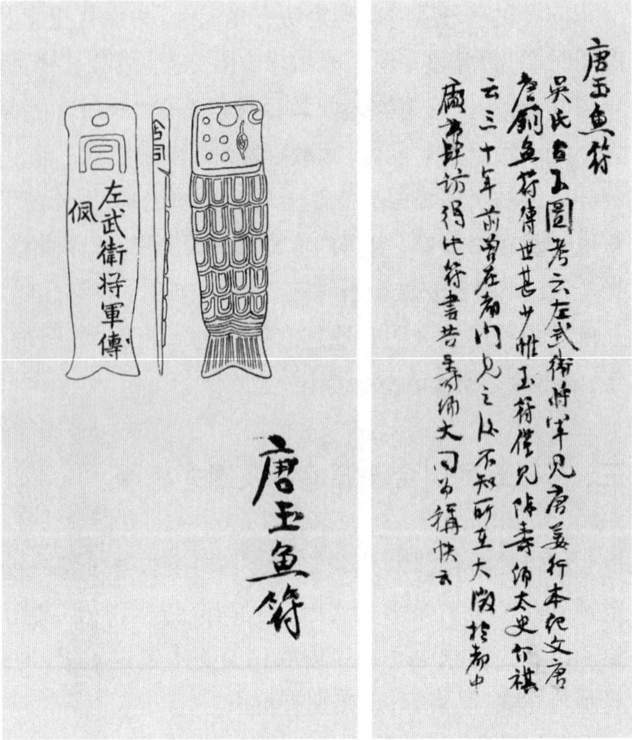

图2-2-36　唐玉鱼符释文与拓影

澂)古玉图考云,左武卫将军,见姜行本纪文。唐铜鱼符传世甚少,惟玉符仅见陈寿卿太史介祺云:'三十年前,曾在都门见之,后不知所在'。大澂于都中厂肆访得。此符书昔寿卿丈同为称快云。"

得益于张扶万的考释与著录,这件唐玉鱼符最终方得以文图合璧,景象灿然(图2-2-36)。而发端于旧京厂肆以至陈寿卿(介祺)、吴大澂两位藏界大师眼中、身边的有趣流变经历,亦因此得以清晰凸显,催人浏览。

扩展符印吉金系列,《唐长安城金石考》尚加附相关传世的符印文物。如"武墨文阳门龟符",凡七字。上有一宽大之"同"字,下有"文阳门右紫麾第三"小字八;"平琴郡鱼符",上一宽博大字曰"合",下有"平琴郡第四"五字;"都水使者传佩"鱼符,其上大字,形与"武墨文阳门龟符"上"同"字类同,其下"都水使者传佩"六字,惟"佩"字缺笔,或已漶泐。各符制作精细,诚一代文物之华章。

"平琴郡"一地,顾祖禹《读史方舆纪要》载:"平琴州,汉郁林郡地。唐置平琴州,亦曰平琴郡。领容山等县四。今郁林州北百里有容山废县。"《新唐书·卷四三上·志第三三上》:"永淳二年(683),析党州置平琴州平琴郡,领安仁、怀义、福阳、古符四县。"

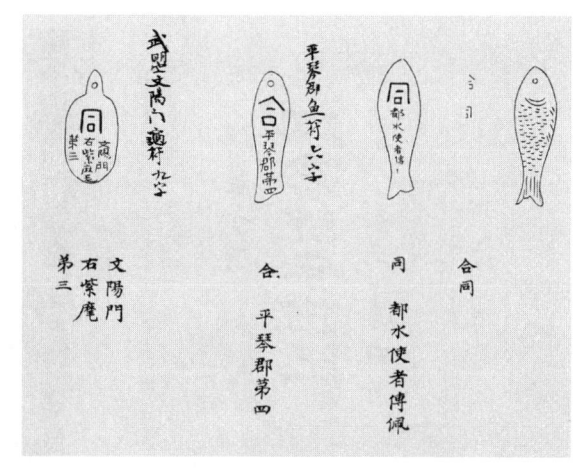

图2-2-37 《唐长安城金石考》收录武曌文阳门龟符、平琴郡鱼符、都水使者鱼符拓影

"都水使者"者,为掌管陂池灌溉、保守河渠之水官。起源甚早。唐袭隋制,官秩正五品。《旧唐书·李皋传》载李皋(733—792)其人"天宝十一载(752)嗣封,授都水使者"。1998年,陕西西安省射击场唐墓曾发现《大唐都水使者薛君妻故永宁郡君王氏墓志铭并序》,石存陕西省考古研究院,可与《唐长安城金石考》辑录"都水使者传佩"鱼符相对勘(图2-2-37)。

四、金铜造像组群衍生的几个问题

涉及金铜造像组群,《唐长安城金石考·吉金·卷二·道佛像塔吉金》亦累累有记。

如"楚国寺楚哀王等身金铜像(亡)"条记:

"寺塔记楚国寺内有楚哀王等身金铜像,哀王绣袄半袖犹存。唐时长安城内金铜玉石土木各佛像,固繁多不可计算。至唐末屡遭兵祸,大半散失。不待唐亡迁洛也。画墁录云:'僖宗再狩,近穀之民,争入攘宝货,唯齑民取佛,至今民家充满。其工致精采,非今人之作业。'"

窥张氏思维轨辙,此一考释自寺塔记楚国寺内有楚哀王等身金铜像、哀王绣袄半袖之物流失为例,烘托出唐代长安城内各类佛像、文物数量储备的繁富,以及唐末兵燹所造成的巨大流散情景,以此对应中国文物流变历史与法门

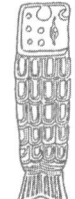

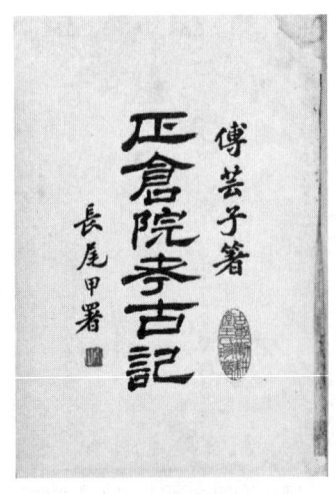
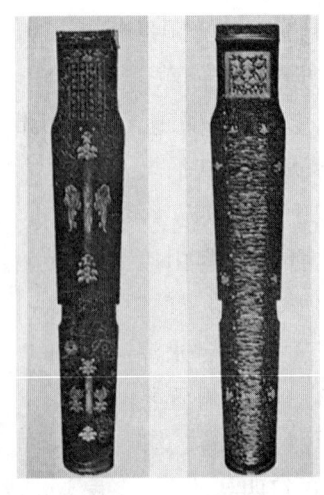

图2-2-38 傅芸子《正仓院考古记》与其所涉及的唐金银平文镜

寺地宫出土随奉真身菩萨绛红罗膺金绣衣物,显然是极好的视觉与资料。

又择"光宅寺阿育王第四女制铜佛像(亡)"条,可使人联想到大明宫外光宅寺遗址出土的白石立佛像残石等物,以及迁徙流散至西安华塔寺的其他光宅寺七宝台系统佛造像,抛砖之功,可谓大矣。

至所录"金瓶"、"胡瓶"、"银瓶、银盘、银橘"、"淮南王献银盆"、"龟兹献银叵罗"诸物条目,更缤纷灿烂,美不胜收,活脱一部唐代金银器的古典文献目录。较之今世富丽炫目的唐代金银器鉴赏、研究之风,《唐长安城金石考》显然猎取一定开天之功,亟应汇入整个中国金银器研究历史之序列。

文字之外,张氏尚依靠当时简陋的资料信息传播环境,尽可能援引了其所能目及的最新实物资料以为考论支持。

如"银瓶、银盘、银橘"诸条种,张氏补缀援引1936年5月出版《中国博物馆协会会报》第一卷、第五期所录英国博物院藏中国唐代金银器信息,称"英国博物院有中国唐银碟一只,上刻'乾符四年(877)王大夫置造镇献,重二两半分'等字"。进而认为,此"碟器与盘同,此器定为唐代物,而款式如此,当时金银器可以探推"[1]。

"胡瓶"及"赐安禄山金银用品(二)"条,张氏援引傅芸子《正仓院考

---

[1] 另见张扶万1936年4月21日《在山草堂日记》。张氏录文,采自傅振伦《英国博物院参观纪略》,收录于1936年5月出版中国博物馆协会编辑《中国博物馆协会会报》第1卷第5期,第15页"该院陈列之中国物品"一节,就中"乾符四年(877)王大夫置造镇献,重二两半分",张氏误作"乾符四年(877)王大夫造置镇献,重二两半分"。

古记》[1]载正仓院藏类同的"漆胡瓶"及"贮琴弦之银平脱合子及残弦"器物相比较。后者且扩展挥发,指出"平脱本唐代盛行之工艺美术",其"技法用金银薄片剪成各种文(纹)样,以胶漆粘于器上,再髹漆数重,然后细磨之,现出文(纹)样,遂成"。并"有于金银片上再镌以极细花纹者,即所谓毛雕,尤称工绝"。惋惜赞叹"正仓院所藏金银平脱器物甚多,且多完整之品"(图2-2-38)。这些阐释与议论,虽尚不能排除简单、初阶的弊病,但仍粗略传递出中国学者早期围绕唐代工艺史主题有意进取的一些基本学术研究信息,对于后之学者来说,裨益、启示显然可见。

五、结语

我们通过四种示例的初步、考论,粗略剖析了《唐长安城金石考》中美术考古元素的作用与价值。虽给予较高的评价,但细究其体例、内容,仍不能忽视其未能完全抛却传统金石学束缚与窠臼,尚存在诸多缺陷与不足之事实。这些缺陷与不足,大致可归结为以下诸点:

(1)部分文献记载物品与出土实物未能科学界分,导致可能因此造成对整体学术价值的些许剥削和伤害。如《西清古鉴》所录炉属器物,尚不能排除其有伪器之嫌[2]。但未加甄别,优劣凑集,想非当年作者良好本愿,大致皆受一时学术背景与研究基础之掣肘也。

(2)金石照片、拓片分别列目,交替出现,无序排列,容易造成读者视觉上的混乱。如同样内容,稿本显示即有《唐长安城金石拓影》、《唐长安城金石照片》、《唐长安城金石考拓片目录》数种。

(3)目录顺序既不加编号,又未按具体线性发展时序排列,搜检困难。多样的初阶聚集,凸显出冗杂、松散的弊病。如七宝台系列造像数条因作者未悉其中内蕴,致前后穿插,未能编号,造成此一造像系统血脉连接关系的人为割裂。

(4)部分条目时代认定出现讹误,流变轨迹不详。如清广仁寺所藏乾隆年白石缸原在西安西郊崇圣寺,后入西安城内广仁寺,著者却将其误作唐代,且未阐明流变轨迹(图2-2-39)。

---

[1] 傅芸子:《正仓院考古记》,日本东京文求堂1941年出版。
[2] 容庚检查《西清古鉴》所录,谓伪器颇多,几占三分之一。参见容庚:《容庚学术著作全集:善斋彝器图录·西清彝器拾遗》,中华书局2012年版。

图2-2-39　清广仁寺藏乾隆年白石缸流变轨迹（左为置于崇圣寺白石缸，清末摄；右为现藏于广仁寺之白石缸）

（5）大部分条目命名陈旧、混乱，且缺乏配合图像之名称注释。显现编著者在由传统金石考古视域向初阶现代美术考古视域转换过程中的困惑与不适。考释之中，又率多不加区分说明，极易造成阅读思考上的困惑与迷茫。如"熏炉"系列名、实模糊，具体实物难以辨识。石刻、玉刻笼统称"玉刻"；慈恩寺塔四面门楣线刻佛教图像被称为"慈恩寺塔石栿画像"；唐慈恩寺石覆莲像座俗称为"唐慈恩寺石像座"；道因法师碑首称之为"道因碑头"；六角蔓草覆莲佛座误作"石莲花顶"。有些条目甚至前后多次异名。如含元殿遗址出土石螭首，分别称"唐含元殿陛石刻螭头"、"含元殿石龙首"；广仁寺藏刻花石缸，分别称"波斯寺宝胜白石缸"、"胡寺白石宝相花石缸"。又目录名称与照片拓片集释名每每前后抵牾，不相统一。如吉金卷一正文有"秦铁权"条，照片拓片集此条释名则作"长安官库之秦铁权"。

（6）部分条目考释范围过于狭小，未能纵横联系，求取深入。如大明宫遗址出土白石础有图无文；"大明宫白石立佛像残石"等唐代石刻，又未充分链接相关文献、实物，廓清源流，使其有序进入唐大明宫外光宅寺武后七宝台佛教文物组群系列。

（7）隋玉麟符、隋左御卫虎符、唐凌霄门交鱼符、唐龟符、唐都水使者传佩鱼符、唐平琴郡第四鱼符、唐右领军卫道渠府第五鱼符、唐云麾将军龟符、唐玄秘塔碑首（张氏释为"玄秘塔碑头"）、唐多宝塔碑（又称"大唐西京千福寺多宝塔感应碑"）、唐慈恩寺石佛像、唐开元寺出土唐白石像、唐开元寺出土唐白石衣甲残像、唐润州进奉银铤（图2-2-40）、唐石椁（图2-2-41）、唐

铜菩萨像、唐宝庆寺瓦当[1]等部分实物图像游离目录之外,既造成视觉上的混乱,也使一些重要学术信息不能得到迅速、规范地传播。

(8)囿于当时的学术环境、著述体例以及资料信息传播瓶颈,部分条目资料涉猎与考释范围失之于仄浅。如所引吴氏(大澂)《古玉图考》左武卫将军传佩玉鱼符,既已涉及陈介祺氏"三十年前,曾在都门见之,后不知所在",却未能进一步考究,而与陈介祺氏所藏左武卫将军传佩铜鱼符[2]相联系起来(图2-2-42);又表中显示朗州传佩铜鱼符未详所在,但查陈介祺氏所藏,恰有朗州传佩铜鱼符[3]可互相印证(图2-2-43),遗憾的是,张氏考论中亦未能予以串联涉猎。

需申明的是,对张氏著述进行这样的评析与检讨,除却批评,需要更多地注视其积极、朴实的学术风格。应该认为,它的主体成功,毕竟凸显出当时金石考古的最高水平,表明出身举人、受过系统金石学熏陶的张扶万,已经有意识地开始扬弃以往落后、刻板的研究范式,拓开了金石考古的新领域,勇敢地向日新月异的现代考古学大步迈进。

张扶万的努力,使这些著述能以选题新颖、资料翔实、征引细致、图文并

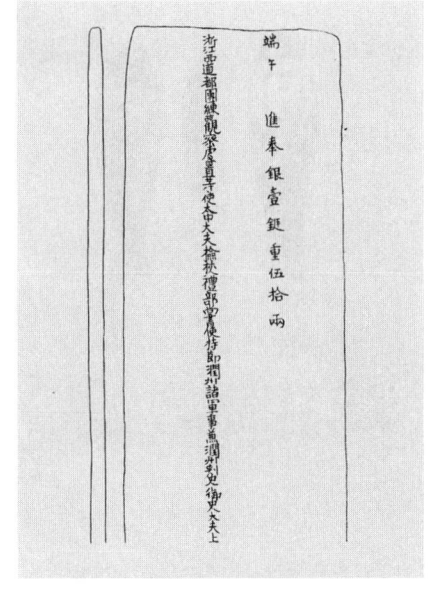

图2-2-40 唐润州进奉银铤摹本

图2-2-41 唐石椁

---

[1] (清)王昶:《金石萃编》卷四○"宝庆寺瓦当"条:"文皆五字,曰'长安宝庆寺'"。
[2] 国家图书馆金石拓片组编:《陈介祺藏古拓本选编·青铜卷》,浙江古籍出版社2008年图,图125页,尺寸5厘米×5厘米。
[3] 国家图书馆金石拓片组编:《陈介祺藏古拓本选编·青铜卷》,浙江古籍出版社2008年图,图126页,尺寸5厘米×5厘米。

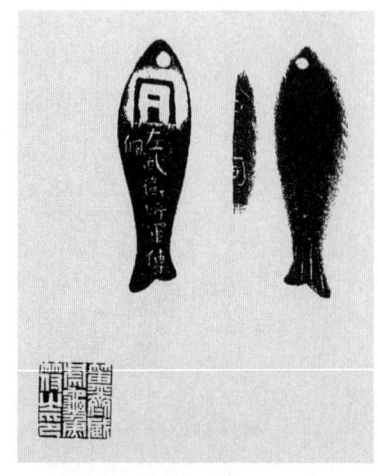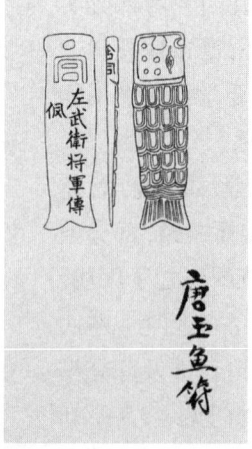

图2-2-42 唐左武卫将军传佩铜、玉鱼符之比较

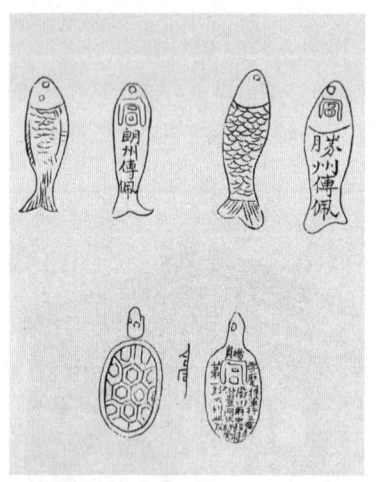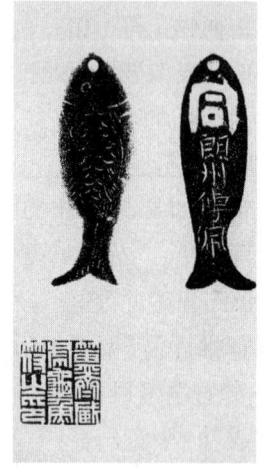

图2-2-43 唐朗州传佩铜鱼符两种拓影对照（左《唐长安城金石考》收录；右陈介祺氏旧藏）

茂的崭新姿态,昂然进入我们的视线,使我们获得"观其器、诵其言,形容仿佛以追三代之遗风,如见其人"之感受,足以产生"天下后世之君子有益于古者,亦将有考"[1]之学术意义。虽然其至今尚悄然滞留在陕西省政协文史办公室的库房里,不为众多学人所知,但随着文物考古事业的飞速发展,随着唐代长安历史研究的不断深入,相信终究有一天会被有识者着意垂青并接踵赋予其新的学术生命。

---

[1] 此段引文均参见(宋)吕大临《考古图序言》,清乾隆十七年(1752)天都黄氏亦政堂校刊本。

第三章 区域与主题

第一节 唐昭陵六骏位序、蓝本、仿绘、仿刻、拓本与模制

陕西醴泉西北22.5公里处九嵕山唐太宗昭陵（图3-1-1、图3-1-2）举世瞩目，而太宗威势及原在陵后（北）祭坛东西对称安置（图3-1-3）、摹写太宗所乘战马6匹两组原型高浮雕石刻骏马，更以其壮美神韵、雄浑气魄以及强烈的体积感，为昭陵及太宗本人增添了诸多神秘色彩，引发了不同时代、不同群体、不同主题的诸多感悟、想象与认识。

譬如鲁迅《看镜有感》一文语及昭陵六骏，说"长安的昭陵上，却刻着带箭的骏马，还有一匹驼鸟，则办法简直是前无古人"[1]。滕固氏在详细考察茂陵、昭陵石刻组合形态与艺术风格后，特作《茂陵和昭陵的伟大史迹》一文，赞誉昭陵六骏雕刻"技术""很精美"，彰显出

图3-1-1 唐太宗画像

"一种开张沉毅的情态，正是那个伟大时代的反映，而矢石披体，几经危殆，尤使吾人坚信有成功必有牺牲"[2]。在另一篇题作《唐代艺术的特征》一文中，滕固氏还称"昭陵六骏的浮雕，无所顾忌地把沉毅奋勇的战马，放在严律的形式里做了奇横绝伦的表现"，"不但提供了初唐特有的泼辣情味，并亦指

---

[1] 鲁迅：《看镜有感》一文作于1925年2月9日，初刊于1925年3月2日《语丝》周刊第16期，后相继被收集于各种版本鲁迅著述，本文引用见《鲁迅散文全集》，哈尔滨出版社2013年版，第254页。
[2] 原载《西北导报》1936年第2卷第8期，收录于滕固著，沈宁编：《中国美术小史·唐宋绘画史》，吉林出版集团有限责任公司2010年版，第523~524页。

图3-1-2 陕西省醴泉县城西北22.5公里处九嵕山唐太宗昭陵近景

图3-1-3 昭陵北玄武门外六骏嵌置环境 1907年法国汉学家沙畹摄

示了发展到盛唐的决定的方向"[1]。而于右任《昭陵石马歌》后附题识更谓："六马鞍具,大类欧洲近世形式",其"石刻突起","刻工精进生动,绝好中世浮雕也"[2]。

值1935年中国艺术国际展览会特约专家讲演之际,欧洲学者海伦斐娜女士(Miss Helen Fernald)还曾受邀 以《昭陵六骏》为题,对六骏刻石的渊源、历史与雕凿风格有不同角度的观察与评价。[3]

痛惜的是,上述六尊壮美石刻,却在20世纪初相继发生波诡云谲的离

---

[1] 滕固《唐代艺术的特征》一文,原刊1935年出版《中央大学文艺丛刊》第2卷第1期,收入滕固著、沈宁编《中国美术小史·唐宋绘画史》一书,吉林出版集团有限公司2010年版,第447页。

[2] 于右任:《昭陵石马歌》(附题识),《文史杂志》1944年第9、10期合刊,第76~77页。文内所引相同注释均同此。

[3] 1935年5月出版《中国博物馆协会会报》第1卷第3期第34页"中国艺术国际展览会特约专家讲演"消息报道。

图3-1-4 昭陵六骏离群离位后原址环境写照 1996年罗宏才摄

位、离群事件,由是带给中国民众以及众多热爱艺术的人们巨大的心理伤害(图3-1-4)。注重这些重要的变化,先后衍生出诸多关乎其离位、离群事件的研究成果、著述文字及传媒信息,关乎六骏命名原委、雕造技艺、艺术渊源、离群回归、域外修复等系列主题的诸多论述、事件,亦遽尔繁多。

本次研究,笔者无意就一些类似问题进行重复赘述,旨在聚焦至今尚未进行完整、系统专题性研究的六骏位序及蓝本、仿绘、仿刻、模制与拓本衍生等问题。或许以为,这将是目前整体研究昭陵六骏主题的一种新角度与新视觉[1]。

一、六骏位序

确定对昭陵六骏蓝本、仿绘、仿刻、拓本、模制及相关问题实施再度研究,须先了解六骏原在位置的位序。

众所周知,六骏石刻原分作两组(每三尊一组),对称置于昭陵北祭坛东西两侧,后建东、西各三间房屋实施维护,本次讨论开篇选择法国汉学家沙畹1907年所摄照片,可窥晚清时期六骏、两庑之大体状况。

限于主题及篇幅,我们对明万历元年(1573)至清顺治二年(1645)间整修六骏发生什伐赤与青骓位置的调换[2],以及"特勒骠"系"特勤骠"之

---

[1] 围绕这一主题,笔者的调查研究大致开始于20余年前,最初的成果,题作《昭陵六骏蓝本、仿绘、仿刻、拓本、模制及相关问题研究》,曾刊布于西安碑林博物馆主编《碑林集刊》第九辑上。只以其后新资料不断增加,新问题亦随之出现,至前所议论,已显空缺、薄弱,有必要融入新得,选择新的角度,作出新的思考。
[2] 关于什伐赤和青骓位置的调换,参见陈诵雒:《昭陵六骏名实考》,西安碑林博物馆编:《碑林集刊》(8),陕西人民美术出版社2002年版,第246~254页。

讹[1]等问题,将不做具体的讨论。

如上,我们既然认同六骏石刻分作两组东西对称处置,那么,其具体位序究竟又是如何处置的呢?

有关这一问题,目前学界普遍依据原在陕西醴泉旧县村西门外宋太宗庙大殿遗址前立置的宋元祐四年(1089)《游师雄题六骏图碑》[2](图3-1-5、图3-1-6)线刻六骏图像,已基本认定存在祭坛东西对称,列置两排,每排各三尊之规制,并且统一了每排三尊石马的具体名称。至于两排孰为上、孰为下,全部六尊石马的具体位序到底如何安排。则尚不明晰。

图3-1-5 陕西醴泉旧县村西门外宋元祐四年(1089)《游师雄题六骏碑》(六骏碑) 1932年摄

整理大量文献记载,不难发现中国古代礼制系统的确存在着严格的位序规制,那么,充分体现皇家意旨的昭陵六骏位序,在没有其他特殊条件的前提下,当然也不能越轨例外。是故乾隆癸未(1763)御笔于金代赵霖《六马图》上题诗指称:"马皆有号有次第,核之金石颇倒置,何须求剑定刻舟,不取其工取其义。"[3]

以帝王朝堂班序为例。《唐会要·卷二十五》"文武百官朝谒班序"条即有:"文武官行立班序:通乾观象门外序班,

图3-1-6 原在陕西醴泉旧县村西门外、现迁移至醴泉昭陵博物馆石刻室内宋元祐四年(1089)《游师雄题六骏碑》(六骏碑)拓本

[1] 张维慎:《"特勒骠"系"特勤骠"之讹辨析——兼论"特勤骠"的由来》,西安碑林博物馆编:《碑林集刊》(5),陕西人民美术出版社1999年版,第220页。

[2] 宋刻《游师雄题六骏图碑》系青石质,高268厘米,宽98厘米,厚28厘米。原在陕西醴泉旧县村西门外唐太宗庙,1975年迁至昭陵博物馆。同时迁移者尚有此处原立置的《大宋新修唐太宗庙碑》(其碑阴刻《唐太宗昭陵图》)、金代《重修唐太宗庙碑》。游师雄(1038—1097),字景叔,武功人。宋治平元年(1064)进士,历官仪州司户参军、提点秦凤路刑狱、德顺军判官、礼部员外郎兼集贤校理、陕西转运使等。

[3] 参见清高宗弘历:《赵霖画唐太宗六马图歌》,收入《乾隆御制诗》卷三十三。

武次于文,至宣政门,文由东门而入,武由西门而入,至阁门亦如之。"

类同的记述,尚见《唐会要·卷二十五》"文武百官朝谒班序"条:

"中书门下。(侍中。中书令。同中书门下平章事。各以本官序。)供奉官。(左右散骑常侍。门下中书侍郎。谏议大夫。给事中。中书舍人。起居郎。及舍人。左右补阙。左右拾遗。通事舍人。在横班序。)若入阁。即各随左右省。其御史大夫。中丞。侍御史。(在左。)殿中侍御史。(在右。)通事舍人。(分左右立。)若横行参贺辞见。(御史大夫在散骑常侍之上。中丞在谏议大夫之下。)御史台。(御史大夫在三品官之上。别立。中丞在五品官之上。别立。)留守。副元帅。都统。节度使。观察使。都团练。都防御使。并大都督。大都护。持节度者。即入。班在正官之次。余官兼者。各从本官班序。(御史在六品班之后也。)诸使司下无本官。准授内供奉里行者。即入班。亦在正官之次。有本官兼者。各从本官班序。如本官不是常参官。并宪官是摄者。惟听于御史班中辞见。殿中省官监。少监。尚衣。尚舍。尚辇奉御。分左右随伞扇立。若入阁亦如之。"

不仅如此,唐代还效仿两汉图写功臣于麒麟阁、云台故事[1],于贞观十七年(643)由"太宗为之赞,褚遂良题阁,阎立本画"[2],列"(长孙)无忌等二十四人于凌烟阁"[3],期望"庶念功之怀。无谢于前载。旌贤之义。永贻于后昆"[4]。

此类体现皇权意志、图写功臣的规制,自汉至清,逶迤不绝。虽在名称、规模等方面有所差异,但在主题限定、目的诉求以及位序规制等方面,却存在着更多的一致性。

如位序规制,前述《唐会要·卷二十五》"文武百官朝谒班序"以及《唐会要·卷四十五》"功臣"条、《旧唐书·卷六五》"长孙无忌传"等文献记载凌烟阁二十四功臣位序,均为明证。其中凌烟阁二十四功臣位序尚通过阁分3层,由内及外,每层八人的严格等级来形象表示。

将上述文献记载与性质相当、体现唐代帝王意旨的六骏石刻进行分析、

---

[1] 两汉图写功臣于麒麟阁、云台故事参见《汉书》卷五十四《李广苏建传二十四·苏建传》、宋徐天麟《东汉会要·卷二十二·职官四》"图功臣"条,上海古籍出版社1978年版,第335~336页。
[2] (唐)刘肃:《大唐新语·卷十一》"褒赐"条,中华书局1984年版,第163页。
[3] 《旧唐书·卷六五》"长孙无忌传"等。
[4] 《唐会要·卷四十五》"功臣"条。

比较，后者在设计上亦应存在着严格的规制。亦即按帝陵在南，以帝陵为原点，面南为尊，以及昭陵北祭坛面向北之规制，则左东、右西，则左（西）为上、右（东）为下，左右两组各三尊石刻排序为南为上、北为下，自南而北依次排序，如是，则左（西）、右（东）两组石刻排序依次应为：

第一组：

左（西）第一：飒露紫（图3-1-7）

左（西）第二：拳毛䯄（图3-1-8）

左（西）第三：白蹄乌（图3-1-9）

第二组：

右（东）第一：特勒骠（图3-1-10）

右（东）第二：青骓（图3-1-11）

右（东）第三：什伐赤（图3-1-12）

图3-1-7　左（西）第一——飒露紫
现存美国费城宾夕法尼亚大学博物馆

图3-1-8　左（西）第二——拳毛䯄
现存美国费城宾夕法尼亚大学博物馆

图3-1-9　左（西）第三——白蹄乌
现存西安碑林博物馆

图3-1-10　右（东）第一——特勒骠
现存西安碑林博物馆

图3-1-11 右（东）第二——青骓
现存西安碑林博物馆

图3-1-12 右（东）第三——什伐赤
现存西安碑林博物馆

至于其具体位置，为便于观察，兹将六骏按原在位置，自南而北，每对称两尊为一组，分作三组列表显示（见表3-1-1）：

表3-1-1 昭陵六骏原在位置示意表

组序	东（左）面	西（右）面	备 注
第一组	特勒骠	飒露紫	按上南下北方向显示。西（右）面为上；东（左）面为下。
第二组	青骓	拳毛䯄	
第三组	什伐赤	白蹄乌	

依上述，我们对照相关文献与六骏所在位序形态，至少可以发现六种有趣的规律：

（1）观察六骏图像以及原在位序，飒露紫为唯一雕刻人像者，赫然第一，究其原因，应与此马功绩以及丘行恭其人在太宗心目中的特殊位置有关。试读《新唐书·卷九十·列传第十五·丘行恭传》：

"初，从讨王世充，战邙山。太宗欲尝贼虚实，与数十骑冲出阵后，多所杀伤，而限长堤，与诸骑相失，唯行恭从。贼骑追及，流矢著太宗马，行恭回射之，发无虚镞，贼不敢前。遂下拔箭，以己马进太宗，步执长刀，大呼导之，斩数人，突阵而还。贞观中，诏斫石为人马，象拔箭状，立昭陵阙前，以旌武功云。"[1]

---

[1] 类同记载，另见《旧唐书·卷五十九·列传第九·丘行恭传》，其与《新唐书·丘行恭传》略有差异。

丘行恭其人与飒露紫故事如此，择其第一，故在情理之中。图像之与史载相合，体现了当时设计者忠诚秉承太宗意旨的高超审美设计理念，也为两组石刻分列左右，全组六马依次设置先后位序的尊卑体制，表示了形象的阐释。

（2）六骏驰骋沙场，饱经箭矢，以拳毛䯂、青骓中箭最多，故得对称列置，位在第二；两骏之中，拳毛䯂中六箭，青骓中五箭。故拳毛䯂在第二组序中列西（上）尊位，青骓屈居第二组序中列东（下）相对卑位。

（3）六骏分作两组（排），对称列置，虽东西异位，但仅以尊卑区分，其各个区位形态，则显一致，马首位置，均指向南面帝陵，展现出依附帝陵，目标一致的共性。

（4）按六骏原在位置地形，南高北低，马首均指向南面帝陵的两组六骏，呈现自北而南逐渐升高，仰望帝陵的壮观景象。应与唐大明宫自南而北沿龙尾道以上逐渐升高，趋向帝座的景象吻合，以彰显皇权的至高无上与无尽伟力，亦是《唐会要·卷二十五》"文武百官朝谒班序"的生动写照。

（5）两组（排）之中，"三匹站立，三匹奔驰"[1]，如西（左）侧之飒露紫、拳毛䯂、白蹄乌；东（右）侧之特勒骠、青骓、什伐赤；均自南而北，依次呈现"站立"者趋前，"奔驰"者趋后的规制与秩序，与尊卑、功绩、动静、地形等规制、秩序构成统一的和谐态势。

（6）依元祐四年（1089）《宋游师雄题六骏图碑》，六骏系阎立本绘画蓝本，太宗赞诗，欧阳询及殷仲容书，与唐刘肃《大唐新语·卷十一》"褒赐"条记贞观十七年"太宗为之赞，褚遂良题阁，阎立本画"二十四功臣于凌烟阁吻合，且区别只在书者。故凌烟阁二十四功臣排名有严格次序，昭陵六骏亦当不会率意违背。

（7）六骏分左右两排，对称立置，马首向南的规制，与凌烟阁二十四功臣画像均面北而立的规制完全相同。在体现严格组序、位序的同时，亦体现皇权至尊及二十四功臣与六骏共同臣服、仰望太宗，瞻拜依附的微妙关系。区别只在六骏原位置在陵寝之北，特殊地理环境，促使其必须采取西（左）尊、东（右）卑的设计。（图3-1-13）

整理以上讨论，笔者认为，六骏原在位置设计意匠应为：东西两组中，西（左）组尊，位序在前；东（右）组卑，位序在后，整个六骏体系中，按尊卑先后，从西（左）至东（右），从里至外，从南至北，依次排序，则其位序不外两种：

---

[1] 王子云：《中国雕塑艺术》（中册）"陵墓雕塑·唐代帝陵石雕"条，岳麓书社2005年版，第392页。

图3-1-13　昭陵北祭坛以及六骏原在位置地理形势　1932年西京筹委会摄

第一种：西（左）尊、东（右）卑与南尊北卑规制限定下，按横向左右排位顺序：飒露紫、特勒骠、拳毛䯄、青骓、白蹄乌、什伐赤。

第二种：西（左）尊、东（右）卑与南尊北卑规制限定下，按纵向左右排位顺序，即前述左（西）右（东），左（西）先右（东）后两组排位顺序：飒露紫、拳毛䯄、白蹄乌、特勒骠、青骓、什伐赤。

相较而言，依目前研究基础，笔者更倾向于第一种。

二、蓝本及仿绘诸本

注重唐昭陵六骏的蓝本，所见著述皆以为初唐阎立本所为，至于源流始末，却大多囿于泛泛而述，鲜见通过文献、图像资料相结合来展开相应讨论，间或涉猎者，又大多失之于简陋，它们造成我们迄今为止仍然感到的失重与疑惑。究其原委，恐与各家著述多忽略镌刻于宋元祐四年（1089）《游师雄题六骏碑》所谓："师雄旧见唐太宗六骏画像，世传以为阎立本之笔，十八学士为之赞"等记载有关。

初步感触，我们认为这条史料既云"世传"，可知至晚在北宋以前，民间

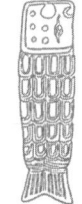

口碑应该已有六骏画像出自阎立本手笔的传说。考北宋元祐四年（1089）游师雄主持雕造《六骏碑》时，去唐贞观十年（636）太宗诏命有司雕造昭陵六骏，相隔达453年。453年间，在唐太宗跃马取天下、彪炳千秋的神秘光环笼罩下，坚实、强大的民间俗传威力，正如日中天，方兴未艾。因此，在没有其它更可靠信史资料的前提下，我们似乎不能贸然排除《游师雄题六骏碑》所谓"世传"之说的"可参考性"。

况且，文献记载游师雄本人曾"学于张载，第进士"[1]。"抚治有经，应接多暇，不见其劳扰。居无事时，常亲至学舍执经讲问，以劝诸生"[2]。其通晓文史，常刻意搜罗古迹，"表章古今，自周秦以及唐，无不有题识，至今尚存焉。"[3] 著有《分疆录》等。

游氏此等识见、素养与尚古心态及擅长考究古迹能力，使其在崇敬太宗武功伟业文化背景下，有心搜集"世传"之说并将其镌刻上石，图以递传后世，以为不朽等诸种举动成为现实。

《游师雄题六骏碑》外，可佐证六骏蓝本出于阎立本之手的史料，目前所知大致还有以下几条：

（1）阅新、旧唐书《阎立德附弟立本传》，皆谓立本之父阎毗"为隋殿内少监，本以工艺进，故立德与弟立本皆机巧有思"。及"高祖崩，立德以营山陵功，擢为将作大匠。贞观十年，文德皇后崩，又令摄司空，营昭陵。坐怠慢解职，俄起为博州刺史。十三年，复为将作大匠"。

另有大量资料表明，在阎立德总领初唐"将作"最高权力之际，作为与其"皆机巧有思"[4]，且辄为御前供奉，被呼为"丹青神化史"[5]之同胞兄弟阎立本，始终亦步亦趋跟随乃兄阎立德，参加了初唐几乎所有的标志性建设工程，故当昭陵营造之际，他似乎没有理由轻易放弃这一施展个人才华的绝好时机。

何况，在没有其他特殊原因的前提下，以当时的政治环境、建筑氛围以及他个人的身份、位置与才能、机遇等诸多因素，他也必须参与这项和自己命运、前途息息相关的"诏命"工程。

---

[1]（元）脱脱：《宋史·游师雄传》。
[2] 引自宋绍圣四年（1097）刻《游师雄墓志》志文。张舜民撰文，邵鳞书丹，章粢篆盖。志文收入张舜民：《画墁集·补遗》，清乾（隆）、道（光）间长塘鲍氏刻本（知不足斋丛书），浙江省图书馆藏。
[3]（明）赵崡《石墨镌华》卷六。（清）王昶《金石萃编》另记："游公表章古迹，自周秦以及唐，无不题识。"
[4]（宋）欧阳修等：《新唐书·阎立德附弟立本传》第13册，第3941页。
[5]（清）佚名：《书画史·画史》卷4《阎立本》。

图3-1-14 阎立本《步辇图》局部 故宫博物院藏 摹本

大概基于上述原委,阎氏最终应诏为昭陵"绘形镌雕骏像于石屏",由是便不可避免地成为现实,从而构成供给后人历代"世传"的永恒口资。

(2)唐朱景玄《唐朝名画录》一节,有"时南山有猛兽害人,太宗使骁勇者往捕之,不获。又虢王元凤忠义奋发,往射之,一箭而毙。太宗壮之,使其弟立本图其状,鞍马、仆从皆若真,观者莫不惊叹其神妙"之记载,提及太宗诏命阎立本图写"鞍马、仆从"诸形的事实。它提示我们,以阎立本在初唐宫廷画苑的身份、位置,当有力、有缘参与昭陵六骏石刻蓝本图形的绘制。

(3)集合清王宸《绘林伐材》、清佚名《书画史》等资料记载,大致自武德九年(626)开始,阎立本为歌颂太宗文治武功,曾相继绘制《秦府十八学士图》、《凌烟阁功臣图》、《步辇图》(图3-1-14)、《职贡图》、《历代帝王图》、《太宗御容》[1]等诸多高规格大型图像。这样的品级诉求及连续、多量的高规格、大体制图像创作记录与创作背景,与昭陵六骏石刻蓝本图形的规格标准与绘制背景完全类同。在尚未发现确凿有力文献及图像资料的前提下,还没有更充分的理由能够轻易排除阎立本参与昭陵六骏石刻蓝本图形绘制的可能。

不只《新唐书·卷九十·列传第十五·丘行恭传》所记,又《唐会要》

---

[1]阎立本奉诏写太宗御容事,见俞建华编:《中国美术家人名辞典》"阎立本"条,上海人民美术出版社1981年版,第1439页。

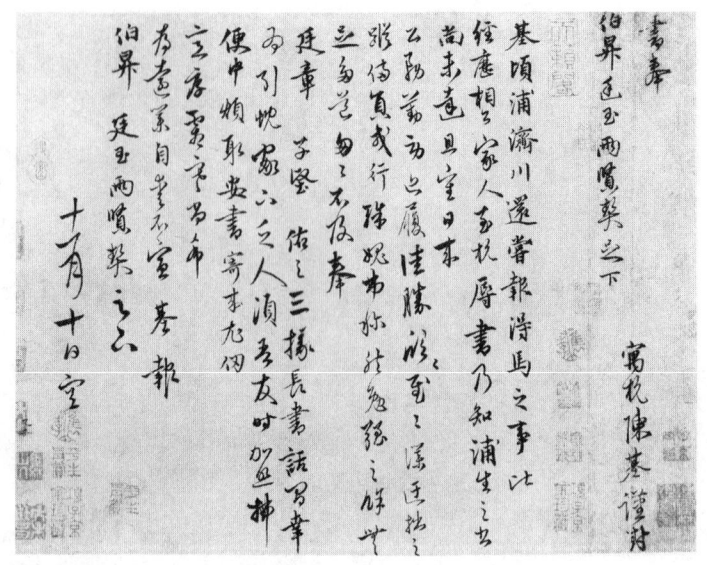

图 3-1-15　元陈基《相见帖》局部　纸本　纵 24.3 cm，横 32.5 cm
北京故宫博物院藏

载贞观十三年（639）太宗山陵毕，高宗"欲阐扬先帝徽烈，乃令匠人琢石，写诸蕃君长贞观中擒服归化者形状，而刻其官名。"宋赵明诚《金石录》尚谓："初，太宗以文德皇后之葬，自为文，刻石于昭陵。"且"（太宗）又琢石象平生征战所乘六马，为赞刻之。"

不难理解，作为太宗昭陵最有代表性的纪功碑性质的六骏雕刻，本来就受到太宗本人的高度重视。他自己不仅亲撰赞词，且特命初唐著名书法家欧阳询郑重手书，另调集最有实力的良工巧匠来操刀镌刻。如此高标规格，理所当然地需要极高水准的雕刻蓝本。因此，名列初唐画坛之冠的"画圣"阎立本，也理所当然的成为堪与欧阳询媲美的最佳人选。

或许正是基于上述诸种原因，元代诗人、书法家陈基（1314—1370）（图3-1-15）才会在《题昭陵六马图》一诗中服膺阎立本，发出"流传弟子初名干，服事将军老姓曹。貌得真龙九重上，昭陵刻石世同高"[1]那样的感慨。

陈基之后，明成化（1465—1487）进士王云凤在观赏昭陵六骏后，还直接将回眸视觉投向阎立本，写出"秦王铁骑取天下，六骏功高画亦优。却笑

---

[1] 陈基（1314—1370），字敬初，所居称夷白斋。元末明初临海（苏州）人。于张士诚政权中任学士院学士等。善诗文，工书。著《夷白斋稿》等。其《题昭陵六马图》一诗，收入（清）陈邦彦辑录：《御定历代题画诗类》卷一百一。

白头阎立本,何曾解画一雎鸠"[1]那样优美动人的诗句。

至近代,坚信六骏蓝本出自阎立本之手的文献资料更屡见不鲜。先是六骏所在地醴泉邑人曹骥观《昭陵六骏歌》诗作"帝嘉汝绩传不朽,制赞图形召石工。琢成玲珑气深稳,丹青不数阎立本"[2];接着,关中名流于右任《昭陵六骏歌》诗又称:"画工可是右相阎,殷欧名笔惜不见"[3]……

凡此种种,这些诗词文献虽文辞伟烈、想象浪漫、视点各异,但却都未敢扬弃六骏蓝本出自阎立本之手这一历史事实。

超越前代,陈高华《隋唐画家史料》一书还集纳诸种史料推论分析,得出"阎立本绘六骏图事是有可能的"[4]结论。

对位以上信息,我们认为,阎立本既然"有可能"绘制过六骏蓝本(以下简称"阎本"),那么,"阎本"之外,是否还会有其他不同的画本呢?如果有,它们之间究竟又存在着一种怎样的关系?

为说明这一问题,以下仍以《游师雄题六骏碑》为例来加以阐述。

自唐以来,由于太宗赫赫盛名的传播,更由于生动传神的六骏石雕的感召,使得拥有太宗陵寝以及六骏石雕所在、位于醴泉北部的九嵕山,迅速成为众多文人骚客竞相登临凭吊的胜地。然而"(六骏)距陵北五里,自山下往返四十里,崖径峭险,欲登者难之",又往往使凭吊者望而却步。至宋元祐四年(1089),运判奉议游师雄有感于此,便立意在南距昭陵五十华里的醴泉县城,"谕邑官仿其石像带箭之状,并丘行恭真塑于邑西门外太宗庙庭,高卑丰约,洪纤寸尺,毫毛不爽,以便往来观览者。又别为绘图刻石于庑下,以广其传"。这是线刻六骏图碑凿刻大略时代背景。

追逐宋人意绪,元骆天骧《类编长安志·卷之十》"唐昭陵六马赞欧阳询八分书"条故记:"初,太宗以文德皇后之葬,自为文刻石于昭陵,又琢石像平生征伐所乘六马,为赞刻之。至宋绍圣元年,武功游师雄见其旧石

---

[1] (明)王云凤:《题六骏》,收入孙东位注释《历代昭陵诗选注》,昭陵博物馆1983年5月编印,第42页。王云凤(1465—1518)者,字应韶,号虎谷。以号闻。山西和顺人。成化二十年(1484)甲辰科进士。官礼部主客司主事、礼部祠祭司员外郎、国子监祭酒、都察院右佥都御使等,能诗。
[2] (明)王云凤:《题六骏》,收入孙东位注释《历代昭陵诗选注》,昭陵博物馆1983年5月编印。第68~70页。曹骥观(1869—1935),字道符,号又楷。陕西醴泉人。清光绪二十八年(1902)庚子辛丑恩正并科举人。入民国曾参与编纂《续修醴泉县志稿》。
[3] 于右任:《昭陵石马歌》一诗,曾见数种版本,此处选用1917年7月18日于右任赠陕西省图书馆六骏摸拓本(李本)题诗。
[4] 陈高华编:《隋唐画家史料》,文物出版社1987年版。

图3-1-16 原在麟游九成宫遗址（现藏陕西省麟游县博物馆）的宋游师雄据粉本摹刻二十四功臣像残石其一

碑剥损殆尽，复画昭陵图并六骏马像，语嘱醴泉令传瘂刻二碑于县北太宗庙，见存。"

注意到碑文所载"别为绘图刻石"一句，知游师雄此次活动，事先曾绘制了六骏画图以为刻石蓝本（以下简称"游本"）。这种以"图"入"石"的设计意匠，以及先"图"后"石"的创作路径，与元祐五年（1090）仍由游师雄主持、依据阎立本《凌烟阁二十四功臣像》画本制作、曾置麟游九成宫遗址的线刻凌烟阁二十四功臣像石刻（图3-1-16）[1]完全类同。它们在制作背景、制作时代、制作程序、制作方式、"图"石形制、体量规制等方面，存在着惊人的相似与吻合。其不仅可作为支持笔者关于六骏蓝本出于阎立本之手论断的有力证据，同时也可以强化我们对于《游师雄题六骏碑》蓝本与唐昭陵六骏存在密切关系的认知。

较之于已搬迁至昭陵博物馆陈列的《游师雄题六骏碑》，此次所绘六骏各图，与游师雄刻《凌烟阁二十四功臣像》相同，均作细线阴刻，高仅尺许。至其蓝本，仍依《游师雄题六骏碑》所谓"谕邑官仿其石像带箭之状，并丘行恭真塑于邑西门外太宗庙庭，高卑丰约，洪纤寸尺，毫毛不羌"等记载，知其应直接取法唐代高浮雕六骏原形。

与其他各本联系，笔者认为"游本"应是目前所知最早的"缩仿本"，虽线条稍嫌孱弱，但还基本保留了唐代浮雕六骏的大致神韵与存置环境。兹依前文讨论所认定的六骏位序，尝试列表作图像学意义上的比较分析（表3-1-2）。

---

[1] 游师雄凌烟阁二十四功臣像石刻今存2石（每石计刻功臣像2），其中1石于1991年入藏陕西省历史博物馆。

表3-1-2 唐高浮雕昭陵六骏与宋游师雄题六骏碑线刻六骏之比较

序号	名 称	高浮雕昭陵六骏图像	宋游师雄题六骏碑线刻六骏图像	原在昭陵北祭坛两侧位序	备 注
1	飒露紫			左（西）第一	
2	拳毛䯄			左（西）第二	

续表

序号	名称	高浮雕昭陵六骏图像	宋游师雄题六骏碑线刻六骏图像	原在昭陵北祭坛两侧位序	备注
3	白蹄乌			左（西）第三	以上第一组
4	特勒骠			右（东）第一	

续 表

序号	名称	高浮雕昭陵六骏图像	宋游师雄题六骏碑线刻六骏图像	原在昭陵北祭坛两侧位序	备注
5	青骓			右(东)第二	
6	什伐赤			右(东)第三	以上第二组

图3-1-17 唐墓壁画中的胡禄、横刀、弓韬等饰物示例

表3-1-2中六马分作两组，对称侍立，等同于六骏在玄武门内东西两庑内分组侍立的位序。另如马首辔头，马鬃三花，马背前桥高、后桥低等"突厥鞍"等显著特征，以及足蹬、障泥与丘行恭腰间所悬挂的胡禄、横刀、弓韬等饰物，也都基本注重写实模仿，未敢率意稍减，具有较高的艺术水准（图3-1-17）。《陕西金石志》卷二十三《游师雄题六骏碑》因此评介云："按游师雄所绘昭陵图有绍圣元年（1094）石刻，详后卷图中。六骏俨然，在昭陵之后。其马赞旧题于石座，东坡尝得石本，赋诗记之。此碑乃师雄重绘六马并赞，刻石于醴泉太宗庙者。太宗乘六骏以定天下，马多中箭，此图皆摹绘不爽，可见太宗不忘大勋，虽马犹然。而师雄表章之迹，亦徒非好古而已。"

但客观言之，实不能排除游师雄题识六骏碑线刻六骏图像整体气韵弱于唐高浮雕昭陵六骏图像的事实。后者显现丘行恭腰间悬挂胡禄、横刀、弓韬等饰物，不管是比例、气韵，还是神态、线条，较之前者明显松懈、纤弱或失之于平衡，丘行恭腰间悬挂胡禄甚至角度变位，几触于地，与人体形成强烈反差。

明确了"游本"蓝本取法唐昭陵六骏刻石之内在关系，那么，"游本"的创作者又是谁呢？

显然，要搞清这个问题，困难是相当大的。因为迄今所能看到的资料过于分散破碎，不易使人注目捕捉最直接的佐证史料。不过可以尝试一种方法，那就是预先尽量爬梳可能多的相关史料，从中汰选目前所知宋代所有见于史载的鞍马画家，然后再缩小与线刻昭陵六骏（游本）出现时限及相关方面密切相关的鞍马画家范围，逐次排除无瓜葛者、确定最有可能者，辅之扎实可靠的文献以及实物资料，最终得出相对正确的结论。

如是，我们尝试选择宋代著名鞍马画家李公麟之传世作品《五马图》（图3-1-18）以作比较，冀望窥见两者之间的奥妙联系。

遗憾的是，限于目前的研究状况与资料基础，这种方法在今天还不具备客观实施的可能，但相信随着今后更多、更新历史文献与考古资料的不断涌

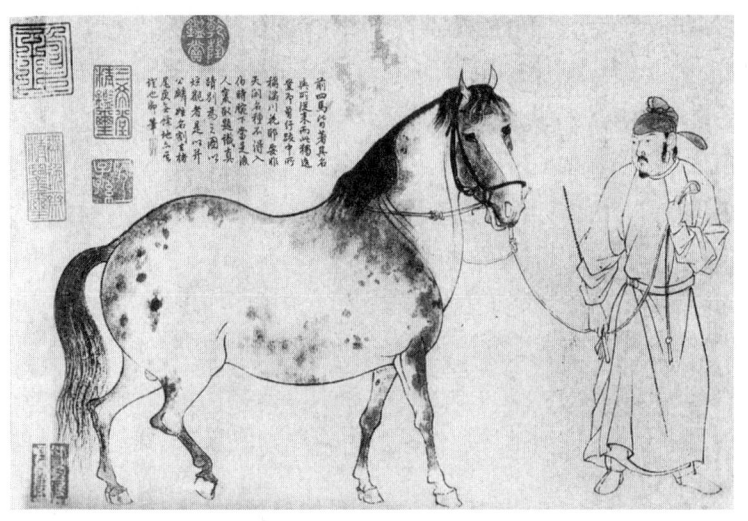

图3-1-18　传世宋李公麟《五马图》摹本局部　台北故宫博物院藏

现,在不远的将来,弄清这个令人困惑的历史谜团,应该存在一定的希望。

清代《书画史·画史》卷四"阎立本"显示,宋徽宗时内府所藏阎氏作品尚"三十有八"。奇怪的是,北宋江少虞辑录《宋朝事实类苑·卷五十一·书画伎艺》相关记载及清陈邦彦《御定历代题画诗类》诸多相关"阎立本"题咏与相关咏"马"诗篇,却没有发现涉及阎立本所绘六骏马图此后的流变踪迹。

这种微妙的现象,是否可能带给我们一种暗示,那就是阎立本所绘六骏马图彼时只作为雕刻蓝本,并未类同其他内府画作而被流传下来。除此以外,抑或还有的原因?

基于以上讨论,尝试检索有宋一代与"阎本"相关的其他六骏仿绘资料,可知除上文所论《游师雄题六骏碑》之外,还有宋代张耒所作的《拳毛駶》一诗[1]。

诗云:"北窗扫壁陈图书,杀气凛凛生坐隅。谁将尺素画骏马,云是文皇昔日拳毛駶。"细审诗句上下承传关系与诗意主旨,虽不敢简单断定张耒所见绘画作品(以下暂且称之为"张耒本",以与下文叙述的"张弨本"相区别)即为六骏全图,但将其视为与六骏之一"拳毛剐(駶)"图形相关的绘画作品,当不致谬误。

---

[1] 李逸安等点校:《张耒集》(上册),中华书局1990年版,第47页。

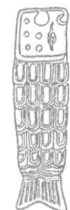

以创作时间论，它可能晚于元祐四年（1089）的"游本"。至于再追溯其所依据的蓝本，则大致有三种可能：

（1）直接取法于唐代六骏；

（2）取法于元祐四年（1089）之"游本"；

（3）取法于"阎本"或其他诸种临、摹之本。

三种可能中，我们需要着重考虑者，主要应是第一、二两种。

应该认为，在迄今所知有关六骏题材绘画中，如果说属于宋代以前、我们所能看到的几乎都是文献记载或石刻线图的话；那么，属于宋代以后、典藏于故宫博物院内金人赵霖所绘的《唐太宗六马图》，则是流传至今我们所能看到的唯一一件绢本设色作品。为叙述方便起见，我们暂且将其称作"赵本"。

据杨仁恺《国宝沉浮录》[1]等书记载，知赵霖所绘《唐太宗六马图》为卷轴装，现藏故宫博物院，绢本，长444.2厘米、阔27.4厘米，或可称作为《昭陵六骏图》、《六骏图卷》（图3-1-19）。赵霖其人，《金史》无传。元夏文彦《图绘宝鉴》等画论著述云其为"金熙宗时人"。但"赵本"后金宣宗兴定五年（1221）翰林学士赵秉文（1159—1232）之题跋[2]，却言金世宗时赵霖其人曾任"待诏"。

图3-1-19　金赵霖绘昭陵六骏图卷之拳毛䯄

---

[1] 杨仁恺：《国宝沉浮录》，上海人民出版社1991年版。
[2] 赵秉文题跋行草书，计30行。全文为："洛阳赵霖所画天闲六马图，观其笔法，圆熟清劲，度越俦侣。向时曾于梵林精舍，览一贵家宝藏韩干画明皇射鹿并试马二图，乃知少陵丹青引为实录也。用笔神妙，凛然有生气，信乎人间神物。今归之述邸，不复见也。襄城王持此图，欸若昨梦间耳。霖在世宗时待诏，今日艺苑中无此奇笔。惜乎！韩生之道绝矣！因题其侧云，闲闲醉中殊不知为何等语耶？　庚辰七月望日"。

据此看来,"赵本"创作之时限,当不逾熙宗、世宗之时。又《金史·本纪第四·熙宗》,载熙宗在位仅13年,其间外讨于宋,内争于权,他自己31岁即死于宫闱之乱。接踵即位之海陵王凶残暴戾,不久也在浙西兵马都统制完颜元宜等军伍的反叛声中,"遇弑(而)崩,年(才)四十"[1]。纷乱的政局,至世宗登基后方始得到遏制。《金史·本纪第六·世宗》于是极力渲染世宗敬慕唐太宗治国之道,以及"即位五载,而南北讲好,与民休息。于是躬节俭,崇孝弟,信赏罚,重农桑"等诸多功绩,并言他在大定十一年(1171)用太宗故事,"命图画功臣于太祖庙,其未立碑者立之"[2]。在如此环境下,作为世宗待诏,具有精湛画技的赵霖其人,才有可能应命绘制最能体现世宗治国精神的"六骏图卷"。

综上,我们推测"六骏图卷"的创作时间,似应在世宗在位的1161至1189年间,而大定十一年之后,更有可能是我们判定"赵本"创作时限的重要参考资料。

就艺术水准及所依蓝本论,赵秉文跋称"观其笔法,圆熟清劲,度越侪侣","今日艺苑中无此奇笔"[3](图3-1-20)。《国宝沉浮录》又认为:"(这)件稀有杰出金画院画家赵霖的《唐太宗六马图》,应正名为《昭陵六骏图》,用此图与分别保存在陕西省博物馆和美国费城两处的石刻对照,作者的确用它为蓝本而创作该图,调子雄强而又沉着耐看,极为珍贵。"对照整个金代绘画历史以及赵秉文的题跋,应该说赵霖的这件作品确实代表了有金一代

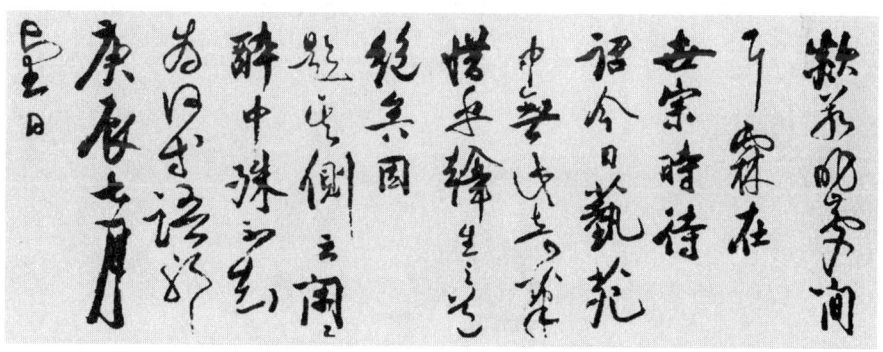

图3-1-20　金赵秉文题《赵霖昭陵六骏图》局部　行书

---

[1]（元）脱脱等:《金史·本纪第五·海陵》。
[2]（元）脱脱等:《金史·本纪第六·世宗》。
[3] 见前引金赵秉文题跋。

鞍马绘画的最高水平，具有珍贵的收藏价值。然而从尊重历史事实以及更高艺术审美角度理性评价该图，却又不能掩饰"赵本"一味体现当时社会风尚，各马尽作短肥朴拙蒙古马种形象、不类"唐风"的瑕疵。从忠实蓝本这一创作原则出发，它的确不如主要取材突厥马种六骏原雕那样的高大雄强与高贵典雅。

非但如是，就神韵、力度以及装饰细节而言，"赵本"所绘"丘行恭像呆而无力"[1]，较之飒露紫石刻丘行恭形象，不仅人体体量明显变小，整体比例从高及马额，下降至高及马眼，且臃肿猥琐、脖子粗短、胳膊僵直，不成比例。不类躬身向前，右脚前移，足部稳健，左脚脚尖踮起那样亲抚马身，镇定拔除箭矢的大将气度与真实可信的生动神态，而成左脚前移、右脚在后、麻木平立的拙笨样态。甚至将腰间右侧所挂胡禄[2]的几种关键元素随意增减，历历可见的箭镞赫然消失，胡禄外缘增添了羽毛状的装饰。另外，马鬃三花竟至漏绘，鞍桥、障泥及人物、器物之相互比例未经着意经营，存在有明显的斧凿之痕（图3-1-21）。至其依据蓝本，则如杨仁恺先生《国宝沉浮录》所言，固然不能排除其依据六骏原作的可能性，但从整体结构以及各图气韵来讲，倒是与宋刻《游师雄题六骏碑》中六骏图形更为接近一些。

因此，与其说它的蓝本取法于六骏原作，倒不如说取法于宋人仿刻之

图3-1-21　金赵霖绘昭陵六骏图卷之飒露紫

---

[1] 俞剑华编：《中国美术家人名辞典》"赵霖"条，上海人民美术出版社1981年版，第1297页。
[2] 亦作"胡鹿"、"胡簏"、"胡簶"等。《玉篇·竹部》："簶，胡簶，箭室。"《新唐书·兵志》："人具弓一，矢三十，胡禄、横刀、砺石、大觿、毡帽、毡装、行縢皆一。"又称"箭筒"或"箭囊"。

《六骏碑》或其他作品更合适一些。由此推测，赵霖可能未至唐昭陵六骏原在位置进行现场考察，因有画笔失误之嫌。

应当指出，如果仅仅只是局促唐六骏石刻一脉资料，忽视全方位审视其与"赵本"之间的各种内在联系，从而认定"作者的确用它为蓝本而创作是图"[1]，似乎难以令人完全信服。

"赵本"流传经过，以往著述多忽略不提。注意到赵秉文于金宣宗兴定五年（1221）醉中题跋"襄城王（下有空格，当是人名未述）持此图，欻若昨梦间耳"[2]及乾隆皇帝题跋等资料，知"赵本"绘就后，初在金代内廷画苑，至迟在40年后为襄城王氏所得。王氏之后，归清宫所有。及溥仪出宫，将此本携至长春伪满洲国内廷。伪满垮台，又为张子厚其人所得。至1949年后，方由张子厚售予故宫[3]，今存北京故宫博物院。

"赵本"之后，元代文献记载中，还有两条与六骏绘画相关的资料。

一条是上文所引元代陈基《题昭陵六马图》一诗。这条资料收录于清陈邦彦《御定历代题画诗类》卷一百零二。诗中极言"流传弟子初名干，服事将军老姓曹。貌得真龙九重上，昭陵刻石世同高"。但未详其是韩干、曹霸"貌得真龙九重上"的，间或还是元代的某位鞍马绘画大师？

另一条是元代张昱（光弼）的题《唐太宗骏马图》诗。此诗收录于清陈邦彦《御定历代题画诗类》卷一百零三。诗中记道："昭陵石刻今无有，绢素乃能存不朽。当时奇骨济时艰，驾驭尽入天人手。隋家再世俱凡庸，不知肘腋生英雄。晋阳奋起六骏马，蹴踏大海波涛红。帝王一出万邦定，干戈四指群小空。凌烟勋臣尽图画，一旦肯遗汗血功。呜呼何从得此样，规模却与石刻同。乃知帝王所驭是龙种，岂可求之凡马中。唐家开基三百载，展卷尚觉来英风。"细窥全诗，知此幅《唐太宗骏马图》应为绢本长卷，其创作时间，当不晚于元代。

由于上述两条资料证据薄弱，我们无法确定陈基之诗所谓真正绘画作者及创作年代，也无法考证出张昱一诗中绘画的作者、蓝本及其与他本之间的交错关系。慎重期间，暂将它们笼统合作"一处"，冠名"元本"，俟而后条件成熟时再分别甄选界定。

接续以上诸本，尚有三条资料需要罗列考证。

---

[1] 杨仁恺：《国宝沉浮录》，上海人民出版社1991年版，第414页。
[2] 参见前引金赵秉文题跋。
[3] 杨仁恺：《国宝沉浮录》，上海人民出版社1991年版，第547页。

一条是2001年第2期香港《东方》(Orientations)杂志刊布周秀琴女史《唐太宗昭陵与石马》(EmperorTaizongandHisSixHorses)一文引用的设色六骏图。

有关此图的时代、出处以及作者，周文在行文中没有专门述及，只云"游本"是其蓝本。细察是本的质地、构图、敷色，可能为清代作品。这与此图署款作满、汉两种文字对照是相吻合的。故以时代来命其"本"名，暂定为"清本"。

与其他各本相较，"清本"最大成功处，在于依据"游本"所刻马之位序、名称，并分别敷以不同色彩，可见其创作态度还是比较严谨的。但由于作者未能实施深入历史文献考据，致使丘行恭腰间露于弓韬"口外的弓干"[1]与革带两相混接，生成令人惋惜的斧凿之痕。

另一条见于民国二十四年（1935）《续修醴泉县志稿》卷四《建置志》记载。文云："无量殿在县东南十七里。旧志云内有石幢，刻有六骏图。"

"无量殿"者，供养无量寿佛之殿。无量寿佛，又称阿弥陀佛（梵语Amitābha）。《法华经第五·分别功德品》、《观无量寿经》等经典累累有记。"石幢"又称"经幢"、"佛幢"，一般立置于佛殿之前，多呈六角或八角形，一般分为幢顶、幢身、基座三部分，唐末、五代与南北宋时大量出现。"无量殿"与"石幢"同在一处，前后相望，可想象其空间布局状况。"六骏图"与"石幢"发生关系，据其规制，一般设计在幢身，故大概以采用线刻手法为最大可能。只是《续修醴泉县志稿》既载无量殿"在县东南十七里"，却不云殿堂时代属性，一时很难使人与下文"刻有六骏图"之经幢相对接。

此种遗憾，《续修醴泉县志稿》将其推卸给"旧志"，而旧志即指清乾隆四十四年（1779）蒋骐昌所修之《醴泉县志》，由此可知经幢所刻六骏之图至迟当不会晚于乾隆四十四年（1779）。

至其蓝本，或出于六骏原刻，或出于"游本"。再查《续修醴泉县志稿》注云"此（六骏图）即唐六马赞，今失"。揆以情理，似无摒弃马图而独存马赞之理，不知《续修醴泉县志稿》持论根据到底何在？姑且暂作存疑。对照各本，这里我们可将此本定名为"无量殿本"。

第三条是清山阳张弨[2]撰《张亟斋遗集》录《昭陵六骏赞辩》附着墨线勾勒六骏各图（以下简称为"张本"）。（图3-1-22）

---

[1] 王援朝、钟少异：《谈昭陵六骏中丘行恭佩器》，载《文物天地》1996年第6期。
[2] 张弨（1625—？）字力臣，号亟斋。山阳（淮安）人。酷嗜金石文字，曾遍游各地访碑拓石。著有《张亟斋遗集》，同治四年（1865）望益斋版。收入清初张潮（山来）辑录《昭代丛书》（一百五十卷，编修励守谦家藏本），又收入《四库全书》。

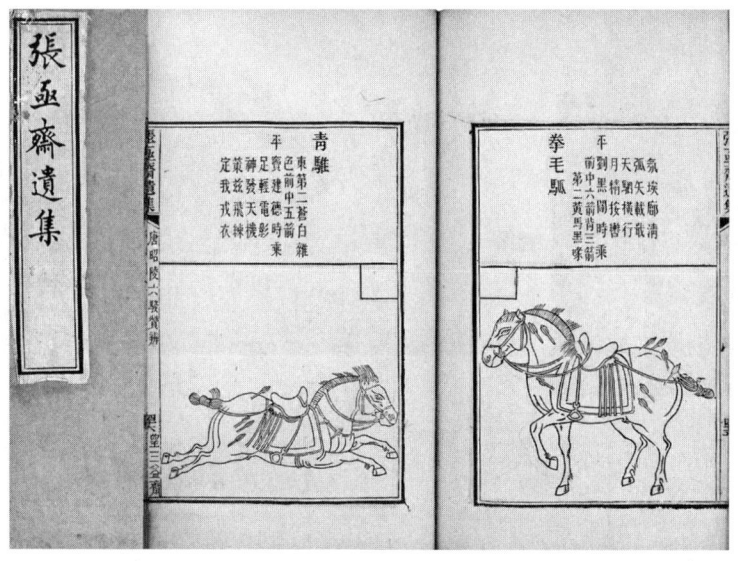

图3-1-22　清张弨《昭陵六骏赞辩》附六骏图局部

《昭陵六骏赞辩》显示，张弨本人于康熙九年（1670）离家出游，翌年（1671）冬"辛亥后从汉南过云栈，冒雪先至礼泉，抵赵村石鼓寺一宿。登九嵕甬道，恭谒殿前，上下历览，皆如昭陵诸志所云，不敢赘一词。及审视六马，其形制琢石如屏风……"，"越翌日，又驰至旧县观太宗庙遗址，见昭陵六骏图（张弨注云：即游景叔仿陵石制画刻一碑，每马高七寸许），二碑巍然对列。命仆从各拓数纸而归，每有向予质询者，不能一一详解，乃仿刻为图，而缀鄙说矣"[1]。

张弨之文明确指出其图蓝本取法于宋刻《游师雄题六骏碑》，佐证了笔者此前所谓"赵本"取法于"游本"的推断。不过公允而言，尽管张弨为清初著名金石学家，"当时名誉极高，交游极广，谈金石者，至今推为鼻祖"[2]。但其根据"游本""仿刻为图"，付梓开印后，却出现了逊于"游本"的现象。其后康熙三十六年至康熙三十九年间（1697—1700）歙县张潮（山来）辑录

---

[1]《钦定四库全书总目提要》记："《昭陵六骏赞辩》一卷。两江总督采进本。国朝张弨撰。张弨，字力臣，山阳人。博学嗜古，尤究心金石之文。后以聋废而考证弥勒。以昭陵六马图赞或以为太宗御撰，或以为殷仲容撰，或以为欧阳询书，或以为殷仲容书，文已尽泐赵涵诸家辗转讹异，因亲到其侧勤验绘图，以赵明诚金石录为校定，以六马赞为欧阳询书，诸将姓名为殷仲容书。文已尽泐，确为谁撰，弨亦不能考异。"

[2] 参见（清）殷朝瑞编，秦翰才手抄本：《张力臣先生年谱》前殷朝瑞所作序言，收入《清初名儒年谱》（全十六册）第9册，国家图书馆出版社2006年版，第423页。

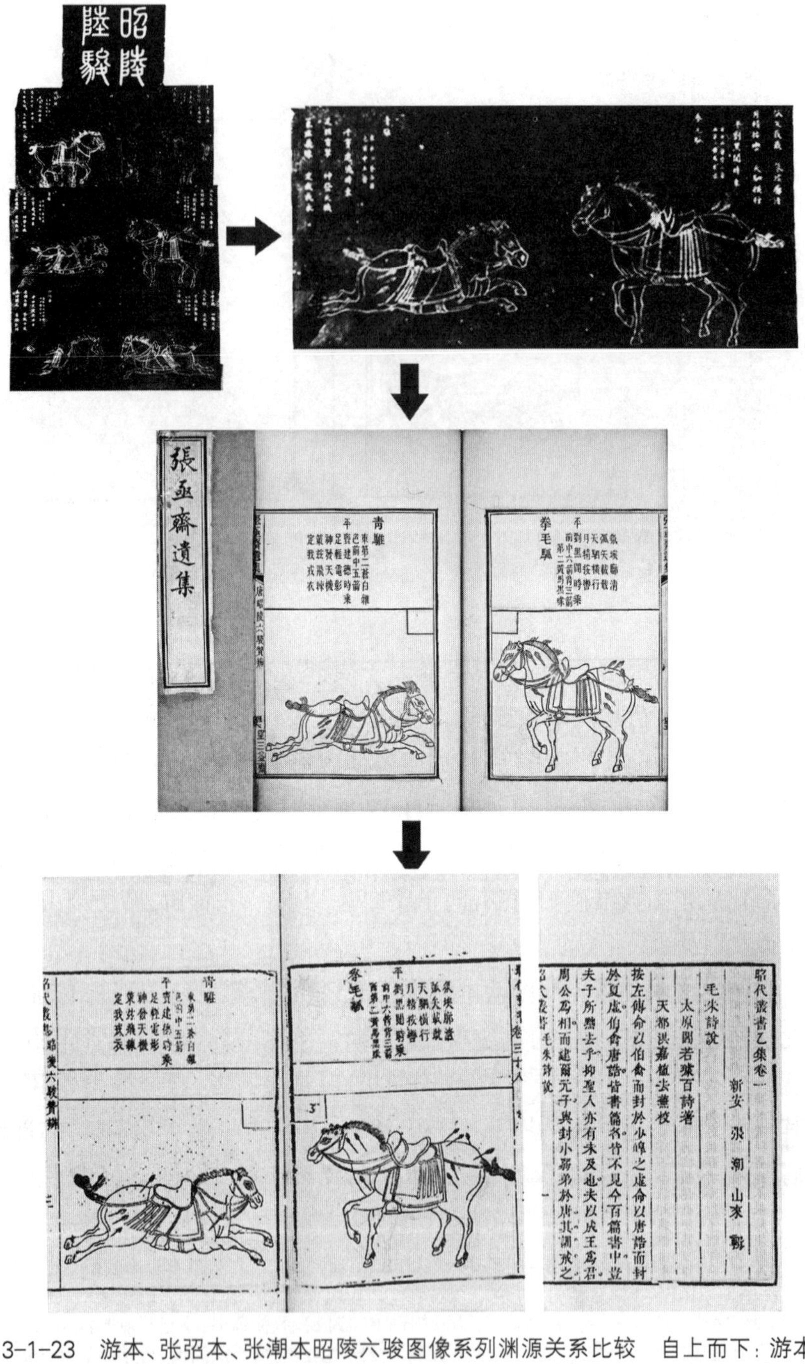

图3-1-23 游本、张玿本、张潮本昭陵六骏图像系列渊源关系比较 自上而下：游本六骏图及青骓与拳毛䯄组图像、清张玿《昭陵六骏赞辩》附六骏图系列之青骓与拳毛䯄组图像、清张潮辑录《昭代丛书》乙集所附六骏图系列之青骓与拳毛䯄组图像

《昭代丛书》，所录张弨之作，则更趋粗率，视觉图像以至变形失真[1]。

分辨"游本"、张弨本、张潮本前后间图像渊源关系，青骓、拳毛䯄一组图像质量逐次下降，表现得尤为明晰（图3-1-23）。

整理以上讨论，我们有如下认识：

（1）最早的六骏（唐代）蓝本很可能出自阎立本之手；

（2）"阎本"之外，1949年之前（1949年之后姑且不论）相关昭陵六骏主题的不同艺术作品，至少有八种。它们是：

① 元祐四年（1089）游师雄主持创作的"游本"；

② 宋代张耒《拳毛驹（䯄）》一诗中涉及的所谓"张耒本"；

③ 金大定十一年（1171）后赵霖所创作的"赵本"；

④ 元代陈基与张昱诗中所谓的"元本"；

⑤ 周秀琴文中披露的"清本"；

⑥ 康熙十年（1671）以后张弨仿制的"张弨本"；

⑦ 康熙三十六年至康熙三十九年间（1697—1700）歙县张潮（山来）《昭代丛书》辑录张弨之作的"张潮本"；

⑧ 时代不明的"无量殿本"。

三、仿刻碑石与诸种拓本

文献记载提示，碑帖最早约始于南北朝时期[2]，至唐已渐趋规范成熟，但主要是针对有文字的碑刻而施以毡蜡，涉及石刻画像之类，则鲜见。《唐六典·卷八》"门下省"条有记："贞观二十三年（649），弘文馆置搨书手三人。"王建《古原新居》一诗又谓："古碑凭人搨，闲诗任客吟。"[3]

揆以情理，如是氛围下，由太宗撰词、欧阳询书丹的六骏像赞，理应引起有唐一代人们的普遍关注，只是囿于帝陵仪卫的森严，当时可能还没有"搨

---

[1] 张弨之图附于《张亟斋遗集·唐昭陵六骏赞辩》，见同治四年（1865）六月望益斋本。印刷不佳，图像不佳。另见清康熙三十六年至康熙三十九年间（1697—1700）张潮辑录《昭代丛书》（凡一百五十卷，编修励守谦家藏本），扬州诒清堂刻。

[2] 如卫聚贤《中国考古学史》一书依据南京栖霞镇十月村六朝梁吴平忠侯萧景（477—523）神道石柱反书"梁故侍中中抚将军开府仪同三司吴平忠侯萧公之神道"诸例，认为"梁时已会拓碑"（商务印书馆1937年版，第62页）。

[3] 有关碑帖业历史概况，参见罗宏才：《西安碑林碑帖业史略》（上），西安碑林博物馆《碑林集刊》（五），陕西人民美术出版社1998年版，第1页。

图3-1-24 苏东坡画像

书手"[1]敢贸然进入昭陵兆域,轻易对六骏像赞实施随意的毡蜡与椎搨。

入宋代,随着商业经济的迅速发展,碑帖业得到长足进步,不仅有了专以毡蜡为生的行业性工匠,而且在椎搨技术以及装池技巧方面,也大大超过了唐代。张耒所赋《萧朝散惠石本韩干马图》之诗即为一例。因为此时唐昭陵六骏所在,已是"荒凉昭陵阙,古石埋苍苔"的寂寥场景,由是椎搨工匠才有可能进入昭陵兆域,对六骏像赞实施毡蜡。苏东坡(图3-1-24)"已将铁石充逸少"诗句所谓,正指其事。至于直接与昭陵六骏发生关系者,则有苏氏亲撰《昭陵六马》一诗[2]为证。苏氏撰写该诗原委,《昭陵六马》一诗前序如是言:

"昭陵六马,唐文皇战马也,琢石象之,立昭陵前,客有持此石本示予,为赋之。"

苏氏摩挲六骏"石本"的具体时间,部分著述[3]认为苏东坡任职凤翔府判官在嘉祐七年(1062)至治平二年(1065),这一时限应成为我们解析苏东坡摩挲六骏"石本"具体时间的重要依据。因为只有在这个时限内,他才有条件、有可能看到客人送来的"石本"。当然,以这个时限作为重要依据材料,并不排除在其他时限内苏氏摩挲六骏"石本"的可能。

涉及"石本"的内容与性质,可能有人会望文生义,误以为其当是唐昭陵六骏浮雕拓本。其实唐昭陵六骏浮雕盘环高耸,"毡蜡"不能取得规制性"石本"(关于唐六骏浮雕有否拓本,以下章节还将予以专门叙述,此处从略)。东坡所看到者,应为六骏像赞搨本。这一问题,清代学者王昶在其

---

[1] (唐)李林甫:《唐六典·卷八》"门下省"条,中华书局1992年版。
[2] (清)汪文诰辑注,孔凡礼点校:《苏轼文集卷四十九》,中华书局1982年版。原书题作《昭陵六马唐文皇战马也为赋之》,叙述不便,今简而命名,改题作《昭陵六马》诗。
[3] 苏东坡任职凤翔判官一事,《宋史》本纪、《苏轼年谱》、《苏轼诗集》等著迭有著录,文中选用于风《文同、苏轼》一文记述。参见《中国历代画家大观——宋元》,上海人民美术出版社1998年版。

《金石萃编》中曾特意多加笔墨予以辩释。文谓:"按游师雄所绘昭陵图有绍圣元年石刻,详后卷图中。六骏俨然在昭陵之后,其马赞旧题于石座,东坡尝得石本,赋诗纪之。"[1]有关这一问题,笔者还将在另一篇文章里专门叙述,此处从略。

苏东坡摩挲六骏"石本"后之元祐四年(1089),运判奉议游师雄主持雕造了线刻《六骏碑》。与此相呼应,另一种线刻六骏图也在现今醴泉县城东南17华里的无量殿外雕刻完成。后者见于《续修醴泉县志稿·卷四·建置志》,未详具体年月;前者则在上文的叙述中有较为详细的说明。

应补充者,除去上文所述线刻《六骏碑》碑文明确表示的原委外,似乎还有另一种隐而未发的直接"原委",那就是众多文人骚客在游历凭吊六骏石刻后,常常希冀得到六骏拓本的现实。

沿此思维逻辑,我们顺而感悟到,既然高浮雕六骏石刻无法满足人们求索"欲望",那就只好求助于线刻六骏石刻,于是游师雄主持线刻《六骏碑》的雕造,恰好弥补了人们的这一心理需要。遗憾的是,在游师雄所主持雕造的线刻《六骏碑》上,我们不能直接看到有关这一方面的明确记载,所幸这一空白在明崇祯五年(1632)醴泉县令范文光恭立《唐祀纪事碑》[2]中得到有益弥补。

碑文提到,"北面昭陵九嵕,四照达于百里。其下为陪葬诸功臣墓,平野累累。嗟乎!触矣!乃行者、居者搨得昭陵六马图,遂称好事。而市骏之主破屋萧条;执鞭之臣游魂清冷。曾谓明良灵爽,不及游景叔一片石哉"!它从一个侧面反映了千千百百年来人们钟爱六骏石刻,以及至晚从明代开始线刻六骏拓本已流传于世的史实。

民国以来,椎拓技艺的提高普及与社会艺术消费需求的不断增加,囿于规避唐刻六骏图像肌理凸凹,难施"毡蜡"等相关原委,摹拓系列的六骏拓本开始大量出现。但线刻六骏拓本因获取方便,却并未因此退出历史舞台,仍受到部分文人学者的重视与钟爱。

此一时期对于线刻六骏拓本之感触认识,具代表性者,以近代周肇祥

---

[1](清)王昶:《金石萃编》卷一百三十九《游师雄题六骏碑》,同载另见民国武树善《陕西金石志》卷二十三《游师雄题六骏碑》。
[2] 又称《唐太宗像碑》,通高180厘米、宽73厘米、厚18厘米,分三段刻。上段阴刻行书"唐祀纪事",计21行;中段阴线刻"唐文皇小影";下段阴刻"唐文皇小影"附说文。原在醴泉县南门外唐太宗祠,今移至昭陵博物馆碑廊中。

图3-1-25　周肇祥与中国画学研究会同人等在北京（前排右起第四人）合影

（图3-1-25）《琉璃厂杂记》为著。文谓：

"昭陵六马，世无拓本。宋元祐四年（1089），运判游师雄等以原石在陵北五里，距山下四十里，崖径崎岖，难于寻访，摹刻唐太宗庙以便游览。得旧拓本六马，极雄俊，各具腾跃超骧之态。即以画论，亦独步古今。唐代善画马者多，要非伯时，松雪所能望其项背也。"[1]

明晰了线刻六骏碑雕造前后的大略概况，我们再回过头来讨论两个问题。这两个问题，一是最早有关六骏拓本究竟在何时出现？二是严格意义上所谓的六骏拓本到底是什么？

显然，第一个问题的讨论比较简单，主要从两个方面来进行思考：一是不论其具体内容如何，惟只求其与六骏主题相关即可；二是不论其究竟是文献记载，还是实物资料，惟以孰早、孰晚来分界。

掌握这个基本原则，披露于苏东坡《昭陵六马》诗前序文中所谓的"石本"，应是迄今为止所发现的有关六骏主题的最早拓本。依据上文讨论所得出的结论，其参考年代，似应在1062年以后。也就是说，至晚在1062年以

---

[1] 周肇祥著，赵珩、海波点校：《琉璃厂杂记》（一），燕山出版社1995年版，第9页。

后,有关六骏主题的拓本已经出现。当然,这里还不能认定此种有关六骏主题的拓本就是高浮雕昭陵六骏拓本。

围绕第二个问题展开讨论,要相对棘手一些。原因主要是在界定何谓严格意义上的六骏拓本的问题上,尚存在着诸多含混不清的概念。

长期以来,人们一直把六骏拓本与六骏原石雕刻相联系起来,不清楚高耸暴起的六骏浮雕实难以获得规制、理想的拓本[1]。元祐四年(1089)以后,随着《游师雄题六骏碑》的雕造,诸多文人骚客希望获取六骏拓本的梦想开始逐渐由望洋兴叹变成客观现实。然而,纤小细弱的线刻本六骏拓本,毕竟没有六骏浮雕那样张扬奔放的博大气势。所以,除去部分特别钟爱者之外,接踵问津者并不很多。这一现实,应该是造成此类拓本声名寂寥,鲜为世人知晓的主要原因。

需强调的是,自民国四年(1915)开始,由于六骏雕刻系列拳毛䯄、飒露紫二骏之凄然离群,以及接踵发生的其余四骏被盗、旋即移位至省垣西安等诸种相关事件的影响,其在从此造成中国民众民族文化心态巨大伤痕的同时,客观上却使得昭陵六骏之赫赫盛名开始迅速走出国门,传遍世界。从而促使一批有识之士及部分文化商人重新将视觉投向昭陵六骏,相继出现了多种形式的摸(摹)拓、仿刻拓、缩本拓本,此即醴泉宋伯鲁《海棠仙馆》文集所谓"惟其石(六骏)几经兵火,泐为数段。辛亥后始挽置省垣陈列所,恣人观览,于是六骏始有拓本"一说[2]之原委。但诸种拓本的纷此出现,却导致原本便含混不清的六骏拓本概念更加趋向迷离、复杂。因此,要解决第二个问题,就必须首先搞清各种拓本的性质、源流以及相互之间的关系。

基于叙述上之方便,兹将目前所知各种拓本(上文所云无量殿本因未详有否拓本,故未列入)概略情况缕述于后。

---

[1] 1949年前在西安碑林外府学巷开设敏古堂碑帖铺的赵敏生(1949年后长期在西安碑林博物馆工作)曾尝试椎拓西安碑林博物馆藏六骏石刻,所获之本,墨色含糊,其品质仍不能跻身传统拓本的规制系列。显然,所谓的"原拓",尚须斟酌、讨论。参见李举纲等:《浅说昭陵六骏原石拓本》,载《收藏家》2006年第8期,第28页。

[2] 宋伯鲁(1854—1932),字芝栋,晚号芝田,别署艺芝。陕西醴泉人。光绪十一年(1885)乙酉科举人,翌年成进士,入翰林。官至山东道监察御史。戊戌变法中以"滥保匪人罪"被通缉,流亡上海,后入长庚幕府。辛亥革命发生后应张云山邀任高等参谋,旋改陕西陆军第一师参谋。不久应国务总理熊希龄推荐任参议院议员。曾长期主持《续修陕西通志稿》编纂工作。与下文叙述之宋联奎交极深,曾联宗。工诗、能文、善画,称"三绝"。著述颇多。《海棠仙馆文集》为其一,未刊行。其特殊地位,成为六骏流变史中关键人物。此出引用与下文首次公布《题宝经堂六骏拓本跋》相对照,可窥宋氏为保护六骏曲折笔墨的复杂心态。

(一)旧县本

指线刻《游师雄题六骏碑》拓本。按元祐四年(1089)游师雄所立《六骏碑》原在宋醴泉县城"西门外太宗庙庭"[1],1974年移藏昭陵博物馆。碑高268厘米、宽98厘米。额篆"昭陵六骏"四字。碑面上部为"运判奉议游公题六骏碑"碑文,下部为阴线刻六骏图并赞文。又,元末醴泉县城西向三十里迁徙到枢密院副也先速迭儿兴建的"土城"(今醴泉县城),原醴泉县城故地始称"旧县"[2]。清张弨《昭陵六骏图赞辩》载其康熙十年(1671)冬尝至"旧县观太宗庙遗址,见昭陵六骏图"。另民国二十四年(1935)《续修醴泉县志稿》称:"(醴泉)县治再徙则宋之旧县村是也。游师雄图石马于县西门外今旧县村。"(图3-1-26)故1974年以前所拓线刻《游师雄题六骏碑》拓本均称"旧县本"(如上文叙述周肇祥所得之本)。

依据目前掌握资料,大致在民国肇建以前,为"旧县本"繁盛之期。

另西安碑林藏明嘉靖壬戌(1562)如皋孙应鳌(1527—1586)《观昭陵六骏碑》(图3-1-27),载时任陕西提学副使孙应鳌曾亲往观瞻九嵕山唐太宗昭陵以及高浮雕六骏与旧县村的昭陵六骏碑,曾"拭碑细玩六骏图",聊发思古幽情外,孙氏最终发出"今日还瞻六骏碑,当时何仆旌忠石"的感慨。

依孙应鳌便利职衔与精神旨趣,观瞻六骏碑后,求取线刻六骏碑图拓本,应是十分自然的事情。

择前引清张弨《张亟斋遗集·昭陵六骏赞辩》,知张弨本人康熙十年(1671)冬亲赴昭陵实施考察,"忍冻盘旋"昭陵六骏刻石前"两日","抚摩

图3-1-26　陕西醴泉旧县村西门外太宗庙遗址环境　1932年拍摄

---

[1] 参见宋元祐四年(1089)《游师雄题六骏碑》。
[2] 参见明嘉靖十四年(1535)清乾隆四十四年(1779)《醴泉县志》、民国二十四年(1935)《续修醴泉县志稿》。各本叙述虽稍有差异,但均认为今醴泉县城系沿袭元枢密副也先速迭儿"土城"所修筑。

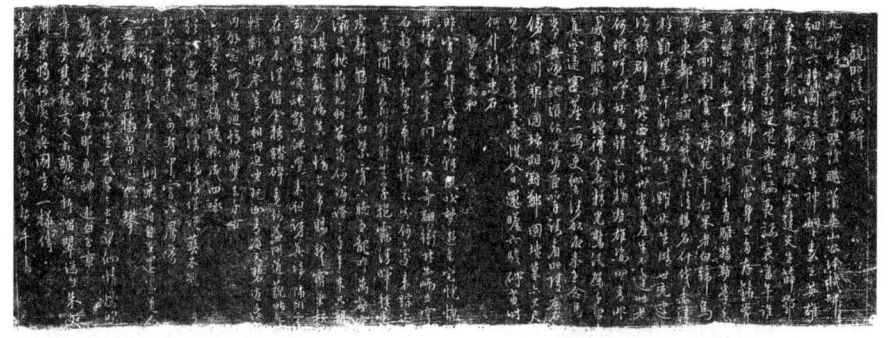

图3-1-27 西安碑林藏明嘉靖壬戌如皋孙应鳌书《昭陵六骏碑》拓本

推测,惟喜得上一隅书赞之处,显然可见"。"越翌日",且再赴旧县村考察太宗庙遗址及宋刻《游师雄题六骏碑》等刻石,"各拓数纸而归"[1]。《张亟斋遗集·昭陵六骏赞辩》故记:

"越翌日,又驰至旧县观太宗庙遗址,见昭陵六骏图(即游景叔仿陵石制画刻一碑,每马高七寸许)。二碑巍然对列,命仆各拓数纸而归,每有向予质询者,不能一一详解,乃仿刻为图而缀鄙说焉。"

我们观察前引《张亟斋遗集》所录《昭陵六骏赞辩》附昭陵六骏图,自可窥见其图与"旧县本"之关系。

相较坊间所见其他各种六骏拓本,以"旧县本"历史最久,艺术水准最高。不过叶昌炽撰、柯昌泗评《语石、语石异同评》将其与唐代绘画风气相比对,仍不以为然。认为杜工部《丹青引赠曹将军霸》诗所谓"褒公鄂公毛发动","一洗万古凡马空",其"画人画马,已稍落筌蹄矣。然今昭陵尚有唐凌烟阁功臣像及六马图,审其拓本,未能如杜老所云也"[2]。

尽管如此,我们认为,因该本将六骏图像集纳一石,且系线刻,体量纤小,视觉平缓,不类其他各本单独成幅,观瞻瞩目,遂为其他各本俗名所掩,殊为遗憾。

但较之于原在九嵕山巅的浮雕六骏,线刻六骏碑以所在位置便利,且易于椎拓,却也为该本的传播提供了方便。《续修陕西通志稿·卷

---

[1] 以上引文皆参见清张弨:《张亟斋遗集·昭陵六骏赞辩》。
[2] 叶昌炽撰、柯昌泗评,陈公柔、张明善点校:《语石 语石异同评》,中华书局1994年版,第332页。按凌烟阁在唐长安城皇宫内三清殿旁,其说凌烟阁在昭陵则不确。所指"六马图"者,非唐高浮雕六骏刻石,盖其不能制作拓本矣。此处说"谛其拓本",应指"旧县村"宋六骏图碑。

图3-1-28 李月溪

一百三十一》"古迹一"因此记道:

"……御井在(醴泉)县东旧县村,……并有石碑,上刻六骏图,其乡人往往拓以赠人,但拟之昭陵石像,则甚小。其题跋,亦云甚多。"

清末以至民初,关中地区屡遭兵燹,旧县村一带游人罕至,椎拓六骏图碑拓本以馈赠亲友之事随而沉寂。

1932年后,随着陇海铁路西延陕西,地方政局相对稳定,来陕游历者迅速增多,"旧县本"才渐次再现,但较清末以前,则仍不免寂然淡漠。其原委不外受到新崛起李本、夏本、张本等本的交互冲击。

张玉风《入秦访骏记》故载:"(1935)四月二十二日,上午往碑林,在博古堂购拓片数种。询游师雄所刻昭陵六骏图碑,谓此碑自清末至今,久无人拓,故拓本市无售者……"[1]。

凡此种种,均系"旧县本"受自身条件属性限制以及他本拓片冲击影响市场疲软的微妙写照。至详细内蕴,则请参见下文"夏本"一节之叙述。

(二)李本

指民国初年长安李月溪(1881—1946)(图3-1-28)所创之本。"月溪"其人,字士恒,号长安士隐。其先山西人,清光绪中来长安,数世经商,遂以长安为籍。幼读书聪颖,精绘事,善书法。弱岁入泮,为邑生员[2]。后以家生变故,"未克致身仕宦","乃仍以计然之术"[3],设肆经营金石古玩,且习椎拓之技,尤长青铜器立体影拓(图3-1-29)。前陕西省历史博物馆馆长曹仲谦1948年冬写就《陕西省历史博物馆概况说明书》"昭陵石屏六

---

[1] 参见张玉风:《入秦访骏记》,《国闻周报》民国二十四年(1935)第三十三、三十四期。
[2] 有关李月溪生平,可参见1958年修撰的《长安县志》(未刊)以及罗宏才:《也谈昭陵六骏拓本》(《收藏》1998年第69期)等。
[3] 翁维谦:《李月溪先生诔词》。手稿存翁维谦处,未刊。

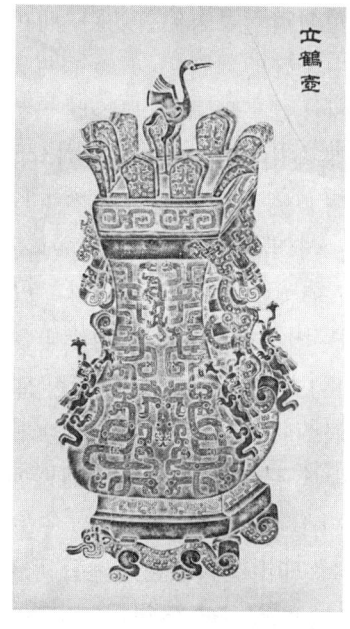

图3-1-29 立鹤壶立体影拓 1941年李月溪之子李松如拓制

昭陵石屏六駿之二

右駿名什伐赤色純赤臀部中四箭背上中一箭太宗平王世充竇建德時所乘奔馳姿勢頗能現出追風逐電雄態據金石志載贊詞渥潤未定斧鉞申威朱汗騁足青旌凱歸等語度之當日血汗功勞殊令人難以忽置按醴泉宋芝田太史海棠仙館文集長安毛俊臣學博君子館文抄均云張力臣山來先生對於六駿辨之甚詳此影與前駿係就李君松如拓出紙上攝成李亦長安人平時專以椎拓彝器為業亦妙手也

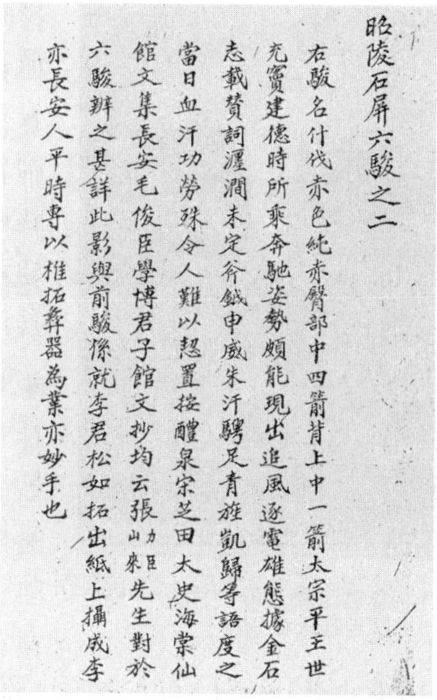

图3-1-30 曹仲谦《陕西省历史博物馆概况说明书》“昭陵石屏六骏之二”条局部

骏之二”一条故称他“亦长安人”，“平时专以椎拓彝器为业，亦妙手也”[1]（图3-1-30）。

1912年，身在北京的法国古玩商葛扬（A.Grosjean）“为搞到六骏碑费尽心机，他派搭档高冷之（Galenzi）前往昭陵实地考察，并命他伺机策划盗运这批文物六骏。1913年5月，六骏被移出皇陵。但在被盗运出来的途中，不幸走漏了风声，盗运者将文物丢下山坡。损毁的石刻残片被当局没收。”[2]时陕军第一师师长张云山（字凤岗，1877—1915）“谋运六马置会（省）城”，

[1] 1948年冬曹仲谦撰：《陕西省历史博物馆概况说明书》，手稿，稿藏西安曹仲谦后裔处。

[2] 据罗拉著、卞婉钰译《卢芹斋传》引巴黎古董商保罗·马龙1912年记载。依《卢芹斋传》所云，彼时保罗·马龙“展示重要中国及印度文物的展厅位于（巴黎）第8区的佛兰君大道50号。盖保罗·马龙“当时想通过葛扬先生做中间人来收购这些石刻骏马，所以给他交了一大笔定金，后来因未能成事”，致保罗·马龙“损失不少”。参见罗拉著，卞婉钰译：《卢芹斋传》，香港：新世纪出版社2013年版，第101~102页。类同信息，另见美国宾夕凡尼亚大学博物馆周秀琴（zhou xiuqin）于2001年第2期《东方杂志》（*Orientations*）、2002年第8期《碑林集刊》先后发表《唐太宗昭陵与石马》与《昭陵六骏流失始末》诸文披露1926年6月29日保罗·马龙致宾夕法尼亚大学博物馆信件，其间颇有差异。笔者此处所引从前者。

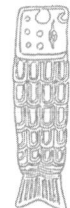

图3-1-31 盗卖昭陵二骏的国际古玩巨擘卢芹斋油画像

被陕西名宿醴泉宋伯鲁劝阻"而止"[1]。但其中最好的飒露紫、拳毛䯄两骏终在复杂时代背景影响下，旋为陕军第一师师长张云山占有，继而在1914年移入陕西省督署。盖张为讨好陕西督军陆建章，"不惜卑躬屈节，伺承颜色，执贽拜门，辇金纳贿，冀得其欢心，以图保全"[2]，由是两骏经张云山拱手交于陆建章。1915年，北京延古斋经理赵鹤舫谋取两骏得利，通过其同乡步某运动袁世凯次子袁克文，由其出面说通袁世凯，令陆建章于该年（1915）冬运来北京，不久即由法国巴黎来运公司老板卢芹斋（C.T.L）（图3-1-31）与北京古玩商赵鹤舫及"杨、金和马三位先生"[3]等人联手，自北京经上海运抵美国纽约，以125 000美元售予美国宾夕法尼亚大学博物馆，"打破了当时文物成交价格的记录"[4]。

飒露紫、拳毛䯄离开陕西时间，历来争议颇多，笔者依据目前掌握的相关资料，认为在1915年冬。理由是熟稔彼时陕西政局变化的三原于右任在1944年出版《文史杂志》第九、十期合刊刊发的《昭陵石马歌》后附题识中，曾扼腕写道："民国四年（1915）陆建章据陕，窃辇飒露紫、拳毛䯄二石出关，馈赂当道。辗转售运美国费勒特尔菲亚博物院。"[5]（图3-1-32）于氏文中所说美国费勒特尔菲亚博物院，即美国费城宾夕凡尼亚大学博物馆。

---

[1] 此段引文参见1928年醴泉宋伯鲁为西安夏子欣摹刻六骏碑跋语，原石藏西安夏子欣后裔处，笔者蒙夏子欣后裔支持，得其拓本，参见下文引用宋伯鲁跋语石刻拓本。宋伯鲁为西安夏子欣摹刻六骏碑跋语，另见《海棠仙馆文集·卷四》"跋宝经堂仿刻昭陵六骏碑"条，《海棠仙馆文集》未刊，其卷四手稿今藏西安宋伯鲁裔曾孙女宋亚平处。宋伯鲁与张云山关系及张云山生平，参见1915年醴泉宋伯鲁撰并书、户县王桓晋篆盖《中华民国故陆军中将陕北镇守使张凤冈张公墓志铭并序》，拓本藏陕西省政协文史办。

[2] 陕西省革命先烈褒恤委员会编纂：《西北革命史征稿·张云山传》，民国三十八年（1949）二月印行，铅印本。

[3] 引自1926年9月14日卢芹斋（C.T.L）致宾夕法尼亚大学博物馆馆长乔治·戈登信件，原件藏宾夕法尼亚大学博物馆。卢芹斋在信中称："杨、金和马三位先生会获得二骏石刻收益的33%……他们为搞到这两件文物辗转了四五年时间，历经各种艰难险阻，冒着坐牢甚至生命的危险。"见罗拉著，卞婉钰译：《卢芹斋传》，香港新世纪出版社2013年版，第103页。

[4] 罗拉著，卞婉钰译：《卢芹斋传》，香港新世纪出版社2013年版，第100页。

[5] 于右任：《昭陵石马歌》，《文史杂志》1944年第三卷、第九、十期合刊，第76~77页。

追近人周肇祥《琉璃厂杂记》,语称:

"昭陵石马,去冬厂肆延古赵估鹤舫欲攫一为奇货,而重赂某公子之同乡步姓,思假公子力而致之。公子不察,遂电陕西将军陆建章,既而知其奸,复电陆运以来勿予赵。陆不敢违,载以十牛之车,竟辇之都下,赵瞠眼无如何。公子固滥用无度者,手头常困乏,赵得乘间投所需,马乃归赵。余初不之信,今见马已陈于王府井大街永宝斋之门,则人言确矣。雕缕(镂)工绝雄俊,有电力,即非唐物亦属佳制。行见一出燕台,航海而西,永劫不复返,悲夫!"[1]

图3-1-32 靖国军2期时的于右任

所谓"昭陵石马,去冬厂肆延古赵估鹤舫欲攫一为奇货,而重赂某公子之同乡步姓,思假公子力而致之"一句之"去冬",依行文逻辑与历史背景,应指1915年冬,与于右任所说契合。"延古",即北京古玩商赵鹤舫经营之延古斋。"某公子",则为袁世凯二子袁克文。

其余四骏,复在1916年遭劣商勾结外人计划运走,被当地群众发现拦阻,告知新任督军陈树藩,为陈下令截获,移入西安省垣图书馆[2]。此醴泉宋伯鲁为西安夏子欣摹刻六骏碑跋语所谓"民国五年(1916),当道又取其四置城中,今图书馆东廊所陈是也"(图3-1-33)[3]一说由来。

择取于右任《昭陵石马歌》后附题识:"(民国)五年(1916)将余四石置之陕西图书馆。"其说与宋伯鲁所言又恰相吻合。

跋语所谓"某师长谋运六马置会(省)城,闻余言而止,然已致其二寻

---

[1] 周肇祥撰,赵珩、海波点校:《琉璃厂杂记》(三),北京燕山出版社1995年版,第113页。
[2] 关于六骏被盗及辗转流变诸事,近百年来,相关记述颇见繁复,但大多囿于传闻、揣测或盲目因袭,与史实差异较大。笔者自20世纪80年代初即开始此项调查工作,经查阅大量档案及亲向部分当事人作第一手调查采访,基本可以链接其流变过程,全部资料已结集于拙著《昭陵六骏》一书中,即将出版,本文先行披露部分线索,以供同好者批评参考。
[3] 罗拉著,卞婉钰译:《卢芹斋传》引巴黎古董商保罗·马龙(Paul Mallon)1912年记载称六骏盗运事件中,"损毁的石刻残片被当局没收,1917年被运到西安府博物馆保存",与宋伯鲁跋语抵牾,笔者此处所论从宋伯鲁跋语。保罗·马龙(Paul Mallon)1912年记载参见罗拉著、卞婉钰译《卢芹斋传》,香港新世纪出版社2013年版,第101页。

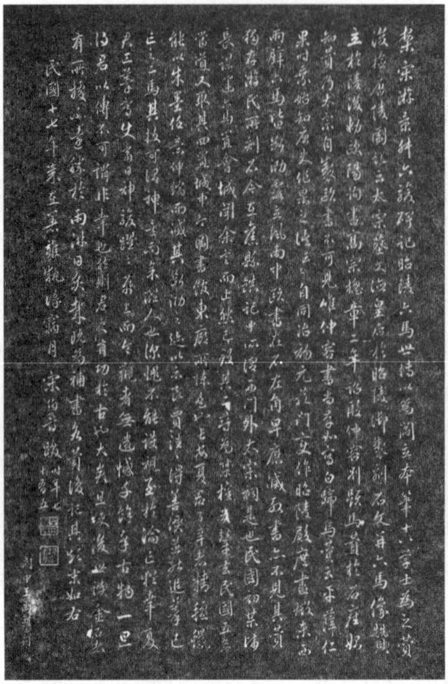

图3-1-33 昭陵六骏拓本夏本宋伯鲁跋

为某权贵辇去",盖指时任陕军第一师师长张云山而言。以陕西辛亥革命发生时任职秦陇复汉军兵马大提督的张云山曾力邀宋伯鲁赞襄军务,出任高等参谋,烽火岁月间,两人交情深厚。1915年张病故,宋故亲为撰写墓志(图3-1-34)。加之宋氏本人清末曾入翰林院,和风劲骨,因有"某师长"、"某权贵"之隐讳。

无独有偶,与醴泉宋伯鲁亲密联宗、彼此知交数十年的长安名流宋联奎在其《苏盦杂志》卷三"昭陵六骏"条中,也传递了"辛亥后,石骏为师长张云山取其二,移置长安旧署(俗称南院),然断泐不堪

图3-1-34 宋伯鲁书张云山墓志拓本册页局部 西安宋伯鲁后裔提供

矣"等相同的信息。

六骏历经劫难,声名更盛,观者络绎不绝,均欲求得一纸拓本以为快事,于是好事者悬金求拓。惟以其石浮雕高耸,难施毡蜡,关中拓手多望而却步。李月溪睹此现状,乃精心苦研,从青铜器立体拓技艺中得到启发,首创摸(摹)拓之法,且追摹流失海外之两骏刻石,并尽力弥补各马局部缺损与马身以外漫漶、断裂现状,求其全形完整。所成各马图形大小,基本与唐刻昭陵六骏刻石相同。

前引于右任《昭陵石马歌》后附题识指称"长安李月溪、耀县张木生(参见下文),规六马大小,摹揭为图,极逼真";罗振玉《雪堂类稿甲·笔记汇刊》之《石交录》卷四"昭陵六骏袁克文破坏其二、李月溪拓六骏全形"条又称:"关中李君月溪,尝仿拓古彝器全形法拓六马,其已剖二马,则据未刻时拓本,制抚形而拓之,号虎贲中郎,亦为艺林所珍。"[1]皆对长安李月溪、耀县张木生"摹揭"缘由及精湛技艺有所阐释与评价。但罗振玉称"其已剖二马,则据未刻时拓本,制抚形而拓之",则不确。盖"未刻时"无拓本,李月溪故不能"制抚形而拓之",其事真相,实与于右任《昭陵石马歌》后附题识吻合。

综上所述,于是始有既具一定视觉震撼且完整系统的全形六骏刻石拓本。及投入市场,识者争购,大受欢迎。宋联奎《宣南客话》卷二所谓:"昭陵六骏拓本,其创始者为长安李月溪士恒,流传极广,纸贵一时。"其言不误也。

另1926年刊行《右任诗存·昭陵石马歌》又谓:"杨君(石斋)死去丁君(辅仁)老,拓石关中无名士。龙种王孙(李君月溪)攘臂起,奕奕生气毫厘见"。

"李本"的出现,固然满足了人们的一定艺术消费需求,但比照原石,该本在追求完整、重视视觉震撼的已至之境外,却不能排除其形体僵直,比例略失的缺陷。如重庆晏济元美术馆珍藏20世纪40年代初于右任赠晏济元(原)"李本"系统其一拳毛𬴊拓本,马蹄甚至直抵界栏,几欲跃出(图3-1-35)。

考究"李本"系列作品,前述重庆晏济元美术馆珍藏拳毛𬴊拓本可为重要一例。

此本顶格、左侧附有于右任长篇题跋。跋述唐六骏刻石系统拳毛𬴊、飒

---

[1] 罗振玉著,萧文立编校:《雪堂类稿甲·笔记汇刊》,辽宁教育出版社2003年版,第249页。

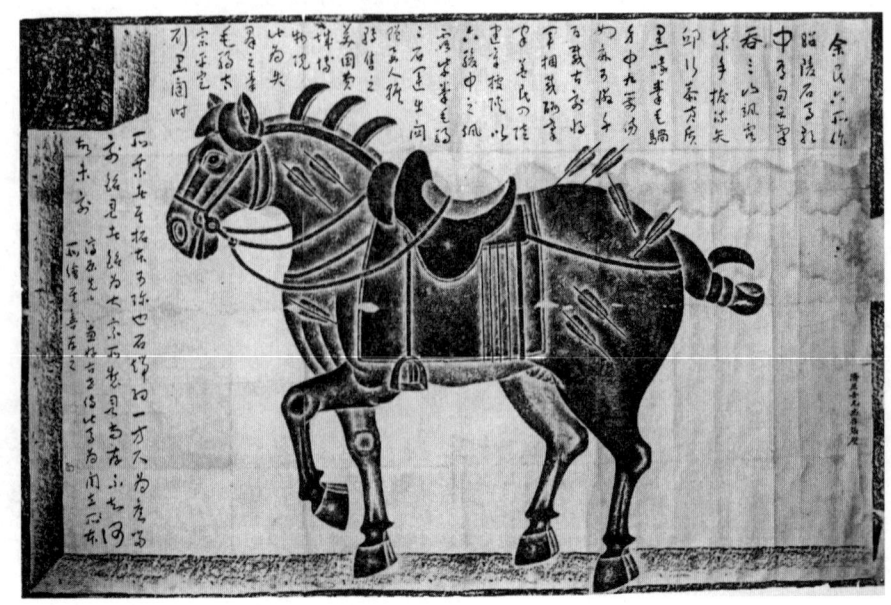

图3-1-35 于右任赠晏济元六骏其一拓本

露紫两骏流失海外诸事之外,末尾所谓"其拓本可珍也"以及"济原先生口(此字残)画好古","其善存之"诸语,在明晰传递此本源流关系的同时,更明晰告诉我们"李本"系统六骏拓本出现之后广泛流传的态势。

"李本"出现于世原委及摹拓之法,1916年后陕西乡贤诸多著述迭有记载。

如醴泉宋伯鲁《海棠仙馆文集》:"惟其石(六骏)几经兵火,泐为数段。辛亥后始挽置省垣陈列所,恣人观览,于是六骏始有拓本。"

如果说《海棠仙馆文集》仅仅只限于讨论六骏拓本创制之始的话,那么,毛昌杰《君子馆类稿·文抄》卷四《跋昭陵六骏缩本为幼农》之记载,则从多角度对六骏流变、拓本创制、摸(摹)拓之法等诸种问题进行了阐述。其文曰:

"昭陵六骏旧在醴泉县北五十里昭陵阙下,民国初元辇之省城,其飒露紫、旋(拳)毛䯄二石被人盗卖入美国博物院,见于右任诗注,载梦碧簃石言第一卷。余四石现嵌图书馆东廊下,完全无缺。按此石始末,游景叔(师雄)及清张山来说之甚详,惟打本从来未见,以镌刻深浅悬殊难施毡蜡也。同里李君月溪,素通绘事,因仿椎打钟鼎彝器之法,变立体为平面,用油纸规其外节,椎拓拓成,与其形无异,且能任意缩小之,尺寸比例,垒黍不爽,真奇技也。"

民国三十年(1941)后,月溪力衰,承其衣钵者,为其子李友松(字松如,以字行)(图3-1-36)。松如努力革新,创立缩本摸(摹)拓六骏拓本,自此李本又有大、小两本之分。但两相对比,知小本之技稍逊于大本。李松如六骏拓本技术,在1941年教育部艺术文物考察团抵陕考察时曾发挥重要作用(图3-1-37)。但之后其技一传至其妻王佩芬,再传至其外孙范振家[1](图3-1-38),时过境迁,已呈消退之势。

尽管如此,可知"李本"系统至今应经形成四个支系,亦即:
(1)初创李月溪支系;
(2)再传李友松支系;
(3)三传王佩芬支系;
(4)四传范振家支系。

"李本"流传,坊间频频可以见及,其价格亦逐渐攀升。2003年8月,北京翰海拍卖公司拍卖余杭褚德彝(1871—1942)题跋昭陵六骏"特勒骠"、"什伐赤"二骏拓本(图3-1-39),各高133.5厘米、宽201厘

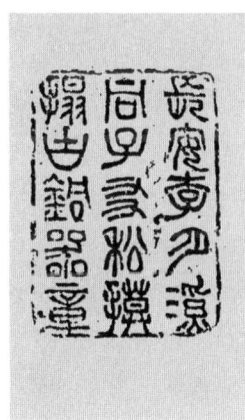

图3-1-36 长安李月溪同子友松摸搨古铜器章

图3-1-37 1941年3月16日,考察团在西安著名拓印大师李松如指导下对茂陵霍去病墓前石刻进行立体影拓(右前着长袍、施毡拓者为李松如)

---

[1] 参见刘宁:《绝艺逢春——记昭陵六骏浮雕拓片传人范振家》,《西安晚报》1888年7月23日。文中对范振家所制六骏摸拓拓本评价颇高。

图3-1-38 昭陵六骏"李本"创始人李月溪辞世五周李松如(中排右一抱小孩者)与家人合影

米;估价8 000~15 000元人民币,成交价8 000元人民币;2007年11月北京德宝拍卖公司拍卖钤"长安李氏拓古印记"、"关百益"、"关中于氏"印鉴李月溪支系六骏拓本一组六幅,各高133厘米、宽200厘米,成交价人民币16 800元。

(三)张本

指陕西耀县张木生(1870—1947)所创之本。张木生,一作"张穆生",字葆森,早年入三原正谊书院,为关中名儒贺瑞麟高足,与醴泉宋伯鲁、三原于右任、蓝田牛兆濂等素称莫逆,光绪三十二年(1906)宋伯鲁应伊犁将军长庚邀请赴新疆,张木生随焉。事见光绪丙午(1906)宋伯鲁《西辕琐记》[1]。曾参与续修陕西通志及西安碑林整修,著有《耀县乡土志稿》等。

张氏精金石鉴赏,擅椎拓之术。民初步李月溪后尘创大型高浮雕石刻立体影搨之法。其法按原件构图,用油纸分段制作部件,然后平面拼接。所创制摸(摹)拓六骏之法,类同"李本",可能亦与原物大小相同。惟矜惜拓技,作品

----

[1] 木刻本,前有丁未(1907)九月王树枏序。另见1983年中央民族学院图书馆铅印本。

图3-1-39 2003年8月北京翰海拍卖公司拍卖余杭褚德彝题跋昭陵六骏"特勒骠"、"什伐赤"二骏拓本
资料来源：雅昌艺术网

稀少，仅限于友朋酬酢，非同"李本"之商业运作。1918年，于右任曾为其六骏拓本赋诗，谓"六骏失群图尚在，追怀名迹威无穷。纷披矢石因酣战，摹勒山陵为报功。生击降王关内外，死陪勋旧关西东。传神赖有张公拓，犹似当年照九嵏"[1]。

超越前者，上引1944年出版《文史杂志》第九、十期合刊刊发于右任《昭陵石马歌》后附题识又称："长安李月溪、耀县张木生（参见下文），规六马大小，摹揭为图，极逼真。"

诗、文对张木生椎拓技艺十分推崇，但因张本流传极少，罕为人见，目前尚无法与其他各本进行甄别比较。

（四）夏本

指西安夏子欣（1877—1956）所创之本。

按夏子欣世居西安碑林外府学巷，受碑林内外椎拓、销售碑帖的影响，

---

[1] 于右任诗名《题张木生手拓昭陵石马》，累见于各种于诗版本，本文选用民国二十年（1931）西安某氏藏手抄本。

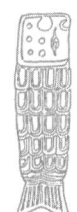

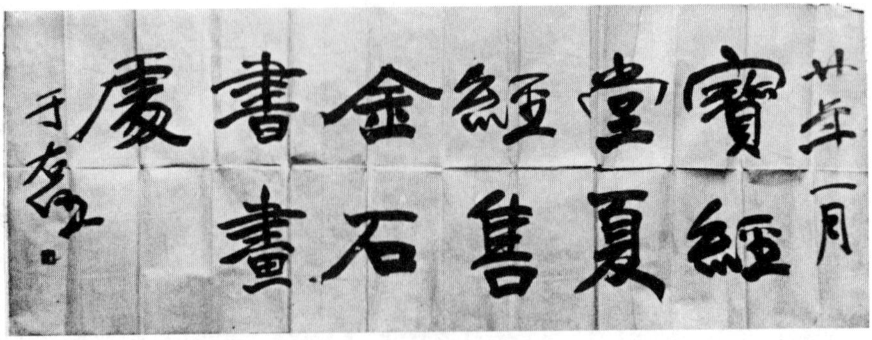

图3-1-40　民国廿年（1931）一月于右任题"宝经堂夏经售金石书画处"牌匾　西安宝经堂夏氏后裔藏

始通椎拓之术，并以售卖碑帖为生。后因售卖碑帖与于右任相识，由于推荐任陕西通志馆采访员。1931年在府学巷居所开设宝经堂碑帖铺，店铺牌匾即为于右任题写（图3-1-40）。1932年3月后，经于右任推荐长期担任西京筹备委员会文物调查员。

富收藏，且多为精品。1938年11月11日《张溥泉回忆录·日记》：

"夏子欣持来汉砖拓片，延寿七年五月九日乙卯日入时雨十四字砖，草隶极美，长乐未央（中有牛形），子孙益昌，八字砖，分三行。当中一格，刻一牛，极生动。……千秋万岁，安乐未央十二字砖，更美，惜皆年久燻，且裱坏，……"[1]

夏子欣如是实力，因此有信心参与当时多种艺术品展览活动。1936年开发西北协会主办西北文物展览会时，仅夏一人提供的金石拓本，就多达50余套（幅）[2]。

夏所创六骏刻石拓本，盖为缩本。创刻时间，在1928年。因此，"夏本"之品质，除与"张本"、"李本"共享追摹遗失，便于传播、焕发唐风神采，满足消费者需求之优势以外，还有裨益金石考古研究之功效。宋伯鲁《题宝经堂六骏拓本跋》，便如是剖析了这一事实：

---

[1] 沈云龙主编《近代中国史料丛刊三编第三辑》：《张溥泉先生回忆录·日记》（民国二十七年十一月十一日），台北：文海出版社1985年版，第58页。

[2] 开发西北协会：《西北文物展览会目录》1936年版，第20页。

"长安夏君子辛(欣)者,精毡蜡,能以朱墨任意伸缩,而灭其断泐之迹,以示良贾,往往得善价,并能追摹已亡之二马,其技可谓神矣。而余醴人也,深愧不能护视,至于沦亡。犹幸夏君工摹写,使当日神骏,跃跃纸上,而今观者无遗憾,千余年古物,一旦得君以使,不可谓非幸也。然则夏君之有功于古也大矣。且使后世读金石者有所据,不远胜于雨淋日炙哉。"

区别张、李二本,夏本融合高浮雕与减地刻两类六骏图像技艺缩小比例制成,非用"油纸规其外节,椎拓拓成"。与"旧县本"比较,"夏本"共计四石。其中宋伯鲁题跋独占一石,长78厘米,宽53厘米。余六骏每两骏各占一石,计三石,各分两面刻之。一石刻白蹄乌、什伐赤,长62.5厘米,宽37厘米;一石刻拳毛䯄、青骓,长70厘米,宽50.5厘米;一石刻飒露紫、特勒骠(夏本误作特勒膘),长86厘米,宽48厘米。四石各依内容确定尺寸大小,赫然成套,(图3-1-41、图3-1-42、图3-1-43、图3-1-44、图3-1-45、图3-1-46),非似"旧县本"六骏共处一石也[1]。

图3-1-41 夏本之一——飒露紫拓本　　图3-1-42 夏本之二——特勒骠拓本

---

[1] 夏本刻石拓本销售于民国二十年(1931)以后达到高潮,抗战中一度消歇。1949年后几乎停拓,故拓本极少。本文所选拓本为1990年夏氏后裔特允笔者拓制,此后仍停拓。

图3-1-43　夏本之三——拳毛䯄拓本　　图3-1-44　夏本之四——青骓拓本

图3-1-45　夏本之五——白蹄乌　　图3-1-46　夏本之六——什伐赤拓本

不可忽视的是,其什伐赤一石原勾线图本为特勤骠,因经营位置出现偏差,遂将其改作什伐赤,移图向右,压迫该石左侧留下原图马尾痕迹。

另外,较"李本"而言,"夏本"在解决整体比例、转角弧线方面,亦未能达到理想境界,显有笨拙生硬之嫌。尤其是不能洞悉唐六骏其一飒露紫石刻丘行恭左侧腰间后上部"类似鞭杆且稍弯之物",是露于弓韬"口外的弓干"[1],乃将这一重要器物完全扬弃,并随意拉长、加宽腰间革带,致其斜向开张,赫然与人之左侧腰间分离,乍视,几不辨究为何物?与革带相关,一侧模仿所取蓝本显现的弓韬弓干,亦混乱措置,造成与唐代原物造型赫然背离的遗憾后果,大大降低了该本的艺术价值。所幸其还基本类同唐六骏其一飒露紫石刻丘行恭右侧腰间盛箭镞胡禄形态,未如金赵霖所绘昭陵六骏图卷飒露紫旁丘行恭腰间胡禄的随意增饰。但却趋步赵本,人物形态与左、右脚位置较之唐代石刻一概颠倒,远去了唐风的雄健、稳定。看得出,设计者采用蓝本时,除参考李本、张本外,还可能受到赵本劣风的影响。

"夏本"刻石并拓本制作、市场销售诸事,张玉风在《入秦访骏记》中曾记:"(1935)四月二十二日,上午往碑林,……遂之宝经堂,主人夏姓字子辛〔欣〕自刻有六骏图,为石六方〔此处有误〕,又宋伯鲁跋刻石一方。工人正拓制也,购拓本两份。此系夏氏仿大石缩小而成,颇能得其形似,然与昭陵石马图无关也,惟宋氏之跋有关考据。……"[2]。

"夏本"的销售,除本号宝经堂外,尚延展至碑林外府学巷碑帖肆集聚的会古斋等店铺。拓本价格,也逐渐趋于稳定。如候鸿鉴《西北漫游记》记:"(1935年5月7日)出碑林,复在会古斋购得褚书同州圣教序一纸,石刻拔萃一纸,半截碑一纸,景教流行中国碑一纸,昭陵六骏七纸,宋伯鲁跋一纸,计银两元。"[3]

(五)柯本

柯氏幼承家学,嗜甲骨文及金石瓦当之学,收藏文物颇丰。建"半园"(图3-1-47)之寓,近代陕西大书家蒲城寇遐(1884—1953)亲为题额,储钟鼎彝器、秦汉瓦当、宋明旧拓、名家书画几近数千余件。著述则有《叶语草堂金石文字存考》等。

因与陕西近代经学大家"毛俊臣(昌杰)友善,所藏墨拓片数千种,其精

---

[1] 见王援朝、钟少异:《谈昭陵六骏中丘行恭佩器》,载《文物天地》1996年第6期。
[2] 参见张玉风:《入秦访骏记》,《国闻周报》1935年第33、34期。
[3] 候鸿鉴:《西北漫游记 青海考察记》,兰州:甘肃人民出版社2003年版,第16页。

图3-1-47 寇遐题额"半园"

者多由俊臣系以题跋"[1]。故民国丁卯(1927)毛氏为《叶语草堂金石文字存考》题跋称:"柯君莘龙(农),博雅好古,继杨(杨实斋)赵(赵乾生)诸公后,勤求博访十余年,得二千余纸"(图3-1-48);并称"追踪刘(刘燕庭)、吴(吴大徵)、陈(陈介祺)、端(端方)之获古长安,籍名不朽,岂独贤于烟云过眼?仅止为助我秦人张目已哉!况乎是正文字,功在学术也"[2]。

如是,沧州张继(溥泉)更对柯氏珍藏更赞誉频加,认为宝经堂夏氏珍藏汉代砖瓦"视柯莘农所藏有天渊之别"[3]。

工书,擅椎拓之技。以工作之便,尽阅坊间各种六骏拓本。因感"李本"太大,不便携带;"夏本"虽小,又过于拘谨,不能满足各个层面的要求,遂杂各本之长,以比例尺寸任意缩小,实施摸拓之法。所创六骏缩本拓本,或大或小,十分方便快捷,颇受收藏者喜爱。毛昌杰《跋昭陵六骏缩本为柯莘农》评曰:"(李月溪摸拓之法)怀宁柯莘农亦擅此术,兼能比例尺任意缩小之。此

---

[1] 沈云龙主编(近代中国史料丛刊三编第三辑):《张溥泉先生回忆录·日记》,台北文海出版社1985年版,第58页。
[2] 毛昌杰为柯莘农题赞除原件外,另收录于毛氏《君子馆类稿》,民国二十七年(1938)门人赵守钰刊印。
[3] 沈云龙主编:《张溥泉先生回忆录·日记》,台北文海出版社1985年版,第58页。

本即莘农所拓,原计字虑偏尺五尺八寸强,宽八寸七分弱。缩小什一,不爽垒黍,真奇技也"[1](图3-1-49)。但以图形过小,往往不能尽得其气派神韵,是其最大缺陷。

以上各本出现时间之先后,略如文中所述顺序。考其性质,直接从仿刻之石以椎拓之技获得拓本者为"旧县本"、"夏本"。间接以六骏石刻(不排除参考宋刻六骏图等相关资料的可能)作参考、以摹拓之技获得拓本者为"李本"、"张本"、"柯本"。

前之"旧县本"取之于阴线刻六骏合一之青石质丰碑,为官方意志主导下而出现的作品;"夏本"则取之于减地刻分骏组合集结的沙石质小碑,为个人商业意识主导下而出现的作品。后者三本均为个人意志主导下而出现得到作品,在承传关系上似以"李本"为祖本。属传统椎拓之技者,是在椎拓对象上敷以宣纸,用毡包蘸以细墨椎拓而成。由于椎拓力量的强弱、椎拓对象质地的区别(铜器或陶、石之器。石器又有青石、沙石、花岗石等不同的纹理结构)和椎拓工具(毡包、毡垫、打棰、棕刷等)、材料(宣纸、墨汁等)的优劣等因素影响,从而出现不同墨色的拓本(主要分蝉翼拓、乌金拓两种)。属新创摹拓之技者,则是先临摹下原作轮廓,然后再在空白处椎拓填墨。构图人的艺术修养、技法高低,椎拓技术的优劣以及用墨的浓淡、干湿等技艺要求,是决定摹拓作品成功与否的关键。

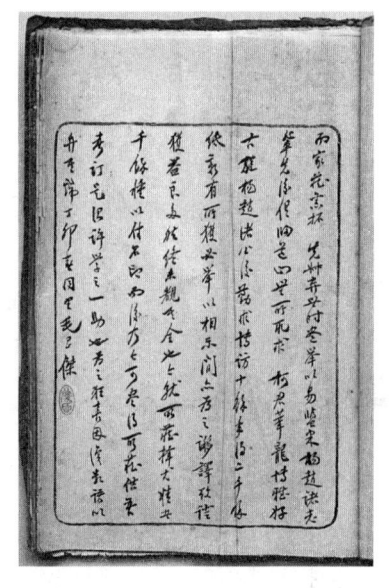

图3-1-48 民国丁卯(1927)毛昌杰为《叶语草堂金石文字存考》题赞末页,原件藏柯氏后裔

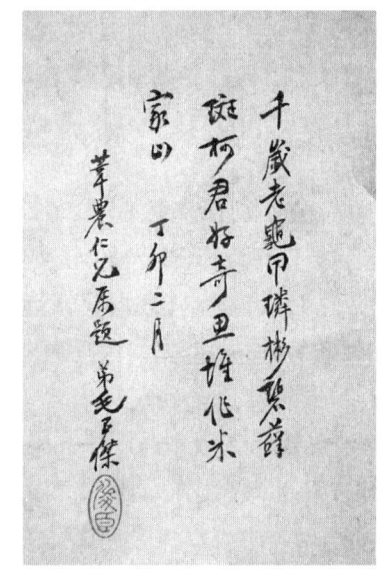

图3-1-49 民国丁卯(1927)毛昌杰为柯莘农龟甲幻形拓本题赞

---

[1] 沈云龙主编:《张溥泉先生回忆录·日记》,台北文海出版社1985年版,第58页。

揆以理论视角，从原石上获取拓本者只有"旧县本"、"夏本"；严格意义上讲，迄今为止，尚无有一本直接从唐代六骏高浮雕上用椎拓之技而获得的合乎标准的成功拓本。显然，这里所谓的合乎标准的成功拓本，应该不包括试验中的椎拓或未获成功的种种拓本。

长期以来，由于人们对摸拓技艺缺乏系统了解，加上各种拓本纵横交错、扑朔迷离的嬗变源流，从而造成了对六骏拓本真正意义上的正确理解，出现了诸多偏颇观点与纷纭争论。

先是罗振玉《石交录》卷四"昭陵六骏袁克文破坏其二，李月溪拓六骏全形"条谓：

"海桑以后，袁世凯子克文令估人运六骏于洹上村，石重大，不可致，乃先将飒露紫、拳毛䯄，剖而运之。既至京，袁怒估人之剖石也，斥不受，适美估人有在北京者，乃购运以去。今九嵕仅存四骏矣。关中李君月溪，尝仿古彝器全形法拓六马，其已剖二马，则据未剖时拓本，制抚形而拓之。虽虎贲中郎，亦为艺林所珍，而袁氏子之灾及古刻，其作恶与黄巢、温韬等矣。"[1]

这里所谓六骏流失之论姑且不论，仅就拓本一节聊发李月溪"据未剖时拓本，制抚形而拓之"的议论，显然与上述宋伯鲁、宋联奎、毛昌杰诸先生议论不符。

1998年3月，《收藏》杂志刊登钱伯泉先生题作《一套存世的珍拓——昭陵六骏》之大作，认为抗战前一位美国人所收藏的钤有"长安市隐李月溪手拓金石章"的两骏（飒露紫、什伐赤）拓本之椎拓时间"必在飒露紫和拳毛䯄被打碎装箱，偷运出国的1914年"[2]。此种未谙昭陵四骏移入陕西省图书馆后方始有摹拓六骏拓本原委的观点，旋即引起《收藏》杂志编辑的注视，该刊特为其配发编者按，希望就六骏是否有原拓之说展开讨论[3]。

综上所述，有理由得出这样的结论，从宋至今，所有坊间诸种六骏拓本，都不是直接从唐刻高浮雕六骏施行椎拓之技而获得。换言之，从来就没有所谓的六骏原拓作品，除非未获成功实验品。

这一点，其实早在1930年前后就曾引起人们的注视。1935年4月，著名

---

[1] 罗振玉撰述，萧文立编校：《雪堂类稿·甲·笔记汇刊》，辽宁教育出版社2003年版，第249页。
[2] 参见《收藏》杂志1998年第3期，总第63期。
[3] 同年笔者据此在《收藏》1998年第69期发表《也谈昭陵六骏拓本——兼与钱伯泉先生商榷》一文，对六骏拓本起源之始末，有否原拓等问题进行了讨论。

学者张玉风曾专程去陕西考察昭陵六骏,对六骏是否有原拓一事提出质疑。23日张玉风日记遂因是记道:"……九时到图书馆,见馆长张知道先生,承其殷勤接待。据云,石马系自九嵕山上移来,确系唐石。询其原来石座,答云不知。……后询其馆中马像可否任人传拓?因市上从未见原石拓本也。答云,原石不能拓。陕名拓手李友松处有拓本,然亦佐原石钩画,非拓自石上"[1]。

虽然张玉风当时并不能真正理解张知道先生的回答,但当他亲赴昭陵、旧县,遍询父老以及熟悉六骏拓本之道的陕西乡贤后,心中的种种疑惑便立刻骤然冰释。翌年(1936年)5月,西京金石书画学会为以正视听,澄清错误,特意在该会所创办的第四期《西京金石书画集》上发表《唐昭陵六骏之一》一文,据理剖白:

"洪宪盗国时,其子某嘱陕将军陆建章私运两石至北京,经劣商赵某以巨金鬻之外人。今岁伦敦中国艺展,据报载,美人曾运一石至英伦展览,而一石则早在英国博物院中,良可慨也。其余四马,中经多故,幸而仅存。今归陕西省图书馆保存。碑贾摸拓渔利,特剪纸摸其形,似以墨填之,非从原石拓也。今将原石择一影出,神阅者得见真相并知原石之剥落已多矣。"(图3-1-50)

图3-1-50 1936年5月刊行《西京金石书画集》第四期关于昭陵六骏"摸拓"真相的图文说明

---

[1] 参见张玉风:《入秦访骏记》,《国闻周报》1935年第33、34期。

今天看来，这种发乎本质，阐释"剪纸摸其形，似以墨填之"的"摹拓"与"原石拓"之间的区隔说明，时至今日，已经有了更深层面的学术意义与现实意义。

（六）其他诸本与相关问题

以上各本外，至晚从20世纪80年代开始，受经济大潮的推动，尚有诸种利用石、木等材质的仿刻、缩临之本。可提及者，如西安碑林博物馆的缩小石刻本等。当然，其间亦不乏源自"李本"、"夏本"系统的其他仿制之本。

如上所述，与1949年以前出现的"旧县本"、"李本"、"夏本"、"柯本"等诸种拓本相关，曾衍生出不少颇具价值的文献资料记载，以笔者目前之研究能力，这些资料大部分可与相关之本图文对应，但亦不乏需要在今后的研究中逐步梳理、甄别并定位、排序之文献资料。

如吴湖帆民国二十六年（1937）三月一日《醜簃日记》称此日"……晚与静淑检昭陵六马拓本，拟缩临为小卷。六马者为太宗御乘，刻马昭陵，今二马刻石已入外洋，非完璧矣。"

又南京中国第二历史档案馆藏北洋政府档案系统有1925年拟就《中华民国国立历史博物馆概略》，称"本馆购藏唐昭陵石马拓本"[1]。1937年第10期《内政公报》披露美人福开森（John Calvin Ferguson, 1866—1945）博士（图3-1-51）捐赠金陵大学"昭陵六骏石刻拓本五种"，与其他福氏捐赠物品一并寄托北平古物陈列所暂存，曾于文华殿公开陈列。为厘清原委，1936年10月福氏致函北平古物陈列所，宣称："鄙人捐赠金陵大学之各种物品中，有唐太宗昭陵六骏石刻拓本，前已汇送贵所保存。敝处另有拓本五种，均与昭陵六骏有关，现经装潢成轴，开单函送詧收保存，归入文华殿陈列，将来转送金陵大学。并希呈（内政）部备案。"[2]

图3-1-51　福开森博士（1866—1945）

---

［1］中国第二历史档案馆编：《中华民国史档案资料汇编》（第三辑·文化），江苏古籍出版社1991年版，第280页。
［2］参见《内政公报》1937年第10期，第147页。

从文意与文献生成时间观察，吴湖帆伉俪当日晚间整理所藏"昭陵六马拓本"，曾"拟缩临为小卷"，未悉究属何种系统？而为《中华民国国立历史博物馆概略》著录的"唐昭陵石马拓本"，或出"李本"系统；福开森收藏之"昭陵六骏石刻拓本五种"，今则存南京大学考古与艺术博物馆。

显然，对于辅助了解六骏诸种拓本的源流、系统以及分支概况，这些资料无疑具有一定的参考价值。

四、模制与相关问题

昭陵六骏石刻之模制，当肇始于曾涉及买卖六骏其二的一位重要人物——卢芹斋，时间大概在1921年前后。有关卢芹斋的详细情况，可参看上文所述周秀琴《唐太宗昭陵与石马》，以及2000年《档案与史学》载余彦焱《中国最大的古董商卢芹斋与卢吴公司档案》及罗拉《卢芹斋传》等相关著述。

《唐太宗昭陵与石马》文中，周秀琴提及宾大购藏昭陵两骏过程，谓当时一些外国博物馆"得知没有希望购买两骏后，则要求提供模制品，在获得宾大博物馆同意后，卢（芹斋）曾向大英博物馆和法国的吉美博物馆汇寄了两骏的石膏模制品"。

作为一介古玩商人，卢芹斋是如何轻而易举"向大英博物馆和法国的吉美博物馆汇寄了两骏的石膏模制品"呢？要弄清这个迷，还须看曾留学法国的王子云（1896—1990）（图3-1-52）在其所著《从长安到雅典》一书中的记载[1]：

"谈到中国的古文物艺术品被盗卖给外国，也是一件极其痛心的事。我1935年冬在伦敦参观中国古艺术文物国际展览时，所见到的中国各地出土的文物，尤以洛阳出土的墓俑特别多，都是已落入外国人之手的艺术珍品。在展品中有洛阳龙门的石雕佛、菩萨头，还有高达三、四米的石雕菩萨像。据标签说明，是住居巴黎的大古墓商浙江人卢芹斋从中国运来的。回巴黎后，为了好奇，曾去访问过卢的住处，不禁令人大吃一惊，想不到他住的是一座中国宫殿式的大住宅，不仅陈设华贵，而且附设有一个专造假古董的车间，里边坐着十几个从中国雇来的技工，正仿制各式各样的墓俑。原来他从

---

[1] 王子云：《从长安到雅典》，陕西人民美术出版社1992年版，第24页。

图3-1-52　法国巴黎高等美术学校雕塑系留学时期的王子云（前排左二）与同学及老师合影。

图3-1-53　卢芹斋与他的卢吴公司

图3-1-54　卢芹斋在他的公司库房向欧洲主顾推销文物

中国买来较好俑人，不拿出示人，先令工人仿塑烧制，做成与原物一样的复制品再拿去出售。石雕也可以仿雕，甚至商周青铜器也可以仿制仿铸，像这样的大规模伪造，实属奇闻。据说卢家的古董商店，在纽约、伦敦都有分号，真可谓大古董商矣。"（图3-1-53、图3-1-54）

卢芹斋既有如此实力，其向大英博物馆和法国吉美博物馆所寄送两骏石膏模制品，也就成了情理之中的事了。换言之，如果没有特殊情况的话，这两组两骏石膏模制品迄今或许还应存在于世。

有趣的是，作为当年留学法国、专攻雕塑并曾慕名参观过卢芹斋在法国所办卢吴公司的艺术大家王子云,大概不会想到数年之后,他自己也会步卢芹斋后尘,在一个特殊的时期,冒着生命的危险,开始了与卢芹斋模制动机截然相反的又一次"模制"。

此次模制概况,王子云在其《从长安到雅典》一书中如是记道:

"1940年,对日抗战期间,这四骏为了避免敌机的轰炸,陕西省文物保护机关把它们埋入地下。1942年我在陕西考察文物时,曾通过官方协助,从地下挖出,用石膏翻铸。同时翻铸的还有汉霍去病墓石雕刻中马踏匈奴和跃马、卧马、卧牛、伏虎等。"[1]

类同的记述,尚见及王子云夫人何正璜1945年7月发表在《旅行杂志》的《唐太宗昭陵》一文:

"余下四匹,运到长安,抗战后深深埋在省立图书馆的地窖里。本团曾于民国三十年(1941)以石膏在原物上将其模铸,翻制成与原物完全相同之副品,使国人能普遍认识与赏鉴。现此石膏副品已运赴重庆。"

作为重要当事人,王子云、何正璜伉俪所述主旨当不致有错。问题在于事隔四十余年,人事沧桑,若欲详细梳理当年模制缘起、经过及其他相关问题,则非王子云本人在当时条件下所能骤然完成。随着王子云本人以及其他一些当事人的相继谢世,钩沉爬梳那些对研究中国美术史有重要参考价值的史料文献,并将其有机置入六骏研究进程之中,相信应该具有十分重要的历史意义与现实意义。

在剖析昭陵六骏模制等相关问题之前,我们需要先了解一下当时的一些历史背景。

据王子云《从长安到雅典》一书等有关记载,1939年他自法国留学回国,怀着一腔报国热情,曾建议国民党政府教育部,利用杭州艺专一些无法分配工作的毕业学生,组织艺术文物考察团,通过测绘、照相、临绘、模制等手段,对陕、甘、青等地区的艺术文物进行考察工作。认为鉴于日本侵华战争的逐步扩大,及时组织这样的艺术文物考察团来广泛收集各

---

[1] 王子云:《从长安到雅典》,陕西人民美术出版社1992年版,第24页。

种艺术文物资料，不但可以极大地丰富民族文化的艺术宝库，而且在文物一旦被敌人破坏后，还可以根据原来的考察资料来进行必要的整理与修复。

王子云的建议，得到教育部有关负责人的重视。1940年6月，由11名经过系统美术教育训练的专家、学生所组成的教育部艺术文物考察团在重庆宣布成立。同年岁末，该团经过长途跋涉，辗转来到西安，开始了紧张有序的文物考察工作。

按教育部艺术文物考察团工作初衷，典藏于陕西省图书馆内的昭陵四骏及碑林藏汉唐名碑被列入重点考察对象。为此，该团负责人王子云先生曾特意向主管上述部门的陕西省政府、教育厅以及西京筹委会等单位求助，冀望模铸，以资推广并防止战争可能带来的破坏。因此前为避免日机轰炸，有关部门遵照教育部密电[1]指示，曾将以上两地所有重要文物一概秘密埋藏、封护，陕西省教育厅等有关部门因对该团所提要求颇为踌躇。为迅速推展工作，王子云遂率考察团同人主动求见陕西省主席蒋鼎文，恳切陈述工作利害，且以公函形式予以协调疏通。

1941年1月31日考察团秘书何正璜日记故记："晨，全团人晋谒主席（蒋鼎文），……主席出见，装束颇朴素，面貌与照片所见极相似。首先向我们致慰勉之词，继由云（王子云）致述辞并颂辞，得面允协助一切并四骏马，并允为拨出做一副版以防不测，尽欢而散。"

又记诸人与蒋鼎文"并合同摄影一张（图3-1-55），又为其单人摄正、侧各影三张"。

图3-1-55　1941年1月31日教育部艺术文物考察团同人在陕西省政府所在"皇城"省府大楼前与陕西省主席蒋鼎文（中穿黑长衫者蒋鼎文，右起第一人何正璜、第四人雷震。后排右起第二人王子云、第三人陕西省教育厅厅长王捷三。前排右起第二人姚继勋）

---

[1]　南京中国第二档案馆档案，全宗号5、案卷号11713号。

4月27日，在致送陕西省图书馆一纸公函中，何正璜还受命代表考察团撰文："查本团此次奉令来陕考察，对于历史名迹及艺文资料均在调查采集之列。兹拟利用石膏模铸、模制贵馆昭陵四骏，以便将来运往中央陈列。……相应函请贵馆予以便利。"[1]（图3-1-56）

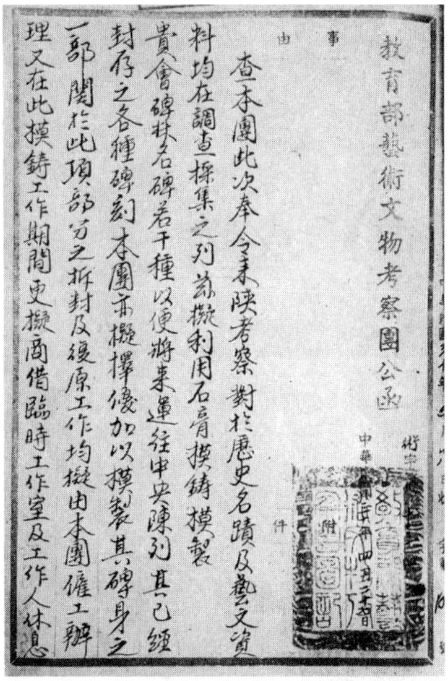

经考察团努力疏通，模制昭陵四骏工作终得西京筹委会及陕西省教育厅等相关单位首肯。1942年，陕西省政府在十分困难的情况下，仍训令陕西省图书馆、西京筹委会等单位发掘、开启所埋藏、封护的昭陵四骏与汉、唐名碑，以供考察团依样模制[2]。

由于昭陵四骏此前就地埋藏于陕西省图书馆东庑下，地方狭窄，兼日机肆虐，空袭频仍，而原物又体积过大，不便搬运，这就大大增加了模制的工作难度。

图3-1-56 1941年4月27日教育部艺术文物考察团致陕西省图书馆公函首页

为保证模制工作的顺利进行，所有工作均改在夜间秘密进行。有关当年模制工作秘密进行的场景，所幸考察团专司摄影者拍摄下十分珍贵的照片资料（图3-1-57）。此外，何正璜还及时补缀了说明文字。文曰："本团模铸昭陵四骏情形。该石刻以战事关系埋在西安图书馆地窖中。本团商得陕（西）省府同意施工发掘，进行石膏模铸工作。因原物过大，不易搬出，工作人员即在窖中工作。且该时每日多有空袭，故工作人都在夜间进行。"[3]

这次秘密模制工作，时间大约持续一星期左右，计得"四骏马浮雕翻制品各一件"[4]。另据考察团当年摄影、资料集显示，这次工作还获得"唐太宗

[1] 陕西省档案馆档案，全宗号45、案卷号6。
[2] 参看陕西省档案馆档案，全宗号45、案卷号6。文中选用民国三十三年（1944）三月一日陕西省政府致达西京碑林管理委员会第2238号训令节引教育部艺术文物考察团民国三十三年（1944）二月二日术字第65号公函部分内容。
[3] 参见《教育部西北艺术文物考察团西北摄影集选》第8辑。按教育部西北艺术文物考察团全部考察摄影成果共计12册，均存西北大学文博学院博物馆。未刊行。
[4] 参见《教育部西北艺术文物考察团西北摄影集选》第8辑。按教育部西北艺术文物考察团全部考察摄影成果共计12册，均存西北大学文博学院博物馆。未刊行。

图3-1-57 1942年教育部艺术文物考察团为防日机空袭特于夜间起掘埋藏藏于陕西民众教育馆地下的六骏残石其一进行模铸时情形

图3-1-58 1943年10月考察团在陕西民众教育馆举办"西北艺术文物展览会" 上展览模制"唐昭陵六骏"情形

昭陵四骏浮雕拓片（模制品）各二份"[1]。

收集昭陵四骏浮雕拓片之事，王子云《从长安到雅典》一书没有专门介绍，揆以情理，猜想可能是为了辅助"四骏马浮雕翻制"等工作所为。

涉及四骏拓本类别与作者，当年考察团所遗留下来的档案资料虽未见显示。但据何正璜1941—1942年日记[2]及保存在西北大学文博学院博物馆考察团西北摄影集等资料，知悉前文所述的"李本"传人李松如曾受聘于考察团，专事拓本制作[3]。因此推知这八份"昭陵四骏浮雕拓片（模制品）"作者，很有可能就是李松如先生。

至于此次昭陵四骏的模制品及相关资料，后在1943年、1944年得益于教育部艺术文物考察团的努力，连同该团其他收获资料一起，相继在西安、重庆两地进行公开展览，盛况空前，受到热烈欢迎[4]。各大报纸亦争相予以报道。

其中1943年10月于陕西民众教育馆举行"西北艺术文物展览会"时推出昭陵六骏什伐赤、白蹄乌两骏模铸品，尤堪记录（图3-1-58）。

以该月12日《华北新闻》第四版刊载的一则长篇新闻报道为例，其文不

---

[1] 参见《教育部西北艺术文物考察团西北摄影集选》第8辑。按教育部西北艺术文物考察团全部考察摄影成果共计12册，均存西北大学文博学院博物馆。未刊行。
[2] 何正璜日记，手稿。现存其后裔处。
[3] 《教育部西北艺术文物考察团西北摄影集选》中有李松如拓制西汉茂陵石刻工作照可资参考。
[4] 王子云：《从长安到雅典》，陕西人民美术出版社1992年版，第96页。

仅如实披露当日两骏展览盛况,还披露由王子云传递的流失美国之两骏翻铸概况,以及美国人士以此翻铸作品频频与其他各国古物调换牟利等信息。

文称:"教育部艺术文物考察团此次亦参加展览,使我们对于敦煌壁画及汉唐雕刻,得以尝鼎亦饗,至为幸事。"如"雕刻类有霍去病墓前之马踏匈奴像、卧马图;唐昭陵之什伐赤、白蹄乌等"最为瞩目。而"唐代陵墓像饰之珍品,除文宗乾陵石狮外,即指昭陵六骏"。并称"太宗在建国大业完成之际",为纪念王业开创时期做出巨大贡献的六匹骏马,"特刊石于昭陵东西庑间"。但"代表作飒露紫(与拳毛䯄)已运抵美洲了。美人用石膏翻铸与其他各国古迹调换,收获甚大"。惟"我国现存四骏,亦均被凿碎(原为便于运走),经考察团拼凑,以石膏翻铸什伐赤及白蹄乌二骏(此二骏现藏于碑林[1]地底)。什伐赤原在昭陵东排第二[2],为太宗平窦建德所乘之马,白蹄乌为太宗与薛仁杲作战时所乘之马,均属唐代名驹"。且谓:"此种平雕之石刻,手法纯粹写实,英姿挺拔,说不出的有一种移山倒海的力量,充分表现出中华民族'力'的精神,看了这两种石刻,真令我们添了无穷的勇气。"

因此西京筹委会委员长张继先生在参观重庆举办的展览后,曾即席赋诗祝贺,称"劳军曾记唱凉州,未得西行汗漫游。满目丹青称圣手,天山文物自千秋"[3]。

于积极筹备在重庆、西安等地举办展览的同时,教育部艺术文物考察团还拟扩大工作范围,以图深入。其所送呈国民政府教育部1943年1月至1945年12月共计三年工作计划之"整理已往之雕刻模铸及拓印工作"一节,尚称:"本团所有过去两年进行之雕刻模铸,如唐昭陵四骏,汉代石刻等,多因限于时间经费,仅制成阴模,而未能翻铸原物。"且云:"又所有在各地拓得之雕刻纹样,亦急待重加描绘,以阐明图案之组织。本年度拟从事于上项工作之整理、补充。务期将雕刻名作铸成原物,以便运陈各地。"[4]

基于上述原因,1944年3月1日陕西省政府致送有关单位第238号训令尚如是记道:"教育部艺术文物考察团三十三年二月二日术字第六五号公函

---

[1] 此处有误。按所余四骏当时埋藏在陕西省图书馆东庑下,并非在碑林。记者误记,可能囿于碑林名碑当时因战事故,亦就地埋藏等原因。
[2] 什伐赤位置为明万历元年(1573)至清顺治二年(1645)间整修时调换。参见前文叙述。
[3] 参看民国三十二年(1943)一月二十八日张继(溥泉)日记。文云:"一月二十八日,子云还所借佛经二卷,题敦煌艺术展览会绝句一首(略)。"
[4] 参见南京中国第二历史档案馆藏1943年《教育部艺术文物考察团修正考察西北三年工作计划》(民国三十二年至三十四年十二月),全宗号5、案卷号12043。

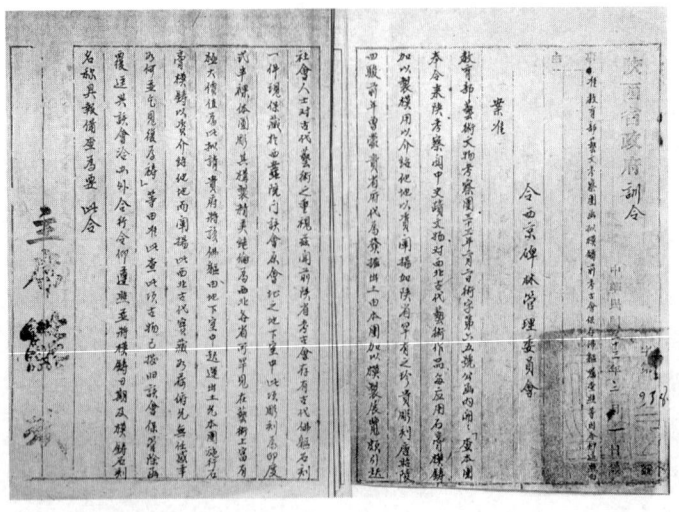

图3-1-59 1944年3月1日陕西省政府致送有关单位第238号训令

内开:'查本团奉令来陕考察关中史迹文物,对西北古代艺术作品,每应用石膏模铸,加以铸模,用以介绍他地,以资阐扬如陕省罕有之珍贵雕刻。唐昭陵四骏前年曾蒙贵省府代为发掘出土,由本团加以模制展览,颇引起社会人士对古代艺术之重视……'"[1](图3-1-59)

事实上,由于战时经费以及其后国内形势遽然发生重大变化等原因,教育部艺术文物考察团设想的诸类未能得到充分落实。但客观评价他们当年关乎昭陵石刻骏马的模铸活动,我们仍觉得其具有重要的历史与现实意义。我们认为,从广阔的视阈观察,他们的模铸,其实还不仅仅只限于上文所涉及的技艺水准与工作环境。重要者,它是国内最早的、由中国艺术家所独立完成的一次模制活动。

观察整个昭陵六骏蓝本、仿绘、仿刻、拓本、模制的历史,如果说蓝本、仿绘、仿刻、拓本诸类尚属于传统技艺手法范畴的话,那么,教育部艺术文物考察团在20世纪40年代对昭陵四骏的翻铸模制,则又是中国艺术家利用现代手法所独立进行的、最早的一次有划时代意义的艺术实践活动,应当引起人们的足够重视。

惋惜的是,当年考察团在极其艰难的环境下所模制出来的四骏作品,其后为躲避战火,曾辗转运至陕西宝鸡城外伤兵医院内的一处山洞内秘密保存。1949年,在西安以西大规模战事活动即将发生之前,这些珍贵的四骏翻

---

[1] 参看陕西省档案馆档案,全宗号45、案卷号6。

铸作品,竟被一些无知之士擅自搬出山洞,"当作废品而毁去了"[1]。

五、结语

昭陵六骏在中国美术考古史上有举足轻重的学术地位,抛却性质、技艺与文化内涵及递传流变等主题不论,仅围聚蓝本、仿绘、仿刻、拓本、模制等问题所做的讨论,虽基本凑成雏形,补以往研究之空缺,但以资料松散,学识浅显,仅能述其大概。求取深入完整,尚期待以后新资料的渐次发现。以目前能力,仅可得以下诸种认识与感悟:

(1)举世闻名的唐昭陵六骏的蓝本有可能出自初唐"画圣"阎立本之手。

(2)阎立本之后,目前可以确定的最早仿本,为宋元祐四年(1089)运判奉议游师雄主持镌刻的《六骏碑》中的六骏图像,而典藏于故宫博物院内金代赵霖所绘的《昭陵六骏图》,则是迄今为止所能看到的有关六骏题材的最早的绢本绘画,其蓝本,很有可能出自游师雄主持镌刻的《六骏碑》。

(3)自唐昭陵六骏镌刻以来,不存在完全符合传统拓本规制诉求的所谓"原拓"之本。从游师雄主持镌刻的《六骏碑》上所拓就的线刻"拓本",与1915年以后相继出现的多种"摸拓"之本、缩本、仿刻之本相较,存在着严格的概念区别,不应混淆。

(4)至晚从1921年开始,出现了运用现代手法翻铸(模铸)的六骏(飒露紫、拳毛骗)作品。

(5)1942年教育部艺术文物考察团翻铸(模铸)的四骏(什伐赤、白蹄乌、特勒骠、青骓)作品,应是中国国内艺术家最早运用现代手法翻铸六骏系列之石刻模制品。

(6)不管是1921年开始的国外翻铸(模铸),还是1942年教育部艺术文物考察团的翻铸(模铸),都无疑构成围绕六骏主题,于雕刻、仿绘之外的翻铸(模铸)系列,区别旨在国内、国外,它们分别形成趋同一个主题、氤氲不同环境氛围的两条翻铸(模铸)品生长线。

(7)雕刻、仿绘与翻铸(模铸),构成物理形态中围绕六骏主题的三条艺术衍生轨迹,共同构成围绕六骏主题的艺术衍生模式,折射唐昭陵六骏的强

---

[1]参见王子云:《从长安到雅典》,陕西人民美术出版社1992年版,第24页。

大生命力、影响力与感召力。

（8）立足蓝本、仿绘、仿刻、拓本、模制等问题显现前后贯穿趋势的观察与讨论，在大致廓清其基本面貌的同时，尚基本勾勒出围绕唐六骏石刻主题所逐步显现的诸种拓本的文化衍生脉络。它们是近代以来适应美术考古迅速发展，社会需求急剧增加前提下的时代产物，出现在以西安为中心的特殊历史地域，流行于民国纪元以后的数十年间，形成一种归类于中国金石拓本历史的新的主题门类，完全是历史的必然。尽管诸类拓本受时代局限与创作者艺术修养水准限制，整体艺术水准参差不齐，部分造型比例失调，欹斜变形，相关元素符号组配出现含糊、紊乱，但从客观角度出发，仍不能一概否定其在中国金石拓本史上的位置。

（9）本节所论，只因循围绕六骏主题，聚焦雕刻、仿绘与翻铸（模铸）三大主题的讨论范围，对于三大主题之外的相关艺术衍生现象，暂未作讨论。这其中包括因缘六骏主题，如唐代其他帝王陵寝于陵域北门设置六马的设计模式。尽管这一模式设计意匠不同于以纪念意义为主体的昭陵六骏，局促于主要体现仪卫意义的规制与范式。另有其后各代帝王敬仰太宗武功，跃跃期望模仿、比拟等复杂心态约束下促生的相关艺术品与多样艺术衍生现象。示例如明内府藏成祖朱棣（1360—1424）"靖难时所乘四骏图"[1]等。

---

[1] 参见明沈德符：《万历野获编·卷一》"先朝四骏"条，文化艺术出版社1998年版，第19页。

第二节　唐会王墓志引发的几个问题

西安碑林博物馆藏有唐元和五年(810)宪宗李纯弟会王李缜墓志志石(盖佚),方形,行书,长76厘米,宽77.5厘米,翰林学士将仕郎守京兆府户曹参军白居易奉敕撰文,为研究会王李缜生平、白氏著述及中唐历史的重要实物资料(图3-2-1)。

会王李缜墓志发现后,相继有不少部门、学者参与著述、讨论。其中1951年第10期《文物参考资料》刊载《西北历史文物陈列馆概况》"丁、唐故会王墓志"一节最早披露石刻墓志全文,称该"志石在长安县东乡二十里,席王村农民掘土所得,1950年西北文化部文物处运存我馆(即今碑林博

图3-2-1　唐故会王墓志拓本

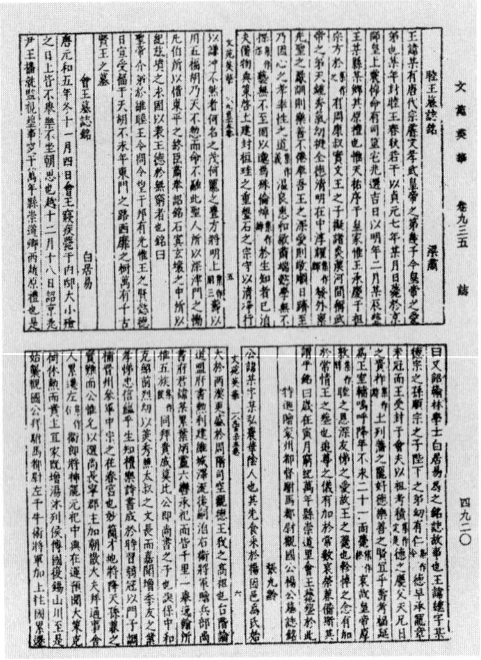

物馆)。"惟1983年陕西省博物馆李域铮等人编著《西安碑林书法艺术》一书后附《西安碑林藏石细目》另称会王李缅墓志"一九五一年长安县席王村出土"[1]。1972年,日本学者平冈武夫又有《石刻和文集的关系——谈白居易会王墓志铭》一文[2],就石刻会王李缅墓志文与《白氏长庆集》所录会王李缅墓志文异同关系等问题进行了相关的讨论。2007年,日本学者神鹰德治《石刻〈会王墓志铭〉与〈文苑英华〉》一文还将石刻《会王墓志铭》与《文苑英华》等诸多收录白居易《会王墓志铭》之宋代版本作了比较,确认《文苑英华》优于其他宋版资料[3]。(图3-2-2)

图3-2-2 (宋)李昉《文苑英华》"会王墓志铭"条(中华书局,1982年版)

此外,唐白居易《白氏长庆集》[4]、北宋李昉等编纂《文苑英华》[5]、清官修唐人总集《钦定全唐文》(《全唐文》);1991年初版、2009年再版王仁波主编《隋唐五代墓志汇编》[6];1992年出版周绍良、赵超主编《唐代墓志汇编》[7]等著述,还将会王李缅墓志文字内容分别收录。

---

[1] 陕西省博物馆李域铮、赵敏生、雷冰等:《西安碑林书法艺术》,陕西人民美术出版社1983年版,第309页。

[2] 参见[日]平冈武夫:《石刻と文集との间—白居易の会王墓志铭を读む收录》,收录《鸟居久靖先生华甲记念论集》,《中国语言和文学》(中国の言语と文学)1972年第12期(1976樱枫社 p83—120に再录)。

[3] 参见[日]内田昌功撰,黄正建编译:《2007年日本史学界的隋唐史研究》,载《中国史研究动态》2009年第4期。

[4] 按白居易《白氏长庆集》因集于穆宗长庆年间,故名。原为七十五卷,现存七十一卷。宋、明均有刻本。其中影印宋绍兴本较佳,但不分前、后、续集。铅印本以1979年、1994年、2005年中华书局、上海古籍出版社、吉林出版集团等出版社出版本为著。

[5] (宋)李昉等编纂:《文苑英华》卷九三五,中华书局1982年版,第4920页。

[6] 参见王仁波主编:《隋唐五代墓志汇编》陕西卷第二册,天津古籍出版社1991年版,第38页。

[7] 周绍良、赵超主编:《唐代墓志汇编》,上海古籍出版社1992年版,第1980页。释文据周绍良藏拓本。

上述著述,议论指向主要集中在两个方面:一是出土时地与运归西安碑林时间之差异;二是石刻墓志内容与文献记载内容之异同。至于墓志具体出土地点、墓主下葬背景,以及通过墓志文对唐代诸王墓葬分布规律、会王李缋排行及生卒、受封等事进行考论者,尚鲜见涉及。即使就过去认为出土时地与运归西安碑林时间及流变概况等事而言,亦与实际状况存在着明显的抵牾与空缺。因此,以会王李缋墓志为中心,进而针对由此引发的诸类问题实施田野考察与学术关照,于是就显得十分必要与及时。

一、志文校释及下葬背景讨论

前述会王李缋墓志发现后,著录颇多。为便于研究角度的切入,计划先选择西安碑林博物馆藏墓志拓本并1991年初版王仁波主编《隋唐五代墓志汇编》、1992年周绍良、赵超主编《唐代墓志汇编》等有关著录相互校勘,冀得满意释读结果;然后将其与《文苑英华》卷九三五录"会王墓志铭"条列表对照(表3-2-1),希望逐步发现其约略异同与大致规律。

表3-2-1 石刻"会王李缋墓志志文"释读与《文苑英华》卷九三五录"会王墓志铭"条相关内容对照表

石刻"会王李缋墓志志文"释读	《文苑英华》卷九三五录"会王墓志铭"条
唐故会王墓志铭并序 翰林学士将仕郎守京兆府户曹参军臣白居易奉敕撰 唐元和五年冬十一月四日,会王寝疾,薨于内邸。大小敛之日,上皆不举乐,不坐朝,恩也。越十二月十八日,诏京兆尹王播就监视葬事,窆于万年县崇道乡西赵原,礼也。是日,又诏翰林学士白居易为之铭志,故事也。王讳缋,字缋。德宗之孙,顺宗之子,皇帝之弟。幼有令德,早承宠章,未冠而王,受封于会。夫以祖功宗德之庆,父天兄日之贵,胙土列藩之宠,好德乐善之贤,宜乎寿考福延,为王室辅而降年不永,廿一而薨,哀哉!皇帝厚惇睦之恩,深友悌之爱,故其薨也,轸悼之念,有以加情;其葬也,哀荣之仪,有以加等。仍诏掌文之臣居易为其墓铭,铭曰: 岁在寅,月穷纪。万年县,崇道里。会王薨,葬於此。	会王墓志铭 唐元和五年冬十一月四日,会王寝疾,薨于内邸。大小敛之日,上皆不举乐,不坐朝,恩也。越十二月十八日,诏京兆尹王播就监视葬事,窆于万年县崇道卿(乡)西赵原,礼也。是曰[日],又诏翰林学士白居易为之铭志,故事也。王讳缋,字某,德宗之孙,顺宗之子,陛下之弟。幼有仁(集作令)德,早承宠章,未冠而王,受封于会。夫以祖考积(集作定是)德之庆,父天兄日之贵,祚(集作胙)土列藩之宠,好德乐善之贤,宜乎寿考福延,为王室辅。呜呼!降年不未,二十一而薨(集作终),哀哉!皇帝厚敦(集作惇)睦之恩,深友悌之爱,故王之薨也,轸悼之念,有加于常情;王之葬也,追尊之仪,有加于常数。哀荣兼备,斯其谓乎?铭曰: 岁在寅,月穷纪。万年县,崇道里。会王薨,葬於此。

表3-2-1显示,《文苑英华》卷九三五所录"会王墓志铭",《白氏长庆集》作"唐顺宗子会王李缯墓志铭"。两者相较,至少可分辨出四点差异:

(1)《文苑英华》卷九三五作"幼有仁德";《白氏长庆集》作"幼有令德"。

(2)《文苑英华》卷九三五作"夫以祖考积德之庆";《白氏长庆集》作"夫以祖功宗德之庆"。

(3)《文苑英华》卷九三五作"祚土列藩之宠";《白氏长庆集》作"胙土列藩之宠"。

(4)《文苑英华》卷九三五作"皇帝厚敦睦之恩";《白氏长庆集》作"皇帝厚惇睦之恩"。

此外,较《白氏长庆集》与石刻墓志文,《文苑英华》卷九三五还将"乡"作"卿"、"日"作"曰"、"仁"作"令"。

石刻墓志文中"王讳缯,字缯"一句,《文苑英华》卷九三五省作"王讳缯,字某";石刻墓志文所谓"廿一而薨",《文苑英华》卷九三五散漫作"二十一而薨";石刻墓志文"故其薨也",《文苑英华》卷九三五易作"故王之薨也";石刻墓志文"轸悼之念,有以加情;其葬也,哀荣之仪,有以加等",《文苑英华》卷九三五则扩展作"轸悼之念,有加于常情;王之葬也,追尊之仪,有加于常数。哀荣兼备,斯其谓乎?"而石刻墓志文末"仍诏掌文之臣居易为其墓铭"诸语,《文苑英华》卷九三五则尽行略去。

石刻墓志文"仍诏掌文之臣居易为其墓铭"一句,与《全唐文·卷六百八十》录"故贤妃京兆韦氏墓志铭(并序)"条所谓"掌文之臣白居易"颇类同。相信彼时凡白氏所撰王、妃一类层级墓志志文,述其身份,盖作"掌文之臣"矣。

会王事迹,见《旧唐书·卷一百五十·德宗顺宗诸子传》。以其为宪宗李纯弟,顺宗"十九男","封会王"[1]。故而死后当"大、小敛之日",宪宗"皆不举乐,不坐朝",且"诏京兆尹王播监视葬事";"又诏翰林学士白居易为之铭志"。

依《旧唐书·卷十四·顺宗宪宗》等文献记载,知宪宗此举,与其即位后"延英议政,昼漏率下五六刻方退"之施政态度,以及在位革除弊端,"剪削乱阶,诛除群盗。睿谋英断,近古罕俦,唐室中兴,章武而已"之所谓"元和中兴"[2]事迹有关。(图3-2-3)

---

[1] (后晋)《旧唐书·本纪·第十四 顺宗、宪宗上》。
[2] 亦称"宪宗中兴"。参见《资治通鉴》卷二百三十七。

如志文，宪宗曾诏翰林学士白居易为会王李缂"铭志"，其背景，《旧唐书·白居易传》有明确阐释。文云：

"居易文辞富艳，尤精于诗笔……章武皇帝纳谏思理，渴闻谠言，二年十一月，召入翰林为学士。三年五月，拜左拾遗。居易自以逢好文之主，非次拔擢，欲以生平所贮，仰酬恩造。拜命之日，献疏言事。"

宪宗即位之初，恰白居易"擢入翰林，蒙英主特达顾遇，颇欲奋厉效报"[1]之时。故当元和五年会王李缂身卒，宪宗下诏命其"为之铭志"之际，他自然乐意奉诏，展现才华（图3-2-4）。此种背景、心态，对会王李缂墓志志文品质的塑造，无疑有很大的影响。

图3-2-3　唐宪宗画像　故宫南薰殿旧藏　现藏台北故宫博物院

搜检《全唐文》、《全唐诗》等相关资料，知白居易虽贵为翰林为学士，"文辞富艳，尤精于诗笔"[2]，但精力大多付之于诗歌。涉及墓志志文，除上述唐德宗元妃韦氏、挚友元稹等人外，重要者或即此志。以笔者能力，目前所见白居易撰文石刻，除《故贤妃京兆韦氏墓志铭》、《唐故溧水县令太原白府君墓志铭》、《白胜碑》[3]等以外，以地位、内容等元素考量，此志价值，亦

图3-2-4　传南宋梁楷绘《八高僧图卷·白居易拱谒·鸟窠指说》　绢本设色　26.6 cm × 64.7 cm　上海博物馆藏

---

[1]《旧唐书·白居易传》。
[2]《旧唐书·白居易传》。
[3] 胡可先：《出土文献与唐代诗学研究》（下），华书局2012年版，第514页。

当不容小觑。此为我们看重此志之原委，呼应开篇推论，其间隐藏异曲同工之效，是显而易见的。

二、会王李缅排行、生卒与受封年考

《旧唐书·卷一百五十·德宗顺宗诸子传》记载：顺宗二十三子，除明确记载"庄宪皇后王氏生宪宗皇帝；王昭仪生郯王经；赵昭仪生宋王结；王昭仪生郇王综；王昭训生衡王绚"外，"余十八王，本录不载母氏"。此"本录不载母氏"之十八王中，会王李缅在焉。至顺宗二十三子序列中，李缅排行为第十四。

与《旧唐书·卷一百五十·德宗顺宗诸子传》抵牾，《旧唐书·卷十四·顺宗宪宗上》却记顺宗男二十七，李缅排行为第十九。查《旧唐书·卷一百五十·德宗顺宗诸子传》所谓顺宗二十三子中，不涵"贞元二十一年封、长庆二年薨"之"集王缃"，且未涵过继于德宗之"文敬太子（李）谞"，故知《旧唐书·卷一百五十·德宗顺宗诸子传》所记顺宗男二十七数据不为虚妄，因从此说。

除却以上所引，新、旧唐书等其他文献所记唐代诸王排行、生卒亦多有含混。此种现象，引起清代学者李慈铭（字爱伯，1830—1894）（图3-2-5）注意。在《越缦堂读书记》"咸丰庚申（1860）十一月十三日"条中，李慈铭因是写道：

图3-2-5 李慈铭

"阅《新唐书》。唐待宗室最薄。其初高祖新有天下，太祖以下皆封王。太宗即位，诏疏属王者皆降为公，惟尝有功者不降，然亦不许世袭。贞观十一年（637），诏高祖诸王及诸子为都督刺史者皆世袭，旋废不行。其后诸王遭武氏之祸，杀戮殆尽。中宗复辟，求其遗嗣绍封，亦不过三世而止，后遂夷为庶人。玄宗以后，王子皆居宅院，不分房，幼者至不出阁，遂莫能知其子姓多少。"[1]

以李慈铭《越缦堂读书记》所载与新、旧唐书等文献相较,推知初唐诸王排行应较玄宗以后诸王排行稍为清晰,玄宗以后诸王排行则趋向模糊。

涉及会王李缮之生卒年限,墓志文称"唐元和五年(810)冬十一月四日,会王寝疾薨於内邸"。"降年不永,二十一而终"。《新唐书·卷七·德宗顺宗宪宗》又记"十一月甲辰,会王缮薨"。两种记载相合,故知李缮当生于唐德宗贞元六年(790),薨于元和五年(810)十一月,卒年21岁。

按墓志文又称"王讳缮,字某,德宗之孙,顺宗之子,陛下之弟。幼有令德,早承宠章,未冠而王,受封於会"。再查《旧唐书·卷十四·顺宗宪宗上》,或称上元二十一年(805)夏四月壬寅"十九男缮封会王"。

由此判定,李缮受封会王之时,当唐德宗贞元二十一年(805),年方15岁。彼享此封号凡6年,受封次年,宪宗即位。《礼记·曲礼上》:"(男)二十曰弱,冠。"按唐代男年不满20者,称"未冠"或"未成冠",梳童子髻。以李缮年15岁受封会王,因此墓志文称其"未冠而王,受封于会"。《旧唐书·舆服志》:"诸应冠而未冠者,并双童髻,空顶帻。"《新唐书·车服志》:"未冠者童子髻"。可与墓志文所谓及唐代男子"未冠"或"未成冠"制度相表里。

三、葬地及唐代诸王埋葬区域之推定

李缮墓志志文前称李缮"窆于万年县崇道乡西赵原";志文末铭词一节又称:"岁在寅,月穷纪。万年县,崇道里。会王薨,葬於此。"就中涉及李缮具体葬地,一为"万年县崇道乡西赵原",另一为"万年县,崇道里"。两相综合,知李缮具体葬地为万年县崇道乡崇道里。

如唐制,"诸户以百户为里,五里为乡"[2],则"崇道里"者,当为"崇道乡"属下之一"里"。

---

[1]（清）李慈铭著,由云龙辑,虞云国整理:《越缦堂读书记(二)》,辽宁教育出版社2001年版,第324页。
[2] 参见（唐）杜佑《通典·卷三·食货三》。又见《唐律疏议》"开元二十五年（公元737年）定令"及《旧唐书》卷四十八《食货志》(上)。后者载:"武德七年(624),始定律令,……百户为里,五里为乡,四家为邻,五家为保"。

西赵原者,唐志颇见述及,综合历史上此地所出诸种相关唐墓志志文记载,知其为崇道乡境内一原坡名。

又阅《全唐文补遗》录乾符年间(874—879)《陈王李行莘墓志》、《凉王李侹墓志》志文,陈、凉两王葬地皆为万年县崇道乡西赵村。[1]故知西赵村即在西赵原,"村"即以"原"得名。

李缜墓志志文载唐万年县崇道乡西赵原具体地望,《隋唐五代墓志汇编》陕西卷、第二册曾传递"据说此志出土于今长安县席王村"[2]等信息。席王村者,在今西安市灞桥区西南部。结合笔者近年调查所得相关资料,此说与实际情况是基本吻合的。

据此,笔者赞同《隋唐五代墓志汇编》陕西卷第二册认为李缜墓志出于灞桥西南席王村之考证。相关问题,将在下文论述中详细予以阐释、推论。

只以上文诸例共同指向"万年县崇道乡西赵村"的现象,引起笔者的注意,促使笔者设想搜求更多相关唐墓志资料,希望通过志文披露具体葬地与今日地名之间的比对、校勘,进而寻找更多的同一性规律,来扩展延伸我们源自李缜墓志志文信息启发可能获得的更多信息。

我们设想,除去随葬唐代诸帝陵及囿于种种缘故葬于长安以外诸王墓葬,仅以围绕长安城外诸塬坡区域所葬诸王墓葬为观察中心计,大致择选出21种相关典型示例。为便于观察,兹特列表统计如下(表3-2-2):

表3-2-2　21种唐墓志披露诸王葬地信息统计表

序号	封号与出身背景	葬期	葬地信息 (依墓志志文)	备　注
1	息隐王李建成	贞观二年(628)	王讳建成,武德九年六月四日薨于京师。粤于贞观二年岁次戊子正月己酉朔十三日辛酉,葬于雍州长安县之高阳原。	墓志藏西安博物院。《唐会要》卷二十一"诸陵杂录"载:"息隐太子建成陵,在京兆府长安县界"。又《唐会要·卷八十》"谥法"记,"贞观二年(628)三月,有司奏谥息王为戾,上令改谥议,杜淹奏改为灵,又不许,乃谥曰隐"。

[1]《陳王李行莘墓誌》、《涼王李侹墓誌》出处分别见《全唐文补遗》,第2辑,第78、79页。
[2] 今易为西安市灞桥区管辖。

续表

序号	封号与出身背景	葬期	葬地信息（依墓志志文）	备注
2	巢刺王李元吉	贞观二年（628）	武德九年（626）六月四日薨于京师。粤于贞观二年628）岁次戊子正月已酉朔十三日辛酉，葬于雍州长安县之高阳原。	
3	嗣道王李微	开元二十二年（734）	开元二十二年（734）四月二十九日，窆于长安县之高阳原。	
4	新平郡王李严（字伯庄）。睿宗之会孙，元宗之孙，奉天皇帝之长子也。	永泰元年（765）	迁窆於万年县龟川乡细柳原；近灞陵之高原，当细柳之吉地；细柳之地，灞陵之川。泉扃一闭，幽隧千年。	志文收录于李昉等《文苑英华》，全称"奉天皇帝长子新平郡王墓志铭"。中华书局1982年版，第4919页。
5	信王李瑝。墓志志文载"王讳瑝，字某。元宗至道大圣大明孝皇帝第某子也，母曰卢贤妃"。	大历九年（774）	大历九年（774）十月庚午，寝疾薨於上京，春秋五十；以其年十一月庚申，葬於细柳原。妃范阳卢氏祔焉。	志文收录于李昉等《文苑英华》，中华书局1982年版，第4918~4919页。
6	彭王李仅。墓志志文载"故唐高祖神尧皇帝八代之孙，肃宗之第五子，代宗之弟，建中神武皇帝之叔也"。	应天元年（783）	应天元年十二月廿三日葬于长乐原。	"应天元年"为朱泚年号（783年10月——12月）。1956年出土于西安市东郊韩森寨，旋入藏西安碑林。
7	蜀王李傀。墓志志文载"王讳傀，故唐高祖神尧皇帝八代之孙，肃宗之第囗子，代宗之弟，建中神武皇帝之叔也"。	天皇元年（784）	以天皇元年（784）二月二日葬于长乐原。	天皇元年即唐德宗兴元元年（784）。20世纪90年代出土于西安市新城区韩森寨，现藏西安博物院。
8	睦王李述。墓志志文载"唐代宗睿文孝武皇帝之第几子"。	贞元七年（791）	东门之路，西麋之树。万有千古，贤王之墓。	志文收录于李昉等《文苑英华》，中华书局1982年版，第4920页。

续表

序号	封号与出身背景	葬期	葬地信息（依墓志志文）	备注
9	会王李繟。墓志志文载"德宗之孙，顺宗之子，陛下（宪宗）之弟"。	元和五年（810）	窆於万年县崇道乡西赵原；万年县，崇道里。会王薨，葬于此。	1938年灞桥区席王村村西出土，现藏西安碑林博物馆。志文收录于王仁波主编《隋唐五代墓志汇编·陕西卷》第2册，天津古籍出版社1991年版，第38页。
10	郯王李经。墓志志文载"顺宗至德大圣大安孝皇帝之第二子"。	大和八年（834）	大和八年（834）七月十一日薨于京师内邸；以其年八月廿四日迁窆于京兆府万年县崇道乡夏里。	墓志藏西安碑林博物馆，1954年自灞桥卞家村征集。志文收录于王仁波主编《隋唐五代墓志汇编·陕西卷》第2册，天津古籍出版社1991年版，第60页。
11	安王李溶。墓志志文载"王讳溶，穆宗皇帝之第四子。母曰杨太妃"。	开成五年（840）	开成五年（840）四月廿二日安王薨于第；以其年八月廿九日葬于京兆府万年县崇道乡之原。	西安东郊灞桥出土，现藏西安碑林博物馆。志文收录于王仁波主编《隋唐五代墓志汇编·陕西卷》第2册，天津古籍出版社1991年版，第71页。
12	琼王李悦。墓志志文载其为"宪宗皇帝第九子"。有谓"王讳悦，母曰太仪杨氏"。	开成五年（840）	开成五年（840）皇帝践位之岁，……其十月十九日宪宗皇帝第九子琼王薨于亲邸，上贤而悼之，……越十二月十三日葬于万年县崇道乡。	某收藏家提供拓本，资料尚未公开发表。
13	纪王李言扬。墓志志文载"王讳言扬，敬宗皇帝第四子，母曰贵妃郭氏。"	会昌元年（841）	会昌元年（841）九月廿日薨于邸第；以其年十月七日，葬于京兆府万年县崇道乡。	
14	沔王李恂。墓志志文载"沔王恂，宪宗皇帝第十子，母杜氏"。	会昌四年（844）	会昌四年四月十六日薨，盖春秋卅七矣；七月十日，葬于京兆府万年县崇道乡赵村界。	

续表

序号	封号与出身背景	葬期	葬地信息（依墓志志文）	备注
15	庆王李沂。墓志志文载"宣宗皇帝第五子也,母曰史氏"。	大中十四年（860）	大中十四年（860）八月一日薨；其年十月二十一日悬窆于万年县崇道乡西赵村。	志文收录于赵力光《韩浈墓志、长孙璀墓志、夫人李虔墓志、李沂墓志——西安碑林名碑精粹》,上海古籍出版社2012年版,第45页
16	夔王李滋。墓志志文载"宣宗皇帝第四子也,母曰吴氏"。	咸通四年（863）	以咸通四年（863）八月七日,悬窆万年县崇道乡西赵村。	
17	昭王李汭。墓志志文载"宪宗皇帝之孙,宣宗皇帝第九子,母柳氏"。	乾符三年（876）	乾符三年（876）十月三十日迁窆于万年县浐川乡尚傅村。	
18	康王李汶。墓志志文载"康王讳汶,宪宗章武皇帝之孙,宣宗献文皇帝第十子。母曰仇氏"。	乾符四年（877）	以乾符四年（877）四月十四日,葬於万年县浐川乡尚傅村。	1986年西安市东郊堡子村出土,现藏于西安碑林。志文收录于周绍良、赵超主编《唐代墓志汇编续集》,上海古籍出版社2001年版,第1125页。
19	广王李澭。墓志志文载"宪宗皇帝之孙,宣宗皇帝第十一子,母曰陈氏"。	乾符四年（877）	以乾符四年（877）四月十四日迁窆於万年县浐川乡尚傅村。	墓志现藏西安碑林博物馆。志文见于周绍良、赵超主编《唐代墓志汇编续集》著录,上海古籍出版社2001年版,第1125页。
20	陈王李行莘。墓志志文载"王讳行莘,故陈王第二十二男,母曰赵氏"。	乾符四年（877）	以乾符四年（877）六月二十五日薨於邸第,享年六十；其年七月二十一日葬于万年县崇道乡西赵村。	墓志藏西安市小雁塔保管所。志文收录吴钢主编《隋唐五代墓志汇编·陕西卷》第4册,天津古籍出版社1991年版,第165页。
21	凉王李侹。墓志志文载"王讳侹,宣宗皇帝之孙,懿宗皇帝第三子。母曰雷氏"。	乾符六年（879）	乾符五年（878）六月十二日薨,享年一十有四,明年八月廿七日葬于万年县崇道乡西赵村。	墓志藏西安市小雁塔保管所。志文收录于吴钢主编《隋唐五代墓志汇编·陕西卷》第4册,天津古籍出版社1991年版,第166页。

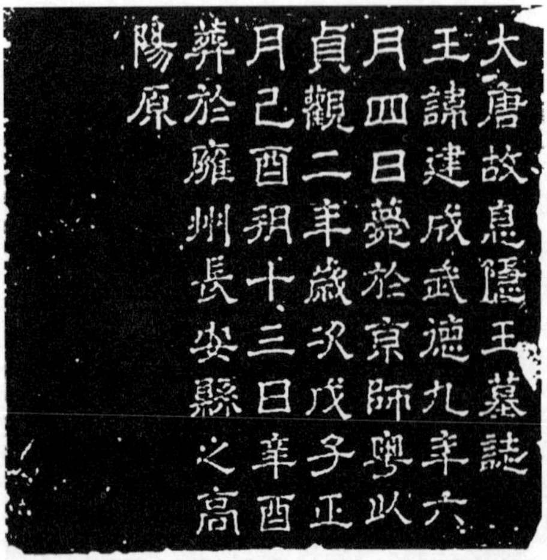

图3-2-6 葬于高阳原的唐故息隐王墓志拓本

以上诸例唐墓志披露唐代诸王围绕长安周围葬地信息显示,其墓主埋葬时间自贞观二年(628)至乾符六年(879),几乎涵盖整个唐代的时限序列。葬地主要集中在高阳原(图3-2-6)、长乐原、细柳原、西赵村、尚傅村五个地理区间。

依张全民《〈唐故普康公主墓志铭〉与道教五方真文镇墓石》一文考证,唐浐川乡尚傅村地望当在今西安东郊浐河以东郭家滩与国棉四厂之间,即北达席王村,南至国棉五厂一带[1]。其说甚是,考其地形,均在浐河东塬坡之上。

阅宋敏求《长安志》,"高阳原,在县西南二十里";"细柳原,在长安县西南三十三里"。

又《辛氏三秦记》:"龙首原,起自南山东义谷浐河西岸,至长乐坡西北,屈曲至长安古城,六七十里皆龙首原。"

西赵村者,即前述考论西赵原所在。表中统计属崇道乡者,其地望也大致皆在西赵原上。因此所谓五个主要区间,均在长安周围塬坡上。惟《长安志》所谓"长安、万年二县之上,有毕原、白鹿原、少陵原、高阳原、细柳原,谓之五原",考白鹿原地望,涵括唐代西赵村、尚傅村一带小塬坡,故表中涉及唐代诸王葬地除毕原、少陵原、高阳原、细柳原外,应均在唐长安城东浐河东西两岸。亦即河西长乐原,河东白鹿原一带,以涵括唐代西赵村、尚傅村一带小塬坡地望为著。至浐河东白鹿原(图3-2-7),实为中唐时期唐代诸王一处重要埋葬区域。

对勘上述,可知会王李缄墓志所谓"窆於万年县崇道乡西赵原"者,正在此范围之内。究其具体地望,则在灞桥席王村之西塬坡上。详情可参见下文叙述。

须进一步阐释的是,如会王李缄墓具体葬地依据墓志得以确定,则依

---

[1] 张全民:《〈唐故普康公主墓志铭〉与道教五方真文镇墓石》,收录于杜文玉主编《唐史论丛》(第十六辑),陕西师范大学出版社2013年版,第234~244页。

图3-2-7　白鹿原地望一隅　1925年日本同文书院考察团摄

《旧唐书》卷一百五十、列传第一百《德宗、顺宗诸子传》，并综合上述统计表显示德宗、顺宗、宪宗三代诸王墓志信息，其按照辈分，遵循昭穆[1]制度，共同指向的西赵原、尚傅村等各个既相互区分、又相互联系的墓葬区划，传递出一种井然有序的设计理念，值得我们去重视、深究。

其中新发现的宪宗子琼王李悦墓志谓王"葬于万年县崇道乡"。查《旧唐书·卷一百七十五·列传第一百二十五·宪宗二十子》："琼王悦，长庆元年封。第二子津，河间郡王。"以往鲜知其薨年与具体葬地，此志发现，可补唐史之不足（图3-2-8）。又崇道乡者，前述地望大致在西赵原上，而宪宗孙辈的昭王李汭、康王李汶、广王李灌，葬地又皆在"万年县浐川乡尚傅村"。前后对应，轩轾连接，内在规律昭然眼前。相信随着上述区域诸王墓葬的不断发现，其受限一定指导思想的设计理念、区划分割、等级层序、昭穆关系、内涵特征等，将会进一步清晰、完整。

对应前所钩沉唐代诸王集中埋葬的高阳原、长乐原、细柳原、西赵村、尚傅村五个主体区间，参照前引《越缦堂读书记》散发"唐待宗室最薄"，"玄宗以后，王子皆居宅院，不分房，幼者至不出阁，遂莫能知其子姓多少"等议论，并注意到会王墓志书艺的中平阶次、部分随葬品的稀少简陋，以及至少在宪宗弟、子墓志中显现的翰林学士、翰林待诏撰书墓志规制，既可知玄宗以后唐代诸王的实际地位概况；又可窥见一种新的墓志规制。

---

[1] 如《文苑英华》录《奉天皇帝长子新平郡王墓志铭》"文昭武穆，天孙帝子"；又录《信王第七子赠太常卿邺国公墓志铭》"早联华于武穆，能有裕于文孙"。

图3-2-8 唐故琼王墓志拓本

这里,文献记载与出土实物及分布区间的微妙联系,显然在共同指向一个令人滞闷惊异的共性问题。

四、出土时地及运归西安碑林等事

前揭《西北历史文物陈列馆概况》一文称会王墓志"在长安县东乡二十里,席王村农民掘土所得,1950年西北文化部文物处运存我馆(即今碑林博物馆)",但仅显示大概,至其详细经过,却未述及。

为廓清诸种问题,笔者在1995年至1997年间曾数次至西安市灞桥区席王村,对会王墓志入藏西安碑林一事重要知情者村民薛兆峰(1915年生,1949年前曾任长安县自卫团联队副)、王永信(1920年生,1950年任席王村农会主任)等人进行专题调查。同时,还至长安县(今易为长安区)档案馆查阅了该馆珍藏《唐会王墓志入藏西安碑林案》[1]案卷等资料。从而获知会王墓志实在1938年3、4月间为席王村村民王永顺(王永信族兄)雇佣村民王永金(王永信族兄,行八)于村西"乱葬坟"塬坡起土打土坯时发现,同时

---

[1] 全宗号55,案卷号282。

发现者,尚有墓道壁画(残状)、条砖及陶俑、陶罐(均残碎)等物。

会王墓志出土后,王永顺即将其运回家中后院保存。及1947年国共战事发生,国民党一五八师陆军工兵十八团二营奉命进驻西安东郊曹堡乡堡子村、席王村一线,分该部第六连驻席王村。时二营营长某氏征集民夫改修席王村娘娘庙为工兵十八团二营营部,名曰"中山堂"。由于席王村一线遽增驻军,王永顺家又毗邻二营营部(中山堂),王之大兄王窝娃发现商机,便在家中开设杂货铺,专作当地驻军的生意。至1948年5月底,有工兵十八团二营某排长偶至王窝娃杂货铺购物,发现其家后院放置会王墓志,见其方正平滑,立意借作中山堂军人对弈石桌,将其存放于二营营部(中山堂)。未几,旋为工兵十八团二营六连连副冯家述发见。

冯毕业于黄埔军校成都分校16期工兵科,有一定文化修养,及读会王墓志志文,知其系白居易撰文,诧为国宝,亟应保护。因于同年6月3日入城告知陕西省历史博物馆馆长曹仲谦(图3-2-9)。曹得信后,深感此事重大,即派该馆干事杨勃然翌日赴席王村查运。

据长安县档案馆藏相关档案资料,6月4日杨勃然至席王村后,立即商由二营营部调派地方车辆运送会王墓志至陕西省历史博物馆(图3-2-10)。正拟装运时,不意消息为村民知悉,遂以墓志为军人借用不能转归公有为由

图3-2-9　任职陕西省历史博物馆馆长期间的曹仲谦先生于西安安居巷家中留影　1946年曹迺峄摄

图3-2-10　前陕西省历史博物馆大门　1945年摄

聚集拦阻。其间虽经杨勃然再三陈述国府明令出土古物应归公有,并积极联系该地甲长召乡民代表薛兆忠(薛兆峰之兄)出面通融,且再三求助曹堡乡乡长程万杰进行疏导,均被诸人俟"农忙稍暇,即派专车押运"[1]等词拒绝。杨无奈,悻悻离去。但以职司起见,仍在6月5日写呈向馆长曹仲谦报告,请示机宜:

"呈为本年六月三日奉派赴灞桥席王村查运该地驻军工兵十八团二营六连连副冯家述来馆报告之民人挖土掘出明皇弟[2]墓志石一事,遵即于四日起程,至该处会晤冯连副说明移运志石情形,并持公函交阅。当由连副领导去看,查得此志石系民人于十年前挖土掘出,为唐代白居易撰唐故会王墓志。石一块,方约二尺许,厚约五寸,无盖,原在民人后院放置,由军人前某排长借作石桌,现存该营所修之中山堂内,即由该营营部调派地方车辆运送。时因村民聚集,多言私有物军人借用,不能转归公有,职即着该地甲长去招乡民代表薛兆忠前来为其解说,以本馆成立职司,征集古物尤其石碑关系国家文化至巨,理宜早应送公,惜其不知归宿,以致迟延未送也。不意村民及代表仍不愿送交,旋经访晤曹堡乡乡长程万杰,复告以文化古物,照章应归公有,曾经本馆呈由省政府通令各县转敕所属,凡有发现古物,即行报告,并由当地负责运送在案,仍嘱设法运送。该乡长慨允,但谓正农忙,不便运送,俟稍暇,即当派车,专人押运来馆。职恐设词推托,日久生变,不若先行由馆电催,或由(教育)厅令转嘱办理,是否有当,理合附呈抄录墓志全文,签请钧鉴核夺。"(图3-2-11)

曹仲谦馆长接获杨勃然报告后,对席王村村民及薛兆忠、程万杰藉口农忙延缓送石等口头承诺颇感疑惑。慎重起见,曾于6月10日签发历总字第一三九、一四零号等公函,分别呈报陕西省政府、陕西省教育厅等有关单位。

其中致送陕西省教育厅厅长高文源函件详述会王墓志出土、流传经过,至运归省历史博物馆保存一事,则提出"本馆拟稍缓,俟新麦登场,农忙过后,如不送到,再行催运"。为防止意外,第一四零号公函还敏锐提出,称运送会王墓志事相关人等"如再推延,势必滋生麻烦",故敦请教育厅敕长安县政府转令曹堡乡乡长办理,"实为公便"(图3-2-12)。

---

[1] 参见民国卅七年(1948)七月卅一日陕西省历史博物馆致送曹堡乡乡长历总字第一五六号公函。卷藏长安县(今易为长安区)档案馆,全宗号55,案卷号282。
[2] 此处有误,实为唐宪宗李纯弟。

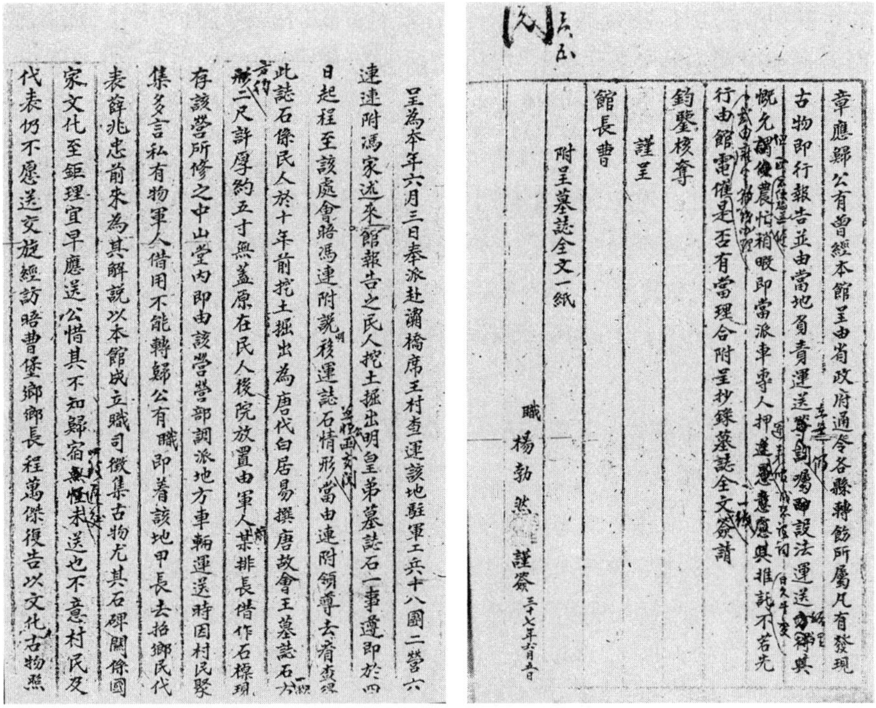

呈為本年六月三日奉派赴灞橋席王村查運該地駐軍工兵十八團二營六連連附馮家述來館報告之民人挖土掘出明皇弟墓誌石一事遵即於四日起程至該處會晤馮連附説移運誌石情形當由連附領尊去看查係此誌石係民人於十年前挖土掘出為唐代白居易撰唐故會王墓誌石一方約二尺許厚約五寸無蓋原在民人後院放置由軍人某排長借作石棵現存該營所修之中山堂內即由該營營部調派地方車輛運送時因村民聚集多言私有物軍人借用不能轉歸公有 職即着該地甲長去招鄉民代表薛兆忠前來為其解説以本館成立職司徵集古物尤其石碑關係國家文化至鉅理宜早應送公惜其不知歸宿無怪未送也不意村民及代表仍不愿送交旋經訪晤曹堡鄉鄉長程萬傑復告以文化古物照章應歸公有曾經本館呈由省政府通令各縣轉飭所屬凡有發現古物即行報告並由當地負責運送[illegible]設法運送[illegible]概允俟農忙稍暇即當派車專人押運惟意與推諉不若先行由館電催是否有當理合附呈抄錄墓誌全文簽請

鈞鑒核奪

謹呈

館長曹

附呈墓誌全文一紙

職楊勃然謹簽 三十七年六月五日

图3-2-11 1948年6月5日陕西省历史博物馆馆员杨勃然呈曹仲谦馆长有关征集唐故会王墓志石函件（修改稿）

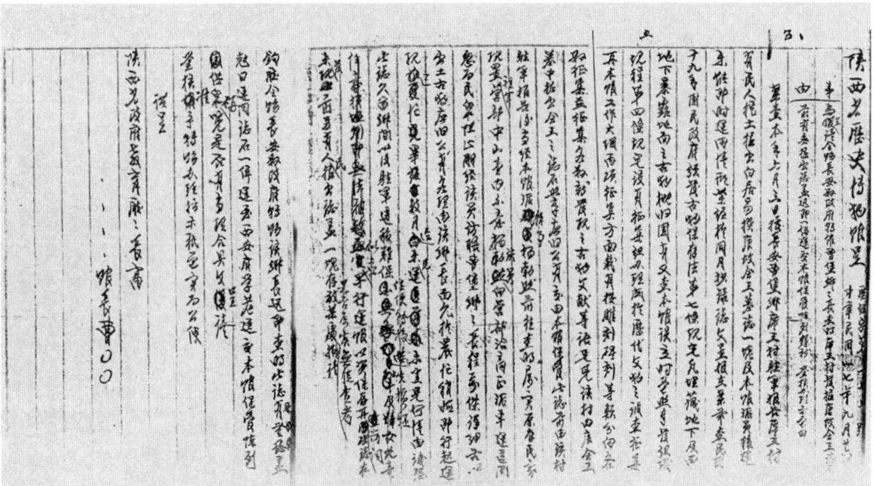

陝西省歷史博物館呈

图3-2-12 1948年9月26日陕西省历史博物馆馆长曹仲谦呈陕西省政府教育厅厅长高文源关于前有发掘出志盖应迅即一并运交本馆保管陈列恳请鉴核办理的公函（草稿）

陕西省历史博物馆的函报,陕西省政府暨陕西省教育厅均全盘照准,除回函通侯之外,另于7月3日、7月8日分别发出府教字2907号、府教字967号公函敕令长安县政府转曹堡乡乡长从速办理。其中7月8日府教字第967号公函还训令教育厅督学于尚谦协同曹堡乡设法运送。无乃曹堡乡乡长累接公函,一再藉口延滞,至同年7月底,仍杳无结果。陕西省历史博物馆见状,不胜焦急,乃于7月31日径直签发历总字一五六号、一五七、一五八号公函,分别致送长安县曹堡乡乡长程万杰、陆军工兵十八团第二营营部及本馆职员杨勃然,敦促办理。前函指称:

"贵乡长允于农忙稍暇即派专车押运,足见深明大义,对于文化事务热心赞助,殊堪钦佩。惟至今时过两月,农忙事早经完毕,尚未运馆,不胜焦急。兹查民国十九年国民政府颁发古物保存法第七条规定凡埋藏地下及由地下暴露地面之古物,概归公有。志石亦属古物之一种,当然归公。本馆奉令设立,职司征集古物,保管陈列,供众观览。历年以来由各处运送之碑石及省会警察局、飞机场运送之由古墓中掘出各种物品甚多,不胜枚举。此志石派员调查后业经呈报省政府、教育厅备案。已令敕长安县政府查办,如未运送,着本馆即行呈明,再由省府令敕长安县转催办理。现此志石既经上报,终须运馆。兹仍派本馆职员杨勃然前来押运,务请迅即派车,设法运馆,以备众览,而重文物。"(图3-2-13)

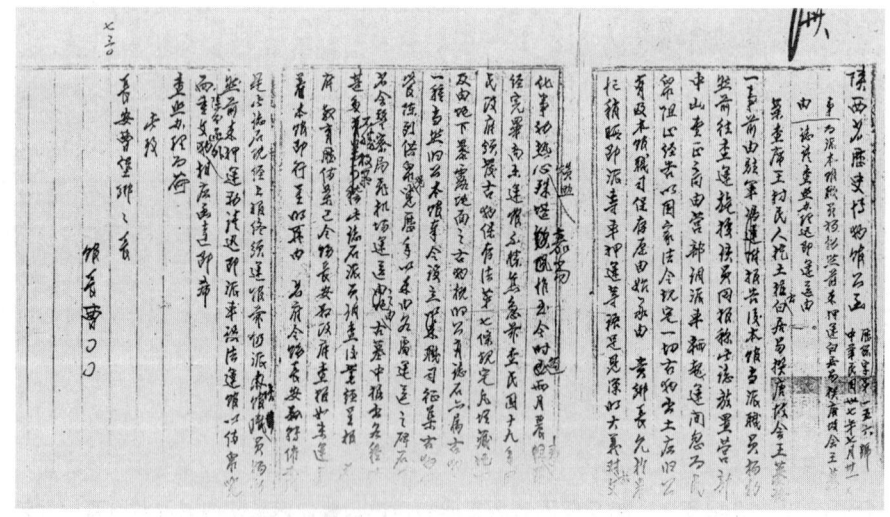

图3-2-13　1948年7月31日陕西省历史博物馆馆长曹仲谦致长安县曹堡乡乡长(程万杰)敦请查照办理会王墓志迅即运送的公函(草稿)

其一五七号公函则称：前"曹堡乡乡长承允于农忙后即行运送（志石），现在农忙已过，尚未运送至馆。查此项志石业经呈报省政府、教育厅有案，急待运馆陈列，供众观览。仍派专员杨勃然前来押运。素念贵营热心公益，重视文化，拟请设法协助，俾早起运，以重文物"。

面对以上各单位之重叠公函以及杨勃然奉令前往席王村等地的再次催促，曹堡乡乡长仍一再顾念桑梓利益，不仅无意设法运送，且继续设词推托。时陕西省历史博物馆见状，无任焦急。加之杨勃然又查得此前席王村村民另有会王墓志志盖出土一事，具告馆长曹仲谦，遂致曹于9月26日再签发致送陕西省教育厅厅长高文源历总字第一七七号公函，声称前曹堡乡乡长"面允于农忙稍暇即行起运，现已忙毕数月，迄未见运，未悉是何情由？诚恐此志久留乡间以后驻军迁移，难保任便转移"，"似应早行运馆，以资保存耳。访问此志在未发现前，另有人民掘出志盖一块，存放某处，拟请钧厅令敕长安县政府转敕该乡长迅即查照此志，有无志盖，矧日连同志石一并运至西安府学巷，迳交本馆保管陈列，供众观览"。

延至该年10月，所谓会王墓志志石、志盖调查并起运诸事，在微妙环境影响下，依旧渺无音讯。10月13日，陕西省教育厅不得已又发府教字第464号公函，训令曹堡乡乡长"迅即遵办"。同日陕西省政府且以主席董钊头衔发布训令，敦促陕西省教育厅厅长高文源、新任长安县县长齐飞鹏等转敕曹堡乡乡长，命各有关单位及当事人"迅即查明，迳行（将志石）运交该馆保存，以重古物而符法令。并将遵办情形具报备案，毋再延误为要"（图3-2-14、图3-2-15）。

与此同时，陕西省历史博物馆馆长曹仲谦还以前长安县县长张法杰[1]、曹堡乡乡长程万杰与其有同乡、友朋等因，另在1948年12月5日、1949年元月11日前后就会王墓志志石、志盖调查并起运归公一事，与张法杰之间数有信函往来。

图以昭慎重，曹甚至再次援引民国十九年（1930）国民政府颁发古物保存法第七条规定，絮谓："查本馆成立时遵照章程组织规程，设有征集组专司办理关于历代文物之调查征集事项"。并以本馆"工作大纲丙项征集方面应征物品"计"有雕刻、碑刻等类，分向各县征集，并征集各县新发现之古物文献等语"[2]为词促动张氏，然终因国共战事吃紧等因素，致张在1949年元月11日

---

[1] 张法杰（1900—1970），字汉三，长安县唐村人（今属西安市灞桥区狄寨乡），1922年国立西北大学法政系毕业。
[2] 参见1948年12月5日曹仲谦致张法杰信件。

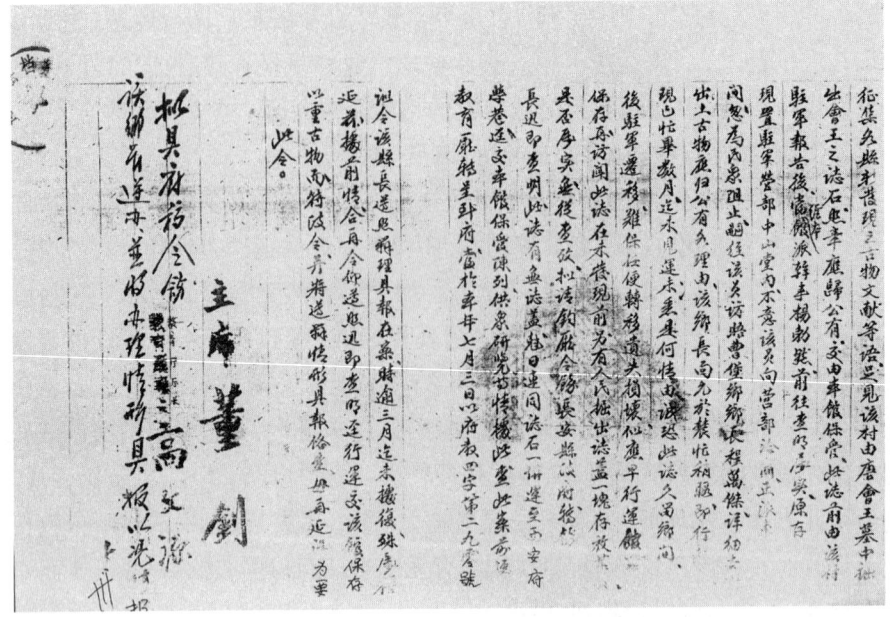

图3-2-14　1948年10月13日陕西省主席董钊有关唐会王墓志征集保护致陕西省教育厅厅长高文源训令

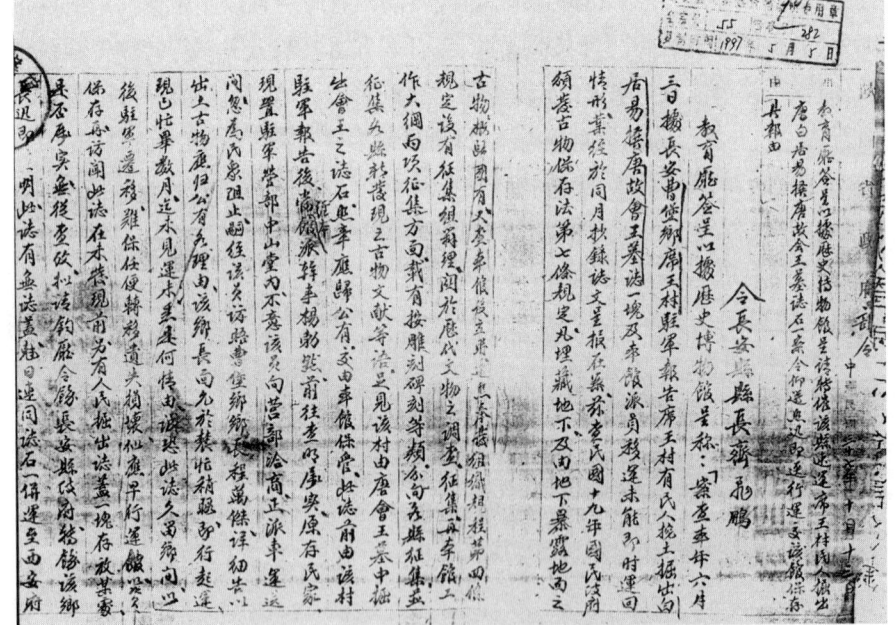

图3-2-15　1948年10月13日陕西省主席董钊有关唐会王墓志征集保护致长安县县长齐飞鹏训令

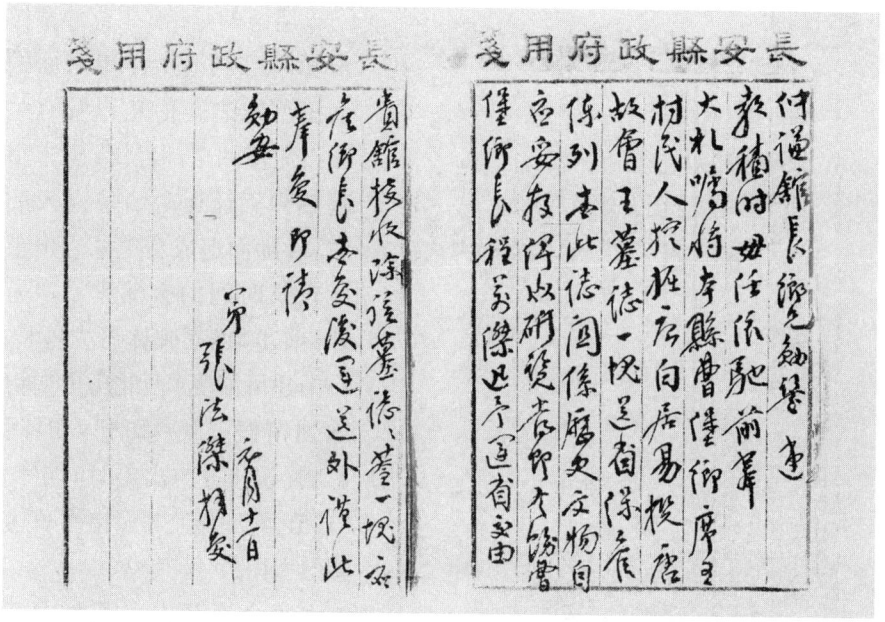

图3-2-16　1948年元月11日长安县长张法杰致陕西省历史博物馆曹仲谦有关唐故会王墓志的函

回信中,只以"查此志关系历史文物,自应妥存,俾众研览,当即令敕曹堡乡乡长程万杰迅予运省,交由贵馆接收。除墓志盖一块候乡长查复后运送外,谨此奉复"(图3-2-16)为词巧妙敷衍,至于相关各方,亦未能做出积极回响。

延至1950年,经西北文化部文物处、西北历史陈列馆等单位共同努力,滞留席王村达十余年之久的会王墓志志石方始被运归西北历史陈列馆(碑林)保存,这成为1951年第10期《文物参考资料》刊载《西北历史文物陈列馆概况》(图3-2-17)一文有关会王墓志入藏西安碑林的直接资料来源。

图3-2-17　西北历史文物陈列馆　1951年摄

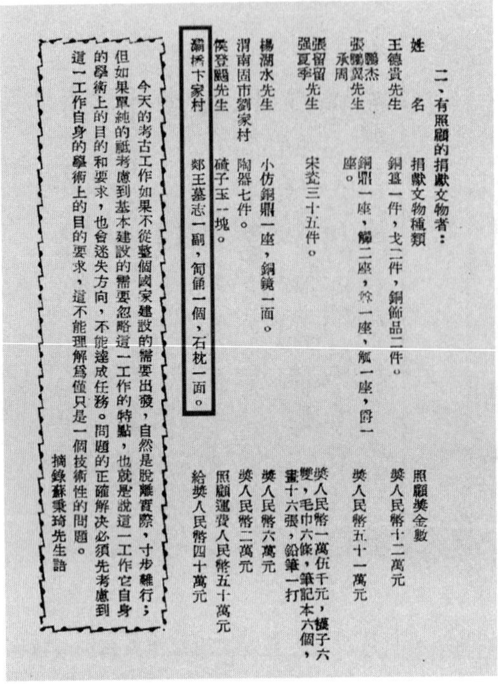

遗憾的是，前在曹仲谦馆长任间已经渐次浮出水面的会王墓志志盖信息以及有关志石流传的全部经历，竟未引起1950年迁运时诸位同人的注意，随而造成会王墓志出土后较长时间的寂然湮没。另外，前述《西安碑林书法艺术》一书还可能受《西北历史文物陈列馆概况》一文刊发时间影响，误将墓志出土时间定作"1951年"，导致其后诸多著述相继引用，延续其说[1]。

唐会王墓志入藏西安碑林，虽得益西北文化部文物处及西北历史陈列馆等单位的共同努力。但亦与当时蓬勃向上的文物保护氛围不无关系。

二、有照顾的捐献文物者：

姓名	捐献文物种类	照顾奖金数
王德贵先生	铜簋一件，戈二件，铜饰品二件。	奖人民币十二万元
张鸿杰先生	铜鼎一座，觯二座，斝一座，瓿一座，爵一座。	奖人民币五十一万元
张永刚先生	宋爻三十五件。	
强夏孚先生		
杨潮夫先生	小仿铜鼎一座，铜镜一面。	奖人民币一万伍仟元，橛子六个，毛巾六条，铅笔一打本六个
渭南固市刘家村侯登鹏先生	陶器七件。	奖人民币六万元
碌子玉一块。		奖人民币二万元
灞桥卞家村郯王墓志一副，匋俑一个，石枕一面。		奖给人民币四十万元

（摘录自蘇秉琦先生语）

图3-2-18 1954年1月陕西省文物管理委会编印《文物管理文件辑要》附录接收灞桥卞家村捐献郯王墓志等文物信息

具言之，其中1949年后中央人民政府政务院、中央人民政府政务院文化部及内务部、西北军政委员会、西北军政委员会文化部、陕西省人民政府、陕西省文物管理委员会等相关单位逐次下发的一系列有关文物保护征集文件，应该对包括会王墓志在内大批流散文物收归国有，产生了重要的时代影响[2]。

有趣的是，会王墓志入藏西安碑林之后，葬于崇道乡夏里的太和八年（834）郯王李经墓志，亦在1954年由灞桥卞家村收藏者某氏捐献予陕西省文物管理委员，旋转归西安碑林收藏。由陕西省文物管理委员编印、1954年1月印行《文物管理文件辑要》附录捐献文物概况一节记述当时状况时称："（接收）灞桥卞家村郯王墓志一副，匋俑一个，石枕一面。给奖人民币

---

[1] 分别参见陕西省博物馆李域铮、赵敏生、雷冰等：《西安碑林书法艺术》，陕西人民美术出版社1983年版，第309页；苏士澍主编：《唐会王李缮墓志》，《书法丛刊》2007年第5期(总第99期)，第84页；胡可先：《出土文献与唐代诗学研究》(下)，中华书局2012年版，第514页。
[2] 参见西北军政委员会文化部文物处编印：《文物管理手册》，铅印本，1951年10月1日印行；陕西省文物管理委员编印：《文物管理文件辑要》(第一辑)，铅印本，1954年1月印行。

四十万元"[1](图3-2-18)。

我们依据唐代墓葬多出陶俑、石枕等遗物的规律[2],以及诸类文物同为一人收藏等现象进行分析,推测"甸(陶)俑一个,石枕一面",当系郯王李经墓随葬之物。

五、结语

以上关于唐会王李缅墓志引发诸种问题的讨论,主要集中在墓主生平考述、墓志撰书背景、墓主葬地、出土时地及运归西安碑林经过、唐诸王葬地区域等方面。虽系首次相对系统的梳理、涉猎,但总体发论难免浅显、简陋。寻求深入,尚待更新考古资料的发现。综合感悟,大体有以下几种:

(1)唐会王李缅墓志反映了墓主生平、身份及埋葬背景等事。具有珍贵的历史与艺术价值。其中墓主与宪宗皇帝昆仲关系,以及宪宗立志革新、墓志撰文者白居易蒙恩受诏冀望施展抱负等多种因素,对该墓志的品质塑造起到了重要的影响与制约。

(2)据墓志志文及相关文献,李缅当生于唐德宗贞元六年(790),薨于元和五年(810)十一月,卒年21岁。

(3)结合唐会王李缅墓志披露墓主葬地万年县崇道乡崇道里等信息,知至迟从中唐以降,浐河东白鹿原一带为唐代诸王的聚葬区域。由此说开去,中唐时期对浐河东白鹿原一带唐代诸王聚葬区域的设定,存在着一定的设计理念,这种理念及相关内涵可能受到昭穆规制、时代背景等因素的影响与制约。

(4)从"郯王墓志一副,甸(陶)俑一个,石枕一面"俱为"灞桥卞家村"某收藏者收藏等现象分析,若无其他原因,"灞桥卞家村"一带可能是唐郯王李经具体葬地,亦即墓志所谓的唐万年县崇道乡崇道里辖地。

(5)会王李缅墓志引发的琼王李悦墓志的发现,颇为重要。其所传递的薨年、葬地信息,不仅可补唐史记载之不足,尚可以此为线索,贯穿宪宗弟、子两代诸王的葬地规律,然后锁定以席王村为中心的大致区域,再从小区域至大区域层层推解,最终寻找释读中唐后诸王葬地规律的连续路径。

(6)1949年前唐会王李缅墓志出土后长期滞留乡间、兵营,有关文物管

---

[1]陕西省文物管理委员编印:《文物管理文件辑要》(第一辑),铅印本,1954年1月印行,第101页。"给奖人民币四十万元"系旧币。
[2]赵旻:《唐至元陶瓷枕的形制》,吉林大学硕士学位论文,2010年。

理部门虽生保护诉求，但终不能实施有效管理，反映了当时文物管理制度的缺陷与机制的落后，以及其他相关因素的制约与影响。而1949年后唐会王李缤墓志与唐郯王墓志等大批珍贵文物在短时期相继收归国有的事实，则得益于当时勃勃向上的特殊历史背景，值得研究中国文物流传史者重视、深究。

（7）对位西部美术考古史建构、研究等诉求，尝试以会王墓志为契机，在梳理中唐后诸王墓葬分布区域特点、规律的同时，对各区域分布特点、规律、规模、范围、层级、内涵及昭穆关系、志石规制、志文撰书者背景、书艺风格等进行更深入的探讨。在此基础上，配合历史传留唐代诸王相关实物、文献资料，以及半个世纪来考古发现相关实物与其他辅助资料，建构唐代诸王专题信息智库。其目的，一是追求与时代学术研究节奏的吻合；二是裨益于唐代历史及区域美术考古历史之相关研究。

第三节　美术考古实践案例

1995年12月，台北历史博物馆（图3-3-1）为庆祝建馆40周年，曾隆重推出《馆藏精品四十选粹》特展。

有关此次特展实物资料及相关学者的论述，同时结集刊布于台北历史博物馆主编的馆刊杂志《历史文物》第五卷第五期上。

阅读该本杂志，第105页一段图录文字引起论者的注意。文为：

"宋夏圭溪山无尽图，典藏编号：陕西一号，高：三八公分；长一六三九·五公分（中略）。"

又云：

图3-3-1　台北历史博物馆二门内望重檐琉璃瓦馆舍建筑

图3-3-2 宋夏圭《溪山无尽图》卷局部5

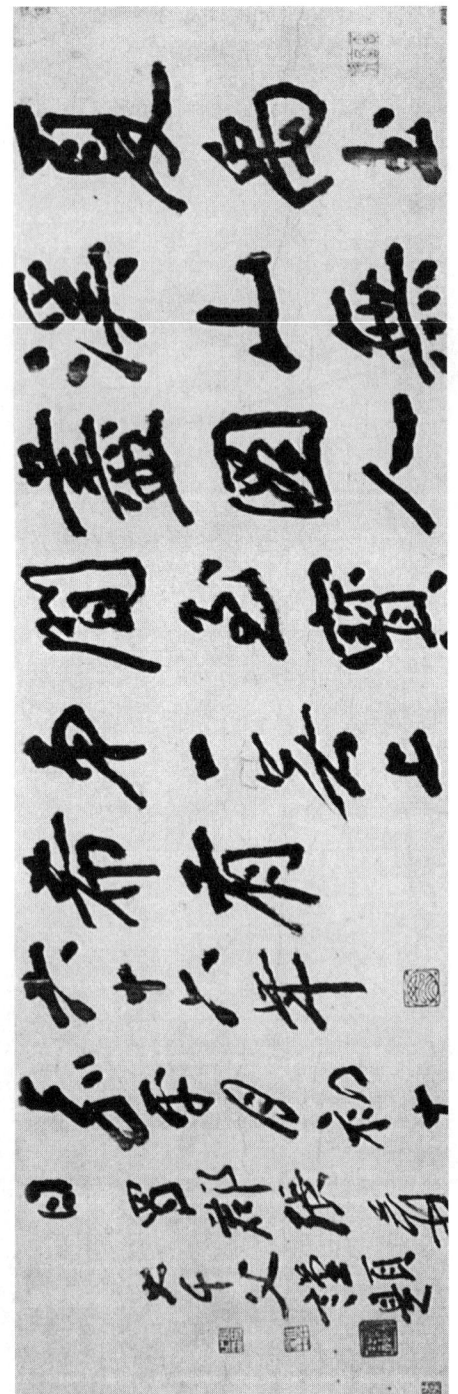

图3-3-3 宋夏圭《溪山无尽图》拖尾张大千题跋

"本件溪山无尽图原属陕西省政府,来台后归藏本馆,全幅以鄱阳白长纸绘成,长一六三九·五公分,而无一接缝(图3-3-2),作者以其惯用之水墨手法,信笔挥写。远山稍作花青,小部分露见朽笔,末端有'臣夏圭进'四字及明收藏家项元汴等收藏章多方。论者以为,应系夏圭呈奉之稿本。大千先生见之。慨叹为'天下夏圭第一',并于卷首题耑。"(图3-3-3)

　　图录文字所谓的夏圭(一作夏珪,生卒年不详,字禹玉。南宋临安人),画史中不乏记载。其于南宋宁宗时期(1195—1225)官画院待诏,以善绘巨幅长卷山水闻名于世,得与李唐、刘宋年、马远并称为"南宋四家"。又以构图经营多去半边景物,追求简淡意境而得"夏半边"之誉,且与同时期画面常留一角空白以突出物象景观的马远(约1140—1225时人,字遥父,号钦山)齐名,合称"马夏"。

　　尽管明代鉴藏大家张丑(1577—1643,字青甫,号米庵,昆山人)、张泰阶(字爱平,上海人)在排列南宋四家位序时,曾置夏圭于末,显有贬谪之意[1],但元代赣籍画人饶自然仍直谓夏圭"气韵尤高,宜为一代名士"[2]。元吴兴夏文彦《图绘宝鉴》尚特擢夏氏为第一,且认为"院人中画山水,自李唐以下无出其右者也"。元末明初桐江俞和(1307—1382)、明长洲陆完(1458—1526,全卿)分别尚有"世称夜光无与敌,何如夏君神妙笔"[3],"但觉层层景不同,林泉到处生清风。意到笔精工莫比,只许马远齐称雄"[4]等推崇诗句。及明曹昭撰《格古要录》,更别出心裁,称:"夏圭山水,布置、皴法与马远同。但其意尚苍直而简淡。喜用秃笔,树叶间有夹笔。楼阁不用尺界,信手画成,突兀奇怪,气韵尤高。"明董其昌《画眼》或谓:"夏珪师李唐,而更加率简,如塑工所谓减塑,其意欲尽去模拟蹊径。而若隐若没,寓二米墨戏于笔端。"

　　据此,知夏圭确无愧为影响南宋以至中国山水画史的重要代表人物之一,张丑、张泰阶等人的评判,似乎并不能因此黯淡其后数百年画苑对夏圭的尊崇与记忆。缘于此,大概至晚从南宋末年开始,就不断有人衷情夏圭遗作的追寻、收藏,题咏赋赞者,也因此比比皆是。

---

[1] (明)张丑:《清河书画舫》:"南宋刘松年为冠,李唐、马远、夏圭次之。"张泰阶《宝绘录》:"刘、李、马、夏俱负重名,而李、马为最。"
[2] (元)饶自然:《山水家法》,见(明)罗孔兼:《古今画鉴》刊本。
[3] 俞和题夏圭:《晴江归棹图》诗辑录于清厉鹗著《南宋院画录》一书,见清光绪十年(1884)钱塘丁氏竹书堂本。
[4] 陆完诗录入明崇祯乙亥(1635)李濬逢:《续书画题跋记》,钞本,曾归两罍轩吴平斋藏。

夏圭遗作，虽为各代文士重视，"但历来学术界对他的作品存在很大争议，直至目前尚很少有作品被一致公认为是他的真迹"[1]。且以往有研究者认为"夏珪画传世多小幅"[2]。惟台北历史博物馆对该馆所藏夏圭《溪山无尽图》长卷颇为重视，断为"夏圭呈奉之稿本"，但系统研究，则尚未公开披露。

除去历史轨迹意义上的鉴藏题跋，目前知最早于特定收藏环境下集中评判与题咏，为20世纪30年代西京金石书画学会编辑刊行的各期《西京金石书画集》。如1934年4月西京金石书画学会编辑《西京金石书画集》第一期行文称其"卷长五长有奇，高一尺四寸，纸本。五墨攒聚，烟霭阻深，无上神品也。五丈有余之卷。乃系整纸一匹，尤为罕见。细观卷中项氏所藏数印，或系明清之季重加装池，但诸老皆不敢妄题一字，足见清人对于名迹之矜慎"，并认定"此卷真天壤间神物也"。

另外，20世纪40年代初，又有寓居西安的美术鉴赏家谢崇山及名"渝客"者，分别撰文盛赞此卷。其中谢崇山文称作者以"四丈多长的山水画卷，能画得形势各别，气力贯注，固然已不容易，然而尤绝者，他画的是北派山水，全为真□功夫，不易掩拙。何况章法用笔，俱为上乘"。且认为作者当时经营"此巨幅作品，必构思甚久，动笔甚久，才能完成"。因此认定此应系"作者生平最得意的杰作"。而"玩好如新的"品相，又成为判定此卷"珍贵成分的一种条件"。并依据前人鉴赏时"神品"钤印，判定若将此卷比拟"神品"，"的确可以当之无愧矣"[3]。"渝客"撰文在赞同谢崇山诸人评价的同时，更另辟蹊径，称"即不论画，单以纸言，已为异宝"[4]。至1977年12月10日，张大千氏曾有幸摩挲此卷，更书跋语，称其属"人间至宝，第一无上稀有"[5]。

凡此种种，均使我们不能率尔轻视此幅长卷。

再者，涉及此卷之递传概况，以论者拙文开首所谓，知台北历史博物馆尚定其典藏编号为"陕西一号"，且云图卷"原属陕西省政府，来台后归藏本馆"，"全幅以鄱阳白长纸绘成，长一六三九·五公分，而无一接缝"。其在倏忽之间所传递出来的诸多信息与悬念，更增加了此卷的神秘感，它们构成论者得以关注此卷流传变化轨迹与相关问题的兴趣所在。

---

[1] 杨仁恺：《中国书画鉴定学稿》，辽海出版社2000年版，第229页。
[2] 张珩：《反对美国侵略集团劫夺我国在台湾的文物——记述故宫博物院被劫往台湾的一些名画》，载《文物参考资料》1955年第7期，第29页。
[3] 谢崇山：《参观征药书画展追记》，《西京日报》1941年2月17日。
[4] 渝客：《文物展览会一瞥》，《华北新闻》1943年10月11日。
[5] 台北历史博物馆主编：《历史文物》第五卷第五期。

基于此，论者遂在较长时期田野调查与资料搜索的基础上，有意围绕该卷流传经历主题，作纵横历史区间线性逻辑关系方面的钩沉与梳理。涉及该卷流传过程中的一些相关问题，也拟在相应的叙述中予以不同程度的讨论与辨析。

需要说明的是，关于夏圭《溪山无尽图》的部分流传经过与一些相关问题，论者早在2002年第3期《艺术与设计》上发表的《夏圭〈溪山无尽图〉流传经过与相关问题辨析》[1]一文中进行过初步的讨论。只以该文发表后，相关资料迭出，新问题不断出现，前所议论多有空阙，因此颇有重新清理、补充以及纠误的必要。

同时，又因此卷流传过程中交叉涉及台北历史博物馆所藏传为北宋李公麟（1049—1106，字伯时，号龙眠居士）《五百罗汉图》长卷。而后者本身所蕴藉的流变经历与相关问题，亦颇曲折。兼之就中内幕至今亦鲜为人知，其于画史及相关学科又具有弥足重要的参考研究价值，因此亦有必要对其进行钩沉梳理与讨论研究。

考虑到讨论、叙述上的方便，本文拟将近年论者田野调查所得上述两长卷全部流变经过与交叉涉及的相关问题去芜存菁，合并归结，列为五节实施较为系统的钩沉、梳理以及考证、分析。

一、问题的提出

如前所述，台北历史博物馆主编馆刊杂志《历史文物》第五卷第五期显示《宋夏圭〈溪山无尽图〉》"原属陕西省政府，来台后归藏本馆"，"典藏编号"为"陕西一号"等信息。知此卷入藏台北历史博物馆前，曾属陕西省政府所有，这便客观上传递给我们至少五种疑问：

（1）原陕西省政府何以得有此卷宋夏圭《溪山无尽图》？

（2）原属陕西省政府之宋夏圭《溪山无尽图》，因何要在来台后"归藏"于台北历史博物馆？

（3）此卷宋夏圭《溪山无尽图》在"归藏"台北历史博物馆后，究竟缘何得以确定"典藏编号"为"陕西一号"？

（4）按一般学术规律，此卷及其后属于该馆陕西序列之文物，其"典藏编号"及相应研究成果，似当应有尾接后续，但为何至今信息寥寥？

[1] 罗宏才：《夏圭溪山无尽图流变诸事与相关问题》，载《艺术与设计》2002年第3期。

图3-3-4　宋夏圭《溪山无尽图》卷首

（5）如以上四点疑问能够成立，则后续诸物与"典藏编号"为"陕西一号"的宋夏圭《溪山无尽图》之间，是否存在一定的内在联系与逻辑对应关系？

诚然，要回答以上五种疑问，仓促之间是难以达到理想效果的。设想在期望解决以上诸种问题之前，拟先对台北历史博物馆所藏宋夏圭《溪山无尽图》时代、身份作以初步界定，在此基础上，顺而对与此卷相关且主要聚集在图像意义上的衍传轨迹系列施以大致轮廓性的梳理与考证。

我们清楚，书画鉴定在艺术品鉴定范畴内属难点板块，宋元名家书画珍品鉴定则更属高难。一般因为种种因素的限制，欲准确确定一幅古迹名画的作者、年代，往往需要鉴定者具备较高的"目鉴"水平以及扎实系统的文史知识储备。同时，还须保持平和、细腻的心境并能够在积累大量实践经验的基础上，通过掌握翔实丰富的文献资料来进行科学合理的综合讨论分析。否则，则可能出现偏差与谬误。

如是，论者颇想完整复原业已残缺的相关元素碎片，但限于学力、资料以及鉴赏方面的难度，目前尚只能够根据所掌握的资料，于台北历史博物馆已确定画卷作者身份与创作时代的基础上，相应提出5点感受来予以补充、铺垫，其目的，旨在希望能对其他学者今后相关研究有所裨益，非敢以些许陋见而贻笑大方也。

这五点感受为：

（1）前述《历史文物月刊》谓画卷"末端有'臣夏圭进'四字及明代收

藏家项元汴等收藏章多方，论者以为，应系夏圭呈奉之稿本。大千先生见之，慨叹为'天下夏圭第一'，并于卷首题耑"。《西京金石书画集》第一期行文又称此卷"无上神品"，"真天壤间神物"[1]。渝客《文物展览会一瞥》一文且认为："项氏为明末最大收藏家，家资雄厚，不惜重金求购，海内奇货多入其手。我们今日所见旧画，十之六七都曾过项氏之手，故夏氏此幅当为真品无疑。"[2]等等。此类论述，出典有据，应为判断长卷作者、年代的有力依据之一。

（2）以卷首一侧所钤"半间秋壑"、"天籁阁"、"神品"、"墨林生"、"项子京家珍藏"等朱、白印玺（图3-3-4），卷尾又有康熙六十年（1721）"兰舟程道济"题跋，程道济后，诸家学者一致认定系夏圭遗作并屡有题识、赋赞[3]等现象观察，此卷流传有序，关乎时代、身份认定的讨论基础较为深厚，且近人江宁顾寿人（祖彭）、蒲城李子逸（元鼎）题诗分别尚谓："此卷流传八百年，紫辰曾惹御炉烟"；"当年待诏赐金带，合有丹青映轩墀。卷末署臣夏圭进，御府故物夫奚疑"[4]。因此，如将此卷初步指为夏圭遗作，还不至尽为突兀仓促。

---

[1] 西京金石书画学会：《西京金石书画集》（第一集），1934年4月。
[2] 渝客：《文物展览会一瞥》，《华北新闻》1943年10月11日。
[3] 参见西京金石书画学会1934年4月至1936年11月编辑出版《西京金石书画集》第一集至第五集所载"宋夏圭溪山无尽图"相关图像、文字资料，南京：故宫博物院印刷所印刷。以下叙述中非特殊需要，出处皆同此。
[4] 均见西京金石书画学会：《西京金石书画集》第四集，1936年5月。

图3-3-5 传夏圭《溪山清远图》局部 台北故宫博物院藏

（3）如李子逸题诗与《历史文物月刊》所论，画卷"末端有'臣夏圭进'四字，故"应系夏圭呈奉之稿本"。这里所谓的"稿本"，与元汤垕《画鉴》所谓"李升画山水常见之，至京师见《西岳降灵图》，人物百余，体势生动。有未填面目者，是其稿本。上有绍兴题印，若无之，则以为唐人稿本也"记载相合。同说另见明唐志契《绘事微言》卷下"院画无款"条，文谓："宋画院众工，凡作一画，必先呈稿本，然后上其所画山水人物花木鸟兽，多无名者。明内画水陆及佛像亦然，金碧辉煌，亦奇物也"。此外，明文震亨（1585—1645）《长物志》卷五"院画"一条亦有大致相似的记载，语云："宋画院众工，凡作一画，必先呈稿本，然后上真，所画山水人物花木鸟兽，皆是无名者。"诸条缀合，相信"稿本"之说当非空穴来风。

（4）浸润五代荆浩、关仝、董源、巨然等画苑巨匠山水规制与画风，入宋后"全景式"大山大水迅速风靡朝野，皇家大内，尤称高标。此类画面尺幅一般均在10米左右。除去台北历史博物馆现藏《宋夏圭溪山无尽图》长卷，大致属于同时期的所谓两宋长卷山水尚复不少。依论者能力，目前所知著名者如北京故宫博物院藏北宋王希孟《千里江山图》、台北故宫博物院藏南宋夏圭《溪山清远图》（图3-3-5）及《长江万里图》、辽宁博物馆藏宋人（原题夏圭）《江山无尽图》、北京保利拍卖公司2007年春拍拍品宋马远《溪山无尽图》及见于《石渠宝笈初编》著录的宋马远《溪山秋爽图》等（暂不论真、赝、仿、摹等争议）。

揆以实际，此夏圭《溪山无尽图》长卷规模类同南宋长卷山水规制，且与宋马远《溪山无尽图》可能存在同时期画院背景下同一画题氛围内的共

性创作缘由，亦与前代后世相类题材绘画存在着一定的渊源关系（皆暂时不论其真赝如何）。它们无疑构成中国绘画体系之《溪山无尽图》主题系列。

为观察该主题系列生长关系，我们尝试依据目前所见资料，初步对属于《溪山无尽图》主题系列的绘画作品列表予以粗略统计（表3-3-1）。

表3-3-1

序号	材质与形制（cm）	时代、作者、绘制背景与题识、钤印等相关信息	资料来源	备注
1	设色纸本手卷 38×1 639.5	传南宋夏珪作 题识：诸家题跋参差。 钤印：半间秋壑 天籁阁 神品 墨林生 项子京家珍藏。	现藏台北历史博物馆 见台北历史博物馆主编馆刊杂志《历史文物》第五卷第五期	
2	设色纸本手卷	传南宋马远作 题识：宋马远溪山无尽图 南韵斋审定 李氏爱吾庐藏本光绪癸巳（1893）归于迟庵 钤印：癸巳 归于迟庵 莱山真赏等	北京保利拍卖公司2007年春拍拍品	
3	设色绢本手卷 35.1×213.0	传宋佚名作品	[美]克利夫兰美术馆藏。[美]李雪曼、方闻合著《一帧北宋山水手卷及其在前期中国绘画史上的意义》鉴别研究。	一说为金佚名作品。
4	水墨纸本手卷	明徐贲（字幼文）作	[美]弗利尔美术馆藏	尺寸不详
5	设色绢本手卷	明文嘉（号休承）作 题识：隆庆辛酉（1561）秋九月仿黄鹤山樵溪山无尽图于群玉山房 茂苑文嘉 钤印：文休承	2012北京保利秋季拍卖中国古代书画专场拍卖拍品	
6	设色纸本手卷 25×273	明万历辛丑（1601）夏六月嘉兴李日华（君实，一字九疑，号竹懒、痴居士等）作 题识：万历辛丑夏六月仿元人笔意嘉兴李日华 钤印：李日华印 刘恕鉴藏 蓉峰赏玩	北京金兆国际拍卖2010大型艺术精品慈善拍卖会拍品	

续 表

序号	材质与形制（cm）	时代、作者、绘制背景与题识、钤印等相关信息	资料来源	备注
7		明佚名作者	广州美术馆藏	其他资料不详
8	水墨绢本手卷 27×242	明末清初"画中九友"之一张学曾（字尔唯，号约庵）辛卯（1651）八月为元翁老先生大词台作 题识：辛卯八月为元翁老先生大词台 张学曾 钤印：曾在方梦园家 子鼎 曾藏丁辅之处 徐秋槎	2009年北京匡时拍买会拍品	
9	水墨纸本手卷 27.7×726.7	康熙庚申（1680）龚贤（名岂贤，字半千、半亩，号野遗，又号柴丈人、钟山野老）作 题识：江东龚贤画 钤印：龚贤 野遗	北京故宫博物院藏	
10	水墨绢本手卷 46×249.5	清康熙壬戌（1682）程邃（字穆倩，又字朽民，号垢区、垢道人、青溪朽民、江东布衣、野合道者等）作	"台北故宫博物院"藏	
11	水墨绢本手卷 184.3×79.2	清康熙丁卯（1687）恽寿平（名格，字惟大，改字寿平，南田其号，以字行）仿董源本。 题识：白云溪外史寿平	中国美术馆藏	
12	设色纸本手卷	明末清初陆远（字静致）康熙三十四年（1695）仿巨然本	"台北故宫博物院"藏石渠宝笈初编（御书房），下册，第1058页。故宫书画录（卷四），第二册，第240页。	尺寸不详
13	纸本 手卷	清王鉴仿巨然本	1941年故宫博物院珂罗版印本。	尺寸不详

可以看出，围绕《溪山无尽图》主题，其后衍生轨迹遽尔悠长，衍生品亦颇为繁多，衍生高点，大致在明清之际。诸类表现，与中国绘画史发展轨迹与发展规律契合。但主题名称与长卷规制等基本特点却未加以改变，它们构成中国绘画史上《溪山无尽图》主题的生长模式。

表3-3-1中美国克利夫兰美术馆藏《溪山无尽图》卷首大字墨书"宋人溪山无尽图",款署:乙丑(1925)春月大风堂题 大千居士爰;钤印:张爰之印(白)、大千居士(朱)。卷末有金泰和乙丑(1205)、金贞祐甲戌(1214)、元泰定丙寅(1326)、元至元二年(1265)、明洪武庚申(1380)等时段李惠、蔚罗天、杨懋等人题跋。[美]李雪曼、方闻合作《一帧北宋山水手卷及其在前期中国绘画史上的意义》[1]曾进行鉴别研究。广州美术馆藏明人所作《溪山无尽图》,经杨仁恺先生鉴定,谓其与辽宁省博物馆藏宋人(原题夏圭)《江山无尽图》十分相近,辽宁省博物馆藏宋人(原题夏圭)《江山无尽图》应是广州美术馆明人所作《溪山无尽图》祖本[2]。推想其他相关《溪山无尽图》衍生关系作品,应该亦为数不少,限于篇幅,此处便不作赘疣了。

缘此,我们决定以此为基点,串联上述各本,大致整合勾勒出其间相类的线性轨迹以及纵横连接关系,则台北历史博物馆所藏夏圭《溪山无尽图》卷无论是尺幅、用纸、画风、墨色,还是构图、布局与气韵、款式等,似乎均在以上诸本之上。诚如是,我们再将此种思维定式合理嵌置南宋时期画院待诏夏圭其人生活、创作时代的人文坐标,纵横观察,相信会使读者产生一种新的学术感受。

当然,需要强调的是,我们在有意倾向此卷为夏圭所为的同时,囿于目前的研究基础,还不能一概排除此卷可能有同时期或后一时期某一画家仿临、摹写的可能。

(5)绘制长卷山水,用纸要求固须考究。佳者一般须匹纸大幅,又须色度纯净,质地优良,绘写清晰方便。至皇家大内长卷书画用纸,当更须考究。因此明文震亨《长物志》卷七记道:"宋有匹纸,长三丈至五丈。"明屠隆《纸笔墨砚笺》又有宋"有匹纸,长三丈至五丈,陶谷家藏数幅,长如匹练,名鄱阳白"等记载。涉及本文讨论的宋夏圭《溪山无尽图》,清光绪中闽县梁济谦、近代江宁顾寿人及渭南武念堂等还依次有"示我宣和大内纸,纵横无尽溪山图。缩入四丈尺有咫,巧夺造化笔何奇"[3];"剡藤造纸丈二匹","若非

---

[1] [美]李雪曼、方闻著,钱志坚译:《一帧北宋山水手卷及其在前期中国绘画史上的意义》Shermen Lee and Wen Fong.1967. Streams and Mountains Without End: A Northern Sung Handscroll and Its Significance in the History of Early Chinese Painting(Second, Revised Edition) 收入洪再新选编《海外中国画研究文选》目录。
[2] 杨仁恺:《中国书画鉴定学稿》,辽海出版社2000年版,第229页、第49~50页。
[3] 西京金石书画学会:《西京金石书画集》第二集,1934年5月。

德寿宫中制,定是澄心李氏笺"[1]以及"纸长一幅五十尺,光滑当是鄱阳白"等诗赋题咏[2]。至前述《历史文物月刊》,则称此卷"全幅以鄱阳白长纸绘成,长一六三九·五公分,而无一接缝……"各点缀合,基本可与以上诸条参照、印证。

梁济谦诗云"剡藤造纸丈二匹",典出西晋张华《博物志》:"剡溪古藤甚多,可造纸,故即名纸为剡藤。"此种纸张两晋以至唐宋累为官方专用。又查武念堂题诗所指"宣和大内纸"及《历史文物月刊》所谓"鄱阳白长纸",亦为两宋皇家大内所喜用,曾影响时人及其后各代纷纷效仿,称道不疲。如宋陶谷《清异录·文用》载:"先君子蓄纸百幅,长如一匹绢,光紧厚白,谓之鄱阳白。"明谢肇淛《五杂俎·卷十一·物部四》记:"饶州有鄱阳白,长如一匹绢。元李氏藏古纸,长二丈余。今世有一种碧纸,亦长丈余,不知何处所造,甚为钜丽,但烂涩不中书耳。"又如上引明屠隆《纸笔墨砚笺》:"宋有匹纸,长三丈至五丈,陶谷家藏数幅,长如匹练,名鄱阳白。"清金农《题泼墨图》诗更称:"墨是佛幌烟,纸是鄱阳白。一朝入君手,洒洒满瑶席。吾书理吾画,二者肯浪掷。翠蛾红屫人,当筵笑哑哑。"

较之于"鄱阳白长纸",剡藤纸虽"性不蠹而耐久","光色透于金版"[3]。但以纸工斩藤滥伐,原料稀缺,导致嘉泰(1201—1204)时始"独以竹纸名天下","遂掩藤纸矣"[4]。故以图卷实物、文献资料及以上各家论述互证,推测台北历史博物馆所藏宋夏圭《溪山无尽图》卷用纸,可能非剡藤纸而属于"鄱阳白长纸"或"澄心堂纸"。

"澄心堂纸"得名,始南唐李后主。以该纸曾置"南唐烈祖节度金陵之晏居"之"澄心堂"故也。宋蔡襄《文房四说》因谓:"李主澄心堂为第一,其为出江南池、歙二郡。"前述民初江宁顾寿人题咏又谓夏圭《溪山无尽图》用纸系"澄心李氏笺",出典亦在于此。

"李氏"者,即南唐后主李煜。此纸品质,极为精湛。《歙县志》称其"肤如卵膜,坚洁如玉,细薄光润,冠于一时"。《徽州府志》且谓:"黟、歙间多良纸,有凝霜、澄心之号,后者长达五十尺为幅,自首至尾匀薄如一。"

"澄心堂纸"精细匀薄,自然造成价值上的昂贵。如北宋史学家刘敞

---

[1] 西京金石书画学会:《西京金石书画集》第四集,1936年5月。
[2] 西京金石书画学会:《西京金石书画集》第五集,1936年11月。
[3] (宋)孙因:《越问·越纸》。
[4] (宋)《会稽志》卷十七。

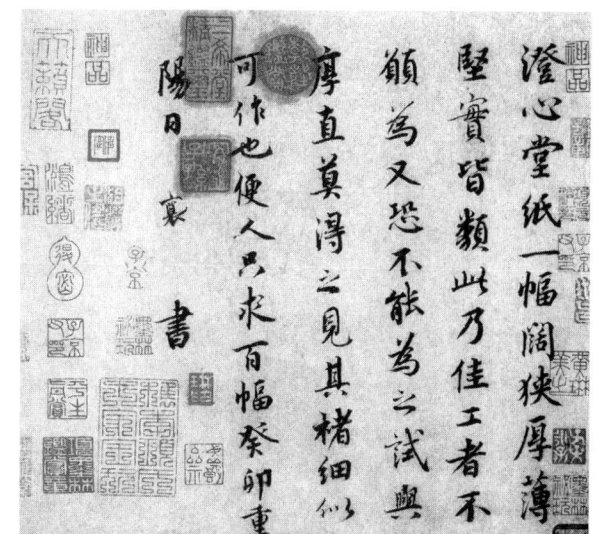

图3-3-6 蔡襄《澄心堂纸帖》尺牍 纸本 癸卯（嘉祐八年，即1063年）作 行书 24.7 cm×27.1 cm 台北故宫博物院藏

（1019—1068，字原父，原甫）以重价自宫禁获得百幅"澄心堂纸"，喜不自胜，曾邀欧阳修（1007—1072，字永叔，号醉翁、六一居士）鉴赏赋诗。《公是集》因此披露刘诗："当时百金售一幅，澄心堂中千万轴，……流落人间万无一，我从故府得百枚。"[1] 又北宋宣城诗人梅尧臣（1002—1060，字圣俞。《潘歙州寄纸三百番石砚一枚》诗或称："澄心纸出新安郡，触月敲冰滑有余。潘候不独能致纸，罗纹细砚镌龙尾。"[2] "台北故宫博物院"珍藏蔡襄《澄心堂帖》更称"试与厚直莫得之"。故期望"便人只求百幅"（图3-3-6）。此外，己亥（顺治十六年，即1659年）季冬书画鉴藏家休宁吴其贞跋李公麟《九歌图》还记："李伯时《九歌图》大纸画一卷，是为澄心堂纸也。高一尺余，长足二丈，纸墨并佳。"[3]

凡此种种，不一而足。各类焦点，分别积聚，盖皆指向"鄱阳白长纸"与"澄心堂纸"。

二、"兰舟程道济"之前夏圭《溪山无尽图》流传经过的考论

在感受宋夏圭《溪山无尽图》长卷时代气息的基础上，我们尝试对长

---

[1]（宋）刘敞：《公事集》，清武英殿聚珍丛书本。安徽省图书馆藏书。
[2]《全宋诗》卷二五六 "梅尧臣二五"。傅玄琮等主编，北京大学古文献研究所编，北京大学出版社，1998年版。
[3]（明）吴其贞：《书画记》卷四。

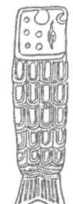

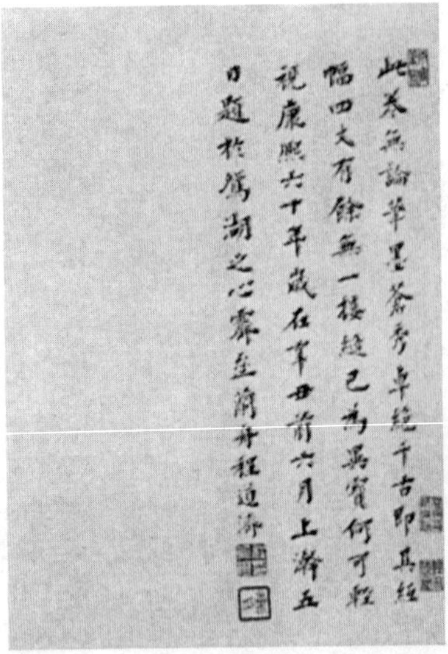

卷的递传概况作以钩沉、梳理。按卷首边侧钤有白文、朱文印玺11方，清晰可辨者，大致有"天籁阁"、"神品"、"墨林生"、"项子京家珍藏"等。卷末位置，尚有康熙六十年（1721）"兰舟程道济"题跋。跋谓：

"此卷无论笔墨，苍秀卓绝千古，纸缉幅四丈有余，无一接缝，已为异宝，何可轻视。康熙六十年岁在丁丑前六月上澣五日题于鸳湖之心霁斋。兰舟程道济。"（图3-3-7）

图3-3-7 宋夏圭《溪山无尽图》拖尾程兰舟题跋

呼应程道济跋语，清光绪中闽县梁济谦咏夏圭《溪山无尽图》诗有："上钤印章贾秋壑，当时曾夸此妙作。半间堂中蟋蟀声，风流鉴赏名虚博。烟云流转钤山堂，权门纳贿郁古香。"同时期鄂籍万同伦（仲崐）[1]咏夏圭《溪山无尽图》诗另有："点缀神妙穷秋毫，半间钤山踵莽操。揣摩所嗜投贪饕，搜奇索隽托风骚。"近世江宁顾寿人（祖彭）咏夏圭《溪山无尽图》诗还有"半间秋壑钤朱印，五丈罗纹世罕传"等句。

清理卷首边侧可辨印文及《历史文物月刊》等相关资料[2]显现信息，初步知康熙六十年（1721）前涉及夏圭《溪山无尽图》长卷收藏、鉴赏者主要有以下诸家。

（一）南宋理宗、度宗时权臣贾似道（1213—1275）

贾似道字师宪，号秋壑。浙江天台人。其有力时，恃权广搜书画珍宝，筑半间堂庋藏。喜斗蟋蟀，时人目为"贾虫"，著有《促织经》。"尝与群妾踞地

---

[1] 徐世昌：《晚晴簃诗汇》卷一百五十一："万同伦，字仲桓，浙江山阴人，官两淮运判。有《补蹉跎斋诗存》。"清谢章铤：《赌棋山庄词话》卷十一"谭麟词"条："旌德谭西屏麟以丞尉需次西安，能文知兵，喜交才士，与山阴万伯舒廷琬、仲桓同伦兄弟，兰州刘梦星开第及余唱酬极洽。"南京：江苏古籍出版社，2000年版。疑《西京金石书画集》此处有误。
[2] 参见西京金石书画学会1934年4月至1936年11月编辑出版《西京金石书画集》第一集至第五集所载"宋夏圭溪山无尽图"相关图像、文字资料，南京故宫博物院印刷所印刷。

斗蟋蟀，……酷嗜宝玩，建多宝阁，日一登玩。闻余宁有玉带，求之，已殉葬矣，发其家取之。人有物，求不予，辄得罪"[1]。所藏书画，每有"悦生"、"长"、"似道"、"贾似道印"、"秋壑"、"秋壑珍玩"（图3-3-8）、"秋壑图书"等印鉴[2]。以上诸种资料，与梁济谦、万同伦题咏大致相合。又，此前论者所谓贾秋壑"活动年限，似应在明季前后"[3]，盖排印之误，兹特纠正，以赎前愆。

（二）明世宗权臣严嵩（1480—1567）

严嵩字惟中，号勉庵、介溪、分宜等。江西分宜人。虽"无他才略，惟一意媚上"，乃得以累官至少保、太子太保、礼部尚书兼武英殿大学士，而

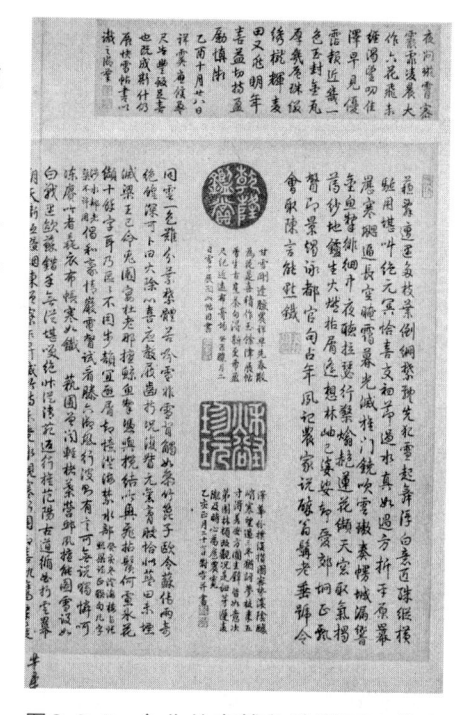

图3-3-8　台北故宫博物院藏晋王羲之《快雪时晴帖》局部　钤"秋壑珍玩"印示例

"窃权罔利"[4]，大获贿赂。沈德符《万历野获编》记其家"碧玉白玉围棋数百副，金银象棋亦数百副……然收藏书法名画最多，至以《清明上河图》起大狱而终不得"。及败，家尚藏金三万二千余两，银二百余万两，珠玉宝玩数千件[5]。后于分宜县境钤山筑堂隐居，著《钤山堂集》。至索贿纳藏之事，直如梁济谦"烟云流转钤山堂，权门纳贿郁古香"题诗所谓。

（三）明鉴藏家项元汴（1524—1590）

项元汴，字子京，号墨林居士。另号退密庵主人、香严居士、惠泉山樵、墨林嫩叟、鸳鸯湖长、漆园傲吏等。浙江嘉兴人。工绘事，以典当致富。"精

---

[1]《宋史》卷四七四《贾似道传》。
[2] 如北京故宫博物院藏宋张先《十咏图》卷、宋仿展子虔《游春图》、台北故宫藏李龙眠《罗汉图》册页等书画项氏收藏印鉴。
[3] 罗宏才：《夏圭溪山无尽图流变诸事与相关问题》，《艺术与设计》2002年第3期。
[4] 以上引文皆见《明史》卷三〇八《严嵩传》。
[5] （明）徐学谟：《世庙识余录》卷二五。

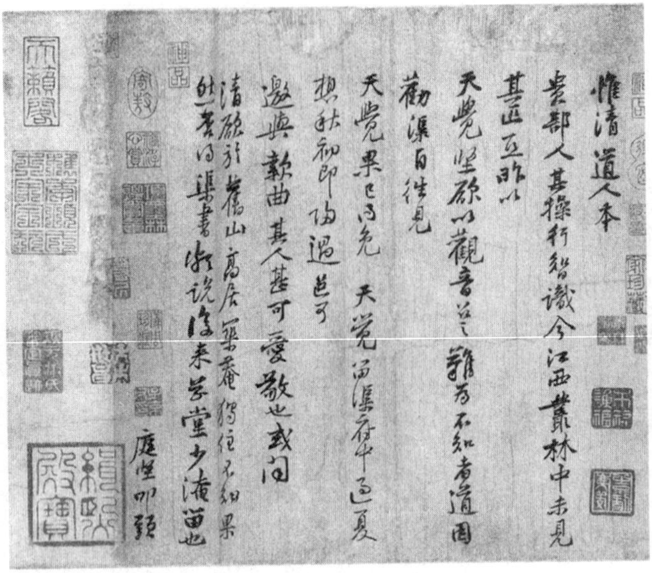

图3-3-9 宋黄庭坚《惟清道人帖》 行书 纸本 纵29.4 cm，横32 cm 尺牍十一行 绍圣元年（1094）作 钤"项元汴印"、"天籁阁"、"神品"等印玺 北京故宫博物院藏

鉴赏，好收藏金石遗文、图绘名迹，为明代最有名鉴藏家"[1]。所藏书画多钤"项元汴印"、"子京"、"檇李项氏世家珍玩"、"墨林生"、"项子京家珍藏"、"天籁阁"、"神品"等印玺（图3-3-9）。

（四）清"兰舟程道济"

程道济其人，正史罕见记载。前述"康熙六十年（1721）岁在丁丑前六月上澣五日"程跋有"题于鸳湖之心霁斋"句，"鸳湖"一名，或为"鸳鸯湖"省称。考其地望，或在嘉兴，盖嘉兴南湖，又曰"鸳湖"。近人陶葆廉辑《鸳鸯湖小志》记："吾乡无山，举游观之所，辄曰'鸳湖'。人或小之。"[2]

程跋之外，目前搜集到与程道济其人相关的其他资料，尚有以下数条：

（1）张大千《大风堂书画录》"苦瓜《晚风渔艇》。纸本。高二尺九寸另五分、宽一尺四寸七分"。鉴藏印有"程楫师家收藏"、"兰舟"、"程道济观赏章"、"程氏道济字楫师号兰舟之章"。

（2）黄山市黟县西递村"司城第"弄内建于康熙年间的笔啸轩主人胡积堂之履福堂板壁悬有程兰舟书法直幅。

―――――――
[1] 俞剑华：《中国美术家人名辞典》，上海人民美术出版社1981年版，第1123页。
[2] 陶葆廉（菊存，1862—1938）辑：《鸳鸯湖小志》，民国二十四年（1935）铅印本，嘉兴：嘉兴图书馆藏本。

（3）2006年第四期嘉德四季拍卖会拍品有明李日华纸本《花卉》立轴，鉴藏印有"程道济收藏章"、"天都程子乘[1]舟藏玩"。

（4）2009年保利拍卖公司春拍明文五峰（伯仁）《溪桥访旧》山水真迹长幅，鉴藏印有"程道济印"。

（5）2010年西泠印社拍卖公司春拍明周之冕水墨纸本《芭蕉竹石图》立轴，鉴藏印有"程楫师家珍藏"、"程道济鉴赏章"（图3-3-10）。

整理以上资料并结合相关地方志资料，略知程道济字楫师，号兰舟。皖籍天都（黄山）人。清初著名书画家与书画收藏家。又查黟县西递村"司城第"弄内笔啸轩主人胡积堂收藏书画甚富，著有《笔啸轩画知录》，其履福堂板壁悬有程兰舟书法直幅，则知程道济的艺术足迹，至少涉及天都、鸳湖、黟县等地，并与笔啸轩主人胡积堂至少在书画收藏一途有一定的联系。

如上述"鸳湖"地名考证不误，"康熙六十年（1721）岁在丁丑前六月上澣五日"相关宋夏圭《溪山无尽图》长卷的程跋题写地点，或在嘉兴鸳湖之心霁斋。

图3-3-10　2010年西泠印社拍卖公司春拍明周之冕水墨纸本《芭蕉竹石图》立轴　纵134 cm、横44 cm

以上诸人，介入宋夏圭《溪山无尽图》长卷递传轨迹的各自位序清晰准确。即初为贾似道得。贾固权相，有隙出入宫闱。贿赂公行之际，自不乏逢迎赠送之人，因有缘获得夏圭长卷。贾败，严嵩据权相位置，得以发力获取此卷。贾、严相继，构成万同伦题咏夏圭《溪山无尽图》所谓"点缀神妙穷秋毫，半间钤山踵莽操。揣摩所嗜投贪饕，搜奇索隽托风骚"诗句的原委。诗中所谓莽、操者，典出王莽、曹操两人接续图谋"篡汉"之事。此类资料，典籍储存颇多。如明徐复祚《投梭记》即载："纵然是莽操奸佞。亦何端起竞。"严再败，藏物随之星散，坊间有力者，乃起而踊跃得之，此项元汴庋藏长卷之大致背景。

---

[1] 拙文原引2006年第四期嘉德四季拍卖图录所释鉴藏印文，作"乘"，但友人西安碑林博物馆陈根远先生释为"桑"。依程道济其人"字楫师"称谓推测，似与"乘舟"之解更贴近，故此处论述从"乘舟"之解。至于拙文原引出处，参见《上海大学学报》（哲社版）2010年第3期，第95页。

关乎项元汴获取长卷经过,沈德符《万历野获编》卷八"籍没古玩"条有隐约记载,语云:

"严氏被籍时,其他玩好不经见,唯书画之属,入内府者,穆庙初年,出以充武官岁禄,每卷轴作价不盈数缗,即唐宋名迹亦然。于是成国公朱氏兄弟,以善价得之。而长君希忠尤多,上有'宝善堂'印记者是也。后朱病亟,渐以饷江陵相,因得进封定襄王。未几张败,又遭籍没入官。不数年,为掌库宦官盗出售之,一时好事者,如韩敬堂太史、项太学墨林辈争购之,所蓄皆精绝。"

项元汴之后,"兰舟程道济"是否为图卷的另一收藏者?其人又是如何得以摩挲鉴赏并题跋夏圭《溪山无尽图》的?因目前尚乏直接证明资料,似不可贸然判定。但依康熙六十年(1721)"兰舟程道济"跋语,先拟将其视为鉴赏、题跋长卷之人,想不致会有大碍。

三、"兰舟程道济"之后夏圭《溪山无尽图》流传经过及相关问题

"兰舟程道济"之后鉴赏夏圭溪山无尽图群体中,有抗战中流寓西安"渝客"其人曾在1943年10月11日《华北新闻》发表《文物展览会一瞥》一文,称:"闻此画之故主为清末陕西河督张芥航。"又论者20世纪80年代末期多次采访西安古玩鉴赏家阎秉初,阎亦云他多次从其父阎甘园[1]口中得知宋夏圭《溪山无尽图》道光前后曾归张芥航。

依钱实甫编纂《清季重要职官年表》[2]等相关资料记述,知张芥航(1776—1835),其人名井,字仪九,号芥航、畏堂、二竹斋等。《清史稿·卷三百八十三·列传一百七十》"张井传"则称其"字芥航"。陕西肤施(延

---

[1] 阎甘园(1864—1942),原名培棠,字甘园,以字行。号辋口樵者、晚照楼主等。陕西蓝田人。清末后长期居于西安、上海。著名古玩商人、鉴赏家、收藏家、书画家。为秦籍海派中间人物。恽茹平《民国书画家汇传》载其:"工书法,善指画,精于山水花鸟,长于鉴赏。"顾燮光(鼎梅)称:"阎甘园先生潜心考古,搜集金石书画甚多。鉴赏精透,书法博及百家,造诣特深。画则山水、人物、花鸟、人物、花木、鸟兽无一不能。而指书指画尤为特长,于各家各体凡笔所能者,指无不能,且更见精妙。至以指画辟窠大字,更为前人所未有。"参见1931年5月上海文明书局出版《晚照楼书画集第一辑》顾燮光序。著《晚照楼六书讲义》《晚照楼说文阶梯》《古籀标准》等。
[2] 钱实甫:《清季重要职官年表》,中华书局1977年版,第239页。但钱实甫文称张芥航为陕南肤施人,则误。若补钱实甫之阙,实应为"陕北肤施人"。

安)人。嘉庆六年辛酉(1801)恩科进士,授内阁中书,旋改州县官,累官至资政大夫兵部侍郎、右副都御史提督军务、山东河南河道总督、江南河道总督、漕运督等。著有《二竹斋诗集》。

按张芥航道光四年(1824)始,"任两河凡十年"[1],"位居河督,忧深虑远而托之于有韵之言"[2]。政声远播江南,举世目为"河帅"、"水部"[3]。清代著名诗人刘大观[4]《次韵河督张芥航先生〈兰阳工次,夏夜书怀〉之作》因有"俊语遥追张水部,不愁风浪只天河"诗句称颂。

凭借"位居河督",身为"河帅"、"水部"的权力、地位,以及宦迹两淮、徜徉江南文化中心的机缘,还有得中进士的文化素养和优越生活环境下逐步激发滋生的收藏嗜好,张芥航很快成为"图画碑帖储藏甚丰"[5]的著名收藏大家。我们通过阅读宋伯鲁《知唐桑艾录》卷四载曾归张芥航收藏,经清钱泳(1759—1844,字立群,号梅溪)题跋的董香光临鲁公刘太冲卷(图3-3-11);以及结合2012年北京保利春拍古代书画拍卖日场拍卖明初徐贲(1335—1380)所作《溪亭梓渡图》(图3-3-12)有张芥航所谓"道光戊子(1828)视学三吴,获此帧于昆山陈氏,家有旧藏之蜀山秋适合双剑因书志意。延州张井识于十二圩舟中"一则题跋(图3-3-13)等实例,约略可窥张芥航当年藏事活动之一斑。

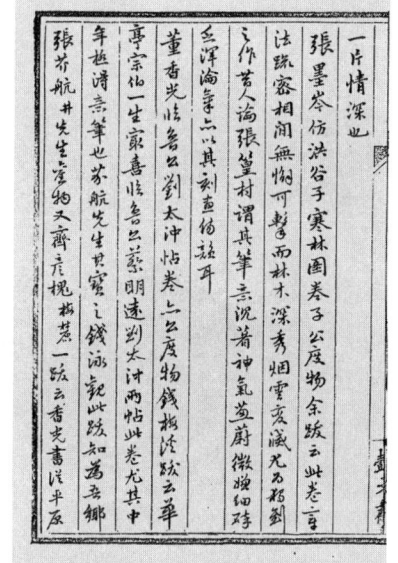

图3-3-11 宋伯鲁《知唐桑艾录》卷四"董香光临鲁公刘太冲卷"条手稿
西安宋伯鲁后裔藏

---

[1]《清史稿》卷三百八十三、列传一百七十"张井传"。
[2](清)刘大观:《次韵河督张芥航先生兰阳工次夏夜书怀》,收于刘大观《玉磬山房诗文集》卷四,道光刻本。南京市图书馆藏。
[3] "河帅"为清季河道总督的别称,其位显赫。清昭梿《啸亭杂录·徐端》:"朝中诸贵要,无不视河帅为外府,至竭天下府库之力,尚不足充其用。"水部"者,中国封建时代中央官署掌管水利之官称谓之一,除文后所述刘大观之诗外,另见宋张扩《次韵秦秘监山中观梅》一诗,中有"水部五言谁举似,孤山一径久湮微"诗句可证。
[4](清)刘大观(1753—1834),字正孚,号松岚,山东临清州邱县(今属河北)人。乾嘉时期著名诗人。乾隆丁酉科(1777)拔贡,官永福、天保(今德保县)等县知县,擢河东兵备、奉天宁远州知州,署山西布政使等。居官有政声。平生交游甚广。著有《玉磬山房诗集》十三卷。
[5] 宋联奎:《苏庵杂志》卷四"张芥航"条,西京出版社1918年版。

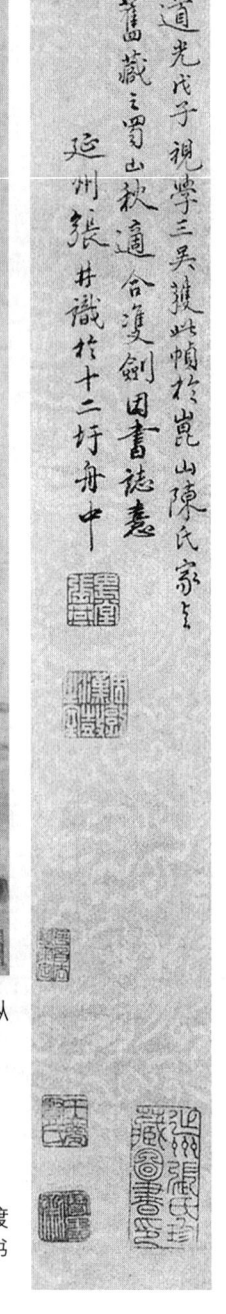

图3-3-12 2012年北京保利春拍明张贲《溪亭梓渡图》立轴 纵80 cm、横42 cm

图3-3-13 清延州张井题明张贲《溪亭梓渡图》跋 有"延州张氏珍藏图书印"、"芥航收藏书画之印"等

张芥航"二竹斋"室名,以藏物有韩琦、文彦博、范纯仁、米芾、黄思伯等人题跋的文同、苏轼画竹之故[1]。

二竹画外,其他著名收藏,尚有夏圭《溪山无尽图》、董香光书屏十二幅[2]、董香光临鲁公刘太冲卷[3]、钱叔美《蜀岗纪游图》[4]等。藏事风流,以道光十年(1830)将润州司马万承纪家汉伏波骆越鼓送至焦山定慧寺庋藏为著。事见觉真《焦山诗话》[5]。

据以上资料,推测张芥航收藏夏圭《溪山无尽图》时间,可能在道光四年(1824)前后。此与前述所谓笔者采访获悉阁甘园之谓大致吻合。至于张芥航之前图卷的藏主,则可能与"兰舟程道济"收藏主脉有密切联系。

道光十三年(1833),张芥航退官,携夏圭《溪山无尽图》等诸多珍贵藏物归里,居西安,死葬长安太乙宫镇蛟峪山。张氏殁后,"后裔式微",藏物遂"散佚净尽",以致"颓败如此"[6]。但因居官、居里、戚友诸原因与陕西有藕断丝连情节的恩施樊樊山(增祥)、渭南赵元中、严雁峰、长白端方(午桥)、杭州三六桥[7]等有力者却睹此良机,捷足先登,所获尤多。大致书画碑帖多

---

[1] 竹画道光八年(1828)张芥航请钱泳双钩勒石,曾藏之于"澄鉴堂",故名澄鉴堂石刻。
[2] (清)钱泳《履园丛话》:"豫园在上海城内,明潘恭定公恭之子方伯允端所筑,方伯自有记。其地甚宽广,园中有乐寿堂,董思翁为作《乐寿堂歌》,书于屏障,字径三寸许,其墨迹至今存焉,余于张芥航先生案头见之。"梁章钜《楹联丛话》:"清江浦胜迹以河帅署中为最。有方池甚宽,上为荷芳书屋,擅水木之胜。时张芥航河帅得董思白大字挂屏十二幅,钱梅溪为集屏中字作一联,云:大隐寄淮堧,十亩芳塘涵德水;高怀拟绿野,满园花木绣春风。
[3] 宋伯鲁:《知唐桑艾》卷四载董香光临颜鲁公刘太冲卷,曾为张芥航收藏,后归晚清探花冯恕(1867—1948,字公度,号华农)。
[4] 参见宋联奎:《苏庵杂志》卷四"张芥航"条。所谓钱叔美蜀岗纪游图"尤极精密秀逸之致,洵可宝贵。"癸巳春芥航同年陈石士有长跋,另有张芥航等十人题咏。
[5] 觉真:《焦山诗话》:"伏波骆越鼓,原藏于润州司马万承纪家,鼓高〇.六七米,直径一米。于清道光十年(1830)由河东河道总督张井(芥航)送来焦山定慧寺,置于方丈。时任吏部考功司主事的王钦霖在《和张芥航河督送铜鼓入焦山韵》一诗中,对伏波鼓介绍说:'我闻伏波将军铸铜鼓,分布三十六种诸苗家。南人歃血盟不反,终汉之世无疵瑕。余威震荡慑诸国,风行真腊兼爪哇。千年遗器出南诏,月轮未蚀金虾蟆。'对于送来焦山供佛,他说:'此鼓沉沦弃蛮越,千金价值无人加。持配周鼎质相当,有如干将配莫邪。佛庐从此闷幽异,不与铜柱留荒遐。大声应可发聋聩,人间俗耳笙箏琶。'送到焦山,与周鬲古鼎相配,正是一件盛事,有这样震聋发聩的大声,更是'三代法物同矜夸'了。"又云:"内阁中书的孔宪彝,"写有一首《张诗肸方伯以伏波铜鼓送焦山寺中,作诗纪事,依韵和之》:"张公得之桂岭西,万里携归达江口";"千秋雅举传名山,真州延安同不朽"。
[6] 宋联奎:《苏庵杂志》卷四"张芥航"条,西京1918年铅印。
[7] 三六桥(1871—1940)者,即三多,六桥其号,以号行。又署鹿樵、可园、瓜园等。科尔沁蒙古族,杭州驻防蒙古正白旗籍,姓钟木依氏,汉姓张。清末举人。官归化城副都统、库伦办事大臣;辛亥后任盛京副都统、金州副都统、东北边防司令咨议等。工书法,富收藏,曾赋诗自况:"爱坐图书府,可对古贤豪。积石亦为仓,敢比谯国曹。"著《可园诗钞》、《可园文钞》、《可园外集》、《柳营诗传》等。富收藏,藏物以《西溪梅竹山庄画册》、禹之鼎绘纳兰性德(容若)画像以及据传百十回本《石头记》等最为著名。

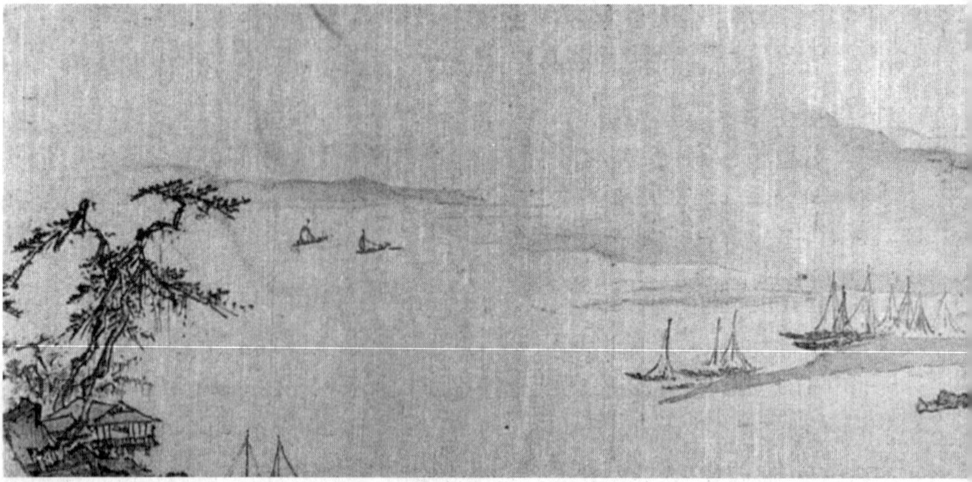

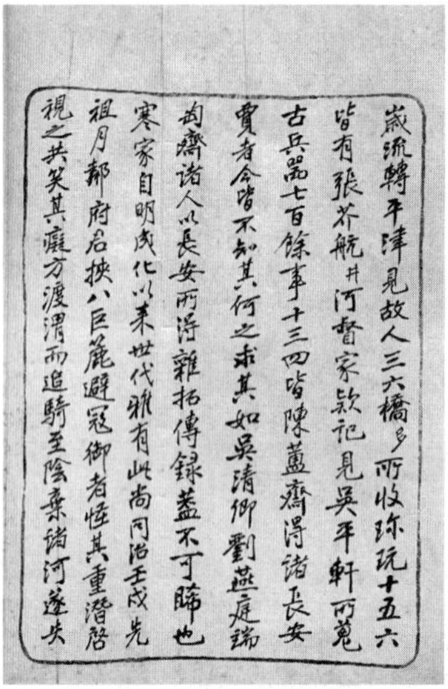
歲流轉平津見故人三六橋多所收珍玩十五六
皆有張芥航井河督家款記見吳平軒所蒐
古兵器七百餘事十三四皆陳簠齋得諸長安
賈者今皆不知其何之求其如吳清卿劉燕庭端
匋齋諸人以長安所得雜拓傳錄蓋不可睎也
寒家自明成化以來世代頗有此尚同治壬戌先
祖月郊府君挾八巨簏避寇御者怪其重潜啓
視之共笑其癡方渡渭而追騎至陰棄諸河遂失

图3-3-14　景志伊为《叶语草堂文集》题跋局部

归赵元中，古籍版本多归渭南孝义镇严雁峰[1]，书画珍玩则多归三六桥。

张氏殁后藏物流转地点，以平、津、长安等地为著。1931年陕籍名士景志伊（莘农）跋《叶语草堂金石文字存考》故记："往岁流转平津，见故人三六桥多所收珍玩，十五六皆有张芥航（井）河督家款识。"（图3-3-14）

民初长安宋联奎《苏庵杂志》卷四"张芥航"条又记，原为张芥航珍藏的钱叔美所绘《蜀岗纪游图》，清末民初则"归恩施樊（樊山）氏矣"。至近代陕西富平学者张扶万1918年旧历6月23日之《在山草堂日记》[2]，则记彼时他在西安"（骨董）市

[1] 参见合州张森楷撰：《贲园书库目录辑略》，渭南严氏孝义家塾成都，民国乙丑年（1925）刻本。文谓："严雁峰家旧有藏书不甚多，大概差堪供身心修养、典章考究、科名进取之用。后出巨金，大求之于书坊，得数万卷。又往来秦、蜀间，闻仕宦旧家藏书且出，即不惜重资，尽数购取，以得于张芥航河帅许为最多。"

[2] 参见张扶万（1867—1943，名鹏一，扶万其字）之1918年7月23日（旧历丁巳年六月廿三日）《在山草堂日记》，手稿，未正式出版，稿存陕西省政协文史资料办公室。

图3-3-15　宋夏圭《溪山无尽图》局部

上买二竹斋集,故河帅肤施张芥航之作"。

诸人中有缘获得夏圭《溪山无尽图》长卷者,为光绪中居住西安大湘子庙街之赵元中。元中其人,《续修陕西通志稿》载:"(元中)字乾生,渭南县人,咸丰贡生。官詹事府主簿。著有《影藻山房吟余诗》一卷,事迹具人物传。"

论及元中收藏渊源,大概应基于家族赖盐业致富之背景,又有祖辈耽于金石考据与收藏之影响。此类感悟,可从1944年4月19日《张溥泉日记》显现一斑。文谓:"夏子欣云,渭南赵元中乾生之十一孙,名鬲,字爨甫,藏其祖锡机七笈稿本,系金石著作,必有可观。"[1]

元中承袭家族豪富与文脉人际,为官京师,宦游日多,见识愈广,故有力庋藏金石书画,士林推为西北巨擘。党晴梵《华云杂记》上卷《物物山房轶事》:

"近百年来,陕西赏鉴家,当以程杏牡(一敬)、宋瑞卿(金鉴)、姚裕如[德]、赵乾生(元中)为巨擘。程之宝兰山房,石刊收藏,最为宏富,宋之来鹤亭,多搜集三代铜器。姚之百瓶轩,专藏古瓷。赵之物物山房,法书名画,金石文字,琳琅满目,更美不胜收。近日携至上海之宋,夏禹玉(圭)溪山无尽图,价十万金,即其秘笈中故物。禹玉真迹,今存世者仅故宫中之江山万里图,与此卷耳。"[2](图3-3-15)

---

[1] 张继(溥泉):《张溥泉先生回忆录·日记》,台北文海出版社1985年版。
[2] 党晴梵:《华云杂记》,西京出版社1937年版,第22页。

1934年4月《西京金石书画集》第一期图版23曾收赵氏书、画扇面各一，图版文字谓："赵元中字乾生，渭南人。清咸、同时官宫詹，告归后优游林下，精金石考订之学，收藏之富，为东南达人所推服。尤精山水，著有物物山房诗文集。"另顾燮光《梦碧簃石言》卷五"赵乾生之金石学"一节亦称："渭南赵乾生先生元中，为秦中巨富，好学好礼，蔼蔼长者，研究金石之学为西北冠。"

元中倚靠优越经济实力、学识素养促成的丰富收藏底蕴，获得其在关辅文士群体中的强劲号召力。故当光绪初旌德谭西屏（麟）在长安与万方煦（伯舒、廷琬）、毛凤枝、谢威凤（葆灵）、秦毓琪（子衡）、刘梦星（开第）、万同伦（仲崐）、王权（心如）、彭洵（古香）、席裕驷（星甫）、李嘉绩（云生）、吴铭善等名士倡立"青门萍社"[1]，元中即踊跃介入，为俊秀者之一。时切磋六法，赏析书画，唱和诗赋，一时称盛[2]。

又靳仲云《西京禊诗汇录序》云：

"丙子上巳西京禊集，到者二十三人，未到而为拈韵者二十七人。与会之二十三人，大半秦籍。清时谭西屏等组青门萍社，而樊樊山、方友石（玉润）、刘春谷（谷）辈先后继起，诗酒文宴，一时称盛。入民国后，渐消沉矣。"

1934年4月、5月及1936年2月《西京金石书画集》一至三期曾连载光绪中文士梁济谦、万同伦（仲崐）、华子奇、彭洵等人应赵乾生邀请分别题咏夏圭《溪山无尽图》长卷诗赋诸事。

如上信息，为当年"青门萍社"雅集活动点滴写照，从中不难看到赵元中、樊樊山等人有幸收藏张芥航身后故物的时代背景，亦可想象凭借"青门萍社"、"西京禊诗"等平台，诸人可能相互观摩、品鉴张芥航故物之盛况。

从梁济谦等人光绪中莅陕，曾获观《溪山无尽图》长卷，且题诗"丹丘生，赵夫子。示我宣和大内纸。纵横无尽溪山图，缩入四长尺有咫，巧夺造化笔何奇。云是北宗夏彦之，出入豪家七百载"诸句观察，赵乾生获得《溪山无尽图》之时间，或在光绪年间。又从华子奇"先生不惜买山钱，千古只眼倩独具"题诗观，赵乾生当年购买《溪山无尽图》之价格，当不在少数。

---
[1]（清）谢章铤：《赌棋山庄词话》卷十一"谭麟词"条："旌德谭西屏麟以丞尉需次西安，能文知兵。喜交才士，与山阴萬伯舒廷琬、仲桓同倫兄弟，兰州刘梦星开第，及余唱酬极洽。"江苏古籍出版社2000年版。
[2] 宋伯鲁主编：《续修陕西省通志稿·谭麟传》，陕西通志馆1934年刊印。

赵元中获取《溪山无尽图》后，藏品益丰，声名远播，致引诸多藏家艳羡。及端方（1861—1911，陶斋）（图3-3-16）抚陕，遂生觊觎。毛子林《关中金石文字存佚考》称"庚子两宫西幸陕，适大浸，端午桥制军时抚秦，以振迫先生出巨款，尽献所藏石数百方乃免。今《陶斋藏石记》著录墓志四百余种，大半赵氏故物。"[1]如后秦弘始四年（402）姚氏辽东太守吕宪墓表[2]（图3-3-17）、隋开皇十五年（595）巩宾暨妻陈氏墓志[3]（图3-3-18）等，皆其代表者矣。

除此以外，端方还以借观为词，追索《溪山无尽图》等物颇急，逼赵氏费力周旋，方使长卷脱险[4]。《西京金石书画集》中顾寿人题咏《溪山无尽图》诗谓："溪山无尽树苍苍，著我图中喜欲狂。未许陶斋污寒具（顾诗注云："陶斋抚陕时借观。"），惜无文石论吴装。"江宁吴敬之题咏溪山无尽图诗又谓："假观无敢寒具污，就中佳话尤堪说。"[5]盖皆指此事也。

即便如此，《溪山无尽图》在赵乾生辛亥年死后[6]仍不免遭受流散之险。先是1930年1月，赵乾生侄孙赵叔扬因生计问题，有托陕籍学者毛昌杰致函其门生赵守钰（友琴）售卖家藏赵伯驹手卷之事。当月18日毛昌杰《君子馆日记》记道：

"友琴仁仲麾下：亟思趋谈，奈病将三月，迄未大痊。良深谦仄。兹启者，鄙居对门渭南赵君叔扬有赵伯驹手卷，世藏旧物。为家计所迫，将以易盐米，闻弟博雅好古，托兄函询，如有意购藏，请约期降临其家一看。价在三千元之间，可否？请赐复。此诵勋绥。"

---

[1] 端方追索赵乾生藏品事，详见毛子林《关中金石文字存佚考》各碑刻目录下注"渭南赵氏藏石者，皆先生家物也。缪年伯云，吕曼生观察于同治间修灞桥，拆出唐志数十方，藏于家。著有《小唐碑考》一册，其子全归之赵氏。庚子两宫西幸陕，适大浸，端午桥制军时抚秦，以振迫先生出巨款，尽献所藏石数百方乃免。今《陶斋藏石记》著录墓志四百余种，大半赵氏故物。"
[2] 清光绪年间西安出土，先归渭南赵乾生，后归长白端方，再归诸城王绪祖氏。又归日本江藤氏。现存日本东京书道博物馆。
[3] 全称《周骠骑将军右光禄大夫云阳县开国男巩君墓志铭》。撰、书者不详。隋开皇十五年（595）十月始平县入窆。清嘉庆二十四年（1819）四月陕西武功南乡出土。先归偃师段嘉谟，再归渭南赵乾生，后为长白端方所得。《金石一隅录》称其："字体高古，有钟、羊法，篆盖亦得汉魏遗意，后人不能及也。"《宜禄堂收藏金石记》则称其："书法方整跌宕，已开唐初诸贤法门。"
[4] 西安耆老刘安国、阎秉初、刘汉基、陈泽秦、翁维谦等人采访记录。从顾燮光《梦碧簃石言》卷五"赵乾生之金石学"一节引金甸丞先生语，谓其"书中言赵乾生碑石为端午桥勒献，此事甚确。彼时陶庼在陕，亲见午桥勒捐，三原、高陵富翁多被拘押，心不然之"等资料分析，西安诸耆老所言当值得参考。
[5] 西京金石书画学会：《西京金石书画集》第四集，1936年5月。
[6] 顾燮光：《梦碧簃石言》卷五"赵乾生之金石学"条："辛亥（1911）先生〈乾生〉归道山。"

图3-3-16 清末金石学家端方（午桥）着补服像

图3-3-17 后秦弘始四年（402）姚氏辽东太守吕宪墓表拓本

图3-3-18 曾归赵乾生转归长白端方的隋巩宾暨妻陈氏墓志

依论者采访阎秉初记录，1930年初赵叔扬托毛昌杰向赵守钰售卖赵乾生故物后，其本人与赵乾生其他后裔还不断赶赴北京、上海等地售卖赵乾生藏物。

譬如宋伯鲁《知唐桑艾录》卷四所载为"渭南赵（乾生）氏物"之"宋五家行书墨迹"，计米襄阳、钱惟治、陈靖、刘岑四人与另一不知名者故物，颇为珍贵，后即由赵氏后裔售予他人。

宋伯鲁《知唐桑艾录》卷四又载：

"元槧事文类聚翰墨大全，留函十二卷，每函十册，前乡贡进士省轩刘应李希泌编，大德十一年（1307）前进士考亭熊禾去非为之序，渭南赵冠如携至京求售，为定贾千元。"（图3-3-19）

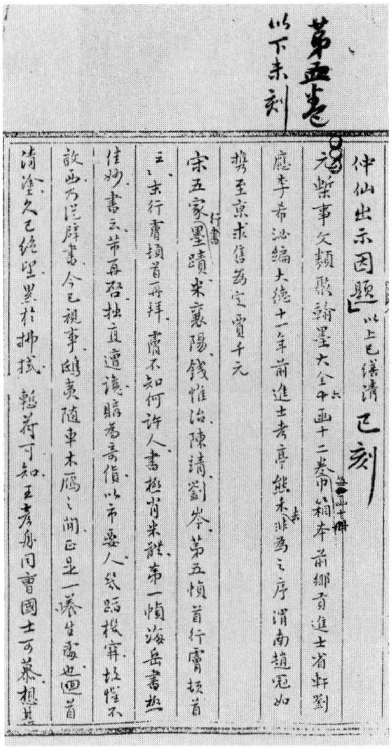

图3-3-19　宋伯鲁《知唐桑艾录》卷五"元槧事文类聚翰墨大全"条手稿　西安宋伯鲁后裔藏

《知唐桑艾录》所谓渭南赵冠如者，据笔者采访已故西安耆老翁维谦，知其亦为赵乾生之后裔。其与赵叔扬连同前述1944年4月19日《张溥泉日记》所载西安"夏子欣云，渭南赵元中乾生之十一孙，名禺，字爨甫，藏其祖锡机七笺稿本，系金石著作，必有可观。"宋伯鲁《还读斋杂述》所载能书善画的赵乾生之子赵稚乾（葆坪）等人一起，构成我们透析赵乾生后裔序列以及其身后故物流散渠道的大致概况，这对于我们扩大了解《溪山无尽图》流变信息不无参考意义。但关于赵乾生诸后裔之间的相互关系，目前知晓赵稚乾（葆坪）为赵乾生小子、赵禺（字爨甫）为赵乾生十一孙、赵叔扬为赵乾生侄孙，至于赵冠如等人，尚不知其与赵乾生究系何种血缘关系？诸人之间，尚存在着怎样的相互血缘关系？如是种种，均俟其后能有相关资料迭次发现予以连缀厘清。

赵乾生后裔与《溪山无尽图》事，目前知约在1933年中，赵叔扬曾将图卷携至上海，以十万金售于上海某古玩商。闻某古玩商已与日本某商（山中商会？）谈妥，价则在三十万金以上。

图3-3-20　王典章

赵叔扬以《溪山无尽图》卷售上海某古玩商事传出后,时任陕西省主席的邵力子不胜忧虑,请身为陕西省政府委员且与赵叔扬家族有姻戚之谊的王典章(1865—1943,字幼农)(图3-3-20)全权代表陕西省政府与赵叔扬交涉。盖王典章为三原望族后裔,久居西安,与渭南赵家有戚谊之交,又喜金石书画收藏,箧中甚富,藏品宋拓《圣教序》、马远《深山虎啸图》等,皆足可珍。且五十年前即有缘在赵家获观此卷[1]。

王典章受命后,立即与赵叔扬接洽联系。幸上海某古玩商以售价未谐等故,尚未将图卷售出,王即出巨赀说服贾人将图卷赎回,归陕西省政府所有。

物归陕西省政府后,邵力子等人集议决定,将图卷暂时藏陕西省银行仓库,委该行经理李维城等人具体负责,俟陕西省历史博物院(馆)成立后再转藏其中。

以上情事,大略蕴藏于王典章所题《溪山无尽图》诗序之中。序谓:"宋画院夏禹玉待诏《溪山无尽图》长卷,为渭南赵乾生姻丈所藏,前岁已落贾人手,邵力子先生嘱典章商之丈侄孙叔扬,以巨金赎回。西京书画社同人,拟先影印成帙,以公同好,并征题咏,率成三绝。"

与之颉颃,各家题咏书跋中,如李子逸诗谓:"夏圭墨妙人共知,赵氏所宝真瓌奇。有力者谁负几走,公家收藏固奇宜。"王典章诗谓:"犹幸鬼神呵护好,不随石骏付偷儿。""召伯棠荫流泽远,万间广厦计先成。收回禹玉神工画,博物初传第一声。"顾寿人诗注:"此卷已为沪上贾人所得,主席邵公出轻赀购回。"吴敬之诗谓:"文姬赎返西都衢,宝玉大弓书得器。天球河图庋在廚(注谓:此图将藏诸博物院),回黄转绿谁妙手。"等等,亦均指此事颠末。

关于图卷自上海某古玩公司回归陕西的具体时间,1935年4月10日《邵元冲日记》(图3-3-21)曾记:

---

[1] 参见西京金石书画学会1936年11月《西京金石书画集》第5期第19段《溪山无尽图》王典章题诗:"溪山无尽卷真奇,五十年前早见之。"

"午应（邵）力子夫妇约，在鼓楼上金石书画会内宴会，同席者除默[1]及邓孟硕外，有莫德惠、张溥泉诸君。餐后，观展览书画，又同至陕西省银行，观省政府购存之宋夏珪《溪山无尽图》长卷，约五丈许，为一整幅宋纸所绘，用笔苍健，而结构始终不懈，询为巨迹。前数年，闻倭贼欲图购，陕省府乃出资二万五千金购得，备日后存于本省博物院中，询国华所在也。卷首尾有项子京等收藏章。又观李龙眠绘《五百罗汉》手卷，神韵姿态亦各有胜处，闻系七千金购入，均可欣赏。"[2]

图3-3-21 邵元冲（1890—1936）

另参与题咏《溪山无尽图》的陕籍学者张扶万1935年5月8日（旧历乙亥年四月六日）《在山草堂日记》记道：

"……十二钟邵力子约饮银行，为菊生诸人送别。观新买夏圭溪江图。纸长四丈，系整幅。又龙眠五百罗汉图……"

又该年6月13日来陕进行考古工作之徐炳昶、苏秉琦，闻讯亦至陕西省银行观赏《溪山无尽图》及李龙眠《五百罗汉图》等物。是日徐炳昶日记：

"（同）秉琦到陕西省银行观画，所谓《长江万里图》者，仍系理想之风景画，山几皆峭直，有桥，有瀑布，割裂之，均能成一幅风景画。后只有近人一跋，不赞其画而赞其纸！到处均无长江万里字样。余一则为李龙眠所白描之五百罗汉，工细异常。"[3]（图3-3-22）

---

[1] 指邵元冲夫人张默君（1883—1965）。初名昭汉，乳名宝螭。湖南湘乡人。清末入同盟会，与秋瑾、赵声等同在江浙奔走革命。辛亥定鼎后，赴美国哥伦比亚大学留学。曾任国民政府立法委员，国民党党史编纂委员会名誉编辑，国民党南京市党部监察委员，国民党中央监察委员、常务委员、政治会议委员，考试院法典委员会委员、国民党中央监察委员、国民党中央译审委员等。善书画，工诗赋，富收藏。所藏古玉五十余件于1957年元月悉数赠予台北历史文物美术馆。
[2] 邵元冲著，王仰清、许映湖标注：《邵元冲日记》（1924—1936年），上海人民出版社1990年版，第1238页。
[3] 徐炳昶（1888—1976），字旭生，其陕西考古日记系手稿，未刊行，稿存其哲嗣处。论者依其内容，定名作《徐旭生陕西考古日记》。

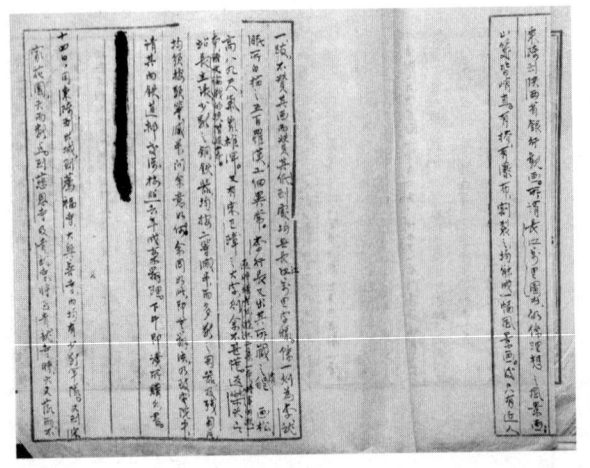

图3-3-22　1935年6月13日《徐旭生陕西考古日记》记《溪山无尽图》及《五百罗汉图》等事

综合以上所记，复审阅《西京金石书画集》分段刊载《溪山无尽图》并附各家题咏，盖自1934年4月第一期始，由此推测图卷回归陕西的具体时间，当在1934年4月之前。

涉及陕西省政府赎回《溪山无尽图》之价格，除《邵元冲日记》所谓"二万五千金"外，西安耆老阎秉初、宋曾诒等人又谓系37 000银元。然查党晴梵《华云杂记》上卷"物物山房轶事"一节，却称："近日携至上海之宋夏禹玉（圭）《溪山无尽图》，价十万金，即其秘笈中故物。禹玉真迹，今存世者仅故宫中之《江山万里图》，与此卷耳！（此卷今归陕西省政府保存）。"

又查渝客其人1943年10月11日于《华北新闻》发表《文物展览会一瞥》一文，尚谓："闻此画之故主为清末陕西河督张芥航，后归画家赵某，抗战前古物保存所复以五万元购得，现存陕西省银行。"

再查冒怀苏编著、顾廷龙署《冒鹤亭先生年谱》，尚知："日人于一九三四年前后欲购一批文物（《溪山无尽图》）以及此图卷（李公麟《五百罗汉图》），陕西省银行乃出资二万五千金收购，备日后依存陕西省博物馆，此图卷以七千元购置，幸免流落海外。"[1]

由此发现，有关陕西省政府购回《溪山无尽图》的价格问题，至少应有四说。依前引《邵元冲日记》、《在山草堂日记》与《冒鹤亭先生年谱》，知陕西省政府与《溪山无尽图》同时购得者，尚有李龙眠之《五百罗汉图》。因

---

[1] 冒怀苏编著，顾廷龙署：《冒鹤亭先生年谱》，学林出版社1998年版，第325页。其所谓陕西省银行（陕西省政府）"出资二万五千金收购"溪山无尽图一事，引自1935年《邵元冲日记》，上海人民出版社1990年版，第1238页。

此，党晴梵文中称"价十万金"，或为赵叔扬售出《溪山无尽图》一件长卷之价。渝客文中所谓"五万元"之数，或指赎回《溪山无尽图》一件长卷之价，或系《邵元冲日记》所谓"二万五千金"之误记。

至"三万七千银元"之说，依前引《邵元冲日记》与《在山草堂日记》，推测不当单为《溪山无尽图》一件之价，应至少包括"七千元购置"的李龙眠之《五百罗汉图》。故可能是两图卷相合之价或惑于"七千元"之数的坊间讹传之价。因邵元冲曾为国民政府委员、立法院副院长、代理院长及国民党中央宣传委员会主任委员等资历，素与经手此事的邵力子等人熟稔，因此他的日记所载"二万五千金"之数，较为可靠。但究竟真正价格如何，尚希等待更新资料来予以最后确认。

前述陕西省政府有俟陕西省历史博物馆（院）成立以庋藏《溪山无尽图》之说。然至1944年6月20日陕西省历史博物馆成立，尽管首任馆长康耀辰、继任馆长曹仲谦一再依据1944年4月陕西省政府委员会第十次会议决定，先后动议迁移《溪山无尽图》卷至陕西省历史博物馆庋藏，但囿于种种缘由，始终未得结果。

1949年5月，西安将生国共战事，时陕西省政府主席兼保安司令董钊（介生）恐此图有失，乃秘密派省府秘书长兼陕西省银行副总经理柳慈元等人将其与李龙眠《五百罗汉图》等珍贵文物与大批金条一并自陕西省银行仓库取出，经汉中、成都等地辗转运至台湾[1]。

又据董钊姻亲张炳烈等人回忆，董钊在1949年5月曾与柳慈元等人携陕西省银行所藏夏圭《溪山无尽图》、李龙眠《五百罗汉图》与金条等物先一同乘飞机运至汉中，保存于陕西省政府临时办公的汉中银行内，其后旋在董钊指示下，再由柳慈元等人经手，自汉中运往成都，曾置放陕西省银行成都分行保管，复由此以飞机运至台湾[2]。台北历史博物馆近年来公布的资料则称："1949年5月，陕西省主席兼保安司令董钊携此等离西安经汉中、成都至台湾。后陕西同乡会更以夏圭名迹《溪山无尽图》寄存台北历史博物馆。"[3]

承前述，论者相信台北历史博物馆公布资料的准确性。然不管如何，有

---

[1] 参考已故陕西省文史馆馆员刘安国先生采访记录。
[2] 张炳烈口述，烈华记录：《陕西省最后一任主席南逃记》，同文载政协西乡县文史资料办公室：《文史资料》，1981年，原名《董钊窜逃西乡经过》。又见张炳烈：《董钊串汉中西乡的一些情况》，收于政协西乡县文史资料办公室：《文史资料》1983年。
[3] 台北历史博物馆：《国家历史文物数位典藏计划》。

关图卷迁徙的路线则与其他各家所谓基本一致，区别只在具体转运人以及转运的细节与使用的工具等等。

又据论者采访1949年至台的原陕西省历史博物馆馆长曹仲谦哲嗣曹廼峄，其言以董钊为首的陕西省流亡政府至台后，经费无着，职员、家属生活困顿。为解燃眉，董钊、柳慈元等商议售卖《溪山无尽图》等物。闻已与日本某商议价妥当，正欲售出间，为陕西省旅台同乡会所闻，遭致反对。后经于右任等大老提议，乃有1955年12月4日台北历史博物馆成立后入藏该馆之事[1]。

以上经过，大致为台北历史博物馆昔年编列《溪山无尽图》典藏编号为陕西一号，1995年《历史文物月刊》又谓"本件溪山无尽图原属陕西省政府，来台后归藏本馆……"之基本原委。

需要提及的是，依据台北历史博物馆公布资料及曹廼峄等人回忆，《溪山无尽图》等图卷当年入藏台北历史博物馆的性质，仅仅只是"寄存"而已[2]。与《溪山无尽图》一同遭遇流变坎坷且同时一并归台北历史博物馆、同属陕西迁台系列书画者，尚有李公麟《五百罗汉图》等物，它们共同构成台北历史博物馆馆刊《历史文物》第五卷第五期刊布台湾陈清香教授《传李公麟画五百罗汉图考释》一文所谓二三十年前，"台北历史博物馆"典藏了三件长卷，是由陕西同乡会所捐赠的，一为传夏圭的《溪山无尽图》，一为传李公麟的《五百罗汉图》"之论的背景[3]。

这样的背景，与1941年渝客《文物展览会一瞥》一文"展览品中有三张宋画，是夏圭的《溪山无尽图》、李龙眠的《五百罗汉图》及白描应真。……此次所展览（李龙眠作品）两幅，手卷五百罗汉一幅，一幅据某鉴赏专家称，有赝品之嫌，另外一幅白描应真，则属真品"[4]。所谓比较，应该具有气息相通、内容互补之功效。

四、李龙眠《五百罗汉图》流传经过与相关问题

前引1935年4月10日、5月8日、6月13日《邵元冲日记》、《在山草堂日

---

[1] 论者采访西安曹仲谦长子曹廼峄记录。曹廼峄原系国民党空军某部官佐，1949年至台湾，为台湾陕西同乡会会员。
[2] 曹廼峄回忆，同上。另据前述台北历史博物馆《国家历史文物数位典藏计划》。
[3] 陈清香：《传李公麟画五百罗汉图考释》，台北历史博物馆季刊《历史文物》第5卷第5期，第90页。
[4] 渝客：《文物展览会一瞥》，《华北新闻》1943年10月11日。

记》及《徐旭生陕西考古日记》,知邵元冲、张扶万、徐旭生等人当日获观陕西省政府新购《溪山无尽图》时,尚见到李龙眠之《五百罗汉图》;且自刘安国等人的回忆中,又知1949年5月董钊离西安迁运夏圭《溪山无尽图》时,李龙眠《五百罗汉图》等物亦一并追随而辗转运至台湾。

关于李龙眠《五百罗汉图》运至台湾后的情况,迄今为止所见资料甚少,以论者能力,目前仅知台湾文化大学史学系陈清香教授曾于1991年12月在《华冈佛学学报》第五期发表《五百罗汉图像研究》一文有所提及。文中称台北的历史博物馆"也收藏了一件李公麟(龙眠)的《五百罗汉图》,虽未必是真迹,却可见其流传之广"[1]。

结合前述台北历史博物馆收藏夏圭《溪山无尽图》一事,推测1949年5月跟随夏圭《溪山无尽图》进入台湾之李龙眠之《五百罗汉图》,其后或在夏圭《溪山无尽图》归藏台北历史博物馆时,亦一并随焉。如论者推测不误,此件传为李龙眠之《五百罗汉图》,在进入台北历史博物馆典藏编号序列时,或当与夏圭《溪山无尽图》一起,存在着逻辑上的连带对应关系。

检点画史,熟知李龙眠(1049—1106)(图3-3-23)为北宋著名画家,庐州舒城人。名公麟,字伯时,龙眠则为其号"龙眠居士"之省称。龙眠平生自熙宁三年(1070)登进士第后,虽累官至中书门下省删定官、御史检法和朝奉郎等,但其盛名却在画史。史载其山水、人物、鞍马俱通。"白描人物远师顾吴,牛马斟酌韩戴,山水出入王李,似于董李所未及也"[2]。故汤垕《画鉴》称其为"宋人人物第一";鞍马则"神骏突出缣素","使韩幹复生亦恐不能尽也"。黄庭坚题李公麟"五马图"跋语称其"人物似南朝诸谢中有边幅者"[3](图3-3-24)。明王世贞更指为宋室南渡前画院人物翘楚[4]。代表作如《五马图》(图3-3-25)、《临韦偃牧放图》、《莲社图卷》、《免胄图》(传)、《圣贤图》等,皆凝寂斑斓,辉耀人间。

龙眠驰骋画史如此,于法相境界求之,又独以释教图像名擅千古。有关其从鞍马转入释教图像之心结与成就,宋邓椿《画继》卷三有绝妙记述:

---

[1] 陈清香:《五百罗汉图像研究》,《华冈佛学学报》1991年第5期,第397页。
[2] (明)王世贞:《艺苑卮言》。
[3] (清)王士慎撰、赵伯陶选评:《香祖笔记》卷5,学苑出版社2001年版。
[4] (清)王士慎撰、赵伯陶选评:《香祖笔记》卷5,学苑出版社2001年版。文云:"南渡以前独重李公麟伯时,伯时白描人物远师顾吴,牛马斟酌韩戴,山水出入王李,似于董李所未及也。"

图3-3-23　李龙眠画像

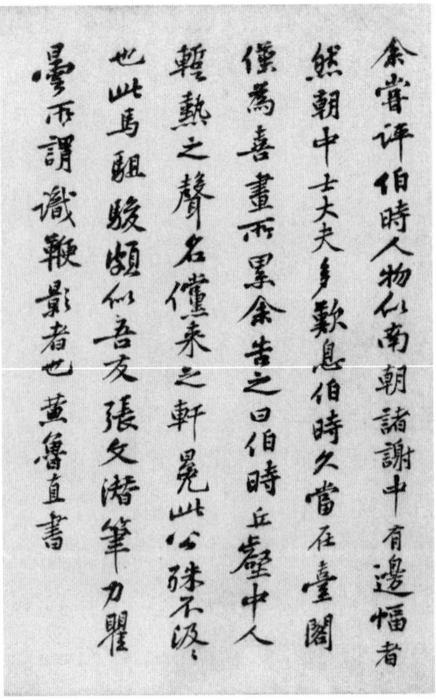

图3-3-24　黄庭坚题李公麟《五马图》跋语

图3-3-25　赵雍《临李公麟人马图》卷纸本　水墨设色纵31.7 cm，横73.5 cm　美国弗利尔美术馆藏

"一日,秀铁面忽劝(龙眠)之曰:'不可画马,他日恐堕其趣。'于是翻然以悟,绝笔不为,独专意于诸佛矣。其佛像每务出奇立异,使世俗惊惑,而不失其胜绝处。尝作《长带观音》,其绅甚长,过一身有半。又为吕吉甫作《石上卧观音》,盖前此所未见者。又画《自在观音》,跏趺合爪,而具自在之相,曰:'世以破坐为自在,自在在心不在相也。'乃知高人达士,纵施横设,无施而不可者。平生所画不作对,多以澄心堂纸为之,不用缣素,不施丹粉,其所以超乎一世之上者此也。"

龙眠图像传世颇多,仅罗汉图系列,名品即有《宣和画谱》、清王士禛《池北偶谈》等文献所载的《十八罗汉图》;《清河书画舫》、《法书名画见闻表》、《式古堂书画考》等文献所载的《五百罗汉图》;清梁章钜《浪迹丛谈》所载的《白描罗汉卷》等。

另《晚晴簃诗汇》卷八十二记乾隆三十三年戊子(1766)翁方纲曾为乾隆乙丑(1745)进士秦果亭运使所藏李龙眠五百应真图卷题诗。

"应真"所谓,盖"罗汉"之意译。唐韩偓《无题》诗:"明言终未实,暗祝始应真"。《文选·孙绰〈游天台山赋〉》:"王乔控鹤以冲天,应真飞锡以蹑虚。"李善注:"应真,谓罗汉也。"清王士禛《池北偶谈·谈艺二·记观宋子昭画》:"丙辰二月二十一日,过商丘宋子昭户部观画,李伯时白描《十八应真》,最为奇妙。"

龙眠居士于画史中名重一时,绘画材料当亦考究。至此卷《五百罗汉图》之用纸,元夏文彦《图绘宝鉴》卷三"李公麟"一条,记龙眠居士"作画多不设色,独用澄心堂纸为之"。

又,与龙眠居士同时代之张舜民《画墁集》卷一所录题咏龙眠居士《自画阳关图》一诗尚有:"自写阳关万里情,奉送安西从辟者。澄心古纸白如银,笔墨清轻意潇洒。"[1]

又,前述清梁章钜《浪迹丛谈》卷九"记纸四则"条更记:"余家藏李龙眠《白描罗汉卷》,文二水跋以为是澄心堂纸,其坚白异于他纸,又藏李后主行书册,则纸质稍厚。色又微黄,疑当时纸色不必一律,必谓澄心堂纸白色者,无据也。"

---

[1] (宋)张舜民:《画墁集》卷一录题咏龙眠居士《自画阳关图》一诗原题《京兆安汾叟赴辟临洮幕府南舒李君自画阳关图并诗以送行浮休居士为继其后》,文中所述为省称。

再，近年现身之李公麟《四十五神仙卷》，依郑重撰文考证[1]，其用纸亦为"澄心堂纸"。

据此，知龙眠居士绘画用纸，多用"澄心堂纸"，推测此卷《五百罗汉图》之用纸，或亦在"澄心堂纸"范围之内。其与前文讨论夏圭溪山无尽图用纸相联系，大致可以构成我们推断龙眠居士与夏圭二氏绘画材料用纸一途的基本参数序列。

龙眠居士释教图像艺术品阶至高，影响深远，故临摹者甚众，元明清三代巍然崛起者，不乏其人，如吴彬、仇英、丁云鹏、陈洪绶、李世倬等，尤称奇崛。至于他人、他品者，更不计其数。择其要者，如台北故宫博物院藏万历辛丑（1601）春吴彬"敬写，施于栖霞禅寺供奉"的《五百罗汉图》，另台北故宫博物院、美国克里夫兰美术馆分藏吴彬墨画、设色画《五百罗汉图》（图3-3-26）各一本。再台北故宫博物院藏明丁云鹏（1547—1628）《十八罗汉图》，西安段翰墨堂藏清李世倬（1687—1770）《十八应真图》（册页）（图3-3-27、图3-3-28）等。

如是，则知在李龙眠之后，围绕其释教绘画主题临摹者甚多，辗转衍传，真、摹难辨，仓促间，确难以认定某本即为龙眠真迹。

因是，陈清香遂慎重指出台北历史博物馆所藏来自陕西的李龙眠《五百罗汉图》仅只是相传而已，"虽未必是真迹，却可见其流传之广。"[2]

上溯至1943年，渝客其人在该年10月11日《华北新闻》刊发的《文物

图3-3-26　明吴彬《五百罗汉图》局部　纸本设色　纵37.7 cm，横2 345 cm

---

[1] 郑重：《四十五神仙卷：呼之欲出李龙眠》，收录于郑重《百里溪札丛》，东方出版中心2013年版，第72~78页。
[2] 陈清香：《五百罗汉图像研究》，《华冈佛学学报》1991年第5期，第377~421页。

图3-3-27 西安段翰墨堂藏清李世倬《十八应真图》(册页)其一

图3-3-28 西安段翰墨堂藏清李世倬《十八应真图》(册页)其二

展览会一瞥》一文也心存疑惑,称:"展览品中有三张宋画,是夏圭的《溪山无尽图》、李龙眠的《五百罗汉图》及《白描应真》。……此次所展览(李龙眠作品)两幅,手卷五百罗汉一幅,一幅据某鉴赏专家称,有赝品之嫌,另外一幅白描应真,则属真品。"

定位若是,我们此处看重的,便已非时代、作者之讨论,而是图卷概况及流变源流的探讨。

有关李龙眠《五百罗汉图》概况介绍,陈清香教授另有《传李公麟画〈五百罗汉图〉考》一文,刊于台北历史博物馆馆刊《历史文物》第五卷第五期。大陆研究者目前论者掌握最早的资料,则是谢崇山的《参观征药书画展追记》,刊于1941年2月17日星期一、第四版的《西京日报》;另有前述渝客其人在1943年10月11日《华北新闻》刊发的《文物展览一瞥》一文。

谢崇山之文披露此卷同于《溪山无尽图》,亦素笺、纸本。渝客之文则主要记述图卷"所绘罗汉"的生动神态与布局、用笔。其中谢崇山之文用笔尤多,盖以此图有南宋末元初奉化任士林(1253—1309,字叔实,号松乡)、元仙居柯九思(1290—1343,字敬仲,号丹丘生,别号五云阁吏)、元钱塘仇远(1247—1326,字仁近,一字仁父)跋语及高由书诸般波罗密心经全文。

任士林跋称:"诸罗汉结伴行走,交禅入定,听讲驱玄,府(俯)岩观瀑。

又有驾猛兽,飞紫鹭,弄明珠,挎梵呗,具种种相。"

柯九思跋称:"阿罗汉人物五百余,山林树木不可以数计。余谓龙眠一生精力,萃在于此,即所称妙绝如莲社,亦未易之。"

仇远跋:"此卷不独为伯时生平第一,即古今诸名胜所未见也。"

尾续诸跋,有诸般若波罗密多心经全文,卷后署"子由书"三字,无钤印。任士林据此在跋文中提及,"心经乃出子由所书,临池入品,不减□公"。依谢崇山撰文考订,"大概这是东坡老弟苏辙写的了"。从而认为"苏辙的书法,世为少见,因此他的墨迹也是很珍贵的"。

如前所谓,《冒鹤亭先生年谱》称1934年曾为日人觊觎的李公麟《五百罗汉图》,后为陕西省银行(陕西省政府之误)耗资七千元购藏。至此,我们颇想洞悉此事流变之源流与颠末。

图3-3-29 贺良朴(履之)

图3-3-30 冒鹤亭先生(摄于20世纪30年代初)
采自冒怀苏编著《冒鹤亭先生年谱》

搜检冒怀苏编著、顾廷龙署《冒鹤亭先生年谱》,知1932年"十月,贺履之(图3-3-29)曾派其子仲沤持《李龙眠五百应真卷》来宁,托先生(冒鹤亭,图3-3-30)代为出售,后未果,以其图卷还之。此图卷当即李公麟画《五百罗汉手卷》,系用白描法。后此图卷辗转至陕西省,日人于一九三四年前后欲购一批文物以及此图卷,陕西省银行乃出资二万五千金收购,备日后依存陕西省博物馆,此图卷以七千元购置,幸免流落海外"[1]。

---

[1] 冒怀苏编著,顾廷龙署:《冒鹤亭先生年谱》,学林出版社1998年版,第325页。其所谓陕西省银行(陕西省政府)"出资二万五千金收购"《溪山无尽图》一事,引自1935年4月10日《邵元冲日记》,上海人民出版社1990年版,第1238页。

文中所谓的贺履之,即贺良朴(1861—1937),履之其字,以字行。号蘩庐、蘩庐居士、南荃居士、蘩庐老人、蘩园老人、梅雨吟榭等。湖北蒲圻人。清拔贡。少从其堂伯父贺寿慈学习诗画,曾任上海广方言馆监督。清末追随孙文,参加同盟会。入民国长期寓居北京,任北京美专教授、北京大学画法研究会导师等。善画能诗,富收藏。与樊樊山、陈师曾、姚茫父、林纾、凌文渊、陈半丁、林风眠、王梦白、胡佩衡等交往最多。画以山水为著(图3-3-31),每见樊樊山题识,有"贺画樊题"之谓。画风雍容博雅,则每与吴昌颐、齐白石齐名,称"南吴北贺"、"北贺南齐"。代表作有《千岩万壑图》、《江山秋霁图》等。著《蘩庐全集》、《中国山水画谈》。

履之此种背景,收藏李龙眠《五百罗汉图》是自然之事,至于其与国学大师如皋冒鹤亭(1873—1959,名广生,又名蘩虞,号疚斋)之间的交往,则源自冒氏善交游,且与其有姻亲之缘的缘故[1]。

图3-3-31 贺良朴(履之)山水立轴

由于冒鹤亭未能如愿将李龙眠《五百罗汉图》售出,乃"以其图卷还之"贺履之,因有贺继续托人兜售画卷之事。依《冒鹤亭先生年谱》所言推测,李龙眠《五百罗汉图》大致在1934年4月之前经上海某古玩商之手欲与《溪山无尽图》一并售予日人,旋因陕西省政府的介入,此两幅图卷才得一并归陕西省政府所有。

至此,如《冒鹤亭先生年谱》所引《邵元冲日记》记载不误,则陕西省政

---

[1] 参见2005年第12期《传记文学》收冒怀科《冒家旧事》一文,文中称:"冒广生之子冒效鲁夫人讳翘华,乃清末维新人士贺履之季女,父女皆善丹青。"

府购买李龙眠《五百罗汉图》的价钱应为"七千元"。查国民政府曾在1933年3月实施币制改革,废两改元,实行银本位制。1935年11月3日又由国民政府财政部发布施行法币公告。则此"七千元",当为7 000银元,与阎秉初、宋曾诒等人所谓的银元之说,恰相吻合。

五、夏圭《溪山无尽图》、李公麟《五百罗汉图》之著录、题咏与展览诸事

前述两图卷各家题跋、诗咏及附记,声势最大、主题最集中,参与人数最多者,要在光绪时"青门萍社"赵乾生发起的一次有关《溪山无尽图》的雅集活动。因参与此次雅集的诸位先贤"对于名迹之矜慎","诸老皆不敢妄题一字"[1]。遂使这次雅集活动很长时间内不为世人知晓。

1933年西京金石书画学会成立后,为履行该会"由历史研求而促进现代文化,由艺术熏陶而振奋起民族精神"[2]的宗旨,始大力搜集、整理与陕西相关的金石书画名品,并在协同陕西省政府鼎力购藏夏圭《溪山无尽图》、李公麟《五百罗汉图》两卷之基础上,由理事长寇遐等人倡议发起编印发行《西京金石书画集》(图3-3-32),期望刊登"以在关辅发现书画,以秦中先贤作品为主。其有历代珍品收藏在陕向少流传者,亦择尤刊登,借供众览,不以地域为限"[3](图3-3-33)。于是,流传有序、弥足珍贵的夏圭《溪山无尽图》自然成为《西京金石书画集》展示内容与诉求目的的亮点与中坚。

当时设计将该长卷分为19段,

图3-3-32 《西京金石书画集》三至五期封面一瞥
著者藏

---

[1] 西京金石书画学会:《西京金石书画集》1934年第1集。
[2] 参见西京金石书画学会《西京金石书画集引言》,收录于西京金石书画学会:《西京金石书画集》1934年第1集。
[3] 参见西京金石书画学会《西京金石书画集凡例》,收录于西京金石书画学会:《西京金石书画集》1934年第1集。

纷次在《西京金石书画集》一至五期连续刊登。为增强图像的视觉冲击力以及受众的阅读感受，编者又配合19段画面，逐次附加先贤俊杰与西安名流题咏赋赞。如是，前于光绪中由赵乾生发起、围绕《溪山无尽图》的先贤题咏，遂在赵乾生侄孙赵叔扬的协助下，出赵氏家中所藏当年先贤题咏诗稿，按序刊登，依次为梁济谦、万同伦、华子奇、彭洵。各诗在第一期至第三期分九段刊登完毕。自第四期始，乃分次刊登西京金石书画学会邀集"西京诸名流同观此卷"后所作题咏，"就收到先后按期登载"[1]，共得九人，次序为江宁顾寿人（祖彭）、富平张扶万

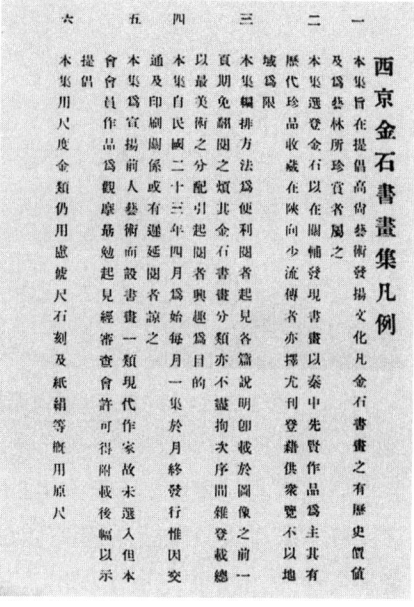

图3-3-33　西京金石书画集凡例

（鹏一）、江宁吴敬之（廷锡）、蒲城李子逸（元鼎）、长安邢翰臣（廷伟）、南郑林捷三（朝元）、渭南武念堂（树善）、兴平冯孝伯（光裕）、三原王幼农（典章）。

各老题咏，依《西京金石书画集》第四期夏氏长卷第十段附语，"多鸿篇巨制，当与昔贤名墨共影同光"。又从《西京金石书画集》第五期夏氏长卷第十七段武念堂"岁在丙子月为如，寇君招饮开郇厨。手携画卷索题跋，云是溪山无尽图"（图3-3-34）以及同期夏氏长卷第十九段王典章"收回禹玉神功画，博物初传第一声"等题诗诗句观察[2]，西京金石书画学会当日邀集诸位名流观赏夏氏长卷的具体时间在1936年年初，具体召集人为学会理事长寇遐等人，观赏的地点在招待诸老宴会上，观赏的方法与目的是"手携画卷索题跋"。

遗憾的是，1936年年初开始的西京金石书画学会征集夏氏长卷的题诗活动及该会主办的旨在刊载名家题诗与先贤手泽的《西京金石书画集》，随着当年12月12日"西安事变"的怦然发生，而致中辍。

1941年1月，为征集抗日前线河防浴血将士救急药品，陕西省政府及有

---

[1] 西京金石书画学会：《西京金石书画集》1936年第4集《溪山无尽图》第十段附语。
[2] 西京金石书画学会：《西京金石书画集》（第5集），1936年11月。

图3-3-34　宋夏圭《溪山无尽图》卷（其十七）与武念堂　题诗

关当局经精心筹备[1]，特于该年2月1日起在西安碑林举办盛大规模的"西京征募河防将士救急药品艺展"，总计出品"全国宋元明清历代艺术珍品达三千余件"[2]，分十三展室展出。其中夏圭《溪山无尽图》、李公麟《五百罗汉图》两卷作为全部展览压卷之物，置于特别展室之中，受到参观民众的热烈欢迎。

2月17日，评论家谢崇山特在《西京日报》发表《参观征药书画展追记》一文，详细披露其2月3日下午参观展览的真实感受，称："这次展览的规模并不小，其中可看的书画也并不少。但比较罕见最有价值的巨制，当推宋人李伯时的《五百罗汉图》，及夏禹玉的《溪山无尽图》。"

前者谢崇山引任士林跋语，称"诸罗汉结伴行游，交禅入定，听讲驱玄，府（俯）岩观瀑。又有驾猛兽，飞紫鹭，弄明珠，挎梵呗，具种种相"。认为且不云伯时画技手段，单是苏子由所书心经，以其墨迹"世为少见"，故价值珍贵可想而知；后者谢崇山更赞作者以"四丈多长的山水画卷，能画得形势各别，气力贯注，固然已不容易。然而尤难得的，他画的是北派山水，全为真□工夫，不易掩拙，何况章法用笔，俱为上乘，而且像此巨幅作品，必构思甚久，动笔甚久，才能完成。恐亦系作者生平最得意的杰作"。且云"在此画上，有后人加盖的'神品'印章，谓之神品，的确可以当之无愧矣"（图3-3-35）。

依据2月3日下午与谢崇山同时参观征药书画展的教育部艺术文物考

---

[1] 参见1941年1月12日《秦风周报》题为"征药艺展会、特征集书画等物"之新闻报道。
[2] 参见1941年2月1日《西京日报》刊登题为"募药艺展昨开幕，鬼集艺术珍品达三千余件"之新闻报道。

图3-3-35 谢崇山:《参观征药书画展览追记》,《西京日报》1941年2月17日

察团秘书何正璜一段日记,知当日下午偕同何正璜一起参观者,尚有教育部艺术文物考察团团长王子云、团员姚继勋。日记称夏圭《溪山无尽图》长卷作为全部展览重中之重,置于"特别室"中,参观者须在交纳正常门票五角之外,另需交纳银币一元[1](图3-3-36)。

尽管如此,但参观者却并未因此却步,仍纷纷解囊入内。据当时新闻媒体统计,谓自2月1日以至4日,三日内踊跃参观者近万人,所收费用数千元,识者谓皆为《溪山无尽图》冥冥之功[2]。

乘"征药艺展会"东风,陕西省当局又在1943年10月于西安举办特大规模的《陕西文物产业展览会》,该次展览"竭全省的精英,荟于一堂,名藏秘玩,踊跃送展,琳琅满目,美不胜收"[3]。其中夏圭《溪山无尽图》、李公麟《五百罗汉图》两卷仍作为此次展览压卷之物,重新登场,辉耀展室,大受观众欢迎,获得巨大成功。

10月11日,有名"渝客"者,特于《华北新闻》刊发《文物展览会一瞥》一文,称李公麟《五百罗汉图》"所绘罗汉栩栩如生,若与五百罗汉相比,笔

---

[1] 参见1941年2月3日教育部西北艺术文物考察团秘书何正璜日记,手稿,稿存何正璜后裔处,未公开披露。
[2] 刘安国、陈泽秦等西安耆老采访记录。
[3] 王捷三:《文物展览的意义》,刊登于1943年10月10日《西北文化日报》。

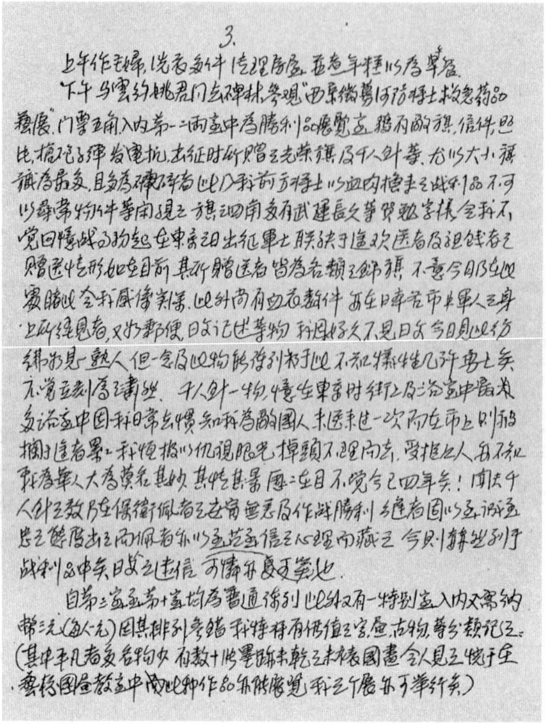

图3-3-36 1941年2月3日《何正璜日记》片段

法之工拙,神韵之满缺,皎然自见"。10月12日,《华北新闻》尚以"文物展会第三日,十万观众饱眼福"为题大加宣扬。10月13日,《西北文化日报》更以醒目标题宣称"文产卫展览会观众踊跃,三日数逾十万,各组应征物品续有增加"。

从15日起,应各界民众强烈要求,一度退出展览的《溪山无尽图》再度登场[1],观者拥堵,从而将该次展览推至高潮。为保证展览秩序及展品安全,管理者不得不决定"由十六日起以后每日只展览二小时",时间起"自上午八时至十时"[2]。

诧异的是,发生在50年前有关夏圭《溪山无尽图》、李公麟《五百罗汉图》长卷如火如荼的纷次题咏、著录以及各次展览,50年后于台北历史博物馆为庆祝建馆40周年而隆重推出的《馆藏精品四十选粹》特展序列中却寂然无人提及。红羊苍狗,陆海两隔。60年间历史场域漠然更迭,竟使两幅稀

---

[1] 参见1943年10月16日《华北新闻》题为"文物展览会第六日、溪山无尽图重登场"新闻报道。
[2] 《华北新闻》刊载记者新闻报道:《文物展会第七日 张骞碑前慕英风(仇)十洲人物参加展览》,见《华北新闻》1943年10月17日第4版。

世国宝坎坷流变经过长期以来不为世人知晓,默立于另一种特殊的人文语境之中,斯为浩叹。

六、结语

本节对于夏圭《溪山无尽图》、李公麟《五百罗汉图》长卷相关问题的讨论,可能一定程度上揭示了其内涵与特质,但距完整内涵的解析与揭示,尚存一定的研究空间。特别是前陕西省政府购求两图卷以前各主要藏主变易图卷之间的价值链条勾勒与相关装置情形,以及全流转链条基础上不同时期两图卷保存状况的调查与记录等问题,还须进一步的考察与分析。亟待相关学科专家、学者能予以补充、提升。同时,基于本文研究途径、方法的实践尝试,还期望超越原本设定的目标任务,寻找美术考古学范畴内选择图像案例对书画鉴赏路径、方法的探索。

存乎以上目的并冀望后之研究者批评、讨论方便起见,此处谨将目前所获几点认识列示于后,以供识者批评。

(1)一种文化渊源背景下两种绘画作品流传历史的生长、变迁,既具一定的共性,又具各自的不同属性。本节针对夏圭《溪山无尽图》、李公麟《五百罗汉图》长卷相关问题的讨论,可能会对相关此类问题的探讨研究有所启示与借鉴。

(2)文化史环境下的史线勾勒,以及图像学。类型学意义上某一史线点位的横向比对,在可能廓清某一点位艺术史内涵纵横坐标的同时,也可能由此深入、逐渐推移,相对准确完整的勾勒更完整、更立体的艺术史内涵。本节尝试运用图像学、类型学意义上的综合方法,围绕夏圭《溪山无尽图》、李公麟《五百罗汉图》长卷相关问题的讨论,应该说是一种有意味的实践尝试。当然,尽管这一实践尝试尚稚嫩、粗糙。

(3)对一种文化渊源背景下两种绘画作品流传历史施行多元研究方法,可能获得的多样、广域、准确、纯净信息,既可以供给此一主题、此一类型主题相关信息实施扩展、类分及向度性、品质型有效提取,以供给某一专题数据库信息的扩展与延伸;也可能对整个艺术史研究及信息库建设有所裨益。

(4)限于一种文化渊源背景、两种绘画作品流传历史生长、变迁等问题讨论的初步成果,在有可能裨益两种绘画作品具体年代、艺术风格、装置历

史、祖本、摹本等问题的基础上,从而带来关于扩充书画鉴定路径、门户的启迪与思考。

（5）可能的话,建议有兴趣的同道学人能以此文研究为基础,有机提取两种图卷实际蕴藏的多样图像主题,如山石技法、视觉构图、人物特征、组合关系、服饰器具、纸墨材料等,进行更多样、系统的图像学、类型学及社会学意义上的综合研究与多元考量。

（6）理想状态下,随着本课题研究的深入进行,可以最佳研究成果为契机,建构单元主题书画图卷的数据信息资料体系,图以通过对本单元主题的多元关照与系统分析,尝试寻找书画鉴定、保护的新途径。

第四章 自由与规制

第一节　大夏石马的若干问题

西安碑林博物馆西庑南侧戟门内西侧小亭陈放大夏真兴六年(424)雕刻石马,系海内外知名艺术珍品(图4-1-1)。不仅雕凿时间恰好处于中国雕塑史重要转折过渡时期,具承上启下、弥补空白之重要意义,且属性独特,体量雄大,内涵丰富,结构造型又极致生动。况马身前两足间屏壁镌刻铭文

图4-1-1　西安碑林博物馆西庑南侧小亭陈放大夏真兴六年(424)石马　2013年罗宏才摄

朴拙生动,书风结体,亦具上承汉魏、下启隋唐之学术意义,向为同时代其他遗物所不及。尽管有批评家称其"虽非精品,但因属孤例,也就可贵了"[1]。

如是,叶昌炽[2](图4-1-2)撰、柯昌泗[3]评《语石、语石异同评》谓其形

---

[1] 王子云:《中国雕塑艺术》(上册)"陵墓石雕和墓室雕塑·陵墓石雕",岳麓书社2005年版,第127页。
[2] 叶昌炽(1849—1917),字兰裳,又字鞠裳、鞠常,自署歇后翁,晚号缘督庐主人。江苏长洲(苏州)人。清光绪十五年(1889)己丑科进士,授翰林院编修。历官翰林院庶吉士、国史馆协修、纂修、总纂官、甘肃学政等。曾参与撰写《清史》,著有《语石》、《藏书纪事诗》、《缘督庐日记钞》等。
[3] 柯昌泗(1899—1952),字燕舲,号谥斋,山东胶县人。曾任察哈尔省教育厅长、北京师范学院教授等。著《后汉书校注》、《谥斋印谱》、《鲁学斋金石记》、《传习录注》、《三国志集释》、《山左访碑录校补》、《朔方刍议》、《瓦当文录》等。

图4-1-2　叶昌炽（1849—1917）

制"特异，不徒以年代见珍也"[1]。《西京金石书画集》第三期"大夏石马"条称其"刻工浑朴，尚有汉人制玉刻石遗意"，"其书法类似汉张寿碑两京分法，在六代之初，尚存大意。盖正值分楷递嬗之后，古意未泯。上承汉魏，下启隋唐，深可宝贵"[2]；民国辛未（1931）陕西金石学者薛定夫[3]藏"大夏石马"铭文拓本题跋则认为其"文与广武将军碑相仿，晋氏南迁后中原文字大都如此"。1941年2月14日陕西近代金石文物收藏鉴赏家阎甘园[4]接受教育部艺术文物考察团王子云、何正璜、姚继勋调查访问时，更赞誉其"风姿奕奕，颇有艺术价值"[5]。

目前展览环境显示，石马所在位置与戟门内东侧小亭陈放唐景云二年（711）铸铜钟对称呼应，构成东西一线的横向布局，整体吻合该馆建筑平面轴对称设计布局意匠，营造了庄严、神秘的环境气氛，颇显其独特展示地位，如将其指为汉唐文化之重要文化符号代表，想亦中肯不虚。

这样一尊具有重要历史与艺术价值的石雕极品，长期以来相关学科研究者曾倾注极大热情，产生过诸多论述。但因焦点主要集中在受雕凿性质为墓前仪卫倾向引导下的具象造型设计一途，从而使整体研究视域单一狭窄，与石马本身所蕴藏的丰富政治、文化信息发生偏离与差异，人为降低了此项石雕的价值含量。

注意到上述诸类问题，笔者试图依靠曾长期在大夏石马所在西安碑林工作经历，以及围绕此一主题经长期田野调查所获大量珍贵资料，重点对石

---

[1] 叶昌炽撰，柯昌泗评，陈公柔、张明善点校：《语石　语石异同评》卷1，中华书局1994年版，第19页。

[2] 西京金石书画学会编辑：《西京金石书画集》第3期"大夏石马"条，北平故宫印刷所1936年2月。

[3] 薛定夫，陕西三原人，晚清诸生，名勋、崇勋，号定叟，定夫其字，以字行。精金石碑帖鉴赏。1949年后任西安市文史馆副馆长等职。富金石文物收藏。著《金化经》，未刊。

[4] 阎甘园（1865—1942），名培棠，字甘园，以字行，号辋口樵者、晚照楼主。陕西蓝田人。清末副贡。富收藏，精鉴赏。亦擅书画。著《晚照楼六书讲义》《晚照楼说文л梯》《史籀篇》《古籀标准》等。

[5] 参见1941年2月14日何正璜《西北考察日记》，手稿，未刊，稿存西安何正璜后裔处。

马铭文考释、石马雕凿历史背景,以及石马原在位置、雕凿性质、设计环境、雕凿风格、艺术模式、流转经历、调查保护、拓本概况等诸类问题进行论述。期望以此引起相关学科研究者的批评、关注,以促动有关大夏石马更系统、完整地研究推进[1]。

一、基本形态、铭文考释及引发的问题

查西安碑林博物馆庋藏档案,大夏石马系1954年6月自汉长安城遗址查家寨村北移来,砂岩(Sandstone)质。1936年2月刊行《西京金石书画集》第三期"大夏石马"条则指为"黄花石质"[2]。究两者本意,应约略相同。后者大概更注意到石马本身所具有的砂粒胶结属性与表象色泽效果,以及不同一般砂岩呈现较大颗粒状的淡褐色或红色个性。但以严格地质学(geology)主要碎屑物粒级在2~0.6毫米之间的概念鉴别,其仍应属于砂岩系统,具体似应称为黄花斑砂岩。(图4-1-3)

石马规制与尺寸,1949年前囿于测量技术、调查水准的限制与测量标准的缺乏,往往以"市尺"为测量单位,旨在满足获得大致物理轮廓的模糊数

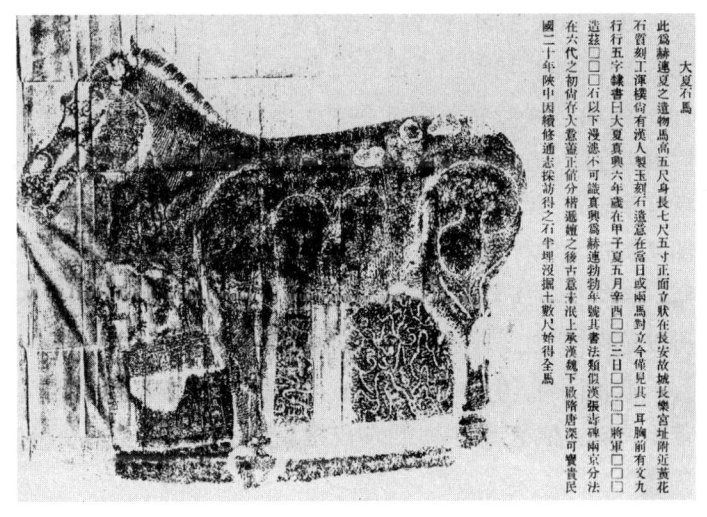

图4-1-3 《西京金石书画集》第三期"大夏石马"条拓影与说明文

---

[1] 围绕大夏石马研究主题,此前笔者已有部分成果刊布。参见罗宏才:《驰过渭水的石马》,收入罗宏才著:《国宝春秋 碑帖篇》,江西美术出版社2008年版。
[2] 西京金石书画学会:《西京金石书画集》第3期,北平故宫印刷所1936年2月。

据效果，导致所得数据信息差异较大，彼此相悖者甚矣。

如1935年刊印武树善之《陕西金石志》、宋联奎之《咸宁、长安两县续志》披露"石马身长四尺七寸，高四尺二寸"，马前胸以下两足间屏壁"高七寸，宽一尺三寸"；1936年2月刊行《西京金石书画集》第三期"大夏石马"条披露"马高五尺，身长七尺五寸"；1936年3月完稿的张扶万《唐长安城金石考》卷四"汉故城石马"条载石马"高旧营造尺四尺三寸，首尾长六尺三寸"[1]。1941年3月4日何正璜《西北考察日记》则记载石马"高六尺，长八尺"[2]。

依笔者近年实测数据，其长为225厘米、高为200厘米，前胸以下两足间，设计有凸起半圆形屏壁。屏壁高72厘米、宽41.29厘米。整体观察，石马全身风化剥蚀严重，部分块面已酥脆。石马胸前及屏壁上方与臀部、尾部等，残缺严重，两耳已失。前胸残缺面上方有斜行裂纹一道，延伸及石马两足。此外，目前尚无环境监测设置及石面状态变化数据积累，保护现状不容乐观。

因凸起半圆形屏壁上端距石马前胸尚有一段距离，为保持凸起半圆形屏壁稳定性，此段石面未实施凿空，仅约略高出石马前两足外缘断面，整体块面呈长方形，平削，不类半圆形屏壁凸起状，连接凸起半圆形屏壁下端，附有凸出基座部分，两者紧密相接，并未凿开，故而造成上下端之间鲜明视觉高差与阶梯状雕塑效果，起到良好的稳定效应。

石马屏壁之间，镌刻隶书铭文9行。首行以外，均有不同程度剥蚀漫漶。各字体间，均刻细阴线方框界隔。其中满行5字，有8行原设计满行，末行2字，原应刻42字。因屏壁中上部大块残缺，残缺面呈三角形状。致3行后第4行首字全毁，第2字大半残缺；第5、6、7行上部3字均毁坏、残缺；第8行首字全毁，第2字右半残缺；末行第1字半残且漫漶，第2字漫漶难辨。余部又剥蚀漫漶严重，目前可辨字框仅存36个，约略可辨字29个。搜近代陕西学者张扶万氏《唐长安城金石考》卷四"汉故城石马"条考释石马铭文之所以记作"凡二十余字"，大概正出于此种缘故[3]。

笔者认为，考究大夏石马诸种问题，其前胸以下两足间屏壁镌刻铭文是首要关键。依笔者能力，目前仅搜集到主要石马铭文及相关信息七种，兹按

---

[1] 张扶万：《唐长安城金石考》稿存陕西省政协文史办，未刊。

[2] 同样记载，亦见何正璜《汉长安古城》，载《旅行杂志》1945年第6月，文称："量马身高六尺，长八尺。"

[3] 张扶万：《唐长安城金石考》，8卷，1936年3月成稿，未刊，稿存陕西省政协文史办公室，相关论述参见笔者拙著《陕西考古会史》，陕西师范大学出版社2014年版，第331~351页。

释读者介入释读过程之早晚顺序,作一胪列:

(1)1931年陕西通志馆"因续修陕西通志,采访得之"[1]石马原物,以市尺度量,并椎拓铭文,考释入《续修陕西通志稿》卷一百三十五——一百六十六"金石志",内容与1935年刊印武树善《陕西金石志》、宋联奎之《咸宁、长安两县续志》等相关著录略同。又时年薛定夫获拓本一纸,仅作简单题跋,曾归西安宗鸣安收藏。

(2)依叶昌炽撰、柯昌泗评《语石 语石异同评》记载:"(大夏石马)初出土时,予即得拓本。武陵余季豫(嘉锡)(图4-1-4)为之跋释甚详。"知武陵余季豫(嘉锡)获石马铭文拓本时间,或亦在此时。但所谓"跋释甚详"的跋语,至今却未能找到。

图4-1-4 余嘉锡(左)与陈垣(右)合影

(3)1933年6月23日北平研究院史学研究会[2]徐旭生(炳昶)、常惠(维钧)等人调查大夏石马铭文释读记录,事见同日《徐旭生陕西考古日记》[3]。至其格式,全依徐氏日记迻录,其间所置疑问号,均为徐氏所加。文云:

大夏真兴六
年岁在甲子
夏五(?)月□□
□□二日□
□□□□□
□□□造兹
□□□石马(?)

---

[1] 西京金石书画学会编辑:《西京金石书画集》第3期"大夏石马"条,北平故宫印刷所1936年2月。
[2] 时徐旭生任北平研究院史学研究会编辑、研究员、考古组主任,1935年北平研究院史学研究会改为史学研究所,徐亦改任该所所长。
[3] 相关记载,另见徐炳昶、常惠:《陕西调查古迹报告》,《国立北平研究院院务汇报》1935年第6期,第14页。

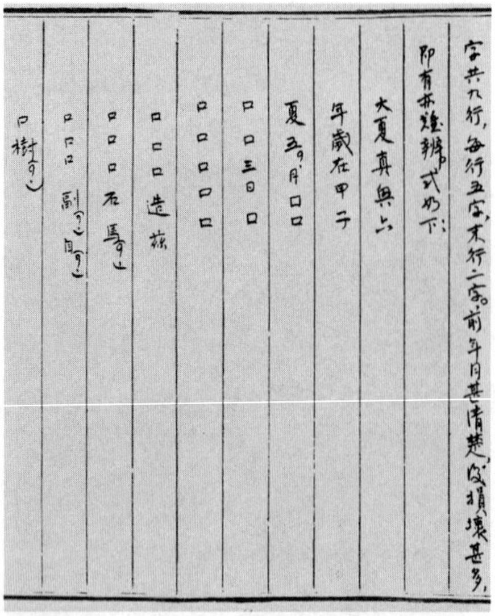

□□副（？）自（？）
□树（？）（图4—1—5）

（4）叶昌炽撰、柯昌泗评《语石 语石异同评》：

"夏□□将军造石马题字，甲戌（1934）出土于陕西长安阳甲城。文九行，行五字，末一行二字。曰：大夏真兴六年，岁在甲子，夏五月辛酉□□三日甲□，□□将军□□□，造兹□□□石敬，□□□副吕门树。"

图4-1-5　1933年6月23日《徐旭生陕西考古日记》大夏石马铭记释文片段

（5）1935年刊印武树善之《陕西金石志》、宋联奎之《咸宁、长安两县续志》均有记载，内容大略相同。如《咸宁、长安两县续志》"夏真兴石马"条称：

"石马身长四尺七寸，高四尺二寸。正面两前骸下方有石刻字迹一方，高七寸，宽一尺三寸，共九行，每行五字，其末行仅二字，共四十二字，隶书大夏真兴六年，岁在甲子，夏五月辛酉□□三日□□□□将军□□□造兹□□□石□，□□□副吕□树。字多刓泐。石今存城西查家寨。"

（6）1936年2月刊行《西京金石书画集》第三期"大夏石马"条说明文：

"此为赫连夏之遗物。马高五尺，身长七尺五寸。正面立状，在长安故城长乐宫址附近。黄花石，刻工浑朴，尚有汉人制玉刻石遗意。在当日或两马对立，今仅见其一耳。胸前有文九行，行五字，隶书曰：'大夏真兴六年岁在甲子夏五月辛酉□□三日□□□□将军□□□造兹□□□。'石以下漫漶不可识。"

（7）1936年3月完稿张扶万《唐长安城金石考》卷四"汉故城石马"条：

"汉故城石马,存。有拓形。吕汲公唐长安城石刻图,汉故城内有石马,高旧营造尺四尺三寸,首尾长六尺三寸。胸前题大夏真兴六年,岁在甲子,夏五月辛酉朔三日□□将军造兹石马,□□彰副□□树云云,凡二十余字。"

将以上七种铭文释读信息综合对照,其间主要异同:

(1)第一种释文同第四种,其他关键信息缺失,故忽略不计。

(2)第二种信息透视,叶昌炽撰、柯昌泗评《语石 语石异同评》披露大夏石马释文依据,可能与同条释文"(大夏石马)初出土时,予即得拓本"有关。

(3)第二种信息显示武陵余季豫(嘉锡)针对大夏石马"跋释",因目前未能搜得,故抱憾缺失,求取全豹,尚待来日新的发现。

(4)徐氏释读录文,盖田野调查仓促间所为,较《陕西金石志》、《咸宁、长安两县续志》、《西京金石书画集》第三期"大夏石马"条等,释出"石马";但"副"字后一字作"自",与《陕西金石志》、《咸宁、长安两县续志》及《语石 语石异同评》释文"吕"字和《唐长安城金石考》卷四"汉故城石马"条空释为"□"迥异。

(5)《语石 语石异同评》之释读,较《陕西金石志》、《咸宁、长安两县续志》"夏五月辛酉□□三日"一句后多一"甲"字;"造兹□□□石□"一句"石"后一字作"敔",疑为"敷"字误释,连读可成"石敔"一词;末尾"吕"后一字作"门"。

(6)《西京金石书画集》第三期"大夏石马"条释文基本同《语石 语石异同评》,但较《陕西金石志》、《咸宁、长安两县续志》,阙"□□□副吕□(门)树"一句,且"造兹"两字后空释。

(7)相较与其他诸条,《唐长安城金石考》卷四"汉故城石马"条释读最详,多"朔"、"彰"等字。"石"后一字,独释为"马",上下联缀成"石马"一词,与《语石、语石异同评》所谓"石敔"迥异,亦不同《陕西金石志》、《咸宁、长安两县续志》空释之"石□";以及《西京金石书画集》第三期"大夏石马"条空释之"□□"。

(8)石马位置,《语石 语石异同评》谓"出土于陕西长安阳甲城"(参见下文讨论);《咸宁、长安两县续志》等谓"今存城西查家寨";《西京金石书画集》谓"在长安故城长乐宫址附近";《唐长安城金石考》谓在"汉故城内",实均指一地,区别旨在参照点的不同。应依自然村作为参照点,将其定位于汉长安城遗址查家寨(西查家寨)村北。

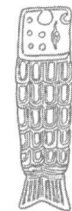

图4-1-6　汉长安城阁老门遗址　1932年摄

"阳甲城"者,为"杨家城"之误。实指汉长安城遗址(图4-1-6)。盖隋开皇二年(582)隋文帝杨坚划建章宫为私产,故其后人们视汉长安城遗址为"杨家城"[1]。

按元李好文《长安志图》:"汉城名阳甲城,俗曰:'杨广城',盖炀帝弑父亡国,民斥其名,政犹时日曷丧云尔,其后又转而为杨家也。"

又元骆天骧《类编长安志·卷之七》"汉长安故城"条:"在今京兆城西北二十里。《汉书》:'高帝七年长乐宫成,自栎阳徙都之。'惠帝元年正月,城长安城,似北斗形,故曰:'北斗城。'隋文帝见城摧毁,于龙首山南创起大兴城。后改长安旧城为杨广城,语讹为杨家城。"

故《三辅黄图》(图4-1-7)陈直校注:"现今仍称为杨家城,不称为杨广城矣。"[2]

为讨论、比较方便,笔者选择原西京筹委会采访员夏子欣后裔1995年提供20世纪30年代初夏子欣拓印石马铭文拓本,并参考以上诸条释文,释读如下(各行间界分以"｜"代替;残缺及不可辨识者,以"□"代替;暂持疑问者,以"?"代替):

"大夏真兴六｜年岁在甲子｜夏五月辛酉｜□□(朔)三日｜□□□将军｜□□□造兹｜□□□石马(馭?)｜□□□彰副吕｜□(门?)树｜"

于是,综合以上诸种资料,我们至少发现以下四个关键信息点:

---

[1] 西安市文史研究馆:《西安胜迹志略》,陕西人民出版社1957年版,第2页。
[2] 陈直:《三辅黄图校证》,陕西人民出版社1980年版,第20页。

（1）石马雕刻竣事，在"大夏真兴六年岁在甲子夏五月辛酉朔三日"。

（2）石马立置在汉长安城遗址查家寨（西查家寨）村北。

（3）具体负责创意雕凿石马者为"将军"某氏。

（4）主持树立"石马"（石馭？）事宜者，为吕某（门？）其人。

疑惑的是，我们在获得以上四个关键信息点的同时，亦发现至少有六个问题需引起我们的注意：

（1）上述铭文考释指明石马名称者凡两例，一是《语石、语石异同评》"夏□□将军造石马题字"条，释作"石馭"；二是《唐长安城金石考》卷四"汉故城石马"条，释作"石马"；两者孰对孰谬，缘何差异，其义若何？

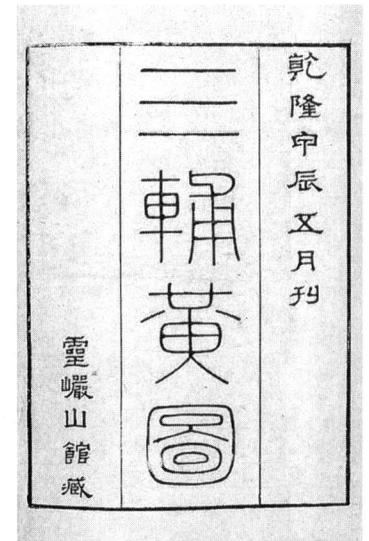

图4-1-7　乾隆甲辰（1784）五月刊《三辅黄图》扉页　灵岩山馆藏本

（2）若《唐长安城金石考》卷四"汉故城石马"条所释"大夏真兴六年，岁在甲子，夏五月辛酉朔三日□□将军造兹石马"诸句不误，"将军"某氏缘何要选择这一时间节点"造兹石马"？其间到底蕴藏着怎样的秘密？

（3）考石马形制、动态，其种、属（equidae）究竟为何？系撷取现实生活中某一相关实例原型？还是来自现实并超越现实的一种艺术构想？

（4）如《唐长安城金石考》卷四"汉故城石马"条所释"□□彰副□□树"一句不误，"彰副"何指？其义为何？

（5）如石马曾在汉长安城遗址查家寨村一地即为当日"□□□彰副吕□树"树立石马所在，其在当时到底遵循了怎样的设计原则？是什么理念促使石马最后树立在此一地域呢？

（6）石马最初是立置在某氏墓葬之前呢？还是立置在某种建筑物之前？它们分别蕴藏着怎样的雕凿意匠与雕凿性质？

二、原在位置与相关地理环境的复原

解决上节提出诸种问题，笔者认为需先廓清石马原在位置及相关地理

环境，进而逐步寻找解决石马名称、种属及雕凿背景、雕凿性质等相关问题的途径与方法。

前述提出，查西安碑林博物馆庋藏档案，知大夏石马系1954年6月自汉长安城遗址查家寨村北移来。另据上列石马铭文考释七种信息与相关讨论，以及辛未年（1931）薛定夫大夏石马题跋与陈子怡《西京访古记》卷二所谓"查家砦

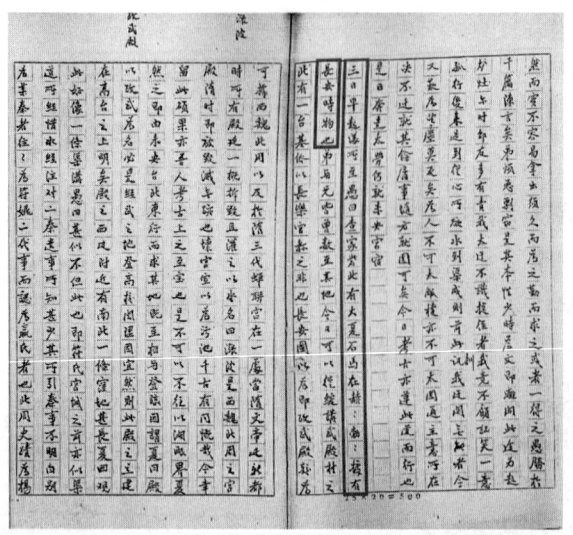

图4-1-8　陈子怡《西京访古记》卷二"查家砦（寨）"条　手稿　稿藏西安碑林博物馆

（寨）北有大夏石马在，赫连勃勃据有长安时物也"[1]（图4-1-8）等记载，知至迟在1931年，石马即立置在汉长安城遗址查家寨村北。

追究1931年前石马所在位置，西安某收藏家提供近年出土北宋元祐二年（1087）《宋故高平范君墓志铭并序》引起笔者的注视。志文显示：

"元祐二年十一月二十八日，高平范君感疾于家，享年五十有二，其子昌寿卜以是年十二月二十四日克葬于京兆府万年县龙首乡石马社之新圹。"[2]（图4-1-9）

依宋敏求《长安志》卷七记载，唐时长安城分长安、万年两县，以长安城朱雀大街为界，"万年（县）领（朱雀门）街东五十四坊及东市；长安（县）领（朱雀门）街西五十四坊及西市"。入宋，大致仍延续唐时旧制，以长安一地分长安、万年两县，隶京兆府。至宣和七年（1125），始改万年县为樊川县。是故元祐二年（1087）《宋故高平范君墓志铭并序》方有"葬于京兆府万年县龙首乡石马社之新圹"的记载。

---

[1] 陈子怡（云路）《西京访古记》，手稿，今存西安碑林博物馆，本文以下引用皆同此，不再注释。
[2] 志文显示，高平范君者，名孝祖，字伯俛，其先籍河东太原，宋初迁京兆，官晋州岳阳尉等。

图4-1-9 宋元祐二年（1087）高平范君墓志拓本 西安某收藏家藏

又查宋敏求《长安志》卷一二、一七记载，万年县"七乡，管二百九十六村二里"。知元祐二年（1087）《宋故高平范君墓志铭并序》显示京兆府万年县"龙首乡"，为万年县"七乡"之一。马新《试论宋代的乡村建制》一文考证，北宋时期"长安一带，多数县份仍是乡里合一，里正是一乡之长，往往是一乡一里，与唐朝乡里之制大致相当"[1]。推测"石马社"可能具有村、里的功能，它也是目前我们所知宋时京兆府万年县境内与"石马"相关的最小行政区划单位代号。

按目前笔者掌握宋代长安历史地理资料与研究状况，至少知宣和七年（1125）前，长安以北龙首原为长安、万年两县界分，其中龙首原西部为长安县属，龙首原东部为万年县属。但因具体在何处界分，尚不清楚，且因元祐二年（1087）《宋故高平范君墓志铭并序》出土地点不明，影响我们一时难以确定"石马社"一地是否就是大夏石马位置所在。

揆以情理，在当时人们心里，如无人所共知、源远流长的"石马"地标引导，为官府、乡里、百姓共同认可，进而被郑重录入地理区划代名词视域，堂而皇之称为"石马社"的地名是不能进入元祐二年（1087）《宋故高平范君墓志铭并序》的。推知此"石马"必为宋时长安一带人们心目中立置龙首

---

[1] 马新：《试论宋代的乡村建制》，载《文史哲》2012年第5期。

原上闻名遐迩的宋以前故物。惟以龙首原东端（查家寨以东、浐河以西地域），迄今尚未发现宋以前"石马"迹象，因此在未发现更确凿资料之前，我们还不能一概排斥元祐二年（1087）《宋故高平范君墓志铭并序》具有佐证大夏石马所在的一定意义。

与上述分析联系，唐苏鹗《苏氏演义》[1]尚记：

"今长安城北，故汉城中咸宜宫前有石麟。大中八年（854）宣宗游于北城，睹石麟臆前有八分书字，遣近臣摹之，曰：'大夏真兴二年（420）阳平公造。'石麟时俗呼为石马，大误也。"

《苏氏演义》所谓"石麟臆前"，即石麟胸前。按《广雅》："臆，匈（胸）也。"《说文》："臆，胸骨也。""胸"、"臆"实相同，故每每连称。如王粲《登楼赋》："气交愤于胸臆。"潘岳《射雉赋》："丹臆兰臆。"

咸宜宫地望，《长安志·禁苑内苑章》"邵平种瓜之所"条："咸宜宫、未央宫二所，皆汉之旧宫也。去宫城二十一里，唐置都邑之后，因其旧址复增修之。宫侧有未央池、汉武库及樗里子墓，武宗会昌元年因游畋至未央宫，见其遗址，诏葺之。"

1939年秋，西京筹备委员会委员长张继（溥泉）（图4-1-10）"以国运复兴，西京进步当有一日千里之势。顾繁华陡起，人类亦杂，长安乃历代国都所在，遗迹累累，民族之观瞻系焉，文化之根本在焉。诚恐不明此道者任意毁伤，一旦治史学者来此研究，根据既失，其减煞学

图4-1-10　西京筹备委员会委员长张继（溥泉）考察长安文物胜迹工作照　1932年摄

[1]　即（唐）苏鹗：《苏氏演义》，文渊阁《四库全书》本。

问之兴趣，磨灭天然之记录，实为最可痛惜之事也，因此特命"[1]专门委员陈子怡、调查员夏子欣调查西安周围文物古迹，廓清汉长安城遗址内迄今所谓"楼阁台"（楼圪垯）者，即苻秦、姚秦宫城所在，"城址、端门遗址皆在"[2]。（图4-1-11、图4-1-12）因"刻石竖立标志"，并嘱遗址所在地长安县政府"附属机关或随时随地就近民家等保护之"[3]。考咸宜宫旧址，亦大致在此。

以是，1941年3月4日何正璜《西北考察日记》有记：

"过苻坚与姚苌时之宫殿遗址即所谓楼阁台，亦名明光宫，本武帝所建旧址。地特高，东西各二四垣高耸。西京筹委会在此立牌为'两阜对峙是当日端门，再南为双阙城，北魏改为子城，唐建咸宜宫于此'等字。按端门颜师古注'殿之正门也'。《班固西都赋》立金人于端闱，当即此地。"

近年来，中国社会科学院考古研究所汉长安城工作队在上述区域经调

图4-1-11　楼阁台遗址南面　1932年西京筹备委员会摄

---

[1]　陈子怡（云路）：《西京访古记》卷一，手稿。
[2]　陈子怡（云路）等：《西京规划》第六节"名胜古迹"，收入西安市档案局、西安市档案馆编《筹建西京陪都档案史料选辑》，西北大学出版社1994年版，第121页。
[3]　陈子怡（云路）等撰写《西京规划》第四章、第五节第一款录王从龙拟《古迹保护管理及表扬办法》称："西京市区域内，古迹星罗棋布、业经刻石竖立标志，应由各县附属机关或随时随地就近民家等保护之。"收录于《筹建西京陪都档案史料选辑》，西北大学出版社1994年版，第149页。

图4-1-12　楼阁台遗址北面　1932年西京筹备委员会摄

查、钻探与试掘,发现东西两个小城、楼阁台建筑遗址及其他遗迹、遗物。知楼阁台建筑遗址"为一组建筑的夯土基址,由南部的两阙、中部的两阁及连接两阁的廊道、北部的主殿组成"。从而对西京筹委会陈子怡、夏子欣调查成果进行了有效的校正与提升。且认为"新发现的东西两个小城应是自前赵以来,经前后秦、北朝直到隋初长安城的东西宫城遗址,东宫为太子宫,西宫为皇宫。西宫内的楼阁台建筑遗址应是前后秦时期太极前殿、北周时期露(路)寝的旧址。而两阙之间就是露(路)门的所在",并认为"前赵以来,经前后秦、北朝直到隋初长安城的东西宫城遗址,应该"位于城的东北部"[1]。具言之,就在俗传所谓的"楼阁台"一带。

唐苏鹗《苏氏演义》明记汉城咸宜宫前有大夏真兴二年(420)阳平公造石麟,以前所讨论证之,"楼阁台"遗址之南、查家寨稍北大夏真兴六年(424)石马所在,则在其西南约2公里处(图4-1-13)。时风所及,前后相接、地域相近、背景相同的石麟与石马,传递出共同的一致性。如所谓"楼阁台"遗址南大夏真兴二年阳平公造石麟能够成立,则查家寨以北大夏石马原在位置的客观现实也就应该不是子虚乌有。

相同思维,亦存在《语石　语石异同评》考证之中。文云:"汉城即今阳甲城。麟、马题字同例,且均为真兴年。史称赫连勃勃好兴筑,盖入长安城

---

[1] 本段注释与论据皆参见中国社会科学院考古研究所汉长安城工作队《西安市十六国至北朝时期长安城遗址的钻探与试掘》,载《考古》2008年第9期,第25~34页。

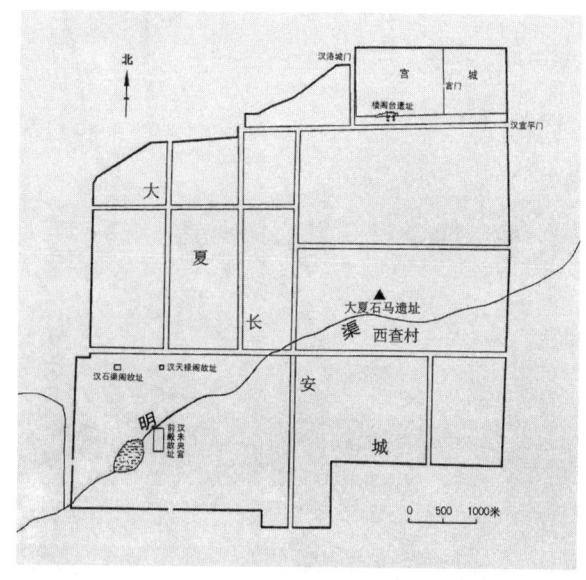

图4-1-13 大夏石马原在位置与楼阁台位置关系示意图

后,盛饰宫阙,其大臣所造石兽甚多,同置一地,以为观美。是以唐时已出石麟,今又出石马也。"

尽管我们可能疑惑当时被误作"石马"的"石麟"入宋后或有连续再误的可能,亦即或有与元祐二年(1087)《宋故高平范君墓志铭并序》显示"石马社"混交的可能。但事实上唐苏鹗《苏氏演义》明确指出的"大夏真兴二年(420)阳平公造"石麟一据,壁垒森严,所谓的大夏真兴六年(424)"□□将军造兹石马"信息,大概难以越过藩篱实施有效的干扰。

上述以外,1997年3月23日笔者至西查寨调查大夏石马相关问题时,曾采访参与1954年6月启运大夏石马工作的西查寨村民查学理。查云,挖掘大夏石马时,发现石马以下地基坚硬,有明显夯筑处理痕迹,夯筑处理地基上,还杂有少许河卵石。有趣的是,近年笔者与西安美术学院沈琍教授等人调查清理富平县东石村石人基座时,亦发现了与大夏石马基座形制以及原在位置地基处理相同的迹象(图4-1-14)。据沈琍教授目前研究结果,富平县东石村石人时代,大致为东汉"桓帝时期"[1]。由此推知,富平县东石村石人与大夏石马在基座形制、地基处理技术上,应存在明显的共同性和继承性。

西查寨者,系查家寨之一部。以人口繁衍,旧日查家寨区划至迟在清代

---

[1] 沈琍:《陕西富平东石村石人的调查与研究》,参见罗宏才主编《十院校美术考古文集》,上海大学出版社2014年版,第330页。

图4-1-14　2011年春季笔者（左一）与沈琍教授（右一）及果园农民（中）考察富平石人时合影

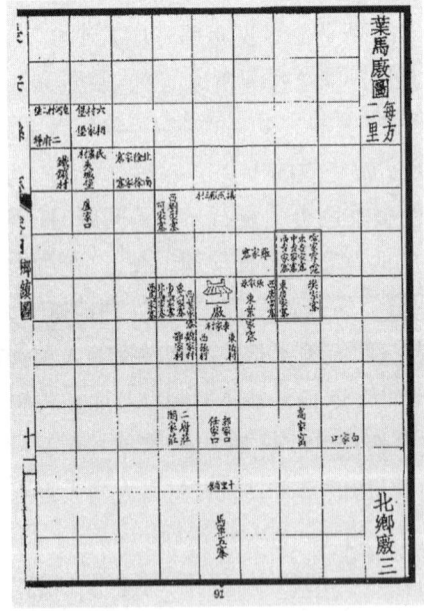

图4-1-15　清嘉庆《长安县志》附叶马厫区划图。此时查家寨已析为东、中、西三村，属叶马厫

已分为东、中、西三个自然村，分别称为东查家寨、中查家寨、西查家寨（图4-1-15）。简称曰：东查寨、中查寨、西查寨。因大夏石马原在位置直对西查寨，今日的"西查寨"便有条件逾过旧日"查家寨"的束缚，成为直接与"大夏石马"相关的最佳地标代码。

再者，察大夏石马胸前及屏壁上方与臀部、尾部等，残缺严重，两耳已失。此种现象，村民查学理谓查家寨村民世代相传"大夏石马"历经日月光华浸润，已成"精异"，每在黄昏后脱离原位，偷食麦苗。今石马口部暴露黄绿色石斑痕迹即为明证。为阻止石马"精异"偷食，查家寨村民自古以来即有以农具等器物捶打石马前胸、尾部等体位,以威吓其就地伫立,不得离位游走农田偷食稼禾的习俗。至晚从清末民初开始,查家寨村民每年还要在石马之前搭棚唱戏,以为酬神。酬神之际,捶打石马是必不可少的重要仪式[1]。另外,在宣传石马成精的高潮中,亦不排除村民耕种、田作对石马的破坏。今石马胸前屏壁正中损毁部位,其主要原委或当如此。

可以想见,源自迷信、为时已久的强大民俗动力,应该对大夏石马造成了持续性的野蛮伤害。

石马成精,偷食稼禾传说,中国境内不乏其例,其俗甚久。以陕西为例,列置于昭陵北侧的唐六骏石刻,相传亦成为精异,伤害庄稼。1944年6月2日《华北新闻》刊伯霞《昭陵六骏神话》一文如是有记:

"相传石未运省前,醴泉乡民辄于暮色苍茫中见数骑由陵后出,奔驰于田野间,至陵下则不复见。乡村一少年一日追寻至六骏石像处,以为即此石马作祟,虑其为田禾害,遂以其锄毁其蹄。而此后此异事遂不复见云。"

今观大夏石马胸前及屏壁上方与、臀部、尾部等处破碎残缺,两耳已失,此状当历时甚久。将此种症状与神秘传说对照,足可作为大夏石马久在西查寨以北立置的证据。

至此,综合以上讨论,我们相信,汉长安城遗址查家寨村北,就是大夏石马的原在位置。

明确了大夏石马的原在位置,我们再来讨论大夏石马原在位置的历史地理环境。

按关中农作物种植方向,多南北畛。诸多近代有关大夏石马的历史图像,吻合了关中农作物南北种植方向的规律。亦即马头向南,马尾向北,作正南北向立置。

这一点,笔者于1997年3月23日在西查寨调查大夏石马诸种问题时,亦从村民查学理处得到证实。为说明问题,当时笔者尚特与查氏在麦田内大夏石马原在位置按石马立置方向合影留念(图4-1-16)。同时测知,大夏石马原在位置距西查寨村北东、西向乡间公路[2]仅百余米。这一数据,

---

[1] 王井南:《大夏石马的历史与传说》,收录于政协未央文史资料委员会编辑《未央文史资料》(第五辑),第76页。
[2] 东西向乡间公路承袭民国以来乡间小路,今易为东西向石化大道。

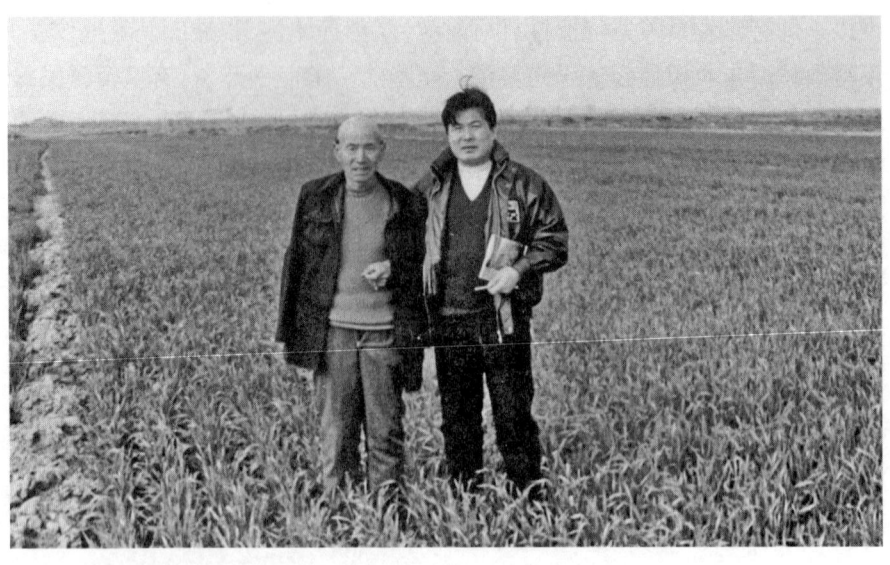

图4-1-16　1997年3月23日笔者考察大夏石马遗址时在石马原在位置与原西查寨党支部书记查学理合影（面向南）

西関，又在那裏等了半天，所以遂[illegible]來遲。遂前進入関老门[illegible]
一村，以為樊坑墻也。已乃知非也。问人，知名関老门，始知関老门亦
村名。大白楊村人所云関老门，乃指村，非指门。以此知之，人所云[illegible]
大[illegible]異。堡东门外有庙，名慶華庵，即门入观，实一颇整齊
之村廟。神像不甚佳，而塑画则颇雅潔，乃请維钧将塑画照
張。旁殿[illegible]中祀孫猴子，塑工素描西遊記故事，亦颇精神
未照。庙中有咸豐十五年所铸之大鐘，焚爐，康熙廿九年所
铸之小鐘。此村人共八九十家。庙中遇有鄰村一老者，问之答云不
馬在西查寨子北边，詹家寨即[illegible]，乃導遊其所指之路而行，路不甚
好走，然始得達目的地。馬在田中，离路尚有数十步。余前[illegible]

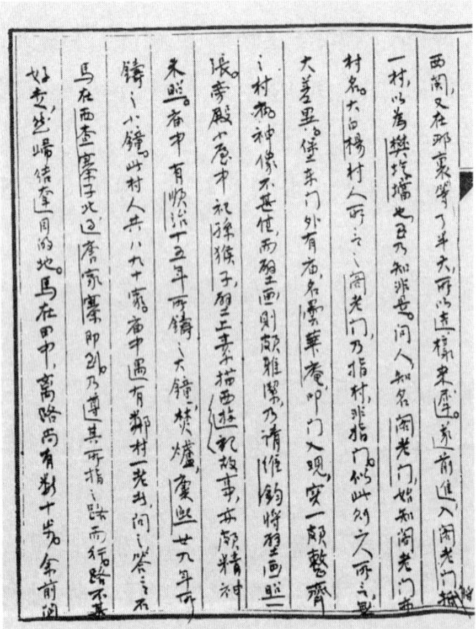

图4-1-17　1933年6月23日北平研究院史学研究会《徐旭生陕西考古日记》有关大夏石马位置关系的记载

与1933年6月23日北平研究院史学研究会《徐旭生陕西考古日记》[1]所谓“马在田中，离路尚有数十步”（图4-1-17）的记载，是基本吻合的。

不仅如此，调查中我们还发现大夏石马原在位置地势明显高于周围。据查学理讲，这尚不排除1949年后历次农田基建活动对原有地势的冲击、破坏。推测石马初立置时，其所在地势还应更高。

在大夏石马原在位置南侧，1997年调查时尚清晰看到西北东南走向沟槽迹象一道，其地势明显低于两侧农田。当沟槽延伸至原

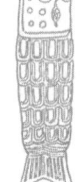

[1]《徐旭生陕西考古日记》由笔者注释整理，即将由陕西师范大学出版社出版。

大夏石马位置时，突呈较大弧度弯转。以南北向立置的石马所在，恰好就在呈现较大弧度的沟槽紧北侧。因故当地村民称这一地域为"石马湾"，至今依然。凡事可作大夏石马原在历史地理环境的阐释佐证。

查学理更言，目今显现沟槽基底，较20世纪50年代提高不少，其原因：一是历年耕种施肥及自然地理变换等造成沟槽基底的提升；二是与1949年后历次农田基建有关。这一现象，推之于大夏石马，亦能成立。如笔者搜集各时期调查大夏石马清理屏壁工作照所显现的石马基座与彼时地平面之对照，即为明证。分析前引唐苏鹗《苏氏演义》之所以有缘刊载大夏石麟而无缘披露大夏石马，或许也与唐时石马已因经久暴露于外，地土拥塞屏壁铭文有关。

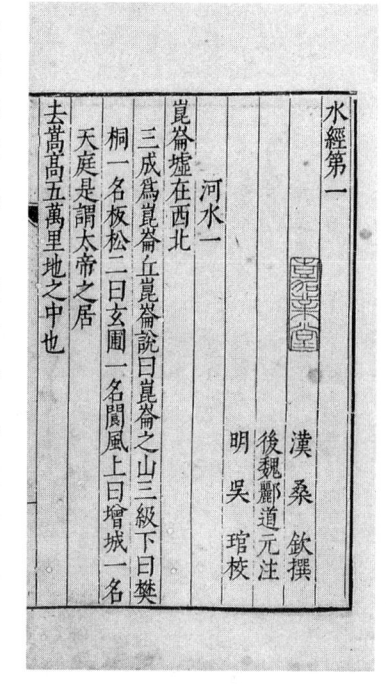

图4-1-18 明吴琯校《水经注》嘉业堂藏本

结合《雍录》、《水经注》（图4-1-18）等文献记载，我们认为，这条呈现西北东南走向的沟槽，当系汉长安城明渠遗迹所在。其渊源、走向、分支、地貌与周边历史地理地标有一定联系。

《雍录·卷第二》"石渠阁"条："三辅故事曰：'在未央大殿之北，砻为渠以导水，中藏萧何所得秦世图籍。'以水经约其地望，则沧池在未央西南，此之为渠，必引沧池下流转北，以充成其为渠也。水之又北，遂转行乎明光、桂宫之间，谓之明渠也。又益趋东，则长乐之有酒池，都城东之有王渠，皆此水也。"[1]

《水经注·卷十九》："故渠出二宫之间，谓之明渠也"；"明渠又东径汉高祖长乐宫北（图4-1-19），本秦之长乐宫也。周二十里，殿前列铜人，殿西有长信、长秋、永寿、永昌诸殿，殿之东北有池，池北有层台，俗谓是池为酒池，非也。故渠北有有楼，竖《汉京兆尹司马文预碑》。故渠又东出城分为二渠，即《汉书》所谓王渠者也。苏林曰：王渠，官渠也，犹今御沟矣。晋灼

---

[1]（宋）程大昌撰，黄永年点校：《雍录》，中华书局2002年版，第33页。

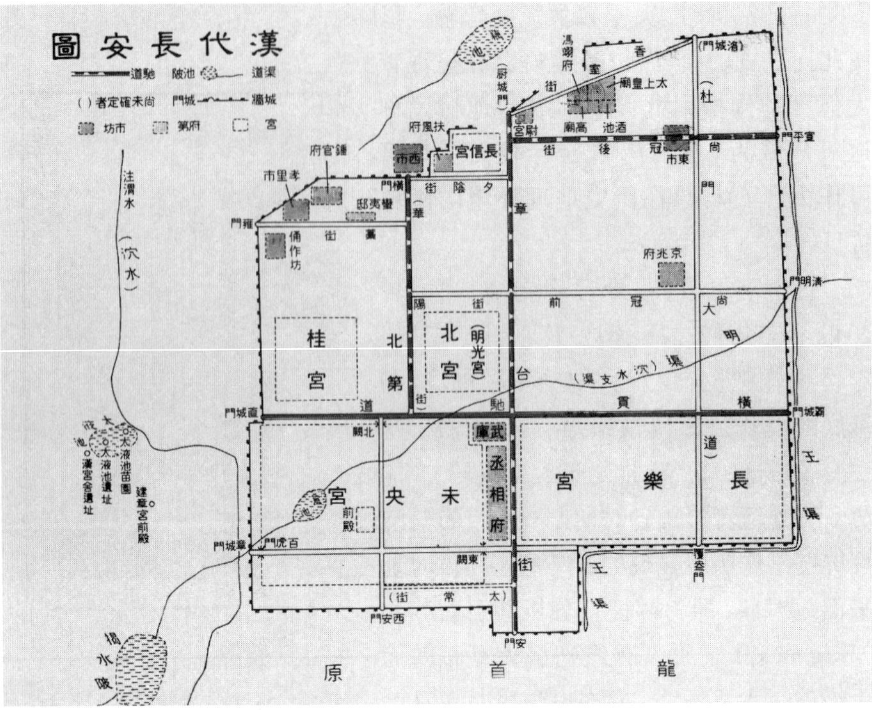

图4-1-19　明渠流经汉长安城形势
采自程光裕、徐圣谟著:《中国历史地图下》,台北中国文化学院出版部1984年版,第1页

图4-1-20　原在楼阁台遗址南侧、明渠北侧的司马芳碑(已残)今藏西安碑林第三室

曰:渠名也,在城东覆盎门外。一水径杨桥下,即青门桥也,侧城北径邓艾祠西,而北注渭,今无水。其一水右入昆明故渠。"[1](图4-1-20)

《水经注》一书载明渠走向甚详。所谓"明渠又东径汉高祖长乐宫北",正大夏石马具体位置。具言之,坐北向南的大夏石马,就坐落在长乐宫北呈较大弧度转向的明渠北侧。

将上述诸种文献记载与石马所在地理环境相联系,笔者相信,这种特殊的历史地理环境,决非率意而为,而是有着别

[1](北魏)郦道元著,陈桥驿注:《水经注》,浙江古籍出版社2013年版,第251页。

具匠心的规划与设计。

换言之,当年立置大夏石马时,有司必预先认真勘测,且特意考虑到呈现较大弧度转向的这一段明渠所在的地理环境。拳拳意匠,应该包含着丰富的人文情怀。

三、雕凿背景、雕凿性质及名称、种属等问题

基本廓清大夏石马原在位置及大致历史地理环境后,一个新的问题也随之呈现,即立置大夏石马于长乐宫北侧一段呈现较大弧度走向明渠之北,其所包含的丰富人文情怀指向,是聚焦石马与墓葬相互关联的这一主题呢?抑或还有别的原委?

翻阅1936年2月刊行《西京金石书画集》第三期"大夏石马"条,就中诸语引起我们的注意:

"此为赫连夏之遗物,马高五尺,身长七尺五寸,正面立状,在长安故城长乐宫址附近。黄花石质,刻工浑朴,尚有汉人制玉刻石遗意。在当日或两马对立,今仅见其一耳。"

文中虽未将石马直指为墓前之物,但援引关中唐代以来陵墓前往往对称立置石马的模式,称其"在当日或两马对立,今仅见其一耳",却明晰透视撰文者认同其应为陵墓前立置之物的心理痕迹。

相同的感悟,尚存在于王子云《中国雕塑艺术史》"陵墓石雕和墓室雕塑"一节之叙述:

"联想到西晋、东晋以及十六国,所有这些朝代的帝王,其陵前有无石人石兽雕刻,也都在不知之列。仅有遗留在故汉长安城内的石马一件,依刻石铭文看,是真兴六年(424)遗物,是建都在陕北横山县的十六国之夏赫连勃勃时期的制作,虽非精品,但因属孤例,也就可贵了。"[1]

有意味的是,在《陕西古代石雕刻》一书中,王子云却呈现出与《中国

---
[1] 王子云:《中国雕塑艺术史》(上),岳麓书社2005年版,第127页。

雕塑艺术史》相悖的思维，认为"（石马）原在汉长安城故址附近，是否为陵墓前仪卫，已不可知"[1]，凸显出明晰的困惑倾向。

追随王子云思维变化，李域峥在其1995年出版的《陕西古代石刻艺术》一书"大夏石马"条中，接续认为"（石马）原在汉长安城遗址附近，是否属陵前仪卫，已不可知"[2]。与此同时，同年出版的《碑林集刊》（三辑）刊载黄小芸《大夏石马》一文，虽也传递出与王子云、李域峥相同的疑惑，但却提升思维，认为石马"可能是"赫连勃勃之子赫连瑰"墓前的遗物"[3]。

不同于王子云、李域峥、黄小芸等人的困惑，其后的部分研究者则明确认为大夏石马就是大夏政权时期赫连氏墓前之物。

如许玮在2004年8月21日《美术报》发表的题为《西北古代马匹雕塑记》一文中，认为大夏石马"立于长安县赫连的墓旁"；化雷在《丝绸之路》2012年第4期刊布的《浅析西安碑林博物馆大夏石马造型艺术》[4]一文中，更认为大夏石马为"大夏国赫连勃勃之子赫连臻墓前遗物"。各自表现出类同《西京金石书画集》第三期"大夏石马"条说明文的倾向。

重视以上研究现状，笔者认为，不管是怀疑其"在当日或两马对立，今仅见其一耳"；还是困惑其"是否为陵墓前仪卫，已不可知"、"可能是"赫连勃勃之子赫连瑰"墓前的遗物"；抑或是认定其"立于长安县赫连的墓旁"，或就是"大夏国赫连勃勃之子赫连臻墓前遗物"，等等，似乎都有值得重新讨论的必要。原因至少在于：

（1）文献记载与考古发现资料证明，至晚从汉代开始，受中原区域传统丧葬规制限定，都城之内一般是禁止随意埋葬的。近年于大夏国统万城遗址以南4公里处发现的八大梁墓地就是明证[5]。

又《唐会要》卷三十六："古之葬者。并在国都之北。"《五代会要·卷二十六》载"显德二年（955）四月诏曰：'惟王建国，实曰京师，度地居民，固有前则。'"（图4-1-21）遂定"今后凡有营葬，及兴窑灶并草市，并须去标识

---

[1] 王子云：《陕西古代石雕刻》，陕西人民美术出版社1985年版。
[2] 李域峥：《陕西古代石刻艺术》"大夏石马"条，三秦出版社1995年版，第53页。
[3] 黄小芸：《大夏石马》，收入西安碑林博物馆编辑《碑林集刊》第3辑，陕西人民美术出版社1995年版，第82页。
[4] 化雷：《浅析西安碑林博物馆大夏石马造型艺术》，载《丝绸之路》2012年第4期，第16页。
[5] 参见2011年12月17日《西安晚报》刊载之《靖边发现大夏国宗教壁画墓》。

七里外"[1]。

搜检文献，十六国时期的大夏赫连勃勃，既知"长安累帝旧都，有山河四塞之固"，因此才会"广五郊之义，尊七庙之制，崇左社之规，建右稷之礼，御太一以缮明堂，模帝坐而营路寝……"；"拟神京而建社，窃先王之徽号，备中国之礼容"[2]。故其势力统治下的长安城内，亦应该遵循并坚守这一规制。如是，大夏国时期长安城内既然不能出现帝王、贵胄以及百官、僚属之墓葬，那么，所谓大夏石马"立于长安县赫连的墓旁"之论证就难以成立。

又引前秦弘始四年（401）故辽东太守略阳吕宪、故幽州刺史略阳吕他均"葬于常安北陵，去城廿里"[3]（图4-1-22）等示例观察，大夏国势力控制长安时期，其上层墓葬区划亦应承袭前秦，置于"去城廿里"渭河以北原上，

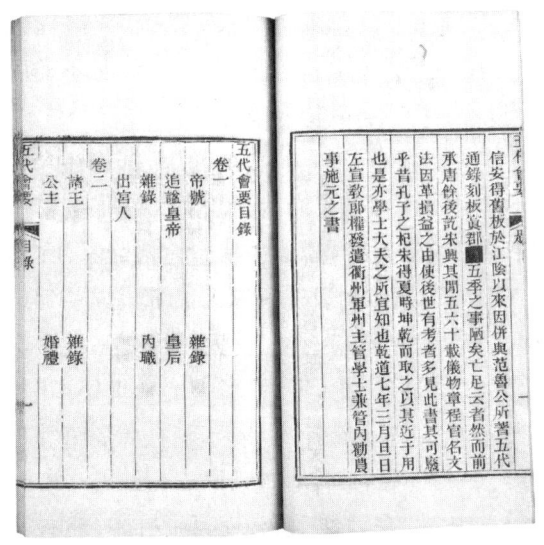

图4-1-21 《五代会要》目录

图4-1-22 故幽州刺史略阳吕他墓表拓本

---

[1]（宋）王溥：《五代会要》，中华书局1985年版，第320页。
[2]（唐）房玄龄等：《晋书·卷一百三十·赫连勃勃》，中华书局1997年版，第2201页。
[3] 吕宪墓表清末光绪中出土于咸阳窑店，先归西安湘子庙藏家赵乾生（元中），后归端午桥，继而流出，现藏日本书道博物馆。（清）韩泰华《无事为福斋随笔》卷下："吕宪墓表，弘始四年（401）十二月乙未朔廿七日辛酉故辽东太守略阳吕宪葬于常安北陵，去城廿里石。出于□□乡，高盈尺，字大寸余。隶体，六行。额隶书'墓表'二字。弘始为姚兴前秦纪年，是时天下大乱，金石流传绝少，以太守而称陵，足见当时无禁机"；吕他墓表20世纪70年代出土于咸阳窑店镇东北原畔，与吕宪墓表同时、同式且同地出土。参见李朝阳：《吕他墓表考述》，载《文物》1997年第10期，第81页。

图4-1-23 传赫连勃勃嘉平陵现状
采自董智安主编:《延安文物大观》,西安:陕西旅游出版社,2006年,第30页

地当今咸阳市渭城区窑店镇东北原畔一带,或亦曰"北陵"是也。与《唐会要》卷三十六:"古之葬者。并在国都之北"契合。八大梁墓地者,虽不类后之所谓"国都之北",但亦未在统万城内,或有其他缘故。

(2)与大夏石马同时期的赫连勃勃墓葬,又称"嘉平陵"。据传在今延川县杨家圪台镇古里村东1.5公里处。1991年公布为延川县文物保护单位(图4-1-23)。虽尚有争议,但清嘉庆《延安府志》谓"赫连勃勃疑冢,在延川县东南六十里白浮图寺前。有七冢,相传为夏王疑冢云。"清道光《延川县志》记"白浮图寺,在县城南六十里,寺前有七冢,前人以为夏王疑冢。"近代曹颖僧辑《延绥揽胜》又记"白浮图寺,在(延川)城南七十里处,相传赫连勃勃葬地"[1]等文献资料,却凸显大夏国帝王、贵胄及百官、僚属墓葬不会置于长安城内的某种趋向以及后来人们的某种心理认同。

(3)前引唐苏鹗《苏氏演义》载"长安城北,故汉城中咸宜宫前有石麟","石麟臆前有八分书字",曰"大夏真兴二年(420)阳平公造"等迹象,否定了大夏石马为墓前之物的可能。

不难看到,相距四年,地理接近,均在"臆前",作"八分书字"的两处石雕,一称"大夏真兴二年(420)阳平公造";一称大夏真兴六年(424)"□□将军造",呈现出明显的规制化倾向(图4-1-24、图4-1-25)。区别旨在"石麟"、"石马";孰早、孰晚。这里,阳平公既不能亲为自己墓所雕凿石麟,"□□将军"又焉能率尔破例在自己墓所"造兹石马"?

---

[1] 曹颖僧(原名曹思聪,字颖生)辑:《延绥揽胜》,《中国边疆学会丛刊》,史学书局1945年印行。

（4）如大夏石马"立于长安县赫连的墓旁"的论证能够成立，那么，可以证实此一论证的其他相关实物考古资料，应该在近百年的历次考古调查、发掘中迭有发现。但事实上的空白，已明确否定了这一论证。

综合上述，我们对部分研究者认为大夏石马就是大夏政权时期墓前之物的论证提出了怀疑，那么，又该如何理解大夏石马的雕凿背景、雕凿性质以及其他相关问题呢？

为阐释此类问题，需先了解大夏石马的雕凿背景。

据《晋书·卷一百三十·赫连勃勃》，赫连勃勃"字屈孑，匈奴右贤王去卑之后"，"身长八尺五寸，腰带十围，性辩慧，美风仪"，"容仪瑰伟，英武绝人"，"天姿雄骜"，"有济世之才"，"奉上慢，御众残，贪暴无亲，轻为去就"，深具谋"大业"，图"关中"，取"长安"之志，期望"应运而兴，复大禹之业"。

这样一个"器识高爽，风骨魁奇，姚兴睹之而醉心，宋祖闻之而动色"，具有多元优势、多元性格、多元追求、饱受争议的英雄人物，一旦时势需

图4-1-24　大夏石马正视"膺前"铭记规制示意　罗宏才摄

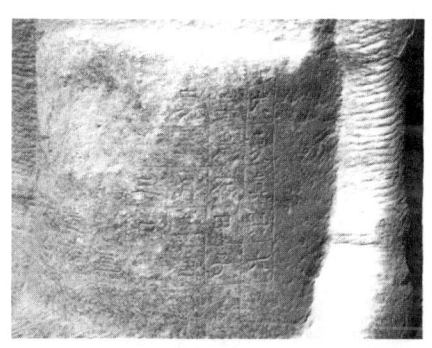

图4-1-25　大夏石马前两足间屏壁题记特写　罗宏才摄

要，其"贪暴"、"雄骜"、善装饰、好大喜功、具有丰富艺术想象力、追求无上权力梦想的诸类潜质，就必定会得到淋漓尽致的挥发与展示。

先是，"初僭号"时，赫连勃勃即以"求婚"之事与南凉王秃发傉檀争战，大获胜利，"杀伤万计，斩其大将十余人，以为京观，号'髑髅台'"。

接着，在连战皆捷，势力挥发，"改元凤翔"（413）之际，又大兴土木，强驱工匠，筑"统万"之城（图4-1-26），"造百练刚刀"，"复铸铜为大鼓，飞廉、

图4-1-26　大夏统万城内城南城垣墩台遗址　1954年摄

图4-1-27　大夏统万城出土龟钮铜印　1954年摄

翁仲、铜驼、龙兽之属，皆以黄金饰之，列于宫殿之前。凡杀工匠数千，以是器物莫不精丽"（图4-1-27）。并"下书"宣扬"朕将以义易之。帝王者，系天为子，是为徽赫实与天连，今改姓曰赫连氏，庶协皇天之意，永享无疆大庆"；且"立其妻梁氏为王后，子瓒为太子，封子延阳平公，昌太原公，伦酒泉公，定平原公，满河南公，安中山公"。

"俄而刘裕灭泓，入于长安"，赫连勃勃又乘机南下至长安，命"瓒率众三万追击义真"，致"王师败绩，义真单马而遁"，从而大获全胜，再"积人头以为京观"，"大飨将士于长安"。

至此，赫连勃勃到达其人生理想巅峰。乃"还统万，以宫殿大成，于是赦其境内，又改元曰真兴。刻石都南，颂其功德"。所谓"延王尔之奇工，命班输之妙匠，搜文梓于邓林，采绣石于恒岳，九域贡以金银，八方献其瑰宝，亲运神奇，参制规矩，营离宫于露寝之南，起别殿于永安之北。高构千寻，崇基万仞（图4-1-28、图4-1-29）。玄栋镂榥，若腾虹之扬眉；飞檐舒咢，似翔鹏之矫翼。二序启矣，而五时之坐开；四隅陈设，而一御之位建。温宫胶葛，凉殿峥嵘，络以隋珠，绛以金镜，虽曦望互升于表，而中无昼夜之殊；阴阳迭更于外，而内无寒暑之别。故善目者不能为其名，博辩者不能究其称，斯盖神明之所规模，非人工之所经制。若乃寻名以求类，踪状以效真，据质以究名，形疑妙出，虽如来、须弥之宝塔，帝释、忉利之神宫，尚未足以喻其

图4-1-28 大夏统万城内城西南"高构"、"万仞"遗址 1954年摄

图4-1-29 大夏统万城出土残瓦当 1954年摄

丽,方其饰矣"诸类的纪功碑文,将潜藏赫连勃勃胸臆长久的去卑下、定名分、耀祖宗、好大功、重装饰等种种追求与嗜好心愿,一概挥发无遗。至于"昔周宣考室而咏于诗人,闷宫有侐而颂声是作。况乃太微肇制,清都启建,轨一文昌,旧章唯始,咸秩百神,宾享万国,群生开其耳目,天下咏其来苏,亦何得不播之管弦,刊之金石哉!乃树铭都邑,敷赞硕美,俾皇风振于来叶,圣庸垂乎不朽"等诸多原委、诉求,也就成为顺理成章的事情。它们构成大夏石马雕凿的基本时代背景。

配合真兴以降由赫连勃勃领衔倡导的纪功、宣威之风,迷漫大夏,呼应甚嚣尘上的统万缔造,留守长安的赫连勃勃诸子与公侯将相,自然不敢落后怠慢,相继在"楼阁台"南雕凿竖立起一座座纪功、宣威之石雕,以契合赫连勃勃确定"刻石都南,颂其功德"的主旨。

若是,同在"楼阁台"以南,均为石兽,都在胸前镌刻彰显纪功、宣威气息"八分书"铭文的大夏真兴二年(420)阳平公造石麟、大夏真兴六年(424)"□□将军造兹石马",便得以正式登台亮相。

虽然目前所知长安一地真兴雕造之作,仅此两品,但依当年大夏王朝的气势、规模与赫赫风度,其应不是长安真兴雕造的全部内容。其后可能不断发生的破坏、湮没等种种缘故,或应是造成目前仅此两品的直接原因。

我们将大夏石马视为纪功、宣威性质的不朽之作,那么,其为何要区别

401

曾在咸宜宫南竖立大夏真兴二年（420）阳平公造石麟，单独竖立在远离楼阁台建筑西南凸显弯转的明渠之北呢？

事实上，这样问题的提出，也促使我们急迫追寻：雕凿大夏真兴六年（424）石马的"□□将军"到底是谁？又是什么缘故促使"□□将军"要选择雕凿石马，并特意立置在凸显弯转的明渠之北呢？

要回答这两个问题，我们先来讨论"□□将军"的姓名、身份。

为叙述方便，我们仍选择最具权威的《晋书·卷一百三十·赫连勃勃》，搜检相关信息，列出当时有可能与大夏石马雕凿一事发生关系的诸位将军：

（1）赫连勃勃"义熙三年（407），僭称天王、大单于"时，以"次兄力俟提为大将军"、"弟阿利罗引为征南将军"，另以"叱以鞬为征西将军"、"乙斗为征北将军"。

（2）定阳之役中赫连勃勃"兄子左将军罗提"。

（3）赫连勃勃"与姚兴将杨佛嵩战于青石北原"后被"拜军师中郎将"，以及青泥大战立有殊功，累官至"都官尚书，加冠军将军，封河阳侯"的王买德。

（4）克上邽、攻阴密后任"前将军"的赫连勃勃次子赫连昌。

（5）赫连勃勃离长安时被封为"大将军、雍州牧、录南台尚书事"的太子赫连瓌。

第（1）（2）两条所列诸将军，去真兴创造高潮为时甚远，且事迹平平，转瞬而过，难以与彰显大功之大夏石马联系起来，故应予以排除。

赫连瓌者，虽被封为"大将军、雍州牧、录南台尚书事"，但真兴改元之前已贵为太子，地位甚高，不可能低于大夏真兴二年（420）就已经雕成纪功石麟、地位较卑的阳平公赫连延，且偏偏要晚在大夏真兴六年（424）雕凿石马，并甘愿放弃太子、"大将军（此例下文将单独讨论）、雍州牧、录南台尚书事"等重要身份不用，独选择"□□将军造兹石马"之举动。

排除此类因素，可以认为，所谓"□□将军造兹石马"之将军，应为前"拜军师中郎将"，后在推动大夏政权进入巅峰时期青泥之战中立有大功、被封为"都官尚书，加冠军将军，封河阳侯"的王买德。

关乎这一点，《语石 语石异同评》亦明晰披露出相同的观点。其语谓："以将军上一字残画似军字，疑为晋书载记之冠军将军王买德。"[1]（图4-1-30）

---

[1] 叶昌炽撰，柯昌泗评，陈公柔、张明善点校：《语石 语石异同评》卷1，中华书局1994年版，第19页。

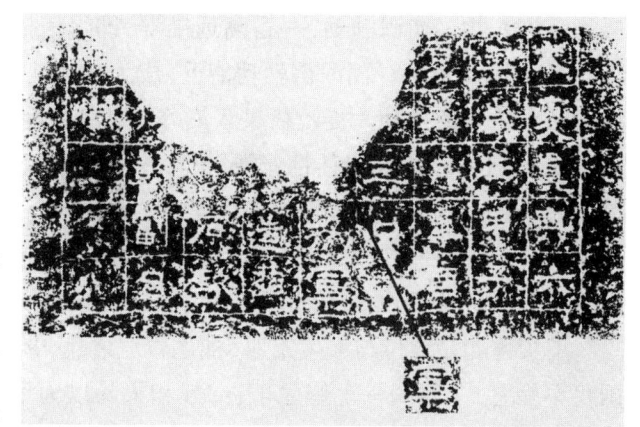

图4-1-30 《语石 语石异同评》认为大夏石马"将军上一字残画似军字"示意 据西京筹备委员会夏子欣拓本资料
西安府学巷夏子欣后裔提供

图4-1-31 大夏石马右后腿重心移位之状及后两腿间山峦草木状雕刻动势 罗宏才摄

图4-1-32 石马后两腿屏壁夹持匍匐倾倒状人（物）特写 罗宏才摄

究石马造型，作驰向明渠弯道北侧后突然停顿定格状，造成石马前两足均呈直立状，后两足弯曲呈奔驰停顿后蹶刨之状，导致马之重心点集中于后两足，尤其在右后一足。从而与马鬃右向披覆，马之重心点亦集中右向等其他动态相和谐。又按马前、后两足之内侧，均粗线刻山峦草木云气之状（图4-1-31）；后两足间，且夹持匍匐倾倒状人（物），亦使整体动态与奔驰停顿后马之镇静稳健神态相协调，成功塑造一匹强壮剽悍战马自北向南驰向明渠，在降服对手（敌人）后突然镇静定格的胜利主题（图4-1-32）。

将石马雕凿者指为冠军将军王买德，复考究石马造型，其所蕴含的丰富文化内蕴，又如何可与王买德故事相吻合呢？

阅《晋书·卷一百三十·赫连勃勃》，王买德是主角赫连勃勃以外着

墨最多的人物。初识勃勃，一番高远雄辩，即得信任，遂被拜为"军师中郎将"，旋又因屡出奇计而深得勃勃倚重，成为赫连勃勃诸子之外异姓将相系统不二人选。值推动大夏政权进入巅峰时期的青泥之战后，王买德的人生价值更得到精彩阐释与任性张扬。《晋书·卷一百三十·赫连勃勃》所谓"勃勃大飨将士于长安，举觞谓王买德曰：'卿往日之言，一周而果效，可谓算无遗策矣。虽宗庙社稷之灵，亦卿谋猷之力也。此觞所集，非卿而谁！'于是拜买德都官尚书，加冠军将军，封河阳侯"等诸类记载，诚不虚之词。

王买德如是地位与人生宠遇，加之青泥之战"获晋宁朔将军傅弘之、辅国将军蒯恩、义真司马毛修之于青泥，积人头以为京观"之先例与背景，若因此作为雕凿大夏石马以彰功、宣威，从而契合赫连勃勃确定"刻石都南，颂其功德"的主旨诉求，应该是符合常理的。

如是，前述大夏石马的原型归属，应与王买德其人相关。其鲜明生动的定格状态与立置环境的着意选择，或为青泥战役中王买德坐骑曾经驰向值得纪念的青泥一地某一河流弯转区段的写实；而石马后两足间夹持匍匐倾倒状人（物），或为青泥战役中遭受大败的刘义真部下某氏写真；山峦草木之状，或指青泥战役发生地周围的地理环境写意。只有这样，似乎才可以与王买德其人的事迹相契合，似乎才符合真兴纪功、极尽宣威的一代时风。

前文述及，大夏真兴二年（420）阳平公雕造石麟、大夏真兴六年（424）雕造石马，俱在赫连勃勃沿用前后秦宫殿之"楼阁台"建筑遗址之南。相较十六国时期为守卫之计而持续扩展、草创之"楼阁台"建筑组群，这一带南北狭长的广阔区域，应为十六国时期百官衙署所在。

相关议论，除前引陈子怡（云路）等人撰写《西京规划》第六节"名胜古迹"所谓"楼阁台"（楼圪垯）即苻秦、姚秦宫城所在，"城址、端门遗址皆在"[1]诸议论外。1954年初夏西北历史博物馆何正璜等人考察"楼阁台"遗址时，尚发现后赵时期"石安民云阳□"、"石安宗钦"等文字砖，"字体较美"[2]。更准确的阐释，则见中国社会科学院考古研究所汉长安城工作队《西安市十六国至北朝时期长安城遗址的钻探与试掘》一文的详细说明。

及本文写作中笔者再次调查"楼阁台"建筑遗址，又蒙主持十六国至北朝时期长安城遗址钻探、试掘工作的刘振东先生指物例证，详告始末。至

---

[1] 陈子怡（云路）等：《西京规划》第六节"名胜古迹"，收入西安市档案局、西安市档案馆编《筹建西京陪都档案史料辑》，西北大学出版社1994年版，第121页。
[2] 何正璜：《驰骋在西汉王朝的历史舞台上》，《旅行家杂志》1954年7月。

此，关于衙署区域所在诸多问题的困惑遂逐步得以有效破解。

认同此点，我们对贵为太子、曾居宫殿之内赫连璝不类石麟、石马雕造的神秘之举，以及贵为皇子的阳平公所造石麟地近宫阙，身为冠军将军的王买德所造石马又远在距离阳平公所造石麟3公里之遥明渠弯道北侧的诸种现象，便有了合理的理解。

或者说，宫殿之外，从皇子居所到百官衙署，应该存在着严格有序的等级差异，石麟、石马之所在，一可能系阳平公府邸之前；另一可能系都官尚书、冠军将军与河阳侯王买德的衙署或居所。

延续上述思维，再来讨论本节第一部分提出的诸种问题，并相应提出以下五种推测：

（1）如《语石 语石异同评》所释"石駃"不误，疑"駃"字或为"䮘"字之误释，又"駃"与"䮘"通。《说文》又云："马赤鬣缟身，目若黄金，名曰䮘。吉皇之乘，周文王时犬戎献之。"《山海经·海内北经》更谓："犬封国曰犬戎。国有文马。缟身朱鬣。目若黄金。名曰吉量之乘。量一作良。郭注引周书、六韬、大传说其状略同。周书作名曰吉黄之乘。六韬作名曰鸡斯之乘。"则所谓"赤鬣缟身，目若黄金"之"文马"——"䮘"，当为红鬃、白身、黄眼之马，其曾产于周之封国——"犬戎"国。《山海经·海内北经》又作"犬封"国。周文王时，"犬戎"国向其敬献之马，正系此类。

依《说文》、《山海经·海内北经》、《周书》、《六韬》、《尚书大传》、《左传》等典籍记载，其又可称之为文马、吉量（良）、吉黄、鸡斯、吉皇、腾黄、吉光等。

"犬戎"国地望，在今西部陕、甘一带，都于甘肃静宁县威戎（今静宁威戎镇）。"犬戎"国为"犬戎"族所建，"犬戎"又称"猃狁"。以地近周室，先秦时累与周起衅。双方争战不已。《诗经·小雅·六月》"猃狁匪茹，整居焦穫。侵镐及方，至于泾阳"；"薄伐猃狁，至于大原。文武吉甫，万邦为宪"；"四牡修广，其大有颙。薄伐猃狁，以奏肤公"；《诗经·小雅·采薇》"靡室靡家，猃狁之故"均可佐证。

考大夏国疆域，包括今宁夏全部及陕、甘部分地区与内蒙河套和山西西南一带，大致与"犬戎"国"猃狁"民族活动范围契合。根据实物与文献资料，从先秦以至五胡十六国时期，上述地区骑乘马匹基本为西北秦马。因此，被"犬戎"视作"赤鬣缟身，目若黄金"之"文马"——"䮘"，便有资格以"神马"品级赠送周室。至赫连勃勃大夏时期，这种"赤鬣缟身，目若黄金"之"文马"——"䮘"，仍是西北秦马种属之"尤物"。

考究大夏石马身体略矮，头部偏大，颈短，胸宽鬃长，勇猛镇定，具备西北秦马显著特征，可作判定大夏石马种属的参考。

（2）联系第一节披露七种铭文考释信息，依"造兹□□□石马□□□彰副"一句，将就中"马"、"副"两关键字连缀思考，石马或为冠军将军王买德喜爱的乘骑"兼马"，即预备马。盖西晋十六国时为适应长途快速奔袭，"马皆有副"也。

如《魏书·列传第六十二·尔朱荣》："时葛荣将向京师，众号百万。相州刺史李神轨闭门自守，贼锋已过汲郡，所在村坞悉被残略。荣启求讨之。九月，乃率精骑七千，马皆有副，倍道兼行，东出滏口。"

又《周书·卷十九·列传第十一》："孝闵帝践阼，入为小宗伯。齐人寇东境，忠出镇蒲坂。及司马消难请降，忠与柱国达奚武援之。于是共率骑士五千，人兼马一匹，从间道驰入齐境五百里。"

（3）如"造兹□□□石马□□□彰"一句"彰"字释读不误，链接第（2）点，知其有表彰、显扬此"兼马"、"副马"之意。

（4）得冠军将军王买德喜爱之"兼马"、"副马"，原型或为"赤鬣缟身，目若黄金"之"文马"——"駮"；亦即通俗所谓红鬃、白身、黄眼之马。

（5）依本节第一部分披露七种铭文考释信息，主持树立"石马"（石駮？）者，为冠军将军王买德属下僚佐吕某（门？）。考其姓氏族源，当为十六国时期纵横一时的略阳氏族；考其职司、特长，当精于工巧或专司工巧诸事。

当然，上述五种推测，还需等待今后不断发现的新资料来逐步予以鉴别、纠正或补充、提升。

四、"真兴模式"概念的提出与讨论

围绕大夏石马主题，通过以上诸节的递进式讨论，我们清晰感悟到，当十六国时期时势动荡、民族融合、英雄辈出、人文勃兴之际，受复杂历史环境因素影响，并得首要决策者基于民族基因、尚武好功、宣威风尚、王霸权欲、精丽求美、刊载不朽等潜在人格元素的影响与急迫时代诉求的促动，以及强权规制下的集中创造驱动，至迟从晋义熙三年（407）赫连勃勃"僭称天王、大单于"，"建元曰龙升"[1]开始，一种主要集中在都城建造、宫室装置、器具

---

[1] 此处及以下所引文献来源均同《晋书·卷一百三十·赫连勃勃》，以下不再注释。

制造、石刻雕凿、文字整合等方面的集中式、喷发性、都邑型的艺术创造活动就逐步在大夏国境内酝酿、集聚并滥觞、浪漫。

至"改元为凤翔"（413）、"改元为昌武"（418）、特别是"改元曰真兴"（419）以降，这种大规模集中式、喷发性、都邑型的艺术创造活动更迅速达到高潮。

它们遵循集中呈现、快速递进的阶梯式艺术运动节奏，在不断上升的历史进程中，愈来愈清晰、完整地集中表现出一种醒人耳目的统一、规制与精丽、豪奢。

完全可以认为，这个可以促使"群生开其耳目，天下咏其来苏"，并最终期望达到"播之管弦，刊之金石"、"树铭都邑，敷赞硕美"以及"俾皇风振于来叶，圣庸垂乎不朽"极致目的的文化艺术模式，给人以强烈的时代震撼与视觉冲击。

为准确标识与完整阐述这一模式，我们尝试聚焦其恢弘展现的至高点位，审慎撷取"改元曰真兴"这一重要历史节点，将其称之为"真兴模式"。

剖析其背景、成因、轨迹、内涵、风格、价值及作用、影响，这一模式至少表现在以下诸方面：

（1）"真兴模式"的出现，得益于特殊历史环境下由具有优秀民族基因、睿智文化辩慧、豪放王霸权欲、浪漫艺术创造、强烈金石铭记意识等多元文化性格特征的赫连勃勃其人所领衔倡导与强权推动。

（2）"真兴模式"的主题，基本分为衍生、发展、高潮、消退四个历史时期。其中"改元为凤翔"（413）以前为酝酿衍生时期；"改元为凤翔"（413）至"改元为昌武"（418）期间为积聚发展时期；"改元为昌武"（418）至"改元曰真兴"（419）期间为极致高潮时期；"改元曰真兴"（419）之后则为渐次消退或者是尾声时期。其中真兴六年（424）"夏五月辛酉朔三日"石马雕凿成功与正式竖立，应该视为"真兴模式"由盛转衰的重要时代标志。

（3）"真兴模式"的主体展现区域，分别集中在都城统万与留都长安两大南、北都邑所在，呈现出鲜明地域、时代特色的表现区间。其中都城统万区域囊括了"改元为凤翔"（413）以前至"改元曰真兴"（419）以后全部历史时段；留都长安区域，则主要集中在"改元曰真兴"（419）至真兴六年（424）这一时期。

（4）"真兴模式"的主体内涵，集中表现在都城建造、宫室装置、器具制造、石刻雕凿等方面。其中都城统万囊括了以上各个方面，惟以都城建造、

宫室装置、器具制造等方面最为瞩目；留都长安则主要集中在石刻雕凿方面。依目前这一区域发现的石雕作品认定，其应主要集中在石麟、石马一类的石兽类型方面。

（5）从都城统万与留都长安两个区域艺术品创作不同主题、类型等现象观察，其应存在着一定的等级、差额与规律关系。这一点，目前至少可通过代表皇家等级的楼阁台建筑群体之南依次呈现及分区、分位竖立的大夏真兴二年（420）阳平公造石麟、大夏真兴六年（424）"□□将军造兹石马"示例得到证实。联系《晋书·卷一百三十·赫连勃勃》所谓"复铸铜为大鼓，飞廉、翁仲、铜驼、龙兽之属，皆以黄金饰之，列于宫殿之前"等文献记载，这种趋同于"宫殿之前"的规制，显然是清晰可见的。

（6）链接以上各点，如将"蒸土筑城"（图4-1-33）、"造百练刚刀，为龙雀大环，号曰'大夏龙雀'"、"复铸铜为大鼓，飞廉、翁仲、铜驼、龙兽之属，皆以黄金饰之，列于宫殿之前"等"精丽"创造视为"真兴模式"的处女杰作，那么，真兴六年（424）"夏五月辛酉朔三日"雕凿石马则可视作"真兴模式"的压卷之作与最终绝响。其中大夏真兴二年（420）阳平公造石麟、大夏真兴六年（424）"□□将军造兹石马"这两种艺术杰作，时代相接、南北相依，不仅均属石兽种类，且同在胸前刻写铭文，相应亦同样具有立体、镂空、平削、组合等雕凿样式、形态与风格，更集中、更完满、更具象的展现了"真兴模式"的内涵与特征，具有重要的示例意义与更直接的视觉冲击力。

（7）"真兴模式"的艺术创造，不仅具有"爰构崇明，仰准乾仪。悬甍风阅，飞轩云垂。温室嵯峨，层城参差。榱雕虬兽，节镂龙螭。莹以宝璞，饰以

图4-1-33　大夏统万城"蒸土筑城"示意（左图内城城垣残段遗迹；右图统万城城垣版筑标本）1954年摄

珍奇。称因褒著,名由实扬"的丰富艺术内涵,其为数可观的作品数量以及"器物莫不精丽"的主体艺术风格、品级,还足以产生"名冠神都","永世垂范,亿载弥光"等重要艺术影响。

(8)"真兴模式"所融涵的艺术创造作品,在"器物莫不精丽"的主体艺术风格、品级标识下,具有承上启下、弥补空白的重要历史意义。其中在中国雕塑史重要转折过渡时期占有显著历史地位的真兴六年(424)雕凿石马,于承袭汉代石刻尊崇自然、稍事雕凿、神似轮廓、拙朴纯真,追求天趣的基础上,依靠雕凿工具的阶段性革新与雕造技艺的相对纯熟,在强权规制的压迫下,得益于代表当时最高雕凿技艺水准工巧匠师殚精竭虑的艺术创作与心血奉献,准确选择吻合雕凿主题的自然砂岩石料,紧紧把握力学原理,大胆实施凿空、联缀及点面对照;直线、斜线、平行线、弧线、曲线多向呼应等物理组合程式,集结线刻、深凿、镂空、切削、打磨等综合技艺,使自然顽石最终获得艺术的永生,凸显了十六国时期中国北方地区石雕艺术的最高成就。其中强直切削、足如四棱的鲜明时代雕凿风格,以及大胆写实、浪漫写意、追求率真意趣的丰富艺术创造力、想象力,应在中国雕塑史上占有举足轻重的历史地位与一定的影响力。

(9)石马下腹部显现的粗线刻山峦、地理状图像块面,或与十六国山水画成就有藕断丝连的关系(图4-1-34)。由此说开去,迄今发现大夏国时期包括建筑材料、钱币、玺印、墓志等物在内的其他实物资料,均应归入探究"真兴模式"真谛的考量之中。其中大夏真兴六年(424)石马铭文分别与大夏真兴钱币文字,以及1992年10月内蒙古乌审旗发现大夏真兴二年(420)

图4-1-34 吉林集安高句丽(4世纪中叶)时期洞沟墓壁画 射猎图(左)与大夏石马后腿间前壁山峦草木状雕刻图案(右)比较

图4-1-35 大夏真兴六年（424）石马铭文（左图） 大夏真兴钱币（右图）对比沈子槎捐赠 现藏中国国家博物馆

武威人氏田𤫊墓志、田明墓志等实物资料的对照，尤为必要。而同属真兴年间、具有高层级水准的大夏真兴六年（424）石马铭文与大夏真兴钱币文字在结体、笔势、形态、气韵等方面的宛出一辙，尤令人惊异深思。它们是否同出一人之手？或真正代表了真兴年间的最高书艺风格？（图4-1-35）

（10）将前秦建元四年（368）广武将军碑、前秦弘始四年（401）故幽州刺史略阳吕他墓表与1992年10月内蒙古乌审旗发现大夏真兴二年（420）武威人氏田𤫊墓志、田明墓志等实物资料和大夏真兴六年（424）石马铭文并同时期南朝区域文字对照，不仅可以清晰发现至迟从前秦建元四年（368）以来五十余年间北方区域文字从宽博舒散到谨严规整的快速衍化轨迹，而且还可以看到"真兴模式"勃兴期间对前后秦文字的承袭，以及对同时期其他区域书艺系统（如南朝宋永初二年（421）谢珫墓志[1]）结体、风格、气韵、规制等文化元素的吸纳、融合。在这里，即便是吸纳、融合，也似乎力图在保持着自己的独有风格，显示出"真兴模式"的强大承传力、融合力与不羁自尊（图4-1-36）。

这一推测，至少还可从赫连勃勃深具谋"大业"，图"关中"，取"长安"之志，期望"应运而兴，复大禹之业"，

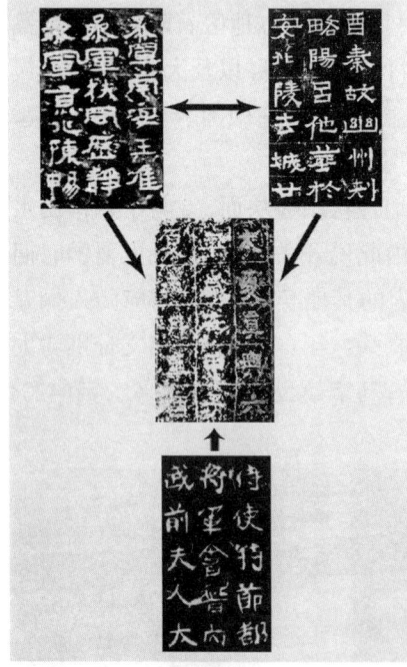

图4-1-36 前秦（上左图广武将军碑局部、上右图吕他墓表局部）、大夏（中图大夏石马铭文局部）、南朝（下图南朝宋谢珫墓志局部）书艺风格衍传比较

---

[1] 南京市博物馆、雨花区文化局：《南京南郊六朝谢珫墓》，《文物》1998年第5期，第4~14页。

广泛吸纳关中、南朝优秀文化,礼聘杰出士人代表等示例中得到佐证。如《晋书·卷一百三十·赫连勃勃》披露"勃勃归于长安,征隐士京兆韦祖思";《宋书·卷四十八·列传第八》记青泥战后赫连勃勃曾"逼令"晋宁朔将军傅弘之归降;同书又载青泥战后晋辅国将军蒯恩归降大夏,"死于虏中"。

注意到这种承袭、融合,前述民国辛未(1931)陕西金石学者薛定夫"大夏石马"铭文拓本题跋认为其"文与广武将军碑相仿,晋氏南迁后中原文字大都如此"。但经详细审定,我们却认为广武将军碑文字风格应类同于前秦弘始四年(401)故辽东太守略阳吕宪、故幽州刺史略阳吕他墓表文字,更集中的表现出一种自由、浪漫的宽博疏朗。而"大夏石马"铭文在承袭其自由、浪漫历史气韵之后,则直接的汲取了来自"正朔"[1]南朝的书艺风格。其所融涵前后秦并晋室等多种书艺风格的"大夏石马"铭文所呈现出的风格主旨,更多传递出自由、刚健、严谨、伟岸的独特韵律。这里新皇家气韵的整肃、绮丽,在积极靠近"正朔"南朝的同时,仍与一脉持续的晋室典雅、妍丽,存在着一定的差异。故尚不能将其简单归入"晋氏南迁后中原文字大都如此"的议论范围。

(11)"真兴模式"显现前、后,在中国文化体系内,具有宣威、纪功性质的艺术模式不绝如缕,它们与"真兴模式"之间存在着藕断丝连的关系,构成系统完整的中国文化艺术模式序列。如西汉骠骑将军霍去病"元狩六年(前117)而卒,天子悼之,发属国玄甲军,陈自长安至茂陵,为冢象祁连山,谥之"[2];东汉窦宪、耿秉"登燕然山,去塞三千余里,刻石勒功,纪汉威德"[3];陕西咸阳渭城区渭城乡坡刘村出土保定四年(564)骠骑大将军拓跋虎夫妇墓志志文称"方为长乐之观,无复祁连之山"[4];唐左武卫大将军秦琼死后"陪葬昭陵。太宗特令所司就其茔内立石人马,以旌战阵之功焉"[5],等等。区别旨在主题、处所、组合、形制、内涵、样式、多寡、表述等方面的差异。

其中《后汉书·窦融列传》记载"刻石勒功,纪汉威德,令班固作铭"诸事,与前引张扶万《唐长安城金石考》卷四录大夏石马胸前镌刻铭文"大夏

---

[1] 晋室南迁后,北方士人与嬗替割据诸政权仍多将其视为正朔所在。如《资治通鉴·梁纪·梁纪十三》:"江东复有一吴翁萧衍,专事衣冠礼乐,中原士大夫望之以为正朔所在。"
[2] (汉)司马迁:《史记·卫将军骠骑列传》,中华书局1982年版。
[3] (南朝宋)范晔:《后汉书·窦融列传》,中华书局1982年版。
[4] 咸阳市渭城区文管会:《咸阳市渭城区北周拓跋虎夫妇墓清理记》,载《文物》1993年第11期。又见罗新、叶炜:《新出魏晋南北朝墓志疏证》,中华书局2005年版,第251页。
[5] (后晋)刘昫等:《旧唐书·秦叔宝列传》,中华书局1975年版。

图4-1-37 西汉霍去病墓石马（左图1941年教育部艺术文物考察团姚继勋摄）与大夏石马（右图2013年罗宏才摄）比较

真兴六年，岁在甲子，夏五月辛酉朔三日□□将军造兹石马，□□彰副□□树"相近，有异曲同工之妙。（图4-1-37）

（12）依据《晋书·卷一百三十·赫连勃勃》："凡杀工匠数千，以是器物莫不精丽"等文献记载，可知具体酿造"真兴模式"艺术创造的工匠数量是丰富而巨大的。对照"真兴模式"艺术创造作品的主题、类型，这些工匠在强权力量驱使下，通过征战、俘虏、抓获、调遣、吸引等多个途径，自多个地域来到统万、长安两个主要创作区域，代表了当时最高的"工巧"技艺水准，融涵了建筑、测量、木作、绘画、石雕、冶炼、铸造、织绣等多个艺术种类。

（13）从目前掌握文献、实物资料观察，负责统万城艺术创造总体活动、"性尤工巧，然残忍刻暴"的将作大匠叱干阿利，以及主要活动在留都长安，出身略阳氐族、参与大夏石马雕凿、竖立的吕某等人，应是"真兴模式"艺术创造活动的具体负责者与执行者。

又按前凉姑臧（今武威）曾集有众多能工巧匠。《晋书·卷八十六·张骏传》故："（骏）又于姑臧城南筑城，起谦光殿，画以五色，饰以金玉，穷尽珍巧。"及前秦苻坚灭前凉，"徙豪右七千余户于关中"[1]，其中不无能工巧匠之存在；晋义熙二年（406），前为后秦姚兴任命为凉州刺史的南凉王秃发傉檀入前凉国都姑臧，亦当有大批工匠归秃发傉檀所有。值晋义熙三年（407）

---

[1]《晋书·卷一一三·苻坚载记》。

图4-1-38 甘肃省博物馆藏北凉佛像图(左图)与陕西靖边八大梁十六国时期 M壁画墓6胡僧供养人图(右图)比较
资料分别由西安曲江艺术博物馆与陕西省考古研究院提供

后赫连勃勃大败秃发傉檀,"驱掠二万七千口",就中或有曾属前凉的能工巧匠。后赫连勃勃屡与姚兴战,"尽俘其众","降其众四万五千",当亦不排除其中有能工巧匠。

不管怎样,这些来自南凉秃发傉檀、前后秦等处的大量能工巧匠,真兴元年(419)前后均应参与了统万城兴建或长安城大夏石麟、石马等纪功、宣威类石刻的雕凿,成为"真兴模式"的中坚。当前引数千工匠惨遭杀戮时,不排除就中有他们中间某些人的身影。比如前谓1992年10月于内蒙古乌审旗发现的大夏真兴二年(420)武威人氏田熙墓志、田明墓志等实物资料即为明证。它们凸显出"真兴模式"创造者的族源、身份、等级、品格,对于透析"真兴模式"艺术创造活动的匠师结构、族源成分、艺术水准等,应具有重要参考意义。

勾连上述,根据《晋书·卷一百三十·赫连勃勃》所谓"若乃寻名以求类,踪状以效真,据质以究名,形疑妙出,虽如来、须弥之宝塔,帝释、忉利之神宫,尚未足以喻其丽,方其饰矣"之记载,以及近年于大夏国统万城遗址南4公里处发现的八大梁墓地六胡僧壁画,还可依稀窥视"真兴模式"艺术创造活动中的绘画技艺成就。推测"真兴模式"艺术创造活动绘画匠师构体,或尚有西域胡人及氐羌民族成分的参入(图4-1-38)。

五、历次调查保护概况与相关问题

前述大夏真兴六年(424)石马雕凿成功并隆重竖立后,虽迭遭兵燹与世

图4-1-39　阎甘园（1865—1942）

变沧桑，但仍可屹立不朽。惟自隋建大兴城后，汉城始被抛弃，大夏石马之保护境遇，当随之变幻。荒草废土，或已拥塞石马下部，致屏壁铭文半不可见，重要身份信息因渐次湮没。所谓前引唐苏鹗《苏氏演义》无缘眷顾大夏石马之讨论，即缘于此。

宋、元之际，汉长安城遗址荒凉更甚。元李好文据吕大防《长安故图》作《长安志图》原序称："及来陕右，由潼关而西至长安，所过山川城邑，或遇古迹，必加询访。尝因暇日，出至近甸，望南山，观曲江，北至故汉城，临渭水而归。数十里中，举目萧然，瓦砾蔽野，荒基坏堞，莫可得究。"

推想"数十里中，举目萧然，瓦砾蔽野，荒基坏堞，莫可得究"之际，大夏石马之境遇当可想而知。至于其时荒草废土拥塞石马下部，农夫田耕、牧儿樵采波及石马者，更难以幸免。

庆幸的是，尽管《长安故图》疏解议论"又汉城中有石人、石马、定心石之类，今皆去之"，但大夏石马却奇迹般的得以存留下来。

依前文所论，至迟从明清以来，查家寨一带村民即广传石马成精，因率意敲打，不遗余力。此种狭隘、愚昧的冲击破坏，不仅造成石马前胸、屏壁与尾部、身上等多处毁坏，另外，田耕樵采等多种冲击的进袭，还使石马下部填土拥塞现状更趋严重。

清末民初，由于关中一带屡遭兵燹，天灾人祸，接踵而来，古玩商贾、无知村民等，为求眼前些许利益，乃辄生愚昧觊觎之心，随而发生售卖石马之事。

据何正璜《西北考察日记》，当1941年2月14日教育部艺术文物考察团王子云、何正璜、姚继勋访问西安收藏大家阎甘园（图4-1-39）时，阎即向其述及查家寨村民昔年强售大夏石马之事。是日何氏日记故记：

"（阎）又谓汉古（故）城有一古马，考为西晋[1]时物，马足上有石勒年号，村人欲强售于阎，而阎以其过大，无法运，亦无处藏，未购。现尚屹立于荒芜之汉城中……"（图4-1-40）

---

[1] 应为十六国时期之误。

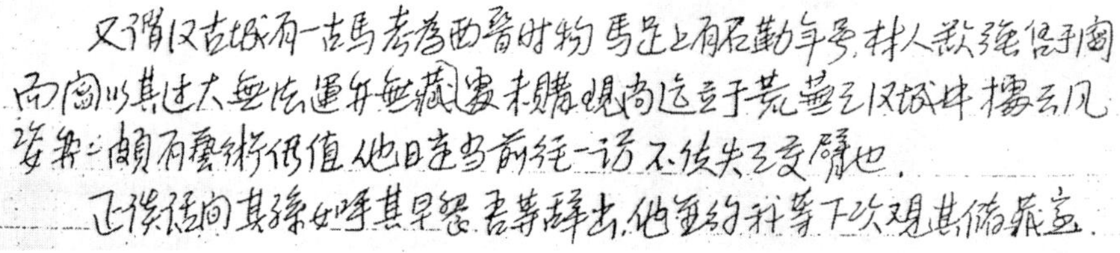

> 又谓汉古城有一古马，考为西晋时物，马足上有石勒年号，村人欲强侣于阎，而阎以其过大无法运并无藏处未购现尚竖立于荒芜之汉城井榭云凡瓷器，颇有艺术价值，他日再当前往一访不使失之交臂也。
> 正援话间，其孙女呼其早餐，吾等辞去，他重约抖等下次观其储藏焉。

图4-1-40　1941年2月14日何正璜考察日记记载阎甘园调查家寨村村民欲售大夏石马情事

　　清末民初查家寨村民向阎甘园售卖大夏石马诸事，当时曾广泛传播于汉城遗址一带村野之间。笔者1997年3月23日采访西查寨村村民查学理、查云，清末民初乡人欲售卖大夏石马予西安南院门五洲大药房阎甘园，曾以银元八百元之价说定，后阎因故反悔，西查寨村民遂怒而推举该村举人查尚谦[1]写状向长安县衙控告，旋以证据不足，官司搁浅，但控告状却一直保存在村民家中，"文革"后才因故遗失。

　　1931年，陕西通志馆"因续修通志，采访得之"大夏石马所在，图以测量、记录及椎拓拓本，但因"石半埋没"，为工作方便，不得不"掘土数尺，始得全马"[2]。

　　此处所谓"掘土数尺"，可见历年耕种田土覆盖拥塞之甚。不过尽管"掘土数尺，始得全马"，但距离当初竖立时地表，仍未及焉。

　　1932年7月以来，西京筹备委员会为保护国粹，宣扬文化，曾组织人力，对西安一带名胜古迹进行调查、登记、摄影、拓印等工作。大夏石马因得以在1933年春季进入西京筹备委员会的工作视线（图4-1-41、图4-1-42）。

　　查西安市档案局、西安市档案馆编辑《筹建西京陪都档案史料选辑》附录王从龙拟具《西京规划·古迹保护管理及表扬办法》第五、六条所谓"凡石刻物品有美术者，拓制成幅或拍照相片保存"、"美术石刻照成相片加具说明，或拓成帖本分登各杂志画报，以资表扬"[3]等规定，以及1932年7月至1933年6月《西京筹备委员会报告》"调查及编辑"一节："本会一年来之调查工作，有关社会文化者，有关名胜古迹者，或以照相摄影取其真迹；或以书面记述其要点，复以专志之足供参考者，则摘录之以备实际之调查"等。正为

---

[1]　查尚谦，长安县西查寨（今属西安市未央区汉城乡）人，清光绪举人。入民国，曾参与宋联奎等著签《长安志图》的校印。
[2]　西京金石书画学会：《西京金石书画集》第3期"大夏石马"条，北平故宫印刷所1936年2月。
[3]　西安市档案局、西安市档案馆编：《筹建西京陪都档案史料选辑》，西北大学出版社1994年版，第149~150页。

图4-1-41　西京筹备委员会大门　庄学本1935年12月摄
采自李媚、王璜生主编《庄学本全集》(上册)，中华书局，2009年，第202页，插图03

图4-1-42　大夏石马与所在地地主　20世纪30年代初　西京筹备委员会摄　赵怡元藏

大夏石马调查、登记、摄影、拓印等工作之背景。后者所谓已收获"名胜古迹照片八十余张"[1]者，或当包含赵怡元先生提供的这幅大夏石马照片。

1933年6月，北平研究院史学研究会徐旭生、常惠（维钧）等人来陕西开展文物调查考古工作，得西京筹备委员会委员长张溥泉先生提供此前西京筹备委员会所摄大夏石马照片，并自其处获得"杨家城内有大夏石马一"之信息，乃特于6月23日结伴"往寻"[2]。

同日《徐旭生陕西考古日记》记诸人颇费周折，"过唐家寨"，至"西查寨家子北"，乃见石"马在田中，离路尚有数十步"。因大喜过望。

彼时徐观石马形态，蓦然想起"前阅西京筹备委员会之照相，知下有字，乃埋于土中，遂用手扒，未几见字"。只以常维钧见状，埋怨徐事先"不说，致未带搨字器具"，徐亦悔"出时之匆忙也"。幸此时西查寨村"儿童已渐集，一儿陈姓为地主"，徐乃"请其找小镐及笤帚、水来"。儿童去后，突有一围观村民因闻徐言挖掘"可得酒钱"，"乃疾来用镐助挖"。不意正工作间，忽来一村妇及一老人声言阻止，"气势汹汹"，势不能阻。经徐等竭力解释，允给以赔偿，方得以继续工作。经徐旭生清洗石马屏壁铭文，作识读记录；常惠则"将下字分照两张，马前后左右分照四张"，（图4-1-43、图4-1-44）一应工作始告完结。尽管如此，

[1] 以上引用均参见西安市档案局、西安市档案馆编：《筹建西京陪都档案史料选辑》，西北大学出版社1994年版，第162页。
[2] 徐炳昶、常惠：《陕西调查古迹报告》，《国立北平研究院调查报告》第三种，《国立北平研究院院务汇报》，1933年第4卷第6期，第14页。

图4-1-43　大夏真兴六年造之石马雄姿之二（正视）1933年6月23日常惠摄
采自徐炳昶、常惠合作署名《陕西调查古迹报告》

图4-1-44　汉城遗址内大夏真兴六年（424）石马雄姿之一（侧视）1933年6月23日常惠摄
采自徐炳昶、常惠合作署名《陕西调查古迹报告》

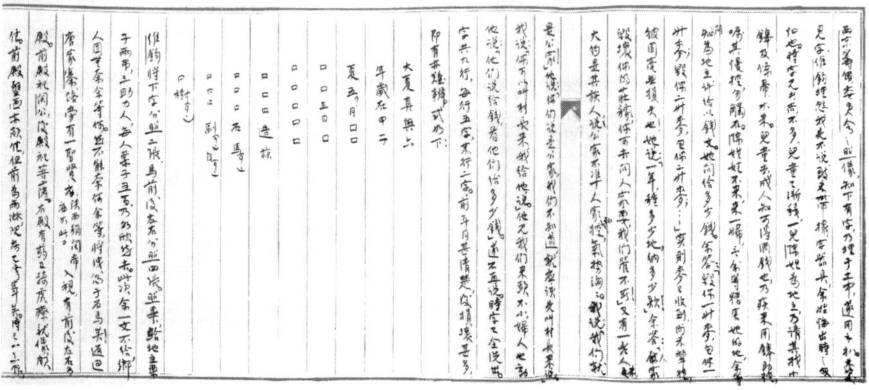

图4-1-45　1933年6月23日《徐旭生陕西考古日记》主体片段

徐仍恪守前言,"给地主票子两吊,三助力人,每人票子五百,乃各欣然去"[1]（图4-1-45）。其工作成果,则见于同年刊行《国立北平研究院调查报告》第三种第四卷第六期刊发徐炳昶、常惠合作署名《陕西调查古迹报告》中。

此日调查大夏石马风波,依同日《徐旭生陕西考古日记》记载,云此次其

[1] 以上引用均见1933年6月23日《徐旭生陕西考古日记》。

图4-1-46 1941年3月4日教育部艺术文物考察团姚继勋拍摄的大夏石马形象 自东南向西北摄

即便"一文不给,乡人固无奈余等何"。但他顾忌村民"不能奈何余等,将泄忿于石马",因有付钱"赔偿"之举。盖当年文物保护工作的尴尬与无奈,大致如此。

前引1941年2月14日教育部艺术文物考察团《何正璜考察日记》,知何当日与王子云、姚继勋等曾从阎甘园先生处获知大夏石马售卖风波事,并自其处闻知大夏石马"风姿奕奕,颇有艺术价值",心窃向往。遂定"他日定当前往一访",以求"不使失之交臂也"。

何正璜等人的愿望,至1941年3月4日得以实现。据同日《何正璜考察日记》,当日参加大夏石马考察者,为教育部艺术文物考察团王子云、何正璜、姚继勋,以及西京筹备委员会调查员陈子怡、夏子欣等人。全部调查工作,涉及更具艺术审美趣味的调查、记录与摄影(图4-1-46)、拓印。关乎此次考察经过与感触,何正璜《西北考察日记》因是记道:

"远望晴沙绿原上,有名之汉城石马在焉。高六尺,长八尺,后腿已半陷土中,两耳亦失,全体结构虽非精美,但大体尚称浑厚,且此马为故汉城中今日惟一具体之古代艺术之存在者,浴风沐雨已历二千余载,今尚得亲手抚其项背,诚为可贵。因在其旁拍一像,以为纪念。姚君更脱去大衣,立于马前,效昭陵六骏之一上之武士作手扶马头之状,同人皆因之大笑,因甚肖也。

夏君并指马口之绿色而述其神话,谓此马屹立于此,已历千余年,因得日月光华,成为精异。村人夜起,常见其在附近各地盗食麦苗,其口常绿即为明证。话虽荒诞,却令人喜呀。"

涉及石马铭文之考释,同日何正璜《西北考察日记》尚记:

"(余)见马之前足上隐隐有字,即取手帕仔细揩擦,模糊可识者为'大

夏……'二字，余则半入于土，不可复识。然仅此二字，已令我等知其为西夏之物，因后秦姚氏自败于后魏拓跋珪后，其部下赫连勃勃即叛而自建西夏，自称为大夏天王，正与蹄上年号相合。"[1]

类同的记叙，另见1945年6月何正璜于《旅行杂志》发表题为《汉长安城》一文：

"远望晴沙绿原上，有名的汉城石马，孤立在一片麦田里，行近下车，量马身高六尺，长八尺，后腿已半陷土中，两耳亦失，全体结构虽非精美，但大体尚称浑厚，并且它是故汉城中今日唯一具体古代遗物之存在者，浴风沐雨已历千余载，今尚得亲手抚其项背，诚为可贵。马之前足上，细视隐约有字，因取手帕细细揩拭，模糊可见为'大夏……'余埋土中，我们根据此地二字，均推断其为晋时物，按后秦姚氏自败于后魏拓拔后，其部将赫连勃勃即叛而自建一国，自称为大夏王，其时间与地点均可能在此。如我们判断不误，则此马为一千五百余年前之匈奴作品。"[2]

1949年后，中央人民政府内务部、文化部及西北军政委员会对于保护大夏石马等文物古迹，均有新的举措。先是1950年7月31日由西北军政委员会主席彭德怀、副主席习仲勋、张治中联合署名向西北五省人民政府、西安市人民政府发出的"会文文字第280号"文件指出：

"凡全国各地具有历史价值及有关革命史实的文物建筑如：革命遗迹及古城郭、宫阙、关塞、堡垒、陵墓、楼台、书院、庙宇、园林、废墟、住宅、碑塔、雕塑、石刻等以及上述各建筑物内之原有附属物，均应加意保护，严禁毁坏。"[3]

依据上述文件，在西安市人民政府与长安县政府的合力督促下，位于西查寨村北农田内的大夏石马得到了切实的保护。该村村民不仅革除了历史上流传已久的敲打石马恶俗，并相约禁止农耕、樵采、牧羊等农事行为可能

---

[1] 未公开出版，手稿存何正璜后裔处。日记中所谓"西夏"者，为"大夏"之误。
[2] 1945年6月何正璜于《旅行杂志》发表题为《汉长安城》一文收录于何正璜著《何正璜考古游记》，人民美术出版社2010年版，第38~39页。
[3] 西北军政委员会文化部文物处编印：《文物管理手册》，铅印本，1951年11月，第26~27页。

对石马造成的危害。

因此，1951年11月由西北军政委员会文化部文物处编印的《文物管理手册》，在如实记录当时大夏石马保护背景的同时，还适时汇入剔除壅土后拍摄的大夏石马英姿。与此前各次石马照片相比，此幅自东南向西北方向仰角拍摄的大夏石马，全形袒露，高大雄伟，留下了那个时代勃勃向上的文化印痕。(图4-1-47)

1954年6月19日，西北历史博物馆(今碑林博物馆)征集部高仲毅图以对大夏石马实施更妥善的保护措施，乃经认真田野考察，广泛征求西查家寨村民意见，特向西北历史博物馆递交《关于征集大夏石马的报告》[1]。文称：

图4-1-47　1951年西北军政委员会文化部文物处拍摄的大夏石马雄姿　从东南向西北仰拍

"据查长安县七区十三乡西查家寨村的大夏石马，因一向无人保管，已有较多被挖打不显。又因为它竖立在私人农田地里，老乡们耕耘、收获时颇感不便，去参观的人也有践踏田禾的情事，很希望政府早日运走。此间除此一孤立石马外，别无其他遗留史迹。我们计划趁此麦收刚过的期间，将其搬运回馆，并补充我馆石刻艺术的陈列。妥善保存。请赐一介绍函件，以便通过陕西省人民政府文教厅进行搬运。当否？请核夺。"

6月20日，西北历史博物馆即据高仲毅报告向陕西省人民政府文教厅呈送文件，请该厅致函长安县政府及该县七区十三乡政府请求协助，以便"搬运"。经上述单位通力合作，当月下旬，西北历史博物馆始派高仲毅等人赶赴大夏石马所在西查寨村，在该村团支部书记查学理率团员青年的协助下，始将大夏石马运归碑林保存陈列。

据查学理回忆，为感谢西查寨村村民的帮助，西北历史博物馆曾向该村

────────
[1] 参见西安碑林博物馆保存《关于征集大夏石马的报告》档案，保管部，卷宗号46。

村民发放博物馆宣传资料并赠送门票、纪念章等。

1955年6月,西北历史文物陈列馆更名为陕西省博物馆,为更好地对大夏石马实施保护,扩展宣传效应,该馆计划在碑林小殿北西庑南侧筹建小亭,并图与小殿北东庑南侧保护景云钟的小亭相对应。至建亭、迁运及开放陈列等全部工作完成,约在同年年底。

1956年1月,为纪念对称钟、马小亭的建成、开放,陕西省博物馆曾特意派员摄影留真。至此,从大夏真兴六年(424)石马雕成竖立,到1956年1月钟、马小亭建成开放,其间整整经历了1500余年。(图4-1-48)

图4-1-48　安置于新建小亭内的大夏石马 1956年1月陕西省博物馆摄

世事沧桑,贞石无恙。屈指数来,1956年1月的这幅安置于小亭内繁荣石马小照,应该是其新生之后的郑重定格了。

六、诸种拓本的钩沉与写真

前文诸节多次述及,大夏石马在真兴六年(424)竖立后,迭经沧桑巨变,至迟于隋建大兴城后,即日渐寂寞,致荒草壅土覆盖石马屏壁,使铭文不可见,后之金石爱好者,遂率多无缘获取拓本。这是造成迄今为止早期大夏石马拓本稀少的重要原因。

依1936年2月刊行《西京金石书画集》第三期"大夏石马"条与附加图像,知1931年陕西通志馆"因续修陕西通志,采访得之"[1]大夏石马拓本,是我们目前所知最早的大夏石马拓本(图4-1-49)。综合民国辛未(1931)陕西金石学者薛定夫藏"大夏石马"铭文拓本题跋及《语石　语石异同评》记载:"(大夏石马)初出土时,予即得拓本。武陵余季豫(嘉锡)为之跋释甚详。"此

---

[1] 西京金石书画学会编辑:《西京金石书画集》第三期"大夏石马"条,北平:北平故宫印刷所,1936年2月。

图4-1-49 1936年2月刊行《西京金石书画集》第三期载长安李松如大夏石马全形拓

次拓本分石马立体全形拓与石马胸前屏壁铭文拓本两个种类。

据笔者采访1949年前长期担任陕西省教育厅督学的刘安国先生,知此次两个种类拓本制作者,均为清末民初西安著名椎拓大师李月溪(1881—1946)之子李松如。

李月溪者,字士恒,号长安士隐。其先山西人,清光绪中来长安,数世经商,遂以长安为籍。幼读书聪颖,精绘事,善书法。弱岁入泮,为邑生员[1]。后以家生变故,"未克致身仕宦","乃仍以计然之术"[2],设肆经营金石古玩,且习椎拓之技,尤长青铜器立体影拓。其全形拓拓本,在清末民初西安碑帖行声名最显。其代表作为昭陵六骏全形拓本。凡事可见于右任在1944年出版的《文史杂志》第九、十期合刊上刊发的《昭陵石马歌》。李松如承袭父辈技巧,戮力钻研,声名更著,识者有谓青出于蓝而胜于蓝者,可为李松如技艺定语。将李松如大夏石马立体全形拓与李氏父子昭陵六骏全形拓本对照,可窥其全形拓技艺相互融通之关系(图4-1-50)。

图4-1-50 1936年2月刊行《西京金石书画集》第三期载大夏石马全形拓与于右任赠晏济元长安李松如六骏其一拓本比较

---

[1] 有关李月溪生平,可参见1958年修撰的《长安县志》(未刊)以及罗宏才:《也谈昭陵六骏拓本》(《收藏》杂志69期)等。

[2] 翁维谦:《李月溪先生诔词》。手稿存翁维谦处,未刊。

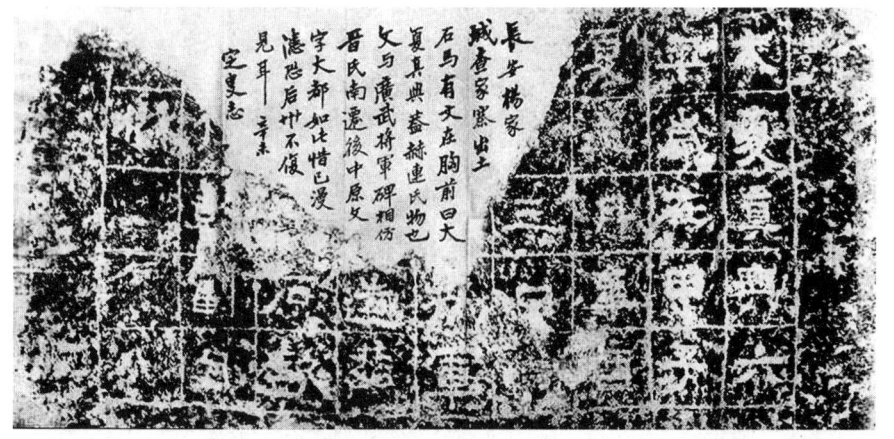

图4-1-51　辛未（1931）年三原薛定夫题跋大夏石马拓本
西安宗鸣安先生提供

观察《西京金石书画集》第三期"大夏石马"条显现李松如椎拓大夏石马全形拓拓本，因砂岩质地与长期暴露野外缘故，致使椎拓难度加大，整体墨色轻重不一。且前胸残破处与屏壁铭文拓本部位透视效果掌握不力，局部出现扭曲变形，虽为创制之作，但总体分析，则不当为佳本。

较石马全形拓本，屏壁铭文拓本数量相对为多。目前所知具代表性者，如《语石　语石异同评》作者柯昌泗藏本、"武陵余季豫（嘉锡）为之跋释甚详"本、曾归西安宗鸣安收藏民国辛未（1931）薛定夫题跋本。但目前可见者，为民国辛未（1931）薛定夫题跋本。惟5行"将军"两字前关键一字失拓，诚属遗憾。

民国辛未（1931）薛定夫题跋本，跋作："长安杨家城查家寨出土石马有文在胸前，曰：'大夏真兴。'盖赫连氏物也。文与广武将军碑相仿，晋氏南迁后中原文字人都如此。惜已漫漶，恐后世不复见耳。"（图4-1-51）

陕西通志馆椎拓之后，1933年春季始西京筹备委员会调查员夏子欣继起椎拓，虽仅系屏壁铭文一种，但拓本精良，且5行"将军"两字前关键一字多依稀可辨（图4-1-52）。

夏氏拓本，因椎拓数次，至1941年3月4日教育部艺术文物考察团考察之际，仍有出品，故数量较多。目前皮藏最富者，恐为夏氏后裔矣。

与西京筹备委员会夏氏拓本雁行，1936年3月完稿张扶万《唐长安城金石考》卷四"汉故城石马"条附录大夏石马全形拓拓本，亦为李松如杰作。其工作背景，可追1934年2月以降北平研究院与陕西省政府合组陕西考古

图4-1-52　西京筹备委员会调查员夏子欣椎拓大夏石马铭文拓本

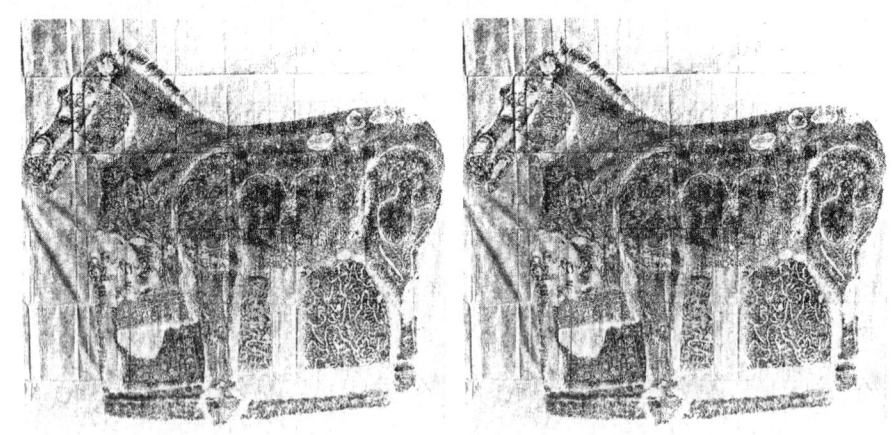

图4-1-53　1936年2月刊行《西京金石书画集》第三期载大夏石马全形拓与张扶万《唐长安城金石考》卷四"汉故城石马"条附大夏石马全形拓拓本对比

会诸事迹[1]。

　　较《西京金石书画集》第三期之显现,《唐长安城金石考》卷四"汉故城石马"条附录大夏石马全形拓本则明显精良,不惟墨色均匀滋润,整齐划一。且屏壁铭文拓本单独椎拓,两相凑合,宛然和谐。至前所透视变形,臃肿拖拉之弊,盖已除矣(图4-1-53)。

---

[1]　详情可参见罗宏才著:《陕西考古会史》,陕西师范大学出版社2014年版。

七、结语

对大夏石马这一重要历史、艺术雕刻原在位置、雕凿性质、设计环境、雕凿风格、艺术模式、流转经历、调查保护、拓本概况等诸类问题进行初步讨论,目的旨在以此获得学界同人的批评指导。限于资料以及能力,其间可能存在诸多不足与谬误。相信随着以后新考古资料的不断发现,这一综合性讨论将逐步得以深化、提升与补充、矫正。

围绕诸类问题的讨论,笔者冒昧提出"真兴模式"这一概念。虽简陋粗疏,但或许可冲击以往的研究视野,促使我们能以更广阔多元的视角重新审视、透析大夏石马的性质、风格与文化内蕴,并由此激发我们对大夏国时期整体文化艺术历史及相关问题的关注。诚如是,笔者以为刻意注目此一研究课题的基本目的业已达到。此本节终端笔者所要特别说明的。

第二节　唐景云钟的规制与衍化

图4-2-1　唐景云钟正面　罗宏才摄

西安碑林东庑南侧小亭存置唐景云二年(711)"太岁辛亥,金九癸酉金朔,一十五日丁亥"[1]所铸铜钟,为唐睿宗李旦(662—716)籍中宗之女长宁公主宅第以为"景龙观"内弥足珍贵的重要历史文物。因其最早悬挂于唐长安城崇仁坊西南隅景龙观,故长期以来文献记载多称之为"景龙观钟"。又因其铸于唐景云二年(711),则现今多称之为"景云钟"。另因其曾置放于西安迎祥观内,一度也称之为"迎祥观钟"。(图4-2-1)

据近年实测资料,知此钟通高247厘米、腹围486厘米、口径165厘米、重约6 000公斤。这些数据与诸种文献所谓"高九尺,径五尺五寸,中围十六尺"[2]、"厚七寸"[3]等相关记载是基本吻合的。

---

[1] 引自景云钟钟身铭文。
[2] (清)王昶《金石萃编》卷六十九引《金石图》。北京中国书店据1921年扫叶山房本影印,1985年,第2册,第7页。
[3] 参见无锡候鸿鉴1936年5月游览陕西省立图书馆参观"景云钟"日记,收录于1937年6月无锡锡成印刷公司出版候鸿鉴《西北漫游记》一书,第14页。

钟之形制，盖"为铜、锡合金的青铜器铸成。体呈上锐下侈形，口为六角弧形唇，铸模共分为五段，26模。蒲牢及圆形帽部共一模，蒲牢周有四乳。第二段共六块模，上狭下宽，随钟体而曲。铸有浮纹飞天，翥凤并配有缭绕的瑞云。其余三组中心为浮纹菱镜形，兼饰射线达四角，射线空处各饰乳钉纹。第三段共六模，铸有浮纹飞凤和独角牛（为后补铸），四角各配有瑞云。其余四组浮纹，中为菱镜，四角射线配乳钉纹，第四段共六模，铸浮纹走狮、飞凤、飞龙并各配缭绕的

图4-2-2　唐景云钟侧面图案纹饰

瑞云云朵。其余两组中为菱镜，四角射线配四乳钉。另一组为铭文所占。第五段共六模，为钟下唇部，各组纹饰相同，铸带状蔓草浮纹，带纹相交处铸有高浮雕兽面纹"[1]（图4-2-2）。

钟身正面下部正中"高一尺八寸，阔二尺"[2]方框内，铸有"钟铭十八行，行十七字。四围有各种鸟兽纹，为睿宗自制铭文自书之"[3]，居全钟最醒目位置，可视为钟身正面。按钟文文体为骈体，书系正书。凡292字，记景龙观肇建历史，铸钟缘起、经过，以及初唐皇室与道术渊源等相关诸事。

观察钟铭，明清以来文士骚客评述颇多。瞩目者，如明赵崡《石墨镌华》称："景龙观者，中宗所作，景云二年睿宗为之铸钟制铭也。字正书而稍兼篆隶，奇伟可观。钟今在西安府城钟楼。"[4]

此外，清代学人郭尚先、钮琇尚称"其辞典雅可诵，书法尤古秀圆劲，寓

---

[1]《陕西省志·文物志》编纂委员会：《陕西省志·文物志》，三秦出版社1995年版，第308页。
[2]（清）王昶《金石萃编》卷六十九引《金石图》。北京中国书店据1921年扫叶山房本影印，1985年，第2册，第7页。
[3] 参见无锡候鸿鉴1936年5月游览陕西省立图书馆参观"景云钟"日记，收录于1937年6月无锡锡成印刷公司出版候鸿鉴《西北漫游记》一书，第14页。
[4]（明）赵崡：《石墨镌华》，商务印书馆1937年版，第17页。

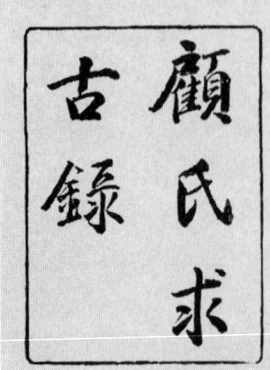

图4-2-3 收录顾炎武景云钟题跋的《求古录》著述扉页

篆隶于楷法"[1];又说其"气象雍穆"[2],"极可爱也"[3]。

涉及钟铭书体渊源,明末清初郭宗昌(1570—1652,字胤伯,华州甘泉人)《金石史》寻其源流,说它"书复古雅拙朴,其源出自兴和年《李仲璇修孔子庙碑》[4],济之以雅故胜"。清初屈大均(1630—1696,初名邵龙,又名邵隆,号非池,字骚余,又字翁山、介子,号菜圃,广东番禺人)《广东新语》卷十一"二铁塔铭"条还将景云钟钟铭与广州光孝寺"二铁塔铭"并列,认为以其所见,"自唐以来,惟景云观、法性寺[5]二钟铭及是塔记而已"。

区别赵崡、郭宗昌、屈大均诸家,明末清初顾炎武(1613—1682)观察视阈颇见宏博,所作评判亦颇有见地。其《跋景龙观钟铭睿宗御书,景云二年九月》指称:"初唐人作字尚古,有八分遗意,正书之中往往杂出篆体,无论欧虞诸子,即睿宗书亦如此。犹之初唐律诗稍似古风,平仄不尽稳顺,开元以后书法日盛而古意遂亡,遂以篆楷为必不相通,分为两部。……诗篇书法,日以圆熟而俗笔生焉,亦世道升降之一端也。"[6](图4-2-3)

如是,我们从透析景云钟铭出自睿宗之手一途出发,查阅新、旧唐书有关记载,知《旧唐书·卷七·睿宗纪》尝谓"(睿宗)谦恭孝友,好学,工草隶,尤爱文字训诂之书"。《新唐书·卷五·睿宗纪》又谓睿宗"长而温恭好学,通训

---

[1] 引自清道光二十八年(1848)知长安县事李文翰撰文、候补知县军功赏戴蓝翎江开书丹并题额《重修迎祥观楼碑记》。碑现存西安钟楼。
[2] (清)郭尚先(1785—1832),字元开,号兰石,福建莆田人。嘉庆十四年己巳(1809)恩科进士,历官乡试考官、国史馆纂修、文渊阁校理、四川学政、左赞善、光禄寺卿等。工书,善绘画,兰石尤称奇绝,斋号"兰石"即因此来。著述颇丰,所谓钟铭"气象雍穆"诸句,见郭氏《芳坚馆题跋》、《增默庵文集》等著述。
[3] (清)钮琇《觚剩》卷六《秦觚》"景龙观钟铭"。钮琇(?—1704)其人,字玉樵,江苏吴江南麻(今盛泽)镇人。康熙十一年(1672)拔贡,历官项城、白水、高明知县,有政声。工诗文,著《觚剩》,有聊斋之风,传诵一时。
[4] 又称《鲁孔子庙之碑》。东魏兴和三年(541)刻,通高228厘米,宽86厘米,厚14厘米。今存曲阜孔庙。郭宗昌《金石史》赞该碑"笔力劲骏如偏面骄嘶,又如辫发童甫,殊俗撝让"。康有为《广艺舟双楫》则谓其"如乌衣弟子,神采超俊";又谓其"骏爽骋足","为逸品上"。
[5] 所谓"景云观"者,系"景龙观"之误。"法性寺"建于唐贞观年间,称"乾明法性寺"。北宋初,称"乾明禅院"。南宋绍兴二十一年(1151)易名"光孝寺"。明成化八年(1472),敕赐"光孝禅寺"。
[6] (清)顾炎武:《金石文字记》卷3,《石刻史料新编》第1辑第12册,台北新丰出版公司1982年版。

诂,工草隶书"。惜其"书不多见者,惟孔子庙堂碑额。顺陵碑文及此铭耳"。

大概正因为此种缘故,乾、嘉时金石巨匠王昶(1725—1806,字德甫、号述庵,又号兰泉,青浦人)才会在其代表著述《金石萃编》中聊发"而其书又沉郁古奥,为东坡之祖,洵可宝也"[1]一类的感叹。以之对勘诸种睿宗书法,清杨宾(1650—1720,字可师,号大瓢,浙江山阴人)《大瓢偶笔》还将"景龙观钟铭"与唐睿宗所书"武士蒦碑、杨氏碑、武后述志碑、孔子庙堂碑额"等诸种碑碣相提并论,认为"景龙观钟铭。以余品之,当以铭为第一,盖其古奥浑厚,绝非他碑可及也"[2]。

如前述,景云钟既为初唐皇室道观之物,钟铭又为睿宗皇帝染翰,故而具有皇家气韵的等级规制,受到各代人士青睐眷顾,瞻拜维护,求取拓本,也就成为理所当然的事情。源远流长,有关该钟风格特色、迁徙轨迹、所在环境、拓本求取等问题,亦积蓄丰富,缤纷瑰丽,颇值钩沉,足飨世人。

需强调的是,迄今为止学界及有关部门关注景龙观铜钟者,多在铸造技术、铭文考释[3],或囿于泛泛程式化介绍等方面。因此,我们在立足相关学者的研究基础上,尝试对以上提出的诸种问题进行初步研究,应该说具有一定的学术意义与现实意义。

为方便起见,本节期望在聚焦唐景云钟规制与衍化主题前提下,尝试针对原在位置、层楼规制、流变轨迹、诸种拓本等相关方面展开论述。

一、钟名、位置与层楼规制

依景云钟铭文,最初悬挂新铸铜钟之道观,为唐"中宗孝和皇帝之所造也"。查中宗在位只有"景龙"一种年号,则此道观之名,应曰"景龙观"。《全唐诗》卷七十三录苏颋《景龙观送裴士曹》一诗,即是彼时"景龙观"称谓行世证据之一。

类同信息,尚蕴藏在敦煌文书第2457号《阅紫录仪三年一说》末题,语云:

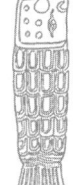

---

[1] (清)王昶:《金石萃编》卷六十九引《金石图》。北京中国书店据1921年扫叶山房本影印,1985年,第2册,第7页。
[2] (清)杨宾:《大瓢偶笔》卷三《论唐人碑帖》,道光二十七年(1847)筠石山房本。
[3] 参见王翰章:《景云钟的铸造技术及其铭文考释》,载《文博》1986年第4期;姬乃军:《宝室寺铜钟铭文考释》,载《文博》1996年第1期;樊英民:《"宝室寺铜钟铭文考释"商榷》,载《文博》1996年第4期。

"开元廿三年(735)太岁乙亥九月丙辰朔十七日丁巳,于河南府大弘道观敕随驾修祈禳保护功德院,奉为开元神武皇帝写一切经,用斯福力,保国宁民,经生许子颙写;修功德院法师蔡茂宗初校,京景龙观上座李崇一再校,使京景龙观大德丁政观三校。"[1]

同样,《岱岳观碑》(十二)尚记:"大唐景龙三年,……奉敕令……京景龙观大德曹正一等三人,于此泰山岱岳观建金箓大斋。"[2]

所谓"景龙观"者,大致可自此追溯源流。两相对照,推测铜钟有可能以观取名,谓为"景龙钟",引申于其他相关示例,这样的推断应同样适合。

隋唐风尚,每以寺观之名而为钟名,相关文献记载不乏见及。择《续高僧传·释普旷传》,称"(普)旷识悟闻达当其一焉。寻复废之。大法昌显并预出家同居兴善。果敢雄敏众所先之。隋文以通道观钟赐玄都观"。又择唐京兆释道宣撰《广弘明集》第二十八卷,"唐太宗大兴善寺钟铭"、"唐东宫皇太子西明寺钟铭"等称谓亦联翩佐证。

循上述思维,我们聚焦迄今几乎众口一词的"景云钟"名称,相信其当与铜钟铸造具体时日有关。固金石文物命名,率多取其制造时日,此类实例颇多,如原置陕西鄜州宝室寺唐贞观三年(629)所铸之"贞观钟"等[3]。

向来钟在寺观体系中,为重要附属重器。《敕修百丈清规·卷第八·法器章第九》:"大钟,丛林号令资始也。晓击则破长夜警睡眠;暮击则觉昏衢疏冥昧。"《杂譬喻经》:"洪钟震响觉群生,声遍十方无量土。"皆可明悉其功能地位。

将景云钟认定为皇家道观之钟,则其一切规制,均须契合皇家道观范式。除去体量、重量、工艺、纹饰、音响等方面外,包括所在位置及相应环境等的设计营造等方面,亦应在此限之内。

追寻景云钟最初安置之地,笔者搜检、分析相关文献资料并结合以往研究成果,认为其当在景龙观主体建筑前东侧[4];安放之具体位置,当在具有层楼规制的钟楼上。

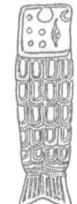

[1] 林聪明著:《敦煌学导论丛刊·敦煌文书学》,台北新文丰出版公司1991年版,第288页。
[2] 陈垣编纂,陈智超、曾庆瑛校补:《道家金石略》(《金石略》)唐035号,文物出版社1988年版。
[3] 《陕西省志·文物志》编纂委员会:《陕西省志·文物志》"贞观钟"条,三秦出版社1995年版。或曰"宝室寺铜钟"。如以钟铭"大钟主赵夷、杜茂、上大将军张神安、杜茂"等语,实应称"赵夷、杜茂等铸铜钟"。
[4] 这一问题,辛德勇《唐代都邑的钟楼与鼓楼——从一个物质文化侧面看佛、道两教对中国古代社会的影响》一文有详细叙述,本文赞同辛文观点,相关叙述参见下文。

唐段成式《酉阳杂俎》(图4-2-4)"续集卷五·寺塔记上"条提及唐代长安城平康坊菩提寺钟楼，称："寺之制度，钟楼在东，惟此寺缘李右座林甫宅在东，故建钟楼于西。"又"续集卷六·寺塔记下"：

"宣阳坊奉慈寺，开元中，虢国夫人宅。安禄山伪署百官，以田乾真为京兆尹，取此宅为府，后为郭暧驸马宅。今上即位之初，太皇太后为升平公主追福，奏置奉慈寺，赐钱二十万，绣帧三车，抽左街十寺僧四十人居之。今有僧惟则，以七宝末摹阿育王舍利塔，自明州负来。寺成后二年，司农少卿杨敬之小女，年十三，以六韵诗题此寺，自称关西孔子二十七代孙，字德邻。警句云：'日月金轮动，栴檀碧树秋。塔分鸿雁翅，钟挂凤皇楼。'"

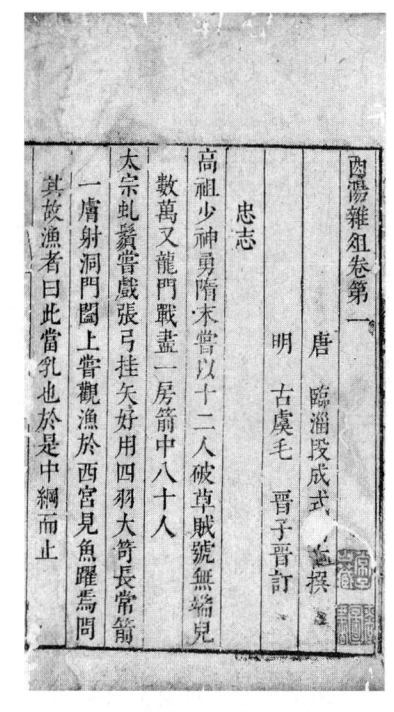

图4-2-4 唐段成式《酉阳杂俎》明毛氏汲古阁刻本 竹纸 金镶玉装

《酉阳杂俎》"续集卷六·寺塔记下"还记：

"崇义坊招福寺，本曰正觉，国初毁之，以其地立第赐诸王，睿宗在藩居之，乾封二年，移长宁公主佛堂于此，重建此寺。寺内旧有池，下永乐东街数方土填之，今地底下树根多露。长安二年，内出等身金铜像一铺，并九部乐。南北两门额，上与岐、薛二王亲送至寺，彩乘象舆，羽卫四合，街中余香，数日不歇。景龙二年，又赐真容坐像，诏寺中别建圣容院，是玄宗在春宫真容也。先天二年，敕出内库钱二千万，巧匠一千人，重修之。睿宗圣容院，门外鬼神数壁，自内移来，画迹甚异，鬼所执野鸡，似觉毛起。库院鬼子母，贞元中，李真画，往往得长史规矩，把镜者犹工。寺西南隅僧伽像，从来有灵，至今百姓上幡缴不绝。先，寺奴朝来者，常续明涂地，数十年不懈。李某为尹时，有贼引朝来，吏将收捕，奴不胜其冤，乃上钟楼遥启僧伽而碎身焉。"[1]

---

[1]（唐）段成式撰，方南生点校：《酉阳杂俎》，中华书局1981年版。

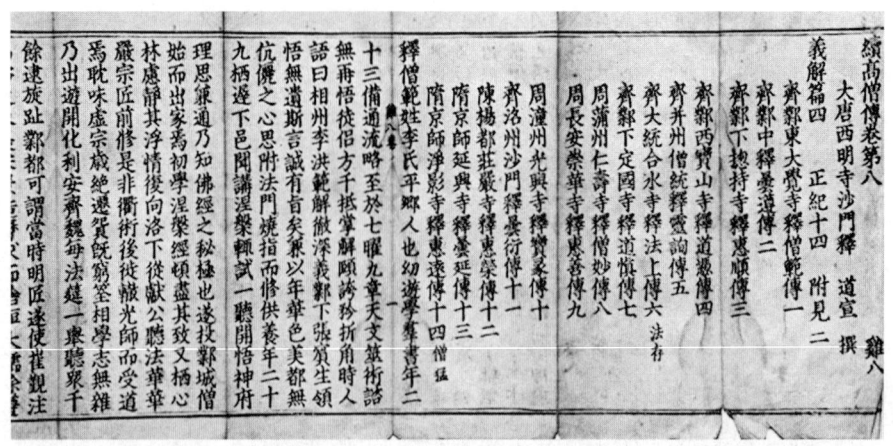

图4-2-5 唐释道宣《续高僧传》局部

又《续高僧传·卷十一》"唐京师慈门寺释普旷"(图4-2-5):

"(普)旷识悟闻达,当其一焉。寻复废之。大法昌显,并预出家,同居兴善。果敢雄敏,众所先之。隋文以通道观钟赐玄都观,黄巾一族同共移来。将达前所,旷率其法属径往争之。立理既平,便又刵耳。道士望风,索然自散。乃悬于国寺,声震百里。"[1]

而南唐尉迟偓纂《中朝故事》卷上:

"京辇自黄巢退后,修葺残毁之处。镇州王家有一儿,俗号'王酒胡',居于上都,巨有钱物,纳钱三十万贯,助修朱雀门。上又诏重修安国寺毕,亲降车辇,以设大斋。乃十二撞新钟,舍钱一万贯,令诸大臣各取意击之。上曰:'有人能舍钱一千贯文者,却打一槌。'斋罢,王酒胡半醉入来,径上钟楼,连打一百下,便于西市运钱十万贯入寺。"[2]

上引文献所谓"寺之制度,钟楼在东",以及"钟挂凤凰楼","乃悬于国寺","乃上钟楼","径上钟楼"等,皆谓唐时寺观之钟在钟楼内安置,安置的方式是悬挂。钟楼的位置,则在主体建筑的东侧。其与景云钟钟铭所谓

---

[1] 道宣著:《续高僧传》,台北文殊出版社1988年版。
[2] 尉迟偓纂:《中朝故事》,中华书局1985年版。

"悬玉京而荐福",应该是完全吻合的。因为只有这样,才可以充分展示铜钟高大雄伟的身姿,方便法事时遵规槌打,所谓"悬玉京而荐福,侣铜史而司辰"[1],使钟发出洪亮之音响,以契合庄严肃穆的宗教活动。

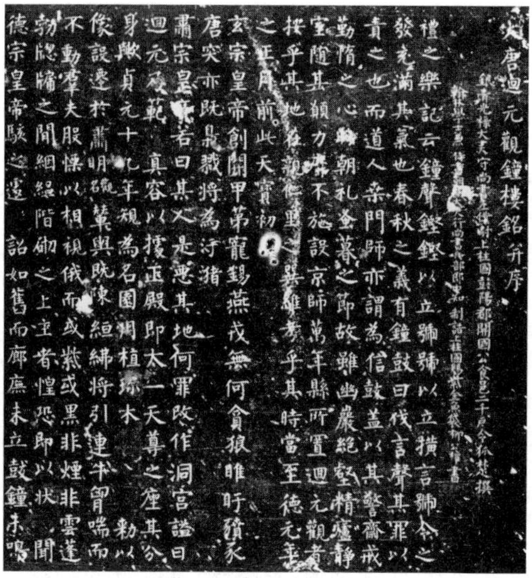

如果说以上文献仅仅述及钟楼之建以及钟楼位置、安置方式、槌打动态,而未涉及钟楼建筑风格结构的话,那么,晚唐名相白敏中(792—863,字用晦,华州下邽,即今陕西渭南)所撰《滑州明福寺新修浮图记》

图4-2-6　唐令狐楚撰《大唐回元观钟楼铭并序》拓本局部

及1986年11月出土于西安市和平门外唐文宗开成元年(836)令狐楚撰《大唐回元观钟楼铭并序》(图4-2-6),则通过不同角度有效弥补了这一遗憾。

前者文谓:"由是起殿,中虚屋,周廊四回,前三其门,庭二其台,架危楼以耸钟,植修茎以飞旛,界宇峻严,宛如鹫山。"

后者又谓太和四年(830)夏:"于大殿之前少东,创建层楼。栾栌既构,簨簴既设,合大力者抗而登于悬间,……钟凭楼以发声,楼托钟以垂名,钟乎楼乎,相须乃成。"

白敏中《滑州明福寺新修浮图记》所谓"庭二其台,架危楼以耸钟"一句,不仅指出了钟楼的位置,还揭示出钟楼的建筑风格,即明福寺钟楼建于高台之上。因为借高台以凸显楼建的高耸,才会出现"架危楼以耸钟"那样的视觉效果、音响效果与合理环境。

《大唐回元观钟楼铭并序》所谓"栾栌"者,谓屋中柱顶承梁之木。按曲者为栾,直者为栌。张衡《西京赋》:"结重栾以相承。"注云:"柱上曲木,两头受栌者。"又《全唐诗》卷三百五十五录刘禹锡《武陵观火》诗:"腾烟透窗户,飞焰生栾栌。"《孔子家语·曲礼公西赤问》:"琴瑟张而不平,笙竽备而不和,有钟磬而无簨簴。"王肃注:"簨簴可以悬钟磬也。""栾栌既构,

---

[1] 参见景云钟铭文。

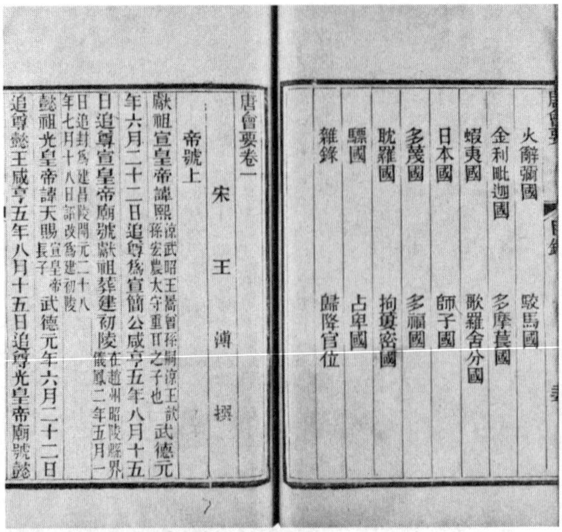

火辭彌國 駮馬國
金利毗迦國 多摩萇國
蝦夷國 歌羅舍分國
日本國 師子國
多蔑國 多福國
耽羅國 拘蔞密國
驃國 占卑國
雜錄 歸降官位

唐會要卷一
宋 王溥 撰
帝號上
獻祖宣皇帝諱熙涼武昭王暠曾孫涼王歆孫宏農太守重耳之子也武德元年六月二十二日追尊爲宣簡公咸亨五年八月十五日追尊宣皇帝廟號獻祖葬建初陵在趙州昭慶縣界儀鳳二年五月一日追封爲建昌陵開元二十八年七月十八日詔改爲建初陵
懿祖光皇帝諱天賜宣皇帝長子武德元年六月二十二日追尊懿王咸亨五年八月十五日追尊光皇帝廟號懿

图4-2-7 王溥撰《唐会要》卷一首页 清刻本

簨簴既设，合大力者抗而登于悬间”，则是说回元观钟楼建筑以及悬挂安置大钟的相应设备已经齐备，于是便“合大力”将其悬挂在钟楼内。全段文字前后勾连，不仅详细勾勒了唐代高等级钟楼的建筑规模、形制风格，还揭示了钟楼的具体位置、悬挂方式以及钟、楼、音声之间存在的血肉连带关系，使我们在清晰窥见回元观钟楼位置、体量以及风姿、品质的同时，还可以超越想象较其层级更高的景龙观钟楼以及铜钟……众多现象说明，它们无疑通过条条孔道奔涌集纳，烘托出旨在寺观、钟楼范畴的“层楼规制”。

《大唐回元观钟楼铭并序》所谓的“层楼”，又曰“重楼”。《一切经音义·卷十二》：“层楼（藏棱反郭注山海经云层重也说文层屋重也从尸曾声也）。”如悬挂大唐回元观钟之钟楼，曰“层”，当非一层；曰“楼”，一须高耸，二须符合至少两层屋檐之规制，三须吻合唐代楼阁规制，建楼于高大的台基之上，借以抬高钟楼的体量，造成巍然高耸的视觉形象。

此一区隔，《唐会要·卷十一》（图4-2-7）“明堂制度”条详细说明：“贞观五年（631），太宗将造明堂。太子中允孔颖达。以诸儒立议。颇乖故实，上表曰：‘伏寻前敕，依礼部尚书卢宽、国子助教刘伯庄等议，以为从昆仑道上层祭天。又寻后敕，为左右阁道，登楼设祭。臣谨按六艺群书、百家诸史，皆基上曰堂，楼上曰观，未闻重楼之上而有堂名。”

关于“层楼”一类的文献，唐代文献也不乏见及。

按《唐会要·卷十一》“明堂制度”条：“于是增土木之丽，因府库之饶，南街北阙，建天枢大仪之制；乾元遗址，兴重阁层楼之业。”

又《唐会要·卷三十》“洛阳宫”条：“陛下初平东都之始，层楼广殿，皆令撤毁，天下翕然，同心欣仰。岂有初则恶其侈靡，今乃袭其雕丽。”

再《唐会要·卷九十九》“女国”条：“女国，在葱岭之西。以女为王，每

图4-2-8 敦煌壁画第112窟《药师经》变相画中的钟楼形象

居层楼,侍女数百,五日一听政。"

三条文献中,虽表述语境各异,基本主旨却大体相同。可透析者,一是指出"层楼"建筑属皇家、王室等高层等级享有;二是认为在极高等级的限定下,"层楼"往往与相同等级的"重阁"、"广殿"以及听政所在相联系。

层楼图像例证,唐墓壁画及敦煌壁画均可寻踪。如敦煌壁画第91窟南壁盛唐《观无量寿经》变相画、第85窟北壁晚唐《药师经》变相画与第112窟《药师经》变相画[1]等,均可参考。其中第112窟《药师经》变相画位于北壁东侧,不仅展现出层楼的壮观风貌,且明晰标示钟楼的位置与陈放的状况。虽图像较小,但根据以上讨论,应该认为系利用钟体上方旋、幹与"栾栌"等相关木构梁架之间的套结悬挂钟身。依楼中置放青绿色钟身图像推测,此钟楼中安放的钟,应系类同于景云钟材质的"铜钟"。(图4-2-8)

将第112窟《药师经》变相画钟楼之钟安置方式与景云钟比较,应基本相同。需强调者,景云钟之旋(钮),可认定系蒲牢状。蒲牢者,传龙生九子其一,以性好鸣著名,故安其形状于洪钟顶上。

"蒲牢"与"钟"之关系渊源,《文选·班固·〈东都赋〉》:"于是发鲸鱼,铿华钟"。李善注引三国吴薛综《西京赋》注曰:"海中有大鱼曰鲸,海边又

---

[1] 参见中国敦煌壁画全集编辑委员会编著:《中国敦煌壁画全集7·敦煌中唐》,图36,天津人民美术出版社2006年版,第14页。敦煌壁画中其他关乎钟楼的图像示例,另参见孙儒僩:《敦煌莫高窟的建筑艺术》,载《敦煌研究》1993年第4期。

有兽名蒲牢,蒲牢素畏鲸,鲸鱼击蒲牢,辄大鸣。凡钟欲令声大者,故作蒲牢于上,所以撞之为鲸鱼。"《全唐诗》卷六一六录皮日休《寺钟暝》诗"重击蒲牢唅山日,冥冥烟树睹栖禽"。可作景云钟钟钮为蒲牢状形象注脚。

非仅如是,吻合钟体与钟楼的位置、体量与等级,还必须配置相应的门户,区划相对封闭的单独院落,以供司钟者或瞻礼者等相关人士出入,并保证钟楼的相对独立性,从而构成完整、系统的层楼之制。《册府元龟》中一条记载,即披露了这一方面的一些信息。

如《册府元龟·帝王部》唐玄宗天宝十载(751)六月:

"乙亥,中书门下奏曰:'臣等今日因奏事,伏承昨日辰时,大同殿前钟楼上忽闻钟声,其殿院常扃闭,内更无人,即令捡覆,其钟楼门及殿院门皆闭。须臾,其钟又鸣,如此者三度。闻钟声响六十下,其声清彻,特异人间。左右侍臣及女道士等皆闻。'"

沿此思维轨迹,我们再观察清末日本足立喜六所拍摄的几幅西安迎祥观旧照,虽建筑风格经唐代以后修葺改造,面目改变,但层楼风韵、高耸台基以及铜钟的悬挂方式,则依然清晰可辨,它们成为我们想象复原唐代景云观以及景云钟悬挂状况的宝贵参考资料。(图4-2-9、图4-2-10、图4-2-11)

这里,诸种文献因唐代寺观的钟楼所在位置,而引出一个时代寺观建筑设计的模式与制度,颇足引人注意。知唐代寺观钟楼之设,一般皆在主体建筑前之东侧。当然,像平康坊菩提寺钟楼因"此寺缘李右座林甫宅在东,故建钟楼于西"的特例,并不多见。况且,以位居京城,势在皇室之景龙观,更须严格遵循寺观制度。而景龙观钟者,目前尚未发现有类似平康坊菩提寺钟楼那样的特例。因此,舍既定制度,而置钟

图4-2-9　[日]足立喜六拍摄建立于高台之上悬挂景云铜钟之西安迎祥观

图4-2-10 [日]足立喜六拍摄景龙观钟东北面 可见钟体在梁架悬挂状况

图4-2-11 [日]足立喜六拍摄景龙观钟西北面 可见钟体在梁架悬挂状况

于景龙观之西,恐无必要与可能。

重视唐代寺观等建筑安置钟楼的设计意匠与相关问题,辛德勇在其《唐代都邑的钟楼与鼓楼——从一个物质文化侧面看佛、道两教对中国古代社会的影响》[1]一文中,有较为详尽的叙述与讨论。所谓唐代钟楼一般在建筑东侧的结论,亦足令人信服。

遗憾的是,受主题、篇幅的限制,辛文对唐代之"钟"为何置放于钟楼,置放"钟"之钟楼建筑渊源、建筑形式、建筑环境以及悬挂方式等问题,一时尚未能展开讨论。

寻觅与本章节讨论密切攸关的其他相关图像资料,可知至晚从北魏开始,直至隋唐,关乎佛道教仪轨以及钟体与其存在之所,均有实物资料可资佐证。

只聚焦北魏以至隋代造像碑主题,可知悬挂于专用建筑中的钟体形象示例,至少有数十种之多。譬如耀县药王山博物馆藏吴氏家族造像碑[2](图4-2-12)、西安碑林博物馆藏北魏熙平二年(517)邑子六十人造像碑(图4-2-13)、西安市临潼区博物馆藏北魏正光四年(523)师氏七十一人造像碑(图4-2-14)、临

---

[1] 辛德勇之文刊于《文史哲》2011年第4期,收录于辛德勇著《旧史舆地文录》,中华书局2013年版。
[2] 又称吴洪标兄弟造像碑。

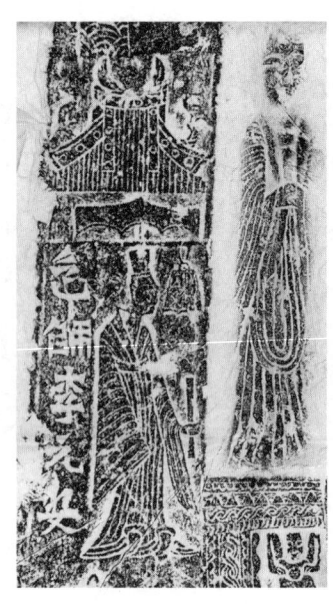

图4-2-12　耀县药王山博物馆藏吴氏家族造像碑拓本　主龛一侧可见悬挂着的钟体

图4-2-13　西安碑林博物馆藏北魏熙平二年（517）邑子六十人造像碑拓本局部　可清晰辨识一侧钟房内悬挂着的钟、磬

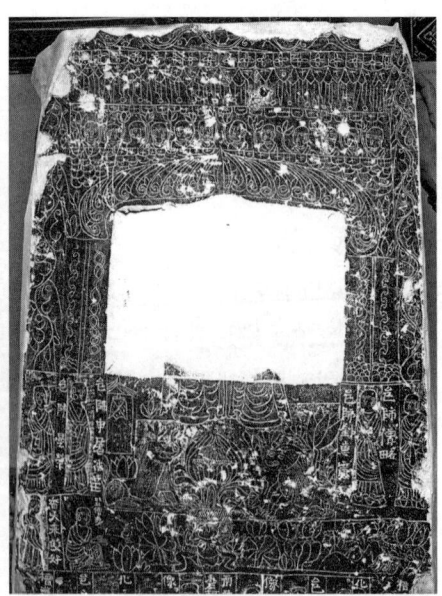

图4-2-14　临潼区博物馆藏北魏正光四年（523）师氏七十一人造像碑正面龛像　一侧可辨悬挂着的钟体　罗宏才摄

图4-2-15　临潼区博物馆藏北周至隋造像碑正面上部　一侧可见悬挂在钟房内的钟体

潼区博物馆藏北朝至隋造像碑（图4-2-15）[1]等，均是十分形象的参考资料。

需注意的是，以上图像显现的安放钟体的专用建筑，似乎只是亭、房、小殿一类的建筑形式，它似乎只适合体量较小的钟体。这是否暗示，北朝以至隋代乡邑层级的寺观用钟，以及保存悬挂钟之建筑，还不能比拟于类同大唐盛世的层楼之制，具有普遍性意味的高层级、大体量、精美绝伦钟体与颇具视觉冲击的层楼式"钟楼"，那只是唐代皇室、贵胄级别寺观以及其他高级寺观的专利。本文所述景龙观钟、兴善寺钟、回元观钟等，以及敦煌壁画第112窟《药师经》变相画等显现当时寺院的钟楼图像，正为形象例证。

二、清末以来的流传轨迹与评介语境

前文述及，景云钟铸成后，即在庄严肃穆的斋醮仪式中隆重悬挂在唐都长安皇城东南侧崇仁坊西南隅（今西安城墙内东南一隅）景龙观内钟楼之上。

据苏灵芝书《老君现应碑》记载，开元二十九年（741）正月，唐玄宗忽梦老君李耳语他，谓："吾乃汝远祖，有像在京城西南百余里，汝遣人求之，吾合与汝于兴庆相见。"[2]玄宗醒后，觉此梦奇怪，即命尚书张九龄、道士萧元裕赴长安西南百余里一带访求，竟在盩厔闻仙峪一带，获高约三尺有余白石老君造像一尊。张、萧深感惊诧，乃将此事告知玄宗。玄宗大喜，因在兴庆宫举行隆重迎接仪式。次日，并将白石老君造像安置景龙观大同殿中郑重供养。为纪念这个神奇的应验，"景龙观"也被玄宗特意易名为"迎祥观"。

《苏灵芝老君现应碑》所载，神妙离奇，但历史上玄宗迎接老君造像并隆重举行迎接仪式却确有其事。尽管如此，张永禄主编《唐代长安词典》一书仍敏锐质疑，谓玄宗迎接老君像并举行迎接仪式"实有其事，惟改景龙观为迎祥观之事，不见历史记载[3]。且景龙观原址在唐皇城之外东面崇仁坊西南

---

[1] 此碑时代据李凇《临潼六通北朝造像碑考释》，载《中国道教》1996年第2期。

[2] 引自（清）王昶《金石萃编》卷六十九引《陕西通志·苏灵芝老君现应碑、迎祥观》。中国书店据1921年扫叶山房本影印，1985年，第2册，第7页。又见张永禄主编：《唐代长安词典·迎祥观》，陕西人民出版社1990年版，第383页。

[3] 关于玄宗夜梦、盩厔获老君造像以及景龙观、迎祥观沿革等事，《关中胜迹图志》有详细记载："迎祥观，在城内广济街东，明王恕《迎祥观记》，创自唐景龙二年，旧名景龙观。按苏灵之书《老君应现碑》云，开元二十九年，玄宗梦见老君曰：吾乃汝远祖，有像在京城西南百余里，汝遣人求之，吾合与汝于兴庆宫相见，觉而异之，即令尚书张九龄，道士萧元裕，寻访于周至闻仙谷，果得老君玉像，高三尺余，以进。其日玄宗在兴庆宫，遂亲迎谒于殿内，次日送景龙观大同殿安置瞻仰，与梦所见无异，即改景龙观为迎祥观。"

图4-2-16 存置道光二十八年(1848)记载景云钟迁徙《重修迎祥观钟楼碑记》的明建西安钟楼 1941年教育部艺术文物考察团摄

隅(今西安开通巷以东),而迎祥观在今西安城内西大街北广济街口"路北,鼓楼西约二百余米处"[1],两者相距甚远。又迎祥观所在位置,原为唐皇城内中央尚书省及六部枢要所在地,开元时似难在此地立观。故迎祥观可能为后代建筑。"

按元代曾于西安城内西大街北广济街建有奉元观钟楼,明洪武十七年(1384)初建钟楼时,可能沿袭奉元观钟楼[2]。另张永禄主编《唐代长安词典》谓道光二十八年(1848)《重修迎祥观钟楼碑记》(图4-2-16)载景云钟系"明洪武间,移置于楼,楼三层,高十丈许,钟悬于上层中央。顺治八年(1651)重修,有碑记"之记载吻合。推测至晚在明洪武年间(1368—1395),在今西安城内西大街北广济街口,已有迎祥观之建筑,这可能是已知景云钟由元奉元观钟楼"移置"至迎祥观钟楼的一个具体时间。至于元奉元观钟楼与最初的"景龙观"之间是否存在直接必然的承袭关系,则限于文献与实物资料,目前尚不宜贸然确定。

不管元奉元观钟楼与景龙观之间是否存在直接必然的承袭关系,天宝十三年(754)唐玄宗酌改景龙观为玄真观之事却墨迹昭昭,堪为信史[3]。及唐肃宗之时,又于玄真观内设立百高座讲,观内且有名士陈静心、程雅所绘道教壁画。由此可见,至晚于中唐之际,景龙观(玄真观)仍为唐代长安极为重要的一座皇室御用道观。

晚唐时节,国祚日益式微。天祐元年(904),"回天再造竭忠守正功臣"

---

[1] 参见[日]桑原骘藏著、张明杰译:《考史游记》中1907年9月24日桑原骘考察西安迎祥观日记。中华书局2007年版,第42页。
[2] 参见张永禄主编:《明清西安词典·钟楼》,陕西人民出版社1999年版,第58页。
[3] (清)徐松:《唐两京城坊考》卷三"崇仁坊西南隅玄真观"注:"韦庶人败,(长宁)公主随夫为外官,遂奏请为景龙观,……天宝十三载,改为玄真观。"

朱全忠遣宫苑使张廷范拆毁长安宫室,竭其材,联袂浮渭以至洛阳。于是,曾经辉煌一时的景龙观建筑也遭遇冲击,率尔荒凉。惟景云钟经此劫难,竟完好无损。

其后,明万历十年(1582)陕西巡抚龚懋贤(字晋甫,自号宁澹居士,内江人)又命咸宁、长安两县将明洪武所建钟楼东向迁徙,迎祥观景云铜钟乃一并随迁。只以该钟迁徙新址后,"既悬,扣之不鸣",无奈,有司只好将钟迁回迎祥观原址,所谓"乃返其故所"[1]是也。但披露景云钟东迁的信息,却随着龚懋贤欣喜撰就的《钟楼东迁歌》碑石而长留下来。

"鸣景云兮万籁齐,彰木德兮奠四隅。"[2]阅读《钟楼歌》中高歌景云钟雄姿威仪的佳句,当年动迁景云钟逶迤东向,隆重悬、扣的盛大场景,我们只能当作遥远长河里的一脉想象了。

清末,法国汉学家埃玛纽埃尔-爱德华·沙畹(Emmanuel-èdouard Chavannes)、日本画家福田眉仙、学者足立喜六相继来长安考察名胜,其足迹均没有忘记位于西安府臬署以西的迎祥观钟楼以及其上西北向[3]安置的景云钟。

缘此,迎祥观的雄姿与景云钟的伟岸以及细部的纹饰图案,有幸成为福田眉仙清丽细腻的画笔记忆(图4-2-17),也有幸雍容进入沙畹与足立喜六耐心设定的照相镜框。与福田眉仙的画笔媲美,西方照相术使景云钟留下最早的图像定格(图4-2-18、图4-2-19)。

不能讳者,此处关乎景云钟之最早的照相定格,也同时传递出钟身被鸟屎、灰尘肆意遮蔽的现状。

1923年,饱经风雨的西安西大街迎祥观不幸坍塌。为保护悬挂在观内三楼中央、铸于唐睿宗景云二年(711)的景云铜钟,当时的陕西省政府曾训令陕西省教育厅及陕西省立图书馆馆长高树基(1881—1960,字培支,号悟皆,陕西富平人)等有关单位与个人,合议将景云铜钟就近移置于陕西省立图书馆,并于该馆"劝工陈列所"藏书楼后东侧廊房前修建钟亭,实施保护陈列,旋具体划归该馆历史博物部负责保护管理。

---

[1] 此段引文参见乾隆五年(1740)正月陕西巡抚张楷撰文《重修钟楼记》,石嵌置于西安钟楼一层大厅西墙上。
[2] 参见明万历十年(1582)正月陕西巡抚龚懋贤撰文《钟楼歌》,石嵌置于西安钟楼一层大厅西墙上。
[3] (清)王昶《金石萃编》卷69引《金石图》。中国书店据1921年扫叶山房本影印1985年版,第2册,第7页。

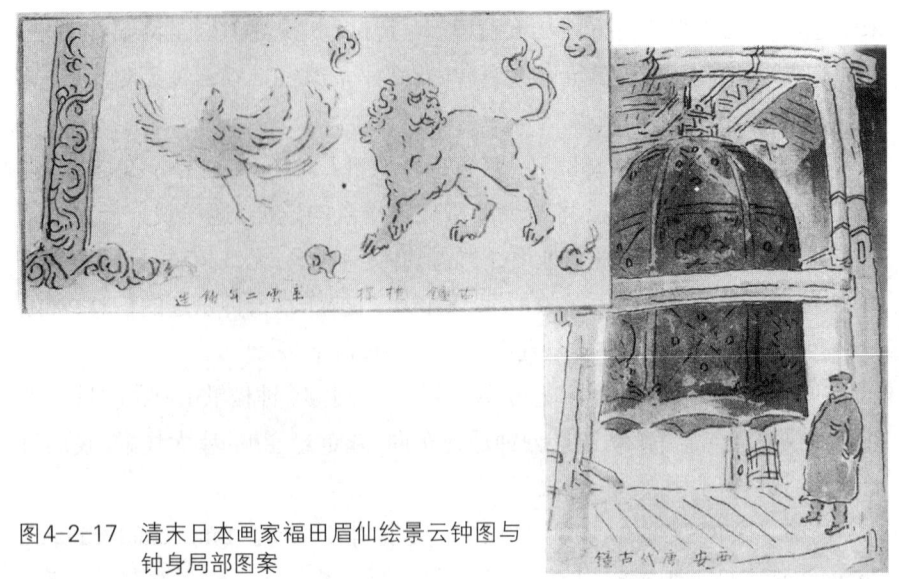

图4-2-17 清末日本画家福田眉仙绘景云钟图与钟身局部图案

图4-2-18 埃玛纽埃尔-爱德华·沙畹（Emmanuel-èdouard Chavannes）

图4-2-19 1907年9月1日［法］沙畹拍摄的西安府迎祥观

至此，流衍千余年的"层楼规制"开始终结，进入到新保护展览环境下的钟亭时期。

景云铜钟移置陕西省立图书馆后，为美化环境，高树基曾组织工人于钟亭周围种植花草树木，并亲自撰写说明牌，以便游人了解钟之概况、价值。这样的举措，使景云铜钟得以成为来西安游览主要景点之一。1927年1月至1931年2月,陕西省立图书馆先后改名为陕西省立中山图书馆、陕西省立第一图书馆。接踵继任的馆长史维法、姬在沣、张立德、张知道等人,均十分重视对景云铜钟的保护管理,专门设立古物陈列所具体负责。

其后,由鲁涵之、张韶仙编纂,于1936年4月经美华书馆印刷出版的《西京快览》在该书第四编《名胜古迹》"省立第一图书馆"条目中写道:"(本馆)附属之历史博物部,内藏大小古物二百余件,重要者,以唐刻经幢、元代石狮及昭陵六骏(已失其二),周鼎、唐钟等均为名贵之品,其余小铜像、石像、陶器以及各种零星古物,皆极可观。"这是此一时期景云铜钟融汇于陕西省立第一图书馆诸多珍贵文物系列之中的重要印迹。

类同于其他金石品物,至晚在陇海铁路开通之前,中国金石学界视域里的景龙观铜钟观察,仍旨在基本规制与钟铭文辞等狭隘范畴的评判。随着陇海铁路开通后西安游览人士的剧增以及新学术环境的逐渐形成,对景龙观铜钟的考察也开始进入一个新的历史时期。可足一提者,为1933年7月成立的西京金石书画学会在翌年刊发第一期《西京金石书画集》时刊载景云钟摄影图版、钟铭拓本和说明文字诸事,以及1934年2月以来任北平研究院与陕西省政府合组陕西考古会委员长张扶万在其《唐长安城金石考》[1]一书中对景云钟的评介。

1934年4月,西京金石书画学会在第一期《西京金石书画集》刊载景云钟摄影图版及铭文拓本,并附加说明文字。称:"(唐景龙观)钟为睿宗时物,景隆二年御制。上有飞鸟象,花纹朴质,周身黝碧,古色盎然,腹外有铭,字约寸许,书法楷中兼分,雄浑古穆,逼似六朝,较唐初各碑,似有今古之别。高八尺四寸四分,腹径五尺四寸强,口径六尺弱。原在西安迎祥观,现藏西安历史图书馆。"(图4-2-20、图4-2-21)

于《唐长安城金石考》卷二"道观吉金钟类"之"景龙观钟"一条,张氏本人有如下的观察与描述:

"景龙观钟,有拓形(图4-2-22)。钟高营造尺七尺五分,直径五尺,厚四寸四分,钮高六寸七分。全身横列三层,纵列六行,中各界以蔓草纹边,边宽二寸四分。铭文列于南面三层之中匡,铭十八行,行十字,共二百九十二字。铭文东一行下层,浮雕狮形,中层十字斜纹,中间以四乳(下云四乳),

---

[1] 张扶万《唐长安城金石考》系手稿,未刊,稿今存陕西省政协文史办资料室。

 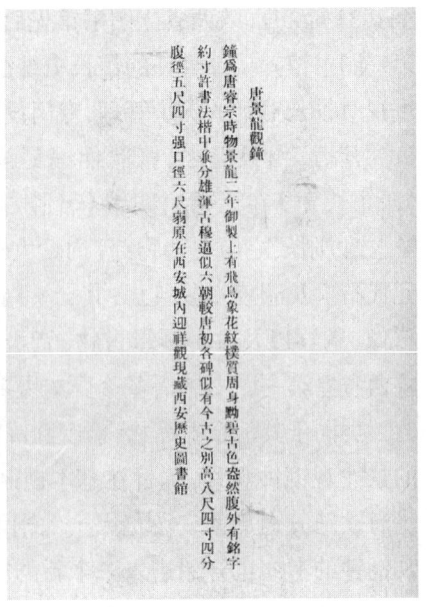

图4-2-20　1934年1期《西京金石书画集》刊载景云钟图版　　图4-2-21　1934年1期《西京金石书画集》刊载景云钟说明文字

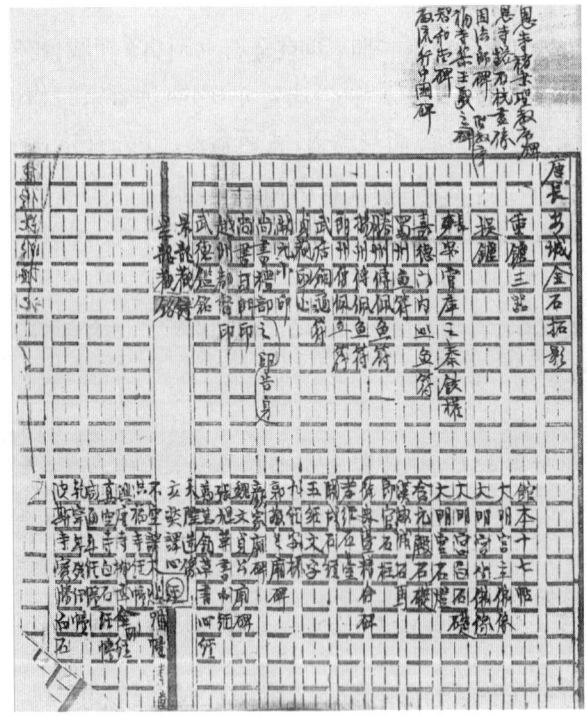

图4-2-22　张扶万《唐长安城金石考》附录一手稿《唐长安城金石拓影》（顶列末行有景云钟拓影名录）

上层鹤,东二行下层四乳形,中层异兽,上层四乳。北面一行,下层凤,中层四乳,上层女飞仙。西面一行,下层龙,中层四乳,上层鹤。西面二行,下层四乳,中层鹤,上层四乳。钟在今西安省垣省立图书馆内,唐睿宗皇帝撰文并书,文见金石萃编。"

两种评介,虽不免跳跃隐现诸多金石考据的元素符号,但注重纹饰图案以及设计意匠,却为同时期其他具有金石考据背景的学者所不及。要者,张氏之评

图4-2-23 抗战中卡尔·麦当斯与雪莱(CarlAndShelleyCarl And Shelley Mydans)夫妇拍摄的潼关城门

介注重钟之正面(南面),并以此面为中心基点,依次叙述剖论,逻辑清晰,则更难能可贵。

1937年6月,陕西省立第一图书馆奉陕西省教育厅训令,正式改为陕西省省立西京图书馆。"七七事变"发生后,日寇进逼潼关(图4-2-23)、风陵渡,威胁西安。接着,西安城垣复连续遭遇日机的袭扰轰炸,汉唐故土已至危险存亡之际。

当此之时,国民党中央古物保管委员会及陕西省政府与西京筹备委员会等单位立即实施紧急应对措施。1937年9月11日,陕西省政府主席蒋鼎文签发致送陕西省省立西京图书馆、西安碑林管理委员会等单位民字第03977号训令,急切询问:"案准中央古物保管委员会渝古字第八号公函开:'贵省省立图书馆,考古会及西北科学考察团所藏古物及文献物品甚多,值兹非常时期,如何统筹保管?是否移运适宜地点?'"

为保护国粹,陕西省省立西京图书馆、西安碑林管理委员会等同单位对景云铜钟、昭陵六骏之四骏、开成石经等重要汉唐文物采取了切实可行的紧急保护措施。陕西省省立西京图书馆还多次召开会议进行商议。

以上诸事,张扶万《在山草堂日记》有不同程度的记载。其中1938年8月16日记道:"……西安古物最常者唐开成石经、颜、欧、虞、诸公各碑、景龙观钟、昭陵石骏、考古会保存石佛、瓦器、图书馆碛沙藏经,其最著也。"

图以保证景云铜钟等珍贵文物的安全。1939年1月21日西京筹备委员会委员长张继（溥泉）（图4-2-24）尚与邵力子等人商议，以西京筹备委员会秘书处名义函告陕西省教育厅并转陕西省立西京图书馆，指出："案奉本会委员长（张继）函谕：'西京图书馆之唐钟如可运至（西安）车站，邵力子先生之意似以运至（渭）河北为宜。'"且称："目下西京时局虽未甚紧张，城内文化物件宜早移至安全地带。"训令："查西京图书馆之唐钟究以如何移置为妥，其他文化物件应如何设法处置，以期安全，相应函商，请查照见复为荷。"[1]

图4-2-24　张溥泉（中）等人视察兴平汉武帝茂陵留影　1934年西京筹备委员会摄

得西京筹备委员会函告，陕西省教育厅立即转饬陕西省立西京图书馆照章执行。同月28日，陕西省教育厅特发函件致送西京筹备委员会，称："移运西京图书馆唐钟，已饬该馆遵照核复。"

为保证保护措施的顺利实施，在张继（溥泉）、邵力子（仲辉）、孙蔚如、张扶万（鹏一）等人的密切关注中，西京筹备委员会秘书处又在同年2月3日致函陕西省教育厅，称："查唐钟系名贵古物，亟应妥慎保藏。所有关于保藏各项问题，统请贵厅费神酌核，并请督催该馆速即具报（经费预算等），以便迅速进行为荷。"[2]

经西京筹备委员会与陕西省教育厅合力督催，陕西省立西京图书馆馆长线润民（1888—1973，字福田，富平淡村人）遂与相关人士认真协商，认为该馆所藏昭陵六骏之四骏与景云铜钟，体积过大，搬运不易，恐长途转运至

---

[1] 参见西安市档案局、西安市档案馆合编：《筹建西京陪都档案史料选辑》，西北大学出版社1994年版，第189页，题为《西京筹备委员会秘书处为保护西京图书馆唐钟等文物致陕西省教育厅笺函》，事见1939年1月21日西字第14号公函，原件藏西安市档案馆。

[2] 参见西安市档案局、西安市档案馆合编：《筹建西京陪都档案史料选辑》，西北大学出版社1994年版，第189~190页，题为《西京筹备委员会秘书处为保护西京图书馆唐钟等文物再致陕西省教育厅笺函》，事见1939年2月3日西字第25号公函，原件藏西安市档案馆。

渭北一带，不仅糜费巨资，且难以保证国宝的安全。乃敦请西京筹备委员会、陕西省教育厅等有关部门，准许该馆就地掩埋上述国宝。

据《陕西省图书馆馆史》记载，经西京筹备委员会、陕西省教育厅等有关部门的允准，景云铜钟与昭陵六骏之四骏在馆长线润民等人指挥下，于1941年8月秘密埋藏于陕西省立西京图书馆藏书楼后廊房前[1]。期间同人相约保守秘密，直到1945年抗战胜利后，才在新任馆长董建平等人的经手下，将铜钟从坑内掘出，仍安置于原钟楼内。

图4-2-25　陕西省图书馆大门　摄于20世纪50年代初

1949年9月，陕西省立西京图书馆更名为陕甘宁边区西安图书馆，1950年4月5日，又改为陕西省立西安人民图书馆。1953年7月，陕西省文教厅决定再将原陕西省立西安人民图书馆改名陕西省图书馆。（图4-2-25）

这一时期内，不管馆名如何更易，存放在该馆的景云铜钟由于得到馆长梁午峰等人的精心维护，始终安然无恙，尽管慕名前来参观景云铜钟的游人超过历史上任何一个时期。

不仅如此，为满足广大游人的观览需求，图书馆同人还积极撰写新的说明文字，并设定隔离保护区域，禁止游人随意敲击。

1953年9月，陕西省文教厅为集中保护管理珍贵文物并充分展示景云铜钟风采，供人民参观游览与欣赏研究，决定将原陕西省立西安人民图书馆藏书楼后钟楼内保存的景云铜钟移往西北历史文物陈列馆（西安碑林博物馆前身）保存。其具体工作，则由该馆保管部茹士安等人具体负责。

据笔者采访经手搬运的茹士安等人，茹告知，因景云钟钟体巨大，原保存地域又狭窄曲折，因此给迁徙工作带来很大的麻烦。经反复协商，搬运者最后与

---

[1] 参见陕西省图书馆"馆史"组编著：《陕西省图书馆馆史》，陕西教育出版社1989年版，第198页。

图4-2-26　1953年9月图书馆搬迁景云铜钟放倒时情形　后侧房屋即为景云钟原保存位置

图4-2-27　1953年9月由图书馆搬运景云钟上车时情形　可见围墙被拆除情形

陕西省图书馆达成协议，先将安放景云铜钟的钟亭拆除，接着，再将钟亭旁几堵围墙放倒，以尽量扩大搬运路径。其间雇工数十人，齐心合力，付出艰辛劳动，才使得景云铜钟顺利移运至西北历史文物陈列馆。为追寻当年的迁徙流踪，我们有幸觅得几幅珍贵的工作照片，黑白影像中，留下了景云铜钟流变历史中一节珍贵的定格（图4-2-26、图4-2-27），它使我们得以横向观察钟身的同时，也清晰窥见蒲牢钮下、钟之肩部一周华美的莲花图案。这样的视角，可以弥补正视观察立置景云钟身的不足，对于更加系统了解景云钟的历史、艺术内涵，具有一定的意义。而这一点，在以往诸家的观察视角里，往往是忽略忘却的。

可以认为，追随明万历十年（1582）陕西巡抚龚懋贤主持的那次景云钟东迁，此次迁徙应是景云钟流变历史上的第二次东迁。不同的是，这一次的东迁，不再具有无奈促使下的反转西向，而是最终寻觅到了一个温馨安适的家园。

1955年6月，西北历史文物陈列馆更名为陕西省博物馆，同年开始在碑林东庑南侧筹建既可以有效保护景云钟安全又方便游人观览的钟亭，置钟于亭，保护至今。虽仍具有悬挂的属性，但却将钟铣（锐）置于钟台之上，以保护展示为主题，已非1923年前悬挂于离开地面一定高度，可以满足开静止静等具有一定感染力的道事活动的钟楼内那样的仪轨规制。

感谢西安碑林博物馆及有单位与个人的大力支持，使我们至今尚能通过数幅有幸保存下来的历史旧照，完整复原当日建造碑亭的全过程，体味无数无名维护者的汗水与艰辛。无疑,这是景云铜钟流变历史中的珍贵瞬间,也是复原探究美术考古史以及中国文物史的珍贵资料(图4-2-28、图4-2-29、图4-2-30、图4-2-31、图4-2-32、图4-2-33、图4-2-34)。

初在景云铜钟钟亭修建之前,时任陕西省博物馆陈列部主任的何正璜氏曾受命撰写说明文字,文中称:"此巨钟于唐睿宗(李旦)景云二年(公元七一一)九月铸成后即悬于观中楼上。直到一九二三年因楼倒,始移至图书馆内。一九五三年九月□□,本馆准备相地建设专亭悬挂,以供群众参观。亦可永久保存。"准确勾勒出由唐代以至1953年9月之间景云铜钟的基本流变轨迹。

图4-2-28　1955年西安碑林景云钟吊运安放情形

图4-2-29　为便于竖立,钟身须先垫高

图4-2-30　搭架用滑轮升空安放唐钟

图4-2-31　铜钟初悬挂成功时写真

图4-2-32 铜钟起撬,以求稳定到位

图4-2-33 立置成功停格摄影

图4-2-34 安置在西安碑林东庑南侧小亭内的唐景云钟

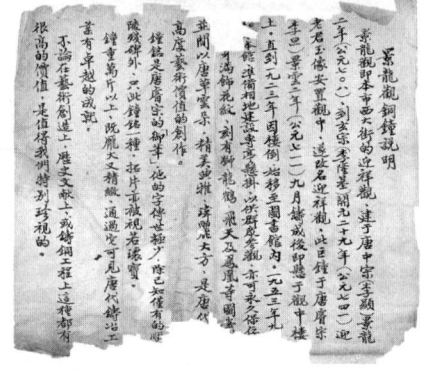

图4-2-35 何正璜撰《景龙观铜钟说明》

接续流变轨迹的勾勒与剖析,何正璜氏还用她的优美文笔与隽秀书法,形象阐释了景云铜钟的铸造年月、规制尺寸、铸造工艺与造型风格。所谓钟体"满饰花纹,刻有狮、龙、鹤、飞天及凤凰等图案","并间以唐草云朵,精美典雅,玮丽大方,是唐代……高度艺术价值的创作"等绮丽描述,反映了当时的艺术审美水准,较之于十余年前的张扶万描述,不同的语境,传递出不同的艺术效果,也留下不同的时代痕迹(图4-2-35)。

鉴于景云铜钟精良的铸造工艺与激越、弘美的音质,中央人民广播电台特意将中国音协主席吕骥等人对该钟发声录音,作为每年辞别旧岁的新年钟声。1964年,景云铜钟尚应邀参加在日本举行的世界铜钟比赛,荣获世界名钟亚军。1997年11月30日,西安市文物局还特意将精心仿制的景云铜钟悬挂于西安钟楼基座西北隅,从而使该处仿制铜钟与西侧明代建筑鼓楼及西安碑林东庑南侧钟亭内真品景云铜钟遥相呼应,构成互为犄角、宛转一线的景云钟游览主题线路。2000年底,国家邮政总局更首次发行一套4枚《中国古钟》特种纪念邮票,景云钟与井叔钟、春秋镈、乾隆钟一起入围,为中华文化赢得了荣誉(图4-2-36)。2002年1月18日,国家文物局且印发《首批禁止出国(境)展览文物目录》,规定64件(组)一级文物为首批禁止出国(境)展览文物,景云铜钟又赫然在列。

图4-2-36 2000年国家邮政总局4枚一套《中国古钟》特种纪念邮票之景云钟邮票

三、诸种拓本与相关问题的阐释

前文说过,景云钟既为初唐皇室道观之物,钟铭又为睿宗皇帝亲自染翰,因此累为各代人士青睐重视,瞻拜维护,求取拓本,也就成为势所必然之事。

涉及唐代景云钟钟铭拓本诸事,文献乏载。不过唐李齐古《进御注孝经表》曾记"谨打石台孝经本分为上、下两卷,谨于光顺门奉献两本以闻"[1];《大唐慈恩寺三藏法师传》又有彼时"观者日数千人。敕许文武三品以上官员摸拓"之记载,推测唐代椎拓景云钟钟铭拓本,并非没有可能。

入宋,随着金石学的兴起,椎拓金石拓本以为收藏、流转,已成风气,故椎拓景云钟钟铭拓本之事,应较前代为盛。清杨宾《大瓢偶笔》卷八"偶笔识馀"所谓"金石之文,日消月铄,不可纪极。如钟鼎等铭,赵明诚金石录载有四十余种,今惟焦山鼎铭与景龙观钟铭而已"之记载,可为这一时期景云钟钟铭拓本椎拓、收藏的有力证据。

确定历史上景龙观钟铭椎拓、收藏的盛期,明、清两代不可小觑。进窥明代,则主要集中在万历以后的晚明时期。

先是,晚明诸金石学者对景云钟多有不同角度之著录、解释;接着,成书于乾隆五十年(1785)由清高宗乾隆敕嵇璜(1711—1794,字尚佐,号拙

---

[1](唐)李齐古:《进御注孝经表》,收录于《全唐文》卷三百七十七。

修,江南无锡人)、刘墉纂辑、纪昀等人校订的《续通志》卷一百六十七《金石略·历代金刻》又郑重收入"唐景龙观钟铭",青睐之风,自明末清初以降得到了有机的扩张。

这里,睿宗以后各代人们固然如此看重景云钟及其钟铭,但依据目前笔者掌握的资料,知景云钟拓本纷次出现的主要历史区间,却集中游移于明末清初以降的范围内。窥其内蕴,前揭顾炎武《跋景龙观钟铭睿宗御书,景云二年九月》、《续通志》收"唐景龙观钟铭",正为两证矣。

整理目前所见其他诸种资料,知仅清代流传于世且见于著录,或别具风格之景云钟拓本,至少应有以下八种:

1. 刘奂(乾隆八年,1743)临摹本

清李放纂录《皇清书史·卷二十》记:

"刘奂,号瞻山,一号石夫,别号礼门道人,亦称信天翁。工书法。予尝见所临景龙观钟铭楷书大册,笔法古茂非常。其自记云:'是拓人间少藏,学者罕见。家海南观察有其一,余获见于广东右翼都统安府中,借归临摹,是日共成七本。余向学书,不求形似,惟师其法。此在七本之四。时乾隆癸亥(1743)六月二十有四日刘奂书于仙城客寓之求放心斋中。"

阅清李放纂录《皇清书史》卷二十,知刘奂所临唐景龙观钟铭拓本,为同姓刘海南观察所藏。彼时景龙观钟铭拓本"人间少藏,学者罕见"。又据李放纂录《皇清书史》卷二十录《鬱棲书话》,知刘奂临本后有"翁覃溪跋,谓瞻山是年六十有二"。则刘奂生年,则在康熙二十一年(1682)。

2. 金农(1687—1764,寿门)藏本

金农藏本,见于清雍、乾间厉鹗(1692—1752)[1]《樊榭山房集》(图4-2-37)所载。文谓康熙五十三年(1714)春厉鹗亲访金农,于其寓得见唐景龙观钟铭拓本,为此,《樊榭山房集》卷一"金寿门见示所藏唐景龙观钟铭拓本"条遂有如下诗句:

"嗜古金夫子,贪若笼百货。墨本烂古色,不受寒具涴。便续金石录,明

---

[1] (清)厉鹗(1692—1752),字太鸿,号樊榭,擅诗词、文学,尤以诗才著称。或谓"毕生以觅句自得",故有"诗魔"之誉。

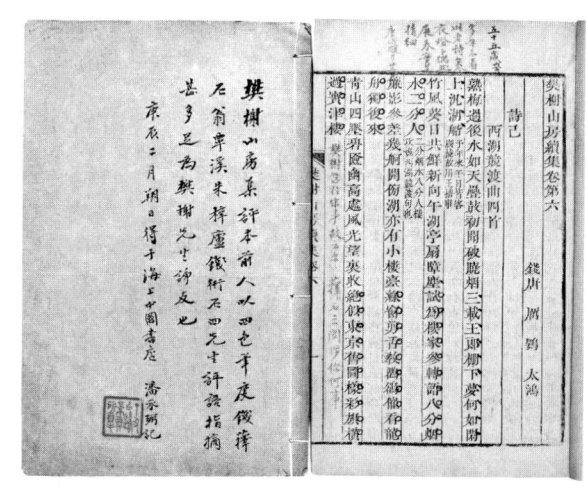

图4-2-37 （清）厉鹗《樊榭山房集》卷六首页及卷末背页潘承弼藏书题识 清刊本 纸本
采自2007中安太平秋季艺术品拍卖会图录

诚不是过。钟铭最后得，斑驳岂敢唾。照眼三百字，字字蟠螭大。抚迹思景云，往事去无那。初翦桑条韦，柘袍受朝贺。范钟崇玉清，构炭飞廉佐。九乳器未亡，雄词厌寒饿。装比李仙丹，征句迭唱和。无虚奚足称，懋绩于此堕。吾思景钟铭，天笔滥传播。"

3. 金衍宗（1771—1860，字维翰，号岱峰）《思诒堂诗稿》题咏本

又清嘉、道时秀水（今嘉兴）金衍宗《思诒堂诗稿》披露一本，其《唐景龙观钟铭拓本》一诗云：

"天堂神宫拜图册，铜匦金轮置庭室。阿师血像高百寻，未有淫昏不佞佛。斗南一人忠回天，鹉翼双垂幸未折。乐章旋奏桑条韦，晨牝当阳甘覆辙。猖狂但乞二氏灵，慧范崇恩并加秩。帝后争营佛寺新，观亦落成景龙日。莲台璎珞月双圆，椒殿衣裙云五色。至尊惨继东宫戕，仙佛几曾裨毫末。景云反正由平王，冥助何关法善术。金仙玉真秾如华，两两黄绔改妆抹。铸钟作铭帝观书，楷法犹从八分出。铭辞骈俪踵齐梁，起草知经谁手笔。得无昭容秤量余，鬼蜮风流巧涂泽。佛耶仙耶安可诬，地狱正为是人设。"[1]

4. 何绍基（1799—1873，字子贞，号东洲）自小山张丈处获得本

据《东洲草堂文钞》卷十（图4-2-38）所谓，清何绍基看重景龙观钟铭，

---

[1]（清）金衍宗：《思诒堂稿》12卷，清同治五年（1866）重刻本。

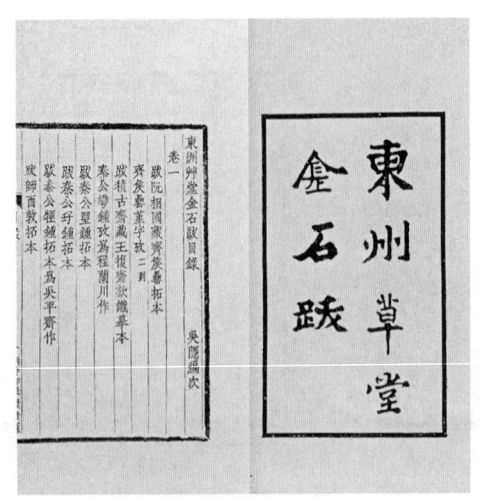

图4-2-38 （清）何绍基《东洲草堂金石跋》扉页与目录

遍访不得，适其后小山张丈于道光七年（1827）仲夏将其所藏一本转赠，何遂在大梁（开封）世贞堂欣喜作《跋景龙观铜钟铭拓本》：

"睿宗书此铭奇伟非常，运分书意于楷法，尤为唐迹中难得之品，间有失于弱冗处，则由泥范未精，冶铜入之，不无走失也。余适视此未得，小山张丈有此本，脱手见赠，亦妙缘也。道光丁亥（1827）仲夏记于大梁之世贞堂。"[1]

5. 傅绳勋（1793—1865，字接武，号秋屏）藏本

傅绳勋者，原名傅声，山东东昌府（聊城）人。嘉庆十八年（1813）甲戌科进士，选翰林院庶吉士，散馆改工部主事。历官工部主事、工部郎中、广东琼州知府、陕西潼关兵备道、广东盐运使、陕西按察使、云南布政使、广东布政使、浙江巡抚、江西巡抚、江苏巡抚等。傅氏所藏唐景龙观钟铭拓本册（方谷题签），朱砂拓，装池精美（图4-2-39），内奥尽如2007年第1期《收藏家》杂志所刊桑椹《朱拓唐景龙观钟铭拓本册》一文[2]（图4-2-40），文中考证此本唐景龙观钟铭拓本册所为傅绳勋获得缘故，盖在道光二十四年（1844）前后傅于陕西按察使任间。

6. 刘鹗（1857—1909，字铁云）（图4-2-41）题跋本

晚清丹徒金石学者刘鹗与景龙观钟铭拓本结缘，见于刘鹗《抱残守缺斋·乙巳日记》（光绪三十一年，即1905年）。文云：

"（正月）十七日，阴，未雨。午后，送罗叔耘上船，大绅随之往也。申刻，赴徐园，同人公祝杨、于二君寿也。有髦儿戏。晚饭后散，为小眉牵至瑶月阁一酒。归寓，甫十一钟耳。写四幅屏。跋《景龙观钟铭》。略看书贴，已

---

[1] 何绍基：《跋景龙观铜钟铭拓本》，收入何绍基《东洲草堂文钞》20卷，台湾学生书局1971年版。
[2] 桑椹：《朱拓唐景龙观钟铭拓本册》，载《收藏家》2007年第1期。

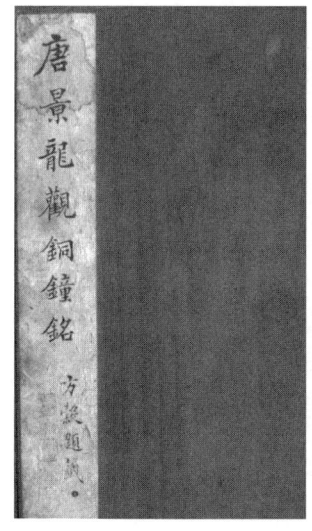
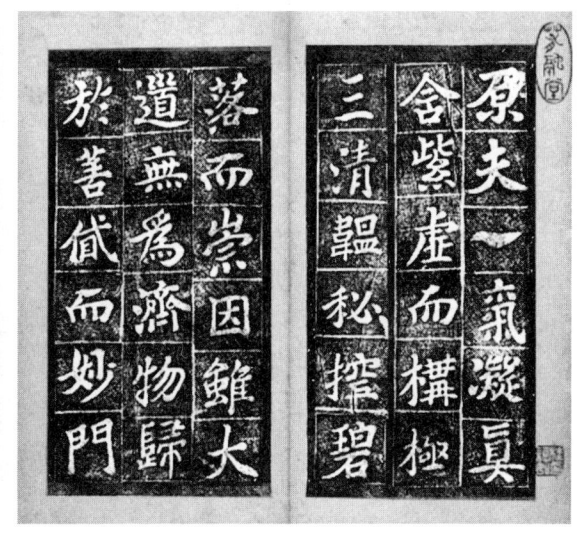

图4-2-39 方谷《唐景龙观铜钟铭》册页题签

图4-2-40 （清）何溱题跋景云钟铭拓本其一

图4-2-41 刘鹗（右起第一人）与友人摄于北京寓所花园

四钟矣。连日天气渐暖，极冷四十度。"

刘鹗日记只云"跋《景龙观钟铭》"之事，未云此景龙观钟铭拓本究为刘鹗自藏？抑或来自戚友、同好？但不管怎样，刘氏亲睹景龙观钟铭拓本之事实，却是值得肯定的。

7. 叶昌炽（1849—1917）藏本

叶昌炽，字兰裳，又字鞠裳、鞠常，自署歇后翁，寂鉴遗民，晚号缘督庐主

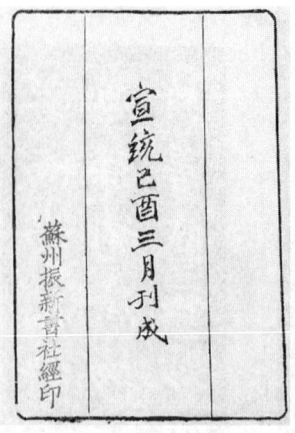

图4-2-42　叶昌炽撰《语石》扉页　宣统乙酉三月刊本

人。原籍浙江绍兴，后入籍长洲（今苏州）。光绪二年（1876）乡试举人，光绪十五年己丑科（1889）进士。选翰林院庶吉士，散馆，授翰林编修，补国史馆协修、纂修、总纂等。光绪二十四年（1898）加翰林侍讲衔、光绪二十八年（1902）任甘肃学政。著《藏书纪事诗》、《寒山寺志》、《缘督庐日记》、《语石》（图4-2-42）等。

叶昌炽通内典，重金石，擅考据，富收藏。藏品中金石拓本尤称奇绝。所撰《语石》一书，即为明证。光绪二十八年（1902）任甘肃学政之机缘，更为其金石拓本收藏增添了绮丽的色彩。

其所珍藏景云铜钟钟铭拓本一事，即见于《语石》一书记载：

"余所论皆石刻，不录金文。然唐钟铭，如景龙观、宝室寺之类，下逮五季、宋、辽、金、元，余所收即有三十余通。其字皆隶楷，无篆籀，与三代尊彝固有间矣。"[1]

8. 金大定十七年（1177）三清观道士赵师通等铸鼎铭套接本

观金大定十七年（1177）三清观道士赵师通等铸鼎铭，有"维大金大定十七年岁次丁酉八月戊辰朔十五日壬辰三清观道士赵师通、小师赵唯寿、乡贡进士郑时举献。铭曰：'金当镕兮，柔而贞兮。……'"诸字，全部单行环

---

[1] 叶昌炽撰，柯昌泗评、陈公柔、张明善点校：《语石　语石异同评》，中华书局1994年版，第568~569页。

行，铸于鼎外腹部之间。

得西安某收藏家热心提供所藏朱拓景云钟钟铭拓本资料，知此本已装裱。钟铭末尾两行顶格空文处，钤朱文印玺两方，作上下排列。其上印文"陕西提刑按察使司兼管驿传事印"；其下印文"长安县印"。两印均作满、汉文字对照。在朱拓景云钟钟铭拓本外侧，套接单行旋读金大定十七年（1177）三清观道士赵师通等铸鼎铭文墨拓本。两铭相间，整体形成朱、墨两色鲜明对照，内方外圆的视觉效果（图4-2-43）。

前述桑椹披露道光二十六年（1846）七月钱塘何溙（1791—？）为傅绳勋藏本题跋，记清季"秦人以此铭可镇邪，极为贵重，而又不敢常拓，谓拓时振动声音将不利于廉使，必侯廉使去任，新任未来始敢椎拓，以故颇难购觅，工人亦因是厚其值以牟利。拓者每用红色，以朱砂、雄黄为之，沿俗传镇邪之说也。"故知当时有司摄于神灵，曾极力呵护景云钟不使拓工随意椎拓。欲拓者，须缴纳税钱，经有司允诺，方可椎拓。所得拓本，还须钤有司印章，以作凭证。

笔者依据相关文献记载与多年田野调查结果认为，主要在同光年间，围绕椎拓景云铜钟钟铭，存在着较长一段时间，具有一定稳定效应的禁拓、限拓、申请拓阶段。这个阶段求取钟铭拓本，一般需要经过申请有司、获得允诺、纳钱椎拓、钤印依凭四个流程。

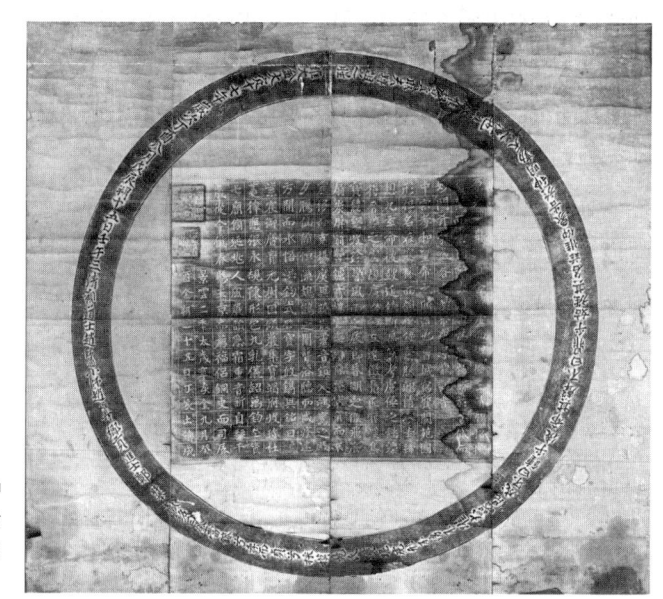

图4-2-43　唐景云钟钟铭与金大定鼎铭套结本

挥发清代禁止随意椎拓景云钟铭诸事，清末日人足立喜六《长安史迹考》"景龙观钟铭"条还记：

"至此，方视作神灵而供奉之，故在今日，欲得此铭之拓本，实非易事。拓工须秉命当局，制造拓本，然后盖以当局之印章。例须纳税，方能邀准。因此，凡此拓本上无此官署印章者，概为伪本。又传藏得朱拓者，可免水火之难，其被人尊崇，有足多者。"[1]

分析此本及桑椹披露本，应该均系上述历史背景下的产物。有司者，如彼时朱拓系列钤朱、文印两方程式内容显示，一为陕西提刑按察使司兼管驿传事；另一为长安县衙。

由此推知，此套接本景云钟钟铭拓本时限，至迟不逾宣统三年（1911）。设计套结者，或系道教中人，或系具有道教文化知识修养之某藏家依据道教经典"天圆地方"[2]宇宙观理论所为。盖因两种铭文，均与道教相关。前之铭文，且具唐代皇家气韵、规制，两相套结，不仅可以相得益彰，还可以因此构结一种新的道教文化链条或拓本图式，营造具有一定视觉冲力的效果。

对勘上述，我们知道景龙观钟为各代人士普遍看重之重要时期，要在明末清初以至晚清同光年间，但所重主旨，却尽为睿宗皇帝亲书之钟铭拓本。

钟铭拓本率多显现于世之时，大致在明嘉靖、万历以后。惟终明之世，关中动荡，拓本流传始终稀如星凤。清初以来，虽社会安定，渐露跳跃，但为数仍旧不多，总体趋势低平。前述清李放纂录《皇清书史》卷二十记刘奂临摹景龙观钟铭拓本时，仍"人间少藏，学者罕见"，即为注解。如此现状，其因若何？

对应这一问题，笔者认为大致有以下两点原因：

（1）晚明景龙观钟铭之所以为世人重视并其拓本始见流衍，应与朝野崇尚道教风气相关。

据《明史》等相关文献记载，明代自太祖朱元璋起，即崇尚道教，至宪

---

[1]［日］足立喜六著、杨炼译：《长安史迹考》，商务印书馆1935年版，第164页。
[2] 与道教经典"天圆地方"宇宙观理论相关的文献记载颇多。如《正统道藏》"洞玄部·众术类·太上三辟五解秘法"："念呪曰：'天圆地方，我处中央，太乙使我，与我同藏。随我作用，往还无妨，遁形于世，常侍我傍。急急如太一真人律令.'"《正统道藏》"洞神部·方法类·鬼谷子天髓灵文卷上"："书符咒曰：'天圆地方，九二天章。神笔下动，喷云摄傍。吾奉北极紫微帝君，急急如律令勑.'"又《中华道藏》第二十三册"行旅篇"："经云……人出门远行皆诵咒曰..：'六甲九章，天圆地方。四时五行，日月为光.'"

宗、孝宗以至世宗、神宗、光宗、熹宗，纷次效仿，逐渐而极。宪宗朱见深、世宗朱厚熜、神宗朱翊钧三朝，尤其是后之二宗的嘉靖、万历时期，则尤称极限。

《明史·卷三百七·佞幸传》记："时宪宗好方术，（李）孜省乃学五雷法，厚结中官梁芳、钱义，以符箓进。"导致"文武、僧道滥恩泽者数千"。"羽流加号真人、高士者，亦盈都下"。

《明史·卷十八·穆世宗本纪》："其时纷纭多故，将疲于边，贼讧于内，而崇尚道教，享祀弗经，营建繁兴，府藏告匮，百余年富庶治平之业，因以渐替。"

图4-2-44　明世宗朱厚熜（1507-1566）画像

《明史·卷八二·食货六》又云："世宗初，内府供应减正德什九。中年以后，营建斋醮，采木采香，采珠玉宝石，吏民奔命不暇，用黄白蜡至三十余万斤。"（图4-2-44）

又《明神宗实录·卷四百八十》、《明史·卷二百四十一·周嘉谟传》等文献，尚保留明神宗竭力推崇道教的诸多史实，如万历五年（1577）十一月，神宗朱翊钧（1563—1620）下诏恢复五十代天师张国祥（字文征，号心湛）正一真人封号，促使其权力、欲望迅速膨胀，"计田将二万余田"，"几罄一县之境"。迨万历三十七年（1609）张国祥死，神宗更极尽恩恤，赠封太子太保，且敕葬江西金溪明阳桥，立明阳观以为祭奠之所。

不难洞悉，这样的崇道风尚，自然成为景龙观钟铭拓本显现于世的温床与土壤。

（2）晚明以降拓本稀少与景龙观钟孤耸高悬，椎拓不易且摄于神道威力等缘故并有司官员之强力维护有直接关系。

据张永禄主编《唐代长安词典》[1]录道光二十八年（1848）《重修迎祥观钟楼碑记》，知景云钟"明洪武间，移置于（迎祥观钟）楼，楼三层，高十丈许，

---

[1] 张永禄主编：《唐代长安词典》，陕西人民出版社1900年版。

钟悬于上层中央",其地毗邻清陕西西安府臬司衙门。

可以想见,于高十丈许钟楼上层中央悬挂之景龙观钟求取拓本,无疑存在较大的难度。

此种内蕴,侯官林侗(1627—1714)在其纂辑的《来斋金石考》(图4-2-45)有清晰记载:

"(景龙钟)今在西安城迎祥观,序铭共二百九十二字,大径寸许,钟甚巨,厚七寸,余搨之,稍轻则不闻声,觚胯之,必塞其内空,方可搨之。盖出于传闻,未尝睹也。"

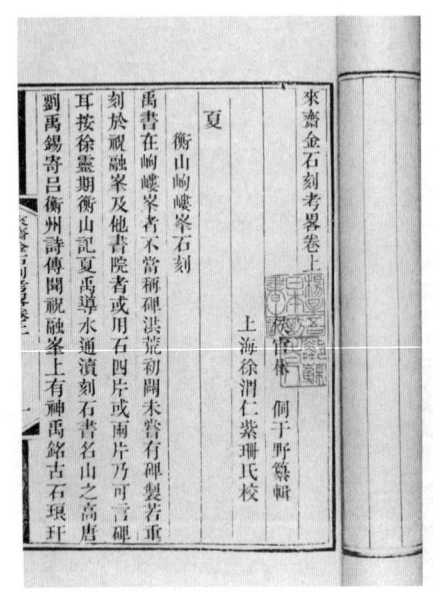

图4-2-45 （清）侯官林侗《来斋金石考略》首页

如果说《来斋金石考》描述椎拓景云钟之难"盖出于传闻,未尝睹也"。则钮琇《觚剩》卷六《秦觚》"景龙观钟铭"条所述椎拓景云钟之难当系作者亲见。文谓:

"西安府学宫,唐宋之碑林立,俗称碑洞。长安县有景龙观钟铭,为唐睿宗书,因去洞远,而拓者必塞其内,空缘梯而上,乃可椎刷,故罕传于世。然文体简雅,书法遒媚,极可爱也。"[1]

《来斋金石考》与《觚剩》所谓,除却孤耸高悬、椎拓不易等因,只说"拓者必塞其内空",未云具体原因,实系恐惧神灵及畏惧妨碍上宪并有司究问,至明晰缘由,有以下几条文献可作具体引证。

如清康熙时杨宾《铁函斋书跋》:

"此唐睿宗御书也。观久毁,钟移西安府臬署西钟楼上,恐拓印者下窥官舍,往往禁不令拓。近令拓工以席蔽楼东一面,而以草塞其内,毡裹于外,

---

[1] 上海国学扶轮社辛亥(1911)本。

方能得之。其难如此,而其书又沉郁古奥,为东坡之祖,洵可宝也。"[1]

依前述,桑椹之文披露道光二十六年(1846)七月钱塘何溱(1791—?)为傅绳勋藏本题跋:

"右铭字高一尺七寸,广一尺八寸五分,十八行,十七字,径一寸,正书。在陕西陕西西安府臬司旁。秦人以此铭可镇邪,极为贵重,而又不敢常拓,谓拓时振动声音将不利于廉使,必俟廉使去任,新任未来始敢椎拓,以故颇难购觅,工人亦因是厚其值以牟利。拓者每用红色,以朱砂、雄黄为之,沿俗传镇邪之说也。"

何跋之后,道光二十八年(1848)长安县知事李文瀚(1805—1856,字云生,号莲舫。清安徽宣城人)《重修迎祥观钟楼碑记》及清末日本足立喜六《长安史迹考》"景龙观钟铭"分别有记。

如《重修迎祥观钟楼碑记》:

"迎祥观铜钟,重三百余钧,唐景云辛亥年铸,上有序铭,睿宗皇帝所制也。其辞典雅可诵,书法尤古秀圆劲,寓篆隶于楷法。相传谓命工拓之,藏袭者可以避水火,其见尊信于人如此。凡物至千余年,虽片瓦残碑,犹爱惜而珍异,而况钟之为器,制古而钜,又托于道惠显灵之所,为历世帝王之所重,鬼神且呵护之,人其敢忽视之哉。"

再如上引《长安史迹考》"景龙观钟铭"条:

"至此,方视作神灵而供奉之,故在今日,欲得此铭之拓本,实非易事。拓工须秉命当局,制造拓本,然后盖以当局之印章。例须纳税,方能邀准。因此,凡此拓本上无此官署印章者,概为伪本。又传藏得朱拓者,可免水火之难,其被人尊崇,有足多者。"[2]

---

[1](清)王昶:《金石萃编》卷六十九,引《铁函斋书跋》,北京中国书店据1921年扫叶山房本影印1985年版,第2册,第7页。
[2][日]足立喜六著,杨炼译:《长安史迹考》,商务印书馆1935年版,第164页。

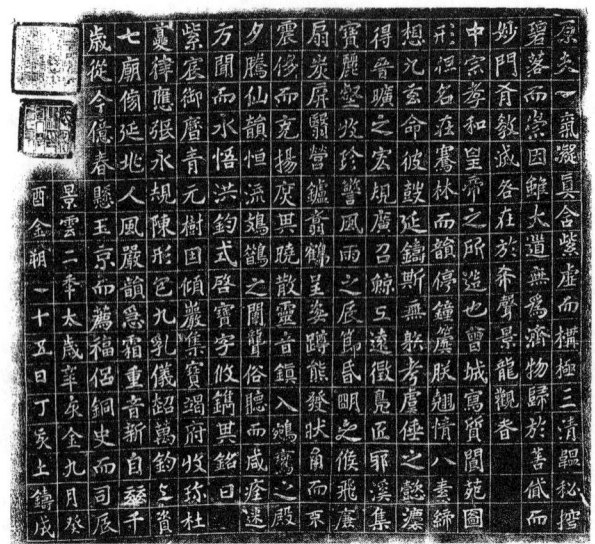

图4-2-46 清末朱拓唐景云钟钟铭拓本示例

上述诸条资料透析景云钟钟铭椎拓之难,时间跨度至少涵盖有清一代。因为延至清末(与足立喜六同时),日本桑原骘《考史游记》仍记悬挂景云钟的迎祥观钟楼"门扉紧锁,秋草遮路,不得近观。"[1]

综上所述,我们知悉至少在有清一代,世人看重景龙观钟者,盖在钟铭拓本,至于钟铭拓本内容,则惑于道教神威,"每用红色,以朱砂、雄黄为之,沿俗传镇邪之说也"(图4-2-46)。

语及朱拓特例,《金石萃编》作者王昶曾因嗜好金石以及存在诸多困惑等缘故而多次往观拓本椎拓现场,但谓:

"此钟今在臬署之右,昶在西安官臬司三年,暇辄过而观之。然工人椎拓,多用朱而不用墨,与拓其他处钟款者异。"[2]

我们回溯以上辑录各家藏本,知其多为士夫、学者所为,惟以神威远播,大致至晚从同治、光绪开始,更多数量之朱拓本需求者,则是愈来愈多的山西商人之踊跃楔入。

分析山西商人以景云钟为主题的主体消费时期以及椎拓景云钟拓本之

---

[1] [日]桑原骘著,张明杰译:《考史游记》中1907年9月24日桑原骘考察西安迎祥观日记。中华书局2007年版,第43页。
[2] 王昶:《金石萃编》卷六十九,北京中国书店据1921年扫叶山房本影印1985年版,第2册,第7页。

最佳工作时期,我们认为,前者主要集中在旧历年关前后,这可能是每年9、10月间西安拓工集中椎拓朱拓景云钟钟铭的主要原委。

据笔者多次采访民国时期于碑林外府学巷开设碑帖铺之赵敏生、姚万安等老人,其言光绪以至民初,山西商人离陕回晋,多携带朱拓景龙观钟铭拓本随行。据说朱拓景龙观钟铭拓本可以厌胜,渡黄河时可免翻船跌水之灾。是故朱拓本在这一时期特别盛行,市场需求亦颇可观。赵敏生并言,为满足山西商人的需求,西安各帖铺都使出浑身解数,或登门送售,或巧妙折叠。迄今流传于世之此类较早拓本,大多为此一时期所制。

伊等又云,为满足市场需求,西安府学巷、书院门各大帖铺,一般均要在每年9、10月间最佳椎拓时期,赶制并蓄积朱拓景云钟钟铭拓本。届时景云钟前拓工围聚,椎拓声不绝,争拓、强拓或寻找关系、贿赂有司之事也屡屡发生。

查陈万里1925年3月偕美国哈佛大学阜格美术博物馆华尔纳(Iangdon warne)、翟阴(Horaceh.F.Jayne)等人前往甘、新考察,途径西安时曾于13日在碑林外府学巷口东侧李姓博古堂碑帖铺购得"图书馆所藏大钟题铭及魏造像拓片数种"[1]。

据赵敏生回忆,彼时博古堂碑帖铺存图书馆所藏景云钟题铭分朱拓、墨拓两种,因铺址位置优越,种类丰富,故称为西安碑帖铺销售景云钟题铭拓本最旺的处所。以此推测,博古堂在获取景云钟题铭拓本途径上,必定耗费过不少的心思。

前引《长安史迹考》称,清末"欲得此铭之拓本,实非易事。拓工须秉命当局,制造搨本,然后盖以当局之印章。例须纳税,方能邀准"。此种成例延至民国,不仅未见改易,反而因景云钟移入陕西省立第一图书馆、渗入该馆与陕西省教育厅、陕西省历史博物馆等各家单位错综复杂之管理因素,欲获拓本遂并非易事。如1924年、1933年陕西省立第一图书馆先后制定碑林、图书馆拓印发帖管理办法若干条,报请陕西省教育厅公布实施。故1934年5月陕西考古会欲拓"迎祥观钟图暨唐六骏图各拾份"[2],须得报请陕西省教育厅同意并转敕陕西省立第一图书馆知晓,方可椎拓,否则将要大起冲突[3]。

---

[1] 参见1925年3月13日陈万里《西行日记》,收录于陈万里著《陈万里陶瓷考古文集》,紫禁城出版社1997年版,第338页。
[2] 参见1934年4月陕西省教育厅致陕西考古会公函。原件藏陕西省档案馆。
[3] 诸事内蕴,可参见陕西省档案馆藏陕西省教育厅、陕西省图书馆等单位有关景云钟拓本管理档案以及罗宏才《西安碑林碑帖业史略》(上、下)(西安碑林博物馆主编:《碑林集刊》第5、6期连载,陕西人民美术出版社1999、2000年版)。

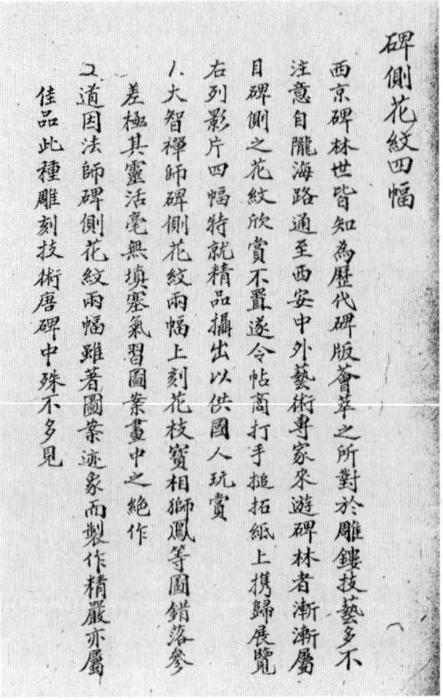

值得强调的是，摄于道教神灵之威力，景云钟拓本所长期辉耀于世者，主要为朱拓钟铭之本。

不过至晚从清末开始，由于西方审美思想的急剧传入与渗透，以及传统金石考据学科在新的历史环境下所逐步开始的变异与深化，钟铭之外的花纹图案开始逐渐引起人们的关注。在戊子（1948）冬由曾肄业于日本同文书院的陕西省历史博物馆馆长曹仲谦（1880—1959，字符谦，陕西长安人）写就的《陕西省历史博物馆概况说明书》"碑侧花纹四幅"条中，著者生发"西京碑林，世皆知为历代碑版荟萃之所，对于雕镂技艺，多不注意。自陇海路通至西安，中外艺术专家来游碑林者，渐渐瞩目碑侧之花纹，欣赏不置"一类的

图4-2-47 民国戊子（1948）曹仲谦《陕西省历史博物馆概况说明书》"碑侧花纹四幅"文字介绍手稿 藏西安安居巷曹氏后裔处

感慨，正是当时传统金石观遭遇西方审美思潮所发生重大变化的生动写照（图4-2-47）。

复次，迻录叶昌炽《寒山寺志》卷一《志钟》之说，所谓："唐钟炼冶超精，云雷奇古，波磔飞动，扣之有棱。余所见宝室寺、景龙观钟拓本，皆如此。"[1]似乎不仅仅只是在涉及钟铭一例。就中"云雷奇古，波磔飞动，扣之有棱"诸句，或指景龙观钟身图案。

连接上述，如我们的推测不误，此正当时特定历史环境之客观折射。至于前述1934年5月陕西考古会欲拓"迎祥观钟图暨唐六骏图各拾份"之事，恐不排除钟铭之外的全景立体椎拓之术。

迎合此种变化，长安李月溪于创造全形拓六骏拓本之外，又有全形拓景云钟拓本之问世。受其影响，民初以降擅长此道并较多涉及椎拓钟铭者，尚有李月溪哲嗣李松如以及耀县张木生、长安夏子欣等人。其中李松如虽系后来，但在民国新美术环境的熏陶下，尤能巧妙把握全形拓景云钟拓本之墨

---

[1] 叶昌炽撰，张维明校补：《寒山寺志》，江苏古籍出版社2009年版。

图4-2-48　唐景云铜钟全形立体影拓正面。1941年李松如椎拓　　图4-2-49　唐景云铜钟全形立体影拓背面。1941年李松如椎拓

色变化、凹凸深浅，运用自如。其代表作品，可从1942年为教育部艺术文物考察团所拓诸种景云钟全形拓本窥其端倪（图4-2-48、图4-2-49）。而长安夏子欣的椎拓作品，则参加1936年在南京由开发西北协会主办的西北文物展览会，编号为一七一〇号[1]。

  区别李月溪父子以及耀县张木生、长安夏子欣等人，供职于陕西考古会之拓工朱明俊、王兆禄在20世纪30年代椎拓景云钟群体工匠中，最为瞩目。查阅陕西省档案馆藏陕西考古会拓本出入细目，其中仅1934年5月12日一天，由朱明俊、王兆禄椎拓所入之景龙观钟文拓本就有20份之多。至精之本，则收入张扶万戮力编纂的《唐长安金石照片、拓片集》之中。

  与明清以来主要聚焦朱拓之本的特色相辉映，清末民国所见景云钟拓本则主要为全形拓本以及墨拓本。至于拓本之收藏消费群体，也由原来单一的士夫、学者以及商人之流，扩充到学术团体、政府机构、美术馆、博物馆以及官员、学者与域外人士等更广泛的受众。

---

[1]　开发西北协会：《西北文物展览会目录》，1936年，第20页。

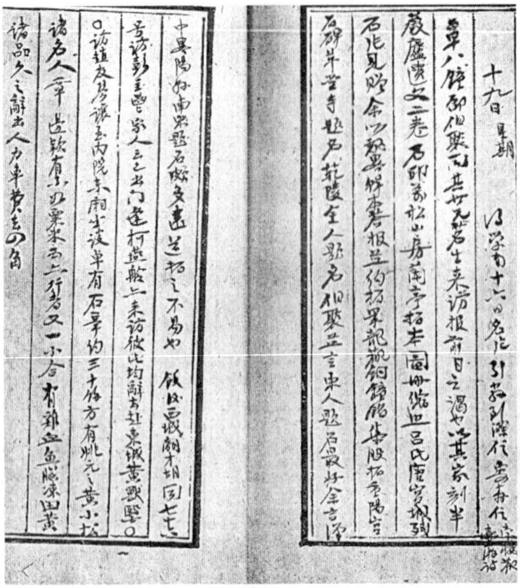

搜检陕西省档案馆藏陕西考古会拓本出入细目，我们发现1934年5月13日该会送出景龙观钟文拓本共7份，其中送国立北平研究院史学研究会西安分会者3份、送考古会研究者何乐夫1份、送西京筹备委员会委员长张继（溥泉）3份。

在搜求景龙观钟文拓本的行列中，以陕西考古会委员长张扶万与杭县邵伯炯最为瞩目。

翻阅张扶万《在山草堂日记》记载，1935年2月，

图4-2-50 旧历1935年2月19日张扶万《在山草堂日记》手稿

北平研究院与陕西省政府合组陕西考古会曾有赴北平联系石印出版《吕刻唐宫城图》托求邵伯炯提供相关资料之事。为答谢邵伯炯的慷慨提供，张扶万特以所著《魏略辑本》相赠，并"约拓景龙观铜钟铭、集股（古）拓重阳宫石碑、草堂寺题名、乾陵金人题名"等。邵则"以其家刻半□（？）庐遗文二卷、石印万松山房兰亭拓本图册、缩照吕氏唐宫城残石片见赠"[1]。

以2—4月张扶万《在山草堂日记》记载为例，知张、邵两人该年就北京、西安一线相关景龙观铜钟铭文拓本之通侯授受之事，至少有七八条之多。兹择要者五条迻录于后，以便读者窥测当时景龙观铜钟铭收藏概况一斑：

1935年二月十九日："早八钟邵伯炯同其世子茗生来访，报其前日之谒也。以其家刻半庐遗文二卷、石印万松书房、兰亭拓本图册缩照吕氏唐宫城残石片见赠。余以魏略辑本答报。并约拓景龙观唐钟铭、集股拓重阳宫石碑、草堂寺题名、乾陵金人题名。"（图4-2-50）

1935年四月初九日："发邵伯炯朱拓兴庆宫、景龙钟铭八份。嘱李希屏整重阳宫碑次序。得李印唐咸阳信。"

---

[1] 张扶万：《在山草堂日记》，1935年3月20日。

1935年四月十二日:"发邵伯炯景龙钟铭、兴庆宫拓片。"

1935年四月十六日:"得伯炯先生十五日信,收到朱拓片。又赠南汉马(乌)氏地券一片。……发伯炯,问铜钟拓片。"

1935年四月廿四日:"接邵伯炯信,嘱寄文庙拓碑八种,又(请)寄景龙钟全部拓文一份,即照寄。"

四、结语

整理以上讨论,我们认为:

(1)与景云钟相关的名称,至少有景龙观钟、景云钟、迎祥观钟三种,构成一个流传有序的钟名系统。其包括以"观"得名、以铸造年月得名、以后来所在沿革建筑得名三个类型,得名规律,基本与源远流长的中国其他历史建筑相同。

(2)依据有关文献记载及唐代寺观建筑总体设计原则与基本规律(特殊原委除外),景云钟最初位置,在景龙观主体建筑(大殿)前东侧,系以悬挂的方式,安置在具有"层楼规制"的钟楼内。层楼建于高耸雄伟的台基之上,营造出既吻合皇家道观建筑等级规制,又吻合整体道观建筑风格,以及最大限度发挥铜钟音响效果合理视觉环境。

这种旨在钟楼主题上的"层楼规制",不仅适合景龙观钟楼,也适合同时期具有与景龙观钟楼同功,或具有一定等级规模的钟楼系统。

(3)景云钟流变系统,主要有景龙观、迎祥观、陕西省立第一图书馆、西安碑林四个基本节点。其中1941年8月为防止随时可能发生的战事破坏,有关部门曾秘密埋置景云钟于图书馆藏书楼后廊房前地下,使景云钟流变历史出现了一个特殊的时代定格。

不管如何变迁,在1923年之前,景云钟所在位置,均为与道教相关、具有层楼风格的道观系统建筑之一的钟楼上。

自1923年开始,随着景云钟迁徙保护于陕西省立第一图书馆,宗教性保护属性开始消解,流衍千余年的"层楼规制"开始终结,进入新保护展览环境下的钟亭时期。1953年后,置于西安碑林内钟亭内的景云铜钟,虽仍具有悬挂的属性,但钟铣置于钟台之上,以保护展示为主题,已非1923年前悬挂于离开地面一定高度,可以满足开静、止静等具有一定感染力的道事活动的钟楼内那样的仪轨规制。

(4) 不管是出于宗教思维，还是青睐唐皇书艺，至迟在20世纪30年代之前，求取景云钟钟铭拓本，成为景云钟全部文化历史中的一项重要内容。20世纪30年代以后，随着西方审美思想的急剧传入与渗透，钟铭之外的花纹图案开始逐渐引起人们的关注，迎合新审美需求的景云钟全形立体拓拓本开始出现于世。

(5) 在全部求取景云钟钟铭拓本系统中，清代中晚期、特别是同光年间，为求取景云钟钟铭拓本的高峰时期。1911年前，特别是晚清同光年间，因恐惧神灵及畏惧妨碍上宪并有司究问等缘故，存在着一个较长时限、具有一定稳定规制的禁拓、限拓、申请拓阶段。这个阶段求取钟铭拓本，一般需要经过申请有司、获取允诺、纳钱椎拓、钤印依凭四个流程。

(6) 与禁拓、限拓、申请拓阶段大致吻合或稍后一段时期，崇敬唐皇威仪，以及慑于宗教威力并相信携带朱拓景云钟钟铭即可免除灾祸，获得福佑，使得朱拓景云钟钟铭拓本一度盛行。主体消费者为寓秦回籍探亲的山西商人；主要消费时期，则在旧历年关前后。此种现象，可能是造成每年9、10月间西安拓工椎拓朱拓景云钟钟铭高峰时期的主要原委。

第三节　唐"石台孝经碑"相关问题的观察与讨论

西安文庙大成殿遗址[1]之后、碑林之前正中碑亭内立置的唐天宝四年（745）"大唐开元天宝圣文神武皇帝注孝经台"碑，又称"石台孝经碑"，简称"石台孝经"、"孝经石台"[2]、"石台"[3]等。

全碑用上好细质青石雕凿而成，选石考究，工艺精湛，书法秀美，高达620厘米，为享誉中外的名碑，亦为迄今所见唐代碑石之中最为雄奇的典范，具有"风骨巨丽，碑版峥嵘"[4]的风姿和"老劲丰艳，如泉吐凤，为海吞鲸"[5]的气度（图4-3-1、图4-3-2、图4-3-3）。

对于此碑的观察与讨论，长期以来，主要集中于书法艺术及金石学范畴内"以石台孝经石刻校正刊本经注之伪"[6]等方面。近代以来，由日本及西方学者发端，开始逐渐有考古、美术、设计等学科领域关注其雕造背景、造型结构、纹饰源流等方面，但多属表象的观察与粗率的记叙。至于碑名源流、雕造样式、设计风格、建筑环境、拓本流传、历史沿革、保护维修等相关问题的系统阐释与综合分析，则鲜见涉及。

---

[1] 西安文庙今易为西安碑林博物馆，庙内原有面阔七间、重檐歇山顶大殿，1959年毁于雷火，其建筑基址在其后亦被拆除。

[2] 参见西安碑林藏金正隆五年（1160）刻《重修碑院七贤堂记碑》，曹谊撰文，郭孝忠书丹。文记："宣圣殿后，旧有玄宗序注孝经石台并文宗群经碑院一区。"

[3] （唐）李隆基《答李齐古石台孝经表批》："特建石台，以垂百代之则"。收录于《全唐文·卷三十七》。

[4] （唐）张彦远：《法书要略》卷六引（唐）窦臮《述书赋下》："开元应乾，神武聪明，风骨巨丽，碑版峥嵘。思如泉而吐凤，笔为海而吞鲸。"

[5] （明）赵崡：《石墨镌华》评《石台孝经》："老劲丰艳，如泉吐凤，为海吞鲸，非虚语也。"《石墨镌华》所论与张彦远《法书要略》卷六引唐窦臮《述书赋下》所谓明显相关。

[6] （清）瞿中溶编、缪荃孙校定：《嘉业学堂丛书·瞿木夫先生自订年谱》，民国二年（1913）嘉业学堂刊，第6页。

图4-3-1　石台孝经碑正面　　图4-3-2　唐石台孝经碑侧视　　图4-3-3　石台孝经碑正视

图片分开空间采自李域铮《西安碑林书法艺术》，陕西人民美术出版社1983年版，第158页

此类遗憾，实与曾经"伟冠一时"[1]的西安文庙建筑规制以及属于盛唐典范，一派"丰劲，气象伟如，望之心慑"[2]；并给予后之中国纪念碑形态模式产生重大影响的"石台孝经碑"相较，存在有较大的差距，亟须弥补完善。

一、雕造背景、设计风格与"天宝样式"概念的提出

考究"石台孝经碑"雕造背景、设计风格等相关问题，先对此碑基本形制与艺术内涵作以初步观察、描述，是十分必要的。

按此碑碑顶为庑殿式，自下而上，有三层逐次累加、不断外伸的仰姿高浮雕卷云纹组合，形成巨大的翻覆状云盘，支撑起庑殿式主体。其分别作7、8、9朵三个系列，具有整体体量逐渐增大、渐次收分、比例和谐的效果。每一朵云纹，皆健硕饱满，翻覆向上，起翘弧度、力度特甚，促使庑殿式整体呈现雄大健

---

[1] 西安碑林藏金正隆二年（1157）《京兆府重修府学记》（附刻永兴军中书札子），李栗记，潘师雄书，碑文有："庙学之成，总五百楹，宏模廓度，伟冠一时。"
[2]（清）汪中（容甫，1745—1794）《述学·述学别录》"唐元宗（鹡鸰颂）跋尾"条，广韵楼藏本，民国志古堂刻本。辽宁教育出版社2000年版，第113页。

劲的倒立覆斗形,营造出巍峨高耸、庄严神秘的视觉效果(图4-3-4、图4-3-5)。庑殿顶浮雕宝珠式装置,富丽盈满,于对应基本造型风格的同时,更增添了整体形态的肃穆、雄伟及灵动、飞扬。

此碑碑身,系四块长方形青石块面两两凑集组合而成,"为碑凡四"[1]。整体呈长方形四面柱状体。实测每面宽120厘米,其中三面镌刻由玄宗李隆基(图4-3-6)隶书儒家伦理学经典著述《孝经》,每面各18行,行50余字(图4-3-7)。《孝经》之外,最后一面分为上下两段,上刻李齐古表文正书九行,李隆基批答行书三行;下刻参与此事诸臣名衔四列。其整体四面阅读组合顺序按顺时针方向设计安排。

碑身正面顶部中间,刻有方形碑额,额篆"大唐开元天宝圣文神武皇帝注孝经台"16大字,作4行排列,每行4字,出太子李亨(711—

图4-3-4 唐玄宗御注孝经碑局部 1907年[日]常盘大定、关野贞著摄

图4-3-5 石台孝经碑顶部特写 2013年8月罗宏才摄

[1] 佚名:《古文孝经指解》,见清《四库全书》本。

762)之手。额篆之外,有方形界栏,浅浮雕云纹图案一周;额篆之外方形界栏外两侧,则对称雕造瑞兽、云纹。究其意匠,皆当等同碑顶云盘之制。

此碑碑座,作三层阶梯状,与碑顶三层仰姿高浮雕卷云纹组合数字吻合。座之四面,分别设计以浮雕、线刻等技法制作的蔓草、瑞兽、卷云、瑞草等图案(图4-3-8、图4-3-9、图4-3-10),意匠亦与碑顶云盘之制吻合。

相关状况,1948年冬陕西省历史博物馆馆长曹仲谦撰写《陕西省历史博物馆概况说明书》"石台孝经"条有精彩描述:

"(石台孝经)由四石合成一方塔形,上覆顶冠高一公尺一寸,出檐约三公寸,浮雕卷云蟠螭拏攫飞腾,极其生动。下叠三台,层高三公寸许,每层平雕蔓草狮子,精巧洒丽,明润莹澈,可称石刻图案画中绝品。"

图4-3-6 唐玄宗李隆基画像

图4-3-7 石台孝经碑局部文字

涉及额篆题名诸事,清初顾炎武《金石文字记》(图4-3-11)有简略剖述:

"(石台孝经碑)今在西安府儒学。前第二行题曰:'御制序并注及书',其下小字曰:'皇太子臣亨奉敕题额。'其额曰:'大唐开元天宝圣文神武皇帝注《孝经》'。台后有天宝四载九月一日,银青光禄大夫国子祭酒上柱国臣李齐古《上表》,及玄宗御批大字草书三十八字。其下有特进行尚书左仆射兼右相吏部尚书集贤院学士修国史上柱国晋国公臣林甫、光禄大夫行左相兼兵部尚书弘文馆学士上柱国渭

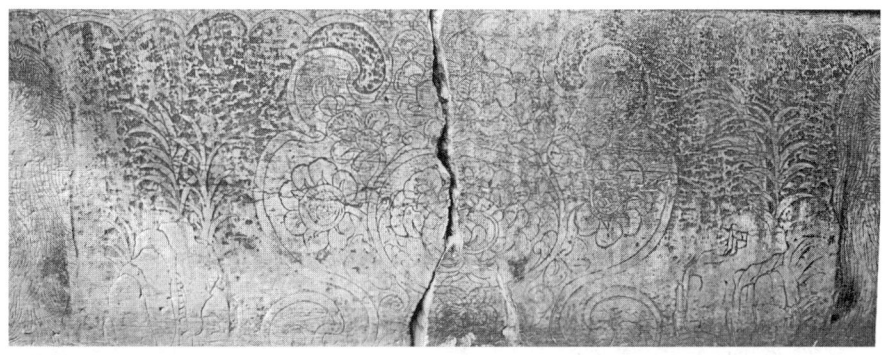

图4-3-8　石台孝经碑基座线刻瑞草、蔓草、卷云纹饰图案

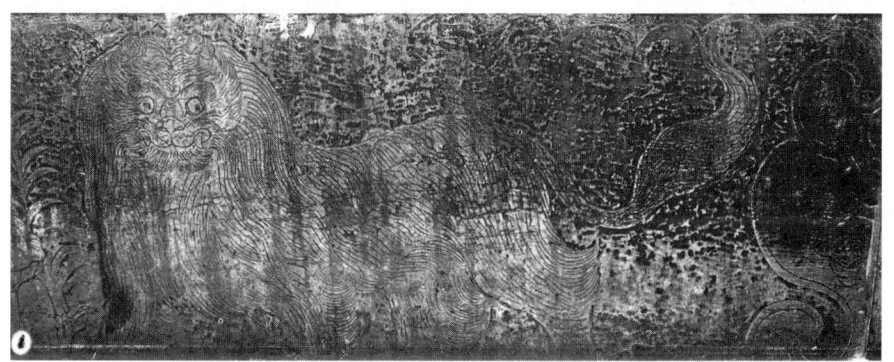

图4-3-9　石台孝经碑基座减地线刻走狮、瑞草图案1

图4-3-10　石台孝经碑基座减地线刻走狮、瑞草图案2

源县开国公臣李适之等四十五人姓名。"[1]

至于刊刻经过及题名诸臣考证，则见陈财经《"石台孝经"刊刻经过及题名诸臣考》[2]一文详细考释。

前文提及，"石台孝经碑"雕造于唐天宝四年（745），主持雕造者为当朝天子李隆基。碑文载儒家传统经典《孝经》，隶书，亦李隆基所为。盖神龙元年（705）以至开元元年（713），短短八年半光阴，朝廷多事，政变频仍，帝座四次更易，宫闱争斗不绝。即使以临淄王身份起家的李隆基本人，亦连续挑动联合万骑果毅陈玄礼等发动兵变，杀伯母韦皇后与安乐公主，继而再诱杀左、右羽林将军，弑姑母太平公主并逼迫其父睿宗退位等种种政治波澜。

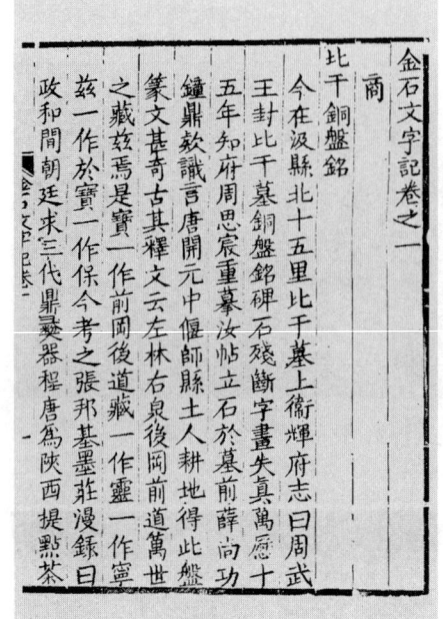

图4-3-11　顾炎武《金石文字记》卷一首页

此类举动，以天经地义[3]孝道准则衡量，显然是背道忤逆的。固在李隆基心目中，尽管其上台即位浸透着血腥与叛逆，但登上宝座后的帝主心态，却不能容忍类同旧日的血腥与叛逆再度发生，他需要四海之内的普遍臣服，更需要着力营造唐祚万世的最佳升平环境。于是，传统《孝经》所谓"昔者明王之以孝治天下"[4]与"爱敬尽于事亲，而德教加于百姓，刑于四海。盖天子之孝也"

---

[1]（清）顾炎武：《金石文字记》，两淮马裕家藏本。其中碑末列置参与此事诸臣"四十五人姓名"一说与元骆天骧撰《类编长安志》"孝经台唐明皇八分书"条所谓"太子亨篆额李齐古上表并李林甫四十四人题名"记载不同。此处从顾炎武说。

[2] 陈财经：《"石台孝经"刊刻经过及题名诸臣考》，西安碑林博物馆编《碑林集刊》第2辑，陕西师范大学出版社1994年版，第87页。

[3]《孝经·三才章第七》："曾子曰：'甚哉，孝之大也。'子曰：'夫孝，天之经也，地之义也，民之行也。'"

[4]《孝经·孝治章第八》："子曰：'昔者明王之以孝治天下也，不敢遗小国之臣，而况于公、侯、伯、子、男乎？故得万国之欢心，以事其先王。治国者，不敢侮于鳏寡，而况于士民乎？故得百姓之欢心，以事其先君。治家者，不敢失于臣妾，而况于妻子乎？故得人之欢心，以事其亲。夫然，故生则亲安之，祭则鬼享之。是以天下和平，灾害不生，祸乱不作。故明王之以孝治天下也如此。'"

以及"一人有庆,兆民赖之"[1]种种训教,便适时进入他的视野。在李隆基看来,推行"以孝治天下",这符合他君临天下,四海一统的利益诉求。

因此,在矛盾、复杂的心境中,彰显孝道,期望建构新的君臣规制,遮蔽、淡化弑亲历史并希望借《孝经》经典大兴教化以维护现有统治,"志在于升平"[2],便成为李隆基的不二选择。

《唐会要·卷三十六·修撰》:"开元十年(722)六月,上注《孝经》,颁天下及国子学。天宝二年(743)二月,上重注,亦颁天下。"又《旧唐书·卷九·本纪第九·玄宗下》载,天宝三年(744)十二月,"诏天下民间家藏孝经一本"。又《唐书·元行冲传》载:"玄宗自注《孝经》,诏行冲为《疏》,立于学官。"

正是上述复杂多变的历史背景,才促动李隆基"御注孝经"与"特建石台",以及"垂百代之则,故得万国之欢"[3]的壮举,接着,太子李亨追随乃父,亲篆碑额以示"孝道"等微妙表现,便成为顺理成章之事了。

不独如是,天宝四年(745)九月银青光禄大夫国子祭酒李齐古(712—756)便特《进御注孝经表》,宣称:"臣闻《孝经》者,天经地义之极,至德要道之源,在六籍之上,为百行之本。自文宣既没,后贤所注,虽事有发挥,而理甚乖舛。伏惟开元天宝圣文神武皇帝陛下敦睦孝理,躬亲笔削。以无方之圣,讨正旧经;以不测之神,改作新注。朗然如日月之照,邈矣合天地之德。使家藏其本,人习斯文,普天之下,罔不欣戴。仍以太学王化所先,《孝经》圣理之本,分命璧沼,特建石台。义展睿词,书题御翰,以垂百代之则,故得万国之欢。"

李齐古的奏章,畅言孝道并"特建石台"的具体落实,自然博得李隆基的欢心。他随之批答行书,诸臣亦因之接续题名。它们作为李隆基推行孝道治理天下统治主题的系列之一,理所当然地要依附李隆基"御注孝经"主体,最终构成"石台孝经碑"雕造问世的基本历史背景与全部碑石内容。

这些复杂微妙的历史背景以及受限于皇家诉求的等级规制,酿就"石台孝经碑"成为唐代碑石的最高典范。其孤耸高标的地位与催人震撼的视觉艺术效果,虽借助于皇家层级的一座高大石碑而得以永生,实与有唐一代最高等级碑石建造模式、镌刻内容需求以及屋顶建筑造型样式、气韵完全吻

---

[1]《孝经·天子章第二》:"子曰:'爱亲者,不敢恶于人;敬亲者,不敢慢于人。爱敬尽于事亲,而德教加于百姓,刑于四海。盖天子之孝也。'《甫刑》云:'一人有庆,兆民赖之。'"
[2](唐)《旧唐书·卷九·本纪第九·玄宗下》,中华书局1975年版,第236页。
[3](唐)李齐古:《进御注孝经表》,收录于《全唐文·卷三百七十七》。

图4-3-12 大唐嵩阳观纪圣德感应之颂

图4-3-13 唐法门寺地宫出土四门金塔

合,为当时流行风尚。究其示例,比比皆是。如寻找规律,整合类分,则至少可发现七种规律与特征:

(1)以庑殿式碑顶论,如唐乾陵懿德太子墓壁画阙楼图;河南登封嵩阳书院唐天宝三年(744)李林甫撰文,徐浩书丹"大唐嵩阳观纪圣德感应之颂"碑(图4-3-12);敦煌藏经洞发现唐报恩经变相图中的庑殿顶图像[1];陕西户县草堂寺唐鸠摩罗什舍利塔;唐法门寺地宫出土四门金塔(图4-3-13)[2];长治唐天祐四年(907)天台庵大殿等,皆可与之清晰比对。

同时还可以地清晰地看到,至晚在天宝年间,高等级的碑石顶部设计,开始在吻合唐代流行屋顶起翘翻覆样式基础之上,出现了新的样式。

为方便了解石台孝经碑庑殿式碑顶之渊源关系,兹辑六种相关示例列表(表4-3-1)予以统计分析。

---

[1] 参见马炜、蒙中编著:《敦煌藏经洞流失海外的绘画珍品——西域绘画·7(经变)》,重庆出版集团、重庆出版社2010年版,第2~4页。绢本,设色,纵177.6厘米、横121厘米。

[2] 依形状观察,或可称之为四门金亭、方形金亭。

表 4-3-1　石台孝经碑庑殿式碑顶渊源关系六种示例统计表

序号	名称及所在地	时代	图　像	备注
1	唐乾陵懿德太子墓壁画阙楼图	唐神龙二年（706）		
2	河南登封嵩阳书院"大唐嵩阳观纪圣德感应之颂"碑	天宝三年（744）		
3	大唐开元天宝圣文神武皇帝注孝经台	天宝四年（745）		简称"石台孝经碑"等

续 表

序号	名称及所在地	时代	图像	备注
4	敦煌藏经洞发现唐报恩经变相图中的庑殿顶图像[1]	8世纪前后		依马炜、蒙中编著《敦煌藏经洞流失海外的绘画珍品——西域绘画·7（经变）》"报恩经变图"说明文字，称此画系"8世纪前后的作品"。[2]
5	陕西户县草堂寺唐鸠摩罗什舍利塔	唐会昌元年（841）前后		塔身浮雕与西安碑林藏唐会昌元年（841）玄秘塔碑冠云纹状浮雕类似。
6	山西长治天台庵大殿	唐天祐四年（907）		

---

[1] 原图名称为"净土上方的建筑物"。参见马炜、蒙中编著：《敦煌藏经洞流失海外的绘画珍品——西域绘画·7（经变）》，重庆出版集团、重庆出版社2010年版，第4页。
[2] 参见马炜、蒙中编著：《敦煌藏经洞流失海外的绘画珍品——西域绘画·7（经变）》，重庆出版集团、重庆出版社2010年版，第3页。

(2) 以碑顶设置翻覆外伸，逐层累加式的云纹组合图样而论，可与河南登封嵩阳书院唐天宝三年（744）李林甫撰文、徐浩书丹"大唐嵩阳观纪圣德感应之颂"碑；唐长庆三年（823）拉萨唐蕃会盟碑[1]（图4-3-14），西安碑林唐会昌元年（841）《唐故左街僧录内供奉三教谈论引驾大德安国寺上座赐紫大达法师玄秘塔碑铭并序》（简称"玄秘塔碑"），陕西户县草堂寺唐鸠摩罗什舍利塔等示例比对。

(3) 以碑身用多石组合而论，可与原在泰山老君堂、现在泰山岱庙碑廊的显庆六年（661）唐斋醮造像记事碑（共两石，依依相靠。故称"鸳鸯碑"或"双束碑"）及乾陵内城朱雀门外司马道西边武则天撰文、中宗李显书丹的唐述圣纪碑（方形，七节，故又称"七节碑"），包括李林甫撰文、徐浩书丹的河南登封嵩阳书院唐天宝三年（744）"大唐嵩阳观纪圣德感应之颂"（亦为四面柱状体）等碑石相比对（图4-3-15）。

(4) 以碑身均为四面柱状体而论，可与显庆六年（661）唐斋醮造像记事碑及武则天撰文、中宗李显书丹的乾陵唐述圣纪碑，李林甫撰文、徐浩书丹的河南登封嵩阳书院唐天宝三年（744）"大唐嵩阳观纪圣德感应之颂"等碑石比对。

(5) 以全碑形态而论，则可与乾陵内城朱雀门外司马道西边武则天撰文、中宗李显书丹的唐述圣纪碑，李林甫撰文、徐浩书丹的河南登封嵩阳书院唐天宝三年（744）"大唐嵩阳观纪圣德感应之颂"，唐长庆三年（823）拉萨唐蕃会盟碑等实物示例比对（图4-3-16）。

(6) 以内容性质而论，可与显庆六年（661）唐斋醮造像记事碑、天宝三年（744）"大唐嵩阳观纪圣德感应之颂"、唐长庆三年（823）拉萨唐蕃会盟碑等碑石相比对。大致三者均有教化、传布、记事、典范等功用。其中"大唐嵩阳观纪圣德感应之颂"记嵩阳观道士孙太冲为唐玄宗李隆基炼丹九转诸事。与"石台孝经碑"相同，它们均涉及当朝天子李隆基。不同的只是"石台孝经碑"碑文为玄宗亲书。

(7) 以规制、体量而论，搜索示例，目前所知形制基本类同，居前三位的高等级碑石示例依次为：

---

[1] 又称甥舅和盟碑、长庆会盟碑。以汉藏两种文字对照，树于拉萨大昭寺门前。碑竖立时，当唐长庆三年即吐蕃彝泰九年（823），据《旧唐书·吐蕃列传》、《唐会盟碑》等文献记载，知长庆三年（823）在长安、惹刹（即大昭寺）和唐蕃交界处（藏文史书记载为"梅如"地方）树立三通同样碑石，如《唐蕃会盟碑》所谓"同一盟文之碑亦树于唐之京师云"。现仅知惹刹（即大昭寺）一处。

图4-3-14　大唐嵩阳观纪圣德感应之颂、石台孝经碑与唐蕃会盟碑碑首对比图

图4-3-15　泰山唐斋醮造像记事碑、乾陵唐述圣纪碑、大唐嵩阳观纪圣德感应之颂与石台孝经碑碑身对比图

图4-3-16　大唐嵩阳观纪圣德感应之颂、石台孝经碑与唐蕃会盟碑碑身对比图

① "大唐嵩阳观纪圣德感应之颂",高900厘米,每面宽204厘米;
② "唐述圣纪碑",高753厘米,每面宽186厘米;
③ "石台孝经碑",高620厘米,每面宽120厘米。

三种示例中,李林甫撰文、徐浩书丹的河南登封嵩阳书院唐天宝三年(744)"大唐嵩阳观纪圣德感应之颂"与"石台孝经碑"在形制、体量、内容、等级以及碑顶造型样式和起翘弧度、力度等方面最为接近。除去细部特征,大的区别在于,前者之雕凿时间,较后者仅早一年。其当共同为天宝年间在皇帝参与的历史背景前提下,有着相同设计意匠与功用目的诉求,显出一人之手或相同艺术样式的艺术杰作。它使我们清晰窥见唐代皇家级碑石构造的基本模式。

由此可见,不论是石质、书体、体量、形制,还是书写者的身份位置、碑石等级与设计意匠及雕凿技艺水准,"石台孝经碑"均跃然瞩目。

我们整理以上规律、特征等相关因素,将此碑视为目前所见唐碑之冠,并由此联系发乎碑体内外的诸多共性艺术特征,且参照天宝年间的国势、财力以及玄宗本人钟情艺术的嗜好及气度,继而将其与"大唐嵩阳观纪圣德感应之颂"等碑石共同归类,详细解剖,视作盛唐时期一种具有皇家等级、只限于纪念碑类型范围的艺术雕造样式,审慎称之为"天宝样式"。

比照初唐向盛唐转换时节的唐述圣纪碑,以及不同时代的相关示例,这种至少反映在盛唐皇家碑石雕造一途、具有唐代最高纪念碑雕造艺术等级的"天宝样式",其内涵、源流与影响、价值及意义,应大致反映在以下诸方面:

(1)雕刻背景均与皇室阶层相关。
(2)选石均精细考究,雕造技艺高超。
(3)碑文为玄宗或高位权臣亲书,书法秀美。其中玄宗八分书书体尤为领袖高标。
(4)体量硕大,高度在620厘米至900厘米之间。
(5)均有硕大健劲,起翘特甚的碑顶。
(6)碑身均为规制统一的四面柱状体。
(7)吻合碑身四面柱状体规制,碑座均为方形,其与唐代高等级丰碑多为"螭首龟趺"[1]之制迥异,显示出独特的设计意匠诉求。

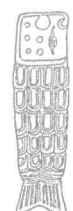

---

[1]《唐会要·卷三十八·服制下》:"碑碣之制。五品以上立碑。螭首龟趺。上高不过九尺。七品以上立碑。圭首方趺。趺上不过四尺。"

（8）皇家规制、时代风尚与精湛设计意匠，造就全碑形体比例准确合宜，挺拔秀丽中不失端庄与威严。遵循这样的设计诉求，三层石台的合理力度，奠定了全碑的巍然稳定；而契合经义逐级增加、翻转飘拂的朵云状碑顶，在天地对应巍然稳定三层石台同时，则具有徐徐释放视角压力的功效[1]。

（9）至晚在天宝年间，碑顶开始仿唐代流行屋顶起翘翻覆样式，出现了新的样式。

（10）碑顶设置翻覆外伸，逐层累加式的云纹组合图样，具有沟通天地人神的功用以及强烈的视觉震撼效果。

（11）硕大体量、"气象伟如"、统一规制以及高超设计意匠与精湛雕造技艺，既与皇家气度诉求相吻合，又可以窥见自初唐以至盛唐的鲜明承传、变化轨迹。如乾陵唐述圣纪碑、嵩阳观纪圣德感应之颂碑、石台孝经碑一线贯穿的四面柱状体规制样式。换言之，"天宝样式"的形成，有初唐以来多种社会、历史与艺术文化等因素的滋润、影响。

（12）至少反映在盛唐皇家碑石雕造一途，具有承上启下意义的"天宝样式"，对当时以及后来的碑石雕造规制、技艺风格、书法品格等，具有一定的示范、标杆与倡导、影响作用。

示例如唐长庆三年（823）拉萨唐蕃会盟碑四面碑体及碑顶宝珠装置，西安碑林会昌元年（841）玄秘塔碑冠云纹状浮雕，陕西户县草堂寺唐鸠摩罗什舍利塔基座、中盘的云纹图样组合等。天宝四年（745）九月银青光禄大夫国子祭酒李齐古（712—756）《进御注孝经表》所谓"朗然如日月之照"、长庆三年（823）唐蕃会盟碑所谓"称美之声遍于日月所照"[2]之赞语，其在语词、格调、气韵、形式等层面带给我们的契合与承袭，更直观地显示出"天宝样式"的巨大统合力与影响力。

换言之，以石台孝经碑昂扬领袖的"天宝样式"，在汲取前代如唐述圣纪碑那样的皇家气韵与最高纪念碑规制样式的基础上，享受开元以来的气度、国威与创造意识，循皇家级最高纪念碑规制，拓开了新的路径，高大、

---

[1] 何正璜《御笔巨碑——唐刻〈石台孝经〉》一文也认为："在肯定有压抑感的碑顶上，满刻了舒缓的云朵，这就能利用人们对浮云轻盈感的错觉，减轻了实际存在的压力。"何文收录于陕西省博物馆藏宝录编辑委员会编辑《陕西省博物馆藏宝录》一书，上海文艺出版社、三联书店（香港）有限公司1995年版，第146页。

[2] 引自《唐蕃会盟碑》碑文，参见王尧《唐蕃会盟碑疏释》，载《历史研究》1980年第4期。

图4-3-17　石台孝经碑与人民英雄纪念碑对比

雄伟、雍容、华贵而又富丽、奇诡的风格特质,竖立起不朽标杆,并对后之同类碑石雕凿规制,产生了重要影响,促使寰宇之内,"称美之声遍于日月所照矣"。

直到1949年9月30日以后北京人民英雄纪念碑在设计、雕造过程中,仍积极汲取以石台孝经碑为领袖的"天宝样式"之气韵、格调与相关元素,在新的历史环境下,海纳百川,创造出新的国家最高级纪念碑样式(图4-3-17)。

石台孝经碑所散发的独特皇家规制气韵,1933年为日本学者关卫所感悟。在《西方美术东渐史》一书中,关卫将石台孝经碑称之为"御注孝经碑",并将此碑与同样置于西安碑林,雕凿于开元二十四年(736)的大智禅师碑并举,称其"技工卓绝","出类拔萃",有"超乎常轨之外的豪华奇拔的特质"[1]。

不过,关卫只注意到狭小视点上"超乎常轨之外"的"特质",却未能将这一"特质"与同时代寄托于其他相关碑石载体上的多种"特质"相联系,

---

[1]［日］关卫著,熊得山译:《西方美术东渐史》,上海世纪出版集团2007年版,第86页。

进而合理构结，阐释定位，推展出一种事实上存在，"超乎常轨之外的豪华奇拔的"的"天宝样式"来。

当然，即便我们对这一样式的认识目前尚属初阶，即便这一样式的出现，尚包含多样复杂的历史背景，融涵有勃勃强健的外来文化因素；即便在后来不断的继承、创新进程中，关乎最高级别纪念碑样式、风格的变化、创新，尚存在很多的经验与教训。

二、碑名源流与建筑环境的更易及维修保护等相关问题

碑之全名，依太子李亨自书额篆，当作"大唐开元天宝圣文神武皇帝注孝经台"。其简称，则可称之为"孝经台"。

但择李齐古《进御注孝经表》"特建石台，……以垂百代之则"[1]，以及玄宗受表后所作《答李齐古石台孝经表批》[2]与碑林旧藏金正隆五年（1160）《重修碑院七贤堂记碑》记："（文庙）宣圣殿后，旧有玄宗序注孝经石台并文宗群经碑院一区"，日本学者关卫、常盘大定、关野贞等又将其称为"御注孝经碑"或"唐玄宗御注孝经碑"等示例，又知此碑尚有"石台孝经"、"石台"、"玄宗序注孝经石台"或"唐玄宗御注孝经碑"、"御注孝经碑"、"孝经石台"等称谓。

为便于读者熟悉诸种命名的渊源关系，我们搜索到六种主要示例列表统计（表4-3-2），并相应实施甄别、分析。

表4-3-2　石台孝经碑六种名称渊源关系统计

序号	名称	目前所知名称最早出现时代	资料来源	备　注
1	石台	唐天宝四年（745）九月	《全唐文》卷三百七十七	唐李齐古《进御注孝经表》："特建石台，……以垂百代之则。"
2	石台孝经	唐天宝四年（745）	唐玄宗受表后所作《答李齐古石台孝经表批》	具体时间应在李齐古《进御注孝经表》后。

---

[1]（唐）李齐古：《进御注孝经表》，收录于《全唐文·卷三百七十七》。
[2]（唐）李隆基：《答李齐古石台孝经表批》，收录于《全唐文·卷三十七》。

续表

序号	名称	目前所知名称最早出现时代	资料来源	备注
2	石台孝经	唐天宝四年（745）	唐玄宗受表后所作《答李齐古石台孝经表批》	王子云《从长安到雅典·西安各地美术考古》一节称："由于台座的图案艺术与碑的书法艺术同等重要，所以才称为'石台孝经'。"见陕西人民美术出版社1992年出版的《从长安到雅典》，第50页。
3	大唐开元天宝圣文神武皇帝注孝经台	唐天宝四年（745）	西安碑林藏"石台孝经碑"李亨额篆	具体时间或应在唐玄宗受表所作《答李齐古石台孝经表批》后。
4	玄宗序注孝经石台	金正隆五年（1160）	《重修碑院七贤堂记碑》	碑今存西安碑林。另见元骆天骧撰《类编长安志》卷十"孝经台唐明皇八分书"条。
5	御注孝经碑	1933年2月	［日］关卫《西方美术东渐史》	参见［日］关卫著、熊得山译：《西方美术东渐史》，上海世纪出版集团2007年版，第86页。
6	唐玄宗御注孝经碑	1940年	［日］常盘大定、关野贞：《中国文化史迹》（图版），第九辑lx—13，法藏馆刊行，昭和十五年（1940）。	据1907年常盘大定、关野贞调查此碑推测，定名时间或早于［日］关卫《西方美术东渐史》一书所谓。

六种碑名，依据不同源流，基本可以分别归属于三个不同系统，亦即：

（1）石台系统；

（2）孝经石台系统；

（3）孝经碑系统。

其中（1）（2）系统，或可整合为同一系统；（2）（3）系统，或可整合为另一系统。但不管哪个系统，均呈现出繁简不同、前后呼应的两种语词节点，且均未扬弃"台"与"碑"之称谓。

换言之，不同于常见四方、龟趺等形式之碑石基座，置于石质三层阶台状之上的"孝经碑"，在唐人眼中，大概最具视觉冲击力者首先是"石台"，其次才是"石台"之上的"孝经碑"，它们构成此碑命名最基本也是最关键

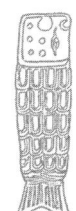

的两种关键语词节点。于此,日本学者常盘大定、关野贞认为"(石台孝经碑)石四块合成台形,上附盖,故名'石台'"[1]。只是其在重视"孝经"的同时,却忽视了"为碑凡四"的下面之三层石台,从而导致不完全解释的出现。

于有唐一代,"石台"之名为最简便流行者。至晚从金代开始,将"石台"、"孝经"两个关键词点顺序调换后的另一种组合名词——"孝经石台"开始出现,从而与"石台孝经"成为两种并行不悖的简便称谓。最终"石台孝经"以其更具形象性,更易上口而成为最主流、最普遍的称谓。《古文孝经指解》所谓:"以《御注》刻石于太学,谓之《石台孝经》。"大概正是我们今日普遍认同"石台孝经"一名以为定式的主体原因所在。

"台"之概念,许慎《说文解字》有谓:"台,观四方而高者。"《释名》又作:"台,侍也。筑土坚高,能自胜持也。"清段玉裁《说文解字注》更称:"凡观与台在于平地,则四方而高者曰台。不必四方者曰观。"

此类文献,与"石台孝经"方形之"台"应该完全吻合。不同的是,前者可以泛指"土台"、"石台"、"高台"、"低台"等各种质地、不同体量的方形之台,后者则专指"石"质之方形之"台"。

窥中国建筑史源流,"台"之高矮、质地与形制、规模,受限于一定时期的不同等级规制。宋李诫编《营造法式》引《老子》所谓,有"九层之台,起于累土"之记载;同书又有"重台钩阑"[2]之制。

又查"石台孝经"方形之"台",计有"三台"。笔者认为,此举盖在吻合"天子三台"规制(图4-3-18),且强化玄宗御注孝经碑之独尊性、唯一性与特殊性,亦即李齐古《进御注孝经表》所谓"特建石台,……以垂百代之则"之意。在《五经要义》中,所谓:"天子三台,灵台以观天文,时台以观四时,囿台以观鸟兽。"也旨在强调"天子三台"的尊贵性、等级性与特殊性,其与《进御注孝经表》相表里,是另一种语境下同类性质的异样表达。

《唐会要·卷三十六·修撰》称:"开元十年(722)六月,上注《孝经》,颁天下及国子学。天宝二年(743)二月,上重注,亦颁天下。"《唐书·元行冲传》又称:"玄宗自注《孝经》,诏行冲为《疏》,立于学官。"可知在当时,能够承担传播《孝经》,教化天下的机构,主要是《唐会要》所谓的"国子

---

[1] 参见陕西省古籍整理办公室编、李慧主编:《陕西石刻文献目录集存》"石台孝经"条,三秦出版社1990年版,第96页。

[2] (宋)李诫:《营造法式》卷第三"石作制度",文渊阁《钦定四库全书》本。

图4-3-18 故宫太和殿"天子三台"规制示例

学",亦即《唐书·元行冲传》所谓的"学官"。

惟依李齐古《进御注孝经表》所谓"仍以太学王化所先,《孝经》圣理之本,分命璧沼,特建石台。义展睿词,书题御翰"知立置"石台孝经"碑的位置最后确定在唐代最高学府"太学"一地。推测在当时统治者心目中,或许认为只有这样,才能够达到"以垂百代之则,故得万国之欢"之目的。

又按唐代国子监,有国子学、太学、四门学、律学、书学、算学诸类,位在长安城内务本坊(朱雀街东侧第二列北起第一坊),地当今西安市明城墙南侧以外之文艺路一带。彼时李齐古身为三品阶文散官,职衔是银青光禄大夫国子祭酒上柱国,工于书,经管《石台孝经碑》是其"善职"[1]。而国子监系统的重要学府——"太学"向为"王化所先,《孝经》圣理之本"。正是囿于此种原因,他才有缘、有责向玄宗恭敬作《进御注孝经表》,建议立"石台孝经"于"太学",以便"义展睿词,书题御翰"。

天宝四年(745)镌刻立置石台孝经碑于长安城外郭城务本坊国子监

---

[1]（唐)李隆基:《答李齐古石台孝经表批》,收录于《全唐文·卷三七》。

图4-3-19 敦煌藏经洞发现唐绢本设色绘画药师净土变相图宝珠顶垂脊亭子图像

（今西安城大南门外东南部一带），为当时朝野瞩目的大事，当不至于轻率处置。除必有仪式外，碑身上方或当另覆盖巍然高耸的碑亭。惟其如此，才可以与"万雉斯建，百堵皆兴，揆日占星，式规大壮，凤甍骞其特起，龙楣俨以临空。霞入绮寮，日晖丹槛，窅窅崇邃，悠悠虚白"[1]之国子监孔庙一带整体环境相协调。

唐代碑亭的形式，文献记载与考古发现实物例证曾频频见及。大致如1900年敦煌藏经洞发现唐绢本设色绘画有药师净土变相图千钵文殊菩萨和建筑群中宝珠顶垂脊亭子（图4-3-19）、1959年西安西郊唐墓出土三彩庭院模型随葬品系列中的四角攒尖亭与八角攒尖亭[2]（图4-3-20）、1987年法门寺出土宝珠顶单檐四门纯金塔与鎏金铜浮屠以及同年陕西铜川红土镇唐墓出土的三彩四方亭[3]等，均可提供给我们很多值得想象的空间。

我们根据石台孝经碑之四面柱状体式，推测最初建于太学的石台孝经碑碑亭形式为四方亭式。有趣的是，1995年陕西省考古研究所隋唐研究室在唐述圣纪碑周围进行清理发掘，曾发现唐述圣纪碑初建时建有碑亭，碑亭建筑基址呈方形，南北18.80米，东西18.85米，北距西阙8.65米[4]。这一考古资料，与笔者推断吻合。对接"石台孝经碑"的身份、等级，其可作为认定唐代太学曾经立置的石台孝经碑碑亭为四方亭式的重要依据，亦可作为进一步考究石台孝经碑原始立置环境及碑亭规模的基础。

---

[1] 唐虞世南撰文、书丹；北宋建隆二年至乾德二年间（961—964）永兴军节度、中书令、京兆尹王彦超再建，安祚刻字《孔子庙堂碑》碑文，碑今在西安碑林第三室。
[2] 王蒨、付清秀：《唐代三彩庭院式建筑群的复制》，载《文博》1993年第2期。
[3] 属唐耀州窑烧制，为三彩院落组合建筑模型之一，参见［日］大阪市立东洋陶瓷美术馆编辑：《耀州窑》图录，大阪朝日新闻社1997年版，第11页，图版二。
[4] 姜捷：《陕西隋唐考古述要》，载《考古与文物》1998年第5期。

论及"石台孝经碑"之流变,亦颇为坎坷。先是天宝四年(745)立碑于国子监,及天祐元年(904)朱温胁迫唐昭宗东迁洛阳,大尉许国韩公(建)缩建长安城,乃迁此碑至尚书省之西隅(原西安市社会路一带)。

宋元祐二年(1087),陕西运转副使吕大忠为保护石台孝经、开成石经等一批重要碑石,将其迁移至于"府学之北墉"[1],至于具体位置,则如前述金正隆五年(1160)《重修碑院七贤堂记碑》记,在文庙之"宣圣殿后",即今西安碑林现址。这是"石台孝经碑"沿革历史中又一次重要的迁徙。

吕大忠迁移石台孝经碑于"府学之北墉",是否建筑有碑亭保护?目前虽未发现直接证据,但从此前唐代曾建立碑亭,宋元祐五年(1090)刻石《京兆府新移石经纪碑》又有"始于元祐二年初秋,尽孟冬而落成,门序旁启,双亭中峙,廊庑回环,不崇不卑,诚故都之壮观,翰墨之渊薮也"之记载,以及此后至晚在清代亦建立碑亭等现象分析,估计当时是有可能建筑碑亭的。至于碑亭的样式,可能亦系四方式,其详细规制,当不逾《营造法式·卷第四·大木作制度》等规制。

图4-3-20　1959年西安西郊唐墓出土唐三彩建筑群

采自陕西省博物馆藏宝录编辑委员会:《陕西省博物馆藏宝录》,三联书店(香港)有限公司、上海文艺出版社,第67页

除此以外,因石台孝经碑等级、价值以及当时人们对它的特别崇敬心理,故这一时期其在"府学之北墉"的具体位置,也随之与开成石经等同,出现了相应的优待,氤氲生成以石台孝经为中心,其他名碑分布而立的整体布局。直到今日,石台孝经的中心位置仍依旧沿袭当日的设计意匠。

《类编长安志》卷十"石经"条故记:"朱梁时刘鄩守长安,……迁(石经)于唐尚书省。其处洼下,随立辄仆,悉辇置文庙之北墉,分为东西,次比而陈列,明皇孝经台立之中央,颜、褚、欧、虞、徐、柳之碑分布而立焉。"

---

[1]《京兆府新移石经纪碑》,宋元祐五年(1090)刻石。

其中"明皇孝经台立之中央"的记载,还应该给我们传递出一个潜在信息,亦即兀自独立的设计意匠,使其有可能获得可以遮蔽风雨,便于观瞻,相应独立的碑亭建筑。设想推之于有唐一代,这一推理思维也应该能够获得成立。

清末以来,来西安考察旅游的中外人士逐渐增多,借助他们的摄影载体以及传留下来的图文资料,我们大致了解到此时石台孝经碑亭的基本建筑环境与保护状况。

其中1901年日本画家福田眉仙(1875—1963)来西安考察写生,他的画笔涉及到西安碑林的石台孝经碑亭。在定名为《碑林洞、碑林拓本师》的一帧绘画(图4-3-21)中,重檐石台孝经碑亭样式清晰可见,其形式与现今石台孝经碑亭基本相同。

1907年,日本古建筑学家常盘大定(1870—1945)、关野贞(1868—1935)至西安碑林考察,石台孝经碑亦进入他们的考察视线。在其后出版由他们两人署名的关于中国文化史迹的著述中,刊有自该碑背面仰视拍摄碑之上半身摄影一帧,不过当时该碑的署名作"唐玄宗御注孝经碑"。

如果说1901年福田眉仙画笔只留下视角灭点上石台孝经碑亭的图像轮廓,1907年日本古建筑学家常盘大定、关野贞的著述只刊载石台孝经碑背面仰视拍摄碑之上半身摄影一帧的话,那么,紧跟其后的法国诗人、作家、

图4-3-21 [日]福田眉仙绘碑林洞铅笔画

图4-3-22 [法]考古学家维克多·谢阁兰(1878—1919)　　图4-3-23 石台孝经碑 1914年2月18—28日[法]维克多·谢阁兰摄

汉学家、考古学家维克多·谢阁兰（Sega-Len Victor Segalen，1879—1919）[1]（图4-3-22）在1914年2月18~28日之间拍摄的全景"石台孝经碑"摄影图像（图4-3-23），则弥补了上述日本学者所留下来的缺陷。

依据1909年9月21日维克多·谢阁兰自西安写给其妻玛沃娜的信件，知维克多·谢阁兰曾至西安碑林考察游览，并决定"挑选几百张拓片带走"[2]。所以，1914年其对"石台孝经碑"的考察与摄影，应该是1909年9月21日考察活动的继续。

图版显示该碑在碑亭安置的基本环境，亭下四周均有砖砌土墙封护，可视及之三面墙壁下部，均嵌有石碣或小块石刻。观览者出入碑亭，只能依赖与碑之两个侧面同向、于砖砌土墙上对称设置的两个券顶小门洞。

判断这幅图片的拍摄方向，仍与常盘大定、关野贞著述所载碑之半身图片相同，它们所传留的信息，一时尚无法让我们窥见碑之基座以及碑之正面与其他两个侧面……另外，正对镜头的画面，为"石台孝经碑"之背面，其上附着有即将拓印碑文的宣纸。这一景象，与2012年第12期《中国科学

---

[1] 一译作"色伽兰"，参见色伽兰著、冯承钧译：《中国西部考古记》，中华书局1955年版。
[2] [法]维克多·谢阁兰著，邹琰译：《中国书简》，上海书店出版社2010年版，第167页。

探险》刊发冯达《谢阁兰·中国印迹》文中披露谢阁兰考察碑林,特"将碑文拓印了下来"[1]的记载是吻合的。且可与前述1909年9月21日维克多·谢阁兰自西安写给其妻玛沃娜信件中披露将西安碑林碑石拓本"挑选几百张拓片带走"的信息相印证。

就是这些信息,催动我们至少可以产生1937年4月"石台孝经碑"碑亭大修之前,该碑正面以外实际空隙应小于碑之背面以外实际空隙的联想。否则,上述两幅摄影的作者是不会轻易抛弃该碑正面足以展示全碑最佳风貌的主体摄影对象的。

图4-3-24　悬挂传为林则徐手书碑林匾额的碑林大门　1923年日本某考察团摄

另外,从谢阁兰所摄图像右侧墙壁上的数行大字墨书题记迹象观察,我们还可以大致想象民初以前来西安碑林游客流连此碑的基本概况。并且可以认为,留下这幅大字墨书题记的游客,应具有一定的文化素养和身份地位。还可以想象,他的这则大字墨书题记,应是站在券顶门洞内一较高支撑物上展笔书写完成的。

因此,上述三种资料,可视为目前我们所知时间最早的相关"石台孝经碑"的图像资料,它们均显示"石台孝经碑"存置于一种建筑域内,前者更明显凸显亭的形式,与今日所见石台孝经碑亭形式基本相同。

也就是说,至少从1901年开始,虽历次修葺,石台孝经碑亭的基本形式均无大的改变。

需要说明的是,迄今悬挂于石台孝经碑亭南面正中、传为林则徐手书的"碑林"匾额,至晚从民国初期开始,一直悬挂在府学巷尽头碑林大门门额。我们通过新发现的1923年6月21日日本某考察团考察碑林的一帧旧照(图4-3-24),确知在这一时期,"碑林"匾额尚未与石台孝经碑亭发生组合的联系。

在廓清以上问题前提下,我们需要了解与"石台孝经碑"相关的一些保

---

[1] [法]冯达文、王晨雪译:《谢阁兰·中国印迹》,载《中国科学探险》2012年第12期。

护、修葺问题。

据笔者目前掌握资料，略知民国以来对“石台孝经碑”及碑亭的修葺保护，主要有1937年4月至1938年、1959年至1963年、1974年三次。

其中1937年4月至1938年的修葺，为整理西安碑林工程监修委员会对碑林整体整修的工程之一。此次整修涉及石台孝经者，主要是迁移碑亭两侧的其他碑石，使碑亭周围豁然开朗，俨然中心所在，奠定了迄今碑亭所在的基本环境。又使亭下四周洞开，装置栏楯，便于观瞻歇息。此即前文所引1948年冬曹仲谦所撰《陕西省历史博物馆概况说明书》所谓：“一亭翼然环护，栏楯可坐而观焉。”

更重要者，整修还发现了长期湮没地下的石台孝经碑台座、三层石台之上所雕刻的精美花纹赫然显现。

有关三层石台精美雕刻花纹发现诸事，1938年由富平张鹏一（扶万）撰文、吴江杨天骥书丹《重修西安碑林记》碑文曾如是记道：“又发现石台孝经石座三层雕刻花纹，计高合营造尺三尺一寸二分。又得唐碑赑屃九座，皆雕刻精美，埋没数百年，今始出土。”（图4-3-25）

廳長續式甫建設廳長雷寶華為監委會委員各碑中以開成石經一百一十四石最為巨製而自明代地震石裂
此次移碑接補又請耀縣張木生君詳審校正計其中錯行者三十一石殘闕者四十八石均經改正碑依原樣排
立分段加鋼筋混凝土梁柱以期鞏固工興啟土又得石經殘石二方計論語子禽問於子貢二十七字左傳吾聞
勝也好復言亦得二十七字嵌補碑中又發現石臺孝經石座三層彫刻花紋計高合營造尺三尺一寸二分又得
唐碑贔屭九座皆彫刻精美埋沒數百年今始出土又發現唐不空和尚諱經碑唐慧日寺真言碑佛經殘碑其他

图4-3-25　1938年张鹏一撰文、杨天骥书丹《重修西安碑林记》碑文局部

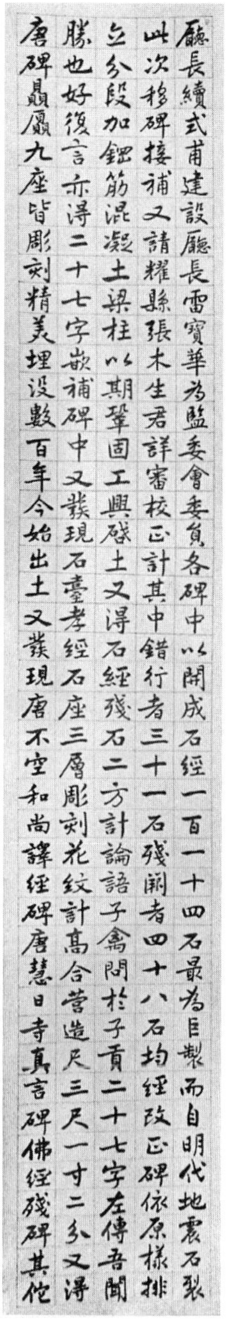

及此，我们始悉1907年、1914年日本及法国学者前后两次拍摄“石台孝经碑”摄影图片中为何缺少碑之三层基座的真实原因。可以认为，如果不是历史上曾经发生过的客观湮没，受照相术以及西方美术考古理念悄然勃兴环境的有力熏陶，“石台孝经碑”基座形状至少可以出现在法国考古学家维克多·谢阁兰的镜头里。

事实上，包括石台孝经碑、乾陵石刻组合、汉武帝茂陵陪葬冢霍去病墓前石刻等很多考察对象，均在同年2-3月维克多·谢阁兰的多幅摄影图片中留下了倩影。其中1919年5月21日维克多·谢阁兰辞世后汇集他两次来华考古调查成果、分别于1923、1924年两次出版的《中华考古图志》（图4-3-26）中显现的乾陵

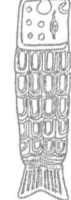

神道翼马石刻组合卷云纹翼翅图案的聚焦定格（图4-3-27、图4-3-28、图4-3-29），尤为瞩目。它们在凸显维克多·谢阁兰独到艺术审美理念的同时，也永远留下了维克多·谢阁兰无缘得见石台孝经碑基座精美花纹的遗憾。

难以料及的是，不待此次整修工程全部结束，"七七事变"即遽然发生。前由富平张鹏一（扶万）撰文、吴江杨天骥书丹的《重修西安碑林记》，旋以敌机轰炸、主持重修工程负责人偷工减料案发生等种种原因，于是便不得不中辍竖立。

面对日寇飞机对西安城垣的狂轰滥炸，为保护石台孝经在内的所有碑

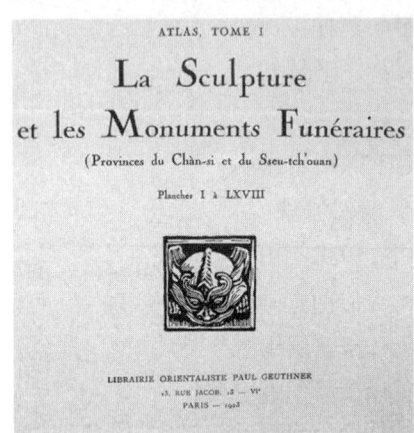

图4-3-26　1923年出版的维克多·谢阁兰著《中华考古图志》封面

图4-3-27　乾陵石刻翼马其一　1914年3月4—6日［法］维克多·谢阁兰摄

图4-3-28　乾陵石刻翼马其二　1914年3月4日至6日［法］维克多·谢阁兰摄

图4-3-29　乾陵石刻翼马其三　1914年3月4—6日［法］维克多·谢阁兰摄

林名碑,陕西省有关当局曾采取了积极稳妥的保护措施。1939年4月,由教育厅厅长周伯敏代理主任委员的碑林管理委员会始将碑林贵重碑石及《鸳鸯七志斋》志石移藏防护办法和经费预算上报陕西省政府,称"第一室《石台孝经》碑一座,拟用土坯铺泥,四面包裹","第三室唐代名牌全部,亦分别仿照《石台孝经》办法,以土坯四面包裹"[1]。

这种在特殊时期"用土坯铺泥,四面包裹"石台孝经碑的原始保护处置方式,至少延续至1941年年初。在1941年1月19日教育部艺术文物考察团秘书何正璜的考察日记里,尚有此日其"折路至碑林",发现碑林名贵之碑,"近来因避敌机轰炸关系","均已泥封"等事的记载。其中"第一室为一华丽小亭,中供一四方形大碑,知为石台孝经,但已封存"。

"泥封"出于战时保护之需要,但却影响了教育部艺术文物考察团的考察工作。何正璜因此担心,"若团中必须拓铸[2],想与当局商量,或可启开泥封,亦未可知"。在她看来,"泥封"之举"并不能避免轰炸"。不过她仍虔诚期望,"但愿此中华文物精髓永远无恙"[3]。

观察1959年5月、1959年9月几幅"石台孝经碑"与碑亭照片(图4-3-30),知此

图4-3-30 石台孝经碑与碑亭概貌 1959年摄

---

[1] 分别参见罗宏才:《抗战中陕西考古会及西安碑林部分文物移藏始末》,载《碑林集刊》第2辑,第15页;罗宏才:《抗战中陕西考古会及西安碑林部分文物移藏始末补述》,载《碑林集刊》第3辑,第22页。
[2] 指"拓印"与"模铸"。为考察团当时考察工作的主要内容。参见罗宏才执行主编:《抗战中的文化责任—西北艺术文物考察团六十周年纪念图集》,岭南美术出版社2005年版,第263页。
[3] 此段引文均采自1941年1月19日何正璜考察日记。

图4-3-31　修葺后的石台孝经碑亭　1963年摄

一时期隶属陕西省博物馆的石台孝经碑亭顶部已塌陷、漏雨，鉴于此种危状，陕西省博物馆曾对石台孝经碑亭顶部进行维修，全部工程至1963年已全部结束，迄今保存的一幅1963年拍摄的石台孝经碑亭照片（图4-3-31），留下了这一时期的珍贵定格。

1974年8月6日至9月8日，陕西省博物馆会同陕西省文物管理委员采用钢盘混凝土加固"石台孝经碑"台基，并对碑石错裂处扶正粘补进行整修，曾于石缝中发现南宋时（金时）整幅唐怀仁集王书圣教序拓本、金代东方朔盗桃版画印本与大量宋代铜钱，又在中心石柱卯眼内发现11件女真文书残页……[1]。

这些珍藏在石台孝经碑体建筑之内，与文化教育相关的拓本、书页及年画印本，说明在金代或稍晚时期，石台孝经碑曾有修葺、改动的迹象。上述诸物品的发现，反映出当时人们重视孝道、推崇教育的理念与时尚。检碑林旧藏《重修碑院七贤堂记碑》，金正隆五年（1160）河中府同知府尹耶律隆和陕西东路转运副使周维甫见"（文庙）宣圣殿后，旧有玄宗序注孝经石台并文宗群经碑院一区"，遭受风雨之袭，因集工匠整修，使碑林"瞻望灿然一新"。推测1974年的发现，很可能与此次整修有关。

三、不同历史环境下诸种拓本的流传与影响

李齐古《进御注孝经表》之另一背景，是石台孝经碑"今刊勒既终，功绩斯著"。故他依例"谨打石台《孝经》本分为上、下两卷，谨于光顺门奉献

---

[1] 参见刘最长、朱捷元：《西安碑林发现女真文书、南宋拓全幅集王〈圣教序〉及版画》，载《文物》1979年第5期；金启孮：《陕西碑林发现的女真字文书》，《内蒙古大学学报》1979年第1~2期合刊，第1~21页。

两本以闻"[1]。

光顺门为大明宫重要门户,位置在紫宸门之西。光顺门内则明义殿、承欢殿,皆中枢所在。凡帝王下诏,百官迎谒、朝奉,多在光顺门。

《新唐书·高宗本纪》:"龙朔三年(663)十月辛巳,高宗诏皇太子五日一至光顺门,监诸司奏事,小事决之。"又胡三省注《资治通鉴·卷第二百二十四·唐纪四十》:"丙戌。(代宗自)内出盂兰盆赐章敬寺。设七庙神座,书尊号于幡上,百官迎谒于光顺门。"以此可证光顺门的功用与位置。

如是,李齐古"谨打石台《孝经》本分为上、下两卷,谨于光顺门奉献两本以闻"。一方面是尽职尽责向玄宗汇报石台孝经刊勒之始终;另一方面,亦可窥见玄宗本人对石台孝经刊勒一事的重视。故当玄宗于光顺门内宫阙深处看到李齐古《进御注孝经表》之后,遂有《答李齐古石台孝经表批》之事,欣喜称:"孝者德之本,教之所由生也,故亲自训注,垂范将来。今石台毕功,亦卿之善职。览所进本,深嘉用心。"

石台孝经的刊勒,既然在于大兴教化,以孝治国,图"以垂百代之则,故得万国之欢",那么,椎拓石台孝经"石本",以广宣扬,便成为多少具有皇权意旨性质的一项重要推广活动。

这样的示例,早在显庆元年(656)高宗李治书《御制大慈恩寺碑铭》于长安大慈恩寺立置后,即有表现。按《大唐慈恩寺三藏法师传》记载,彼时"观者日数千人。敕许文武三品以上官员摹拓"[2]。

石台孝经碑拓本在唐代的转播,本意主要在于《孝经》经典的传布(图4-3-32)。但以帝王的威势,玄宗的书艺与石台孝经碑雕造技艺之典范规制以及"以石台孝经石刻校正刊本经注之伪"的功用,却不意推动了诸多的艺术生活层面,产生了不应小觑的社会效应。

《旧唐书·玄宗本纪》记玄宗"多艺尤知音律,善八分书"。其隶书代表之作,除《石台孝经》外,尚有《纪泰山铭》、《王仁皎碑》、《凉国长公主碑》、《鄎国长公主碑》、《赐益州畏史张敬忠敕》、《庆唐观记塑铭》等。它们的出现,对当时建碑立碣,书艺风尚,影响至大。

清叶昌炽《语石 语石异同评》故记:"唐玄宗好八分,自书石台孝经、泰华两铭,鄎国、凉国两公主碑。于是天下翕然从之。""开、天之际,丰碑大

---

[1](唐)李齐古:《进御注孝经表》,收录于《全唐文·卷三百七七》。
[2](唐)释慧立本、(唐)释彦悰笺:《大唐慈恩寺三藏法师传》卷9,上海影印宋版藏经会,民国二十五年(1936)。

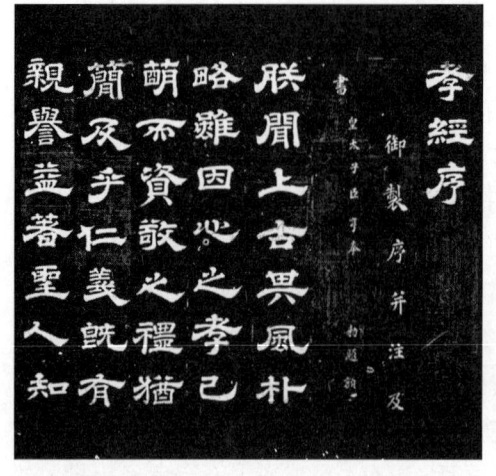

图4-3-32 石台孝经拓本孝经序局部

碣，八分书居泰半。"[1]又记："唐初分书，承北朝用方体。明皇变以扁体，海内靡然从之。"[2]

开元二十三年（735），道门威仪司马秀等甚至"请于两京及天下应修官斋等州，皆立石台刊勒。其经文御书，其注皆诸王所书"[3]。

唐时石台孝经碑拓本如是重要，但当时实物，迄今已难见及。唐末五代乱季，想石台孝经碑拓本产量较之前后相对升平之时，应该无多。

至宋代，金石学勃兴，石台孝经碑拓本始大量出现于世。如南宋陈振孙《书录解题》即称其"家有此刻，为四大轴。盖天宝四载九月，以《御注》刻石于太学，谓之《石台孝经》。今尚存西安府学中，为碑凡四，故拓本称四卷耳"[4]。

这里所说的"为碑凡四，故拓本称四卷耳"，是将石台孝经碑拓本按四面合计，每面计拓本一卷，装裱后则"为四大轴"矣。

有明一代，石台孝经碑拓本之传布开始进入一个新的里程碑。赵明诚《金石录》曾载《明皇注孝经》四卷[5]。张彦生《善本碑帖录》故述其"见明拓本，字的损泐无大差别，泐处无变化"[6]。

前文述及，石台孝经碑拓本之传布，主要在于它的典范效用，盖可"以石台孝经石刻校正刊本经注之伪"[7]矣。

入清之后，因为古文经学与今文经学的门户之争，导致石台孝经碑拓本再度成为人们关注的焦点。雍正五年（1727）武英殿刻本《御纂孝经集注》

---

[1] 叶昌炽撰，柯昌泗评，陈公柔、张明善点校：《语石 语石异同评》卷1，中华书局1994年版，第34页。

[2] 叶昌炽撰，柯昌泗评，陈公柔、张明善点校：《语石 语石异同评·论唐隶》，中华书局1994年版，第505页。

[3] 欧阳修《欧阳文忠公集》卷一三九，集古录跋尾卷六"唐石台道德经"（开元二十三年）条。

[4] 佚名：《古文孝经指解》，见清《四库全书》本。

[5] 佚名：《古文孝经指解》，见清《四库全书》本。

[6] 张彦生著，中国社会科学院考古研究所编辑：《善本碑帖录》"唐石台孝经"条，中华书局1984年版，第132~133页。

[7] （清）瞿中溶编，缪荃孙校定：《嘉业学堂丛书·瞿木夫先生自订年谱》，民国二年（1913）嘉业学堂刊，第6页。

有谓：

"顺治十三年（1656）世祖章皇帝御撰。《孝经》词近而旨远，等而次之，自天子以至于庶人；推而广之，自闺门可放诸四海；专而致之，即愚夫、愚妇可通于神明。故语其平易，则人人可知可行；语其精微，则圣人亦覃思于阐绎。是编《御注》约一万余言，用石台本，不用孔安国本，息今文、古文门户之争也；亦不用朱子《刊误》本，杜改经之渐也。义必精粹，而词无深隐，期家喻户晓也。"

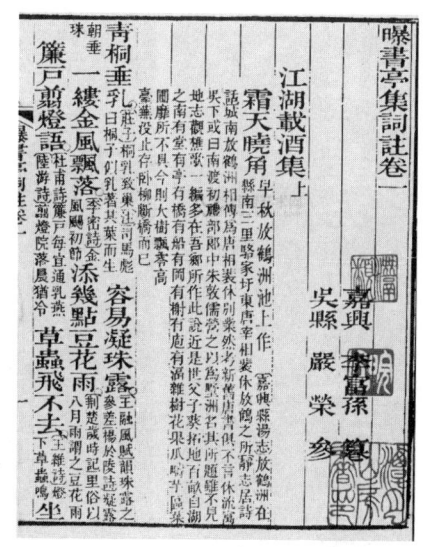

图4-3-33　朱彝尊《曝书亭集》首页

"今文、古文门户之争"的契机，造就石台孝经碑拓本在清代的大量椎拓传布。除此之外，承续前代钟情玄宗书艺的风尚，有清一代学书士子对石台孝经碑拓本的需求，亦成为清代此碑拓本大量流传的另一原委。

如清初朱彝尊（竹垞，1629—1709）（图4-3-33）以隶书知名书坛，清秦祖永（逸芬）《桐阴论画》说"竹垞古隶笔意秀劲，韵致超逸"。74岁时，他曾为友人宋荦（西陂，1634—1713）书跋，自剖书法源流，谓其"九龄学八分书，先舍人授以石台孝经，几案墙壁涂写殆尽。及壮，睹汉隶，始大悔之，然不能变而古矣"。以此观察，尽管他后来钦慕汉隶，期望"变而古"，但整体隶书风格中，却似乎不能率尔剔除早年临摹石台孝经之得益。

又如2012年北京卓德拍卖公司春拍拍品有石台孝经碑旧拓册页一本（图4-3-34），卷末分别钤清乾隆时仁和赵魏（字晋斋，1746—1825）、钦州冯敏昌（字伯求，1747—1806）、武进赵怀玉（字亿孙，1573—1632）等诸多碑帖收藏鉴赏家观赏印鉴，可窥此一时期石台孝经碑拓本流传、鉴赏之盛况。其中"家藏碑版极多，于荒僻，不辞劳瘁"[1]的赵魏其人中年时曾跻身任职陕西的镇洋毕沅幕间，毕以重古迹，庋藏宏富知名宇内。他们两人应有缘与石台孝经碑拓本发生联系，或曾发生议论、庋藏、传递是本之相关情事。

---

[1] 俞剑华遗著：《中国美术家人名辞典》，上海人民美术出版社1981年版，第1298页。

图4-3-34　旧拓石台孝经碑局部　北京卓德国际拍卖公司2012年迎春拍卖会拍品　成交价RMB 6 900 000 0

比之于朱彝尊藏本及赵魏、冯敏昌、赵怀玉等人观款本,有关清代石台孝经碑的其他佳本,尚以西安碑林博物馆藏清代拓本与北京图书馆藏清末拓本[1]为著。

后者系经折装,剪裱本。墨纸尺寸为纵27.5厘米、横13.5厘米,额失拓。这样的规制,应该亦适合同时期的其他同类拓本。

清末以至民国,石台孝经碑拓本的流传势头依旧不衰。但究其原委,除逐渐微弱的"以石台孝经石刻校正刊本经注之伪"的功用外,钟情明皇书艺,以为隶书临帖范本,已逐步升格成为主要的时代潮流。

非但如此,由于西方探险、考察人士频繁对西安碑林的光顾,西方世界对包括石台孝经碑在内的诸多碑林名碑拓本的追求与摄入,亦成为这一时期的显著特色。上述法国考古学家维克多·谢阁兰使用摄影镜头摄取椎拓之中石台孝经碑背面区位的有效定格,应该说是对论者聊发这一认识的合理阐释。

由于石台孝经碑碑座(石台)长期被埋没地下,直到1937年4月至1938年修葺时才重见天日。然未几又因日机轰炸,复再用土坯铺泥,四面包裹,这就导致石台孝经碑碑座拓本迟迟不能被人们所青睐椎拓,其间携带西方美术考古理念的维克多·谢阁兰等人,可能会是最重要的失之交臂之人。

迟滞至20世纪40年代初,教育部艺术文物考察团来陕考察,对重见天日不久的石台孝经碑基座发生浓厚兴趣,称该碑"最主要者是碑下的三层阶梯式台座,每层四周满刻狮子、瑞兽,奔跑在西番莲枝叶花朵的空隙间,非

---

[1] 北京图书馆金石组编:《北京图书馆藏中国历代石刻拓本汇编》,中州古籍出版社1989年版,第83~86页。

常生动而和谐，比之大智禅师碑侧，则另是一种流动的形象"，并称"它矗立在西安碑林的进口。可惜三层台座已沾满泥土，美丽的艺术，完全被人为的掩没了"[1]。

这里所说"三层台座已沾满泥土"，应与1938年"三层台座"重见天日后复再"用土坯铺泥，四面包裹"[2]有关。

三层台座既然累遭波折，椎拓其上花纹图案的机遇便随之减少，这是导致石台孝经碑台座图案长期未能椎拓的主要原因。至陕西省历史博物馆馆长曹仲谦为绍介陕西省历史博物馆概况而重新审视台座图案，称其为"石刻图案画中绝品"[3]。推想只有在这个特殊的诉求环境下，方才有可能对其施以椎拓。

可惜的是，这已经是1948年的年轮范围了。对于"现方发轫"的"于款识文字而外也兼及花纹"[4]的艺术时尚来说，关乎石台孝经碑台座图案主题的审美对接相关研究，事实上尚还处于初阶感悟与简单的议论聊发。

换言之，关于石台孝经碑基座图案的调查、审美以及椎拓历史，大致应从1938年该基座重见天日时开始。

四、结语

收束讨论，我们认为对于唐"石台孝经碑"相关问题的观察与讨论，目前的主体感悟与初步结论主要集中在以下6个方面：

（1）"石台孝经碑"的雕造，是玄宗本人期望大兴教化，图"以孝治天下"的微妙时代产物。

（2）国势的勃兴以及帝王意旨的主导与帝王审美情趣的注入，促使"石台孝经碑"成为唐代碑石的优秀典范，加之其他复杂社会历史背景的影响，催生了主要流行在天宝年间、限于唐代最高等级碑石雕造范畴的"天宝样式"。其对当时及以后有关碑石的雕造和石雕艺术的提升，产生过重要的影

---

[1] 王子云：《从长安到雅典》，陕西人民美术出版社1992年版，第50页。
[2] 参见1939年4月碑林管理委员会代理主任周伯敏草拟西安碑林贵重碑石防护办法，原件藏陕西省档案馆。
[3] 参见1948年冬西安曹仲谦：《陕西省历史博物馆概况说明书·石台孝经条》，手稿，稿藏西安安居巷曹仲谦后裔处。
[4] ［德］蒙德留斯（Oscar MonteLtus，1843—1921）著，滕固译：《先史考古方法论》，商务印书馆1937年版。收录于滕固：《中国美术史·唐宋绘画史》，吉林出版集团有限责任公司2010年版，第419页。

响，并与同时期其他建筑样式一起，共同构成支撑盛唐艺术的主脉。

（3）北宋元祐二年（1087）陕西运转副使吕大忠鉴于唐末战乱对石台孝经碑建造环境的损坏，始迁徙石碑至"府学之北墉"。由此奠定"石台孝经碑"现今的基础与规模。

（4）自唐代以来，关乎"石台孝经碑"拓本的持续流传，除大兴教化，"以垂百代之则，故得万国之欢"的原委外，尚有钟情玄宗书艺并"以石台孝经石刻校正刊本经注之伪"的历史背景。

（5）清末以至民国，随着时势的变迁，钟情明皇书艺，将"石台孝经碑"拓本作为隶书临帖范本的时尚，已逐步升格成为主要的时代潮流。

（6）由于"石台孝经碑"基座长期湮没地下，或在重见天日后复用土坯包裹围护，这导致对三层石台基座图案的调查、审美与椎拓，迟迟未能推展。新美术考古环境下对上述问题的涉猎，最早不愈1938年重修该碑发现三层石台基座图案之时。

第五章 流传与递变

第一节　乾元庵石刻调查保护史略[1]

一、乾元庵石刻调查保护经过

乾元庵又名乾元宫[2]，地在西安西举院巷，为长安名刹（图5-1-1）。清光绪初年，毗邻其地不远的"香米园"一带居民掘地建屋，不意发现体形庞大的石龟、石麟等物，颇为精美。因得当地热心国故人士的支持与鼓励，石龟、石麟等物于是被就近迁运至乾元庵保存。

"香米园"地名，为"香墨园"之音变。"香墨园"者，传北宋名相寇准私家花园。考其原在位置，地势低洼，至迟在清初易为苜蓿园，以供彼时西安城内驻防清军饲马草料，遂有好事者附庸风雅，将"香米园"易为"香苜蓿园"。

阅《陕西省西安市地名志》，1966年"破旧立新"时，以"香米园"有封建余味，曾改名作"繁荣巷"，直到1972年才重新恢复"香米园"之名。

民国初元，陕西辛亥革命首义者张聚庭出任陕西实业司[3]司长，为促动

---

[1] 乾元庵石刻保护诸事，著者在2000年《碑林集刊》第6辑发表《一件被湮没遗忘了的石刻艺术珍品》一文中有相关叙述。
[2] 参见清光绪十九年（1893）舆图馆测绘所制《西安府图》，陕西省图书馆藏本。
[3] 实业司，后改实业厅。其历史渊源、职责，民国沃邱仲子《民国十年官场腐败史》"实业厅"条称："实业教育两厅，设立未久，其重要皆不及财政。然吾国赖外债为活，揭债必先筹抵押品，税盐各项，为质已罄，幸地大物博，外人方资我原料。故言财政，则借债，借债则以实业为质。二者息息相通，权势自在教育之上。说者谓实业抵押外债，第二步则必有人受政府意旨而纠资设立公司。若无人反对，即由此直截引渡以归。外人若有反对，则政府徉为不省，而卸其责实业厅厅长，设以此免职，不久即他有位置，且视此为优焉。斯即民国振兴实业之大计划，而各省设立实业厅长所由来也。"张聚庭（1878—1936）者，即张光奎，聚庭其字，以字行。陕西长安（西安）人。"性豪爽，喜交游，入本省武备学堂，毕业充新军混成协队官"；"平生任侠尚义，挥金如土"。曾入同盟会，参与陕西辛亥革命起义，事定任秦陇复汉军大统领府参政兼东路筹饷大使。共和告成，任陕西实业司司长、陆军步兵上校等职。事迹见陕西革命先烈褒恤委员会编《西北革命史征稿》（中卷）"张光奎传"，西安：铅印本，第83~84页。

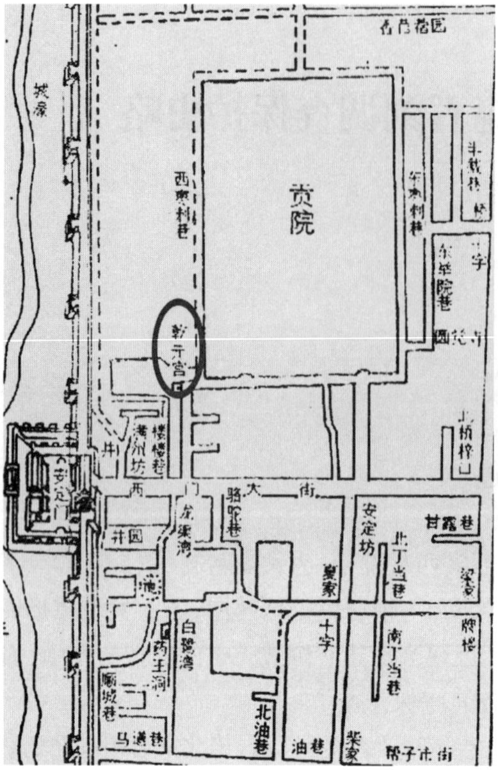

实业发展，积极"创办机器面粉公司、工艺制革等厂"。期间受陕西都督张翔初[1]（图5-1-2）之命，特假西安城内小差市街公益石厂举办陕西第一次农工展览会。

展览会期间，张聚庭闻乾元庵旧藏石刻雕工精细，即令公益石厂工人移石刻于会，对立会场中央，以壮观瞻，引起不小的反响。惟以事毕之后，即无人过问。及公益石厂歇业停办，竟至逐渐湮没，不复为人知晓矣。

1934年7月，西京筹备委员会调查员夏子欣奉命调查西安名胜古迹，得小差市街居民某氏提供信息，于昔日公益石厂院内发现古代石刻多件，

图5-1-1 光绪十九年（1893）西安府图中的乾元宫位置

见其率皆委弃荒草之中，就中石龟、石麟，倾斜翻覆，状甚凄凉。于是以旧尺测量石龟、石麟，认真谛视，初步断为青石质地、隋唐间物，认为其有珍贵历史价值。

以保护文物古迹是其职司起见，夏子欣于翌日曾函告北平研究院与陕西省政府合组陕西考古会委员长张扶万（鹏一）（图5-1-3），敦请保护。函件称：

"民初张翔初督陕时实业司在东大街开第一次农工展览会，陈列石刻二

---

[1] 张翔初（1881—1958），即张凤翙，"翔初"其字。原籍河南沁阳，因生于西安府咸宁县（今西安市），故又以西安为籍。清末秀才，1902年入陕西陆军武备学堂。后赴日本振武学堂、士官学校习军事，入同盟会。1909年回国，任新军第三十九混成协司令部参军、参谋，兼二标一营管带。1911年10月参与西安辛亥起义，被推为临时总指挥。事成，任秦陇复汉军大统领兼民政长、中华民国秦军政分府大都督、陕西都督等。1949年后任陕西省人民政府副主席、副省长等职。

件,龟一块,疑是隋唐间物。近见此石在本市东门内小差市街六百七十三号住户后园内,风雨剥蚀,殊觉可惜。查此石旧系西举院巷乾元庵内公物,想因展览会结束后未将此石移回,可否设法,敬请鉴核。"

张扶万接函后,瞩陕西考古会调查员顾端甫[1]详加调查。8月31日,顾端甫在调查报告中如是写道:

"本市小差市街六百七十三号住户后园原系前公益石厂地址,置有石刻麟、蛟两物,雕工甚佳,相传系隋唐所制。查此物原是建设厅西边乾元庵旧物,当民元时,实业司假公益石厂地址开农工展览会,以此物颇有展览价值,遂假公益石厂运往陈列。该会闭幕后,此物放弃未与移回原地。其后公益石厂停办,乾元庵亦于民十四、五年为军所毁,而此物亦无人过问,风雨剥削,未免可惜。曾经报告会长,奉谕移归本会保存,经职招商承运(计二石重量九千余斤),由原放地运至本会,及拆筑墙一堵共需洋二十五元,理合将麟、蛟[2]二石来源并所需运费具文呈报,恭请鉴核备案。"

依据顾端甫报告,9月2日陕西考古会特函长安县政府,督请"一饬派委员协同本会调查员顾端甫将上项石坎(刻)龟、蛟二

图5-1-2 陕西都督任间的张翔初

图5-1-3 张 扶 万(1867—1943) 徐北汀据张氏1935年3月29日摄影绘于北平

---

[1] 顾端甫(1912—?),陕西渭南人。西安民兴中学毕业。1934年前任西安绥靖公署交通处上尉科员等职。1934年4月由梁午峰引荐入考古会,任调查员。主要负责地上古物的调查保护工作,期间大批古物的调查征集均由其具体实施进行。
[2] 即下文龟、麟二石之误。

物设法运回"。

至此事颠末，1936年11月出版西京金石书画学会编辑《西京金石书画集》第五期曾择选石龟一件摄影留真（图5-1-4），其旁并附加文字，题为"唐刻石龟"，以作考释说明（图5-1-5）。文谓：

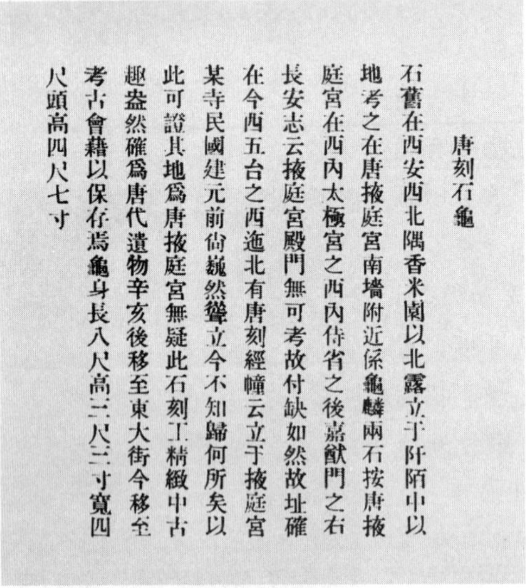

图5-1-4　1936年11月出版西京金石书画学会编辑《西京金石书画集》第五期刊登唐石龟图版

"石旧在西安西北隅香米园以北，露立于阡陌中。以地考之，在唐掖庭宫南墙附近，系龟、麟两石。按掖庭宫在西内太极宫之西，内侍省之后，嘉猷门之右。长安志云掖庭宫殿门，无可考，故付缺如。然故址确在今西五台之西，迤北有唐刻经幢，云立于掖庭宫某寺。民国建元前，尚巍然耸立，今不知归何所矣。以此可证其地为唐掖庭宫无疑。此石刻工，精致中古趣盎然，确为唐代遗物。辛亥后移至东大街，今移至考古会，藉以保存焉。龟身长八尺，高三尺三寸，宽四尺，头高四尺七寸。"（图5-1-6）

图5-1-5　1936年11月出版西京金石书画学会编辑《西京金石书画集》第五期刊登唐石龟图版说明文字

依《西京金石书画集》第五期"唐刻石龟"考释，知龟、麟两石地近"唐掖庭宫南墙附近"。掖庭宫者，又"在西内太极宫之西，内侍省之后，嘉猷门之右"，主要居住太监和宫女等。考太极宫形势，其南为皇城，其北靠长安北墙。北墙之外，属西内苑；内苑之北，则为禁苑（隋大兴苑），东西两侧，则分别为太子所居东宫与掖庭宫。因此，将其视为掖庭宫附近之物，并以此廓清

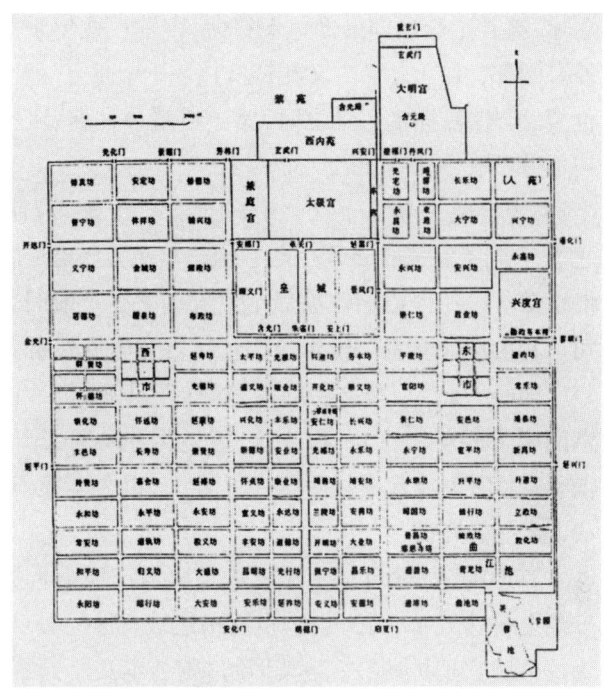

图5-1-6 唐太极宫、掖庭宫在唐长安城中的位置

掖庭宫与龟、麟两石及太极宫、东宫之间的地理环境关系，当不误也。

二、乾元庵石刻调查保护之学术意义

龟、麟取义，文献记载频繁见及。如南朝梁任昉《述异记》曰："龟一千年生毛，寿五千岁，谓之神龟；寿万年，曰灵龟。""麟"者，《说文》谓"大牝鹿也"。《说文》段注："麐麟，单呼麟者，大牡鹿也；呼麟麐者，仁兽也。麒麟可单呼麟。"龟、麟并行，祥瑞之义尽焉。故历代崇信不疑，隋唐依然。

如唐温大雅《大唐创业起居注》卷二记隋末李渊起兵时藉龟瑞符命谶纬造势诸事颇详。文云："辛丑，太原获青石，龟形，文有丹书四字，曰：'李治万世'，齐王遣使献之。翠石丹文，天然映彻，上方下锐，宛若龟形。神工器物，见者咸惊奇异。帝初弗之信也，乃令水渍磨以验之，所司浸而经宿，久磨其字，愈更鲜明。于是内外毕贺。帝曰：'上天明命，贶以万吉。恭承休祉，须安万方。孤以寡德，宁堪预此。既为人下，不容之颁告。宜以少牢祀石龟，而爵送龟人，用彰休庆。'"

贞观元年（627），利州都督义安王孝常、右武卫将军刘德裕等酝酿谋反

之际，鄠县丞李延即借助龟瑞符命，宣称："往年于太和谷得一石，其状如龟，外有圆郭，中有常字。又新钱文曰'开元通宝'，此即圆通之子孝常之符命也。"[1]当然，祥瑞风动之时，常会造就种种虚妄时尚，以致唐太宗于贞观之初不得不明令禁止。

《唐会要·卷二十八》"祥瑞上"条更记："仪制令。诸祥瑞若麟凤龟龙之类。"同条又云："贞观二年（628）九月三日诏。朕每见诸方表奏符瑞。惭惧增深。……今以后。麟凤龟龙大瑞之类。依旧表奏。自外诸瑞。宜申所司。其大瑞应奏者。惟录瑞物色目。及出见处所。更不得苟陈虚词。"[2]

即便如此，贞观之后的龟、麟祥瑞风潮，仍一再居高不下。前述唐掖庭宫南墙附近发现的龟、麟二石，正是此种风潮的产物。其渊源表象，可能与前引《大唐创业起居注》卷二所谓"宜以少牢祀石龟，而爵送龟人，用彰休庆"有一定关联。

有趣的是，除过清末民初唐掖庭宫南墙附近的发现外，2004年11月西安洒金桥西五台（图5-1-7）附近一建筑工地又掘获石龟一件[3]。考其地，亦为唐掖庭宫遗址所在；望其形制，则与本文所云石龟基本类同。如是现象，应该引起研究者的足够重视。

搜检其他实物资料，所见各种唐代龟类文物颇多。可堪比拟者，则如法门寺地宫发现唐鎏金银龟（图5-1-8）、北京故宫博物院藏唐龟形澄泥砚（图5-1-9）、1980年5月新疆焉耆文管所征集焉耆汉唐古城遗址出土唐龟符[4]

图5-1-7　西安西五台之前二台远景　20世纪50年代初拍摄

---

[1]（宋）王钦若等编修：《册府元龟》卷九二二，中华书局，1960年版，第10888~10889页。
[2]（宋）王溥撰：《唐会要》（上），中华书局1955年版，第531页。
[3] 参见2004年11月30日《三秦都市报》刊发记者荣梅、实习生李灵晶撰写题为《千年石龟疑从唐朝来》新闻报道。
[4] 何休：《新疆焉耆汉—唐古城出土唐龟符》，载《文物》1984年第10期。

图5-1-8　唐鎏金银龟　陕西法门寺塔地宫出土　　图5-1-9　唐龟形澄泥砚　北京故宫博物院藏

等。其中武周时期流行龟符尤称奇胜，盖《说郛》卷二引唐张鷟《朝野佥载》记："至伪周，武姓也，玄武，龟也，又以铜为龟符"；《新唐书·车服志》又曰："天授二年（691），改佩鱼皆为龟。其三品以上龟袋饰以金，四品以银，五品以铜；中宗初，罢龟袋，复给以鱼。"而张扶万《唐长安城金石考》收录此类文物摹本更多，取形释文，清晰宛然（图5-1-10）。不管从材质、体量及工艺、造型而论，它们都代表了唐代龟类文物制作的最高艺术成就，反映了那个时期的文化风貌与审美情趣。

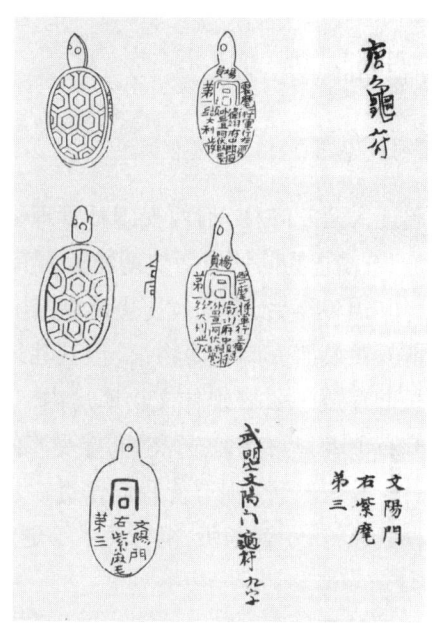

图5-1-10　《唐长安城金石考》收录的龟符摹本示例

龟、麟两石移至陕西考古会后，曾被陈列在该会本部大门内两侧，成为代表性标志之一。1937年出版的无锡侯鸿鉴（图5-1-11）所著《西北漫游记》一书因称1935年5月11日，其于"午后往陕西考古委员会，参观古物，入门即见石麟、石龟二像"。

1938年2月18日，国立西安临时大学陆咏沂、周国亭教授率本系同学30余人慕名赴陕西考古会参观，得该会留守负责人何乐夫（士骥）热情接待，对"石麟、石龟二像"进行了专题考察，获益颇多。"其紧张情形，较之在

图 5-1-11　无锡侯鸿鉴

实验室工作中,有过之而无不及"[1]。

1941年2月14日,教育部艺术文物考察团秘书何正璜等人亦对陕西考古会进行考察。本日何正璜《西北考察日记》载何士骥此日曾"特约吾等至陕省考古会中参观","至门内有二石兽,一则似龟,长六尺,高四尺,据云为明代(唐代之误)物,而格式乃特佳"[2]。

1943年,陕西省政府发布"三十二年(1943)度岁出概算裁并及折减办法",[3]决定裁撤陕西考古会,并将所有留守人员、古物以及办公用品一概归并西安碑林管理委员会。石龟、石麟即在此时随同陕西考古会庋藏其他文物一起迁入西安碑林,后西安碑林管理委员会撤销,成立陕西省历史博物馆,石龟、石麟遂为陕西省历史博物馆所有。

1949年后,陕西省历史博物馆虽曾连续更改为西北历史博物馆、陕西省博物馆及西安碑林博物馆,但其驻地则始终在西安碑林之内,石龟、石麟则长期存放于西安碑林文物库房内。及近年西安碑林博物馆调整石刻陈列,其石龟者,乃有幸公开亮相,接受海内外游人的关注(图5-1-12、图5-1-13)。

其石麟者,则有待我们作进一步的调查研究,冀望从此获得雕凿性质、样式风格、立置场所,组合关系等更广阔的探索研究空间。

三、结语

乾元庵石刻的调查保护及递传始末,虽平淡简括,惟在民国初期时势艰难之际,诸热心国故者能摒除干扰,竭力维护,已属不易。不仅如此,廓清此

---

[1] 国立西安临时大学考察陕西考古会事,参见《西安临大校刊》第11期《历史系参观考古学会》;另见周国亭《陕西考古学会参观记》,刊《西安临大校刊》第11期,分别收入西北大学西北联大研究所编:《西北联大史料汇编》,西北大学出版社2012年版,第279、280页。
[2] 何正璜日记手稿,藏其后裔处,未出版。
[3] 参见《国立北平研究院、陕西省政府合组陕西考古会档案》,编制单位:国立北平研究院、陕西省政府合组陕西考古会,全宗号48,档号1,案卷号1—39;陕西省档案馆藏。

图5-1-12　皮藏西安碑林博物馆内的唐石龟侧视摄影　2010年摄

图5-1-13　皮藏西安碑林博物馆内的唐石龟背面摄影　2010年摄

段经久湮没之一段文物递传历史，对于当下日趋紧迫的数位化建设，更直接增添真实可靠的资料基础，可堪发掘更多的学术价值。

　　同时，由于出土地点的逐渐清晰，还使得看似凝滞固化的一组唐代石刻，有条件对位诸多相关文献资料的支持与呼应，逐步展现其本身存在的包括雕凿性质、文化内涵等层面在内的一系列丰富内蕴。由此开掘一些以往曾被我们忽视、淡忘的实物资料，它可能会因此进入我们的调查序列与学术视野，并使得我们的一些研究工作会因此变得生动、鲜活起来。

第二节　西安东岳庙调查保护史略

一、1949年前西安东岳庙调查保护概况

西安东岳庙为祭祀岱宗（泰山）神东岳大帝所在，地在西安城垣东门（长乐门）内北侧昌仁里，始建于北宋政和六年（1116）（图5-2-1）。其渊源背景，与南宋洪迈《容斋随笔》所谓"大中祥符间，奸佞之臣，罔真宗以符瑞，大兴土木之役，以为道宫"，以及清学正吴镇《剌史汪公重修东岳庙记》所谓"迨赵宋祥符，其天子以天书符瑞，思修金泥之踪，而泰岳行祠遂遍海内"等文献记载传递大中祥符（1008—1016）以降大规模东岳庙兴建背景信息基本吻合。搜索其修葺、扩充记录，主要有明成化十九年（1483）、明弘治年间（1488—1505）、明万历十年（1582）、清康熙五十四年（1715）、清光绪二十一年（1895）等。

考祭祀岱宗（泰山）神东岳大帝庙宇主题，在中国神祇体系中，向以构体繁复，数量众多，分布密集，"行祠遂遍海内"[1]著名。而西安东岳庙地在省垣，占地广阔；又以康熙五十四年（1715）重修时得益明秦王府拆除巨材的补助，故庙宇气势更显雄伟，堪为祭祀岱宗（泰山）神东岳大帝祠庙系列奇葩之一。迄今面貌，以坐北向南方向沿中轴线自南向北依次递进，主要有左右华表、山门、石坊、左右石狮、前中后三殿与左右廊庑等（图5-2-2）。

其中庙前"岱宗尊崇"石坊高耸（图5-2-3），前、中、后殿宇巍峨恢宏，左右廊庑对称谨严。正殿面阔五间、进深三间（图5-2-4、图5-2-5）；后殿[2]建

---

[1] 同上文引用清吴镇《剌史汪公重修东岳庙记》碑文。
[2] 正殿即中殿，又称大殿、主殿；后殿又称寝殿、二殿。

图5-2-1　西安东岳庙山门及左右华表　20世纪30年代初摄

图5-2-2　西安东岳庙大殿、石坊、石狮、石碑等组合概况　20世纪50年代初摄

图5-2-3　西安东岳庙大门前"岱宗尊崇"石坊特写　20世纪50年代初摄

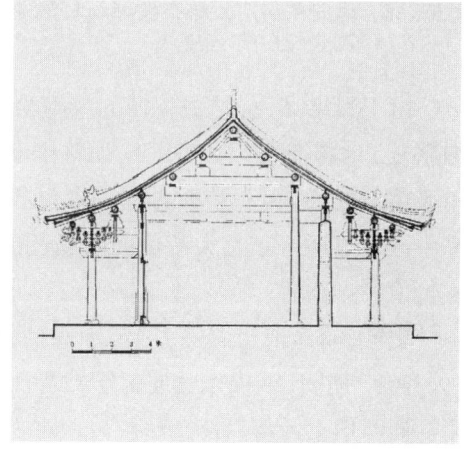

图5-2-4　西安东岳庙大殿剖面图　采自赵立瀛主编:《陕西古建筑》,陕西人民出版社1992年版,第238页

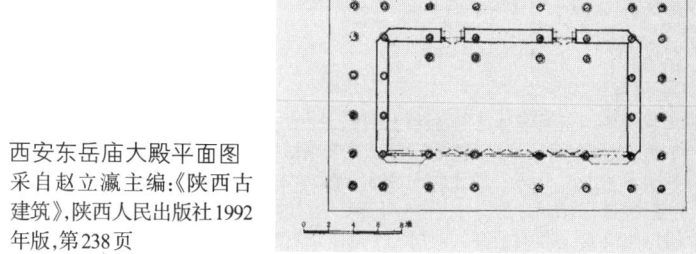

图5-2-5　西安东岳庙大殿平面图　采自赵立瀛主编:《陕西古建筑》,陕西人民出版社1992年版,第238页

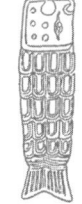

图5-2-6 西安东岳庙大殿东壁壁画与塑像 20世纪50年代摄

筑于高台上,面阔三间、进深一间[1]。高低、参差与起伏、对称,营造出幽静的视觉环境。

正、后殿左右两壁及北壁,均绘有精美的壁画。其中正殿壁画绘执掌生死祸福、忠孝仁义、扶危济困、鞭挞邪恶等东岳大帝所辖、几乎囊括鬼神世界一切部门的72司职图像。主体风格为清康熙五十四年(1715)重绘时确定[2](图5-2-6);后殿壁画绘东华帝君梦游泰山等道教教化图像,主体风格则为清乾隆二年(1737)绘制时确定。

由于殿宇高大,造成宽博的壁画绘制空间,促使整体画面气势雄浑,构图繁复,色彩绚丽。其正殿壁画总体面积,更为陕西现存宫观壁画体系中单元体系之最,可称陕西古代美术史的一处重要载体,对于研究12世纪以来中国北方地区东岳大帝信仰内涵及中国建筑壁画史等,有重要历史与艺术价值。

史载,每逢旧历"(三月)二十八日",祭祀"东岳天齐仁圣帝诞辰"[3]之"天齐会"期间,西安东岳庙辄酬神赛社,"钟鼓法音,嘈振竟日"[4],宛然帝京。届时信士云集,香火缭绕,诚一时之盛。

清末以降,西安屡遭兵燹,东岳庙渐次萧瑟。入民国,该庙又以地处西安东大门要冲,每为军人、学校、工人占住,致建筑、壁画多有损伤,以故引起相关部门及有识之士的重视与关注。

择其要者,我们首先注意到1933年6月北平研究院史学研究会徐炳昶(旭生)(图5-2-7)与常惠(维钧)等人对先东岳庙的考察。

---

[1] 20世纪中期将后殿廊道包裹殿内,致进深发生变化。
[2] 东岳庙壁画内容、时代,参见高明:《西安东岳庙主殿壁画初步研究》,收录于罗宏才主编:《西部美术考古》,上海大学出版社2008年版,第339~356页。
[3] (清)顾禄(铁卿):《清嘉录》卷3,上海古籍出版社1986年版,第99页。
[4] (明)田汝成:《熙朝乐事》,两浙督学周南李际期宛委山堂顺治三年(1646)刊本。

阅1933年6月13日、14日、15日《徐旭生陕西考古日记》,知13日徐与常维钧等自关中西部考察归省,14日傍晚即慕名匆匆考察东岳庙。时以光线过暗,只可窥大殿壁画酥脆绽裂,"块块落地,颇有损坏"。问及住持,闻此状盖系"前数年城内有火药局爆裂,殿宇震动",使地仗层损坏,伤及壁画结构。且因年月经久,画面起鼓、裂隙、酥碱、霉菌严重,以致如此。因担忧"如不早为修理,不久即可全毁"[1]。倏忽之间,这是徐、常14日傍晚匆匆考察东岳庙时的主体印象。

图5-2-7　徐炳昶(1888—1976)

涉及东岳庙建筑风格、历史沿革等事,14日《徐旭生陕西考古日记》尚记"大殿建筑伟丽",后殿"中亦有画壁,内现无神像,为一教室。盖校(庙)内设有一小学也。庙有弘治碑,言创建于宋政和年间。住持则言创建于隋,重修于宋"。

鉴于西安东岳庙建筑雄伟、壁画繁丽,14日考察又过于仓促,因此在15日徐复与维钧再赴东岳庙考察,徜徉许久,"始得详观壁画"。

经勘察比较,徐认为"后殿左、右壁(画)最佳",乃促常维钧集中视觉撮要定位摄影,并开始考虑东岳庙建筑、壁画如何实施保护修复的步骤。

经向住持详细了解,据云"闻一画师言,(后殿)所画为东华帝君梦游泰山云云"。惜"此画因军人钉钉,已有损毁,但尚不至如前殿之块块剥落"。谈及修复所费,"住持言有百余元,即可将剥落者粘补,不至再行剥落。但大殿隔扇已坏,如全换新,则须四五百元"。此日的调查,至常维钧"将后殿照毕,时已过午"[2](图5-2-8)。

15日调查中住持之言,引起徐旭生注意。徐遂寄望近日能有机会面见陕省当局负责者,图以实际促动保护修复之事。

但荏苒之间,以积极联络北平研究院与陕西省政府合作进行文物考古事宜,致前愿一再延滞。及该年12月初间,徐复闻东岳庙寝宫中又为造纸

[1] 1933年6月14日《徐旭生日记》。
[2] 此段引文均参见1933年6月15日《徐旭生日记》。

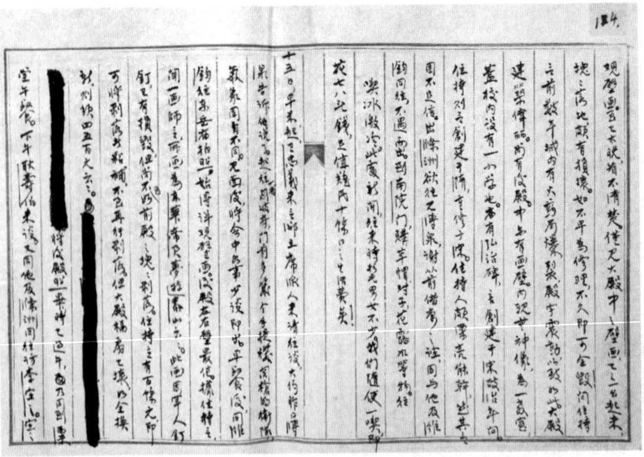

图5-2-8 1933年6月14—15日《徐旭生陕西考古日记》主体片段

工人占用,担忧更惧。即在12月15日偕北平研究院调查员张孝侯赴新城绥靖公署面见杨虎城主任,细说东岳庙艺术价值,请其明令保护,勿驻军队。

大概考虑到即将开始的保护修复工作,15日徐、张会晤杨虎城后,还有再次考察东岳庙之事。

相关情事,15日《徐旭生陕西考古日记》如是记道:

"天晴。柯莘农来。同孝侯出,到新城……(此段毛笔涂黑,依文意,应为见杨虎城主任),请其帮忙允许研究钟楼、鼓楼、各门楼。并请其保护东岳庙画壁,勿驻军队,均蒙允许。出到东岳庙,寝宫中之造纸者已移出。孝侯谓寝宫脊上之鸱尾,或为宋遗,门前之望柱,亦当在明以前。"(图5-2-9)

北平研究院与陕西省政府合力促进文物考古工作诸事之际,成立于1933年7月,鉴于"关辅名区,金石所萃,书画之类,代有作者,此盖历史文明之表现,抑即治道降污,学术盛衰之所由",以及"以启牖我新知,发扬我国光"[1]为宗旨的西京金石书画学会,亦积极开始东岳庙壁画的宣传推介。

1934年4月,由西京金石书画学会编辑《西京金石书画集》第一期刊发东岳庙壁画摄影图版,以及题作"长安东岳庙壁画"的说明文字。其说明文字宣称"故来游关辅者,艺林之士无不盛称秦中壁画之美,可冠全国";而"长安东岳庙壁画"又"乔皇瑰丽,古意犹存",阅之令人神醉。

---

[1] 参见西京金石书画学会编辑《西京金石书画集》第1期"引言",1934年4月。

其文：

"关中为汉唐故都，当时建筑之壮丽，时于简编中想象得之。及观现在秦中各寺院壁画，更可想见故来游关辅者，艺林之士，无不盛称秦中壁画之美，可冠全国。左幅所列，乃长安城内东岳之古殿壁画，今虽略有剥落，而乔皇瑰丽，古意犹存，选印一幅，以志一斑。图内黑点，即剥落之处。"（图5-2-10）

同年11月23日，中央古物保管委员会集全体委员商议，"以豫陕一带盗掘古物案件，层出不穷，实为文化上之莫大损失"，公推委员滕固、黄仲良"赴安阳、洛阳、西安诸重要地点视察情形，并略观沿途古迹古物之保存现状，报会参考。"乃于12月5日自南京出发，赴豫、陕等地考察。

滕固此行，俱载其《征途访古述记》（图5-2-11）中，谓

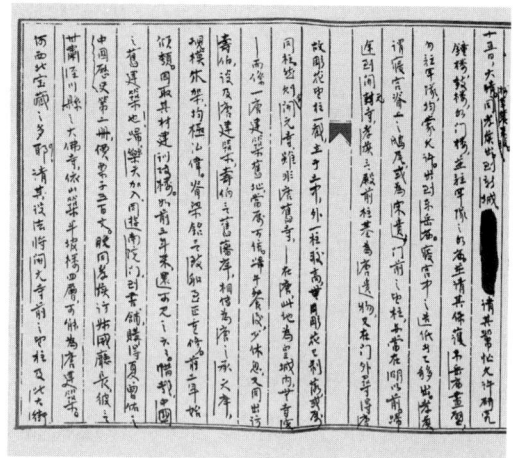

图5-2-9　1933年12月15日《徐旭生陕西考古日记》主体片段

图5-2-10　1934年4月西京金石书画学会编辑《西京金石书画集》第一期刊发东岳庙壁画图版及说明文字

图5-2-11 滕固《征途访古述记》封面 1936年上海商务印书馆发行

12月22日入西安城，旋赴东岳庙考察，"观壁画山水"。他对所谓西安东岳庙壁画山水"为袁江之笔"的传说颇有怀疑，认为"无从证实"，且敏锐发现后殿"东面南首一壁上画二女像，执戈而立，英发妙丽，似为明人之佳制"[1]。其审美视觉睿智独特，所发议论准确精当。倏忽间捕捉到鉴别西安东岳庙壁画时代、风格的可贵坐标。

北平研究院与陕西省政府合作保护修复西安东岳庙建筑、壁画之事，因此二单位合组陕西考古会筹备事宜，迟滞至1934年2月陕西考古会成立以后方始列入议事日程，至具体实施，则在1935年后。

查《燕京学报》第二十期刊载容媛撰写之《国内学术界消息》，知东岳庙具体保护修复工作始于1936年8月，至年底已大致告竣。经手者，则为陕西考古会擅长修复的白万玉先生。其实际内蕴，《国内学术界消息》"(丙)整理事项"之"二、修理东岳庙壁画"一节如是记道：

"西安东岳庙殿内绘有古代壁画，因房屋年久失修，阴雨渗漏，致将画壁冲毁，浮土拥挤凸出，势将脱落。该会准省政府公函估计修理，工作计分两段，关于修葺房屋，招商承包，八月间兴工，业经完竣，用洋九百一十九元七角，壁画则由该会工作组白万玉负责修理，估计需洋八百二十七元，现尚未告藏。"[2]

与西京金石书画学会宣传推介工作颉顽，1934年前后，天津《大公报》特约记者张悔初、《西北画报》编辑秦振鉴等人，还曾以摄影留真的方式对东岳庙壁画重点画面进行摄影推介。前述《西京金石书画集》第一期刊发东岳庙壁画摄影图版，或系他们其中一位的杰作。

1935年12月20日，中国旅行总社为推进陕西旅游，特意致函陕西省政

---

[1] 滕固：《征途访古述记》，1935年6月，收入沈宁编：《滕固艺术文集》，上海人民美术出版社2003年版，第341页。
[2] 参见1936年12月出版《燕京学报》第20期，第597~598页。

府主席邵力子,称"贵省政府发展西北繁荣地方之至意,敝社曾努力设计招揽游侣方法,现正在编印'西北导游'书籍,藉资鼓吹。并拟组织西北游历团俾各地人士对于西北增加认识等等"。

"至设备方面",则包括华山北峰设立简便招待所、华清池改善草拟办法、相关胜迹处设广告牌、设游览名胜里程指示牌、东岳庙保存唐宋壁画诸项。预算约共＄17 160。其中"东岳庙保存唐宋壁画"一项,涵"每画以18 000方寸计算(50′×36′),则需玻璃纸40张(55″×23″),每张＄不一,加工料则每张＄90,共六张"[1](图5-2-12)。

不同于上述各单位、个人对东岳庙的调查保护以及推介宣传,1941年1月,进入西安的教育部艺术文物考察团对东岳庙的考察,则集中在测绘、记录、临摹、摄影等具体工作。

1941年1月12日何正璜《西北考察日记》记道:

"因天气十分温和明朗,又为可庆之纪念日,不愿在家枯坐,二人[2]乃至

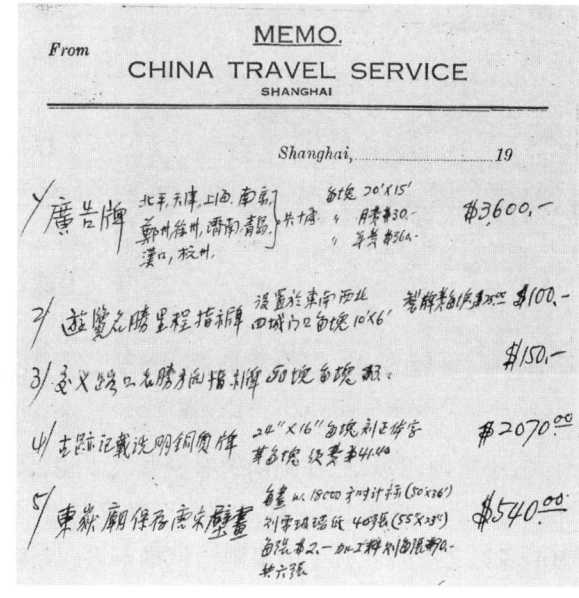

图5-2-12　1935年12月中国旅行总社推介宣传西安东岳庙壁画等陕西名胜古迹计划书　原件藏陕西省档案馆

---

[1] 陕西省档案馆藏档案。
[2] 此处所谓"二人",指王子云、何正璜伉俪。时王子云任教育部艺术文物考察团团长,何正璜任该团秘书。

东门参观有名之东岳庙中之汉画,步行而去,身浴阳光,只觉心神充愉,乃忘路途之远。"

1月12日何正璜夫妇的考察,披露了东岳庙时为军人被服厂占用的信息。文谓"抵东岳庙前,今为女工等缝制军衣之所。三四十女工排坐于地铺缝布棉,颜色错杂"。在何正璜眼中,彼时的画面,"诚为一绘画之良好题材"。

循《西北考察日记》,何正璜夫妇的考察路线是"由门外看起",先观"明、清二代重建此庙之碑文","入前殿,左右壁皆有壁画,然色彩新鲜,布置俗陋,可断定为清代之近作,无甚价值。正以为失望,得闻于一人言后殿尚有壁画,二人赶紧后去,现已改为私立小学,因今日星期,不上课,而将门锁闭。幸遇一校工开门,得入见"。

依何正璜夫妇考察视觉,后殿(图5-2-13)的壁画,"二壁共

图5-2-13 西安东岳庙后殿侧视照 自东南向西北摄

图5-2-14 西安东岳庙后殿东壁仕女图壁画

有大、小壁画四幅,已在画前树有密紧之木栏,因恐小学生及游人之有毁于此名物也。一小幅上绘一古装女子,着战衣,执长矛,神采飘逸,笔法生动,为不多见之作品。另一小幅则已模糊不堪,仅隐约间知其为一单人画幅而已。二大幅则皆为相类之取材,即以仕女为人物,以楼阁亭台为近景,以远山瀑布流云为远景,中更插以甚多之云朵,松枝疏林,怪石野花等。布置疏密得宜,远瞩近观,各有风趣。尤其以所绘之仕女最为精彩,一幅中约有九人或十人之数。或高阁阅书,或低溏垂钓。有聚而小语者,有单人靠墙注

图5-2-15 西安东岳庙 后殿东壁壁画环境及南侧执戈女像（箭头所指，已毁）位置示意

神听琴者，有采花方归，有回眸一笑，皆婉丽可人，不落俗套（图5-2-14）。全部颜色虽皆呈灰黄色，而玄裳、红唇犹可淡淡分辨。更以稍有模糊之故，倍增其历史价值，此虽不得知其是否为真正汉画，而其构图、用笔、设色，已足令人徘徊流连而不忍去"。

考察前、后殿壁画之外，同行者王子云尚在小殿[1]中"拾得一古兽烛台，玲珑古朴，极为可爱"。此举引发何正璜感慨，认为"在他处得此一物，已为不易，而在此则弃于地者甚多，足见此地古物之丰富"。

东岳庙外，游兴不减的何正璜夫妇还"仔细端详雕刻技术"，发现"屋上镇兽，为绿瓷所制，尚可观。至门上雕空花纹及壁柱上之浮雕，以及檐上、下之彩绘；龙首、小兽角饰等，则皆为艺术产物，精致整齐，自具风格"。因此聊发比较，以为"外国艺术表现，多托于宗教，此亦何独不然"。

不难发现，滕固眼中后殿"东面南首"的"执戈"仕女绘画主题，亦曾适时进入何正璜夫妇视野之中。彼处虽将"执戈"仕女视为"着战衣，执长矛"之"古装女子"，但前后时差七八年之久，两次考察均不约而同地注意到同一个绘画主题，不能不说是一个小小的奇迹。惋惜的是，这幅精美的绘

---

[1] 疑系山门内。

图5-2-16 钱公来(1886—1969)

画,已在"文革"之中毁于一旦(图5-2-15)。

大约因为1月12日的考察尚属初次踏勘,山阴看花。4月8日、13日的《西北考察日记》便涉及何氏跃跃准备临摹东岳庙壁画一事。

其8日日记,记其与王子云"至东岳庙勘视壁画",盖因何"想作此临摹工作"。13日日记,再记:"又赴东岳庙勘察其壁画究竟可画否,结果仍觉如有耐心及魄力,绝对可成"。并认为"成功后将为一相当有趣之成绩"。因此祈愿"幸天佑我!达到目的!"但不知为何,其后实际临摹工作却并没有开展。

步王子云、何正璜夫妇后尘,奉天(辽宁)钱公来[1](图5-2-16)、陈继芳在1944年3月12日考察了东岳庙。其考察成果,发表在1944年第3卷第3、4期合刊的《文史杂志》,题作《西安东岳庙壁画记》。文记:

"三月十二日,微阴,植树节,各机关放假一日,午前偕陈干事继芳去东岳庙,观壁画。

抵东岳庙,自后便门入,虽有驻军,门岗不禁。入院,适值一京腔之老道人,其声音笑貌,宛如北平太庙之老供奉也。肃客,呼童启鑰,开殿门入内,光线黝然,移时稍辨物象;据道人云;此殿为东岳大帝寝殿,正龛供牌位,其左三龛,列相三尊,正中为释迦,其左为太上李老君,皆装金,其右则为黑面广额,而隆准虬髯者,类印度人;询之知为孔子相,而孔子西游不到秦,其脸谱由来不可知,或秦人想象为之耶?正龛之西,下首为一装金立相,隆准通天,道人云:'此为东岳大帝之太子,其塑工与左方三龛,三教圣人;均不凡庸肃穆严威,有仪可象,上品也'。"

如文所述,钱公来的考察,由于"自后便门入",因此与何正璜夫妇的考

---

[1] 钱公来(1886—1969),原名钱惠生,字希古,奉天镇安(今辽宁黑山)人。早年毕业于文会书院,后入同盟会。曾参加辛亥革命,任辽西招抚使。后任奉天神学院教授、东北国民革命军第一师师长、东北大学教授、国民参政会参政等。1949年去台,任"总统府"国策顾问等。著《钱公来文集》。

察路线不同。其首要视觉,是诸重要考察者一致认同艺术水准最高的后殿壁画;就审美角度而言,宗教学背景的钱氏注重在整体布局、章法结构,与出身考古界的徐旭生以及美术考古界的滕固、何正璜夫妇集中关注主题、构图、设色、线条及人物动态等鲜有不同。

试看钱氏其文之细腻、剖白:

"此殿两壁画,靠墙,各竖一列木栏杆,以防损坏。室内光线不足,近观非目力可达,下视仰瞻,只能仿佛其十一耳。据说 道人云:'此壁壁画为宋人手笔,邵力子主陕时,曾由北平请来画师,补修一次;今兹所见,非旧观也。题为山水宫观人物,今观其布局遣笔,不失为大家风范,画师命意,为省笔,为增加气韵生动计,断云排空几占全副四分之一,其章法极臻清疏淡远之势,文而不丽,淡而不枯,古松槎枒,天高作势,似突壁而出,无一有二,不觉重复,而远岫遥岑,衬以仙人楼阁,历落有致,宋贤极则也。

其西墙右壁,遣意布局,亦殊清明,东壁尚饶匠气,此则纯任天机,如游阆苑,似到蓬莱,左幅右下角,几本芭蕉,嫩绿抽心,似雨后初卷,人物衣褶,亦多唐韵。"(图5-2-17)

图5-2-17 后殿西壁壁画显示古松槎枒气象

不同于此前诸人，钱公来等人的考察传递出"邵力子主陕时"曾请北平画师"补修"后殿壁画的信息。将此类信息与1933年6月14日《徐旭生陕西考古日记》中"闻一画师言，（后殿）所画为东华帝君梦游泰山云云"所记连缀，知1933年6月徐旭生等人考察之前，陕西省主席邵力子确曾请北平某画师对后殿壁画进行过补修。

另外，钱公来等人还注意到庙内的墨色方石。语云：

"出此，过前院，升正殿，殿内为西安市妇女合作社，承做军衣工厂仓房，碎步剩棉，狼藉遍地，而灰尘满之。道人殷勤，为拭案前烧香人跪拜处，发现一墨色方石，据云，此为奇石，有梅株，有花瓣，有鸟雀，呼水来拂拭之，赫然清朗，其现而为枝，为干，为花，为鸟者，皆天然之石理，水冲层纹者也。"

正殿的考察视觉，与何正璜夫妇相比，亦有较大的差异。文记：

"正龛为装金东岳大帝相，威仪具瞻，不同凡塑，相背鳌山透雕工细，有西番莲花，有仙岛人物，有登仙游侣，有驰马武士，描金涂彩，剑拔弩张，未云工也。香案下，左右两角，各有双环之立体铸铁花瓶一座；道人云，此为明万历年代所铸，其为用不可知，为他庙所无者。

此大殿两壁壁画，于后殿不觉为新，据道人云：为清人手笔；画此壁者，为画康熙御笔窑之瓷器者为一人，其画题为太上感应篇，每壁分数幅，每幅画一段故事。有一长方题签，签虽不在，其遗迹尚可存也。奉旨作画，有意为文。又拘拘于因果报应之说，宜其未能全幅生动，一气呵成也。西壁下幅，有渔人网鱼者，有买雀放生者，有马奔失御，伤人遇救者，种种画题，至其任务面庞，几类模型，肉多骨隐。仇十洲以工笔见长，况此艺又非工乎，只安章，布局，遣笔，运色，行阵不乱，各成一局，亦今兹艺林罕见也。"（图5-2-18、图5-2-19）

沿钱公来等人的视觉点线轨迹，碑石、牌坊的考察更有独到见解。其文称："（大）殿前左角，石碑两座，左明碑，字有唐意；右清碑，文不足观。迎殿正门一石牌坊，浮雕麟马图案，尚饶气运，栩栩在动，虎虎欲生，只时人不注意及之耳。"[1]

---

[1] 以上引文均参见钱公来《西安东岳庙壁画记》一文，刊《文史杂志》1944年第3卷第3~4期"美术专号"，第102~103页。

图5-2-18 西安东岳庙 主殿西壁渔人网鱼伤人遇救图

图5-2-19 西安东岳庙 主殿西壁马奔失御图

针对钱氏的考察成果,刊载于《文史杂志》1944年第3—4期合刊"美术专号"的编者按有较为中肯的评断。语称"西安东岳庙壁画记文虽简短,而考察精密"。不过他所谓"自亦为论佛教艺术与地方文献者所珍视"[1]的终焉之词,却明显有误。固东岳庙非"佛教艺术",而为"道教艺术"是也。

二、1949年前后西安东岳庙调查保护概况

图5-2-20　西安东岳庙大殿北壁中部被毁壁画残状　前置塑像亦毁

1949年后,当历史重开新篇之际,西安东岳庙调查保护历史有幸掀开新的一页。

先是,1950年9月12日由当时西安市市长方仲如等人署衔,发出令人耳目一新的《西安市人民政府布告》,指称:"查本市东岳庙,为故宋政和年间建筑,庙内所有匾、碑、壁画等古物,均有艺术价值,可资研究参考,应妥为保料,自布告之日起,凡庙内一切古物,不得稍有损坏或发生移运盗卖情事,希全市人民一体周知。此布。"及1956年8月6日,西安东岳庙又正式被公布为陕西省重点文物保护单位。

由于东岳庙长期为某学校占用,加之管理不善,野鸽寄生,庙门封锁,致其长期以来寂然无闻。"文革"之中,塑像被毁(图5-2-20、图5-2-21),继而被滕固、何正璜赞赏的后殿执戈女像图亦遭毁坏。各殿壁画下部均漫漶不清,普遍存在起鼓、裂缝、漏痕、掉块、脱落(图5-2-22)、酥脆、霉菌等现象。

笔者选择2013年8月15日与上海大学美术学院美术考古方向博士生龚晨、刘明虎一起调查拍摄的几幅代表性壁画画面,指向性地与笔者收集的20世纪50年代陕西有关文物管理部门调查拍摄的几幅同类壁画画面比较,发现半个世纪以来东岳庙壁画面貌变化较大,保护现状不容乐观(表5-2-1)。

---

[1]《文史杂志》1944年第3卷第3~4期合刊"美术专号",第138页。

图5-2-21　西安东岳庙大殿东壁壁画环境变化比较：左图摄于20世纪50年代（塑像尚存），右图摄于2013年（壁画前塑像已毁）

图5-2-22　西安东岳庙正殿北壁东部箭头所指处成块壁画脱落现象

表 5-2-1　20世纪50年代初与2013年8月15日两次拍摄
西安东岳庙壁画重点图像对比

序号	20世纪50年代初拍摄	2013年8月15日拍摄	位置	备注
1			大殿东壁	20世纪50年代初拍摄大殿东壁壁画图与王崇人编《古都西安》(陕西人民美术出版社1981年版,第297页)一书录图相同
2			后殿东壁	
3			后殿东壁	2013年8月15日拍摄左下建筑画面有明显划痕
4			后殿西壁	2013年8月15日拍摄最下部画面出现条状干裂、掉渣现象

续表

序号	20世纪50年代初拍摄	2013年8月15日拍摄	位置	备注
5			后殿西壁	2013年8月15日拍摄下部画面漫漶程度加重

直至2005年,在地方政府的强力干预下,西安东岳庙才改由文物部门保护管理。顺应这样的变化趋势,2008年之前,陕西师范大学美术学院高明教授对东岳庙有较为系统的调查研究,其成果后结集为《西安东岳庙壁画》一书,于2010年由陕西人民美术出版社出版发行。2013年开始,陕西文物部门又对庙宇建筑壁画进行了更为系统的勘察、保护,施行了更立体、多元的学术注入与人文关怀。

三、结语

西安东岳庙虽为祭祀岱宗(泰山)神东岳大帝祠庙系列奇葩之一,但历来关注重点,旨在建筑规模与壁画介绍,尚无专文述及其早期调查保护及推介宣传历史,本文仓促补苴,粗成轮廓,追索要点,大致如下:

(1)从目前掌握资料分析,对东岳庙实施科学意义上的调查保护及推介宣传,至迟从20世纪30年代开始。

(2)至迟从20世纪30年代开始对东岳庙实施科学意义上的调查保护及推介宣传,主要集中在地方有关政府部门、学术研究机构、旅游机构、艺术文物考察团体、私人游览五个方面。

(3)1949年之前关于西安东岳庙调查保护及推介宣传,尚局促于短期、即时、低效、简陋的规制之中,有的仅只是走马观花,匆匆观照。总体来说规模较小,力度较弱,憾无重要学术成果出现。

(4)1933年6月13日、14日北平研究院史学研究会徐旭生等人的调查,促成了1936年8月陕西考古会对东岳庙壁画的首次科学意义上的保

护修复，并可能对同时期北平研究院刘厚滋北平东岳庙碑刻目录[1]整理工作产生一定影响。尽管规模、力度、成效等尚差强人意。

（5）1949年之前所有关于西安东岳庙调查保护及推介宣传，以徐旭生、滕固、何正璜、钱公来等人为著。其中集中聚焦后殿壁画以及滕固、何正璜对"执戈"仕女绘画主题的关注，应该引起后之研究者的密切注意。

（6）邵力子主陕时期约请北平某画师对后殿壁画的补修，是东岳庙壁画修复史上的重要经历，亦应引起今后保护修复者的注意。并希望后之研究者及保护修复工作者能针对东岳庙壁画主题，施行系统观察、分位记录、区别色彩及绘画风格差异，厘清前后各次绘制、补修次序，以便逐步建立更科学、系统、完整意义上的标准系统与数据档案，为更科学、系统、完整意义上的东岳庙保护工作建立可靠的工作基础。

（7）通过早、晚期调查拍摄图像比对，可发现东岳庙壁画保存现状变化情况。以此为契机展开进一步图像资料搜索比对，对于系统收集东岳庙壁画生长变化信息，制定更科学、系统的保护修复方案，提供可靠的依据与途径。

---

[1] 刘厚滋编：《北平东岳庙碑刻目录》，载北平研究院1936年印行《北平研究院院务汇报》第7卷第6期。

第三节 1936年前延安清凉山石窟调查保护史略

延安又称肤(膚)施[1]、高奴、延州，是举世闻名的历史名城。地理坐标为北纬 35°21′~37°30′、东经 107°40′~110°33′。位于华北地台鄂尔多斯台向斜中部，地层属华北区地台型地层系统中一部分[2]。

延安的闻名，除人文历史的厚重与红色符号的瞩目外，堪称地标者，则为城周鼎峙而三、地望相连的清凉山、宝塔山与凤凰山（图5-3-1）。

其中清凉山位于城北延河东岸崖壁之上，又名万佛寺、太和山，海拔1 050米。三山之中，独清凉山囊括历史胜迹、红色旧址、地理形势等结构属性于一

图5-3-1 从清凉山望宝塔山
采自延安旅游官网

---

[1] 即肤施县。隋大业三年(607)在今延安市区划所在置县，且迁延州(后改延安郡)州治于此，后历代沿袭，形成延安府、肤施县同在一地，县归府属之格局。民国撤裁州府，实行省县直辖。废延安府，只设肤施县，1936年又改肤施县为延安县。
[2] 西安工程地质勘测公司、延安市工程地质勘测院:《延安城区地质调绘说明书》，2007年。

体,堪称最系统、最完备、资源最丰富的一处名山。

历史胜迹体系内,以石窟寺最负盛名。得益于远古地壳运动的强烈碰撞与延水弯道环流的长期侵蚀,清凉山不仅具有孤耸高拔的威势以及以砂岩为主的岩性特征,同时还足以保证后人在具备石窟开凿基本地理环境的基础上,能够连续、准确的在山体中部发育最良好的崖壁之上设计雕凿中心窟群,获得最佳的弧线外观结构与瞻望视觉氛围(图5-3-2)。

缘此中坚,在不断发展的历史轨迹中,清凉山历史胜迹体系又陆续参入跌宕时势、府治建制、战略地位、附属建筑以及红色文化营养等多种因素,极大地扩充了其文化内涵,提升了其历史知名度,最终使其成为11世纪以来持续生长、壮大的陕北石窟群网系中翘楚之一。造就了"依山作庙,就石凿洞,砌磴层耸,层楼飞阁,棋布其间,延水绕于下,嘉岭耸其旁,城郭列于前,太和枕于后"的良好人文环境基础。1935年初,肤施县政府拟定《肤施县清凉山古迹现状》,称其为"天下奇观","实亦清凉之美观"[1],并非仅仅只是溢美之说。

我们选择范仲淹《清凉漫行四首》其三:"凿山成石宇,镌佛一万尊。人

图5-3-2　延安清凉山全景　1938年摄
采自薛俊富主编《高岗革命历史画卷》,香港华夏文化艺术出版社2009年版,第55页

[1] 以上引文均参见1935年初肤施县政府拟具上报中央古物保管委员会、陕西省政府《肤施县清凉山古迹现状》,原件藏陕西省档案馆。全宗号1、目录号14、案卷号406(以下关乎清凉山古迹保护案出处皆同此)。

世亦稀有,神功岂无存",明弘治本《延安府志》[1]卷一"形胜"条"清凉山,在城东北七十步,上有尸毘岩,相传昔尸毘王修行处。又有万佛洞,内大小石佛万余"等些许重要文献,点滴视阈中,清凉山石窟基本内蕴脱颖而出。

清凉山石窟的序列,文物考古工作者依据由北向南的顺序,依次编为1—4号[2]。其主体时代,定位于11世纪以来持续生长的陕北石窟群网系中。但依《全唐诗》(上)卷二百三十九辑录唐"大历十才子"之一的钱起(722?—780)在《题延州圣僧穴》一诗中所谓"定力无涯不可称,未知何代坐禅僧。默默山门宵闭月,荧荧石壁昼燃灯。四时树长书经叶,万岁岩悬挂杖藤。昔日舍身缘救鸽,今时出见有飞鹰"的吟诵,推测其始凿年代至晚不逾隋唐。

这样的推测,与规模最大、位置最佳的主窟——万佛寺1号窟中心基坛之唐风遗韵,以及千佛等主体造像多类隋唐风格的现象是基本吻合的(图5-3-3)。

图5-3-3　清凉山万佛寺石窟1号窟主体造像
采自《延安文物大观》

---

[1] 明弘治十七年(1504)刻成李宗仁修、杨怀纂:《延安府志》8卷,北京图书馆藏本。
[2] 1~4号窟俗称万佛洞、三世佛洞、弥勒佛洞、释迦佛洞。

图5-3-4 清凉山万佛寺石窟2号窟普贤菩萨造像

采自董智安主编《延安文物大观》，陕西旅游出版社，2006年版，第41页

图5-3-5 清凉山万佛寺石窟1号窟左壁下部自在观音造像

采自董智安主编《延安文物大观》，陕西旅游出版社2006年版，第41页

图5-3-6 清凉山万佛寺石窟1号窟千手观音造像

采自董智安主编《延安文物大观》，陕西旅游出版社2006年版，第41页

连接2号窟正壁华严三世佛、弟子、罗汉等造像组合与左（南）右（北）两壁文殊、普贤菩萨（图5-3-4）及按剑武士的位序配置并雕凿风格，以及1号窟元丰四年（1081）造窟题记和2号窟熙宁、元祐题记所显示的北宋属性，还有3、4号窟弥勒、释迦造像、窟顶八卦图案与覆斗式莲花藻井、佛传故事

等显示的北宋以来各代补凿的时代属性,应该说清凉山石窟始凿于隋唐,兴盛于宋,续修于金元明各代,以华严宗为崇祀主体[1]的历史脉络与宗教性质,基本上是清晰、完整的。它在主体彰显北宋世俗化风韵、府治气度并积极杂揉各阶层佛教消费群体造像诉求的基础上,陆续尾缀金元明清各代民众的造像风华与信仰理解,保持了更系统、更完整、更多元的地域艺术风格。

如1号窟观自在菩萨造像斜倚、自由的姿态、样式,"具有一种活泼浪漫的气氛"[2](图5-3-5);千手观音造像虽躯干粗短、衣纹强直,但整体效果却具有一种独立的朴拙、生动意象(图5-3-6)。2号窟按剑武士体形高大,沉着自信,斜向挺腹,衣袂开张,在趋同时代规制的同时,有更明晰界分其他区域、追求自我的风格诉求倾向(图5-3-7)。

涉及清凉山石窟造像的时代属性,民国建元以来,归属肤施县管辖的地方耆绅甚至"多谓万佛洞中有六朝石刻"。虽一时"不能指示其处",但"雕工秀美,罕与伦比,且多数女像细腰长身,颇具欧画之美";伽蓝洞石像"两旁雄立",其余造像"尤为秀丽,神情奕奕,如活人"[3]的赞誉却由此漫溢流传。它适时融入当时特殊的历史背景,带动了早期清凉山石窟的游历、考察之风。

以1930年前为观察中心,值得记录者,主要有1908年美国探险家罗伯特·斯特林·克拉克(Robert Sterling Clark,1877—1956)考察队及民国初年于右任氏与1925年日本东亚同文书院大学秦陇北路考察队的考察、游历。

其中有着耶鲁大学(Yale University)土木工程专业教育背景的克拉克(图5-3-8)在考察队友人的协助下,怀着"一心想要为没有记录的中国北方地区绘制第一幅准确的地图并记录当地的风土人情"[4]的宗旨、目的,利用当时最先进的胶卷摄影术[5]和最流行的人文主义(humanism)纪实摄影手法,施惠后人,至少拍摄有最精美的1号窟主体造像全景图式及1号窟自在

---

[1] 孙修身:《陕西延安市清凉山万佛寺第2窟内容考》,载《敦煌研究》1998年第2期。
[2] 王子云:《中国雕塑艺术史》(下册)"佛教雕塑·石窟雕刻造像",岳麓书社2005年版,第525页。
[3] 引自1935年初肤施县政府拟具上报中央古物保管委员会、陕西省政府《肤施县清凉山古迹现状》,原件分别藏陕西省档案馆、南京中国第二历史档案馆。
[4] 斐翔:《斯特林·克拉克在中国》,《新民晚报》2013年9月28日。
[5] 徐景毅:《十九世纪摄影技术发展与图像观念变化》,黑龙江大学硕士论文,2007年。徐文认为:"19世纪摄影技术的发展,分别经历了以达盖尔法摄影术(1839—1851)、火棉胶摄影术(1851—1871)和明胶干版与胶卷摄影术(1871—1900)。"

图5-3-7 清凉山万佛寺石窟2号窟石刻按剑武士样式风格与五代、南宋石刻按剑武士示例之比较（左起：曲阳五代义武军节度使王处直墓武士，现藏国家博物馆；巩义宋太宗永熙陵武士；清凉山万佛寺石窟2号窟武士；成都武侯祠藏宋按剑武士；泸县南宋石室墓按剑武士）

观音造像[1]；无论是构图视角设定，还是画意诠释表达，都堪称精致准确、匠心独运。为清凉山石窟留下最早的摄影定格图像，具有重要的时代坐标意义。以之对比不同时期同类图像摄取理念与作品风格，克拉克考察队在当

---

[1]［美］克拉克、索尔比合著：《穿越陕甘》(Through Shen-Kan)，1912年伦敦出版；另见［美］克拉克、索尔比合著，史红帅译：《穿越陕甘（1908—1909年克拉克考察队华北行纪）》，上海科学技术文献出版社2010年版。

图5-3-8　在耶鲁大学学习土木工程时的克拉克（后排左上倚柱戴帽者）与同学合影
　　　　　约摄于1899年

时条件下所取得的艺术高度，直至今日仍期待后来者跨步超越（图5-3-9、图5-3-10）。

此外，曾任国民政府监察院院长、鉴藏金石目力极强的于右任氏则对勘造像风格，指称"山腹间"雕刻的"尸毘佛像三尊"，跃然瞩目，为清凉山"最古之石刻"[1]。

克拉克、于右任之后，毕业于北京大学历史系的历史学者杨东泽亦在1924年秋赴清凉山石窟考察。短暂勾留中，杨氏对此处石窟造像"刀工之精巧"，留下十分深刻的印象。

与克拉克、于右任不同，杨东泽此次考察清凉山石窟所留下的印象，由于10年后他从太原"抵绥远"，"经过大同时游观云冈石佛"的一次机缘而得以再次挥发。

在"以云冈与清凉两相比较"的简单审美体验中，杨东泽认为"云冈雕

---

[1] 引自1935年初肤施县政府拟具上报中央古物保管委员会、陕西省政府《肤施县清凉山古迹现状》，原件分别藏陕西省档案馆、南京中国第二历史档案馆。

图5-3-9 克拉克考察队拍摄清凉山石窟造像构图视角(上)与《延安文物大观》收录清凉山石窟造像构图视角(下)对比

图5-3-10 1908年克拉克考察队拍摄清凉山万佛寺石窟1号窟菩萨造像与2013年同位拍摄同类造像保存现状比较

刻不及清凉山刀工之精巧”，并以云冈调查中从住持广玉处获悉云冈石窟造像屡遭破坏，寺僧、村民无力负责，地方政府仅“依照手续出示布告”，但称“不准盗毁”，然又“不切实办理”，致“盗者自盗，仍不稍敛”等现状为虑。复再联想清凉山石窟的保护现状，于是滋生感慨，期愿“宜力加保护，免蹈云冈旧辙，听贼盗毁”。因向时任中央研究院院长的蔡元培致函申报，请示机宜。

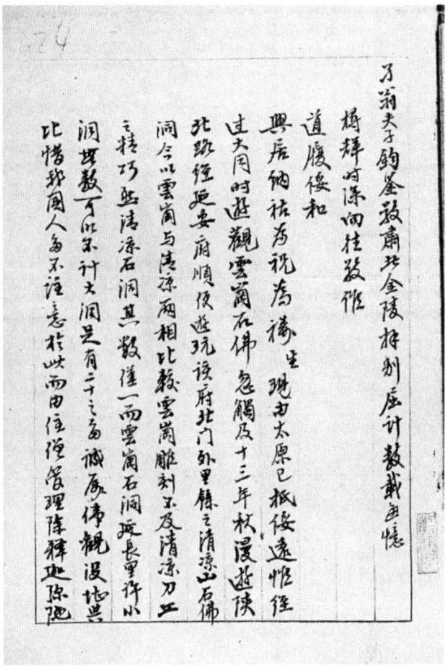
孑翁夫子钧鉴敬肃者金陵拜别屈计数载每忆
寻辉时深向往敬维
道履绥和
兴居纳祜为祝为祷生现由太原已抵后遠惟往
返大同时游观雲崗石佛忽睹及十三年秋漫游陕
北路经延安府顺便游玩该府北门外里余之清凉山石佛
洞今以雲崗与清凉两相比较雲崗雕刻不及清凉刀工
之精巧然清凉石洞其数仅一而雲崗石洞延长里许小
洞无数可以不计大洞足有二十之多诚属佛观没埋共
比惜我国人多不注意于此而由住僧管理陈释迦除地

图5-3-11　1935年1月9日杨东泽关于保护云冈、清凉山石窟佛造像致蔡元培信札首页

函件概谓：“云冈石佛乃我国之国粹，非云冈堡之一堡私有，况此责任何等重大，亦非云冈堡一堡人民所能胜任，故应急筹良法，以善其后。”继而由“云冈石佛”及于“陕北延安府清凉山石洞之佛”，谓其“刀工秀致，罕与比拟，亦宜力加保护，免蹈云冈旧辙，听贼盗毁”。希望蔡元培“建议中央对清凉山石佛令陕西省政府转饬延安县政府，严为防守，如有盗失，即以该县府是问”。

“至云冈石佛”者，杨东泽则建议“可成立一保管云冈石佛委员会，向中央交涉，拨款整修，以存文化，而垂永远”。

在杨东泽看来，其于1920年进入北京大学历史系读书，与蔡元培有师生之谊。况“金陵拜别，屈计数载，每忆寻辉，时深向往”。当举世名迹遭遇不测之际，他以“受业”[1]资质向蔡氏报告，必得蔡之重视。以蔡氏之威望、职权与人脉资源，涉足保护，当大有效果（图5-3-11、图5-3-12）。

不出杨东泽所料，值前函为蔡元培所获后，蔡即将杨函转至内政部，并附语建议慎重处置。（图5-3-13）内政部接获函件，亦知责任重大，未敢擅专，以内政部政务次长代理部务甘乃光[2]名义签发内政部咨礼003884号函

［1］以上引文皆参见1934年杨东泽致蔡元培函件，原件藏陕西省档案馆。

［2］甘乃光（1897—1956），字自明，广西岑溪人。先后毕业岭南大学经济系、芝加哥大学研究院，曾任黄埔军校政治部英文秘书兼教官、国民党中央实业部代理部长、国民政府监察院监察委员、国民党第四届中央执行委员、中央政治会议委员、国民政府内政部政务次长等。

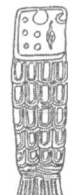

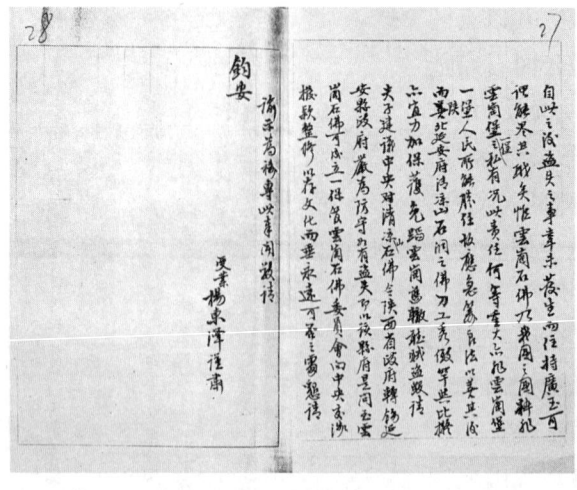 

图5-3-12　1935年1月9日杨东泽关于保护云冈、清凉山石窟佛造像致蔡元培信札末页　　图5-3-13　蔡元培（1868—1940）

件,分别致送陕西省政府、中央古物保管委员会,指令"宜分别力加保护,以存文化"。

其中致送陕西省政府函件令其"转饬该管县政府详细查明,妥筹切实保护办法,并希见复为荷";致送中央古物保管委员会函件则申明"抄同原函,函请查明,酌定保护办法并希见复"。

得内政部咨礼003884号函件指令,陕西省政府于1934年12月11日、24日连续向鄜施县县长袁德新[1]发出训令,指称"石刻佛像,关系中国文化,自应加意保护,免致盗毁,准咨前因,除先行咨复外,合亟抄发原函,令仰该县长即便遵照,查明情形,切实保护,并拟具保护办法呈赍查核,以凭转咨,切切此令";再"查此案前准内政部咨行到府,业经抄同原件,令饬查明保护暨拟具保护办法,呈赍核转……",并同时向内政部呈文"咨复"[2]。

陕西省政府发出第372号训令之际,适中央古物保管委员会酝酿向国民党中央各部会、北平军政两分会、各省市政府、各绥靖主任、各大学、各学术团体发出关于保护古物、古迹,应照"中央古物保存法之规定",至"全国

---

[1] 袁德新(1900—1951),原名达时,湖南湘潭滴水阜人。曾任陕西省民政厅视察员及高陵、平民、岐山、鄜施等县县长。

[2] 此段引文分别参见1934年12月11日陕西省政府咨内政部训令127号令鄜施县县长袁德新"查明情形,切实保护,并拟具保护办法呈赍核转"函;陕西省政府训令第372号令鄜施县县长袁德新"查明保护暨拟具保护办法,呈赍核转"函。原函均藏陕西省档案馆。

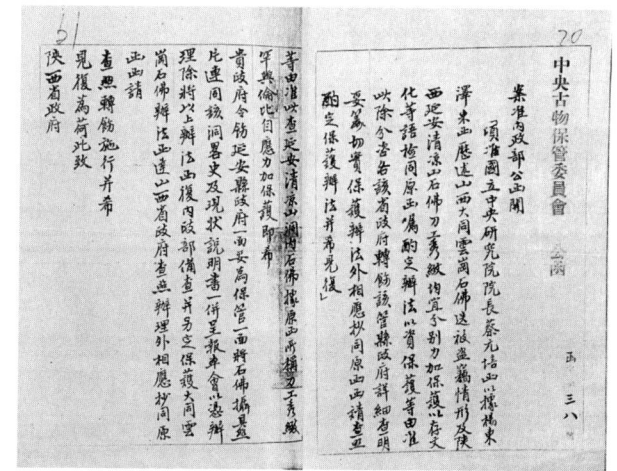

图5-3-14 1935年1月9日中央古物保管委员会致陕西省政府第38号公函

关于保管古物古迹事宜,应由本会遵照古物保存法及施行细则逐条进行"公鉴之时。

出于职责权限,该会遂依古物保存法及施行细则第七、八条所谓"有关学术文化之古物,由本会斟酌核拨中央各文化学术机关,以供研讨";"对于其他已发现之古物古迹,皆予以登记,并妥筹保管方法"[1]。更以常务委员会主席傅汝霖(沐波)领衔,以常务委员滕固、李济、叶恭绰、蒋复璁署衔,另在1935年1月9日向陕西省政府发出第38号公函,函称:

"查延安清凉山洞内石佛,据原函所称刀工秀致,罕与伦比,自应力加保护,即希贵政府令饬延安县政府一面妥为保管;一面将石佛摄具照片,连同该洞略史,及现状说明书一并呈报本会,以凭办理。除将以上办法函复内政部备查并另定保护大同云冈石佛办法,函达山西省政府查照办理外,相应抄同原函,请查照转饬施行并希见复为荷。"(图5-3-14)

在内政部、中央古物保管委员会的合力督促下,陕西省政府自不敢怠慢,立即发函训令肤施县县长袁德新照准执行。

直面内政部、中央古物保管委员会以及陕西省政府等单位的先后训令,肤施县县长袁德新深感事关重大,须即审慎计划执行。在多次召集县属相

---

[1] 以上引文及中央古物保管委员会所发公鉴诸事,皆参见中国第二历史档案馆编《中华民国史档案资料汇编》第5辑第1编"中央古物保管委员会工作纲要"(国立编译馆档案),江苏古籍出版社1994年版,第591~592页。

关部门及著名士绅会议协商后,始由"地方绅耆多人"组成的调查班底展开调查活动。

经调查班底"遍履该(清凉)山"[1],查阅文献,对勘实物并登记造册,历时数月,由肤施县政府署名的《肤施县清凉山古迹现状》终于撰写完毕,大致在1935年5月前附函呈报陕西省主席邵力子。函件称:

"案奉钧府先后训令转准中央古物保管委员会及内政部分行来谘,饬将本县清凉山石佛像查明情形,拟具保护办法,呈赍查核,以凭转谘,计抄发杨东泽原函一件,各等因。奉此。遵即邀同地方绅耆多人,遍履该山,详加考查,商讨保护办法。兹经参证史料,征询各方意旨,拟具清凉山古迹现状册一册,理合具文呈赍钧府鉴核,并乞转达中央古物保管委员会拨款修理,并派专家前来考察,裨便保护,而垂永久,实为公便。"

至函件后附《肤施县清凉山古迹现状》(以下简称"现状")全文,略分"沿革"、"全山石佛之现状"、"保护办法"3节。虽枝节交织,略显冗长,但仍涉及一些重要的问题。尤其是关于保护现状的调查记录与具体保护措施的提出,至为重要。客观地说,依当时的时代背景与学术调查水准,能草成此"现状",已属不易了。

为追溯此次调查的缘起、经过、方法、步骤以及教训、意义,我们尝试以"现状"为基础,连接其他相关资料,围绕以下四个问题进行分析、讨论。

一、石窟雕凿时代的初步推定及历史沿革叙述的谬误

"现状"之"沿革"一节开首指出,"本县清凉山万佛洞创于何时,尚不可考。志书亦略而不详"。

又云"石佛之旁刊有元丰及泰和年号者,可识为宋、金两代物"。"万佛洞左旁之伽蓝殿(即伽蓝洞)……塑泥佛三尊,立像四尊,亦颇庄严秀丽,恐为宋人塑"。而"伽蓝洞明万历时石碑所载,谓万佛洞智能创始,不知为何时?而续修于宋元时代"。二层楼佛殿"前墙壁间嵌有坐像一尊,极为秀

---

[1] 以上引文均参见下文所引1935年肤施县政府编写的《肤施县清凉山古迹现状》。原件藏陕西省档案馆。

美，上刻系洪武时装金，但不知其雕琢时代"。延寿洞"尚有铜佛四尊"，惜"不知其铸造时代"。

继而复说"本县耆绅亦多谓万佛洞中有六朝石刻，但亦不能指示其处，此非具有考古学识者加以研究，实难详其创始时代"。

不难看见，"现状"叙述中虽一再困惑、犹豫，事实上却已基本接近堂奥，切中了清凉山石窟主体雕凿时代为宋元之际的要害。

不足的是，涉及清凉山石窟雕凿渊源与沿革，"现状"援引"山腹间有尸毗岩石刻，尸毗佛像三尊。据监察院院长于右任先生游此，称为本山最古之石刻"等所谓证据，采用较多篇

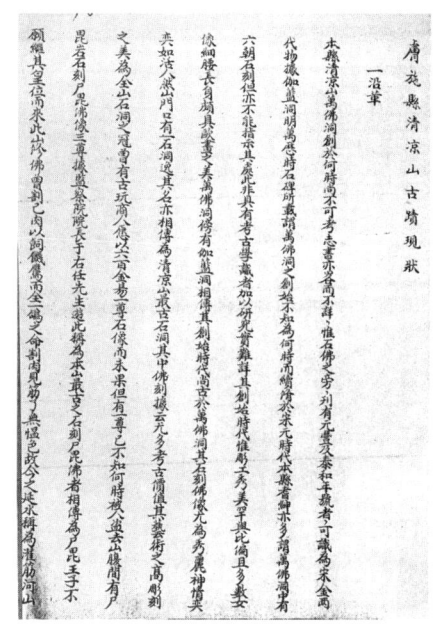

图5-3-15 《肤施县清凉山古迹现状》首页"沿革"部分局部

幅实施渲染。称"尸毗佛者，相传为尸毗王子不愿继其皇位而来此山修佛，曾割己肉以饲饥鹰而全一鸽之命。割肉见筋了，无愠色。故今之延水称为濯筋河，山下有一泉，曰定痾，清冽无比，皆此山之名胜也"。且依旧志记载勾连的佛教本生故事，谓"割肉饲鹰之说，本见之于佛经大智论言，常割己肉尽"。进而附会认定，"今天山下有濯筋河，其县为肤施，此为释本县邑名之由来也"。并说："志称天山者，即古之天山之顶，有尸毗王墓，庆历中，施昌言镇鄜延坏奉国寺为仓，发尸毗墓，有枯骸，尚完整，胫骨长二尺余，颅骨大如斗，并得玉环、玦七十余件。故人益信清凉山确为尸毗佛得道之所。此山之有佛洞、佛像，皆由此也。"（图5-3-15）

本节开篇提及，"肤施"又作"肤施"。按《史记·赵世家》："三年，灭中山，迁其王于肤施。"《资治通鉴》卷四："赵主父与齐、燕共灭中山，迁其王于肤施"。

"肤施"故地，裴骃《集解》引徐广所云，谓地"在上郡"。《水经注·河水》："奢延水又东径肤施县南，秦昭王三年置，上郡治。"

"上郡"者，《史记·秦本纪》："魏筑长城，自郑滨洛以北，有上郡。"《水经注·河水》："奢延水又东经肤施县南，秦昭王三年置上郡治……"《括地志》："上郡故城在绥州上县东南五十里。"《大清一统志》进而说："肤施故城

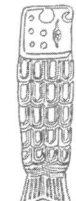

在今绥德州东南。"但张守节《正义》却认为"肤施"即"今延州肤施县也"。种种说法，不一而足。

虽颇有争议，但依顾祖禹《读史方舆》所谓"肤施县附郭，战国时为赵地。赵惠文王三年，主父灭中山，迁其王于肤施，即此。秦置县，属上郡。汉为上郡治。曹魏时废。后魏复置，属襄乐郡。西魏时废。隋大业三年（607），复置县，为延安郡治。唐、宋时，州郡皆治此"等相关文献，将隋大业三年（607）置肤施县"为延安郡治"之记载与我们讨论的主题连接在一起，却不致有大错。大致在这一时期，延安府、肤施县同在一地，"县"归"府"属的格局已开始形成。

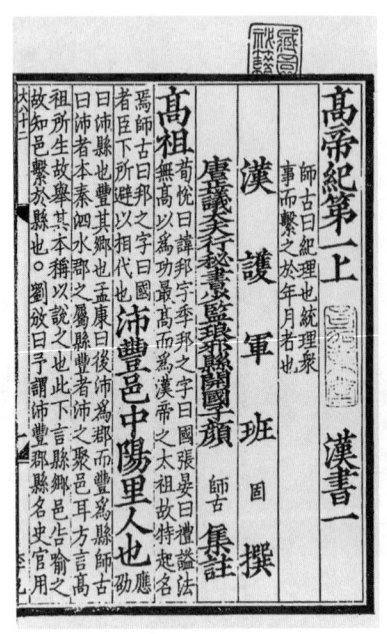

图5-3-16 《汉书》高帝纪第一上首页 民国精刻本

大业三年（607）置肤施县"为延安郡治"历史如此，固知"肤施"名称的出现，与佛教传入中国始源无涉。由是有理由认为，舍此佛教历史基本常识不顾，本亦谬误，若再将宋"庆历中"发现古墓，得"尚完整"之"枯骸"及"玉环、玦七十余件"等事例与佛教本生故事相混接，并怡然接受"故人益信清凉山确为尸毗佛得道之所"的传说，认为"此山之有佛洞、佛像，皆由此也"，则明显离奇。

同样的疑问，在清代学者吴卓信[1]《汉书地理志补注》中已有提及（图5-3-16）。如《汉书·地理志补注》卷六二："按《太平寰宇记》谓，耆老云：佛书言昔尸毗王割身肉饲鹰，后人言肤施即其地。据《史记》，肤施乃战国时赵地，秦以为县，其时未有佛书也。荒唐附会，不足与辨。今肤施为延安府附郭县，出城东北里许为清凉山，上有尸毗岩。予于嘉庆乙丑（1805）秋过此，土人犹指以为证，可哂也。"[2]

---

[1] 吴卓信（约1775年前后在世），字顼儒，号立峰，晚号寒知老人。江苏昭文（今常熟）人。清诸生。屡试举业不第，遂弃举业致力地理人文之考察。著《汉诗余论》《礼仪札记》《汉三辅考》《汉书地理志补注》等。

[2] （清）吴卓信撰：《汉书·地理志补注》，北京出版社2000年版。

二、关于造像风格、价值的评定

"现状"认为,清凉山石窟造像"雕工秀美,罕与伦比,且多数女像细腰长身,颇具欧画之美"。尤其是"万佛洞傍有伽蓝洞,相传其创始时代,尚古于万佛洞,其石刻佛像尤为秀丽,神情奕奕,如活人"。此外,"山门口有一石洞,逸其名,亦相传为清凉山最古石洞。其中佛刻据云尤多考古价值,其艺术之高,雕刻之美,为全山石洞之冠"。

石刻造像以外,"现状"尚注意到泥塑造像与相关石刻的风格、价值。认为伽蓝洞(殿)塑"泥佛三尊,立像四尊,亦颇庄严秀丽"。二层楼佛殿"前墙壁间嵌有坐像一尊,极为秀美"。"落星岩"石洞"门墙上有石刻麒麟二,其精神颇似昭陵八骏"[1]。"尸毗岩左有罗汉洞",内有"一优美之石佛"。万佛寺"寺后有石窟四座,颇似仓房,现均塑有神像,详查碑石均为明代物,其大殿及石窟内神像塑工之美,似非凡手所能出"。

局促于简单朴拙的审美观念,"现状"在大致锁定清凉山造像最瞩目、最具代表性实物示例的前提下,虽也认识到佛教造像"尤多考古价值,其艺术之高,雕刻之美,为全山石洞之冠",但只能连续用"雕工秀美"、"尤为秀丽"、"极为秀美"等笼统词语实施赞誉,还不断发出"颇具欧画之美";"神情奕奕,如活人";"神像塑工之美,似非凡手所能出"等模糊比拟设定。这些看似关键的调查语词对"现状"结构的稚嫩表达,反映出调查者考古类型学知识的缺乏以及整体美术考古素养的孱弱。

受限于调查者审美视阈的狭仄与考古类型学、比较学知识的缺乏,调查者不能将清凉山造像与同时期其他区域的造像相联系,更不能将其纳入佛教造像史范畴内,分别与不同时期、不同区域造像型式和造像风格进行考量、对比,进而探索其真实内涵,寻找其内在规律。因此,积极使用上述调查语素实施初阶报告关照,便成为"现状"不可避免的唯一选择。

推之于杨东泽,他之所谓"今以云冈与清凉两相比较,云冈雕刻不及清凉山刀工之精巧",亦多少留下出身历史学背景,考古类型学、比较学知识训练营养不足的痕迹。尽管他也注意到两处石窟地理区划以及物理体量上的差异,并认为"清凉石洞其数仅一,而云冈石洞延长里许,小

---

[1] 此处应为"昭陵六骏"之误。

洞无数,可以不计。大洞足有二十之处,诚属伟观,没堪其比"。毋庸讳言,与"现状"中"地方绅耆"的表述区隔,倏忽之间,曾受当时最高教育机构培养的杨东泽在这一方面所无意留下的学术遗憾,至今仍令我们惋惜不已。

三、关于保护现状的客观记录

从学术史角度及今日之评价标准出发,"现状"最有价值者,为清凉山石窟保护现状的客观记录。与前文指出的"现状"冗长、散漫的表述节奏吻合,这一主题的表达,几乎散漫充斥"全山石佛之现状"一节(图5-3-17)始终。兹归纳为以下几方面:

(一)保护设施的简陋与保管力量的薄弱

"现状"显示,"全山佛庙,大多破坏,门窗俱没,僧道几绝迹,山下婉云巘,虽有宿僧一,年轻且染嗜好,实难负保护全山之责"。尸毘岩左罗汉洞虽系"新做,有门窗,仍不易扃锁"。

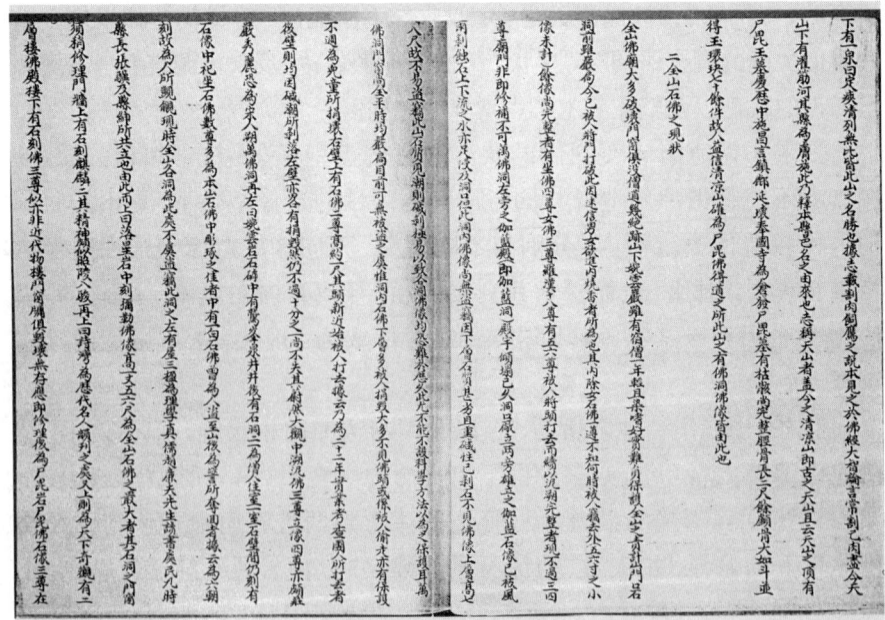

图5-3-17 《肤施县清凉山古迹现状》"全山石佛之现状"一节局部

图5-3-18 延安清凉山鹫峰泉石窟造像保存现状

(二)民众保护意识淡漠,盗凿破坏事件频发

"现状"指出,由于民众保护意识的淡漠与保管力量的薄弱,导致盗凿破坏事件频发,近年以来,尤为严重。究其要者,主要集中在以下八个方面:

1. 清凉山山门口石洞

此洞"山门口石洞前虽严扃,今已被人将门打破。此因迷信男女欲进内烧香者所为也。其内除女佛像一尊外不知何时被人窃去外(五六寸之小像未计),余像尚无完整者。有坐佛四尊,女佛三尊,罗汉十八尊,有五、六尊被人将头打去而续以泥塑,完整者现不过三、四尊"。

2. 万佛洞

万佛洞"门窗尚全,平时均严扃,目前可无被盗之虞。惟洞内石佛下层多被人损坏,大多不见佛头,或系被人偷走,亦有保护不周,为儿童所损坏。右壁上有石佛二尊,高约一尺,其头新近始被人打去,据云乃为二十三年(1934)实业考察团人所打去者"。

3. 鹫峰泉(图5-3-18)井后石洞

万佛洞左有婉云岩,其旁不远有"鹫峰泉井,井后有石洞二,为僧人住

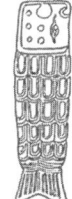

549

室。一室石壁间仍刻有石像,中祀坐石佛数尊,多为本山石佛中雕琢之佳者。中有一白石佛,曾为人盗至山后。为警所夺回者,据云为六朝刻,故为人所觊觎。现时全山各洞为此处不虞盗窃"[1]。

"鹫峰"之名,典出隋智𫖮《妙法莲华经文句》卷一:"耆阇崛山者,此翻灵鹫。亦云鹫头。亦云狼迹。"

又隋吉藏《法华义疏》卷一:"耆阇崛山者,此云鹫头山也。然此山五峰,各有所像。今之一山似鹫头,故以名鹫。佛灭度后,阿育王见其山顶似鹫,使人凿作两翅、两足及尾,故全如鹫鸟。"[2]

4. 尸毘岩

尸毘岩"尸毘佛右边之石像",旧尚完好,近来"其鼻业被儿童打破";"其中有一优美之石佛,被人盗其头"。

5. 罗汉洞

尸毘岩左罗汉洞"新做,有门窗,仍不易扃锁,盖来游者,每将锁扭坏"。

6. 延寿洞

至"现状"撰写前,该洞"尚有铜佛四尊,不知其铸造时代,门窗亦被毁"。

7. 万佛寺后石窟

"现状"指称,万佛寺"寺后有石窟四座,颇似仓房","均塑有神像",惟"其小塑像,亦有被人搬去者"。

8. 清凉山柏树

"现状"指出:"清凉山原有柏树甚多,大约在回乱[3]后渐毁于兵,今则童山耸峙,枯槁异常,实为名山最大缺陷。"

(三)自然破坏现状

除去人为破坏,"现状"显示清凉山自然破坏现状亦不容忽视。

如"万佛洞左旁之伽蓝殿(即伽蓝洞)殿宇倾塌已久,洞口敞立,两旁雄立之伽蓝石像已被风雨剥蚀,石上下流水亦足侵及洞口。但此洞内佛像尚无盗窃,因下层石质甚劣,且重碱性,已剥蚀不见佛像"。

又如万佛洞"后壁则均因碱潮所剥落,左壁亦略有损坏,然仍不过十分之一,尚不失其蔚然大观"。

---

[1]《大正藏》第34册,第5页。
[2]《大正藏》第34册,第456页。
[3] 指清同治年间发生的回汉民族战事。

再如罗汉洞"左有一洞,石佛四尊,已被碱潮剥蚀"。

四、保护措施及处置建议

调查中对保护现状之关照,上述"全山石佛之现状"已有涉及。具体表现为:

(1)针对山门口石洞文物丰富,屡遭人为破坏的现状,故建议"庙门非即修补不可"。

(2)目睹因风雨侵蚀,风化严重对石刻文物的破坏,"现状"因睿智发论:"此山石质见潮则碱,剥极易。以致各洞佛像均恐难于历久,此尤不能不设科学方法以为之保护耳。"

(3)因"落星岩"中雕刻"弥勒佛像,高一丈五六尺,为全山石佛之最大者",有较强的视觉冲击力,为壮观瞻计,"其石洞之门窗须稍修理"矣。

(4)二层楼佛殿,"下有石刻佛三尊,似亦非近代物",惜"楼门窗牖俱毁坏无存",以防止人为破坏计,亦"应即修理"。

(5)尸毗佛右边之"石像,其鼻业被儿童打破,此处之应修理,尤为刻不容缓"。

(6)罗汉洞"左有一洞,石佛四尊,已被碱潮剥蚀",至"其余二尊",则"应即迁徙",以防不测。

(7)万佛寺"大殿及石窟内神像塑工之美,似非凡手所能出。其小塑像,亦有被人搬去者,均亟应保护,以存文物"。

至"保护办法"一节(图5-3-19),关乎保护措施的设定,则更为具体、切实。要点有五:

(1)由肤施县政府组织设立"清凉山保管委员会","清理其产业作为保管基金"。

(2)拟请陕西"省政府暨中央古物保管委员会发资三千元,修理各庙门窗及伽蓝洞房,以便扃锁而免偷盗"。

(3)由肤施县政府派警员两名,"常川驻扎清凉山以资保护"。

(4)以清凉山地质概况与植被生长环境,"植树最难成活"。故拟请陕西省政府建设厅"派技术员一名,并请携带柏树苗千株来山指示栽植"。原因是肤施县"附均无柏树苗。有者,尽系毛柏,其种甚劣,且不易成活"。

(5)鉴于肤施县地方测量、摄影器材匮乏,缺少专业人才,故敦请中央古

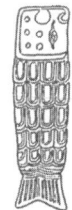

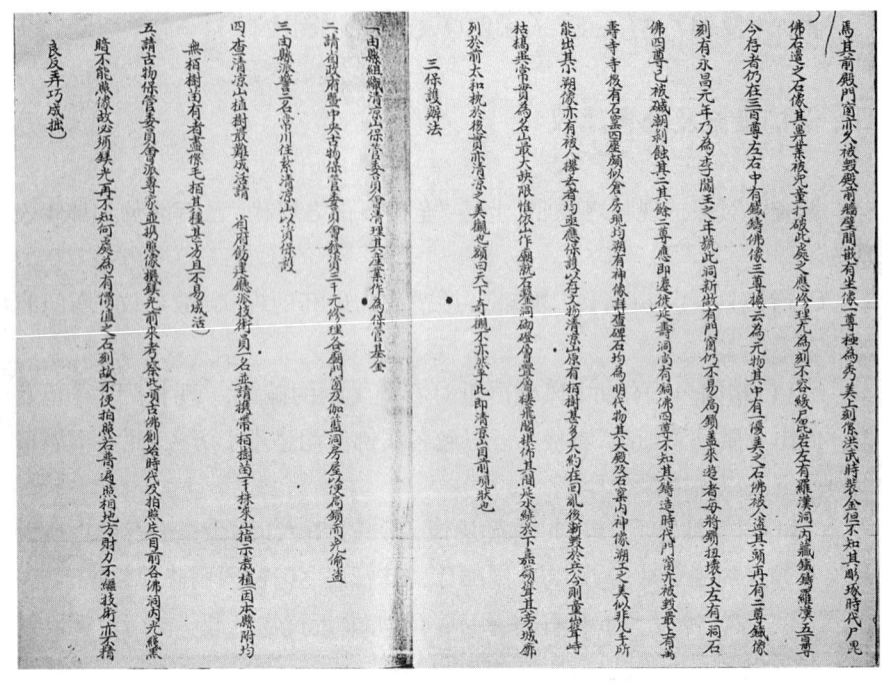

图5-3-19 《肤施县清凉山古迹现状》"保护办法"一节局部

图5-3-20 邵力子（1882—1967）

物保管委员会能"派专家并携照相机镁光前来考察此项古佛创始时代及拍照片"。其原委，盖因"目前各佛洞内光线黑暗，不能照像，故必须镁光，再不知何处为有价值之石刻，故不便拍照，若普遍照像，地方财力不继，技术亦不精良，反弄巧成拙"。

《肤施县清凉山古迹现状》呈报陕西省政府及中央古物保管委员会等单位后，颇得积极反响。先是陕西省政府主席邵力子（仲辉）（图5-3-20）接获报告，积极与中央古物保管委员会等单位酝酿具体实施方案，并指示驻西安重要文物保护管理及研究单位——北平研究院与陕西省政府合组陕西考古会积极支持肤施县清凉山古迹保护工作。

在良好的工作氛围内，新任肤施县县长何澄之特于1934年12月25日附加清凉山石窟摄影照片致函陕西考古会请求协助。函件称：

"肤施县城东清凉山为尸毗道场……，其内石像丰隆生动，雕刻浑朴，与附近万佛洞石像不同，是否六朝？抑造自六朝以前，不敢臆定，谨拍照并题缀其尚，籍供研究"[1]，希望考古会同人鉴定裁决。

考古会接函后，曾邀请擅长美术考古的何乐夫等人比勘图像，分析研究。认为该石窟造像的主体风格为宋代。虽亦有宋以前雕凿遗韵，但始凿年代却不逾隋唐，下限则可至明代，具有珍贵的历史与艺术价值。乃回函通告，并积极疏通陕西省政府函饬肤施县政府予以保护[2]。

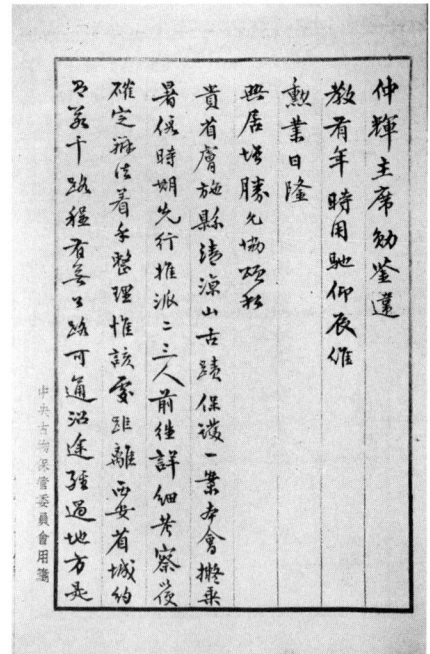

图5-3-21　傅汝霖致邵仲辉信札首页

配合陕西省方面的积极举措，中央古物保管委员会主席傅汝霖还在1935年5月17日致函陕西省政府主席邵力子，称："贵省肤施县清凉山古迹保护一案，本会拟乘暑假时期先行推派二、三人前往详细考察，以便确定办法，着手整理"。（图5-3-21）

为求取慎重，傅汝霖函中尚急切追问肤施县清凉山"距离西安省城约有若干路？有无公路可通，沿途经过地方是否平清？应否需派军队护送考查，旅行费用约需若干足资敷用？"

并解释，"以上各节不能不于是先调查明晰，方有准备"。故有"专函奉询"一举，因尚乞邵"详予见复，俾资遵循"。

妥便起见，傅汝霖函末还特意说明，冀望"将来本会考察人员抵陕时"，尤仰仗陕西省府与肤施县等各有关单位"大力协助，以利进行也"。（图5-3-22）

不惟如是，傅汝霖在积极联络陕西省各有关单位的同时，亦加紧筹划中

---

[1] 参见陕西省档案馆藏《肤施县长何澄之赠邵力子清凉山佛像照片》档案，全宗号1、目录号14、案卷号406。
[2] 肤施县政府与陕西考古会的联络与通融，参见罗宏才：《陕西考古会史》第六章、第三节、第四分节"波及与影响"，陕西师范大学出版社2014年版，第378~379页。

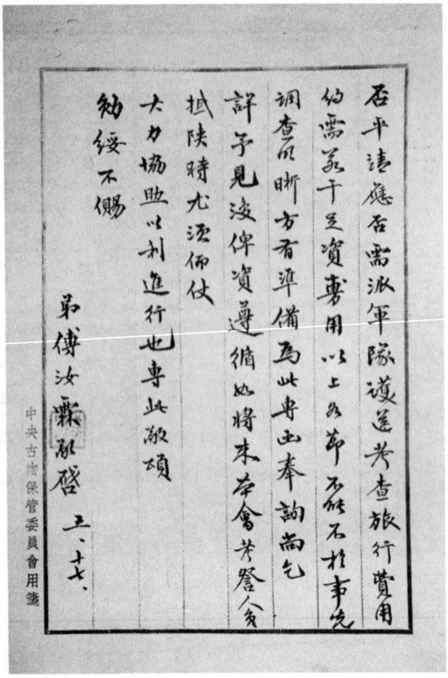
否平靖應否需派軍隊護送考查旅行費用
約需若干足資費用以上各節不能不於事先
調查明晰方有準備為此專函奉詢尚乞
詳予見復俾資遵循如將來本會考察人員
抵陝時尤須仰仗
大力協助以利進行也專此敬頌
勛綏不備
弟傅汝霖敬啟 五、十七、
中央古物保管委員會用箋

图5-3-22　傅汝霖致邵仲辉信札末页

央古物保管委员会的实施步骤。

同年5月，傅汝霖尚嘱在豫省等地考察古物保管诸事的滕固能绕道赴云冈石窟，“略观石窟雕像之现状，以为日后讨论时之参考”[1]。联系前述杨东泽函报与蔡元培主张及致送邵力子信函并窥傅氏本意，中央古物保管委员会进军延安清凉山实施“详细考察”的决心与计划昭然明矣。

与上述各节联袂，自杨东泽函报公诸以来，各大新闻媒体即热忱予以跟踪关怀。其中1935年1月16日《西京日报》报道称：“陕西省政府近准中央古物保管委员会函称，顷准国立中央研究院院长蔡元培函，以陕西肤施清凉山石佛，刀工秀致，宜酌定办法，以资保护等情。查肤施清凉山洞石佛，据原函称，刀工秀致，罕与伦比，自应力加保护，即希贵政府令饬肤施县政府，一面妥为保管，一面将石佛摄具照片，连同该洞略史及现状说明书，一并呈报本会以凭办理等语，当经令肤施县遵办矣。”

之外，刊登于1935年第3期《政治成绩统计》杂志，题为“陕西清凉山石佛之保护”一则消息报道亦称：“内政部前准国立中央研究院院长蔡元培函请保护陕西清凉山石佛案，当咨请陕西省政府转饬该管县政府妥筹保护办法。”且云，此事“经过（陕西）省政府咨复，以经请膚施县政府呈复，已邀同地方士绅，商定保护办法（图5-3-23），请转函中央古物保管委员会拨款修缮，并派专家前往考察”。而“该部准咨后”，亦“当即转函中央古物保管委员会会同陕西省政府设法筹款修理，以资保护”矣。

窥《政治成绩统计》原意，膚施县政府并相关单位致力清凉山石佛保护一案情事，已列入政府立场的政绩统计序列。宛转延展中，上述各单位关乎

[1] 滕固：《访查云冈石窟略记》，1936年5月，收入滕固：《征途访古述记》，又见沈宁编：《滕固艺术文集》，上海人民美术出版社2003年版，第342页。

文物古迹保护管理一途的努力，最终得到了掌控一定评价权力的媒体认可。

不意者，由于此后日趋紧张的国共战事以及随之而来的肤施县政权更易变化，致原本设定的实质化肤施县清凉山古迹保护工作未能得以持续进行。关乎清凉山石窟保护管理诸事，从此进入另一种全新的社会氛围。

况滕固氏之长中央古物保管委员会常务委员，职责主要是"主持或参与审查修订保管古物各项法规章则、起草该会办事规则及会议规则"[1]，以职责所系须至云冈、清凉山，若至清凉山，或能促使刘东泽发端的清凉山石窟保护工作进入实质性阶段。但时不假人，此后的一切终未能兑现我们的假设。

可堪一提者，1939年9月10日国民政府北路慰劳团团长张继（溥泉）（图5-3-24）曾慕名前往清凉山观览。同日张氏《北路慰劳团日记》开篇虽称："余所要求必往者，为清凉山"。但观察其所谓"久闻该山古寺有魏造像三尊，塑法超众，余前年得一照片，今到此非观实物不可。下午与同行者偕往。寺中有石洞，名万佛洞，洞内四壁皆塑佛像，明时作品，亦颇生动，现为八路军印刷所"等诸种举动与感受，却未尝不与本文着力阐述的

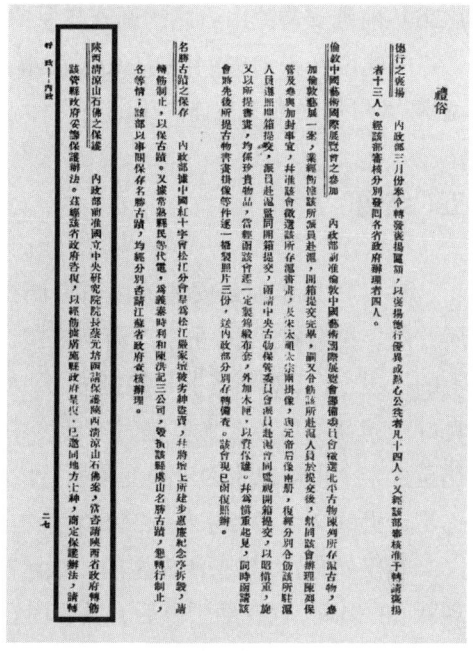

图5-3-23　1935年第3期《政治成绩统计》刊发《陕西清凉山石佛之保护》一文局部

图5-3-24　张继（1882—1947）

---

[1] 沈宁：《滕固——中国现代艺术史学的奠基者》（代序），收录于滕固：《中国美术小史·唐宋绘画史》，吉林出版集团有限责任公司2010年版，第16页。

1936年前延安清凉山石窟的调查与保护案有所关联。

由此说开去，1939年9月10日张继对于清凉山古迹的慕名观览与心绪流露，大可作为本文主体讨论的终焉标志。

五、结语

对于1936年前延安清凉山石窟调查与保护工作的探讨，迄今为止，尚属首次。拉杂叙述中，虽不乏简陋粗糙，但毕竟弥补了清凉山石窟保护历史上的一段空白，对于当下日趋挺进、深入的清凉山石窟保护工作，应该具有良好的裨益与借鉴。尤其是时空转变中对当时生长环境的定格与记述，对比至少半个世纪以来因沧桑变化所造成的造像损毁、环境变异，它无疑成为弥足珍贵的文化参照系与人文修复摹本。

非仅如是，因杨东泽先生的一纸函报，不仅促成了《肤施县清凉山古迹现状》的出现，且有助于以后有关云冈石窟的保护管理工作，以及相关单位实质化计划举措的延展实施。

更重要者，《肤施县清凉山古迹现状》以客观笔触相对完整的调查记录了1936年前延安清凉山石窟的大致现状，诸种破坏事例的展现，显现出那一时期保护设施的简陋与保管力量的薄弱，以及民众保护意识的淡漠。尽管环境艰苦，条件不足，调查报告又多处未谙一定的规范程式，但并不妨碍我们对《肤施县清凉山古迹现状》珍贵价值的认定。它之通篇显现的急切保护意识与具体处置措施，情真意切，明晰反映了肤施县地方政府有识之士的真诚文化自觉，给人以强烈的震撼。

尤足深思者，所谓由肤施县政府组织设立"清凉山保管委员会"，"清理其产业作为保管基金"；敦请陕西省建设厅"派技术员一名，并请携带柏树苗千株来山指示栽植"，期望恢复旧观，逐步营造良好生态环境的夙愿；以及关于"此山石质见潮则碱，剥极易。以致各洞佛像均恐难于历久，此尤不能不设科学方法以为之保护耳"的真挚发论与正确建议，展现了原始的文物科技保护意识，即便在今日，仍不失超前与睿智。

后　记

拿到《西部美术考古史》书稿清样时,沪上暑热依旧强力袭人。

常人眼里,大暑中挥汗校对,其中滋味可想而知。但我独自将这种滋味与今年暑期全数都在忙于写作、修改,连续饱尝暑热之苦的辛苦劳作相区隔,反倒有了几丝淡淡的惬意。

实在的话,关于融合此书于一体的"西部美术考古丛书"之缘起、意义,李学勤先生在此丛书序言中已经说得很明白了。我所要补充的,则是具体涉及此书的结构、笔法、材料、方法与整体效果诉求表达设计等一些琐碎问题。

看全部书稿,共分五章,包含十五个节次。无论篇幅多寡,名称繁简,文速快慢,立意深浅,集中指向却都在"西部美术考古史"这个主题上。

相较而言,第一章"西部美术考古发展史述论"似乎更直接、更确切、更浓缩一点。但若将第一章与后之四章联通起来依次阅读、前后相较,读者或许会很快发现,前者主旨重在纲要建构、顶层诉说、基础塑造与理论阐释,后者主旨却主要在循例说明、按图索骥、点线串接与相互照应。两者结体的最终序列,旨在实施史纲与范例、理论与实践、前缘与趋势、经验与教训等呼应设计目的的主题信息的传递和表达。

因此,设计中的理想表述效果,期望获得前后统一、互不分离,既相对独立又相得益彰的目的。至于书籍最后呈现的形态、内容与风格、品质,是否能如上所述,是否能如人所愿,则需要读者最后的检测与批评了。

受前述设计理念的指引,基本写作手法在期望吻合史论规制,遵循学术规范的基础上,考虑到信息时代知识传播模式以及一定阅读群体的阅读感受与检索诉求,一是强化了史料、图像的丰富性、首现性以及视觉效果表达

方式；二是注意吻合时代语言风格、表述手段和个性文风的塑造与选择；三是考虑到西部美术考古发展史线延展过程中模糊性、跳跃性、复杂性等时代因素的存在，着意楔入较多的图表信息与多量的要点聚集；四是针对不同性质的问题诉求，积极采用了类型学、比较学、统计学、风格学、社会学等综合研究手法。

譬如第三点较多图表信息的连续楔入以及多量要点的聚集与展示，就是期望在尽力照顾历史真实性、客观性、完整性的同时，有机实施集结、甄别、分类与统计、提炼，尽量回避多量同质化、低阶化、模糊化史料的堆砌与重叠，力图追寻事物本身的性质与规律，进而契合信息时代大信息量、速、质、地的规制与要求，初步达到勾勒史线、修复残缺、初建体系、寻找规律等基本著述之目的。

先是本书入选2014年度"上海高校服务国家重大战略出版工程"以及即将出版的消息，记者李玉在昨年10月15日以"中国首部区域性质美术考古史将出版"为题，通过中国社会科学网进行过传递与评介。其中所谓作者积累多年"相关西部地区美术考古调查、研究成果，通过大量图像、文献资料的积聚、甄别、类比、分析和个案性学术关照，对极具代表性数十种群体、个体文物位序、流传、变异、聚合及时代背景与制约元素等进行了有效科学分析与情景复原，建构了一部丰富、曲折的区域美术考古历史并对进一步探讨、复原中国美术考古史有重要实践与奠基意义"等语素评价，颇有赞扬、支持之意。惭愧得很，我自觉并未达到消息报道所期望的那种高度。

以学养、心力等关系，书中依旧存在着诸多的谬误与缺陷。部分图文可能因为能力、时间等缘由，也还不能廓清其真实来源与具体出处，遂致不能彰显诸多劳作者的辛劳与功绩。凡此种种，均期望在以后的修改中逐步加以弥补、完善。这一点，是特别需要向作者、读者致歉并专门进行说明的。

一如往常的支持与配合。本书从选题策划、入选"上海高校服务国家重大战略出版工程"到撰稿写作、修改润饰及装帧设计等一系列烦劳程序，上海大学出版社副总编傅玉芳、设计师柯国富等均付出了大量的心血。其中作为责任编辑的傅玉芳对我迟迟交稿的宽容与忍耐，尤使我心存感激，难以忘怀⋯⋯

需要提及的是，作为中国考古史上重要代表人物徐旭生先生的哲嗣徐桂伦先生、苏秉琦先生的哲嗣苏恺之先生等，接续对我前次出版的《陕西考古会史》一书的支持与鼓励，热情提供了诸多从未刊布的史料与图版，极大

地丰富了本书的物理内涵与视觉效果。

另外,上海大学孙海垠、刘明虎、茹溪、郑辉、彭泽云、夏雨、张丽丽等老师、同学,尚为本书的资料查询、图表制作、书稿校对等烦琐杂务,付出了许多的辛劳,在此谨特别说明并一一感谢。

罢笔之际,恰是夜半子、丑恹恹交接的时分。海风吹起,一股清凉沁人肌肤,倚座歇息喝一杯微温的茶水,忽然觉得我在开首时所说的那种惬意,袅袅升腾,竟浓浓地化了……

罗宏才，男，陕西醴泉人。先后毕业于西北大学历史系考古专业、南京艺术学院美术考古专业，获学士、博士学位。

目前主要任上海大学中国艺术产业研究院副院长，美术学院教授、博导，美术学博士后流动站合作导师，上海市人民政府发展中心决策咨询基地艺术市场研究工作室专家，文化部文化市场发展中心科技创新项目验收委员会主任委员，国家社科基金艺术学重大项目评审专家，教育部学位中心博士论文评审专家，上海中国航海博物馆文物鉴定专家评审库专家，陕西艺术品交易所有限公司艺术品发行审核委员会专家委员，中国艺术金融数据库平台建设专家，《收藏》杂志专家咨询委员会委员，西安美术学院、南京农业大学、陕西师范大学等高校兼职教授、研究员，广东美术馆、常熟博物馆等博物馆特聘研究员等。

目前主要从事美术考古、文化遗产、艺术管理及艺术市场等学科方向教学与研究，策划重要学术论坛、展览项目30余项，主持国家级及省级重要课题10余项，于核心期刊发表论文20余篇，出版《探寻碑林名碑》、《中国佛道造像碑研究》、《慈恩印象》、《从中亚到长安》（主编）、《卢是艺术年谱长编》、《陕西考古会史》等著述10余部。其中《盛唐宫廷的剧场与舞台》复原设计研究获文化部举办中国第二届舞台美术展览会优秀创作奖（与窦鹏合作）；《从中亚到长安》一书获华东地区大学出版社第九届优秀学术专著一等奖。